LabVIEW 활용

북스힐

머리말

요즘 우리들에게 “우리 생활에서 컴퓨터가 없다면 어떻게 될까?” 라는 질문을 던진다면 그렇지 않은 사람도 많겠지만 대부분의 사람들은 매우 힘들고 갑갑하다고 대답할 것이다. 그만큼 현재 우리들의 생활에서는 컴퓨터가 깊숙이 자리 잡고 있다고 생각할 수 있다. 이렇게 우리 생활에 친숙한 컴퓨터는 실제는 기계이며, 이러한 기계에 생명력을 불어넣는 것은 바로 소프트웨어 프로그램이다. 특히 컴퓨터 및 로봇과 같은 기계를 대상으로 하는 소프트웨어를 일반 소프트웨어 프로그램과 구별해서 시스템 프로그램이라고 하며 광전자공학, 전기공학, 전자공학, 기계공학 및 로봇공학 계열뿐만 아니라 여러 공학 분야에서 많은 교육과 연구가 이루어지고 있다.

누구나 마찬가지겠지만 어릴 때 자라서 과학자가 되어 태권V와 같은 훌륭한 로봇을 만들어 보는 상상을 하곤 한다. 나도 마찬가지로 비슷한 꿈을 가지고 있었지만 그 방법을 전혀 알지 못했다. 내가 컴퓨터 프로그램을 처음 접하게 된 것은 대학교 1학년 때이다. 그때는 청공 기계로 프로그램 용지에 구멍을 뚫어 프로그램을 작성했으며, 따라서 배우고 실행하기가 매우 힘들어 나에게 별 매력을 주지 못했다. 그리고 다시 대학 2~3학년 때 포트란과 파스칼이라는 컴퓨터 언어를 배웠지만 역시 언어의 구문 절차가 복잡하고 기껏 작성한 것이 간단한 계산 수준이어서 열심히 공부를 하지 않은 나에게는 힘든 과목이 되고 말았다.

컴퓨터를 다시 접하게 된 것은 직장생활을 하다가 다시 공부를 하기 위해 박사과정에 진학했을 때였다. 컴퓨터를 이용해 계측장비와 GPIB 통신하고 DAQ 보드로부터 측정데이터를 수집하고 분석하는 작업이 주어졌다. 난감했다. 처음부터 다시 C 언어를 배워서 직접 프로그램을 작성하자니 시간이 너무 소요될 것 같았으며, 설사 시간이 주어진다 하더라도 쉽게 될 것 같지 않았다. 이때 우연히 복기현 씨라는 분을 통해 LabVIEW라는 것을 처음 알게 되었으며, 무료로 소프트웨어까지 사용할 수 있게 되었다. LabVIEW를 통해 나는 1개월만에 내가 원하는 모든 것을 작성할 수 있었다. 참으로 신기했다. “이렇게 간단히 컴퓨터 프로그래밍을 할 수 있는 그래픽 프로그래밍 도구도 있었구나!” 하는 생각에 LabVIEW를 좀 더 공부하고 싶었지만 논문 준비 때문에 그리 오래하지 못하고 나중을 기약하게 되었다. 하지만 LabVIEW에서 지향하는 개념적인 프로그램 방법은 당시에 나에게 신선한 충격을 주었다.

그리고 1998년 IMF 체제가 시작되면서 나는 호남대학교에서 교편을 잡게 되었다. 처음 학교에 부임하니 여러 과목의 강의가 주어졌으며 전공은 아니지만 나중에는 C와 C++, 비주얼 베이직 등도 강의를 하게 되었다. 처음에는 힘들었지만 나중에는 요령도 생기고 실습도 하면서 강의를 끝낼 수 있었다. 하지만 강의를 진행해 나가면서 한 학기에 끝내야할 수업 진도에 한계가 있어 학생들이 실제적인 것을 배우기 힘들고, 또한 내 경우와 마찬가지로 프로그래밍이 어려워 학생들이 정작 별 관심을 갖지 못한다는 것을 점차 느끼게 되었다. 즉, 학생들이 2~3학기 동안 배운 지식들을 거의 사용하지 못한다는 것을 알게 되었다. 이러한 문제를 극복하기 위해 실험실 학생들을 대상으로 LabVIEW를 가르쳐 보았는데 의외로 학생들의 반응이 매우 좋았으며 또한 취업도 잘 되리라는 어느 정도의 확신이 생기면서 본격적으로 LabVIEW와 응용 분야에 대한 공부를 학생들과 함께 진행해 나가게 되었다.

LabVIEW는 분명 공학용 프로그래밍을 위한 그래픽 도구로 출발했지만 최근에는 LabVIEW 코드를 C 언어로 전환하는 것이 가능해지고 객체지향성 등이 도입됨으로써 점차 공학용 그래픽 언어에 가까워지고 있다고 생각한다. 아무리 좋은 언어가 있어도 배우기가 힘들어 사용할 수 없다면 아무 소용이 없는 것이다. 그런 의미에서는 C 언어나 기타 언어는 배우기 힘들지만, 어느 정도의 컴퓨터 프로그래밍을 하고자 하는 이공계 관련 종사자에게는 LabVIEW라는 그래픽 언어는 좋은 선택이라고 감히 추천하는 바이다. 하드웨어 시스템이나 장치에서 컴퓨터 프로그래밍은 어떠한 작업을 수행하기 위한 수단일 뿐 그 자체가 목적은 아닌 것이다. 우리는 좀 더 중요한 부분에 대해 시간과 경험을 투입해 지식을 넓혀가는 것이 중요하다. 즉, 시스템 프로그래밍에서 중요한 것은 언어 자체라기보다는 시스템(DAQ, Motion, Vision, FPGA, RIO, RF, PXI, PLC, PDA, Touch Panel, ...)과 그 주변 요소들(신호처리 & Conditioning, 변조, 음향과 진동, 통계, 필터, PID, 통신(TCP/IP, UDP, Serial, IrDA, Bluetooth), VISA, DataBase, Modbus, OPC...)이며, 이에 대한 지식이 필요한 것이다. 최근에는 프로세서와 FPGA를 내장한 Real-Time 시스템이 중요해지고 있으며, 최근에는 ARM 7/9 프로세서를 기반으로 하는 임베디드 시스템 영역까지 시스템 영역이 확대되고 있다.

본 교재는 LabVIEW를 처음 접하고, LabVIEW를 이용해 Vision 기술에 접근하려는 이공계 학생과 관련 산업체 종사자를 대상으로 작성된 것이지만 처음 출간하는 관계로 부족함이 많다. 너그러운 마음으로 이해해주기 바라며, 다음 버전에서는 좀 더 나은 책이 되도록 할 것이다.

이 책이 출판되기까지 함께 수고하신 호남학교 최영호 교수님과 호서학교 김수길 교수님께 감사를 드리며, 이들을 대표해서 부족한 이 책이 출판될 수 있도록 협조해주신 문종하 광기술인력교육센터장님과 한순희 선생님 및 북스힐 출판사 여러분께 깊은 감사의

말을 전한다. 마지막으로 예제 작성을 도와준 호남대학교 전자·광공학부 광계측실험실 학생들과 NI Korea 박준도 대리에게도 심심한 감사를 전한다.

호남대학교 교수 황보승

목 차

제1부 LabVIEW 활용

제 2 부 비 전

1부

LabVIEW 활용

제1장 서 론

제2장 기본적인 LabVIEW 프로그래밍

제 1 장 서 론

1 계측 및 자동화 분야에서 LabVIEW 중요성

최근 들어 산업현장에서는 제품의 대외 경쟁력을 향상시키기 위한 많은 노력이 경주되고 있다. 이를 위한 여러 가지 노력 중에서 대표적인 것이 제품의 생산자동화를 통한 원가 절감, 신뢰성 확보, 보다 빠른 제품 개발 사이클 등을 들 수 있다. 이를 위해서는 실제 산업현장에서 발생하는 여러 가지 물리량을 컴퓨터 등을 이용해 원격으로 계측/분석/디스플레이를 실시하고, 이를 통해 적절한 제어를 실시하는 것을 필요로 한다. 이러한 기능을 주목적으로 하는 것 중에 대표적인 것이 LabVIEW(Laboratory Virtual Instrument Engineering Workbench) 프로그램 언어로써, 지금까지 계측기에서만 수행하던 계측을 PC에서 할 수 있게 하는 S/W이고 주로 계측 및 자동화 분야 등에서 많이 사용되고 있다. 즉 LabVIEW는 과학자, 엔지니어 등과 같이 컴퓨터 프로그램이 필수적으로 필요한 사람을 위해 특별히 고안된 프로그램 개발 및 실행 시스템으로써, 일종의 그래프적인 언어(graphic language)이다. 그러나 최근에는 MATLAB script 언어의 지원 등을 포함해서 다양한 수학적 연산과 FPGA, Real-Time, Embedded 기능 등이 추가되면서 수치해석 분야에서 뿐만 아니라 프로토타입(prototype)을 이용한 시뮬레이션 분야에서도 활용되고 있다. 다음 그림 1-1은 2005년에 “현재 데이터 수집과 장비 제어에 가장 많이 활용하고 있는 소프트웨어는?”이란 질문에 대해 1006명의 응답자를 대상으로 조사한 자료로써 ±2.59%의 신뢰도를 갖는다.

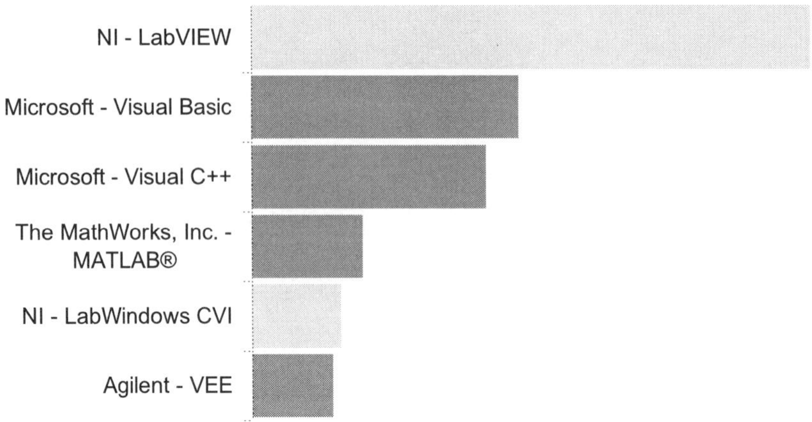

Survey : 2005 Global Product Awareness Tracking Study(NI Korea 자료 참조)

그림 1-1 데이터 수집 및 장비 제어 분야에 활용되고 있는 언어 현황

과거에는 특정 물리량을 측정하는 전용(stand-alone)측정기가 주로 사용되어 왔으나, 최근에는 데이터의 단순한 기록뿐만이 아니라 분석 및 제어 기능에 대한 필요성의 증가와 여러 가지 측정 대상을 복합적으로 통합할 필요성의 증가에 따라 다양한 기능을 수행할 수 있는 컴퓨터가 계측 장비의 중심으로 활용되기 시작하였다. 이러한 계측 환경의 변화는 놀랍도록 빠르게 기능과 속도가 발전되고 있는 개인용 컴퓨터의 발달에 기인한 바가 크며, 현재는 일부 첨단 장비만을 제외하고는 모든 전용측정기를 대체할 수 있을 정도로 성장하였다.

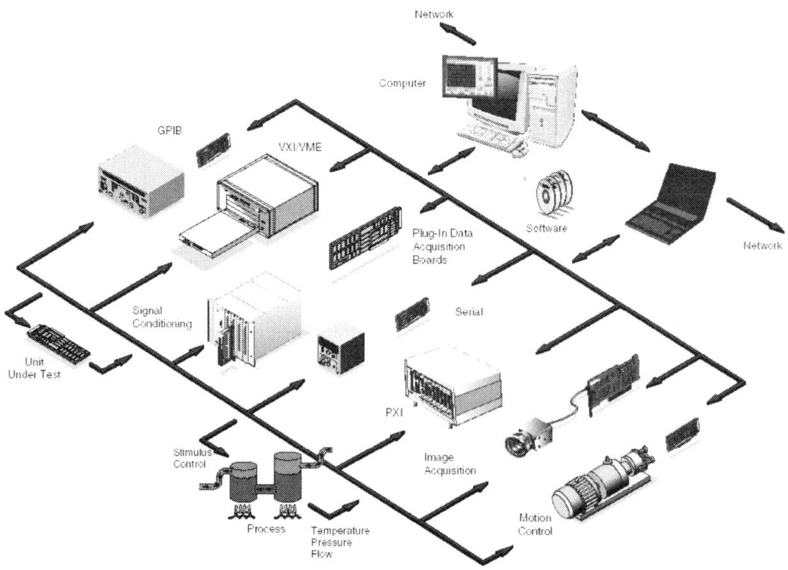

그림 1-2 LabVIEW를 이용한 컴퓨터-기반 계측 구성도

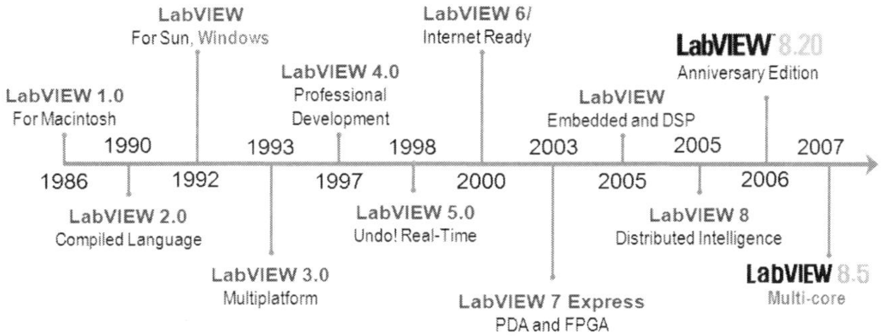

그림 1-3 LabVIEW 버전의 변화(NI 자료 참고)

한편, LabVIEW는 프로그램을 아이콘과 선(wire)을 이용해 그래프 적으로 작성함으로써 텍스트 언어에 비해 프로그램 작성이 직감적이며, 대화적이다. 이에 따라, 타 언어에 비해 초보자가 이해하고, 학습하고, 조작하기가 쉽고 최신 라이브러리와 예제가 바로 제공되기 때문에 산업적으로 필요한 최신의 기술을 바로 접할 수 있으며, 컴퓨터를 기반으로 하기 때문에 웹 및 통신을 통한 여러 장비 간의 데이터 공유가 비교적 쉽다. 또한, 강력한 프로그램의 개발 기간이 텍스트 언어에 비해 상대적으로 짧고, 다른 사람이 생성한 코딩에 대한 이해가 쉽기 때문에 소프트웨어 개발 및 유지보수 측면에서 매우 경제적이다. 하지만 텍스트 언어에 비해 실행 코드가 좀더 커진다는 단점을 가지고도 있으나 최근에는 큰 문제가 되지 않는다.

LabVIEW는 1986년 매킨토시용으로 처음 개발되었으며, 1992년 윈도용이 개발되어 국내 에는 1993년부터 보급이 시작되었다. 그 후 1~2년 간격으로 버전이 한 단계씩 업데이트되어 현재에는 LabVIEW 8.6 버전이 출시되어 있다. 그 동안 Real-Time, PDA, FPGA, Control Design, Simulation, Multi-threading, Multi-core 기능들이 새롭게 추가되었으며, 최근에는 LabVIEW 프로그램을 이용한 32-비트 AVR 마이크로컨트롤러에 대한 지원이 추가되었다. 다음 그림 1-3은 LabVIEW 버전에 대한 연도별 변화와 버전별로 업데이트된 주요 내용을 나타내고 있다.

2 광계측 분야에 있어서 LabVIEW 활용

광계측이란 "빛을 이용하는 계측"을 의미한다. 최근 들어 비접촉식 계측 방법인 레이저와 광학을 이용한 측정 방법이 여러 분야에서 널리 활용되고 있다. 이러한 광계측이 중요한 측정 수단 중의 하나로 등장하게 된 동기는 1960년 레이저(laser)의 출현에 기인한다. 레이저(Laser)는 Light Amplification by Stimulated Emission of Radiation의 머리글자를 따서 만든 단어로 "전자기파 복사를 유도하여 빛을 증폭" 한다는 뜻이다. 레이저는 빛을 증폭하는 장치로서 빛을 구성하는 광자(photon)들이 같은 파장, 위상 및 방향성을 갖게 되어 매우 특별한 성질을 갖게 된다. 레이저의 종류는 매우 다양하며 많이 사용되는 레이저로는 헬륨-네온, 아르곤 이온, Nd : YAG, CO_2, 반도체, 엑시머 레이저 등이 있으며, 레이저광은 일반광과 달리 다음과 같은 성질을 갖고 있다.

a) 간섭성(coherence)

간섭성(coherent)이 우수하다. 반사경 사이에 정제파가 구성되어 유도방출에 의한 광파만이 증폭되기 때문에 출력광이 코히런트 광이 된다. 이 때문에 종래에는 불가능했던 각종 간섭이나 회절을 이용한 측정이 가능하다.

b) 지향성(directionality)

광파가 공진기 내를 왕복할 때, 축 방향으로 진행하는 광만이 유도방출에 의해 증폭되기 때문에 방향성이 극히 뛰어난 광속이 얻어진다. 따라서 광의 직진성을 이용한 각종 측정을 할 수 있다.

c) 단색성(monochromaticity)

레이저는 2개의 에너지 준위 사이에서 결정되는 파장과 공진기의 간격에 의해 결정되는 정상파만을 증폭하기 때문에 단색성이 극히 뛰어나다. 따라서 일반적인 광원으로는 불가능했던 간섭, 편광의 성질을 이용할 수 있기 때문에 극히 높은 정확도가 요구되는 측정이 가능하다.

d) 고휘도(high brightness)

휘도란 단위면적당, 단위입체각당 에너지를 나타내는데 레이저는 지향성이 뛰어나기 때문에 입체각이 극히 작고, 위상이 같아 휘도가 대단히 크다. 따라서 아주 작은 면적에 빔을 집속할 수 있어 금속이나 비금속 물질을 쉽게 가공할 수 있을 뿐만 아니라 미사일 파괴 등의 병기로도 이용될 수 있다.

다음 그림 1-4는 광계측의 원리를 설명한 것으로 광센서에 기준이 되는 빛을 입사시키고 측정하고자 하는 물리량과 입사광과의 상호작용에 의해 특성이 변화된 출력광이 나타나게 된다. 먼저 측정대상 물리량과 입사광과의 상호작용에 대한 정량적인 변화를 미리 알고 있다면 출력광에서의 변화를 측정함으로써 측정하고자 하는 물리량의 크기를 알 수 있다.

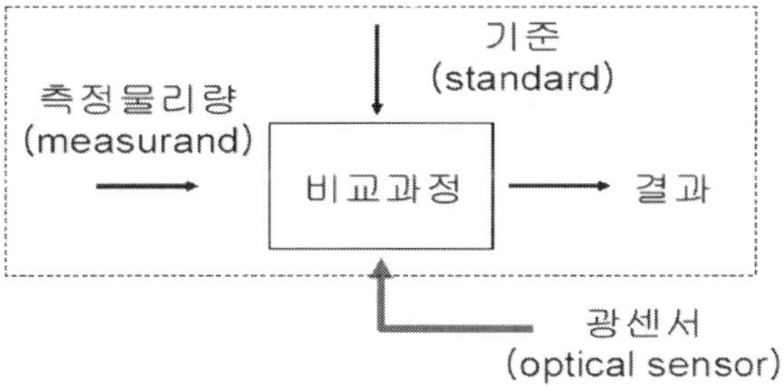

그림 1-4 광계측의 측정 원리

광계측에 의해 측정 가능한 물리량으로는 변위, (가)속도, 온도, 스트레인, 압력, 전류, 전압 등이 있으며, 이 외에도 거의 모든 물리량이 측정 가능하며, 이러한 물리량을 측정하기 위한 기본 메커니즘은 그림 1-5와 같다. 즉, 변환기(transducer)에 입력광(주로 레이저 빔)을 입사시키면 물리량과의 상호작용에 의해 출력광의 특성이 변화하게 된다. 이때 입력광에 의한 출력광의 변화는 빔의 강도, 위상, 파장과 편광 방향의 변화로 나타나게 된다.

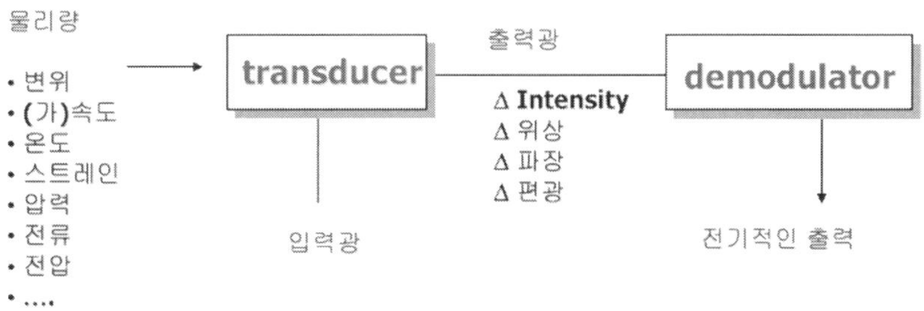

그림 1-5 광계측에 의한 물리량의 측정 메커니즘

따라서, 출력광에서의 상대적인 변화를 측정할 수만 있다면 이와 상호작용한 물리량의 크기도 알 수 있다. 복조부(demodulator)에서는 출력광에서의 변화를 주로 전기적인 신호로 변환하는 작업을 수행한다. 출력광에서의 변화를 전기적인 신호로 변환하여 검출하는 방법과 그 적용 분야는 다음 표와 같다.

출력광 변화	검출방법	적용분야
강도	광검출기(photo detector)	가시도, gas/먼지, 레벨 등
위상	간섭계(Interferometer)	온도, 진동, 변위, 속도, 스트레인, 음파, 경보 신호 등
파장	파장 필터, 파장분석기	온도, 스트레인, 압력 등
편광	편광 분석기	전류, 전압, 편광 의존성 특성 등

광계측 기술은 산업, 생활, 보건의료 및 환경 분야 등에 광범위하게 적용이 가능한 원천 핵심기술로써 자동차, 가전, 바이오, 에너지, 나노 기술과의 융합을 통해 새로운 고부가가치 제품개발이 용이하다는 장점을 가지고 있으며, 기술적으로는 다음과 같은 장점을 가지고 있다.

- 전자파 장애(EMI)에 의한 잡음이 없다.
- 전기적인 단락, 누전, 감전 등의 염려가 없다.
- 크기가 작고 가볍다.
- 거의 모든 종류의 물리량 측정에 활용이 가능하다.
- 감도가 매우 높다.
- 광 손실이 적다.
- 분포형 센서가 가능하다.
- 원격 측정이 가능하다.
- 일반 센서의 설치가 불가능한 환경에서도 사용이 가능하다.

광섬유 센서의 원리는 광섬유와 상호작용하는 외부 물리량에서의 변화(신호)에 의해 광섬유 내부를 진행하는 코히런트한 빛에 유도되는 특성 변화를 측정하여 외부 물리량을 측정하는 것이다. 이때 광섬유는 측정 대상에 빛을 전달하는 역할뿐만 아니라 광섬유와 외부 신호 사이에 상호작용을 일으키는 역할을 수행한다. 다음 그림 1-6은 광섬유를 이용한 광계측 시스템의 구성 예의 하나로써 센서 코일을 사용해서 측정하고자 하는 물리량과 상호작용을 집중적으로 발생시키고, 이때 출력광에서의 변화를 전기적인 신호로 측정하기 위해 기준광과 간섭을 발생키고, 간섭 파형을 포토다이오드(PD)를 통해 전기적인 신호로 변환한다. 최종적으로 컴퓨터에서는 DAQ(data acquisition) 보드를 사용해 아날로그인 전기 신호를 디지털로 변환(ADC)하여 읽어 들이고, 얻어진 데이터를 화면에 디스플레이하고 분석을 실시한다. 이때 주로 활용하는 언어는 LabVIEW이며, 본 교재에서는 이러한 LabVIEW의 기본적인 사용법에 대해 기술한다.

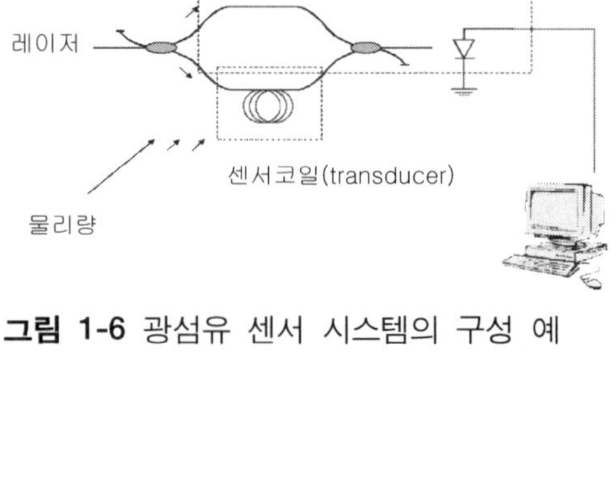

그림 1-6 광섬유 센서 시스템의 구성 예

그 밖에 광섬유 브래그(Brag) 격자 센서는 한 가닥의 광섬유에 여러 개의 광섬유 브래그 격자를 길이에 따라 파장(λ) 간격으로 새긴 후, 주변 온도나 인장 강도에 따라 광섬유의 굴절률이나 길이가 변화하며, 이에 따라 격자에서 반사되는 빛의 파장이 변화되는 것을 이용한 센서로써 온도, 인장 등을 쉽게 감지할 수 있다. 브릴리앙 센서는 광섬유에 세기가 큰 빛이 진행할 때, 실리카 유리 안에 존재하는 음향 진동파에 의해 빛의 일부가 반사되는 현상을 이용하는 센서로써, 주변 온도나 인장 강도 변화에 따라 브릴리앙 산란광의 중심 주파수가 변한다. 따라서 이 주파수 변화를 측정하면 온도나 인장 강도를 측정할 수 있다.

다음 그림 1-7은 간섭계를 이용한 진동해석 시스템으로써 간섭무늬를 인위적으로 만들어 측정 대상에 조사시키고 무늬 모양의 변화를 CCD 카메라로 측정함으로써 미세한 진동을 측정하는 시스템의 예를 나타낸다. 또한 이와 유사한 방법으로 무아레 패턴과 같은 특정 간섭 패턴을 만들어 물체에 조사한 후 CCD 카메라를 이용해 이미지를 저장하고, 변형된 간섭 패턴에서 3차원 높이 정보를 추출하는 3차원 형상측정 방법도 사용되고 있다.

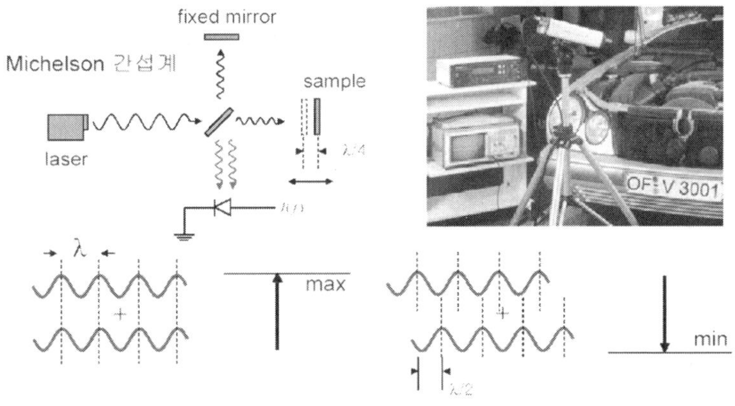

그림 1-7 간섭계를 이용한 진동 해석의 예

미세 형상 및 물질, 소자 등을 직접 관측하기 위해 사용되는 기존 광학현미경은 물체에서 반사된 빛으로 관측한다. 따라서, 광학현미경의 분해능은 대물렌즈의 회절한계(Diffraction, Rayleigh 또는 Abbe limit) 때문에 근본적인 한계(약 λ/2)가 있다. 반면에, 매우 뾰족한 금속 탐침을 시료의 표면에 나노 크기 정도로 근접시킨 후 표면을 주사하면서 이미지를 획득하는 주사 탐침 현미경(SPM, scanning probe microscope)이 1980년대에 개발되었다. 주사 탐침 현미경은 원자 수준의 고분해능으로 3차원 표면 구조와 물성에 대한 정보를 얻을 수 있다. 대표적인 주사 탐침 현미경으로서는 STM(Scanning Tunneling Microscope), AFM(Atomic Force Microscope) 등이 있으며, 최근에는 빛의 파장보다 작은 구멍(aperture)을 끝단에 갖고 있는 광파이버 프로브를 시료에 나노 크기로 근접시켜 국소적으로 형성된 빛(Near-field)을 검출함으로써 미세한 3차원 표면 정보와 함께 광학적 특성을 파장보다 매우 작은 수준에서 측정할 수 있는 근접장 주사광학 현미경(NSOM, Near-field Scanning Optical Microscope)이 개발 되었다.

NSOM은 일반 광학현미경에 비해 많은 장점을 가지고 있으며, 특히 살아있는 시료를 관측해야 할 경우가 많은 세포생물학(Cell Biology) 분야에서는 진공상태에서 관측해야 하는 SEM(Scanning Electronic Microscope)이나 전자터널링(tunneling)을 이용하는 STM에 비해 여러 가지 장점을 가지고 있기 때문에 향후 21C 유전자 조작분야 등의 세포생물학 분야에 있어서 그 필요성이 클 것으로 생각된다.

다음 그림 1-8은 근접장 주사광학 현미경의 전체 시스템 구성도의 한 예를 나타낸 것으로 나노위치 제어를 위한 PZT 구동부가 있고, 나노 높이를 변화를 측정하기 위한 검출부와 함께 Vision 시스템과 Lock-in 증폭기를 포함한 제어 • 화상표시부로 구성된다.

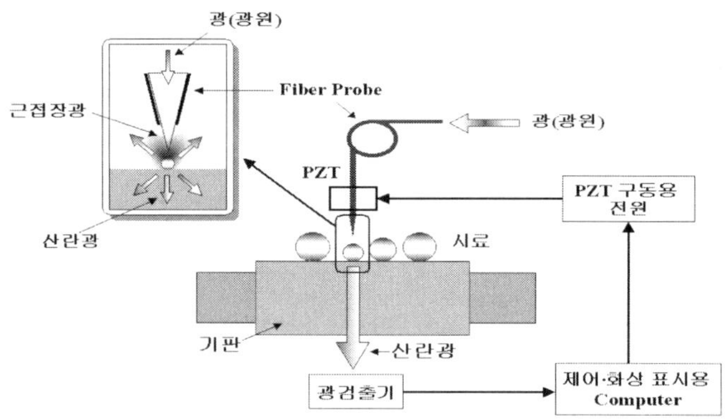

그림 1-8 근접장 주사광학 현미경(NSOM)의 전체 시스템 구성도 예

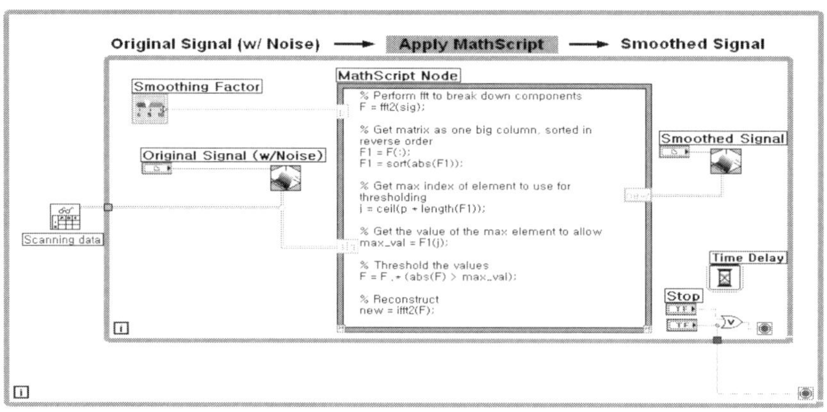

그림 1-9 NSOM이미지의 Smoothing 알고리즘

다음 그림 1-9는 위의 시스템에 얻어진 이미지를 부드럽게 해주기 위한 smoothing 알고리즘을 LabVIEW를 이용해 구현한 것으로 MathScript 노드를 사용하고 있다. LabVIEW MathScript 윈도나 MathScript 노드에서는 내장 함수와 스크립트를 사용해 프로그램을 작성할 수 있으며, MathScript 구문은 MATLAB 언어 구문과 거의 유사하다.

다음 그림 1-10은 그림 1-8의 시스템을 사용했을 때의 표준 샘플과 실험을 통해 얻어진 나노 이미지를 나타낸 것으로 오차가 포함되어 있지만 어느 정도의 유사한 이미지를 얻을 수 있음을 알 수 있었다.

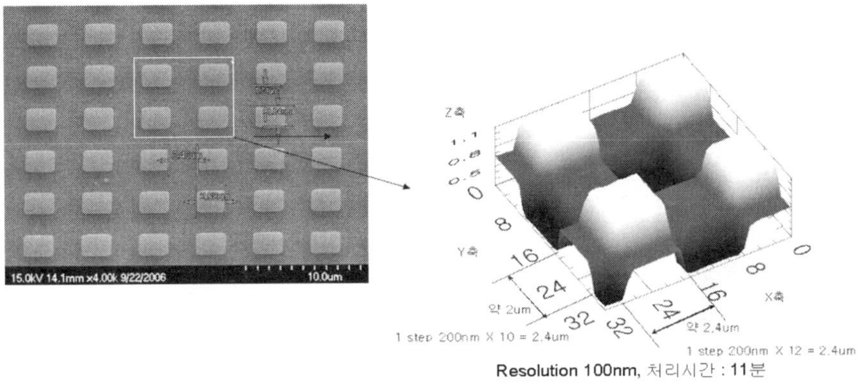

그림 1-10 AFM용 SiO 표준 시료와 얻어진 NSOM 이미지

이 이외에 LabVIEW를 활용한 대표적인 광계측 분야로써는 비전(Vision)과 모션(Motion) 제어를 이용한 머신 비전 분야로써, 측정된 이미지의 보상 및 필터링 뿐만 아니라 명암과 색상에 의한 제품의 존재 유무 검사, 패턴과 에지 검출에 의한 위치 검사, 문자인식(OCR)과 바코드 인식 등에 의한 제품 식별, 패턴 매칭과 에지 검출, 게이지 등을 이용한 파라미터 또는 형상 측정 방법 들이 있다.

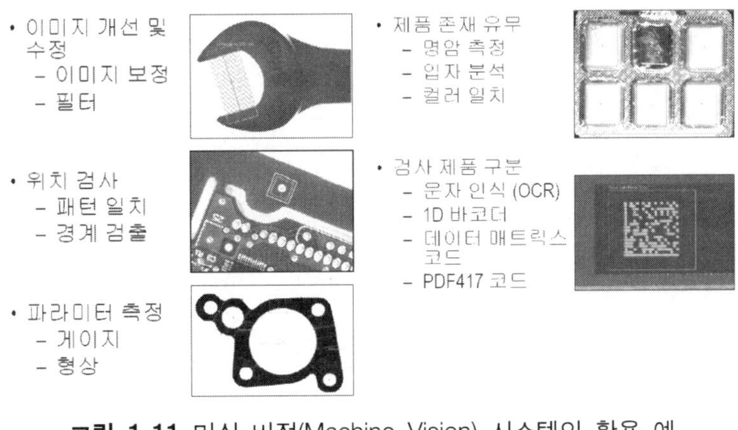

그림 1-11 머신 비전(Machine Vision) 시스템의 활용 예

다음 그림 1-12는 머신 비전 시스템을 이용한 광파이버 검사 측정 시스템의 프런트 패널과 블록다이어그램을 나타낸 것이다.

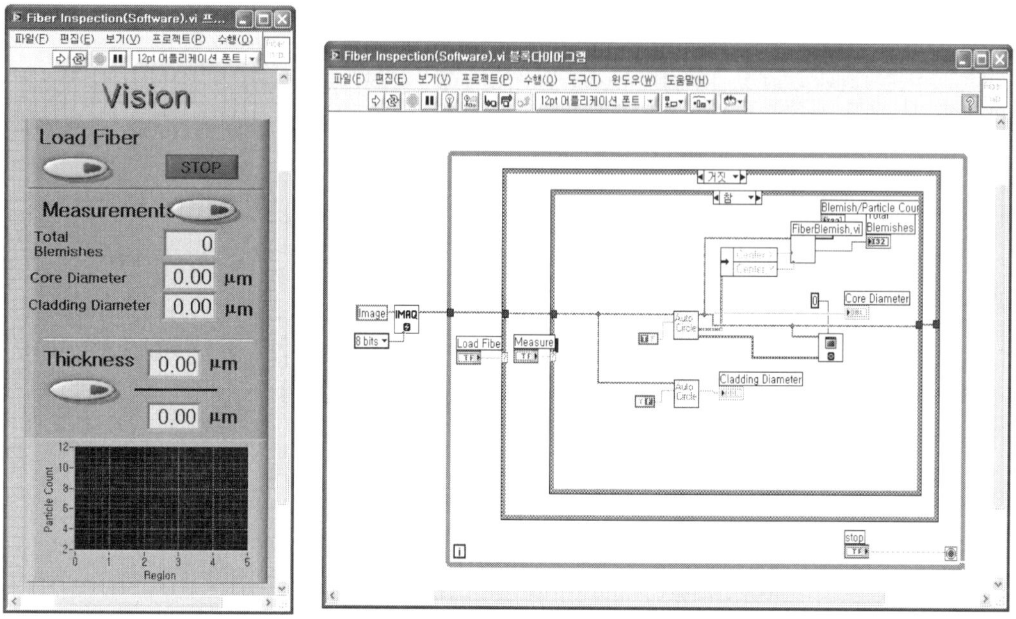

그림 1-12 LabVIEW 프로그램을 이용한 머신 비전(Machine Vision)의 예 : 광파이버 검사 측정 시스템(왼쪽은 프런트 패널, 오른쪽은 블록다이어그램)

다음 그림 1-13은 위에 나타낸 머신 비전 측정 시스템을 이용해 측정한 광파이버 절단면으로써, 이미지의 분석을 통해 광섬유 코어(core)와 클래드(clad)의 진원 정도와 치수를 측정할 수 있다.

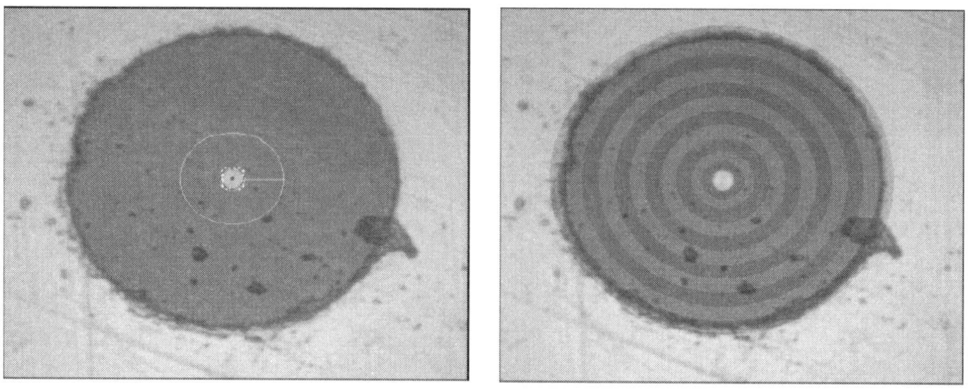

그림 1-13 광파이버 검사 측정 시스템을 이용해 측정한 광섬유 단면의 예

제 2 장
기본적인 LabVIEW 프로그래밍

1 LabVIEW 개요

컴퓨터를 포함한 모든 디지털 시스템은 0과 1로 이루진 2진수를 사용하며, 또한 2진수 집합으로 이루어진 기계어를 사용해 장비를 구동 및 제어할 수 있다. 이러한 기계어를 생성하기 위한 언어 중 가장 기계어에 근접한 것이 어셈블리어(Assembly Language)이다. 하지만 어셈블리어는 하드웨어에 따라 프로그램 방식이 달라지기 때문에 하드웨어에 상당히 익숙한 사용자만이 프로그램이 가능하다는 단점을 가지고 있다. 반면에 컴파일러가 간단하고 실행속도가 가장 빠르다는 장점을 가진다. 이러한 어셈블리어의 단점을 극복하고 사용자가 보다 쉽게 프로그램을 할 수 있도록 개발된 언어가 바로 고급 언어(C, Basic, Fortran, Pascal 등)이다. 또한, 이러한 고급 언어에 객체 지향성과 클래스 개념 등을 도입해 사용 편리성과 기능을 대폭 향상시킨 것으로 Visual C/Basic, C#, Net 등이 있다. 그러나 이와 같은 언어는 모두 텍스트 언어로써 일반 사용자가 프로그램을 작성하고 이해하는 데에는 많은 시간을 필요로 하며, 어려움이 계속 남아있다.

반면에 LabVIEW는 C 언어를 이용해 개발된 툴이지만, 그래픽 프로그램을 통해 거의 모든 공학용 어플리케이션을 개발할 수 있기 때문에 그래픽 언어로 간주할 수 있다. LabVIEW의 장점은 그래픽으로 프로그램을 작성하고 시각적으로 쉽게 확인이 가능하기 때문에 초보자도 쉽게 프로그램을 개발할 수 있고, 이해하기가 쉽다는 점이다. 반면에 프로그램의 크기가 일반 텍스트 언어에 비해 커지고, 실행속도도 일부 경우에는 늦어질 수 있다는 점이 단점이지만 최근에는 컴퓨터의 성능이 워낙 좋다보니 이러한 점들은 큰 문제가 되지 않는다. 다음 그림 2-1은 여러 가지 언어에 대한 계층도를 그림으로 간단히 나타낸 것이다.

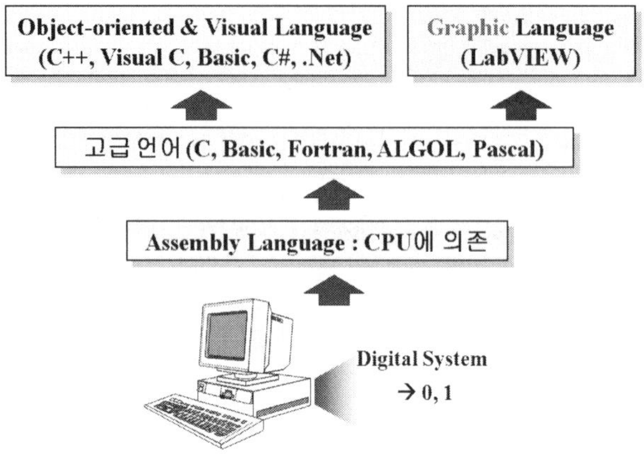

그림 2-1. 디지털 시스템을 위한 언어

즉, LabVIEW는 그래픽 방식의 언어로써 프로그램을 작성하는데 텍스트(Text) 대신 아이콘(Icon)과 터미널, 와이어를 사용한다. 그리고, 텍스트 기반의 언어에서 프로그램의 실행순서가 명령에 의해 결정되는 반면에 LabVIEW에서는 노드와 와이어를 통해 데이터가 흘러가는 순서대로 실행순서가 결정되는 데이터 흐름(Data flow) 프로그램 방식이다.

2 LabVIEW 설치 및 인증(Activation) 방법

LabVIEW 프로그램을 설치하기 위해서는 먼저 LabVIEW 소프트웨어를 NI 홈페이지에서 다운로드하거나 평가판 CD, 또는 정식 구매를 통해서 CD를 준비를 해야만 한다. LabVIEW 개발 시스템인 소프트웨어는 4가지(Base, Full, Professional, Student) 버전이 있으면 각각 약간의 차이를 가지고 있다. LabVIEW 평가판 소프트웨어를 다운로드하기 위해서는 그림 2-2와 같이 NI Korea 홈페이지(http://www.ni.com/ko)로 접속한 후, 오른쪽의 메뉴 중에서 소프트웨어 다운로드를 클릭하여 확장시키면 NI 평가판 소프트웨어라는 메뉴가 나타난다. 이것을 클릭하면, 그림 2-3과 같이 LabVIEW 평가판 소프트웨어를 다운로드할 수 있는 곳으로 이동하게 된다.

이곳에서는 LabVIEW 이외에 National Instrument에서 생성하는 주요 소프트웨어(Developer Suite, LabWindows/CVI, Multisim, TestStand, Motion Assistant, Vision Builder, Switch Executive 등)를 다운로드할 수 있다. 여기서 LabVIEW 평가판 다운로드를 선택한다. LabVIEW 8.5(한글판) 평가판 다운로드를 수행하기 전에 필요한 설문을 요청하는 웹페이지가 나타나며 간단히 해당 사항 없음을 선택하고 계속 버튼을 클릭하면 된다.

그림 2-2 NI Korea의 홈페이지

그림 2-3 NI 평가판 소프트웨어를 다운로드하기 위한 웹페이지

그러면 최종적으로 그림 2-4와 같은 창이 나타나고 LabVIEW 8.5(한글판) 다운로드를 클릭하면 파일 다운로드 대화 상자가 나타나며 저장 버튼을 클릭한 후 저장할 공간을 지정해주면 다운로드가 시작된다. 또한 평가판은 하드웨어 드라이버를 제공하지 않기 때문에 평가판 소프트웨어에서 하드웨어와 인터페이스해서 사용하려면 디바이스 드라이버를 다운로드해야만 한다. 드라이버는 그림 2-5와 같이 ni.com/downloads에서 다운로드할 수 있다.

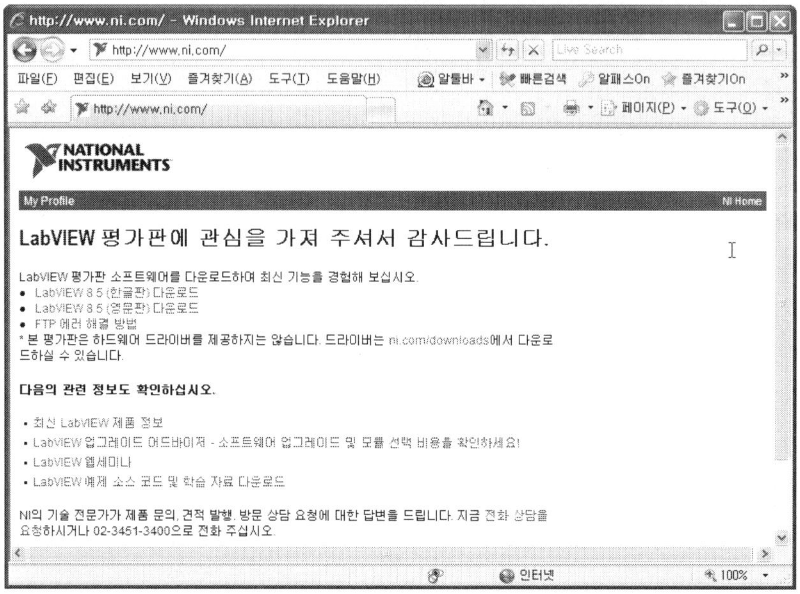

그림 2-4 LabVIEW 8.5 (한글판) 평가판 다운로드를 수행하기 웹페이지

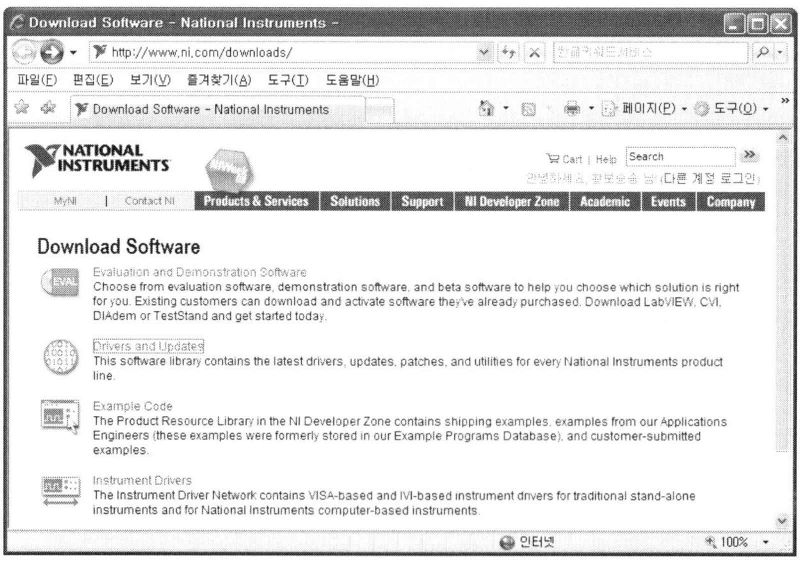

그림 2-5 디바이스 드라이버 및 평가판 소프트웨어 다운로드를 위한 웹페이지

그림 2-6 LabVIEW 설치를 위한 창

평가판 소프트웨어 다운로드를 완료한 후에는 자신이 원하는 위치에 압축을 풀고, 설치 파일을 실행한다. 그러면 다음 그림 2-6과 같은 설치화면이 나타난다. 메뉴에서 NI LabVIEW 8.5 한글판 설치를 선택하면 설치가 시작된다.

설치한 후 LabVIEW는 30일 동안 평가판으로 바로 사용할 수 있지만, NI 로고가 화면에 표시되는 단점이 있다. 따라서 이와 같은 문제점을 해결하기 위해서는 라이선스 구입을 통해 정품인증을 해야만 한다. 정품인증은 컴퓨터에서 소프트웨어가 실행되도록 하기 위해 정품인증 코드를 얻는 과정이다. 정품인증 코드는 사용자 컴퓨터에서 기능을 사용할 수 있도록 소프트웨어, 버전, 컴퓨터 ID를 검증하는 문자와 숫자로 구성된 문자열이며, 정품인증 코드는 유일하며 해당 컴퓨터에서만 유효하다. 소프트웨어 정품인증은 NI 정품인증 마법사를 사용하여 정품인증 코드를 획득함으로 이루어진다. 정품인증 마법사는 설치 종료 후 자동 팝업(Pop-up)되거나 시작≫프로그램≫National Instruments≫NI 라이선스 관리자를 선택한 후, 도구 모음에서 정품인증 버튼을 클릭하면 나타난다.

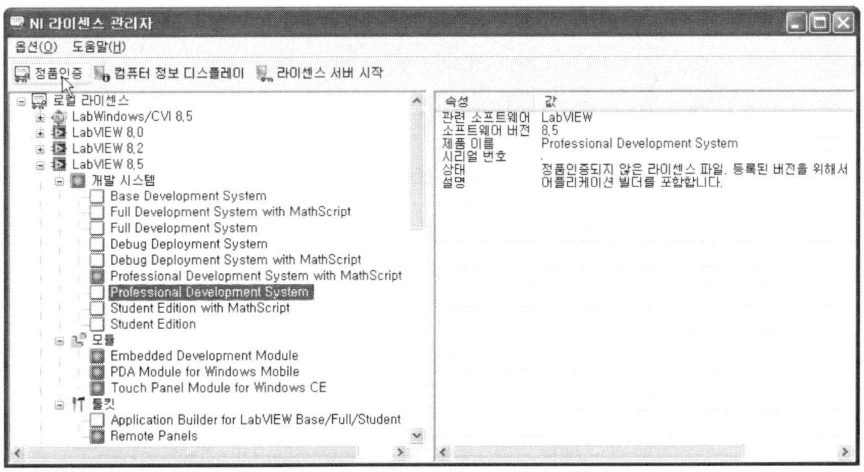

그림 2-7 NI 라이선스 관리자

윈도 환경 하에서 LabVIEW Professional Development System을 정품인증하면 어플리케이션 빌더가 자동으로 포함되지만, Base Package 혹은 Full Development System의 경우에는, 그림 2-7에 나타나 있는 바와 같이 따로 어플리케이션 빌더를 구입하여 정품인증을 해서 사용해야만 한다.

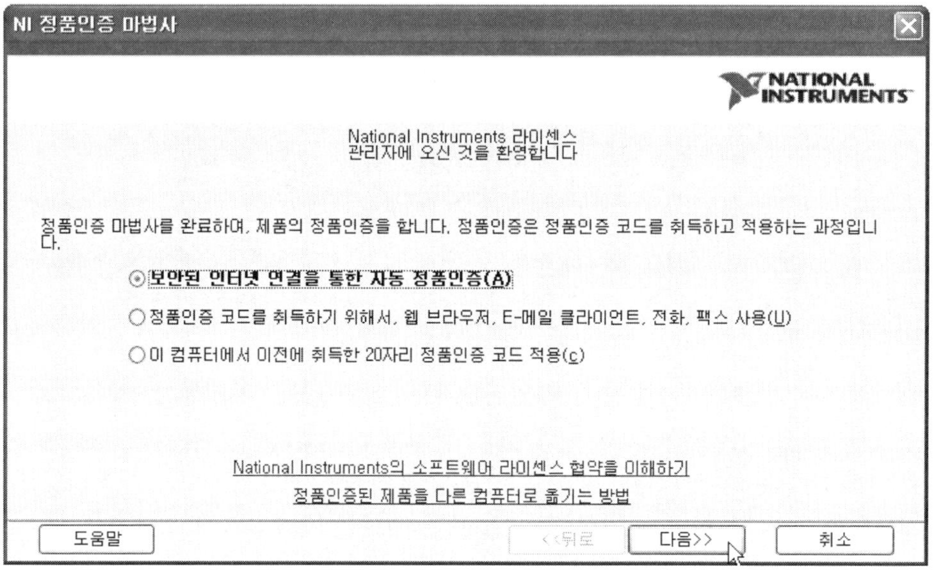

그림 2-8 NI 정품인증 마법사

또한, NI 정품인증 마법사에서 정품인증 코드를 취득하는 방법에는 그림 2-8에 나타낸 것과 같이 3가지 방법이 있지만 주로 2가지 방법이 많이 사용된다. 하나는 제품과 함께 받은 동봉된 소유자 또는 등록 카드에서 시리얼 번호를 찾아 등록하는 방법이고, 또 다른 방법은 NI Korea를 통해 20자리 정품인증 코드를 획득하여 정품인증을 받는 방법이다. 후자의 경우는 컴퓨터 ID가 필요하며, 이것은 각각의 컴퓨터에 대한 유일한 정보를 포함하고 있으며 다음과 같이 NI 라이선스 관리자를 실행한 후, 도구 모음의 컴퓨터 정보 디스플레이 버튼을 클릭함으로써 찾을 수 있다.

그림 2-9 컴퓨터 정보 상자

3 LabVIEW 시작하기

LabVIEW를 처음 실행하면 그림 2-10과 같이 시작하기 창이 나타난다. 이 창을 사용하여 새 VI 또는 새 프로젝트를 생성하거나, 가장 최근에 열었던 LabVIEW 파일/프로젝트 중에서 선택하거나, 예제 찾기를 통해 특정 예제를 찾거나, 기본 매뉴얼과 도움말을 실행할 수 있다. 또한 웹 리소스를 통해 NI 웹사이트(ni.com)에서 특정 매뉴얼, 도움말 항목, 리소스 등 도움이 되는 정보를 얻을 수 있다.

시작하기 창은 기존 파일을 열거나 새 파일을 생성하면 사라진다. 시작하기 창은 열린 모든 프런트 패널과 블록다이어그램이 닫힐 때 다시 나타난다. 또한, 프런트 패널 또는 블록다이어그램에서 보기(V)≫시작하기 윈도(G)를 선택하여 이 창을 디스플레이할 수 있다.

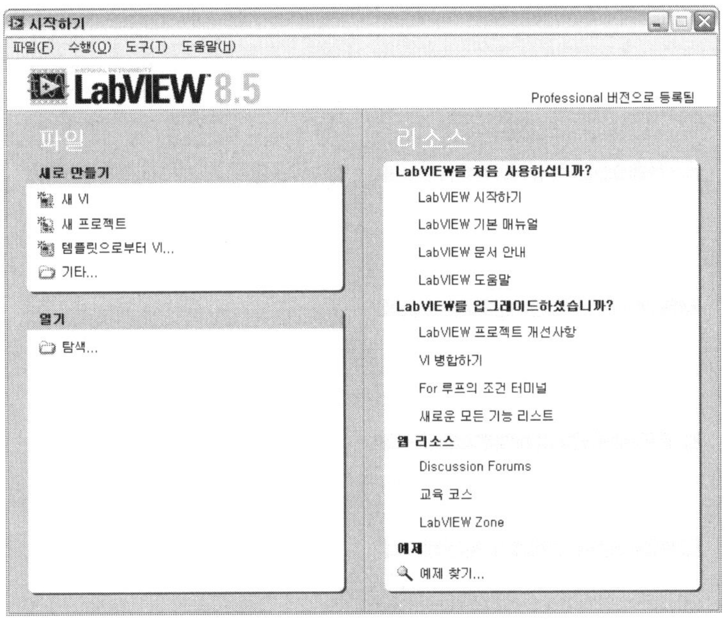

그림 2-10 LabVIEW 시작하기 윈도

4 LabVIEW VI의 주요 구성요소

LabVIEW 프로그램은 모듈식 하드웨어를 이용해 오실로스코프, 전압계, 함수발생기, 멀티미터 등과 같은 여러 독립적인 장비(Stand-alone instrument)의 기능을 수행하는 어플리케이션을 하나의 컴퓨터에 구현할 수 있다는 장점을 가진다. 또한, 프로그램의 수정과 보완을 통해 기능의 업데이트와 다른 기능의 추가와 통합 등을 손쉽게 달성할 수도 있다. 이와 같이 LabVIEW 프로그램을 이용해 가상(virtual) 장비들을 컴퓨터 상에 구현한다고 볼 수 있으며, 이에 따라 어플리케이션의 확장자는 VI(virtual instrument)를 가진다. 다음 그림 2-11은 LabVIEW 프로그램의 구성 예(LabVIEW\examples\apps\demos.llb\Vibration Analysis.vi)를 나타낸 것이다.

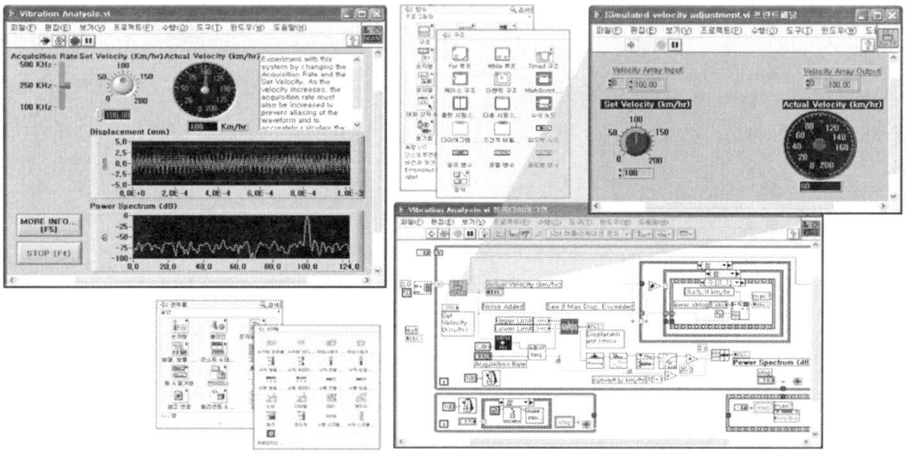

그림 2-11 LabVIEW 프로그램의 구성

LabVIEW 프로그램은 위에 표시한 바와 같이 크게 프런트 패널과 블록다이어그램으로 분류할 수 있으며, 그 외에 프런트 패널과 블록다이어그램 코딩을 위한 컨트롤 팔레트와 함수 팔레트로 이루어진다. 한편 하나의 LabVIEW 어플리케이션은 다른 어플리케이션의 서브 VI로 동작할 수 있다. 이 외에 중요한 구성요소로는 프로젝트를 관리하고 유지하는 프로젝트 탐색기 창이 있다.

4.1 프런트 패널(Front panel)

프런트 패널은 VI의 사용자 인터페이스이며, 다음 그림 2-12에 나타난 것과 같이 실제 물리적인 인스트루먼트의 프런트 패널과 마찬가지로 데이터를 설정하거나 표시할 수 있으며, 그 외에도 시스템의 데이터 흐름 등을 표시할 수 있다.

프런트 패널은 컨트롤 팔레트에 있는 입력과 출력 터미널인 컨트롤과 인디케이터를 사용하여 구성한다. 컨트롤은 장비의 프런트 패널에 있는 입력을 모의하고 VI의 블록다이어그램에 입력 데이터를 제공한다. 인디케이터는 장비의 출력을 모의하고 블록다이어그램에서 전송된 데이터를 수집하거나 디스플레이 한다.

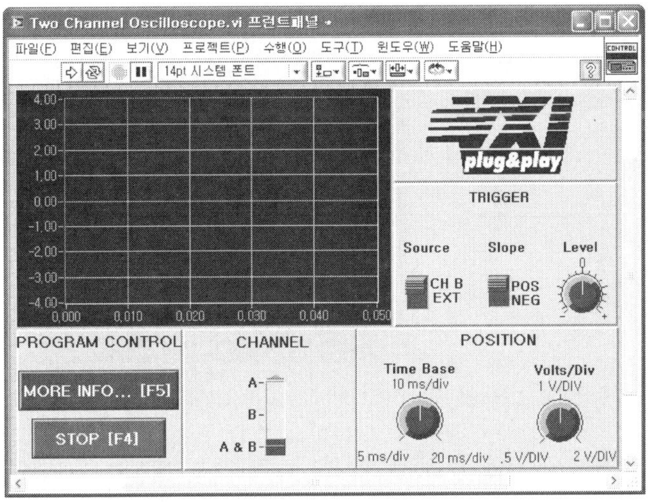

그림 2-12 VI의 프런트 패널 예제

4.2 블록다이어그램(Block diagram)

프런트 패널을 만든 후에는 프런트 패널의 객체들은 그림 2-13과 같이 블록다이어그램에서 각 터미널로 나타나게 되며, 이때 입력을 위한 터미널은 컨트롤(Controls)로 표시되고, 출력용 터미널은 인디케이터(Indicators)로 표시된다. 블록다이어그램에서는 이들 터미널과 그래픽 형태의 함수들을 사용하여 G 코드로 알려진 그래픽 프로그램 코드가 작성되게 된다. 다음 VI의 프런트 패널에는 숫자형 및 다이얼 컨트롤과 함께 온도계 및 미터 인디케이터를 위치시켰으며, 이에 따라 블록다이어그램에는 이들 객체에 대한 터미널이 나타난다. 이때 컨트롤과 인디케이터 터미널은 와이어 툴에 의해 서로 연결이 가능하며, 컨트롤은 데이터 입력으로 작동하고 인디케이터는 데이터 출력으로 동작한다.

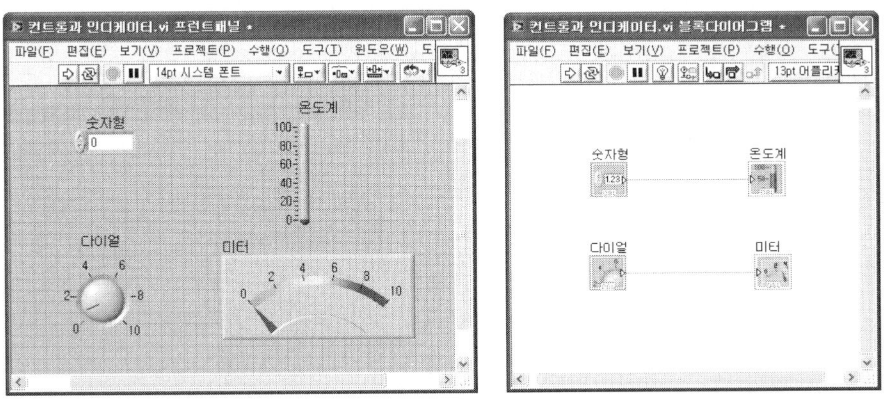

그림 2-13 컨트롤/인디케이터와 그에 따른 아이콘 터미널

블록다이어그램에서는 컨트롤과 인디케이터를 아이콘 형태로 나타내거나 또는 데이터 타입 터미널로 나타낼 수 있으며, 기본적으로 프런트 패널 객체는 아이콘 터미널로 설정되어 있다. (도구≫옵션≫블록다이어그램에서 변경 가능) 예를 들어, 다음 그림 2-14의 노브 아이콘 터미널은 프런트 패널의 노브와 블록다이어그램의 터미널을 각각 나타낸다.

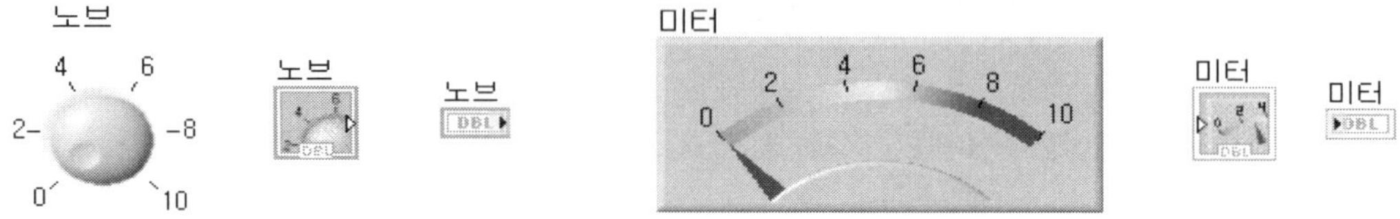

그림 2-14 노브 컨트롤 및 미터 인디케이터의 아이콘 및 일반 터미널

터미널 타입은 색상과 모양을 통해서 알 수 있다. 즉, 아이콘 터미널과 일반 터미널의 우측에 있는 삼각형은 터미널이 입력, 즉 컨트롤인 것을 나타내며, 반면에 인디케이터의 경우에는 좌측에 삼각형이 나타난다. 그리고 컨트롤의 경우 테두리가 굵은 반면 인디케이터는 테두리 선이 상대적으로 얇다. 또한 주황색은 실수를 의미하며, 터미널 안의 글자 DBL은 위의 노브와 미터가 각각 8바이트의 배정도 부동소수인 것을 의미한다. 한편, 컨트롤과 인디케이터는 객체를 오른쪽 마우스로 클릭한 후에 컨트롤로 변경 또는 인디케이터로 변경을 선택함으로써 쉽게 변경이 가능하다.

4.3 컨트롤 팔레트(Control palette)

컨트롤 팔레트는 프런트 패널을 생성하기 위한 컨트롤과 인디케이터로 구성되며, 컨트롤과 인디케이터는 각각의 타입에 따라서 서브 팔레트에 위치한다. 메뉴에서 보기(V)≫컨트롤 팔레트(C)를 선택하거나 프런트 패널의 빈 공간에서 마우스 오른쪽 버튼을 클릭하면 컨트롤 팔레트가 표시된다. LabVIEW는 종료 시에 컨트롤 팔레트의 위치와 크기를 저장하며 LabVIEW를 재시작할 때 같은 위치에서 같은 크기로 팔레트가 나타나게 한다. 또한 컨트롤 팔레트의 내용은 컨트롤의 왼쪽 위에 있는 압핀을 클릭해서 컨트롤 보기를 잠근 후, 보기 버튼을 클릭해서 보이는 환경 변경을 선택해 수정함으로써 변경할 수도 있다. 다음 그림 2-15는 컨트롤 팔레트를 나타낸 것으로 DSC 모듈과 Vision 모듈을 추가로 포함하고 있다.

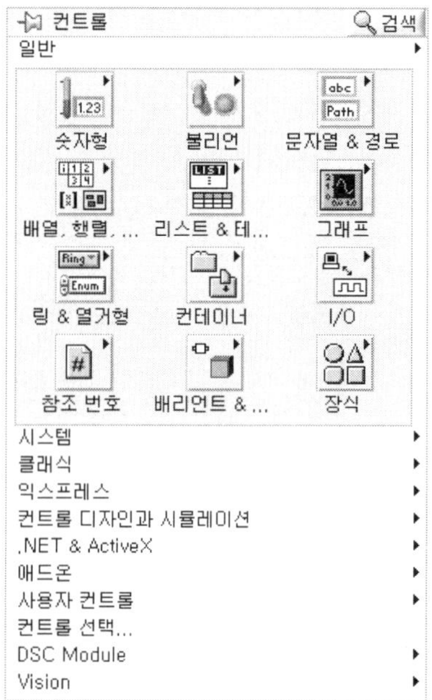

그림 2-15 컨트롤 팔레트

4.4 함수 팔레트(Function palette)

함수 팔레트는 블록다이어그램에서만 사용할 수 있으며, 블록다이어그램에서 그래픽 코드를 생성하기 위한 VI와 함수들로 구성되어 있다. VI와 함수는 기능에 따라 각각의 서브 팔레트 내에 위치한다. 보기(V)≫함수 팔레트(F)를 선택하거나 블록다이어그램의 빈 공간에서 마우스의 오른쪽 버튼을 클릭하면 함수 팔레트가 표시된다. LabVIEW는 종료 시 함수 팔레트 위치와 크기를 저장하며, 재시작할 때 같은 위치에서 같은 크기로 팔레트가 나타난다. 또한 컨트롤 팔레트에서와 마찬가지로 함수 팔레트의 내용도 함수 보기를 잠근 후, 보기 버튼을 클릭해서 보이는 환경 변경을 선택해 수정함으로써 변경할 수도 있다. 다음 그림 2-16은 함수 팔레트를 나타낸 것으로 DSC 모듈, Embedded 모듈, ARM 모듈, FPGA 모듈, Real-Time 모듈과 함께 여러 애드온(Add-on) 라이브러리가 추가로 설치되어 있는 것을 알 수 있다.

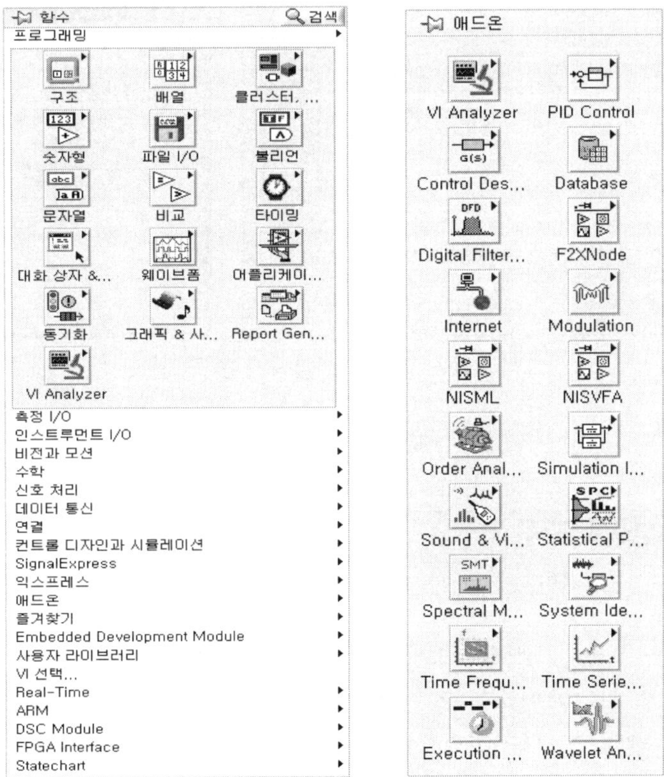

그림 2-16 함수 팔레트

4.5 프로젝트 탐색기 창

LabVIEW 8.0 부터는 큰 어플리케이션의 개발과 관리를 위해 프로젝트의 개념이 도입되었으며, 프로젝트 탐색기 창을 사용하여 LabVIEW 프로젝트를 생성하고 편집할 수 있다. 프로젝트를 사용하여 VI, 텍스트 파일과 설명서 파일들을 하나로 그룹화하여 빌드 스펙을 생성하고, 또한 파일을 타깃에 배포하거나 다운로드할 수 있다. 실행 파일과 공유 라이브러리를 만들기 위해서는 반드시 프로젝트를 사용해야만 한다. 또한 RT, FPGA, PDA, Touch Panel, DSP 또는 AVR등 임베디드 타깃에 프로그램을 다운로드하기 위해서는 프로젝트를 사용해야만 한다. 파일(F)≫새 프로젝트를 선택하고, 아이템 열기 창에서 추가를 선택하면 다음 그림 2-17과 같이 현재 VI가 포함된 프로젝트 탐색기 윈도가 열리게 된다. 프로젝트를 저장하면 LabVIEW는 프로젝트 파일(.lvproj)을 생성하고, 이 파일에는 프로젝트의 파일 참조, 설정 정보, 빌드 정보, 개발 정보 등이 포함된다.

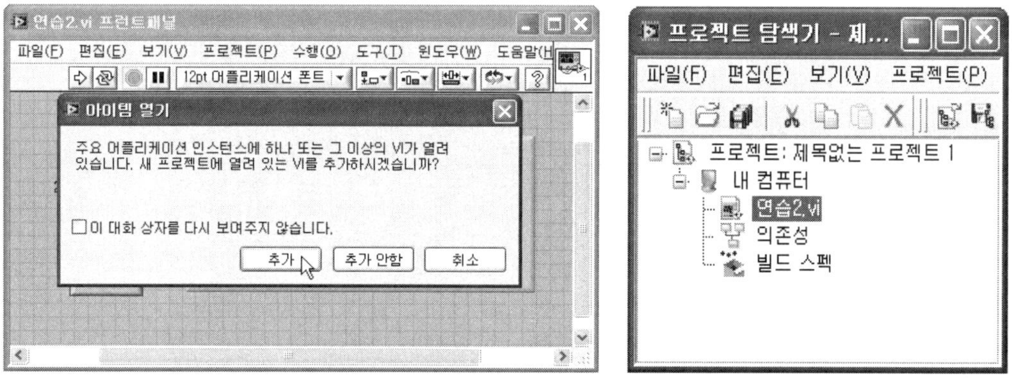

그림 2-17 프로젝트 탐색기 윈도 생성

5 LabVIEW 도구

LabVIEW에서는 도구와 객체 세트를 사용하여 사용자 인터페이스를 생성할 수 있으며, 이러한 사용자 인터페이스를 프런트 패널이라고 한다. 사용자 인터페이스를 구성한 다음, 프런트 패널 객체를 컨트롤하기 위하여 그래픽 형태의 함수 또는 VI를 사용하여 블록다이어그램에 코드를 추가할 수 있다. 이 그래픽 소스 코드를 G 코드 또는 블록다이어그램 코드라고도 한다. 어떤 면에서 블록다이어그램은 흐름도(flow chart)와 유사하다.

5.1 도구 팔레트(Tool palette)

도구 팔레트는 프런트 패널과 블록다이어그램에서 모두 사용할 수 있으며, 각각의 툴들은 마우스 커서의 특별한 작업 모드를 나타낸다. 커서는 팔레트에서 선택한 도구의 아이콘에 따라 변경되며 도구를 사용하여 프런트 패널과 블록다이어그램 객체를 작동하고 변경할 수 있다. 자동 도구 선택이 활성화되어 있는 상태에서 커서를 프런트 패널이나 블록다이어그램 위의 객체로 가져가면 LabVIEW가 도구 팔레트에서 적합한 도구를 자동으로 선택하게 된다. 보기(V)≫도구 팔레트(T)를 선택하여 도구 팔레트를 표시한다. LabVIEW는 종료 시 도구 팔레트의 위치를 저장하기 때문에 새로 시작되어도 팔레트는 같은 위치에 나타나게 된다. 〈Shift〉 키를 누르고 마우스 오른쪽 버튼을 클릭하면 도구 팔레트의 임시 버전이 표시된다.

그림 2-18 도구 팔레트(Tool palette)와 도구들

5.2 메뉴와 도구 모음

VI 메뉴에는 열기, 저장, 복사, 붙여넣기, 닫기와 같이 다른 어플리케이션과 공통적인 항목들과 함께 도구 메뉴와 같이 LabVIEW에서만 사용되는 특수한 항목들이 있다. 일부 메뉴 항목은 바로가기 키를 가지고 있으며 바로가기 키 조합은 도구≫옵션≫메뉴 바로가기에서 수정이 가능하다. 또한, 메뉴는 기본적으로 가장 최근에 사용된 항목만 표시하도록 되어 있다.

LabVIEW 8.0부터는 모든 LabVIEW 객체는 런타임 바로 가기 메뉴를 가지고 있다. 즉 VI가 실행 중이거나, 또는 실행 모드에 있을 때, 모든 프런트 패널의 객체는 기본적으로 바로 가기 메뉴의 축소된 세트를 갖고 있다. 일부 복잡한 기능의 컨트롤은 추가 옵션을 갖고 있다. 예를 들어, 노브 바로 가기 메뉴는 지침 추가와 스케일 마커의 디스플레이를 변경하는 아이템을 포함하고 있다. 한편, 런타임 바로 가기 메뉴 항목은 편집이 가능하며, 런타임 바로 가기 메뉴와 이벤트 구문을 사용하여 프런트 패널과 블록다이어그램 객체의 모양과 동작을 변경할 수 있다. 런타임 바로 가기 메뉴를 편집하려면, 객체에서 마우스 오른쪽 버튼을 클릭한 후, 고급≫런타임 바로 가기 메뉴≫편집을 선택한다.

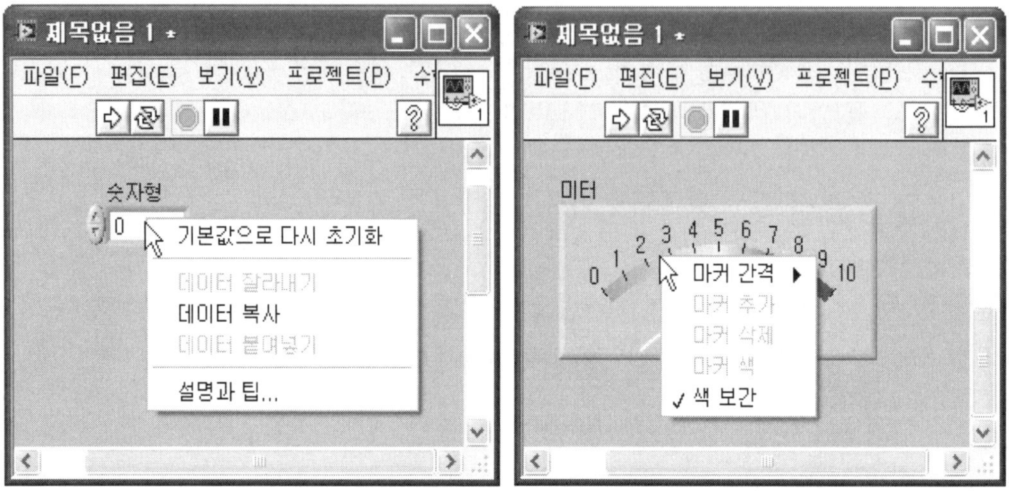

그림 2-19 실행모드에서 바로 가기 메뉴의 예

5.3 VI 도구 모음 버튼

프런트 패널과 블록다이어그램의 메뉴 바로 아래에 있는 VI 도구 모음 버튼을 사용하여 VI를 한번 또는 연속 실행하고, VI를 강제 종료하고, VI를 일시 정지하고, 폰트를 설정하고, 객체를 정렬 및 배치하고, 그룹을 만들 수 있다. 반면에 VI의 디버깅을 위한 도구 모음(실행 하이라이트, 와이어값 유지, 단계별 실행)은 블록다이어그램에서만 가능하다. 다음 그림 2-20은 프런트 패널과 블록다이어그램의 메뉴 바로 아래에 있는 VI 도구 모음 버튼을 나타낸 것이다.

그림 2-20 VI 도구 모음 버튼(위 : 프런트 패널, 아래 : 블록다이어그램)

도구 모음은 다음 표 2-1과 같은 도구를 가지고 있으며, 이를 사용하여 VI를 실행하고 편집할 수 있다.

표 2-1 도구 모음 버튼

버튼	설명
	VI를 실행.(필요시 VI를 컴파일) VI를 실행할 수 있음을 나타낸다.
	실행되는 VI가 최상위 VI인 경우. 호출자가 없으며 SubVI가 아니라는 것을 의미한다.
	실행 중인 VI가 SubVI인 경우.
	VI가 에러를 가지고 있는 경우. 블록다이어그램의 결선을 끝낸 후에도 여전히 깨져 있으면 VI를 실행할 수 없다.
	강제 종료하거나 일시 정지할 때까지 VI를 연속 실행
	최상위 VI의 실행을 강제 종료. 하나 이상의 최상위 VI가 이 VI를 사용하고 있는 경우, 버튼은 비활성화된다. 또한, VI 강제 종료 메소드를 사용해 프로그램적으로 강제 종료할 수 있다.
	실행을 일시 정지하거나 다시 실행. 이 버튼을 클릭하면, 블록다이어그램의 실행을 멈춘 위치에서 하이라이트 한다. 다시 클릭하면 VI를 계속 실행한다. 실행이 일시 정지될 때 빨간색으로 변한다.
	블록다이어그램의 실행을 애니메이션으로 디스플레이. 이 버튼이 노란색이면, 실행 하이라이트가 가능하다.
	데이터 값을 저장. 실행 시 각 포인트에서의 마지막 값을 저장하며, 정지한 후에도 프로브로 값을 확인할 수 있다. 하지만 VI의 성능에 영향을 미칠 수도 있다.
	노드를 열고 일시 정지. 다시 클릭하면, 첫 번째 작업을 실행하고 SubVI나 구조의 다음 작업에서 일시 정지한다. 또한, 〈Ctrl〉 키와 아래 방향 화살표 키를 사용할 수 있다.
	노드를 실행하고 다음 노드에서 일시 정지. 또한, 〈Ctrl〉 키와 오른쪽 방향 화살표 키를 사용할 수 있다.
	현재 노드의 실행을 끝내고 일시 정지. VI가 실행을 끝내면, 버튼은 비활성화된다. 또한, 〈Ctrl〉 키와 위 방향 화살표 키를 사용할 수 있다.
13pt 어플리케이션 폰트	폰트 설정을 변경
	축을 따라 객체를 정렬
	등간격으로 객체의 간격을 조절
	같은 크기로 여러 프런트 패널 객체의 크기를 조정
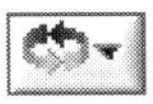	순서 재설정. 객체가 서로 겹친 상태에서 어느 것이 앞에 오고 어느 것이 뒤로 가는지 정의한다.
	기본 도움말 창을 디스플레이
	새로운 값이 있다는 것을 암시. 버튼을 클릭하거나 〈Enter〉 키를 누르거나 프런트 패널이나 블록다이어그램 작업 공간을 클릭하면 사라진다.
	VI가 경고를 가지고 있고 에러 리스트 창의 경고 보이기 확인란에 확인 표시를 한 경우 나타난다.
	변경을 모든 어플리케이션 인스턴스의 VI에 적용. 이 버튼을 누른 후에는 VI의 변경을 취소할 수 없다. 이 버튼은 사용자가 여러 어플리케이션 인스턴스에서 열리는 VI를 편집하는 경우에만 사용 가능하다.

6 프런트 패널 만들기

프런트 패널은 VI의 사용자 인터페이스(User Interface)로써, 컨트롤과 인디케이터로 구성된다. 컨트롤은 노브, 버튼, 다이얼, 그리고 기타 데이터 입력 기구로써 인스트루먼트의 입력 메커니즘을 모의한다. 인디케이터는 그래프, LED, 미터, 그리고 기타 데이터 출력 기구로써 VI의 블록다이어그램에서 생성된 데이터를 디스플레이하고, 인스트루먼트의 출력 메커니즘을 모의한다. 보기(V)≫컨트롤 팔레트(C)를 선택하여 컨트롤 팔레트를 표시한 후, 원하는 컨트롤과 인디케이터를 선택하여 프런트 패널에 위치시킨다. 프런트 패널을 만든 다음에는 프런트 패널에 생성한 컨트롤과 인디케이터의 터미널을 이용해 블록다이어그램에서 특정 작업을 수행하도록 그래픽 코드를 작성한다.

6.1 프런트 패널 컨트롤 및 인디케이터의 종류 및 타입

컨트롤 팔레트에 위치한 컨트롤과 인디케이터를 사용하여 프런트 패널을 구성한다. 컨트롤과 인디케이터의 서브 팔레트는 다음 그림 2-21에 나타난 것과 같이 일반, 시스템, 클래식, 익스프레스, 컨트롤 디자인과 시뮬레이션, .NET & ActiveX, 애드온, 사용자 컨트롤, DSC 모듈, Vision이 있으며, 이 이외에도 새로운 툴킷 또는 모듈이 설치되면 컨트롤이 추가될 수도 있다.

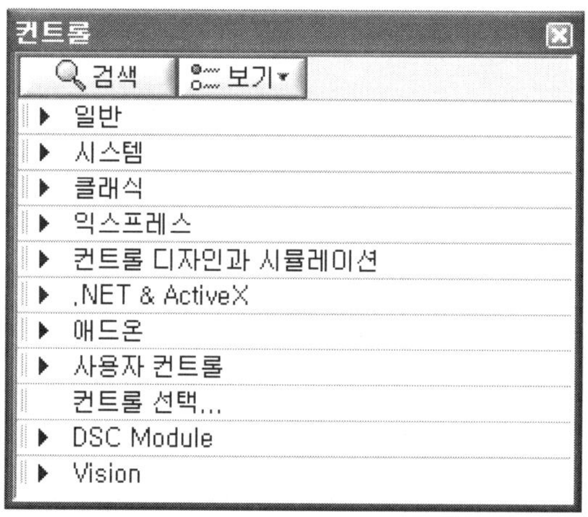

그림 2-21 컨트롤 팔레트

이 중에서 가장 기본적이고 많이 사용되는 컨트롤과 인디케이터는 일반 팔레트에 있으며, 이곳에는 숫자형, 불리언, 문자열 & 경로, 배열 및 행렬, 리스트와 테이블, 그래프,

링 및 열거형 변수, 컨테이너, I/O, 참조 번호, 배리언트, 장식 등의 서브 팔레트가 포함되어 있다. 일반 팔레트에 포함된 컨트롤은 3차원적인 모양을 가지고 있는 반면에, 이와 유사한 2차원적 컨트롤과 인디케이터는 클래식 팔레트에 포함되어 있다.

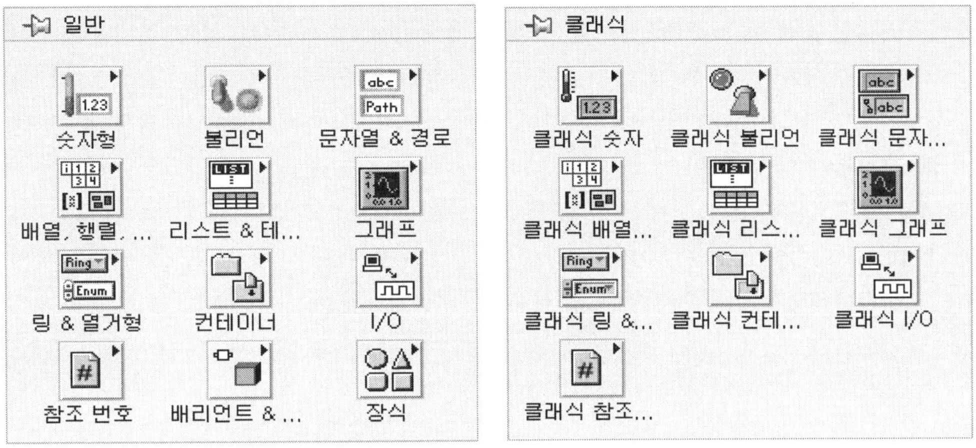

그림 2-22 일반 컨트롤 팔레트 (좌 : 일반, 우 : 클래식)

또한, 가장 많이 활용되는 컨트롤과 인디케이터만 따로 모아서 새로운 모양으로 정리 놓은 것이 있는데 이것이 바로 시스템 팔레트이다. 일반 팔레트에 있는 프런트 패널 객체들은 높은 색 품질을 가지고 있기 때문에 모니터 디스플레이가 16비트 색상 이상이 되어야만 제대로 표시된다. 따라서, 256컬러나 16컬러 모니터에서는 클래식 팔레트에 위치한 컨트롤과 인디케이터를 사용하는 것이 좋다.

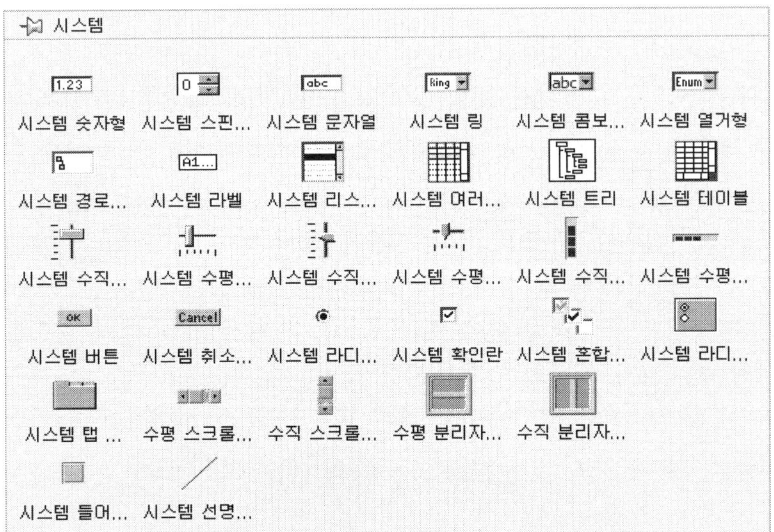

그림 2-23 시스템 팔레트

반면에, 시스템 컨트롤과 인디케이터는 대화 상자 박스에서 사용하기 위해서 특별히 고안되었다. 이들 컨트롤은 프런트 패널의 일반 컨트롤과 모양만 다르며 시스템에서 설정한 색으로 자동으로 표시된다. 시스템 컨트롤은 VI를 실행하는 플랫폼에 따라서 모양이 자동으로 바뀌기 때문에 모든 LabVIEW 플랫폼에서 호환이 가능하다. 즉, 다른 플랫폼에서 VI를 실행할 때 시스템 컨트롤은 해당 플랫폼의 표준 대화 상자 컨트롤에 맞추어 색과 모양을 변경한다. 다음 그림 2-23은 일반 컨트롤, 클래식 컨트롤, 시스템 컨트롤로 동일하게 작성한 프런트 패널(사용자 인터페이스)을 비교한 것으로 각각의 특징이 잘 나타나 있는 것을 알 수 있다.

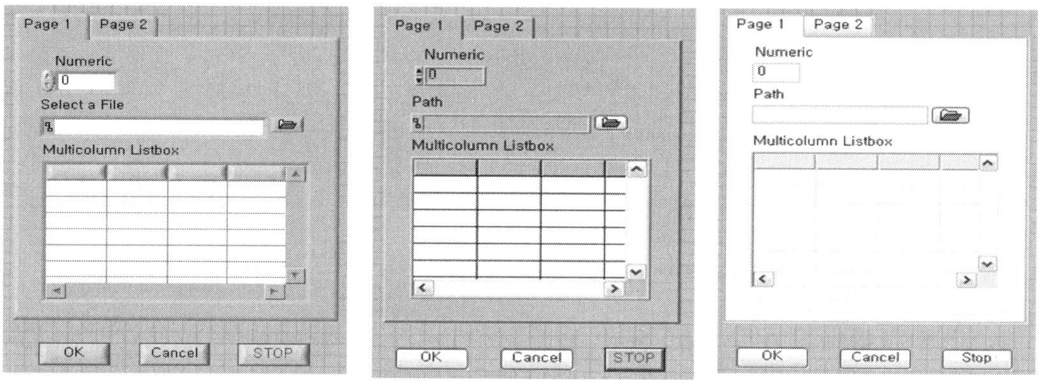

그림 2-23 일반/클래식/시스템 컨트롤로 작성한 프런트 패널(사용자 인터페이스)

연습 1 컨트롤 팔레트 보기

1) LabVIEW를 시작하기 윈도에서 새 VI를 선택한다.
2) 프런트 패널 또는 블록다이어그램의 메뉴에서 윈도우≫좌우로 정렬(T)을 선택한다.
3) 프런트 패널의 빈 공간에서 마우스 오른쪽 버튼을 클릭해서 컨트롤 팔레트를 표시한 후, 좌측 상단에 있는 압핀 단추를 클릭해서 다음과 같이 팔레트를 잠근다.
4) 일반 항목을 다시 클릭하면 위의 우측 그림과 같이 아이콘 보기가 없어진다. 이와 같은 방법으로 다른 항목 들을 선택해서 토글되는 것을 확인한다.
5) 보기 버튼을 클릭한 후, 이 팔레트 보기 항목을 선택한다. 각각의 항목을 선택한 후 위의 컨트롤 팔레트가 어떻게 변하는지를 확인한다.
6) 또한, 보기 버튼을 클릭한 후, 보이는 환경 변경 항목을 선택한다. 각각의 항목을 선택한 후 위의 컨트롤 팔레트가 어떻게 변하는지를 확인한다.
7) 옵션을 선택한다. 옵션 대화 상자가 나타나면 내용을 살펴본 후 취소를 클릭한다.
8) 검색 버튼을 클릭한 후, 새로 나타난 창에 사각 LED를 입력한다. 검색된 내용 중 하

나를 더블-클릭해서 이동한다.

9) 잠긴 컨트롤 팔레트를 닫기 위해서는 우측 상단의 닫기(X 표시)를 클릭한다.

6.2 숫자형 컨트롤

일반 및 클래식 팔레트에 있는 숫자형 컨트롤을 사용하여 슬라이드, 스크롤 막대, 노브, 다이얼, 미터, 게이지, 온도계 등의 숫자값을 표시할 수 있다. 또한, 프레임 있는 색상자를 통해 색상을 입력할 수 있으며, 타임스탬프 컨트롤을 사용해 시간과 날짜를 설정할 수 있다. 한편, 일반 팔레트와 클래식 팔레트의 컨트롤은 모양과 종류에서 약간의 차이를 가지고 있는 점에 주의할 필요가 있다.

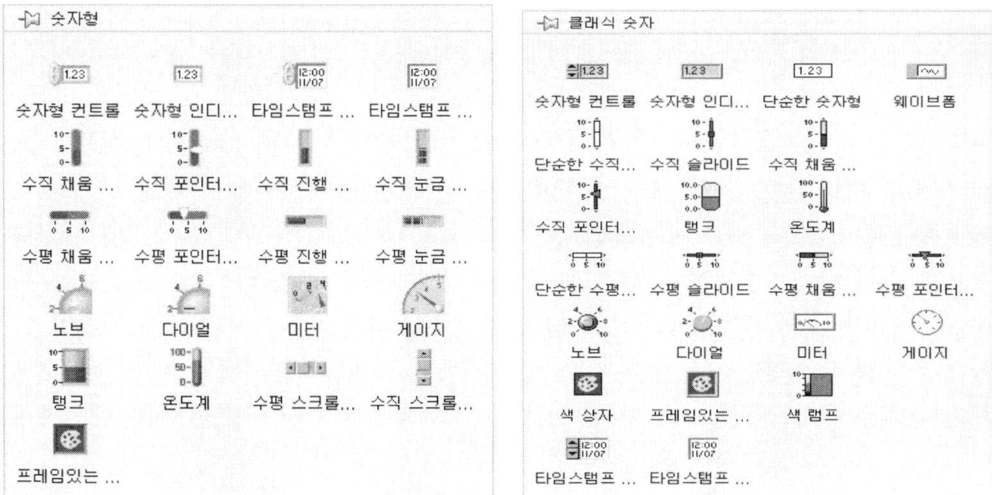

그림 2-24 숫자형 컨트롤 팔레트(일반, 클래스)

기본적으로 LabVIEW는 숫자 컨트롤과 인디케이터는 6자리까지 숫자로 반올림하여 표시하도록 설정되어 있으며, 객체를 마우스 오른쪽 버튼으로 클릭한 후 프로퍼티≫디스플레이 포맷을 선택하여 원하는 형태로 표시 방법을 변경할 수 있다. 또한, 테이터 입력 항목에서 최소값, 최대값, 증가값을 설정할 수 있으며, 데이터 타입 항목에서는 컨트롤 및 인디케이터의 데이터 타입을 변경할 수도 있다.

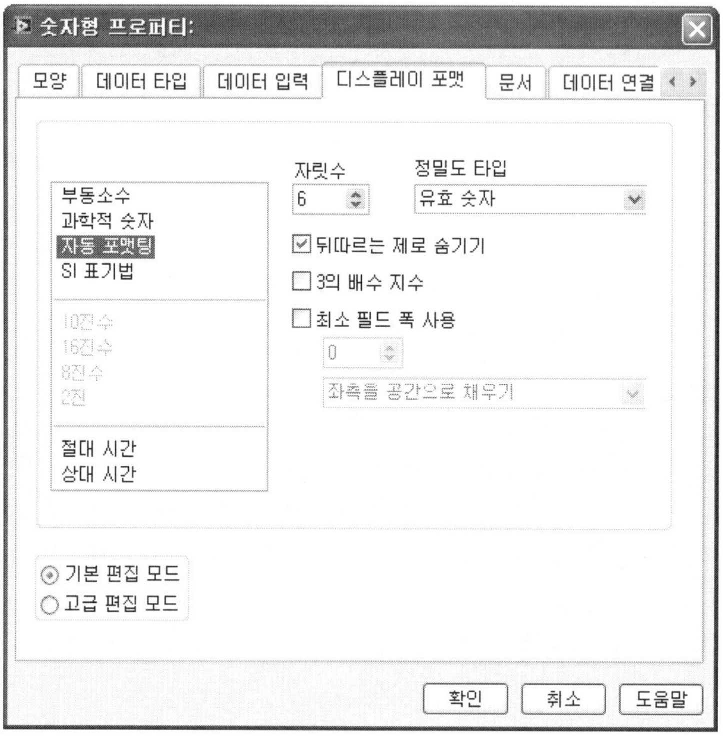

그림 2-25 숫자형 컨트롤의 디스플레이 포맷 프로퍼티 설정 창

슬라이드는 스케일을 가지는 숫자 컨트롤 또는 인디케이터이다. 슬라이드 컨트롤과 유사한 것으로 막대, 탱크, 온도계가 있으며, 이들은 수행 도구( )를 사용해 임의 위치를 클릭하거나 끌기를 통해 값을 변경할 수 있다. 또는 객체를 마우스 오른쪽 버튼을 클릭함으로써 나타나는 객체 메뉴에서 보이는 아이템≫디지털 디스플레이를 선택해서 직접 데이터를 입력할 수도 있다. 또한 포인터 슬라이드의 객체 메뉴에서 슬라이더 추가를 선택함으로써 슬라이더를 추가할 수 있다. 이때, 한 개 이상의 포인터를 가지는 컨트롤의 데이터 타입은 클러스터(Cluster)가 된다. 즉, 2개의 실수 데이터를 포함하고 있는 상태가 된다. 다음 그림 2-26은 이 예를 나타낸 것이다.

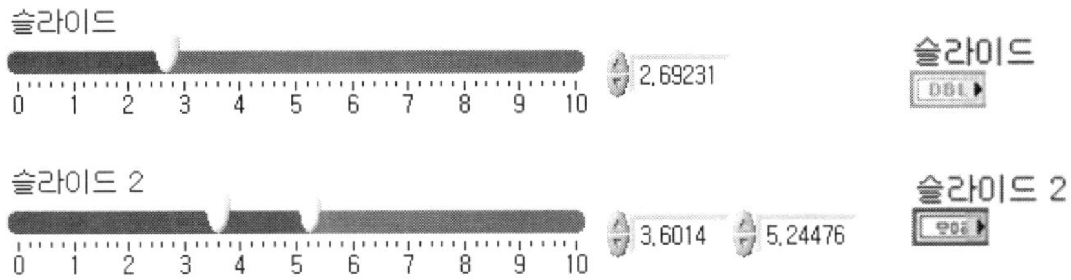

그림 2-26 1개 및 2개 포인터를 가지는 슬라이드 컨트롤 및 터미널

스크롤 막대 컨트롤은 데이터를 스크롤하기 위해서 사용하는 숫자 컨트롤이며 슬라이드 컨트롤과 유사하며, 수행 도구( )를 사용해 사각 스크롤 박스를 임의 위치로 클릭하거나 또는 끌거나, 증가와 감소 화살표를 클릭하여 스크롤 막대의 값을 변경한다.

그림 2-27 스크롤 막대 컨트롤과 터미널

회전식 컨트롤과 인디케이터로써는 노브, 다이얼, 미터, 게이지가 있다. 이들은 스케일을 가지고 있으며 슬라이드 컨트롤과 유사하게 동작한다. 수행 도구( )를 사용해 최대값을 수정할 수 있으며, 선택 도구( )를 사용해 객체의 크기를 조정할 수 있다. 또한 슬라이드에서와 같은 방법으로 지침을 추가할 수 있으며, 이때는 마찬가지로 수치 컨트롤은 클러스터로 변경된다.

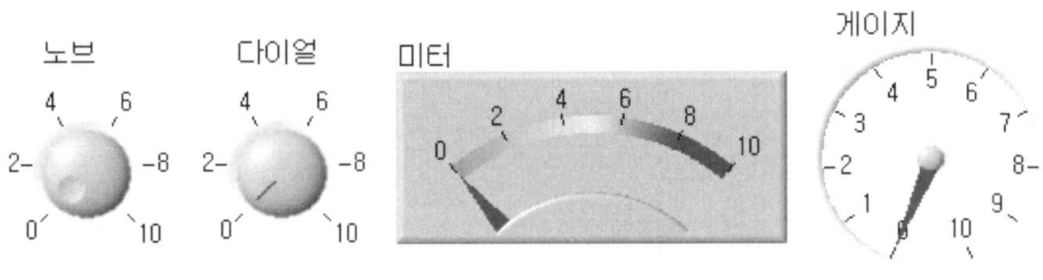

그림 2-28 회전식 컨트롤과 인디케이터의 컨트롤과 터미널

시간과 날짜값을 가져오거나 내보내기 위해 타임스탬프 컨트롤과 인디케이터를 사용한다. 컨트롤의 오른쪽에 있는 시간/날짜 탐색 버튼을 클릭한 후, 시간과 날짜 설정 대화 상자에서 원하는 시간과 날짜를 선택함으로써 변경이 가능하다.

타임스탬프 컨트롤에서 마우스 오른쪽 버튼을 클릭한 후 메뉴에서 디스플레이 포맷을 선택하면 프로퍼티 대화 상자가 나타나고 디스플레이 포맷 탭이 표시된다. 여기서, 타임스탬프의 시간 포맷과 날짜 포맷 등을 변경할 수 있다. 절대 시간은 세계시를 기준으로

1904년 1월 1일 오전 12시부터 경과된 시간을 나타내며, 타임스탬프 컨트롤로 절대 시간만을 설정할 수 있다.

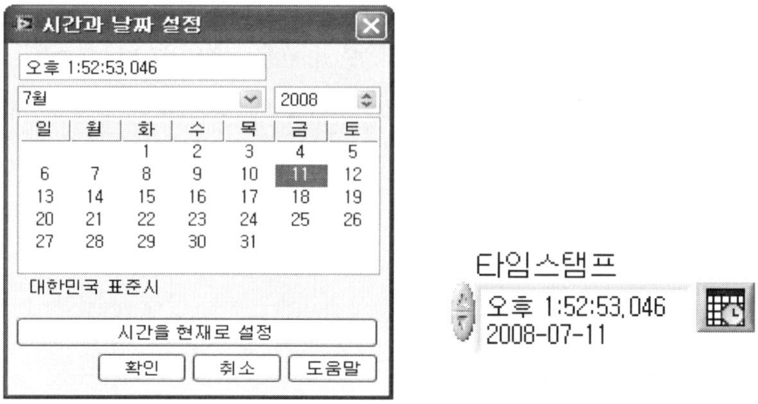

그림 2-29 시간과 날짜 설정 대화 상자와 타임스탬프 컨트롤

상대 시간은 0부터 시작해서 시, 분, 초로 표시한다. 즉, 부동소수 표기법으로 100은 상대 시간으로 1:40과 같다. 한편, LabVIEW 8.0부터는 시간 포맷이 기존 96비트에서 128비트로 확장되어 1600년~3000년까지 표시가 가능하다. 기존 LabVIEW 7.1에서는 1904년에서 2038년까지만 가능하였다.

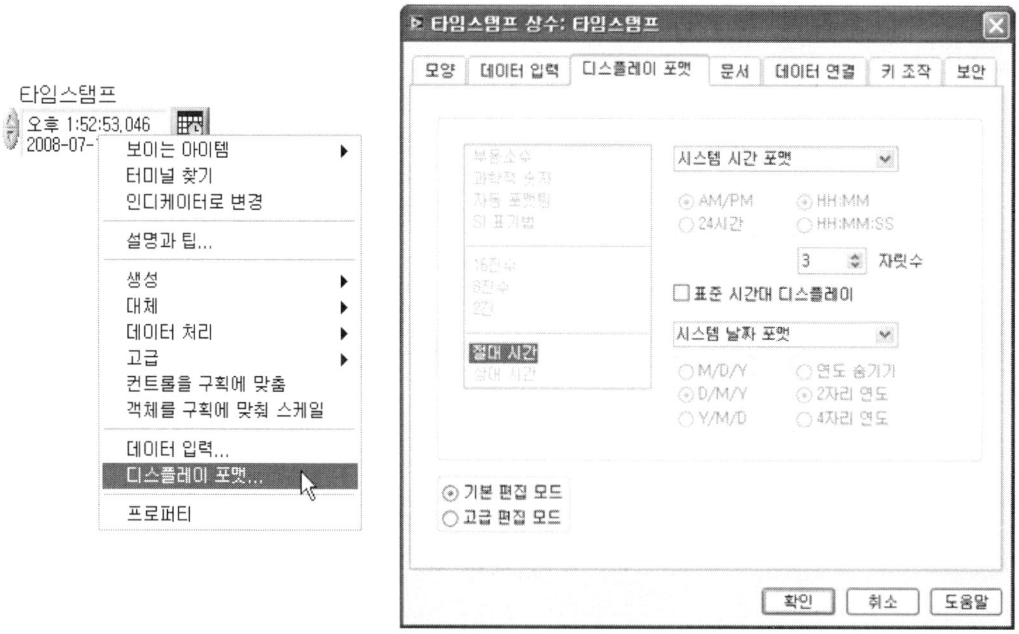

그림 2-30 타임스탬프의 디스플레이 포맷

연습 2 숫자형 컨트롤 및 인디케이터 조작

1) LabVIEW를 시작하기 윈도에서 새 VI를 선택한다.
2) 프런트 패널 또는 블록다이어그램의 메뉴에서 윈도우≫좌우로 정렬을 선택한다.
3) 프런트 패널에서 컨트롤 팔레트를 팝업한 후, 일반 팔레트를 잠근다.

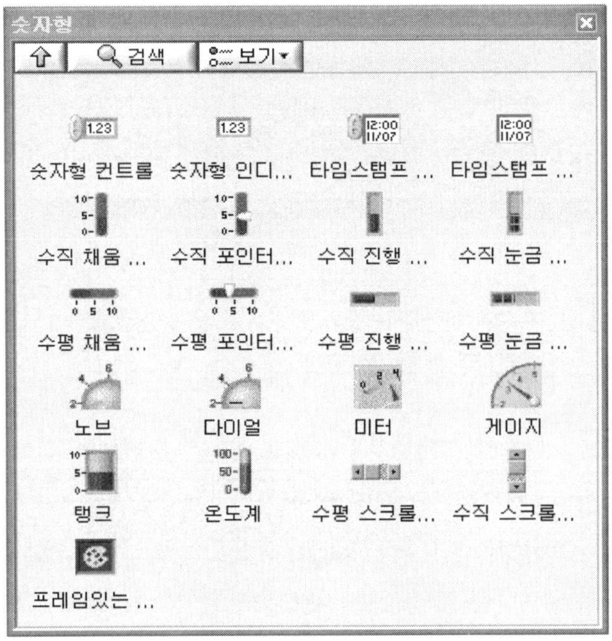

4) 숫자형 컨트롤과 인디케이터를 프런트 패널에 위치시킨 후, 객체 정렬 도구 ( ) 버튼을 이용해 수평 정렬을 한다.
5) 도구 팔레트가 없으면 메뉴에서 보기≫도구 팔레트를 선택해 표시한다. 그런 다음 블록다이어그램에서 와이어 도구( )를 사용해 숫자형 컨트롤과 인디케이터를 연결한다.
6) 노브 컨트롤과 온도계 인디케이터를 프런트 패널의 적당한 위치에 놓고, 위와 같은 방법으로 서로를 연결한다.
7) 수행 도구( )를 사용해 노브 컨트롤의 최대값을 100으로 수정한 후 VI를 연속 실행( )시킨다. 노브값을 변경하면서 온도계의 변화를 관찰한다.
8) 실행 강제 종료 ( ) 버튼을 클릭해 VI 실행을 종료한다.
9) 수직 포인터 슬라이더 컨트롤과 게이지를 프런트 패널의 적당한 위치에 놓고, 위와 같은 방법으로 서로를 연결한 후 슬라이드의 값을 변경하면서 실행을 한다.
10) 슬라이더를 마우스 오른쪽 버튼으로 클릭한 후, 메뉴에서 슬라이더 추가를 선택해 슬라이드에 포인터를 추가한다. 이때 슬라이더의 터미널 타입이 변경되면서, VI 실

행 버튼이 깨지고 두 개의 연결선도 깨지는 것을 확인한다(필요시 메뉴≫편집≫실행 취소를 선택한 후 반복 실행한다). 이러한 에러 발생 원인은 입력과 출력 데이터 타입이 불일치함으로써 발생한 것이다.

11) 깨진 실행( ) 버튼을 클릭해서 에러 리스트 대화 상자를 팝업시킨다.

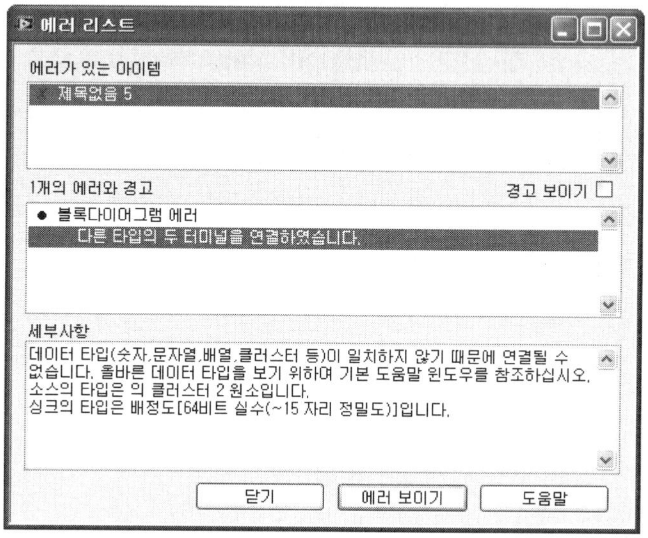

12) 에러 리스트 대화 상자에서 중간에 하이라이트된 부분을 더블-클릭한다. 블록다이어그램에서 에러가 있는 부분이 하이라이트되는 것을 확인한다.

13) 닫기를 선택해 에러 리스트 대화 상자를 닫는다.

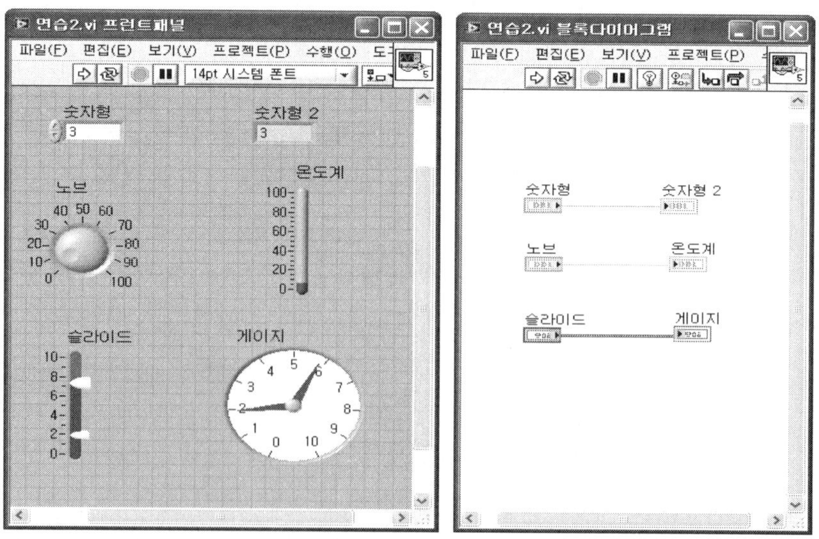

14) 게이지 인디케이터를 마우스 오른쪽 버튼으로 클릭한 후, 메뉴에서 지침 추가를 선

택해 슬라이드에 포인터를 추가한다. 이때 게이지의 터미널 타입이 클러스터로 변경되면서, VI 실행 버튼과 두 개의 연결선이 복구되는 것을 확인한다.

15) VI를 연습 2.vi로 저장하고 닫는다.

6.3 불리언 컨트롤

일반 불리언 팔레트와 클래식 불리언 팔레트에 위치한 여러 가지 버튼, 스위치, LED 컨트롤과 인디케이터를 사용하여 불리언(참(T)/거짓(F))값을 입력하고 디스플레이할 수 있다. 아래 그림 2-31에서 알 수 있듯이 불리언 컨트롤은 클래식 컨트롤이 일반 컨트롤보다 종류가 다양하다. 이러한 불린 컨트롤의 기계적인 동작은 크게 스위치(상태가 변경된)와 (원래 상태로 돌아감)로 분류되며, 또한 각각 3가지 동작모드가 있어 총 6가지 타입을 가진다. 불리언 객체를 마우스 오른쪽 버튼으로 클릭한 후 프로퍼티≫동작에서 원하는 동작을 선택할 수 있으며, 선택한 동작 미리보기를 통해 동작을 확인할 수도 있다.

그림 2-31 일반 불리언 팔레트와 클래식 불리언 팔레트

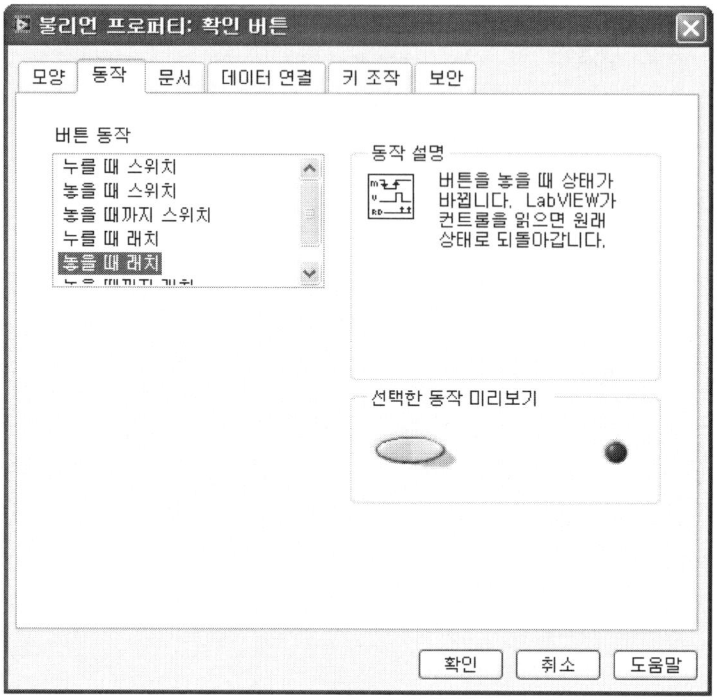

그림 2-32 불리언의 기계적인 동작모드를 선택하기 위한 프로퍼티 창

표 2-2 불리언 컨트롤의 기계적인 동작들

아이콘	명 칭	동 작 설 명
	누를 때 스위치	버튼을 누를 때 상태가 바뀐다. 다시 버튼을 누를 때까지 그대로 남아있다.
	놓을 때 스위치	버튼을 놓을 때 상태가 바뀐다. 다시 버튼을 놓을 때까지 그 상태를 유지한다.
	놓을 때까지 스위치	버튼을 누를 때 상태가 바뀐다. 버튼을 놓으면 원래 상태로 되돌아간다.
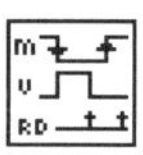	누를 때 래치	버튼을 누를 때 상태가 바뀐다. LabVIEW가 컨트롤을 읽으면 원래 상태로 되돌아간다.
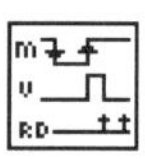	놓을 때 래치	버튼을 놓을 때 상태가 바뀐다. LabVIEW가 컨트롤을 읽으면 원래 상태로 되돌아간다.
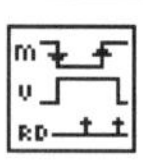	놓을 때까지 래치	버튼을 누를 때 상태가 바뀐다. 버튼을 놓고 LabVIEW가 읽으면 원래 상태로 되돌아간다.

이러한 불리언 컨트롤의 기계적인 동작은 모든 불리언 컨트롤에 적용이 가능하며, LabVIEW\examples\general\controls\booleans.llb 디렉터리에 있는 Mechanical Action of Booleans.vi 예제를 통해 직접 확인할 수도 있다. 즉, 버튼에 동작을 가할 때 스위치 상태가 변경되고 계속 유지되는 반면에, 래치는 동작을 가할 때 스위치 상태가 변경되고 LabVIEW가 컨트롤을 읽으면 원래 상태로 되돌아간다.

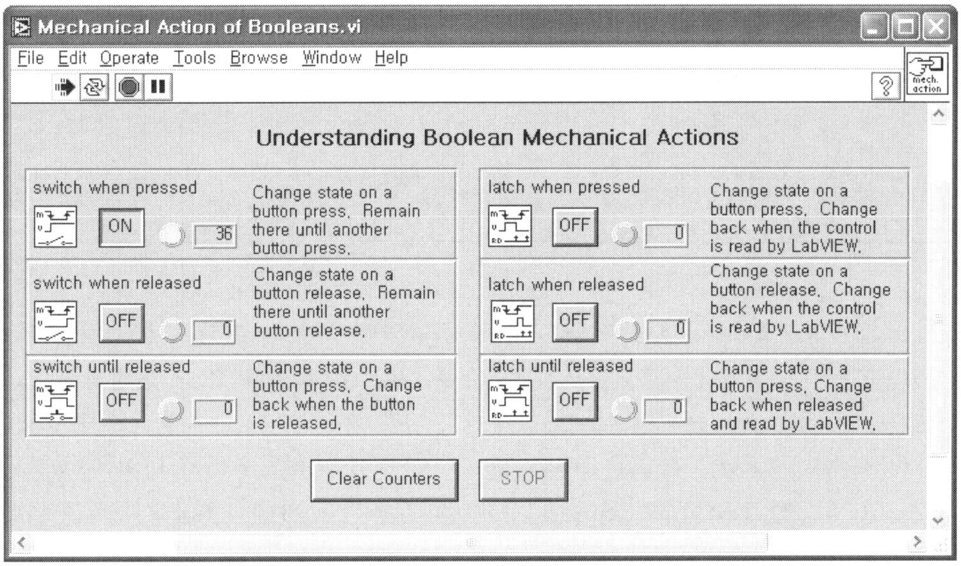

그림 2-33 불리언 컨트롤의 기계적인 동작을 분석하기 위한 예제

한편, 라디오 버튼 컨트롤은 한 번에 하나의 컨트롤만 선택해야 할 때 사용한다. 사용자에게 아무것도 선택하지 않을 수 있는 옵션을 제공하려는 경우, 컨트롤을 마우스 오른쪽 버튼으로 클릭한 후 메뉴에서 선택하지 않기 허용을 선택하면 된다. 라디오 버튼 컨트롤의 데이터 타입은 열거형 타입이기 때문에 라디오 버튼 컨트롤을 사용하여 케이스 구조의 케이스를 선택할 수도 있다.

그림 2-34 라디오 버튼 컨트롤과 블록다이어그램 터미널

6.4 문자열 및 경로 컨트롤

문자열 & 경로 팔레트의 문자열과 경로 컨트롤 및 인디케이터를 사용하여 문자열

(String)을 입력 및 출력하고 파일과 디렉터리의 위치를 입력하거나 반환할 수 있다. 문자열은 디스플레이할 수 있거나 할 수 없는 ASCII 문자의 집합으로써, 프런트 패널에서 문자열은 테이블, 문자 입력 박스, 그리고 라벨로 나타난다.

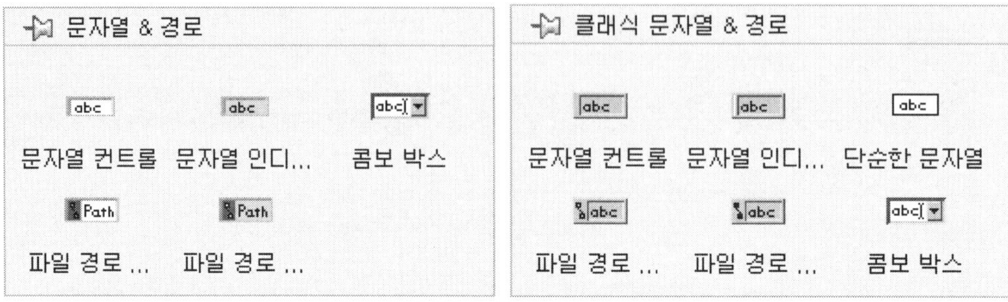

그림 2-35 일반 문자열 & 경로 팔레트와 클래식 문자열 & 경로 팔레트

수행 도구( ) 또는 라벨링 도구( )를 사용하여 프런트 패널의 문자열 컨트롤에 문자를 입력하거나 편집할 수 있다. 기본적으로, 새로운 텍스트 또는 변경된 텍스트는 편집 세션을 끝내기 전에는 블록다이어그램에 전달되지 않는다. 문자열 컨트롤 또는 인디케이터에서 마우스 오른쪽 버튼을 클릭한 후, 문자열의 디스플레이 타입(일반, '\' 코드, 암호, 16진수)을 선택할 수 있다. 다음 그림 2-36은 문자열 "호남대학교 30주년"을 일반, '\' 코드, 암호, 16진수 디스플레이로 표시한 결과이다.

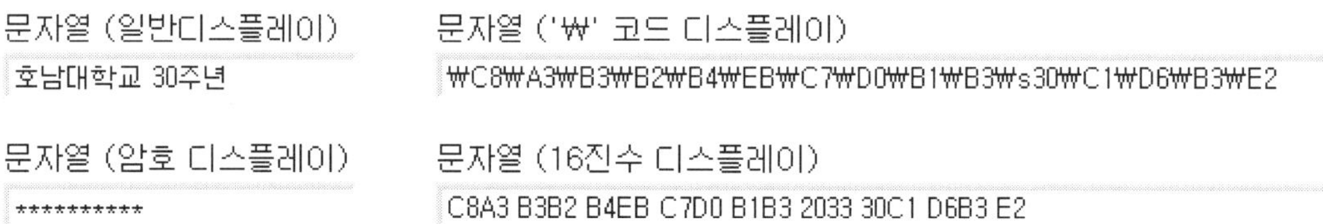

그림 2-36 문자열의 디스플레이 타입들(일반, '\' 코드, 암호, 16진수)

LabVIEW 블록다이어그램에는 문자열을 포맷하고 분석하고 편집하는 것을 포함하여 문자열을 다루는 내장된 VI와 함수가 있다. 한편, 콤보 박스 컨트롤을 사용하여 프런트 패널에서 순환이 가능한 문자열 리스트를 생성할 수 있다. 콤보 박스 내의 아이템은 컨트롤에 대한 메뉴에서 아이템 편집을 선택함으로써 나타나는 콤보 박스를 통해 입력이 가능하다. 콤보 박스 컨트롤은 텍스트 또는 메뉴 링 컨트롤과 유사하지만, 콤보 박스 컨트롤의 값과 데이터 타입이 숫자가 아니라 문자열이라는 점에서 차이가 있다.

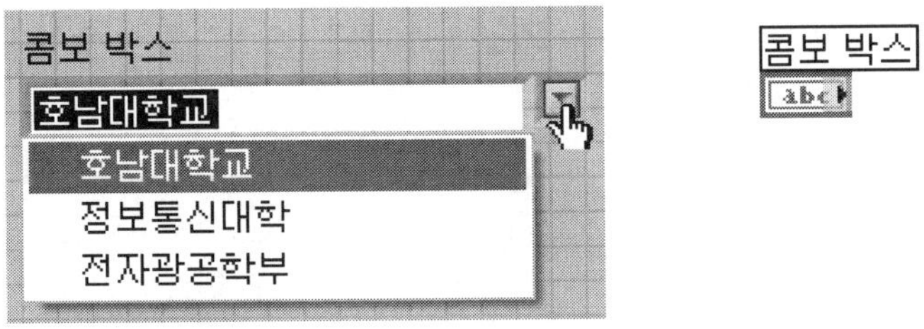

그림 2-37 콤보 박스 컨트롤과 터미널

경로 컨트롤과 인디케이터를 사용하여 파일 또는 디렉터리의 위치를 입력하거나 반환할 수 있다. 또한, 실행 중 놓기가 활성화되어 있는 경우 Windows 탐색기에서 경로, 폴더, 또는 파일을 끌어와 경로 컨트롤에 놓을 수도 있다.

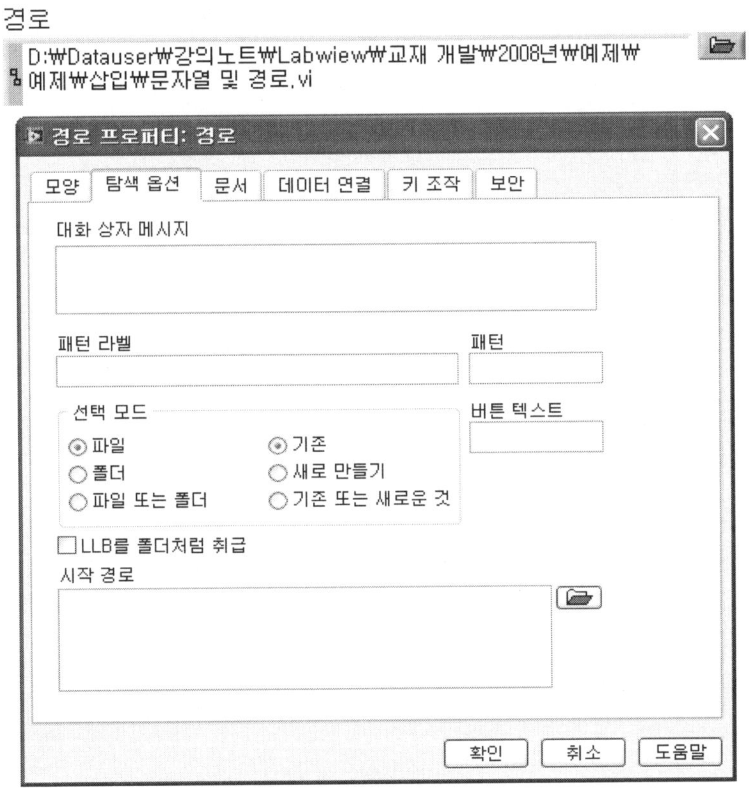

그림 2-38 경로 컨트롤과 탐색옵션 대화 상자

또한, 우측에 있는 탐색 버튼 위에서 마우스 오른쪽 버튼 클릭한 후, 메뉴에서 탐색옵션을 선택함으로써 위에 있는 그림 2-38과 같은 탐색옵션 대화 상자가 나타난다. 여기서, 대화 상자의 메시지 및 시작 경로, 패턴, 선택 모드를 지정할 수 있으며, LLB를 폴더처럼 취급함으로써 LLB에 포함되어 있는 VI를 쉽게 열 수 있다.

6.5 배열, 행렬, 클러스터 컨트롤과 인디케이터

배열, 행렬 & 클러스터 팔레트에 위치한 배열, 행렬, 클러스터의 컨트롤 및 인디케이터를 사용하여 배열, 행렬, 클러스터를 생성한다. 배열은 같은 타입의 데이터 원소를 그룹화하고, 클러스터는 혼합된 타입의 데이터 원소를 그룹화한다. 행렬은 선형 대수 연산과 같은 일부 수학 연산에서 실수 또는 복소수 스칼라 데이터의 행이나 열을 그룹화한다. 다음 그림 2-39는 일반 및 클래식 팔레트에서의 배열, 행렬, 클러스터 서브 팔레트를 나타낸다.

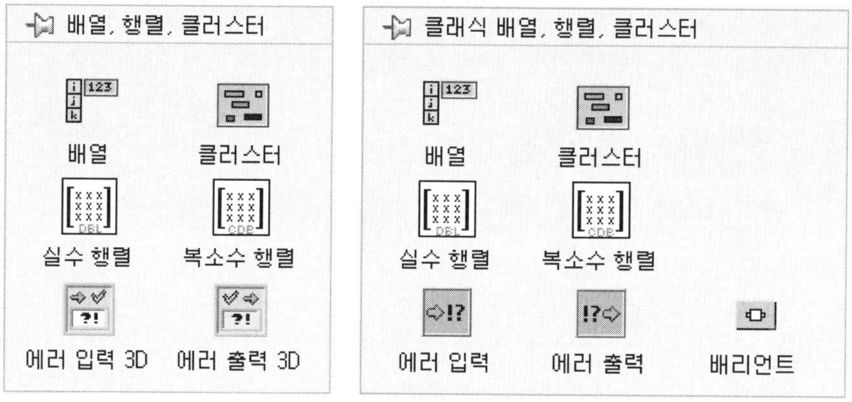

그림 2-39 일반 및 클래식 팔레트에서의 배열, 행렬, 클러스터 서브 팔레트

배열을 만드는 방법은 3가지 방법(배열 틀을 이용하는 방법, 배열 초기화 및 배열 만들기 함수를 이용하는 방법)이 있으나 가장 간단한 방법은 위의 팔레트에 있는 배열 틀을 이용하는 방법이다. 이 방법은 다음 그림 2-40에 표시된 바와 같이 우선 프런트 패널에 배열 틀을 위치시킨 후, 숫자, 불리언, 문자열, 경로, 참조 번호 또는 클러스터 컨트롤 등의 원하는 원소를 배열 틀에 끌어다 넣음으로써 배열을 만들 수 있다. 이때 배열 틀은 새 객체에 맞도록 자동으로 크기가 조절된다.

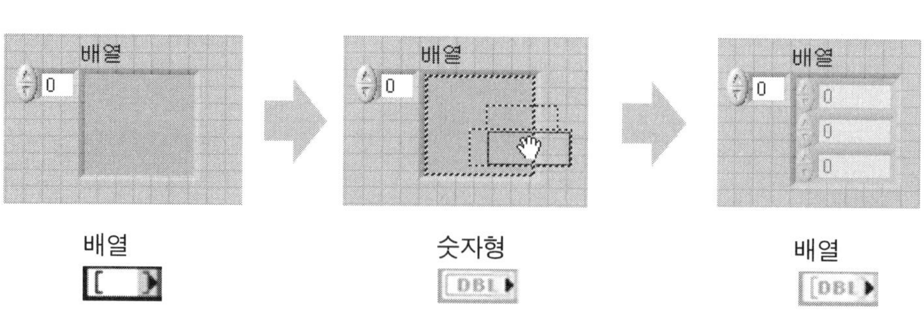

그림 2-40 배열 틀을 이용해 배정도 실수의 배열 만들기

다차원 배열을 생성하기 위해서, 인덱스 디스플레이를 마우스 오른쪽 버튼으로 클릭한 후 메뉴에서 차원 추가를 선택한다. 또한, 차원을 삭제하려면 인덱스 디스플레이를 마우스 오른쪽 버튼으로 클릭한 후 메뉴에서 차원 제거를 선택한다.

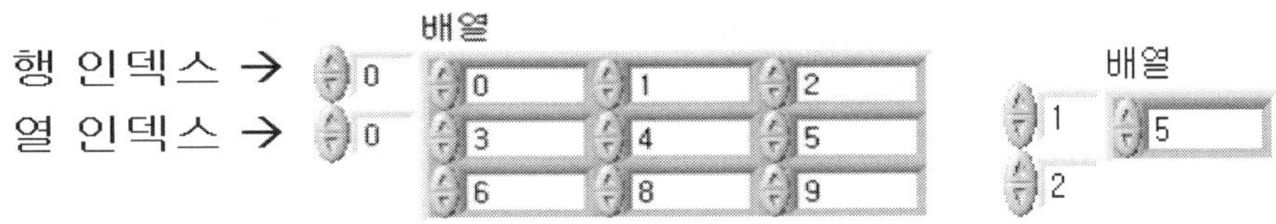

그림 2-41 2차원 배열과 인덱싱 예

배열에서 특정 원소를 표시하기 위해서는 인덱스를 사용하며, 인덱스는 항상 0부터 시작한다. 예를 들면 위의 2D 배열은 행과 열을 가지고 있으며, 왼쪽에 있는 두 개 박스의 위쪽이 행 인덱스이고 아래쪽이 열 인덱스이다. 따라서, 이들 행과 열의 값을 통해 2D 배열에서 지정된 위치의 값을 표시할 수 있다. 위에서 1행, 2열의 값이 5인 것을 나타내고 있다.

클러스터는 혼합된 타입의 데이터 원소를 그룹화 한다. 즉, 클러스터는 텍스트 기반의 프로그래밍 언어의 레코드나 구조체(Struct)와 유사하다. LabVIEW에서 가장 많이 사용되는 대표적인 클러스터는 에러 클러스터로써 불리언 값, 숫자값, 문자열을 원소로 가지고 있다. 에러 클러스터는 VI의 에러 검출 및 처리를 위해 사용되며, VI 내에서 에러가 발생되면 불리언이 참이 되고, 에러 코드와 설명을 반환한다.

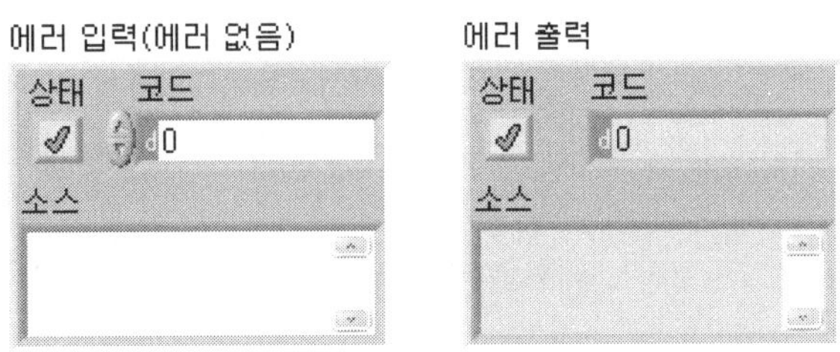

그림 2-42 에러 클러스터 컨트롤과 인디케이터

클러스터를 만드는 방법은 2가지 방법(클러스터 틀을 이용하는 방법, 묶기(Bundle) 함수를 이용하는 방법)이 있으나 클러스터 틀을 사용하는 것이 일반적인 방법이다. 이 방법은 우선 프런트 패널에 클러스터 틀을 위치시킨 후, 원하는 원소(여기서는 숫자, 불리언, 문자열)를 틀에 끌어다 넣음으로써 클러스터를 만들 수 있다. 이때 클러스트 틀을 마우스 오른쪽 버튼으로 클릭하고 메뉴에서 자동 크기 조정≫맞도록 크기 조정을 선택하면 객체에 맞추어 크기가 자동으로 조절된다.

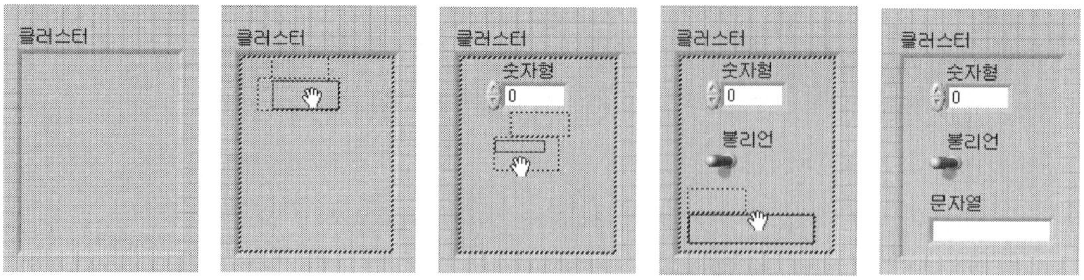

그림 2-43 클러스터의 생성 순서

여러 데이터 원소를 클러스터로 묶으면, 블록다이어그램에서 와이어의 복잡한 연결을 피할 수 있고, SubVI 생성 시 커넥터의 터미널 수가 감소되는 장점을 가진다. 블록다이어그램에서 대부분의 클러스터는 핑크색의 데이터 터미널을 가진다. 에러 클러스터는 예외적으로 짙은 노란색의 데이터 터미널을 가진다. 하지만 숫자 원소만을 가지는 클러스터는 갈색의 터미널을 가진다. 갈색의 숫자 클러스터는 수치 함수(더하기, 곱하기, 제곱 등)에 연결하여 클러스터의 모든 원소에 같은 연산을 동시에 수행할 수 있다.

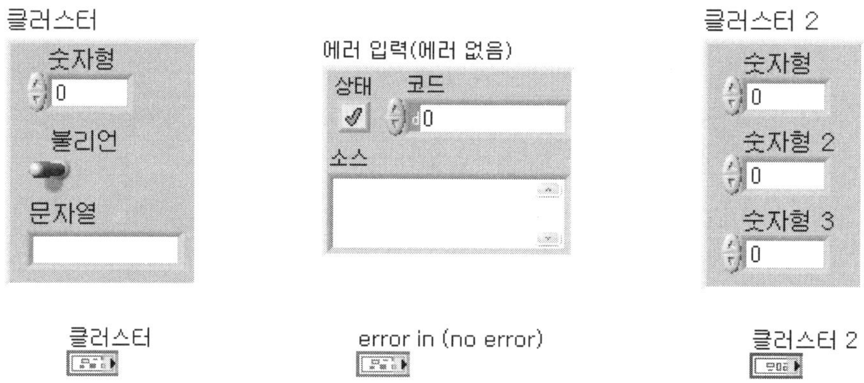

그림 2-44 일반 클러스터, 에러 클러스터, 수치원소 클러스터와 각 터미널

클러스터는 고정된 크기를 가진다는 점에서 배열과 차이가 난다. 배열과 마찬가지로 원소들은 컨트롤이거나 인디케이터일 수 있지만 컨트롤과 인디케이터를 함께 가질 수는 없다. 또한 클러스터에서 중요한 것은 클러스터 내의 원소는 위치에 관계없이 논리적인 순서를 가지고 있다는 점이다. 즉, 클러스터에 첫 번째로 넣은 객체가 원소 0이고 두 번째가 원소 1이며, 계속 같은 형태로 증가한다. 또한 특정 원소를 삭제하면 순서가 자동으로 조정된다. 이들 순서는 나중에 블록다이어그램의 [묶기] 및 [풀기] 함수에서 원소가 터미널에 나타나는 순서를 결정한다. 클러스터 경계에서 마우스 오른쪽 버튼을 클릭한 후 메뉴에서 클러스터 내의 컨트롤 순서 재설정을 선택하여 클러스터 순서를 보고 수정할 수 있다.

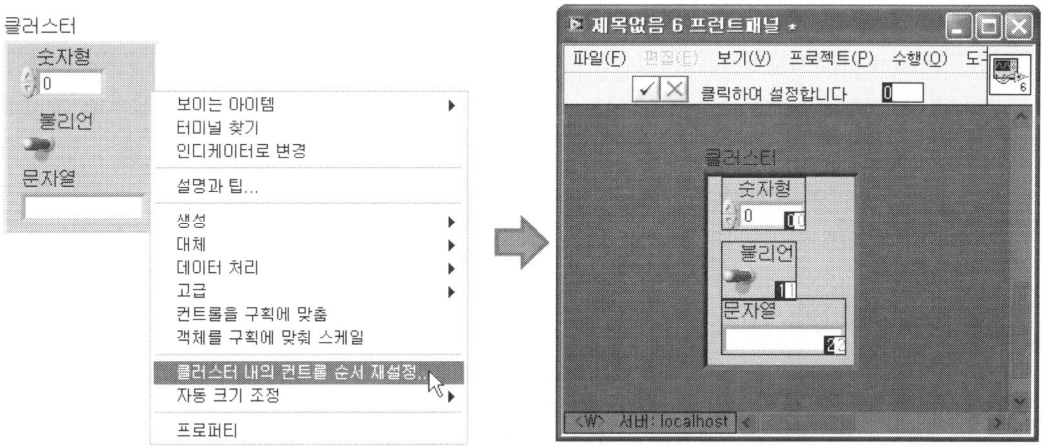

그림 2-45 클러스터 내의 컨트롤 순서 재설정 방법

또한, 2개의 클러스터를 연결하려면 반드시 양쪽이 같은 수의 원소를 가지고 있어야 하고, 순서별로 대응하는 컨트롤과 인디케이터가 서로 호환되는 데이터 타입을 가져야만 한다. 예를 들어, 한 클러스터의 배정도 부동소수가 다른 클러스터의 문자열에 대응되면, 블록다이어그램의 와이어는 깨지고 VI는 실행되지 않는다. 숫자값이 다른 형을 가진다면 LabVIEW는 같은 형으로 강제 변환을 통해 연결이 가능하다.

6.6 링과 열거형 타입 컨트롤 및 인디케이터

링 & 열거형 팔레트에 위치한 링과 열거형 컨트롤을 사용하면 사용자가 선택할 수 있는 문자열의 리스트를 만들 수 있다. 이들 컨트롤은 숫자, 문자열, 또는 그림 등을 통해 사용자가 선택할 수 있는 풀다운 메뉴로 나타난다. 링 컨트롤은 연속, 단일, 외부 트리거 모드와 같이 상호 배타적인 아이템을 선택할 때 유용하다. 열거형 컨트롤은 텍스트 또는 메뉴 링 컨트롤과 유사하지만, 컨트롤의 숫자값과 함께 문자열 라벨에 대한 정보를 포함하기 때문에 케이스 구조 생성 시에 케이스 조건 문자열을 자동으로 생성할 수 있기 때문에 케이스 구조와 함께 주로 사용된다. 이들 컨트롤의 데이터 타입은 모두 정수형이다.

그림 2-46 열거형 및 텍스트 링, 메뉴 링 컨트롤과 터미널

열거형 또는 링 변수에 아이템을 삽입하기 위해서는 변수를 마우스 오른쪽 버튼으로 클릭한 후 메뉴에서 아이템 편집을 선택한다. 그러면 아이템 편집 탭으로 설정된 상태에서 프로퍼티 창이 열린다. 여기서 원하는 아이템을 삽입하거나 삭제할 수 있으며 위 아래로 특정 아이템을 이동할 수도 있다. 반면에 하나의 아이템만 추가하고자 하는 경우에는 메뉴에서 다음/이전 아이템 추가와 아이템 제거를 통해 수행할 수 있다. 그리고 아이템 비활성화를 선택하면 선택된 아이템이 회색으로 변하고 변수에서 선택할 수 없는 상태가 된다.

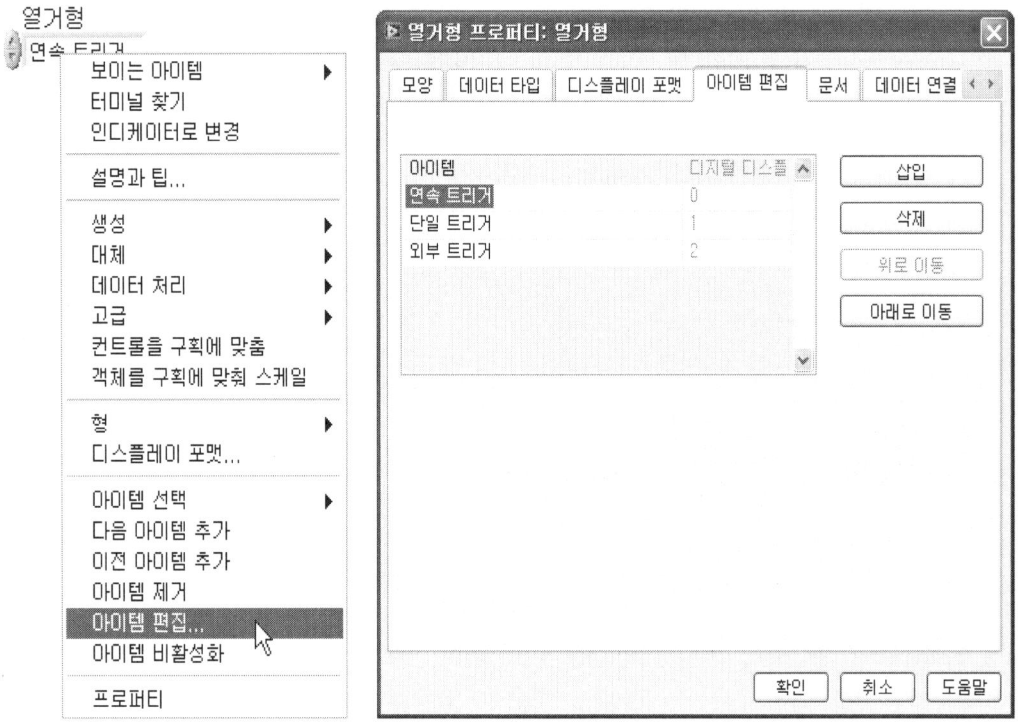

그림 2-47 열거형 변수에 아이템을 편집하기 위한 방법

6.7 그래프 컨트롤 및 인디케이터

이 외에 그래프와 클래식 그래프 팔레트의 그래프 컨트롤과 인디케이터를 사용하여 숫자 데이터를 그래프 또는 차트 형태로 그림을 나타낼 수도 있다.

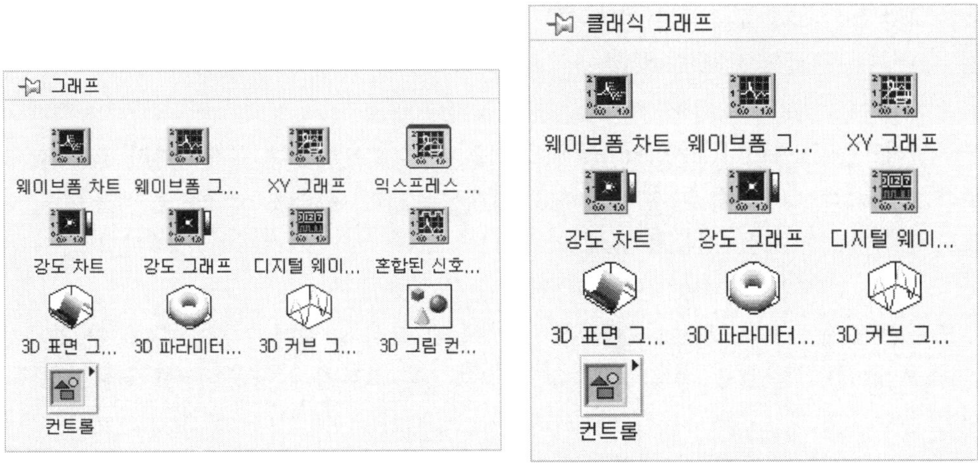

그림 2-48 일반 및 클래스 그래프 컨트롤 팔레트

웨이브폼 그래프와 차트를 이용해서 일정한 속도로 수집되는 데이터를 디스플레이 할 수 있다. 다음 그림 프런트 패널은 웨이브폼 차트와 그래프의 예제를 보여준다.

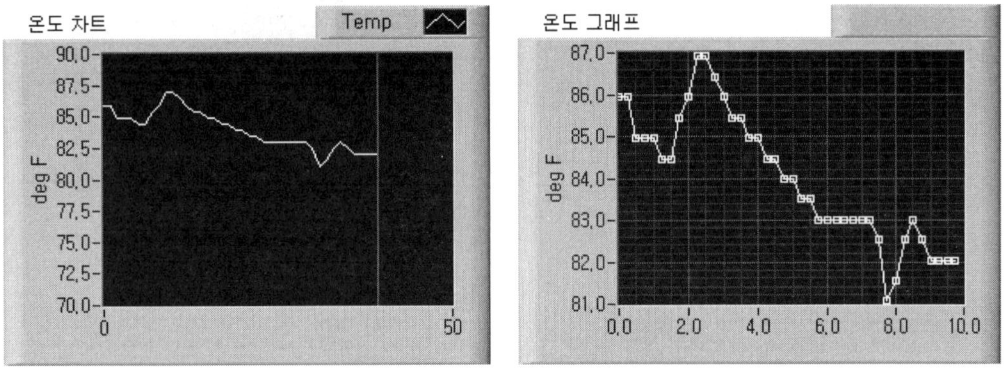

그림 2-49 웨이브폼 차트와 그래프

웨이브폼 그래프는 균일하게 샘플링된 측정의 여러 플롯을 디스플레이하며, y = f(x)와 같이 x 축을 따라 포인트가 균일하게 분포하는 단일값 함수만을 표시할 수 있다. 웨이브폼 그래프는 임의 개수의 포인트를 가진 플롯을 디스플레이할 수 있다. 그래프는 데이터 호환성의 불편을 최소화하도록 여러 데이터 타입을 수용한다. 웨이브폼 차트는 일반적으로 같은 속도로 수집된 하나 또는 그 이상의 플롯의 데이터를 디스플레이하는 숫자형 인디케이터의 특별한 타입으로, 이전 업데이트에서 데이터 히스토리, 또는 버퍼를 유지한다. 웨이브폼 차트에서 마우스 오른쪽 버튼을 클릭한 후 바로 가기 메뉴에서 차트 히스토리 길이를 선택하여 버퍼 크기를 설정할 수 있다. 웨이브폼 차트의 기본 차트 히

스토리 길이는 1,024 데이터 포인트이다. 또한 차트의 업데이트 모드는 스트립 차트, 스코프 차트, 수윕 차트가 있으며, 일반적으로 디스플레이 속도는 스윕 차트가 가장 빠르고, 그 다음이 스코프 차트와 스트립 차트 순이다.

XY 그래프는 구형이나 가변 타임 베이스를 갖는 웨이브폼과 같은, 여러 값의 함수를 플롯하는 일반적인 목적을 가진 직각좌표 그래픽 객체이다. XY 그래프는 샘플링 속도의 균일도에 상관없이 모든 점들을 표시할 수 있다. 또한, XY 그래프에서 나이퀴스트 평면, 니콜스 평면, S 평면, Z 평면을 디스플레이할 수 있다.

강도 그래프와 차트를 사용하여 직각 평면에 색 블록을 놓아서 3D 데이터를 2D 플롯에 디스플레이할 수 있다. 예를 들어, 강도 그래프와 차트를 이용하여, 크기가 고도를 나타내는 온도 패턴과 지형과 같은 데이터를 디스플레이할 수 있다. 강도 그래프와 차트는 숫자의 3D 배열을 수용한다. 배열에서 각 숫자는 특정 색을 나타내며, 2D 배열 원소의 인덱스는 색에서 플롯 위치를 지정한다. 다음 그림 2-50은 강도 차트의 수행의 개념을 나타낸다.

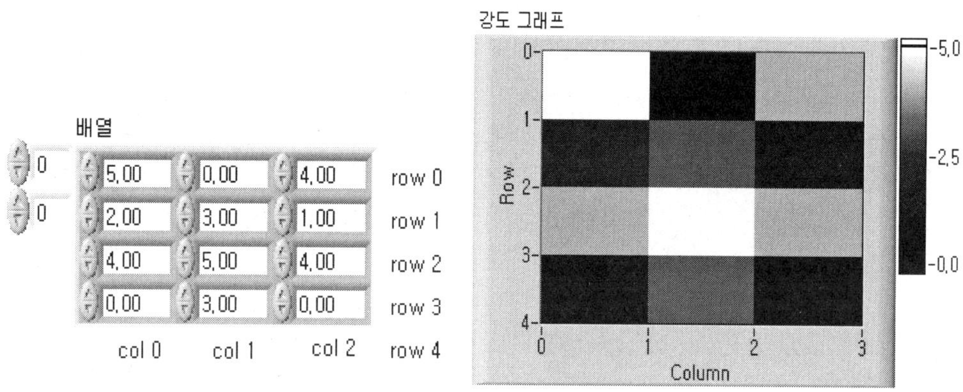

그림 2-50 배열과 그에 따른 강도 그래프

디지털 웨이브폼 그래프를 사용하여 디지털 데이터를 디스플레이할 수 있다. 특히 타이밍 다이어그램이나 논리 분석기와 함께 사용할 수 있다. 디지털 웨이브폼 그래프는 디지털 웨이브폼 데이터 타입, 디지털 데이터 타입, 이 데이터 타입들의 배열을 입력으로 받을 수 있다.

표면의 형상 또는 온도 분포, 시간-주파수 분석, 비행기의 움직임과 같은 대부분의 실세계 데이터 세트는 3차원으로 데이터를 시각화할 필요가 있다. 3D 그래프는 3차원 데이터를 시각화할 수 있으며, 3D 그래프 프로퍼티를 수정하여 데이터를 나타내는 방법을 바꿀 수 있다.

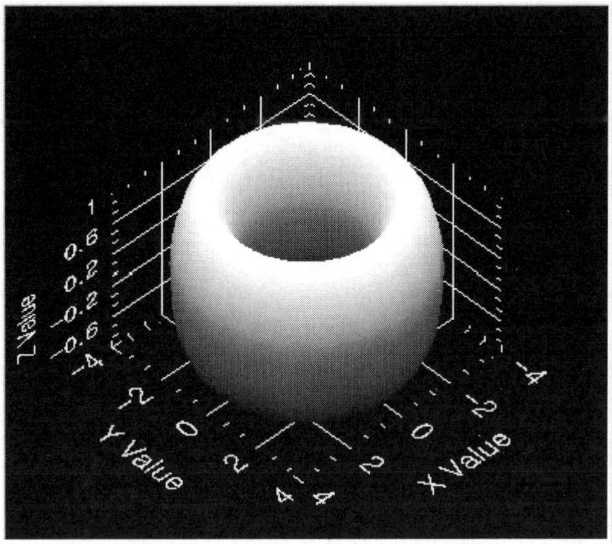

그림 2-51 3D 토러스(Torus) 그래프 예

연습 3 여러 가지 타입의 컨트롤/인디케이터

◉ 동작 원리 : 탭 컨트롤을 사용해 숫자형, 문자열, 클러스터, 색 상자, 타임스탬프, 행렬 및 배열의 컨트롤과 인디케이터를 만들고, 블록다이어그램과 같이 VI를 꾸며본다.

○ 프런트 패널의 구성

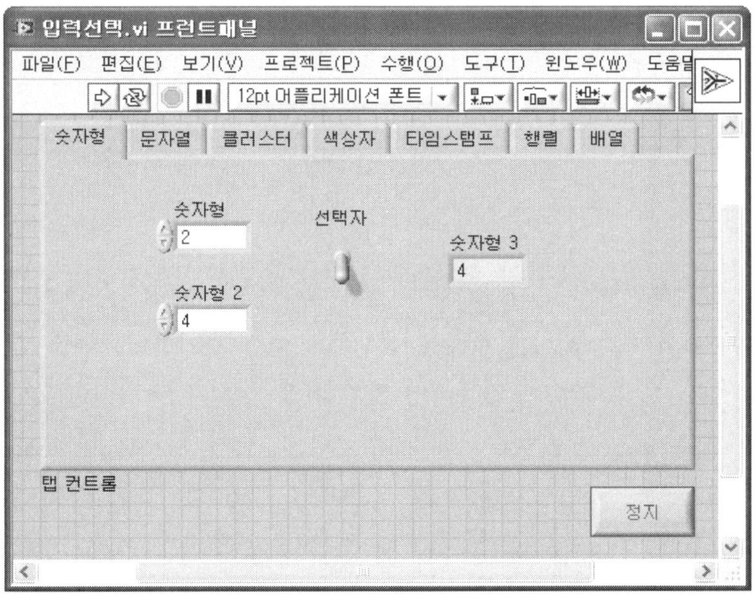

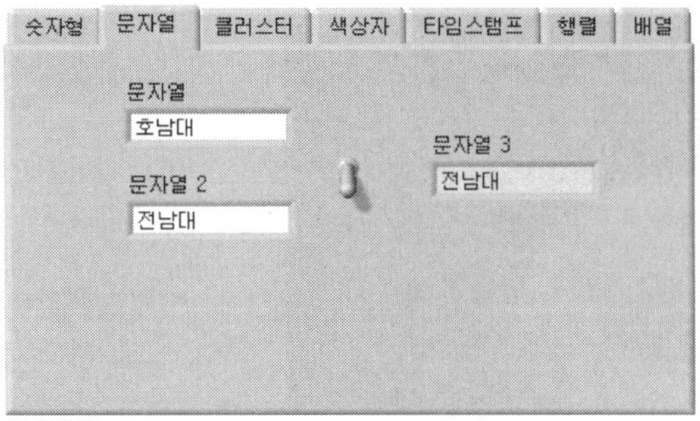

탭 컨트롤

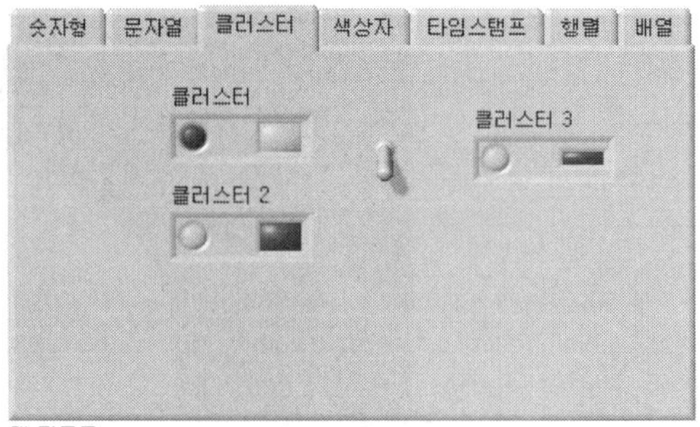

탭 컨트롤

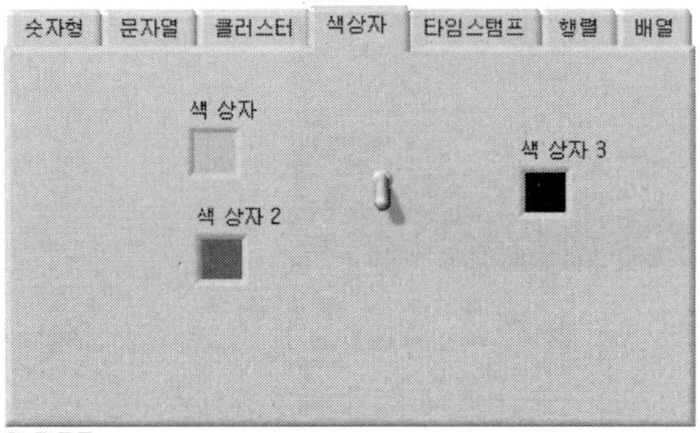

탭 컨트롤

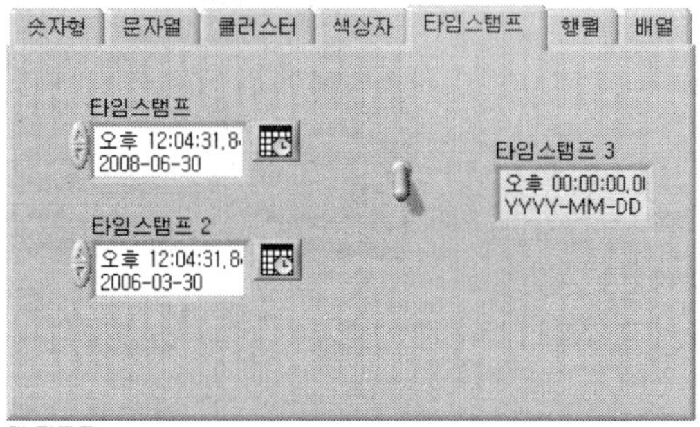

탭 컨트롤

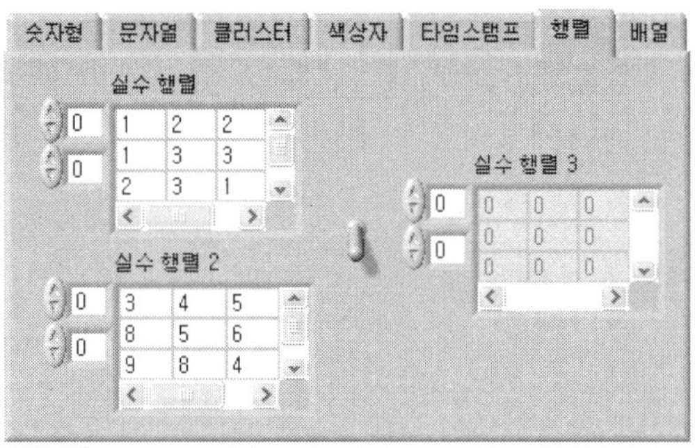

탭 컨트롤

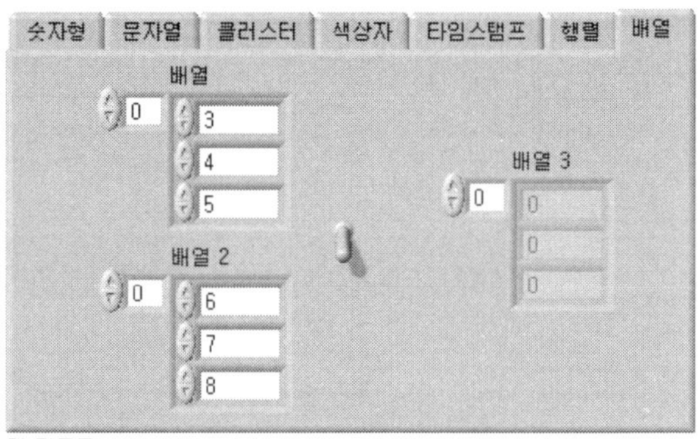

탭 컨트롤

☞  : 컨트롤≫일반≫컨테이너≫탭 컨트롤(페이지 탭에서 오른쪽 마우스를 클릭 한 후 메뉴에서 다음 페이지 추가를 선택하여 탭을 추가한다. 도구 팔레트에서  를 선택한 후 탭 컨트롤을 선택하여 메뉴를 열 수도 있다).

☞  ,  : 컨트롤≫일반≫숫자형≫숫자형 컨트롤 및 인디케이터

☞  ,  : 컨트롤≫일반≫문자열&경로≫문자열 컨트롤 및 인디케이터(컨트롤이나 인디케이터를 만든 후 객체를 클릭된 상태에서 〈Ctrl〉 키를 누르고 끌면 객체를 복사 할 수 있다).

☞ 

: 컨트롤≫일반≫배열, 행렬, 클러스터≫클러스터(클러스터는 혼합된 타입의 데이터 원소를 그룹화 한다).

☞  : 컨트롤≫일반≫불리언≫원형 LED 및 사각 LED(클러스터와 혼합).

☞ 

: 컨트롤≫일반≫숫자형≫프레임 있는 색 상자 컨트롤 및 인디케이터(클릭하면 원하는 색을 지정 할 수 있다).

☞  : 컨트롤≫일반≫불리언≫수직 토글 스위치

☞ 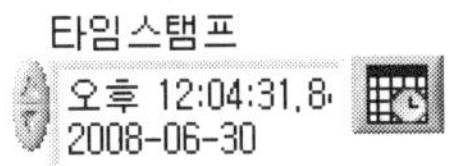

: 컨트롤 일반 숫자형 타임스탬프 컨트롤

☞ 

: 컨트롤≫일반≫배열, 행렬, 클러스터≫실수 행렬 컨트롤

☞ 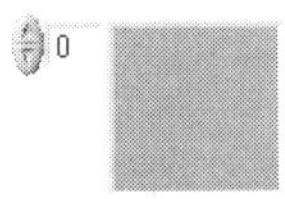 : 컨트롤≫일반≫배열, 행렬, 클러스터≫배열(배열 쉘에 만들려는 배열 타입을 정한 후, 알맞은 객체를 넣어 배열의 데이터 타입을 결정한다).

☞ 

: 컨트롤≫일반≫불리언≫정지버튼

○ 블록다이어그램의 구성

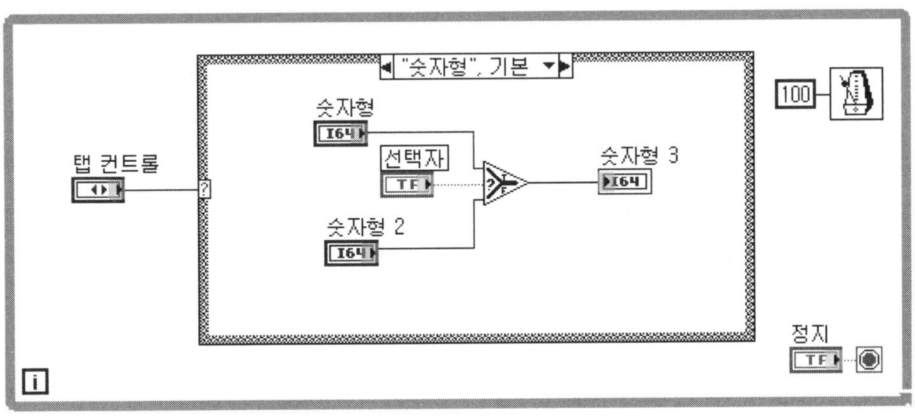

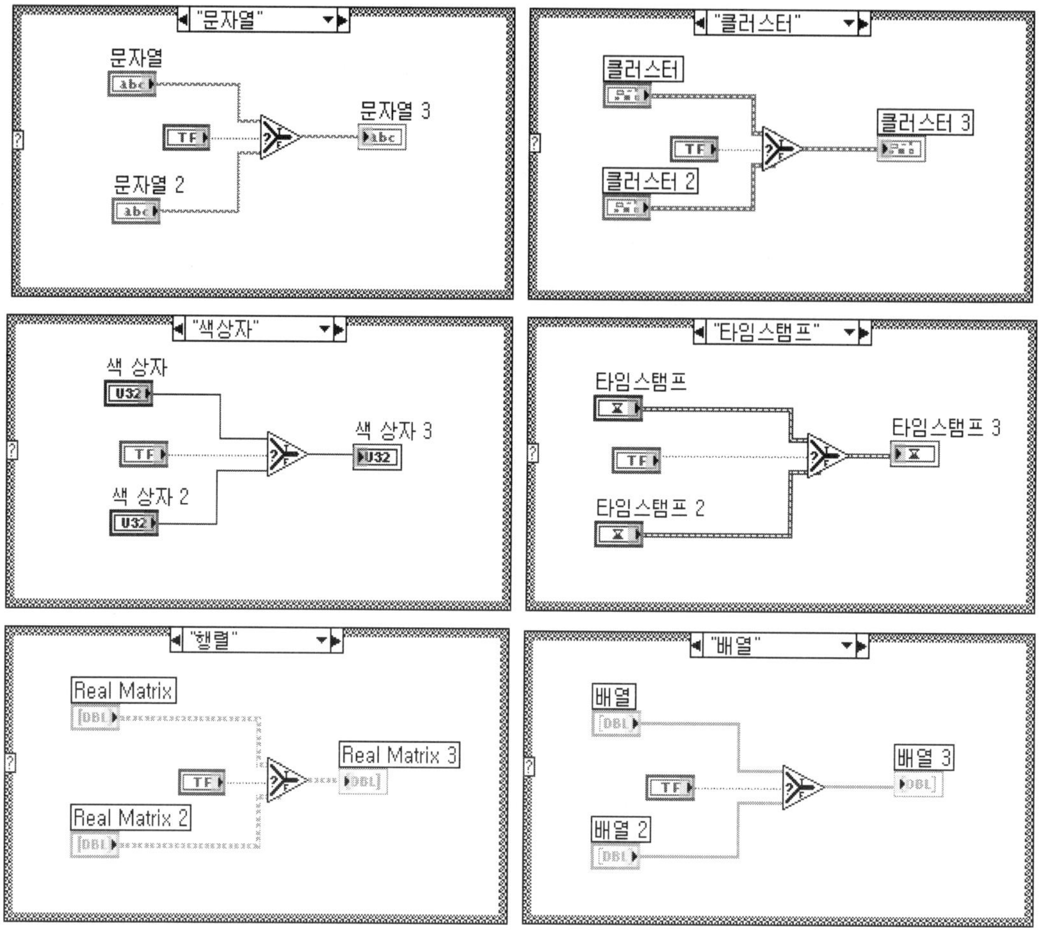

☞  , 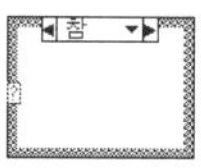 : 함수≫프로그래밍≫구조≫While 루프와 케이스 구조(팔레트에서 구조를 선택 후, 블록다이어그램에서 마우스 왼쪽 버튼을 누른 상태에서 알맞은 크기만큼 드래그 하여 크기를 조정한다).

☞ While 루프 안에 케이스 구조를 만든 후, 케이스 구조의 케이스 선택자에 프런트 패널을 만들 때 만들어진 탭 컨트롤()을 와이어링 도구()를 이용해 연결한다. 그리고 케이스 구조의 선택자 라벨에서 오른쪽 마우스를 클릭한 후, 메뉴에서 모든 값에 대한 케이스 추가를 선택해서 모든 케이스를 추가한다(케이스 구조는 지정되지 않은 조건이 입력되었을 때의 처리를 위한 기본 케이스 구조가 지정되어 있어야 한다. 선택자 라벨(◀ "문자열", 기본 ▼▶)에서 확인 가능).

☞  : 함수≫프로그래밍≫비교≫선택

☞  : 함수≫프로그래밍≫타이밍≫다음 ms 배수까지 기다림

☞  : 프런트 패널을 만들 때 만들어진 불리언 컨트롤을 While 루프의 조건 터미널( )에 연결한다(조건 터미널( )을 오른쪽 마우스로 클릭한 후, 메뉴에서 컨트롤 생성을 선택해서 정지 버튼을 생성하는 것이 편리함. 또한 조건 터미널이 참인 경우 정지( )할 것인지 또는 참인 경우 계속( )할 것인지도 설정할 수 있다).

연습 4 클러스터 조작

◉ 동작 원리 : 클러스터를 작성하고 조작해 본다.

○ 프런트 패널의 구성

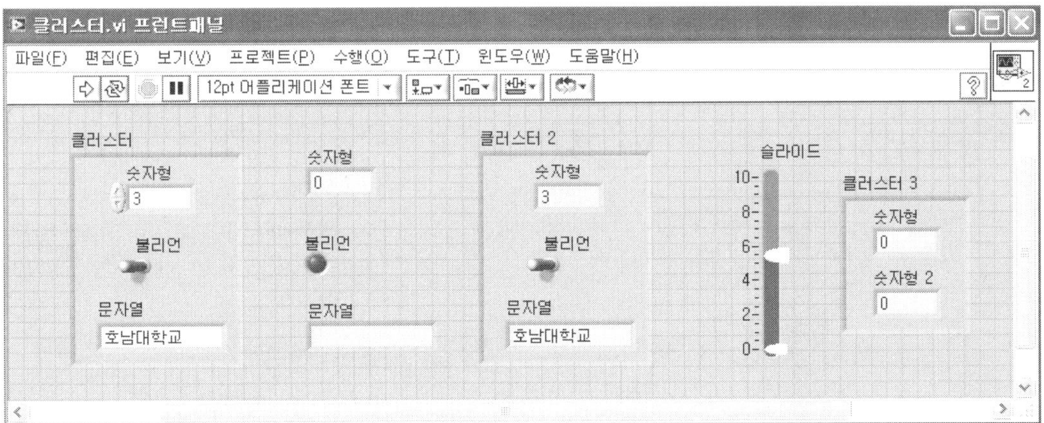

☞ 숫자형 : 컨트롤≫일반≫숫자형≫숫자형 컨트롤

☞ 불리언 : 컨트롤≫일반≫불리언≫수직 토글 스위치

☞ 문자열 : 컨트롤≫일반≫문자열&경로≫문자열 컨트롤

☞ 클러스터 : 컨트롤≫일반≫배열, 행렬, 클러스터≫클러스터를 선택해서 클러스터 틀을 만든 후, 위의 3가지 컨트롤을 숫자형, 불리언, 문자열 컨트롤 순으로 마우스로 끌어 클러스터 안에 넣는다(순서가 매우 중요함).

☞ 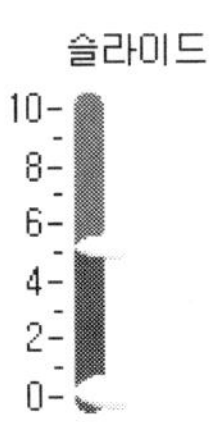

: 컨트롤≫일반≫숫자형≫수직 포인터 슬라이드를 선택한 후, 슬라이드를 마우스 오른쪽 버튼으로 클릭하고, 슬라이더 추가를 선택

☞ 클러스터 2 : 선택 도구( )로 클러스터 컨트롤을 선택한 후, 〈Ctrl〉를 누른 상태

에서 클러스터를 끌어서 복사한다. 그 다음 복사된 클러스터 틀을 마우스 오른쪽 버튼으로 클릭한 후, 메뉴에서 인디케이터로 변경을 선택한다.

☞ 클러스터 3 : 컨트롤≫일반≫배열, 행렬, 클러스터≫클러스터를 선택해서 클러스터 틀을 만든 후, 2가지 인디케이터를 마우스로 끌어 안에 집어넣는다.

○ 블록다이어그램의 구성

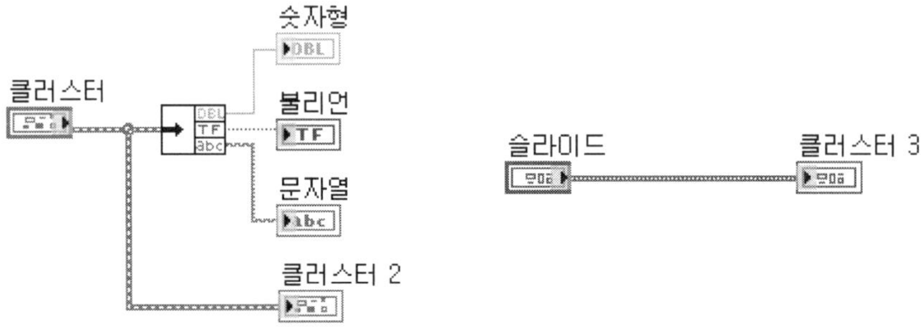

☞ 풀기 : 함수≫프로그래밍≫클러스터, 클래스 & 배리언트≫풀기 (클러스터 와 를 와이어로 연결하면 로 바뀐다.)

☞ 클러스터 를 복사한 후, 마우스 오른쪽 버튼을 클릭해 메뉴에서 인디케이터로 변경을 클릭한다.

☞ 클러스터 와 클러스터 2 를 와이어 도구( )를 사용해 연결

☞ 슬라이드 와 클러스터3 를 와이어 도구( )를 사용해 연결

6.8 프런트 패널 객체의 설정 변경하기

6.8.1 컨트롤을 인디케이터로, 인디케이터를 컨트롤로 변경하기

LabVIEW는 객체의 초기 설정을 컨트롤 팔레트에 있는 컨트롤과 인디케이터의 일반적인 용도에 따라서 지정하고 있다. 예를 들어, 토글스위치는 일반적으로 입력용으로 사용되기 때문에 프런트 패널에 토글스위치를 놓으면 프런트 패널에 컨트롤로 나타난다. 프런트 패널에 LED를 놓으면 LED는 일반적으로 출력 디바이스로 사용되기 때문에 인디케이터로 나타난다. 일부 팔레트는 같은 타입이나 객체의 클래스에 대해서 컨트롤과 인디케이터를 포함하고 있다. 한편, 그림 2-52와 같이 프런트 패널에 있는 컨트롤을 마우스 오른쪽 버튼으로 클릭한 후 메뉴에서 인디케이터로 변경을 선택하여 인디케이터로 변경할 수 있으며, 반대로 인디케이터를 마우스 오른쪽 버튼으로 클릭한 후 메뉴에서 컨트롤

로 변경을 선택하여 컨트롤로 변경할 수 있다.

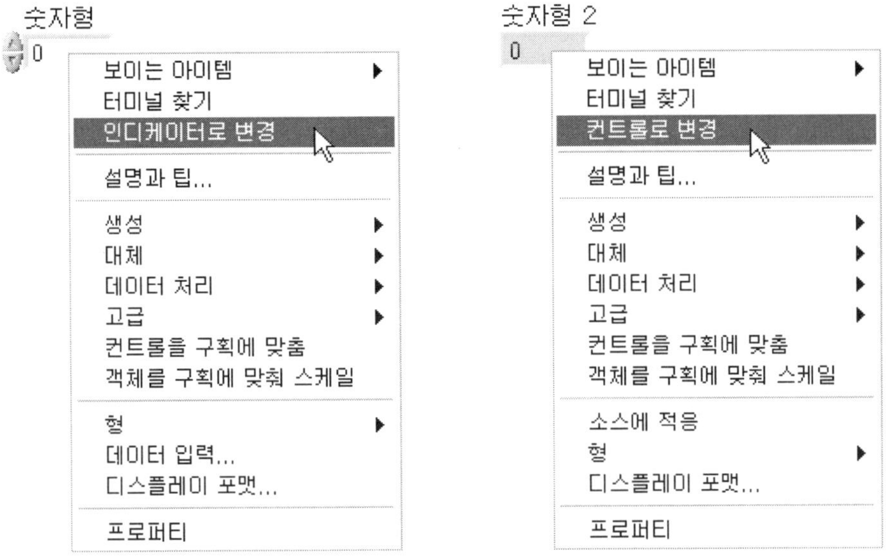

그림 2-52 컨트롤을 인디케이터로 또는 인디케이터를 컨트롤로 바꾸기

6.8.2 프런트 패널 객체 대체하기

프런트 패널 객체를 다른 컨트롤 또는 인디케이터로 대체(replace)할 수 있다. 객체에서 마우스 오른쪽 버튼을 클릭한 후 메뉴에서 대체를 선택하면 임시 컨트롤 팔레트가 나타난다. 임시 컨트롤 팔레트에서 컨트롤 또는 인디케이터를 선택하면 프런트 패널의 현재 객체를 대체할 수 있다.

6.8.3 객체의 색을 복사하고 변경하기

프런트 패널 객체의 색을 복사하고 변경할 수 있지만 모든 객체에서 가능한 것은 아니다. 대부분의 프런트 패널 객체 및 프런트 패널과 블록다이어그램 작업 공간의 색을 변경할 수 있지만 시스템 컨트롤/인디케이터의 색은 변경할 수 없다. 이들 객체는 사용자 시스템에서 설정한 색으로 나타나기 때문이다. 색 얻기 도구( )를 이용해 특정 부분의 색상을 복사할 수 있으며, 또는 도구 팔레트의 맨 아래에 있는 색상 선택( )의 사각형(위는 전경색, 아래 사각형은 배경색)을 클릭해서 다음 그림 2-53의 색상 대화 상자를 팝업시킨 후, 원하는 색상을 설정할 수 있다. 색칠 도구( )를 사용하여 객체 또는 프런트 패널과 블록다이어그램 특정 부분의 색을 바꿀 수 있다. 또한, 도구(T)≫옵션을 선택한 후 항목 리스트에서 색을 선택하여 몇몇 객체에 대한 기본색을 바꿀 수도 있다. 중요한 정보를 읽을 때, 색은 사용자에게 혼란을 줄 수 있기 때문에 색상은 논리적이고 일관되도록 주의해서 사용해야 한다. 그리고 배경은 밝은 회색, 흰색 또는 연한 색상으로 하는 것이 일반적이다.

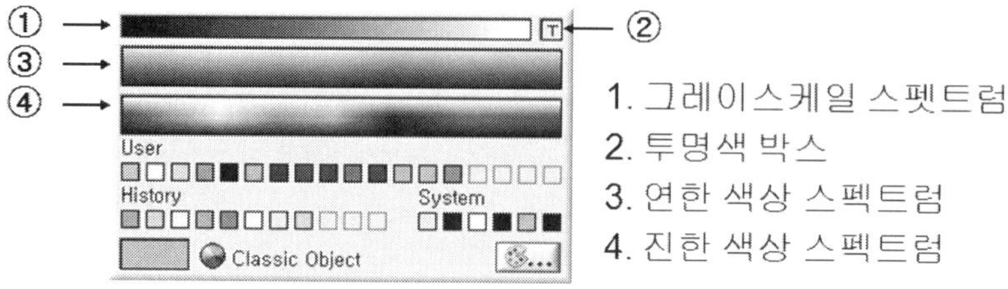

그림 2-53 색상 설정 대화 상자

6.8.4 객체 정렬 및 간격 조절하기

편집≫패널 눈금 정렬 활성화를 선택하여 프런트 패널의 눈금 정렬을 활성화시키면 객체를 프런트 패널에 놓을 때 객체가 눈금 단위로 정렬을 하게 된다. 다시, 편집≫패널 눈금 정렬 비활성화를 선택하면 눈금 정렬이 비활성화하고 수동으로 객체를 정렬해야 한다. 단축키인 〈Ctrl-#〉 키를 눌러서 눈금 정렬을 활성화하거나 비활성화할 수도 있다. 블록다이어그램에서도 정렬 눈금을 사용할 수 있다. 한편 눈금은 그림 2-54와 같이 도구≫옵션을 선택한 후, 항목에서 정렬 눈금을 선택함으로써 조정이 가능하다.

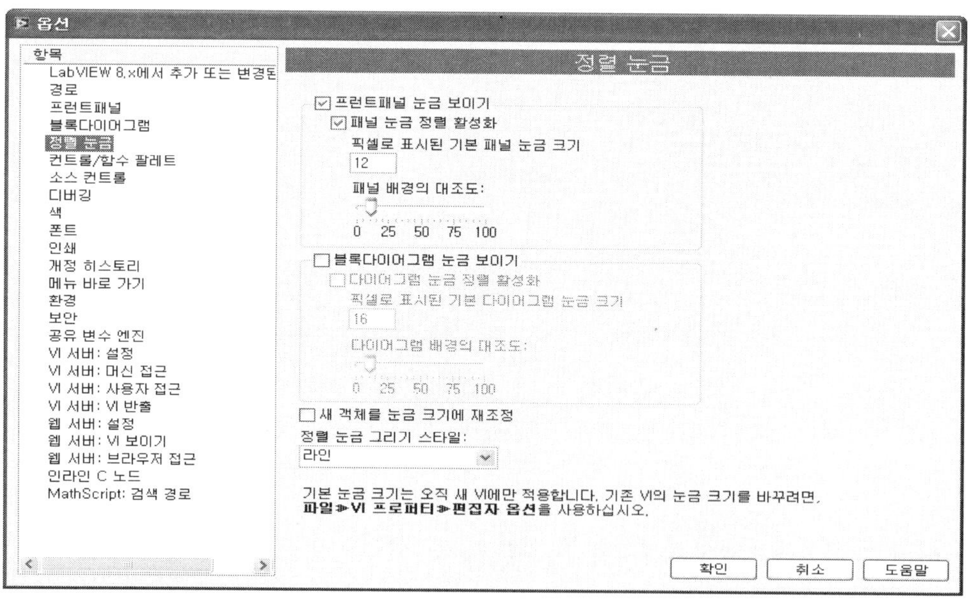

그림 2-54 프런트 패널 및 블록다이어그램의 눈금 설정을 위한 옵션 창

픽셀로 표시된 기본 패널 눈금 크기는 12이며, 블록다이어그램에는 기본적으로 눈금을 표시하지 않도록 설정되어 있다. 또한, 정렬눈금은 점, 라인, 그래프용지로 표시할 수 있

으며, 기본값은 라인이다. 객체를 놓은 후에 객체를 정렬하려면, 객체를 선택한 후 그림 2-55와 같이 도구 모음의 객체 정렬 풀다운 메뉴를 선택하거나 편집≫아이템 정렬을 선택한다. 객체의 간격을 균일하게 하려면, 객체를 선택한 후 도구 모음의 객체 간격 조절 풀다운 메뉴를 선택하거나 편집≫아이템 간격 조절을 선택한다.

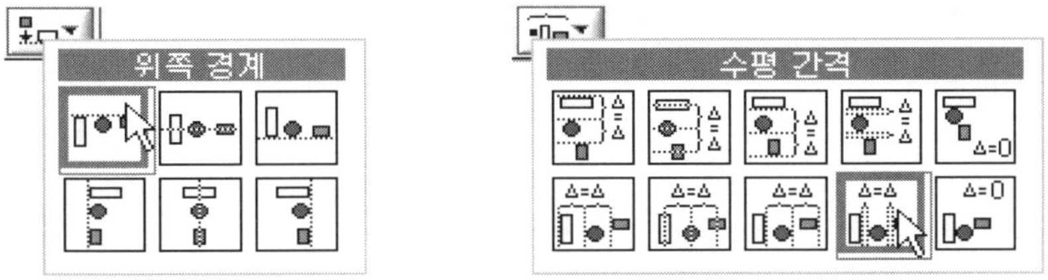

그림 2-55 도구 모음의 객체 정렬 및 객체 간격 조절 풀다운 메뉴

6.8.5 객체 그룹화/잠금 설정 및 순서 재설정

여러 프런트 패널 객체를 함께 묶어서 함께 움직이도록 그룹화하거나 특정 위치에서 움직이지 못하도록 고정시킬 수 있다. 이를 위해서는 우선 위치/선택 도구( )를 사용하여 그룹화 및 잠금 설정을 하려는 프런트 패널 객체들을 선택한다. 도구 모음의 순서 재설정( ) 버튼을 클릭한 후 메뉴에서 그룹 또는 고정을 선택한다. 그룹화 된 객체들은 위치를 옮기거나 크기를 바꿀 때 상호 간의 상대적인 위치와 크기를 유지한다. 또한, 잠긴 객체는 프런트 패널에서 위치를 유지하며 잠금 해제를 하기 전에는 삭제되지 않는다. 객체들을 선택하여 그룹화와 잠금 설정을 동시에 할 수도 있다. 한편 여러 객체가 겹쳐서 위치할 경우에는 가장 순서가 높은 객체가 맨 위에 나타나게 되고 순서가 뒤진 객체는 뒤에 있어서 안 보일 수 있다. 이 경우 원하는 객체를 위치/선택 도구( )로 선택한 후, 순서 재설정( ) 버튼을 클릭해서 메뉴에서 그림 2-56과 같이 맨 앞으로 이동 또는 앞으로 이동을 선택함으로써 객체의 상대적인 순서를 변경할 수 있다.

그림 2-56 도구 모음의 순서 재설정 메뉴

6.8.6 객체 크기 조정하기

대부분의 프런트 패널 객체는 크기를 바꿀 수 있다. 위치 도구( )를 크기 조정이 가능한 객체 위로 움직일 때, 크기 조정 핸들 또는 원이 나타난다. 객체를 크기 조정할 때 폰트 크기는 변하지 않는다. 객체 그룹을 크기 조정하면 그룹 내의 모든 객체들의 크기가 조정된다. 디지털 숫자 컨트롤과 인디케이터 같은 일부 객체는 크기를 조정할 때 수평 또는 수직으로만 조정된다. 노브와 같은 객체는 크기 조정할 때 같은 비율을 유지한다. 반면에 객체를 크기 조정할 때 수동으로 증가 방향을 제한할 수 있다. 확대를 수직 또는 수평으로 제한하거나 객체의 현재 비례를 유지하려면, 〈Shift〉 키를 누르면서 크기 조정 핸들이나 원을 끈다. 중심점을 기준으로 객체의 크기를 조정하려면 〈Ctrl〉 키를 누르면서 크기 조정 핸들이나 원을 끈다. 여러 객체를 같은 크기로 조정하려면 객체를 선택한 후 도구 모음의 객체 크기 조정 풀다운 메뉴를 선택한다. 그림 2-57과 같이 모든 선택된 객체를 가장 크거나 또는 가장 작은 객체의 폭 또는 높이로 크기 조정할 수 있으며 모든 선택된 객체를 픽셀 단위의 특정 크기로 크기 조정할 수도 있다.

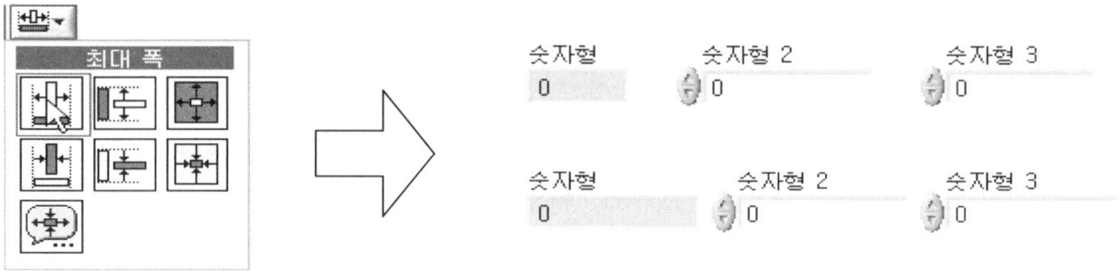

그림 2-57 도구 모음의 객체 크기 조절 풀다운 메뉴

6.8.7 윈도 크기를 조정하지 않고 프런트 패널에 공간 추가하기

윈도 크기를 조정하지 않고 프런트 패널에 공간을 추가할 수 있다. 빽빽하거나 조밀하게 그룹화된 객체 사이에 공간을 늘리려면, 〈Ctrl〉 키를 누른 상태에서 위치 도구( )를 사용하여 프런트 패널 작업 공간을 클릭한다. 〈Ctrl〉 키를 누르고 있는 동안 삽입하려는 크기만큼의 영역을 끌고 난 후에 놓으면 점선으로 표시된 사각형 경계만큼 공간이 삽입된다.

6.8.8 라벨 붙이기

일반적으로 라벨을 사용하여 프런트 패널과 블록다이어그램의 객체를 식별하는 것이 좋다. LabVIEW에는 고유 라벨과 독립 라벨의 2가지 라벨이 있다. 고유 라벨은 특정 객체에 속하여 함께 이동하며 해당 객체만을 설명한다. 고유 라벨을 독립적으로 이동시킬 수 있지만, 라벨을 가진 객체를 움직일 때 라벨은 객체와 함께 움직인다. 고유 라벨을 숨길 수는 있지만, 라벨을 가진 객체에 독립적으로 복사하거나 삭제할 수는 없다. 숫자 컨트롤 또는 인디케이터에서 마우스 오른쪽 버튼을 클릭하고 메뉴에서 그림 2-58과 같이 보이는 아이템≫단위 라벨을 선택하여 숫자 컨트롤과 인디케이터에 단위 라벨이라고 불리는 별개의 고유 라벨을 표시할 수 있다. 한편 그림 2-58에서 기수는 2진수(b), 8진수(o), 10진수(d) 및 16진수(x) 표기를 나타낸다. 독립 라벨은 어떤 객체에도 속하지 않으며 독립적으로 생성, 이동, 회전, 또는 삭제할 수 있다. 독립 라벨을 사용하여 프런트 패널과 블록다이어그램을 설명하기도 한다. 독립 라벨은 블록다이어그램의 코드를 설명하거나 프런트 패널에 사용자 설명을 나열할 때 유용하다. 빈 공간을 더블 클릭하거나 라벨링 도구(A)를 사용하여 독립 라벨을 생성하거나 라벨을 편집한다.

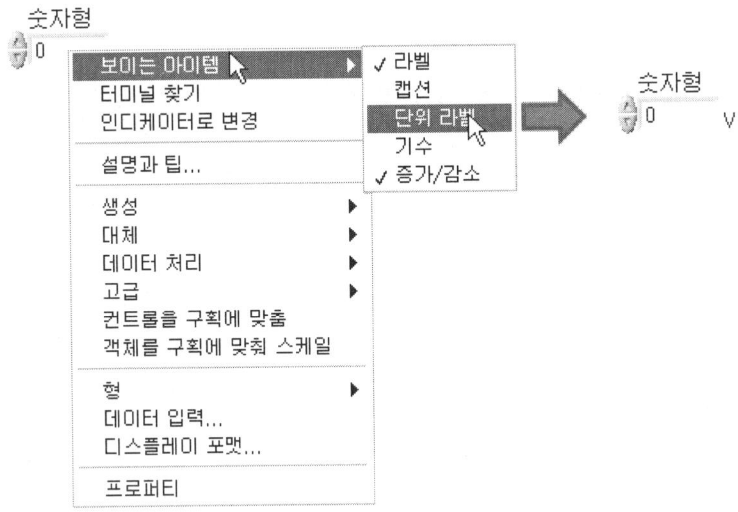

그림 2-58 컨트롤에 단위 추가

6.9 폰트 설정

LabVIEW는 컴퓨터에 이미 설치된 폰트를 사용한다. 그림 2-59와 같이 도구 모음의 텍스트 세팅 풀다운 메뉴를 사용하여 텍스트의 속성을 변경할 수 있다. 텍스트 세팅 풀다운 메뉴에는 다음과 같은 3가지 표준 폰트가 있다.

- 어플리케이션(Application) 폰트 : 컨트롤과 함수 팔레트 및 새 컨트롤의 텍스트에 사용되는 기본 폰트
- 시스템(System) 폰트 : 메뉴에 사용되는 폰트
- 대화 상자(Dialog) 폰트 : 상자의 텍스트에 사용되는 폰트

텍스트 세팅 풀다운 메뉴에서 선택을 하기 전에 객체 또는 텍스트를 선택한 경우, 선

택한 모든 것들에 변경이 적용된다. 선택한 것이 없을 경우, 변경은 기본 폰트에 적용된다. 기본 폰트를 변경해도 기존 라벨의 폰트는 변경되지 않는다. 오직 이후부터 생성하는 라벨에만 영향을 주게 된다. 내장 폰트를 포함하는 VI를 다른 플랫폼으로 옮기면 폰트는 가장 가까운 폰트로 바뀌게 된다. 텍스트 세팅 풀다운 메뉴는 또한 크기 조정, 스타일, 자리맞춤, 색 서브 메뉴 아이템을 가지고 있다. 일반적으로 객체를 선택한 후에 〈Ctrl〉 키를 누른 상태에서 〈+〉 키를 누르면 객체 내의 폰트와 라벨 폰트가 점차 증가하고, 〈-〉 키를 누르면 점차 작아진다.

한편, 3가지 표준 글꼴에 사용되는 실제 글꼴은 플랫폼에 따라 다르다. 윈도 플랫폼에서 작업할 경우에는 기본 설정과 video driver 설정이 글자 크기에 영향을 미친다. 여러 플랫폼 간의 글꼴 변화로 인해 라벨과 객체가 겹치는 것을 방지하기 위해 컨트롤 사이에 여분의 공간을 두도록 한다. 글꼴은 프런트 패널에서 이식성이 가장 떨어지는 부분이다.

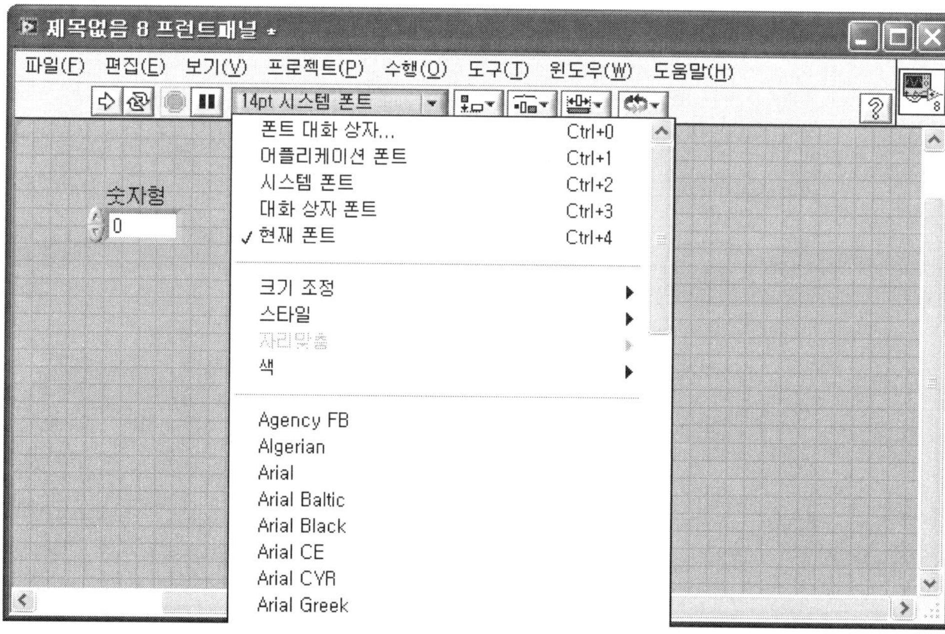

그림 2-59 도구 모음의 텍스트 세팅 풀다운 메뉴

6.10 장식 팔레트

VI가 사용자 인터페이스 또는 대화 상자로 사용될 경우, 프런트 패널 모양과 배치는 매우 중요하다. 사용자가 쉽게 어떤 작업을 수행할지 식별할 수 있도록 프런트 패널을 설계하도록 한다.

프런트 패널을 디자인할 때, 어떻게 사용자가 VI와 상호작용할지를 고려해야 한다. 일부 컨트롤이 연관된 경우, 장식 경계를 추가하여 컨트롤을 둘러싸거나 클러스터로 만드는 것을 고려하도록 한다. 그림 2-60과 같은 장식 팔레트에 있는 장식을 사용하여 상자, 라인, 화살표로 프런트 패널의 객체를 그룹화하거나 분리한다. 장식 객체는 단지 장식을 위한 것이며 데이터를 표시하지는 않는다.

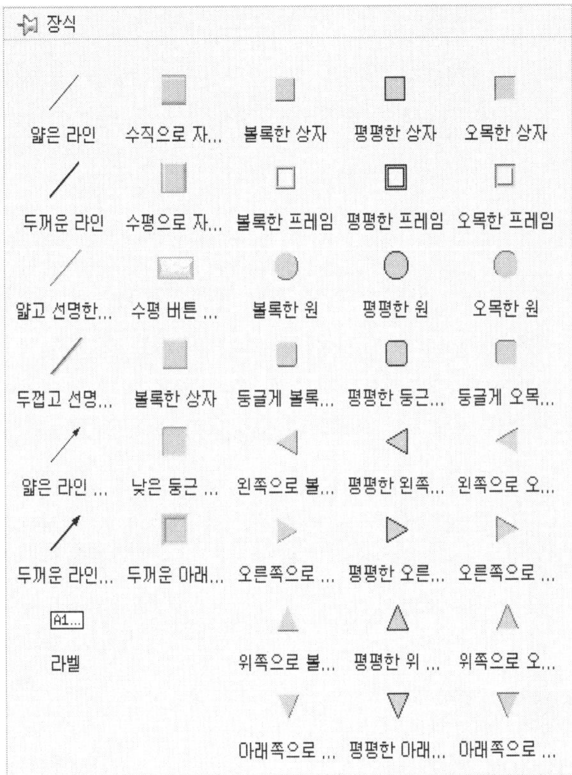

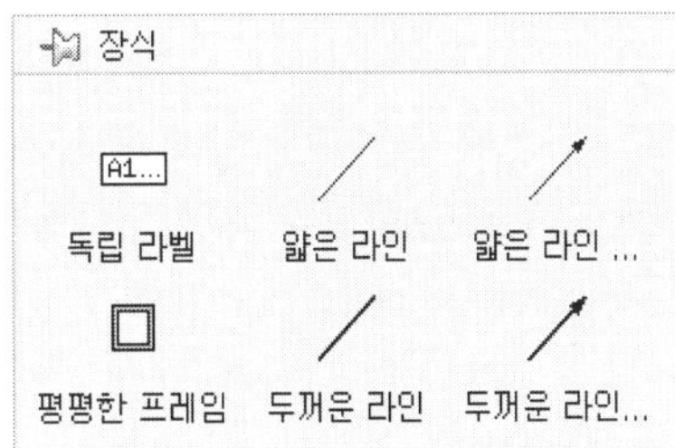

그림 2-60 장식 컨트롤(위) 및 장식 함수 팔레트(아래)

7 블록다이어그램 만들기

특정 목적의 어플리케이션을 개발하기 위해서는 프런트 패널을 이용해 사용자 인터페이스를 만든 후, 블록다이어그램에 제공되는 그래픽 형태의 함수와 VI와 함께 프런트 패널 객체의 터미널을 사용하여 원하는 작업을 수행하는 코드를 만들어야만 한다. 이와 같이 블록다이어그램에서는 텍스트 언어에서 텍스트 코드에 해당하는 그래프 코드를 사용하기 때문에 이들 코드를 G 코드라고도 한다. 여기서는 블록다이어그램에서 G 코드를 생성하는 방법과 이를 위한 주요 함수들의 기능에 대해 살펴보고 기본적인 사용법에 대해 학습한다.

7.1 블록다이어그램 객체

블록다이어그램의 객체에는 터미널과 노드가 있다. 이 객체들을 와이어링 도구( )를 이용해 서로 연결하여 블록다이어그램을 만들며, 각 터미널의 색과 기호는 대응하는 컨트롤과 인디케이터의 데이터 타입을 나타낸다. 상수는 블록다이어그램에 고정 데이터 값을 제공하는 블록다이어그램의 터미널이다.

7.1.1 블록다이어그램 터미널

6 장에서 보았듯이 프런트 패널 객체는 블록다이어그램에서 터미널로 나타난다. 블록다이어그램에서 특정 터미널을 더블-클릭하면 대응하는 프런트 패널의 컨트롤 또는 인디케이터가 하이라이트(highlight) 된다. 터미널은 프런트 패널과 블록다이어그램 사이에 정보를 교환하는 통로이며 프런트 패널 컨트롤에 입력한 데이터 값은 컨트롤 터미널을 통해서 블록다이어그램에 전달된다. 또한, VI를 실행해서 얻어진 출력값은 인디케이터 터미널을 통해 블록다이어그램을 빠져 나오고 프런트 패널로 다시 전달되어 프런트 패널 인디케이터에 표시된다. 다음 그림 2-61은 숫자형 컨트롤과 인디케이터를 이용해 실수 A와 B를 더해서 실수 C를 구하고, 정수 A와 B를 곱해서 정수 C를 구하는 예제이다.

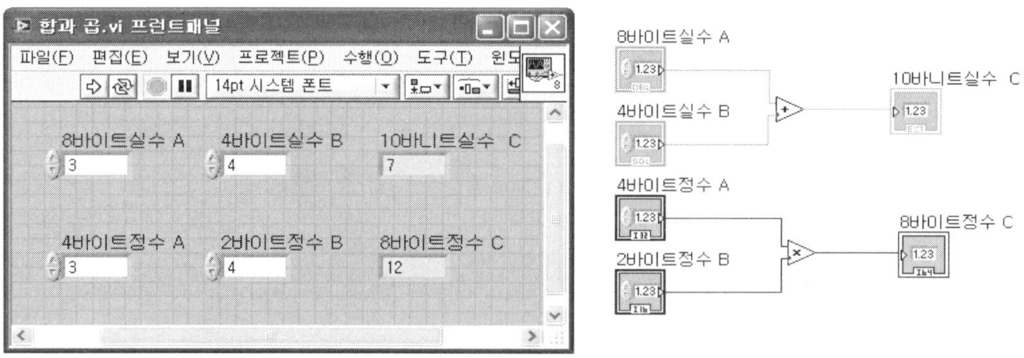

그림 2-61 숫자형 컨트롤을 이용한 실수 합과 정수 곱 예제

기본적으로, 프런트 패널 객체는 아이콘 터미널로 나타난다. 위에서 터미널은 2가지 색상으로 구분되며 주황색은 실수 데이터를, 파란색은 정수 데이터를 나타낸다. 한편 실수 터미널 아래 부분의 DBL, SGL, EXT는 각각 배정도(8바이트), 단정도(4바이트), 확장형(10바이트) 실수를 나타내며, 정수 터미널 아래 부분의 132, 116, 164는 각각 32bit,

16bit, 64bit 부호있는 정수 데이터 타입을 나타낸다. 한편 위에서 더하기와 곱하기 함수의 입력 단자에 나타난 빨간색 점은 강제 변환점이다. 이것은 서로 다른 데이터 타입이 연결되었음을 나타내며 빨간색 부분이 데이터가 변환되어 입력되었음을 나타낸다. 다음 그림 2-62는 블록다이어그램에 나타나는 여러 터미널과 와이어를 표시한 것으로, 향후 원활한 프로그래밍을 위해 모양과 색상을 통해 데이터 타입을 식별할 수 있어야만 한다.

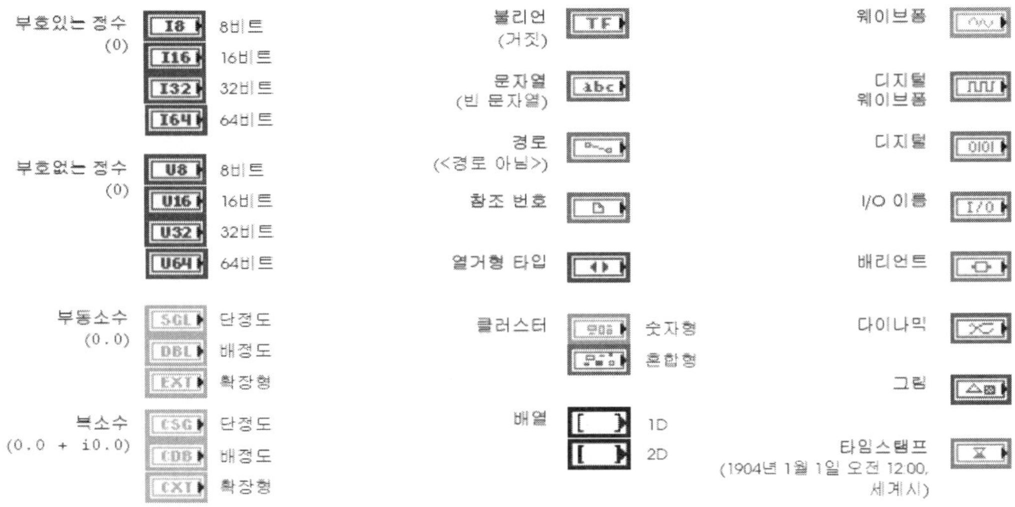

(a) 데이터 타입 터미널

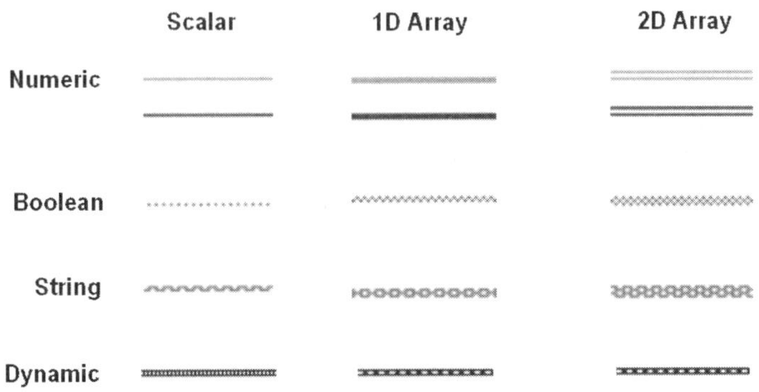

(b) 블록다이어그램의 와이어들

그림 2-62 데이터 타입에 따른 터미널과 와이어의 모양과 색상들

블록다이어그램에서 프런트 패널 컨트롤 또는 인디케이터는 아이콘 또는 터미널로 나타낼 수 있다. 예를 들어, 그림 2-63과 같이 블록다이어그램에서 아이콘을 마우스 오른쪽 버튼으로 클릭한 후 메뉴에서 아이콘으로 보기 옆에 있는 확인 표시를 제거하면 터미널로 표시된다. 터미널을 사용하면 블록다이어그램의 공간을 절약할 수 있다. 한편, 도구≫

옵션을 선택하고, 옵션 대화 상자에서 블록다이어그램 항목을 선택하고 프런트 패널 터미널을 아이콘으로 놓기의 확인 표시를 제거하고 확인 버튼을 누르면 이후에는 프런트 패널 객체들은 터미널로 표시된다.

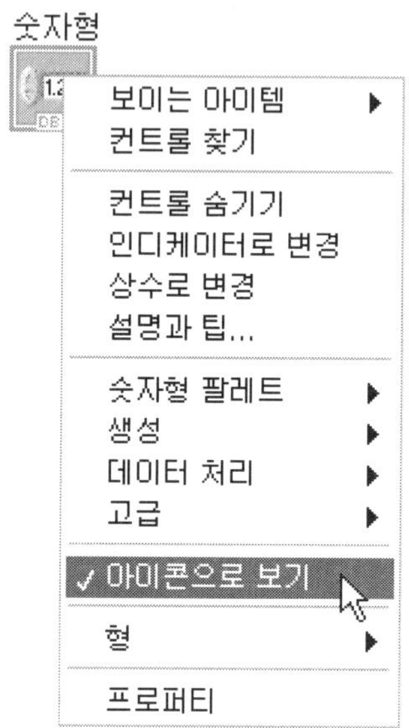

그림 2-63 블록다이어그램에서 프런트 패널 아이콘을 터미널로 변경하기

7.1.2 데이터 타입 터미널과 대응 함수

일반적인 컨트롤 및 인디케이터 데이터 타입은 실수, 정수, 타임스탬프, 열거형, 불리언, 문자열, 배열, 클러스터, 경로, 웨이브폼, 다이내믹, 배리언트, 참조 번호, I/O 등이 있다. 이들 터미널들은 모두 자신의 데이터 타입에 따르는 고유 색상과 기호를 가지고 있으며, 또한 이들 대부분은 자신의 데이터 타입과 대응하는 지원 함수 집합을 가지고 있어 여러 가지 동작과 변환을 수행할 수 있다. 타입 캐스팅 함수(함수≫프로그래밍≫숫자형≫데이터 다루기)를 사용해 다른 데이터 타입으로 변환도 가능하다.

이와 같은 데이터 타입 중 가장 많이 사용되는 것이 숫자형, 문자열, 불리언, 배열, 클러스터, 파일 경로 등이며, 이들과 관련한 대응 함수들은 다음 그림 2-64의 함수 팔레트에서 각각 숫자형, 문자열, 불리언, 배열, 클러스터, 파일 I/O 서브 팔레트에 포함되어 있다. 그 외에, 구조 팔레트는 LabVIEW에서 가장 많이 사용되는 구조(또는 구문)들을 포함하고 있으며, 비교 팔레트는 특정 분기를 위한 조건을 구할 때 사용되는 함수들을 포함하고 있다. 타이밍 팔레트는 타이밍과 시간과 관련된 함수들을 포함하고 있다. 이외에 자주 사용하는 함수들을 포함하고 있는 서브 팔레트가 대화 상자 & 사용자 인터페이스 팔레트이다. 이 팔레트에는 일반 버튼 대화 상자, 에러, 커서, 메뉴 및 이벤트 관련 함수가 포함되어 있으며 이 외에도 색상자 및 리스트 박스 상수가 포함되어 있다.

일반적으로 프로그래밍 언어를 배우는 데 있어서 자주 코딩을 해보고 기능을 이해하는 것이 매우 중요하다. 마찬가지로, LabVIEW를 학습하는 데 있어서도 중요한 예제 또는 그래픽 코드를 자주 작성해보면서 각 함수들의 기능을 이해하는 것이 매우 중요하다. 특히, 여러 함수 팔레트 중에서 위에 언급한 것과 같이 자주 사용되는 상위 10개의 서브 팔레트에 있는 함수와 VI들을 자주 사용해보는 것이 좋다.

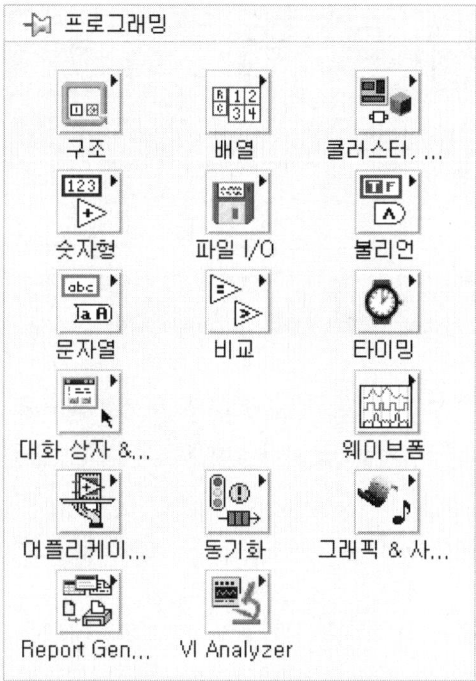

그림 2-64 함수≫프로그래밍 서브 팔레트

7.1.3 블록다이어그램 노드

노드는 입력 또는 출력을 가지며 VI가 실행될 때 연산을 수행하는 블록다이어그램의 객체이다. 노드는 텍스트 기반 프로그래밍 언어에서의 명령문, 연산자, 함수, 서브루틴과 유사하다. LabVIEW는 다음과 같은 타입의 블록다이어그램 노드를 가지고 있다.

- 함수 : 연산자, 함수 또는 명령문과 비교할 만한 내장된 실행 원소
- SubVI : 서브루틴과 비슷한 다른 VI의 블록다이어그램에서 사용되는 VI
- 익스프레스 VI : 일반적인 측정 작업을 수행하도록 설계된 SubVI. 설정 대화 상자를 이용하여 익스프레스 VI를 설정할 수 있다.
- 구조 : For 루프, While 루프, Case 구조, 플랫 시퀀스 구조와 다층 시퀀스 구조, Timed 구조, 이벤트 구조와 같이 실행을 컨트롤하는 원소

• 수식 노드와 식 노드 : 수식 노드는 블록다이어그램에서 방정식을 직접 입력할 수 있는 크기 조정이 가능한 구조이다. 식 노드(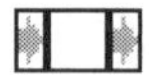)는 단일 변수를 포함하는 식을 계산하는 구조이다.

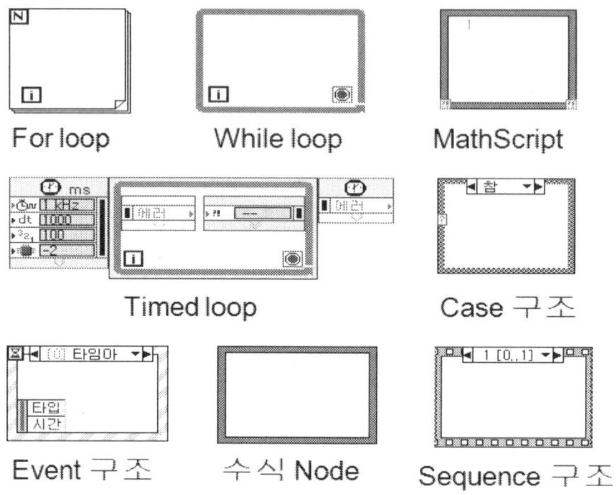

그림 2-65 구조체의 종류

• 프로퍼티(Property) 노드와 인보크(Invoke) 노드 : 프로퍼티 노드는 클래스의 프로퍼티(속성)를 설정하거나 찾는 구조이다. 인보크 노드는 클래스의 메소드(함수)를 실행하는 구조

• 참조에 의한 호출(Call By Reference) 노드 : 동적으로 로드된 VI를 호출하는 데 사용하는 구조

• 라이브러리 함수 호출(Call Library Function) 노드 : 대부분의 표준 공유 라이브러리 또는 DLL을 호출하는 데 사용하는 구조

• 코드 인터페이스 노드(CIN, Code Interface Node) : 텍스트 기반 프로그래밍 언어로부터 코드를 호출하는 데 사용하는 구조. 다른 언어로 작성된 알고리즘 또는 LabVIEW가 직접 지원하지 않는 플랫폼에 특정한 기능 또는 하드웨어에 접근할 수 있다.

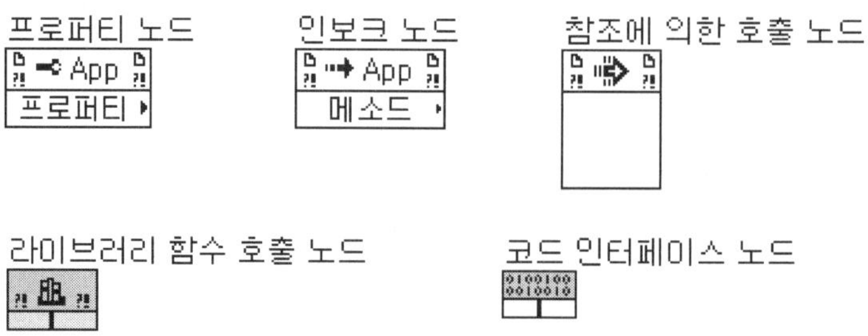

그림 2-66 여러 LabVIEW 블록다이어그램 노드들

7.1.4 상수 터미널

상수는 블록다이어그램에 고정 데이터값을 제공하는 블록다이어그램의 터미널이다. 일반적인 상수는 원주율(π)과 무한대(∞)와 같이 고정된 값을 가지는 상수이다. 상수는 범용 상수와 사용자 정의 상수 2가지가 있으며, 범용 상수는 수학적인 계산과 문자열 또는 경로를 포맷할 때에는 사용한다. LabVIEW는 다음 그림 2-67과 같은 타입의 범용 상수를 포함하고 있다. 이들 대부분의 상수들은 팔레트의 맨 위 또는 맨 아래에 위치한다. 이들 범용 상수 외에 불리언 상수, 배열 상수, 클러스터 상수, 색 상자 상수, 리스트 박스 상수, 타임스탬프 상수 등의 범용 상수도 있다.

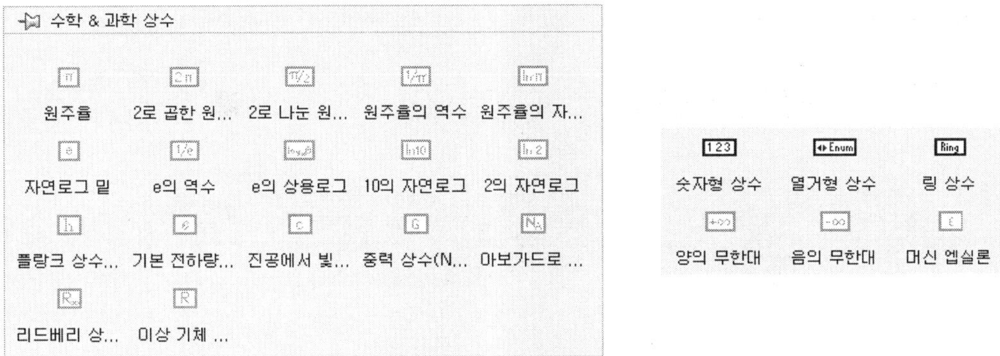

(a) 범용 숫자형 상수

(b) 범용 문자형 상수

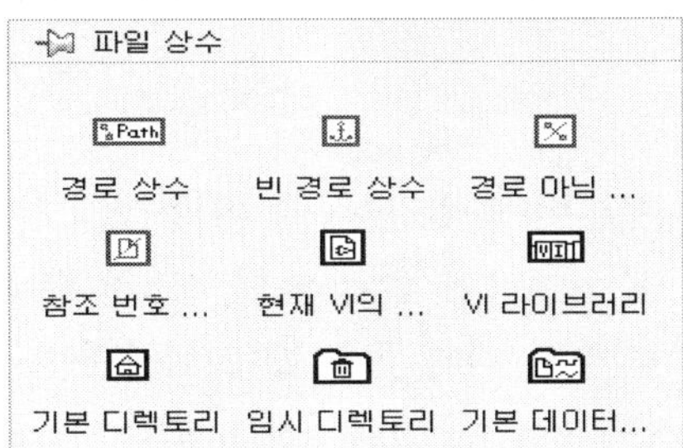

(c) 범용 파일 상수

(d) 기타 범용 상수

그림 2-67 LabVIEW에서 사용되는 범용 상수들

사용자 정의 상수는 VI를 실행하기 전에 정의하고 편집하는 상수이다. VI 또는 함수의 입력 터미널에서 마우스 오른쪽 버튼을 클릭한 후 바로 가기 메뉴에서 상수≫생성을 선택하여 사용자 정의 상수를 생성할 수도 있으며, 프런트 패널에 있는 컨트롤 또는 인디케이터를 블록다이어그램으로 끌기 및 놓기(drag & drop)를 해서 만들 수도 있다. 수행 도구( ) 또는 라벨링 도구( )를 사용하여 상수를 클릭하고 그 값을 편집할 수 있지만 VI가 실행 중일 때에는 사용자 정의 상수의 값을 변경할 수 없다. 자동 도구 선택( )이 활성화되어 있는 경우, 상수를 더블 클릭하여 라벨링 도구( )로 바꾼 후 값을 편집한다. 다음 그림 2-68은 블록다이어그램에서 생성한 사용자 정의 상수의 예이다.

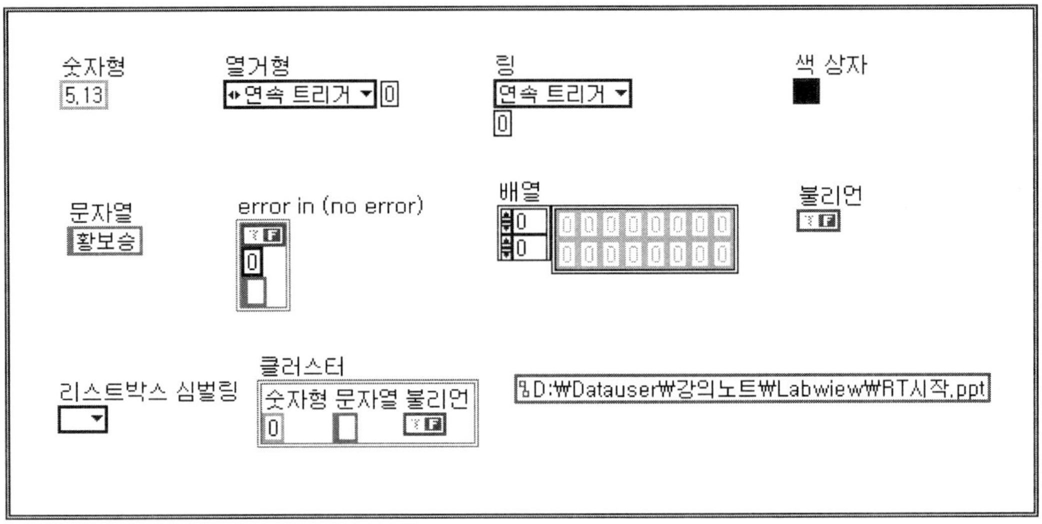

그림 2-68 블록다이어그램의 사용자 정의 상수들

7.1.5 다형성 VI와 함수

다형성은 여러 가지 입력 데이터 타입 변화에 따라 함수와 VI를 변경하지 않고 바로 사용할 수 있는 것을 의미한다. 즉, 다형성 VI와 함수는 입력 데이터 타입에 따라 자동으로 기능이 약간씩 변경된다. 함수의 다형성 정도는 다양하며, 다형성이 전혀 없거나, 일부 또는 전체 입력이 다형성을 가질 수 있다. 일부 함수는 입력으로 숫자값과 불리언값을 받으며, 다른 일부는 숫자값 또는 문자열을 받는다. 대부분의 숫자형 함수는 스칼라 숫자값 뿐만 아니라 숫자값의 배열, 숫자값의 클러스터, 숫자값의 클러스터 배열 등을 입력으로 받을 수 있다. 반면에 어떤 함수 입력은 오직 1 차원 배열만을 받을 수 있으며, 이때 배열 원소는 모든 타입이 될 수 있다. 일부 함수는 복소수값을 포함한 모든 타입의 데이터를 받기도 한다. 다음 그림 2-69는 숫자형 및 불리언 다형성의 일부 예이다.

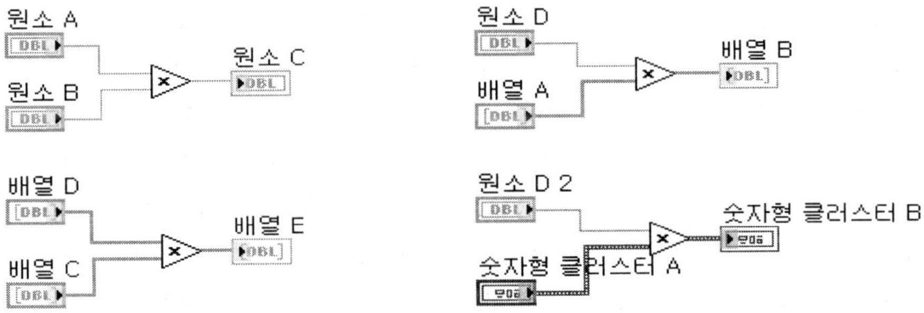

(a) 숫자형 함수의 다형성

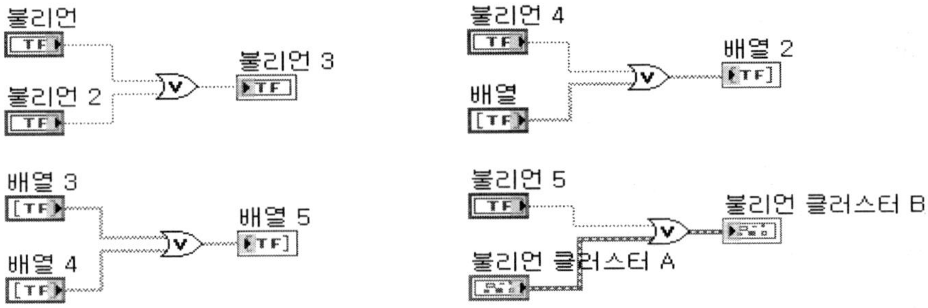

(b) 불리언 함수의 다형성

그림 2-69 숫자형 및 불리언 함수의 다형성 예

7.2 함수 개요

함수는 LabVIEW의 본질적인 실행 원소이다. 함수 팔레트에는 함수와 VI, 익스프레스 VI가 포함되어 있으며 함수 아이콘은 연한 노란색 배경과 검은색 전경을 가진다. 이들 함수는 VI와 같이 프런트 패널 또는 블록다이어그램을 가지고 있지는 않기 때문에 편집이 불가능하지만 커넥터 팬(pane)을 가지고 있어 연결이 가능하다. 반면에 VI는 대개 흰 바탕을 가지며, 열거나 편집이 가능하다. 익스프레스 VI는 파란색 영역으로 둘러싸인 아이콘을 가지는 확장 가능 노드로 블록다이어그램에 나타나며, 대화 상자에서 기능을 설정하기 때문에 최소한의 와이어링을 요구하는 노드이다. 다음 그림 2-70은 블록다이어그램에 있는 이들 아이콘을 나타낸 것이다.

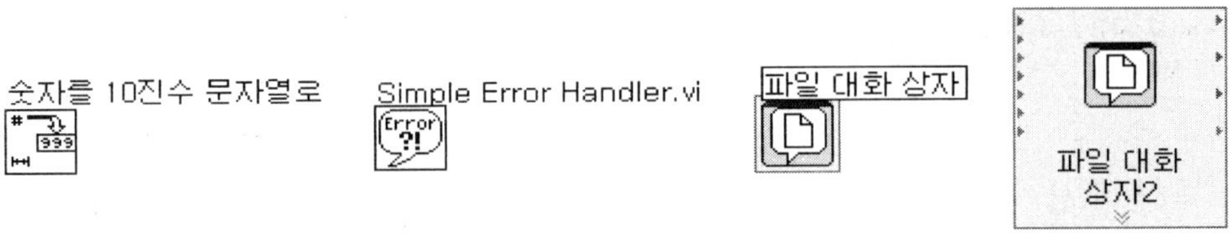

그림 2-70 함수 아이콘, VI 아이콘, 익스프레스 VI 아이콘 및 익스프레스 VI

함수 팔레트에는 LabVIEW와 함께 제공되는 VI, 익스프레스 VI 및 함수들이 있다. 블록다이어그램에서 이러한 VI와 함수들을 바로 사용함으로써 개발 시간을 단축할 수 있다. 블록다이어그램에서 마우스 오른쪽 버튼을 클릭하면 함수 팔레트가 나타나고, 이때 좌측 상단에 있는 압핀을 클릭하면 함수 팔레트를 잠글 수 있다. 이 상태에서 그림 2-71과 같이 함수 팔레트의 보기 버튼을 클릭하고 메뉴에서 항상 보이는 항목≫모든 항목 보이기를 선택하여 자신이 주로 보고자 하는 서브 팔레트를 선택한다. 선택되지 않은 서브 팔레트는 함수 팔레트 하단에 있는 확장 버튼을 클릭하면 볼 수 있다.

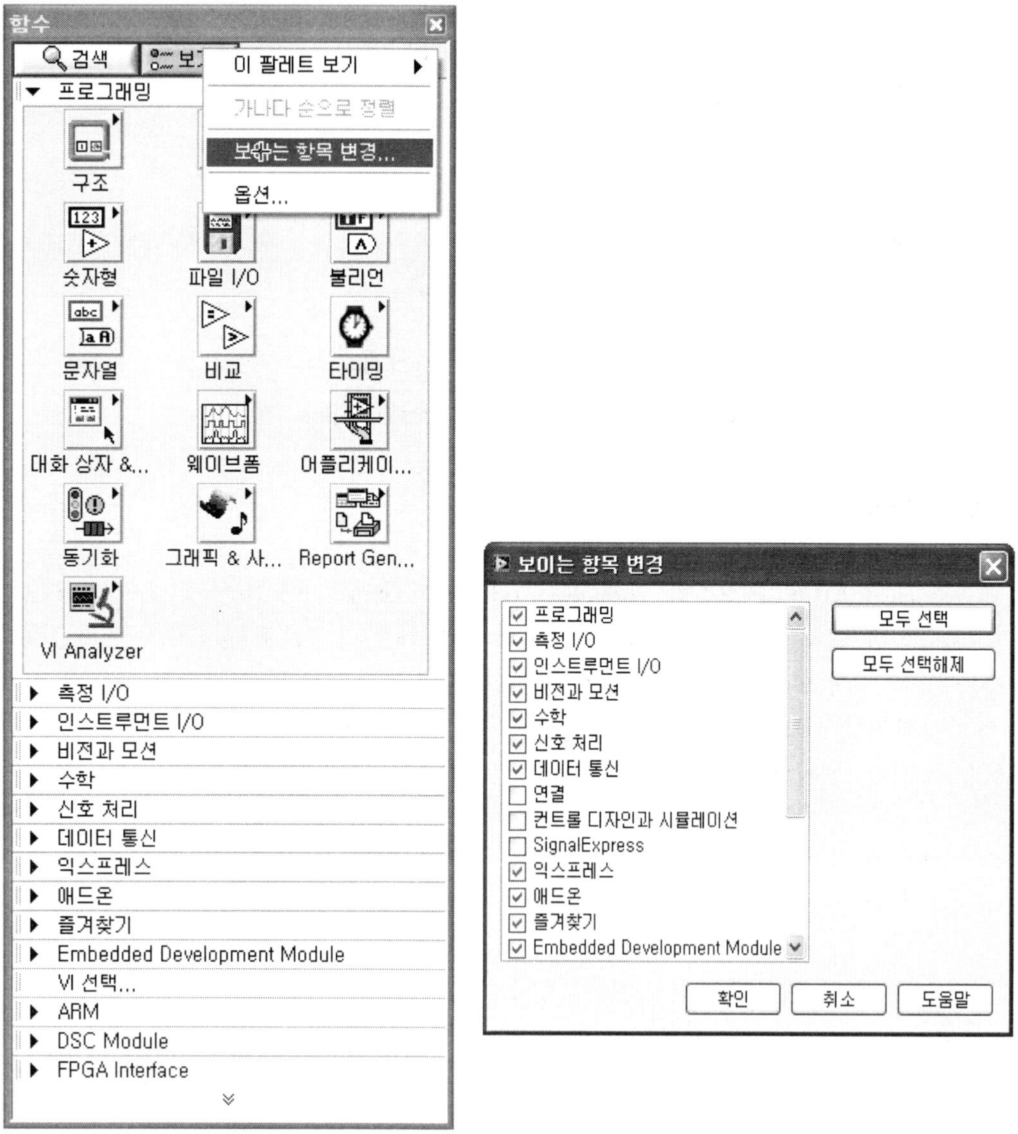

그림 2-71 함수 팔레트에서 모든 항목을 표시를 설정

연습 5 입력숫자 매칭

◉ 동작 원리 : 난수 발생기를 통해 0~1 사이의 숫자를 발생시키고, 여기에 1000을 곱해 0~1000 사이의 난수를 만들고 반올림한다. 이 숫자가 입력값과 같으면 While 루프를 종료하고, 그 때까지의 루프 반복 횟수를 출력한다.

○ 프런트 패널의 구성

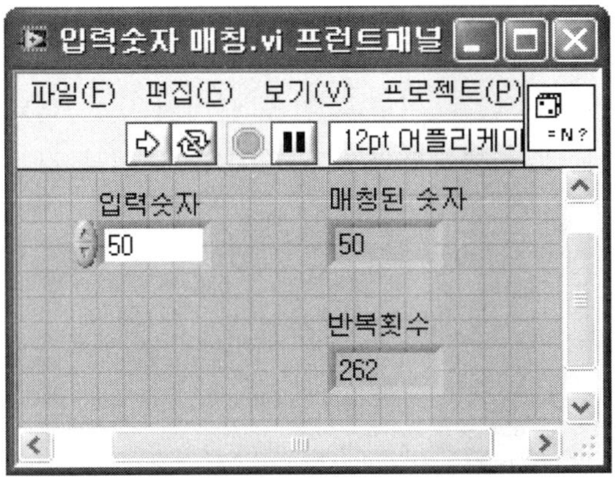

☞ 입력숫자 : 컨트롤≫일반≫숫자형≫숫자형 컨트롤

☞ 매칭된 숫자 : 컨트롤≫일반≫숫자형≫숫자형 인디게이터

☞ 반복횟수 : 컨트롤≫일반≫숫자형≫숫자형 인디게이터

○ 블록다이어그램의 구성

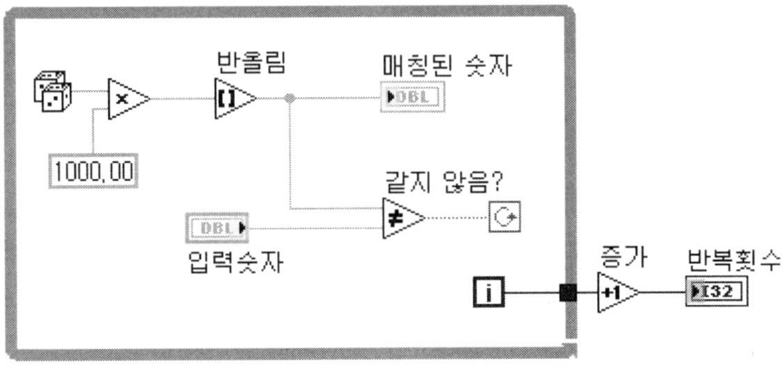

☞  : 함수≫프로그래밍≫구조≫While 루프 (루프 조건 버튼을 한 번 눌러서 조건 터미널을 참인 경우 계속()바꾼다.

☞  : 함수≫프로그래밍≫숫자형≫난수(0-1)

☞ 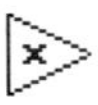 : 함수≫프로그래밍≫숫자형≫곱하기

☞ : 함수≫프로그래밍≫숫자형≫반올림

☞ : 함수≫프로그래밍≫비교≫같지 않음?

☞ : 함수≫프로그래밍≫숫자형≫증가

7.3 블록다이어그램 객체 연결하기

와이어링 도구( )를 사용해 블록다이어그램 객체의 터미널을 와이어로 연결하면 실행 시 데이터가 전달된다. 모든 함수와 VI는 연결을 위한 터미널 또는 커넥터 팬을 가지고 있다. 다음 그림 2-72는 터미널 보기 예제로써 일부 함수들은 이와 같은 방법으로 커넥터 팬을 확인할 수 있다.

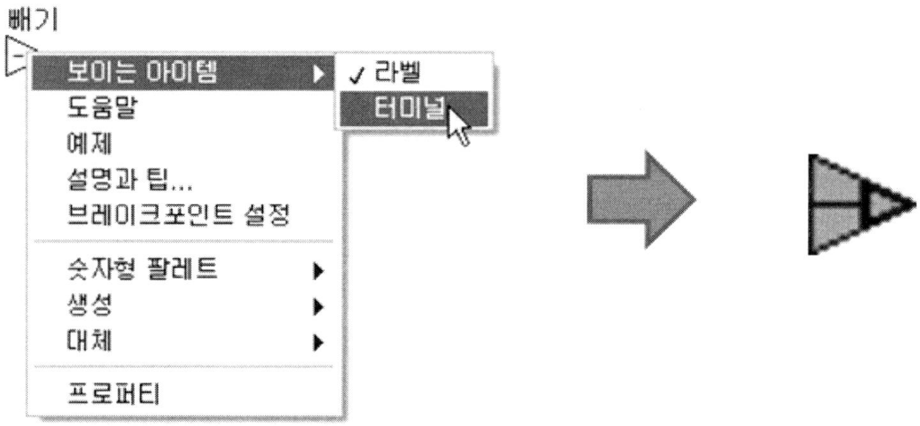

그림 2-72 빼기 함수의 터미널 보기

각 와이어는 하나의 데이터값을 갖지만 데이터를 읽을 수 있는 여러 VI와 함수에 연결되어 데이터를 전달할 수 있다. 이것은 텍스트 기반 프로그래밍 언어에서 필수 파라미터를 전달하는 것과 비슷하다. 한편 함수 또는 VI를 서로 연결해서 데이터를 전달하기 위해서는 함수 또는 VI의 커넥터 팬의 구성과 각각의 타입을 알고 있어야만 한다. 각각의 함수와 VI의 커넥터 팬의 구성과 타입을 확인하기 가장 좋은 방법은 기본 도움말 창을 이용하는 것이다. 기본 도움말 창은 프런트 패널 또는 블록다이어그램 메뉴에서 도움말≫기본 도움말 보이기를 선택하면 나타난다. 또는 도구 모음에서 기본 도움말 창 보이기 버튼( )을 클릭하여 기본 도움말 윈도를 표시할 수 있다.

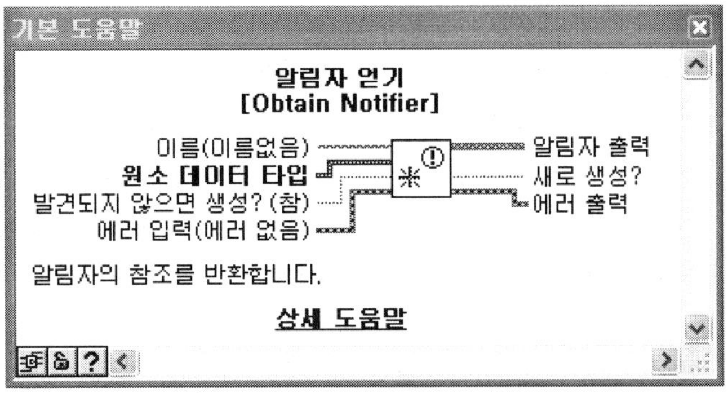

그림 2-73 기본 도움말의 예

기본 도움말 창은 LabVIEW의 각 객체 위로 마우스 커서를 가져갈 때 LabVIEW 객체에 대한 기본 정보를 표시한다. 기본 도움말 정보를 가진 객체는 VI, 함수, 상수, 구조, 팔레트, 프로퍼티, 메소드, 이벤트, 대화 상자 구성요소, 프로젝트 탐색기 윈도의 아이템이 있다. 또한 기본 도움말 창을 사용하여 어디에 정확히 VI나 함수의 와이어를 연결할 것인지 결정할 수 있다.

기본 도움말 창은 각 객체 설명의 분량에 맞게 크기가 자동 조절된다. LabVIEW는 기본 도움말 창의 위치와 크기를 유지한다. 그러므로 LabVIEW를 다시 시작하면 창은 같은 위치에 나타나고 같은 크기를 가진다. 기본 도움말 창의 크기를 조정하면, LabVIEW는 기본 도움말 창의 텍스트 줄 바꾸기를 하고, 커넥터 팬의 와이어를 줄이며, 창이 모든 콘텐츠를 표시하기에 너무 작은 경우 테이블에 입력과 출력을 따로 나열한다.

커서를 다른 객체 위로 움직일 때 창의 내용이 변하지 않도록 기본 도움말 창의 현재의 내용을 잠금 설정할 수 있다. 도움말≫기본 도움말 잠금을 선택하여 기본 도움말 창의 현재 내용을 잠그거나 잠금 해제한다. 또한, 기본 도움말 창의 잠금 버튼( )을 클릭하여 창의 내용을 잠그거나 잠금 해제할 수 있다. 다음과 같이 기본 도움말 창의 옵션 터미널과 전체 경로 보이기 버튼( )을 클릭하여 커넥터 팬의 옵션 터미널과 VI의 전체 경로를 표시할 수 있다. 기본 도움말 창이 설명하는 객체에 대응하는 LabVIEW 도움말 토픽이 존재하는 경우, 기본 도움말 창에 파란색 상세 도움말 링크와 상세 도움말 버튼(?)이 활성화된다. 이들 링크나 버튼을 클릭함으로써 객체에 대한 더 많은 정보를 얻을 수 있다.

한편, 그림 2-73의 기본 도움말 그림에서 원소 테이터 타입 입력은 굵은체로 되어있는데 이것은 이 입력 터미널이 필수 터미널인 것을 나타내며, 실행을 위해서는 반드시 해당 타입의 컨트롤 또는 상수가 연결되어야만 한다. 그렇지 않은 경우 VI의 실행 버튼은 깨지고 ( ) 실행되지 않는다. 반면에 일반 굵기로 표시된 입력 터미널들은 권장 입력들로써 아무것도 연결되지 않으면 기본값이 적용되기 때문에 실행하는데 문제가 없다.

7.3.1 와이어 모양과 구조

위에 나타낸 그림 2-62에서 볼 수 있듯이 와이어의 색, 스타일, 굵기는 데이터 타입에 따라 변하며, 이것은 터미널의 색과 기호가 데이터 타입에 따라 변하는 것과 동일하다. 깨진 와이어는 중앙에 빨간 X가 있는 검정색 점선 라인으로 나타난다. 깨진 와이어는 호환되지 않는 데이터 타입을 갖는 두 객체를 연결하려는 경우와 같이 다양한 이유로 발생한다. 깨진 와이어의 빨간색 X 옆의 화살표는 데이터 흐름 방향을 나타내며, 화살표의 색은 와이어를 따라 흐르는 데이터의 데이터 타입을 나타낸다. 아래 그림 2-74는 2개의 컨트롤이 연결된 경우를 나타낸 것으로, 화살표 방향을 통해 2개가 모두 입력으로 충돌되고 있는 것을 알 수 있다.

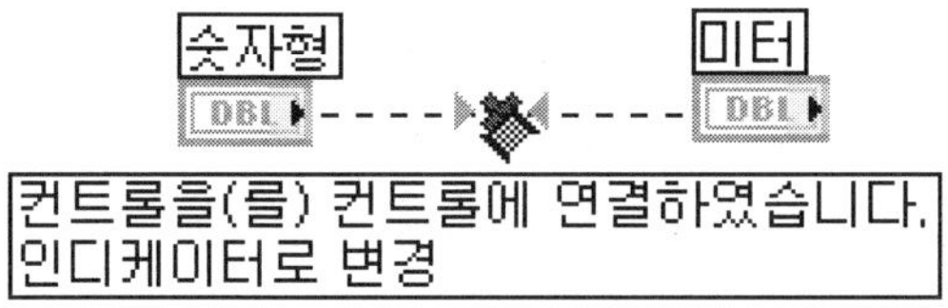

그림 2-74 2개의 컨트롤을 연결한 경우의 예

그림 2-75와 같이 와이어링 도구()를 사용하여 블록다이어그램 노드의 터미널을 다른 노드의 터미널에 수동으로 연결할 수 있다. 이때 와이어링 도구()를 VI 또는 함수의 터미널 위로 가져가면 터미널이 깜박인다. 이러한 와이어 표시는 각 터미널의 데이터 타입을 나타내며, 터미널의 이름을 나열하는 팁 상자도 함께 나타난다.

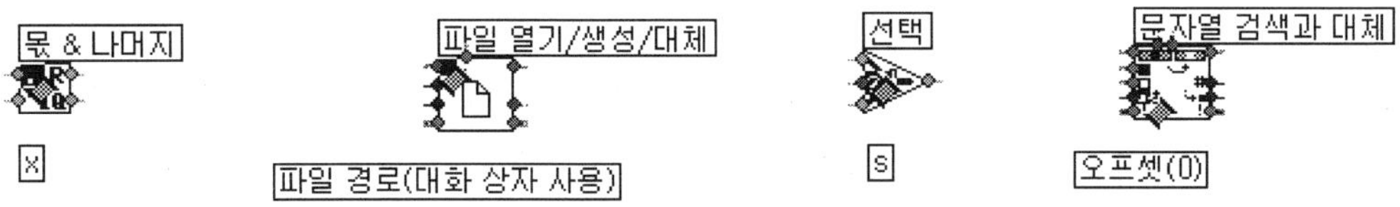

그림 2-75 터미널의 와이어 표시자의 예

7.3.2 객체 연결하기

와이어를 사용해 터미널에 연결하는 동안, 커서를 수평 또는 수직 방향으로 움직여서 와이어를 90도 꺾을 수도 있다. 여러 방향으로 와이어를 꺾으려면, 마우스 왼쪽버튼을 클릭하여 와이어를 고정한 다음, 커서를 새로운 방향으로 움직이면 된다. 반복적으로 와이어를 고정한 후 새 방향으로 움직일 수도 있다. 와이어를 고정한 마지막 지점에서 실행 취소를 하려면, 〈Shift〉 키를 누른 채로 블록다이어그램의 아무 곳이나 클릭하면 된다. 전체 와이어링 작업을 강제 종료하려면, 블록다이어그램의 아무 곳에서 마우스 오른

쪽 버튼을 클릭하거나 또는 〈Esc〉 키를 누른다.

한편, 객체를 연결할 때에는 기본 도움말 윈도우를 사용하여 정확히 어디에 와이어를 연결해야 하는지를 파악하는 것이 중요하다. 이를 위해 기본 도움말 윈도우의 옵션 터미널과 전체 경로 보이기 버튼을 클릭하면, 커넥터 팬의 옵션 터미널을 포함해 모든 터미널이 표시된다.

LabVIEW는 객체를 연결할 때, 와어어의 경로를 자동으로 찾는다. 기존의 와이어를 자동으로 경로 설정하기 위해서는, 와이어에서 마우스 오른쪽 버튼을 클릭한 후 메뉴에서 와이어 정리를 선택하면 된다. 또한, 도구≫옵션을 선택한 후 항목 리스트에서 블록다이어그램을 선택하고 자동 와이어 경로 설정 활성화 확인란의 확인 표시를 제거하면, 모든 새 와이어의 자동 와이어 경로 설정을 비활성화 할 수 있다.

7.3.3 와이어 연결 취소하기

와이어를 고정한 마지막 지점에서 실행을 취소하려면 〈Shift〉 키를 누른 상태에서 블록다이어그램의 아무 곳이나 클릭하면 된다. 전체 와이어링 작업을 강제로 종료하려면 블록다이어그램의 아무 곳에서 마우스 오른쪽 버튼을 클릭하면 된다.

한편, 그림 2-76과 같이 와이어는 위치 도구( )를 사용해서 1회에서 3회까지 클릭해서 선택할 수 있다. 와이어를 한번 클릭하면 와이어의 한 선이 선택되고, 와이어를 더블 클릭하면 와이어 곁가지가 선택되고, 와이어를 3번 연속 클릭하면 전체 와이어가 선택된다.

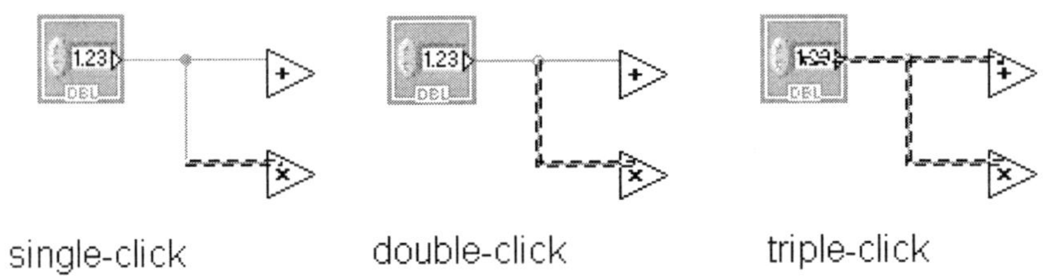

그림 2-76 와이어를 선택하기 위한 클릭 방법

깨진 와이어는 그림 2-74에 나타낸 바와 같이 가운데 빨간 X가 있는 검정색 점선으로 표시된다. 깨진 와이어는 주로 호환되지 않는 데이터 타입의 연결에 의해 발생한다. 그림 2--77과 같이 와이어링 도구( )를 깨진 와이어로 위로 이동하면 원인을 설명하는 팁 상자가 표시되며, 기본 도움말 창에도 나타난다. 또한 깨진 와이어에서 마우스 오른쪽 버튼을 클릭한 후 메뉴에서 에러 열거를 선택하면 에러 리스트 창이 표시된다.

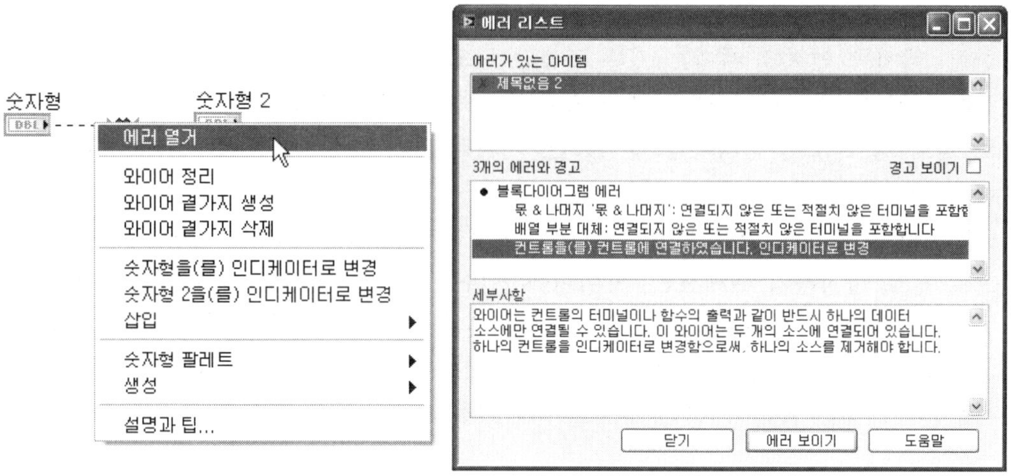

그림 2-77 에러 리스트 창 열기 예

한편, 편집≫깨진 와이어 제거를 선택하거나 〈Ctrl-B〉 키를 눌러서 모든 깨진 와이어를 한꺼번에 제거할 수 있다. 때때로 블록다이어그램의 연결이 제대로 끝내지 않았기 때문에 깨진 와이어가 발생할 수도 있는 것에 주의하도록 한다. 그리고 가장 빈번히 발생하는 오류는 컨트롤과 컨트롤의 연결, 인디케이터와 인디케이터의 연결이며, 가끔은 클러스터 원소의 배열 순서 차이에 기인하는 경우가 있다.

7.3.4 강제 변환점 (Coercion dot)

블록다이어그램 노드의 강제 변환점은 두 개의 서로 다른 숫자 데이터 타입을 연결했을 때 발생하며, 강제 변환점이 있는 곳에 타입 변환이 발생했으며 그에 따라 임시 버퍼가 설정되었다는 것이 나타난다. 즉, LabVIEW가 자체적으로 노드에 전달된 값을 다른 형으로 변환했다는 것을 의미한다.

예를 들어, x와 y인 배정도 실수(DBL)를 입력으로 하는 더하기 함수에서 x 입력을 마우스 오른쪽 버튼으로 클릭한 후 메뉴에서 형을 선택한다. 그리고 데이터 타입으로 32bit 부호 있는 정수 (I32)를 선택해서 데이터 타입을 변경하면 다음 그림 2-78과 같이 강제 변환점이 나타난다. 배열이나 클러스터와 같은 데이터 타입에 의한 강제 변환점은 VI의 메모리 사용을 늘리고 실행 시간을 증가시킬 수도 있다.

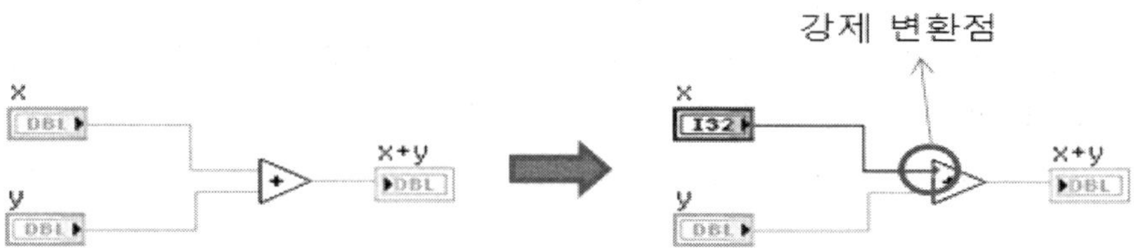

그림 2-78 강제 변환점의 예

연습 6 다이얼 컨트롤

◉ 동작 원리 : 0.1초 간격으로 다이얼로 입력한 값에 실수 2를 더해서 웨이브폼 차트에 디스플레이 한다.

○ 프런트 패널의 구성

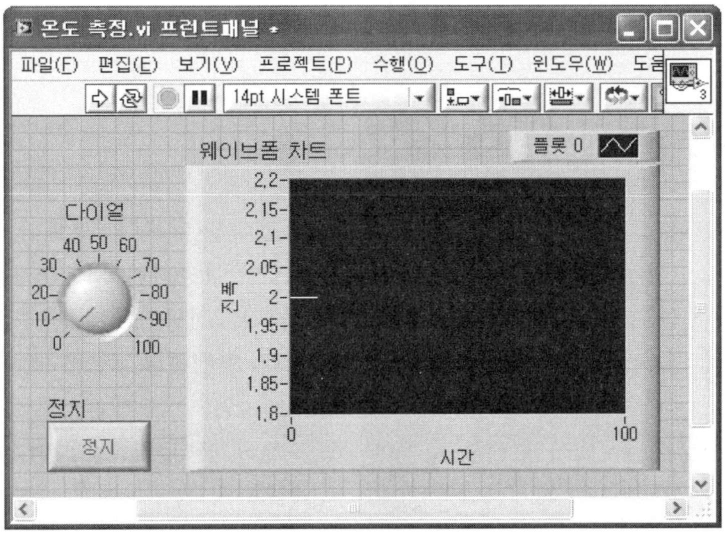

☞ 다이얼 : 컨트롤≫일반≫숫자형 컨트롤≫다이얼 (도구 팔레트에서 를 선택한 후에 다이얼의 값 10을 클릭한 후 100으로 변경한다)

☞ 정지 : 컨트롤≫일반≫불리언≫정비 버튼

☞ 웨이브폼 차트 : 컨트롤≫일반≫그래프≫웨이브폼 차트

○ 블록다이어그램의 구성

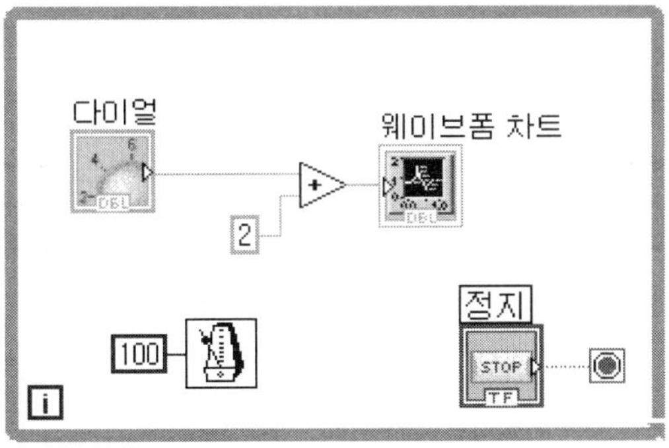

☞  : 함수≫프로그래밍≫구조≫While 루프

☞  : 함수≫프로그래밍≫숫자형≫더하기

☞ 2 : 함수≫프로그래밍≫숫자형≫숫자형 상수 (숫자 2.0을 입력한다)

☞  : 함수≫프로그래밍≫타이밍≫다음 ms 배수까지 기다림

☞ 100 : 함수≫프로그래밍≫숫자형≫숫자형 상수 (숫자 100을 입력한다)

7.4 블록다이어그램의 데이터 흐름

LabVIEW는 VI의 실행은 데이터 흐름(Data flow) 방식을 따른다. 블록다이어그램 노드는 모든 필요한 입력을 받았을 때만 실행된다. 노드가 실행되면 노드는 출력 데이터를 만들고 데이터 흐름 경로에 따라 다음 노드로 데이터를 전달한다. 노드를 통한 데이터 이동은 블록다이어그램에서 VI와 함수의 실행 순서를 결정한다.

Visual Basic, C++, JAVA 및 대부분의 다른 텍스트 기반 프로그래밍 언어들에 있어서 프로그램의 실행은 흐름 제어 모델을 따른다. 흐름 제어 방식에서는 프로그램 명령 순서가 프로그램의 실행 순서를 결정한다. 반면에 LabVIEW에서는 명령의 순서가 아닌 데이터의 흐름이 블록다이어그램 원소의 실행 순서를 결정한다. 따라서 동시 작업을 할 수 있는 블록다이어그램을 생성할 수 있다. 예를 들어, 다음 그림 2-79의 마스터/슬레이브(Master/Slave) 설계 패턴은 블록다이어그램에서 2개의 While 루프를 동시에 실행한다. 즉, 이 설계 패턴은 2개 이상의 루프 처리를 비동기적으로 실행하고 마스터(주로 데이터 수집 루프)에서 슬레이브(주로 데이터 처리 루프)로 데이터를 전달해서 처리하는 경우에 주로 사용된다.

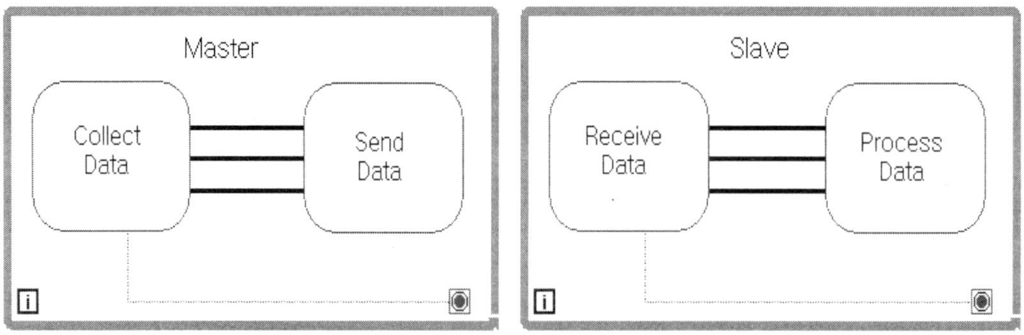

그림 2-79 Master/Slave 설계 패턴의 예

7.4.1 데이터 의존성

흐름 제어 모델의 실행은 명령에 따라서 실행된다. 반면에 데이터 흐름은 데이터 흐름에 의해 실행되거나 데이터 의존적으로 실행된다. 즉, 다른 노드에서 데이터를 받는 노드는 항상 다른 노드가 실행을 완전히 끝낸 이후에만 실행이 가능하다. 와이어가 연결되지 않은 블록다이어그램 노드는 임의의 순서로 실행될 수 있다. 데이터 의존성이 없을 때에는 흐름 파라미터를 사용하여 실행 순서를 제어할 수 있다. 흐름 파라미터를 사용할 수 없을 때에는 시퀀스 구조를 사용하여 실행 순서를 제어할 수도 있다. 흐름 파라미터에 대한 추가적인 정보는 8장의 구조체 부분을 참조하도록 한다.

또한, 인위적인 데이터 의존성을 만들 수 있으며, 이때 데이터를 받는 노드는 실제로 받은 데이터를 사용하지 않고 대신에 데이터를 받는 노드는 데이터의 도착을 실행의 트리거로 사용한다. 다음 그림 2-80은 인위적인 데이터 의존성을 사용하는 하나의 예제로 먼저 프로그램이 시작되면 그때의 시작 시간이 틱 카운트(ms)에 의해 측정된다.

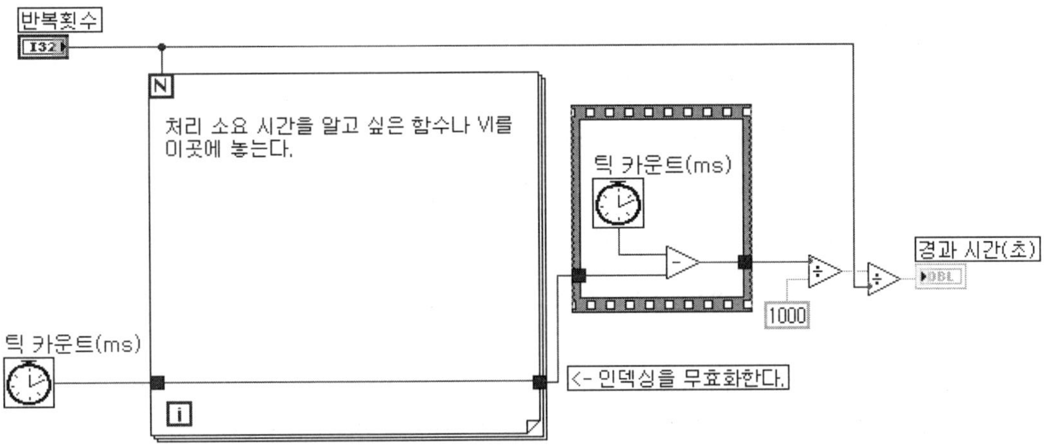

그림 2-80 인위적인 데이터 의존성을 사용 예

그리고 반복 횟수 컨트롤에 의해 지정된 횟수만큼 For 루프가 실행되고 난 후, 데이터 흐름에 의해 시퀀스 구조가 유효해지면 실행된다. 이때 다시 틱 카운트에 의해 현재 시간이 측정되고, 앞에서 측정한 킥 카운트 측정시간과 차이에 의해 함수나 VI의 처리 시간을 알 수 있게 된다.

한편, 데이터 의존성이 없을 때에는 실행이 왼쪽에서 오른쪽, 위에서 아래쪽으로 진행된다고 가정하지 않도록 주의한다. 필요한 경우 데이터 흐름을 연결해서 이벤트의 순서를 명백히 정의하는 것이 중요하다. 다음 그림 2-81(a)에서 블록다이어그램은 2진 파일에서 읽기 함수가 파일 닫기 함수에 연결되지 않았기 때문에 2진 파일에서 읽기 함수와 파일 닫기 함수 사이에 의존성이 없다. 어떤 함수가 먼저 실행될지 결정할 방법이 없기 때문에 이 예제는 의도한대로 실행되지 않는다. 파일 닫기 함수가 먼저 실행되면, 2진 파일에서 읽기 함수는 작동할 수 없다.

그림 2-81(b)에서 블록다이어그램은 2진 파일에서 읽기 함수의 출력을 파일 닫기 함수에 연결하여 의존성을 만든다. 파일 닫기 함수는 2진 파일에서 읽기 함수의 출력을 받기 전까지는 실행되지 않는다.

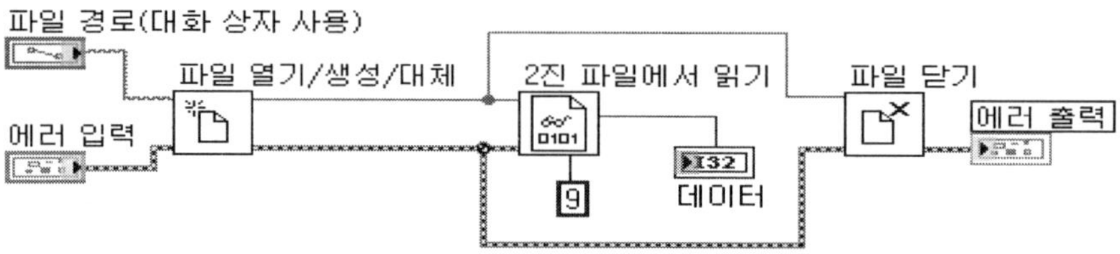

(a) 2진 파일에서 읽기 함수와 파일 닫기 함수 사이에 의존성이 없음
(두 함수 중 어느 것이 먼저 실행될지 알 수 없음)

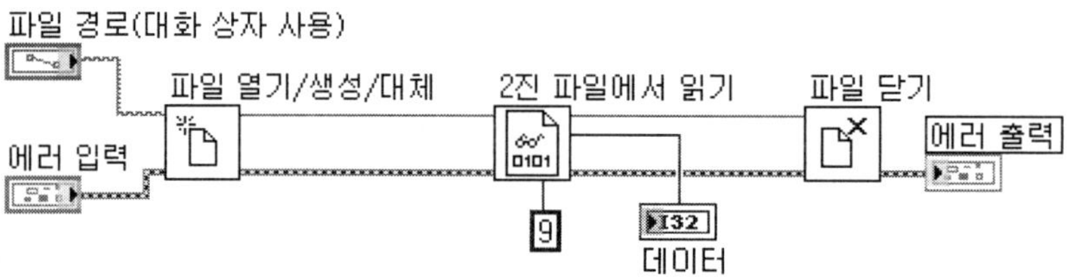

(b) 2진 파일에서 읽기 함수와 파일 닫기 함수 사이에 의존성이 있음

그림 2-81 함수 사이의 의존성의 예

일반적으로 참조 번호 또는 에러 클러스터인 흐름 파라미터는 대응하는 입력 파라미터와 같은 값을 반환한다. 이 파라미터를 사용하면 데이터 의존성이 없을 때 실행 순서를 제어할 수 있다. 실행하려는 첫 번째 노드의 흐름 출력을 다음으로 실행하려는 노드의 대응하는 입력에 연결하여 인위적인 데이터 의존성을 생성한다. 이러한 흐름 파라미터 없이 원하는 순서대로 데이터 연산을 수행하려면 반드시 시퀀스 구조를 사용해야 한다.

7.4.2 데이터 흐름과 메모리 관리

데이터 흐름(Data flow) 방식 실행은 흐름 제어(Flow control) 방식보다 메모리 관리가 쉽다. LabVIEW에서는 변수에 메모리를 할당하거나 변수에 값을 지정하지 않는다. 대신에, 데이터 전달을 나타내는 와이어를 가진 블록다이어그램을 생성한다. 데이터를 생성하는 VI와 함수는 자동적으로 해당 데이터에 대한 메모리를 할당한다. VI 또는 함수가 더 이상 데이터를 사용하지 않을 때에는 LabVIEW는 할당된 메모리를 자동으로 해제한다. 새 데이터를 배열 또는 문자열에 추가할 때, LabVIEW는 새 데이터를 관리할 수 있는 충분한 메모리를 할당한다.

7.4.3 LabVIEW 데이터 저장 체계

LabVIEW에서의 데이터, 배열, 문자열, 경로 및 클러스터의 저장 방법은 다른 텍스트 언어 체계와 유사하지만 약간의 차이는 있다. 다음은 LabVIEW가 메모리에 데이터를 저장하는 방법을 나타낸다.

- 불리언(Boolean) 데이터(TF) : 8bit 값으로 0이면 거짓(False)를, 0이 아니면 참(True)을 나타낸다.
- 바이트(Byte) 정수 : 8bit로 부호 있는 정수(I8, 범위 -128~127)와 부호 없는 정수(U8, 범위 0~255)가 있다.
- 워드(Word) 정수 : 16bit로 부호 있는 정수(I16, 범위 -32768~32767)와 부호 없는 정수(U16, 범위 0~65535)가 있다.
- 롱(Long) 정수는 32bit로 부호 있는 정수(I32, 범위 -2^{31}~$2^{31}-1$)와 부호 없는 정수(U32, 범위 0~$2^{32}-1$)가 있다.
- 쿼드(quad) 정수 : LabVIEW 8.2부터 추가되었으며 64bit 부호 있는 정수(I64, -2^{63}~$2^{63}-1$)와 부호 없는 정수(U64, 0~$2^{64}-1$)가 있다.
- 고정 소수점 : 64bit 포맷의 부호 있는 정수와 부호 없는 정수를 가지고 있다.
- 단정도 부동소수(SGL, 4byte) : 32bit IEEE 단정도 포맷을 가지고 있다.
- 배정도 부동소수(DBL, 8byte) : 64bit IEEE 배정도 포맷을 가지고 있다.
- 확장형 부동소수(EXT, 10byte) : 80bit IEEE 확장형 포맷을 가지고 있다.
- 단정도 복소수 부동소수(CSG, 4×2byte) : 32bit IEEE 단정도 포맷의 실수와 허수로 구성되어 있다.
- 배정도 복소수 부동소수(CDB, 8×2byte) : 64bit IEEE 배정도 포맷의 실수와 허수로 구성되어 있다.
- 확장형 복소수 부동소수(CXT, 10×2byte) : 80bit IEEE 확장형 포맷의 실수와 허수로 구성되어 있다.

LabVIEW는 배열을 핸들 또는 포인터에 대한 포인터로 저장하는데, 이 핸들이나 포인터는 데이터 앞에 배열의 각 차원의 크기를 32비트 정수로 가지고 있다. 핸들이 0이면 배열은 비어 있는 것을 의미한다. 특정 플랫폼의 정렬 제약 때문에 데이터의 첫 번째 원소가 올바르게 할당되도록 배열 크기 뒤에 몇 바이트가 채워지는 경우도 있다. DLLs 또는 CINs를 쓰는 경우, 배열을 참조하는 핸들의 크기를 조정해야 할 수도 있다. 다음 그림 2-83의 왼쪽은 단정도 부동소수의 1D 배열을 보여준다. 왼쪽의 십진수는 메모리에서 배열이 시작하는 곳의 바이트 오프셋 위치를 나타낸다. 그림 2-83의 우측은 16비트 정수의 4D 배열을 보여준다.

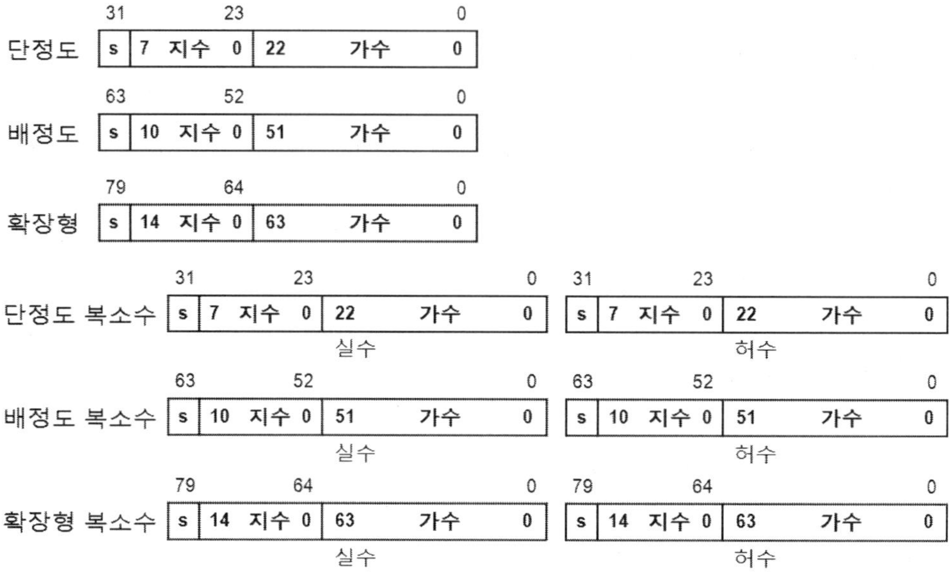

그림 2-82 부동소수 실수 및 복소수의 데이터 저장 방법

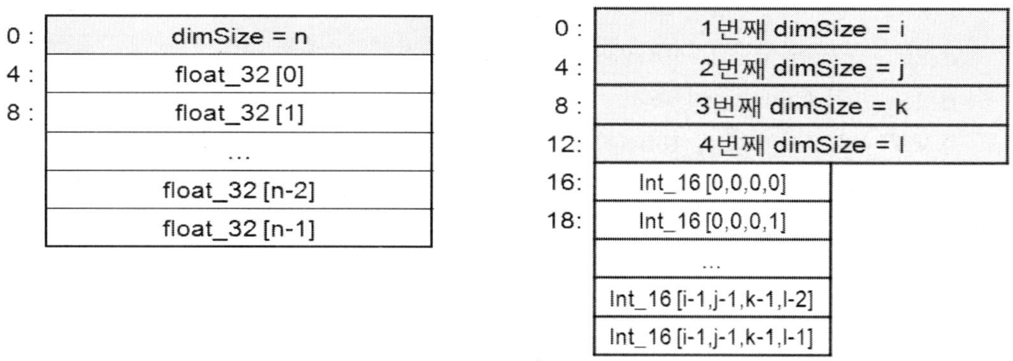

그림 2-83 데이터가 단정도 실수일 때, 1차원 및 4차원 배열의 저장 예

LabVIEW에서의 문자열 저장방법은 C 언어에서 사용하는 방법과 다르다. C 언어에서는 문자열의 끝을 구분하기 위해 null 문자가 오는 반면에 LabVIEW에서는 문자열의 앞에 문자열의 전체 크기를 나타내는 4바이트 정수가 있고, 그 다음에 8비트 문자로 이루어진 1차원 배열이 오게 된다. 즉, LabVIEW는 문자열을 4바이트 길이 값 뒤에 8비트 문자의 1D 배열이 포함된 구조의 포인터로 저장한다. 핸들이나 구조의 포인터가 null인 경우 LabVIEW는 문자열을 빈 문자열로 취급하며, 이것은 길이 값이 제로인 문자열과 같다. LabVIEW는 문자열의 끝을 결정할 때 종료하는 문자 대신 길이값을 사용하기 때문

에, 문자열의 어느 포인트에나 null 문자, ASCII 문자 0을 포함한 모든 문자를 내장할 수 있다는 장점을 가진다.

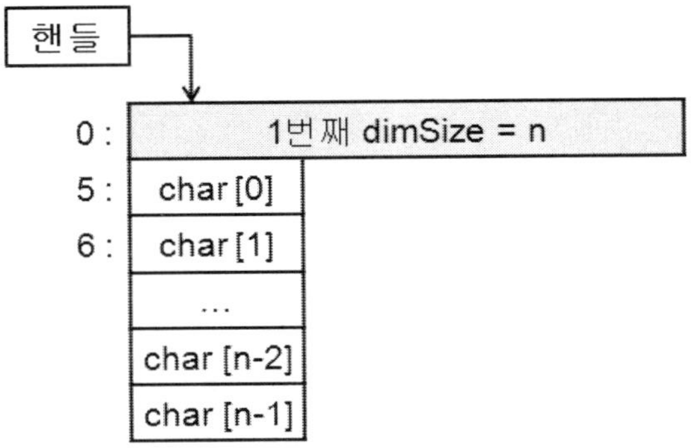

그림 2-84 문자열의 저장 예

LabVIEW는 경로(Path)를 핸들 또는 포인터 대 포인터(Pointers to pointers)로 저장되며, 저장 방법은 다음 그림 2-85에 나타낸 것과 같이 경로 타입과 경로 성분 숫자를 나타내는 각각의 2byte 워드 정수가 오고 그 다음 각 성분 길이와 성분으로 표시된다. 경로 타입이 0이면 절대(Absolute) 경로를, 1이면 상대(Relative) 경로를, 3이면 UNC(Universal Naming Convention) 경로임을 표시하며, 기타값은 유효하지 않은 경로이다. 각 경로 성분은 파스칼(Pascal) 문자열이며, 첫 번째 바이트는 파스칼(Pascal) 문자열의 길이(bytes 단위)를 나타낸다.

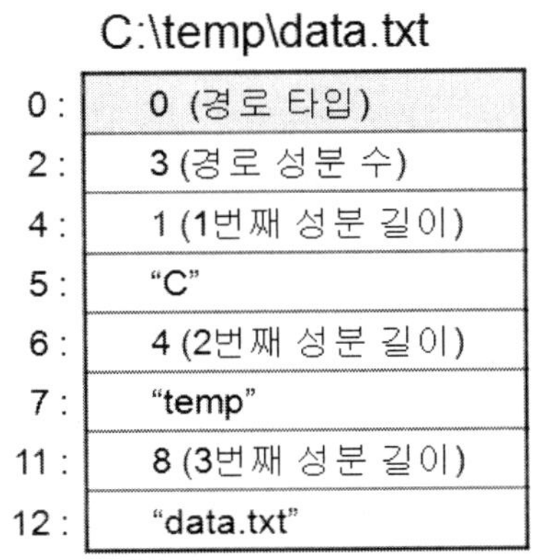

그림 2-85 경로의 저장 예

클러스터는 순서에 따라서 클러스터 요소의 데이터 타입을 바꾸어가며 저장한다. 스칼라 데이터는 클러스터에 직접 저장하는 반면에 배열, 문자열, 경로는 핸들을 이용하여 간접적으로 저장한다. 다음 그림 2-86은 각각 단정도 실수, 확장형 실수 및 16비트 부호 없는 정수의 1D 배열을 포함하는 클러스터를 나타낸 것으로 배열은 데이터가 저장되어 있는 메모리의 위치를 가리키는 핸들을 저장한다.

그림 2-86 클러스터의 저장 예

이 외에 LabVIEW는 웨이브폼을 클러스터같이 저장하며, 참조 번호는 부호 있는 32비트 정수로 저장한다. 그리고 LabVIEW는 핸들로 배리언트를 저장한다. 배리언트 데이터는 4바이트로 이루어져 있다.

7.5 블록다이어그램 설계하기

블록다이어그램은 다음 지침을 사용해 설계하도록 한다.

- 왼쪽에서 오른쪽, 위에서 아래로의 배치를 사용한다. 블록다이어그램 원소의 위치가 실행 순서를 결정하지는 않지만 구조화된 블록다이어그램과 쉬운 이해를 위해서 오른쪽에서 왼쪽으로 연결하는 것을 피하도록 한다. LabVIEW에서는 오직 와이어와 구조가 실행 순서를 결정한다.
- 하나 또는 두 스크린을 넘어서는 블록다이어그램을 생성하는 것을 피하도록 한다. 블록다이어그램이 커지고 복잡해지면 블록다이어그램을 이해하고 디버그하기가 힘들어진다.
- 일부 블록다이어그램 구성요소를 다른 VI에서 재사용할 수 있는지, 또는 블록다이어그램의 한 섹션이 같은 논리 구조로 되어 있는지를 확인하도록 한다. 그런 경우, 블록다이어그램을 특정 작업을 수행하는 SubVI로 나누는 것이 좋다. SubVI를 사용하면 블록다이어그램을 수정하고 디버깅하기가 쉽다.
- 에러 핸들링 VI, 함수, 파라미터를 사용하여 블록다이어그램의 에러를 관리한다.
- LabVIEW가 와이어의 일부 선분을 숨길 수 있으므로 구조 경계 아래 또는 겹쳐진 객체들 사이로 와이어를 연결하는 것을 피하도록 한다.
- 와이어 위에 객체를 놓지 않는다. 터미널 또는 아이콘을 와이어 위에 놓으면 연결이 없는 경우에도 연결이 존재하는 것처럼 보인다.

• 독립 라벨을 사용하여 블록다이어그램의 코드를 설명하는 것이 좋다.

연습 7 전역변수

◉ 동작 원리 : 전역변수를 만드는 방법과 사용법에 대해 실습을 해본다.

○ 프런트 패널의 구성

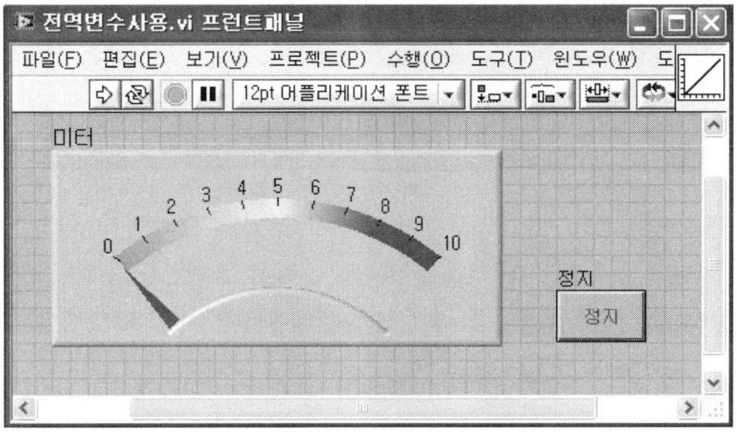

☞ 미터 인디케이터 : 컨트롤≫일반≫숫자형≫미터

☞ 정지 컨트롤 : 컨트롤≫일반≫불리언≫정지

○ 블록다이어그램의 구성

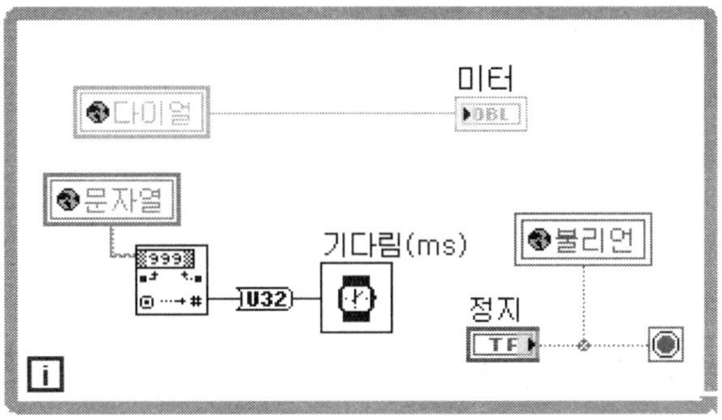

☞  : 함수≫프로그래밍≫구조≫While 루프

☞  : 함수≫프로그래밍≫구조≫글로벌 변수 (블록다이어그램에 만든 후에 변수를 더블-클릭한 후, 프런트 패널에 다음과 같이 전역변수를 선언하고, 글로벌 1로 저장한다. 그 다음 전역변수 객체를 마우스 오른쪽 버튼으로 클릭한 후, 메뉴에서

아이템 선택을 하고 나타나는 전역변수 항목 중에서 다이얼을 선택하면, [●다이얼] 와 같이 된다.)

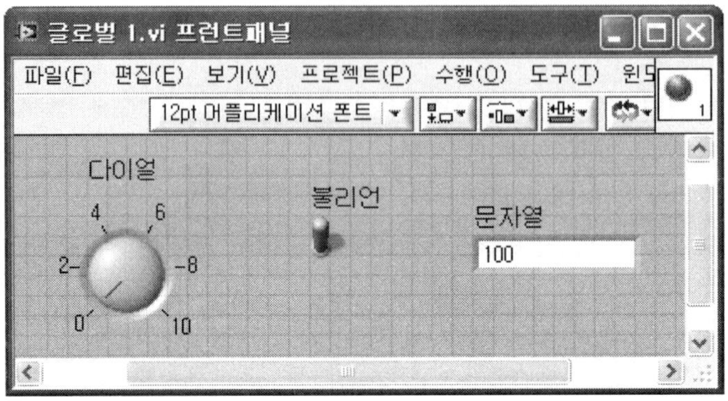

☞ 또 다른 전역변수 생성 방법으로 전역변수의 프런트 패널에서 오른쪽 상단에 있는 아이콘을 선택 도구( )를 사용해서 블록다이어그램으로 끈다. 그 다음 전역변수 객체를 마우스 오른쪽 버튼으로 클릭한 후, 메뉴에서 아이템 선택을 클릭하고 불리언을 선택하면, [●불리언]와 같이 된다.

☞ 같은 방법으로 전역변수를 만든 후에, 문자열을 선택하면, [●문자열]와 같이 된다. 필요하면, 객체를 마우스 오른쪽 버튼으로 클릭한 후, 메뉴에서 읽기로 변경 또는 쓰기로 변경을 선택한다.

☞  : 함수≫프로그래밍≫문자열≫문자열/숫자변환≫10진수 문자열을 숫자로

☞ U32 : 함수≫프로그래밍≫숫자형≫변환≫부호없는 롱 정수로

기다림(ms)

☞  : 함수≫프로그래밍≫타이밍≫기다림 (ms)

8 구조를 이용한 프로그램

구조(Structure)는 텍스트 기반 프로그래밍 언어의 루프, 케이스, 이벤트 문 등을 그래픽하게 표현한 것이다. 블록다이어그램에서 구조를 사용하여 코드의 특정 블록을 반복하거나 조건적 또는 특정한 순서로 코드를 실행할 수 있다. 다른 노드처럼, 구조는 다른 블록다이어그램 노드로 연결되며, 입력 데이터가 있을 때 자동으로 실행하고, 실행이 완료

되었을 때 데이터를 출력 와이어에 공급하는 터미널을 가지고 있다.

각 구조는 구조의 법칙에 따라 실행하는 블록다이어그램의 영역을 둘러싸는 크기 조정 가능한 경계를 가지고 있으며, 구조의 경계선 안쪽 부분을 서브다이어그램이라고 하며, 구조를 통해 데이터를 주고받는 터미널을 터널이라고 부른다. 터널은 구조 경계선상에서 연결 포인트가 된다. 다음 그림 2-87은 구조 팔레트를 나타낸다.

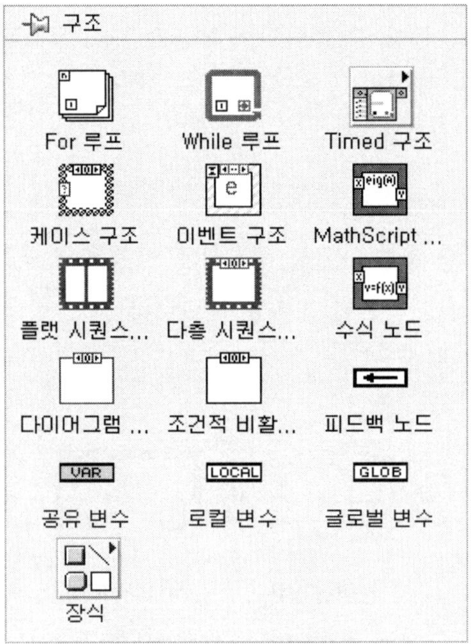

그림 2-87 구조 팔레트

구조 팔레트에 있는 다음 구조들을 사용하여 어떻게 블록다이어그램을 실행할 것인지를 제어하고 구현할 수 있다. 다음은 구조 팔레트에 있는 것들을 간단히 정리한 것이다. 구조의 경계선에서 마우스 오른쪽 버튼을 클릭하면 바로 가기 메뉴가 나타난다.

- For 루프 : 지정된 횟수만큼 서브다이어그램을 실행한다.
- While 루프 : 특정 조건이 발생할 때까지 서브다이어그램을 실행한다.
- 케이스(Case) 구조 : 여러 개의 서브다이어그램을 가지고 있으며 구조에 전달되는 입력값에 따라서 서브다이어그램 중 하나만이 실행된다.
- 시퀀스(Sequence) 구조 : 하나 이상의 서브다이어그램을 가지고 있으며 이것들을 연속적인 순서에 따라서 실행한다.
- 이벤트 구조 : 사용자와 VI의 상호작용에 따라서 실행되는 하나 이상의 서브다이어그램을 가지고 있다.
- Timed 구조 : 하나 또는 그 이상의 서브다이어그램을 시간 제한과 지연을 가지고 실

행한다.

- 조건적 비활성화 구조 : 버전 8.0부터 추가되었으며, 하나 이상의 서브다이어그램을 포함하고 있으며 실행 시 조건 설정에 따라 이 중 하나의 서브다이어그램만이 컴파일 되고 실행된다. C에서 #ifdef처럼 작용한다. 프로젝트를 만든 후, 프로퍼티를 통해 설정할 수 있다.
- 다이어그램 비활성화 구조 : 버전 8.0부터 추가되었으며, 하나 이상의 서브다이어그램을 포함하며, 실행 시 이 중 하나만이 컴파일되고 실행된다. 즉 특정 코드 부분을 비활성화하기 위해 사용되며, C에서의 주석 처리(/* ... */)와 동일하다.

8.1 For 루프

For 루프는 서브다이어그램을 지정된 횟수만큼 실행한다. 카운트 터미널(입력 터미널, N) 값은 서브다이어그램이 반복될 횟수를 나타낸다. 루프의 바깥쪽에서 카운트 터미널에 값을 연결하여 명확하게 카운트를 설정하거나 오토-인덱싱(auto-indexing)을 이용하여 내부적으로 카운트를 설정할 수 있다.

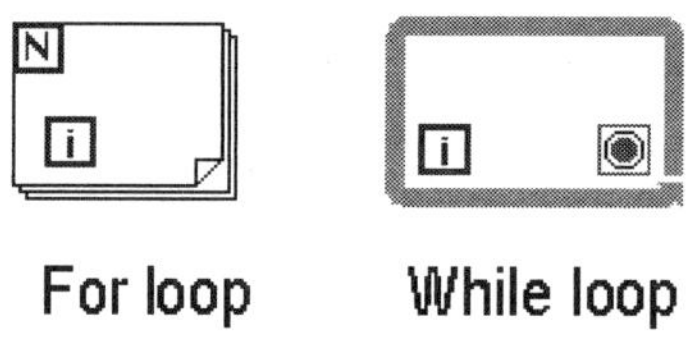

그림 2-88 For loop와 While loop

반복 터미널(출력 터미널, i)에는 완료된 반복 횟수가 출력되며, 항상 0에서 시작한다. 카운트 터미널과 반복 터미널은 모두 32bit 부호 있는(signed) 정수이다. 부동소수를 카운트 터미널에 연결하면, LabVIEW는 이 값을 반올림하여 범위 내로 강제 변환한다. 0이나 음수를 카운트 터미널에 연결하면, 루프는 실행되지 않고 출력은 그 데이터 타입의 기본값을 출력한다. 다음 그림 2-89는 0~1 사이의 난수를 발생시켜 차트에 출력하는 것을 100번 반복하는 동작을 나타내며, 오른쪽의 텍스트는 C 언어로 작성된 동일한 구문을 나타낸다.

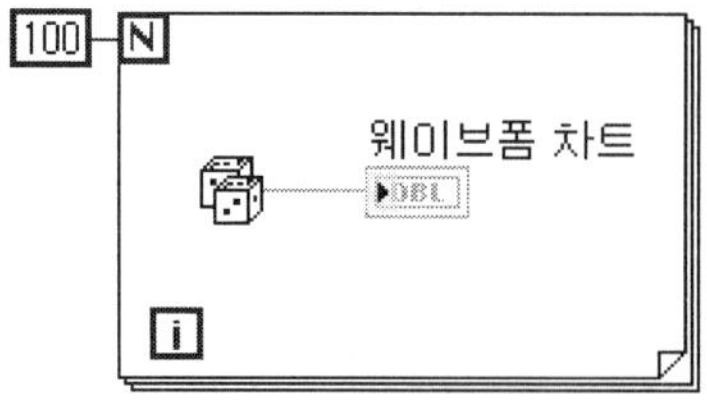


```
for( i=0; i<100; i++)
  Chart = RND();
```

그림 2-89 난수를 차트에 100회 출력하는 예제(LabVIEW, C 언어 방법)

For 루프에 시프트 레지스터(Shift register)를 추가하여 현재 반복값을 다음 반복에 전달할 수 있다. 다음 그림 2-90은 1부터 임의의 정수까지의 합을 구하는 2가지 프로그램을 2가지 방법으로 작성한 블록다이어그램으로 시프트 레지스터를 이용하는 경우가 속도가 훨씬 빠르다는 것을 알 수 있다.

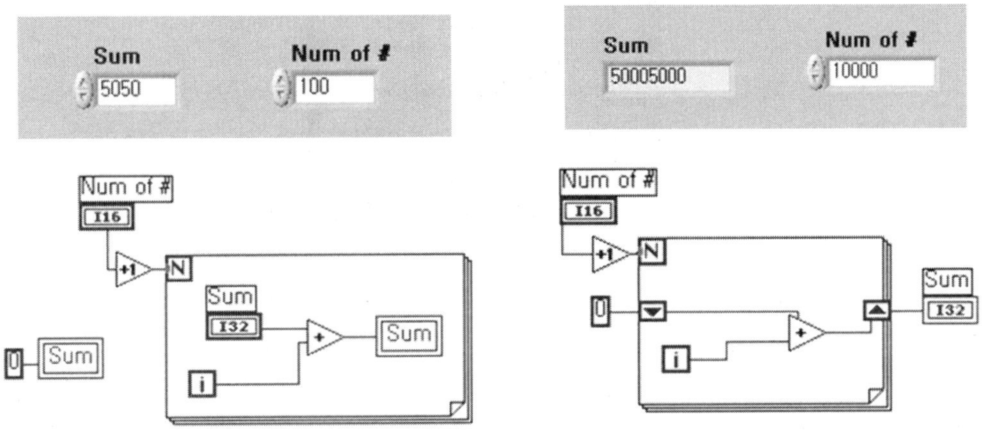

그림 2-90 1부터 임의의 수까지의 합을 구하는 프로그램

한편 LabVIEW 8.5부터는 For 루프에 조건 터미널(◉)을 추가할 수 있다. For 루프에 조건 터미널을 추가하기 위해서는 루프 경계에서 마우스 오른쪽 버튼을 클릭한 후 메뉴에서 조건 터미널을 선택한다. For 루프에 조건 터미널을 추가하면, 조건 터미널이 루프의 맨 아래 오른쪽에 나타나며 카운터 터미널의 모양이 변한다.

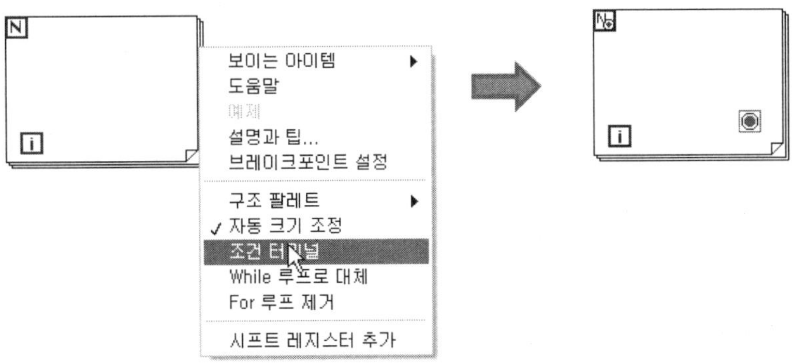

그림 2-91 For 루프에 조건 터미널 추가하기

조건 터미널(◉)을 For 로프에 추가함으로써 불리언 조건이나 에러가 발생할 때 For 루프가 바로 정지하도록 설정할 수 있다. 예를 들어 다음 그림 2-92와 같이 에러 클러스

터를 조건 터미널에 연결하면 에러가 발생하지 않으면 일정한 횟수만큼(여기서는 10회) 루프가 실행되며, 반면에 중간에 에러가 발생하면 바로 For 루프를 중지한다.

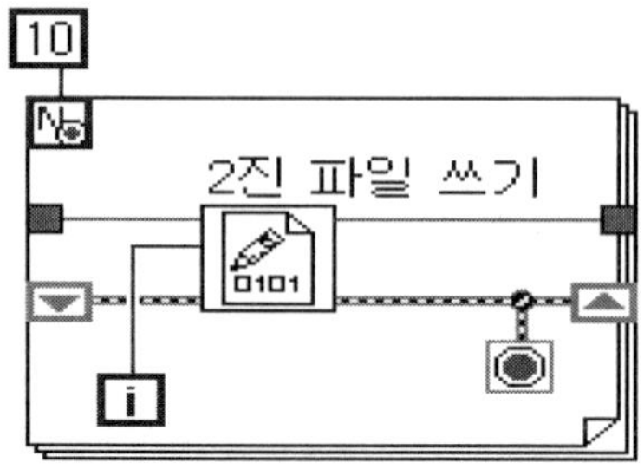

그림 2-92 조건 터미널이 있는 For 루프의 사용 예

〈Delete〉 키를 눌러 조건 터미널을 제거할 수 없으며, 추가할 때와 같은 방법으로 제거를 해야 한다. 조건 터미널이 있는 For 루프에서는 반복 횟수 또는 조건을 지정해야 하며, 이를 위해서는 조건 터미널에 특정 조건을 연결하거나, 숫자값을 카운터 터미널에 연결하거나, 입력 배열을 자동 인덱싱해야만 한다. 다음 그림 2-93은 자동 인덱싱의 예이다.

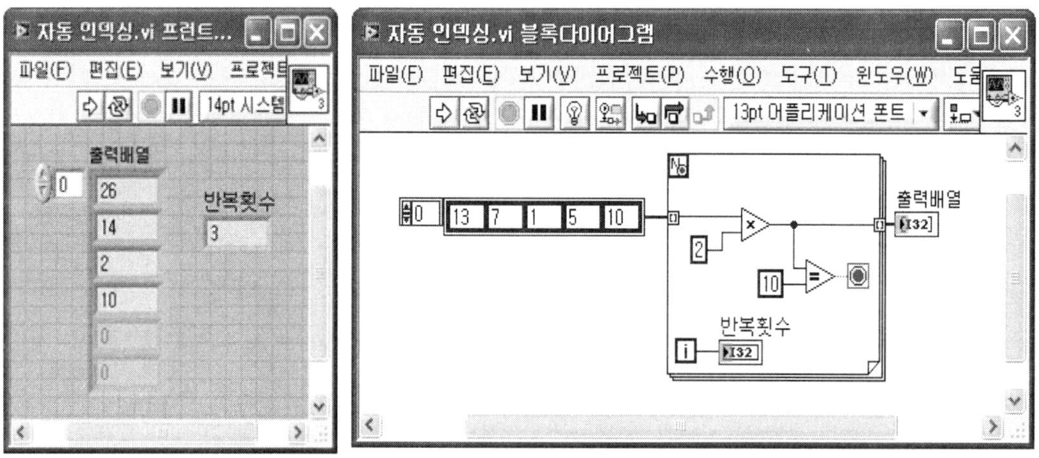

그림 2-93 For 루프에 있어서 자동 인덱싱의 예

카운터 터미널에 연결된 숫자 또는 자동 인덱싱된 입력 배열의 원소 개수는 조건 터미널에 연결된 조건이 발생하지 않는 경우에만 최대 루프 반복 횟수의 역할을 한다. 최대 반복 횟수 없이 조건이 발생할 때까지 루프가 반복되도록 하려면 While 루프를 대신 사용한다.

연습 8 로컬 변수와 시프트 레지스터

◉ 동작 원리 : 1부터 n까지의 합은 n(n+1)/2이지만, 여기서는 시프트 레지스터와 로컬 변수의 실행속도를 비교하는 것이 목적이기 때문에 일일이 모두 더해서 합계를 구하도록 한다.

○ 방법 1(시프트 레지스터) : 프런트 패널과 블록다이어그램의 구성

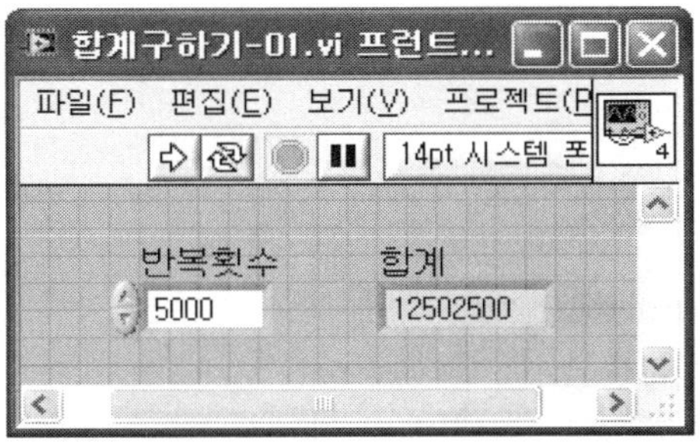

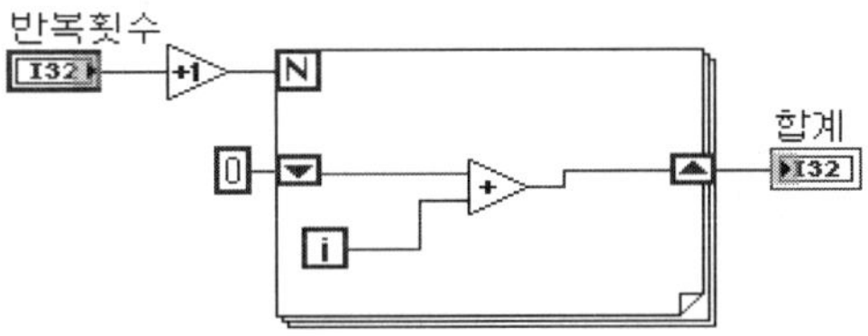

☞  : 함수≫프로그래밍≫구조≫For 루프

☞  : 함수≫프로그래밍≫숫자형≫증가(루프 카운트는 0부터 시작하기 때문에 1을 증가시켜야 한다).

1) 위에 나타난 것과 같이 프런트 패널과 블록다이어그램을 작성한다.
2) For 루프의 경계에서 마우스 오른쪽 버튼을 클릭하고 메뉴에서 시프트 레지스터 추가를 선택한다.
3) 반복 횟수에 5000을 입력하고, 메뉴≫편집에서 "현재값을 기본값으로"을 선택한다. (VI를 닫고 다시 실행해도 값이 유지된다)
4) VI를 저장한다. (합계 구하기-01.vi)

○ 방법 2(로컬 변수) : 프런트 패널과 블록다이어그램의 구성

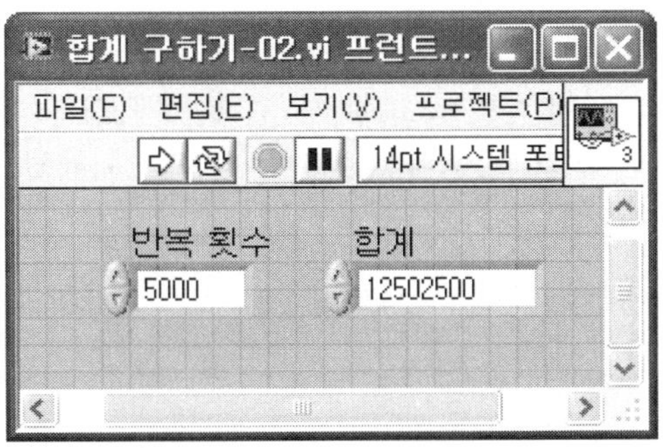

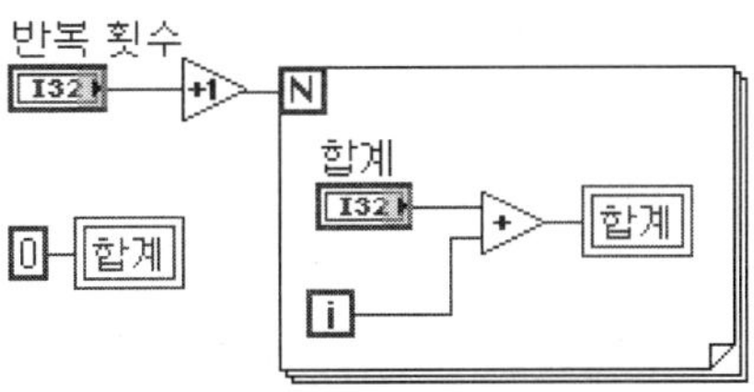

☞ 합계 (I32) : 컨트롤≫일반≫숫자형≫숫자형 컨트롤

1) 위에 나타난 것과 같이 프런트 패널과 블록다이어그램을 작성한다.

2) 지역 변수(합계) : 합계 컨트롤을 마우스 오른쪽 버튼으로 클릭한 후, 메뉴에서 생성≫로컬 변수를 선택해 지역변수를 생성한다.

3) 반복 횟수에 5000을 입력하고, 메뉴≫편집에서 "현재값을 기본값으로"을 선택한다. (VI를 닫고 다시 실행해도 값이 유지된다)

4) VI를 저장한다. (합계 구하기-02.vi)

○ 시간 측정 : 블록다이어그램의 구성

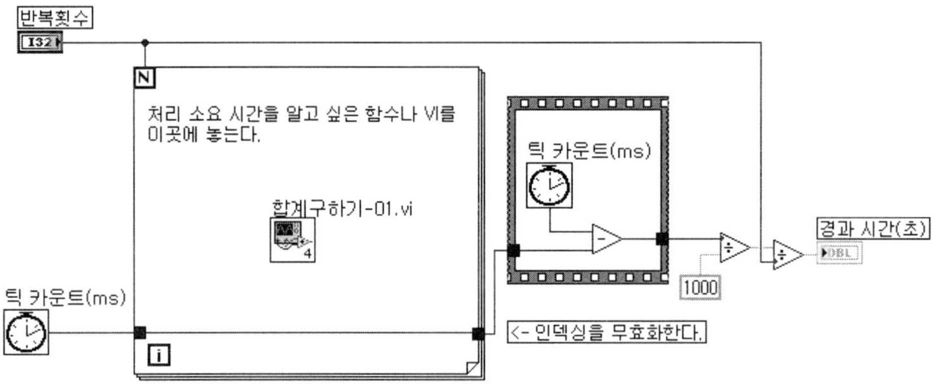

☞  : 함수≫프로그래밍≫타이밍≫틱 카운트

1) 위에 나타난 것과 같이 블록다이어그램을 작성한다.

2) 반복 횟수 컨트롤에 100을 입력하고, 마우스 오른쪽 버튼을 클릭하고 메뉴에서 데이터 처리≫현재값을 기본으로를 선택(기본값 변경)

3) 경과시간(초) 인디케이터 : 마우스 오른쪽 버튼을 클릭하고 메뉴에서 디스플레이 포맷을 선택하고 자릿수를 6으로 변경한다.

4) VI를 저장한다.(처리 시간.vi)

5) For 루프에서 함수≫프로그래밍≫VI 선택...을 클릭해서, 합계 구하기-01.vi를 선택하고 그림과 같이 위치시킨 다음, VI를 실행하고, 경과 시간을 관찰한다.

6) For 루프에서 함수≫프로그래밍≫VI 선택...을 클릭해서, 합계 구하기-02.vi를 선택하고 그림과 같이 위치시킨 다음, VI를 실행하고, 경과 시간을 기록한다.

   a) 로컬 변수를 이용한 VI의 경과 시간 : 　　　　초

   b) 시프트 레지스터를 이용한 VI의 경과 시간 : 　　　　초

7) 5의 결과가 발생한 이유에 대해 기술하시오.

8.2 While 루프

LabVIEW에서 사용되는 While 루프는 텍스트 기반 프로그래밍 언어에서 사용되는 do-While 루프와 동일하다. 일반적으로 While 루프는 조건이 참이면 서브다이어그램을 계속 실행한다. 다음 그림 2-94는 LabVIEW에서 사용되는 While 루프로써 조건 터미널이 2가지이다. 오른쪽의 조건 터미널()은 "참인 경우 계속" 터미널로써 터미널이 거짓 값을 받을 때까지 서브다이어그램을 계속 실행한다. 반면에, 왼쪽의 조건 터미널()은 "참인 경우 정지" 터미널로써 조건 터미널()에 NOT()을 붙인 것과 동일하다. 즉, 조건 터미널이 참의 값을 받을 때까지 While 루프가 서브다이어그램을 계속 실행한다. 또한 수행 도구()를 사용하여 조건 터미널을 클릭해서 조건을 변경할 수도 있다.

그림 2-94 While 루프의 예

다음 그림 2-95는 While 루프를 이용해 "스위치 입력이 거짓이 될 때까지 반복 터미널의 값을 +1씩 계속 증가시키면서 그 값을 출력"하는 프로그램을 LabVIEW와 C 언어로 각각 작성한 것이다.

```
i = 0;
do {
  print i;
  i++;
} while (Switch)
```

그림 2-95 LabVIEW와 C 언어로 작성한 프로그램의 비교 예
(왼쪽 : LabVIEW, 오른쪽 : C-언어(do-while 문))

반복 터미널()에서는 완료된 반복 횟수가 출력되며, For 루프와 마찬가지로 반복 카운트는 항상 0에서 시작한다. 반복 카운트가 2,147,483,647, 즉 2^{31}을 초과하면 이후에 실행이 계속되어도 반복 터미널은 계속 2^{31}에 머무른다. 2^{31} 반복 이상의 카운트가 필요한

경우 더 큰 정수 범위를 가진 시프트 레지스터를 사용해야 한다.

한편, 실행 컨트롤 익스프레스 VI와 구조 팔레트에서 While 루프를 선택하여 블록다이어그램에 놓을 경우, 블록다이어그램에 정지 버튼이 나타나고 조건 터미널에 연결된다. 구조 팔레트에서 While 루프를 선택하여 블록다이어그램에 놓을 경우, 정지 버튼은 나타나지 않는다.

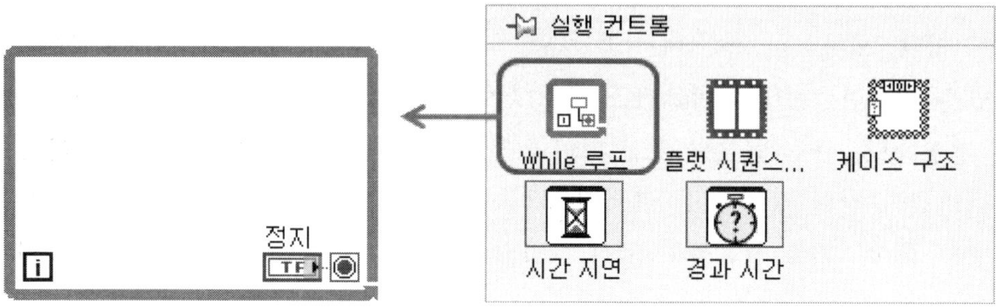

그림 2-96 익스프레스≫실행 컨트롤에 있는 정지 버튼이 있는 While 루프

따라서, 구조 팔레트에서 있는 While 루프 대신에 실행 컨트롤에 있는 정지 버튼이 있는 While 루프를 사용하면 여러 가지로 편리하다. 이 외에도 함수 팔레트에서 자주 사용하는 아이템을 즐겨찾기 항목에 추가해서 사용하면 매번 아이템을 찾는 번거로움을 줄일 수 있다. 자주 사용하는 아이템을 즐겨찾기에 등록하기 위해서는 먼저 함수 팔레트를 잠근 다음, 잠긴 함수 팔레트에서 원하는 객체를 마우스 오른쪽 버튼으로 클릭한 후 메뉴에서 아이템을 즐겨찾기에 추가를 선택하면 된다.

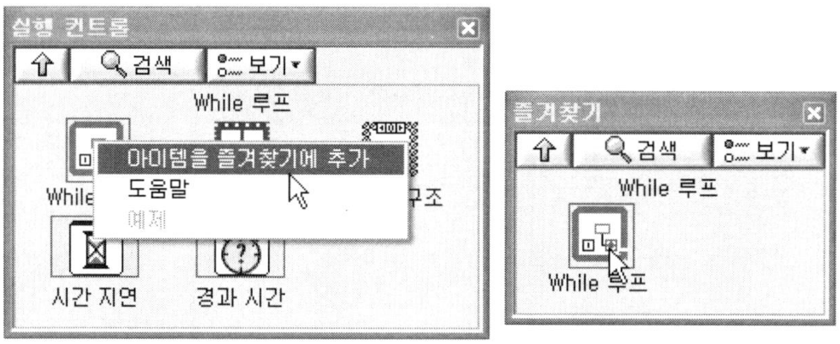

그림 2-97 함수 팔레트의 아이템을 즐겨찾기 항목에 추가

한편, 조건 터미널에 상수를 연결하거나 다음 그림 2-98과 같이 While 루프 밖에 불리언 컨트롤의 터미널을 놓으면 무한 루프에 빠지게 된다. 이 경우 컨트롤의 값은 루프가 시작되기 전에 한번만 읽히기 때문에 컨트롤의 값을 바꾸어도 무한 루프를 멈출 수 없다. 이러한 무한 루프를 멈추려면 도구 모음의 실행 강제 종료 버튼()을 클릭하여 VI를 강제 종료해야만 한다.

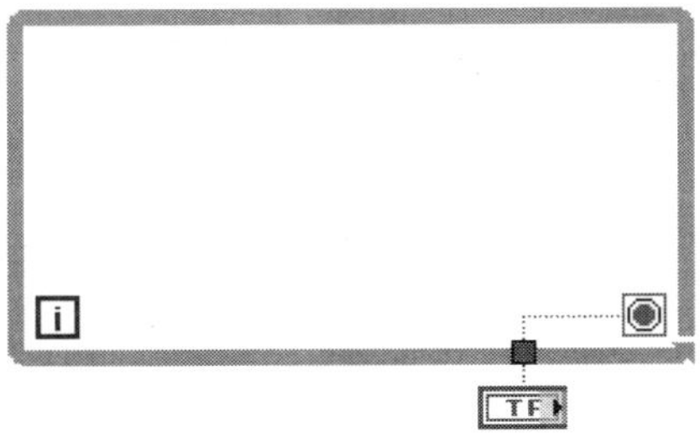

그림 2-98 무한 루프의 하나의 예

While 루프의 조건 터미널을 사용하여 기본적인 에러 핸들링을 수행할 수도 있다. 다음 그림 2-99에 나타낸 것처럼 에러 클러스터를 조건 터미널에 직접 연결할 수 있으며, 이 경우 에러 클러스터의 상태 파라미터의 값이 터미널에 전달된다.

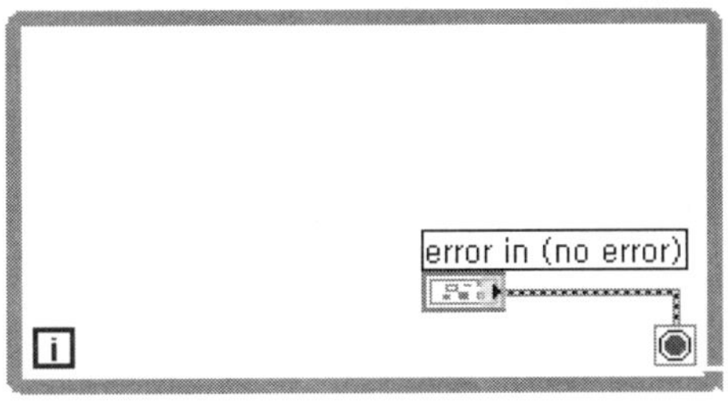

그림 2-99 While 루프에서 에러 클러스터 사용하기

8.2.1 타이밍(Timing) 컨트롤하기

컴퓨터 OS와 같은 다른 어플리케이션과의 공조를 위해서는 루프 실행에서 CPU 프로세스의 부담을 줄여주는 것이 중요하다. 이를 위해 루프 내에 기다림 함수를 삽입하여 루프의 실행 시간을 늦추어 주는 것이 일반적이다. 대개 루프 지연 시간은 50밀리초(ms) 정도가 무난하다.

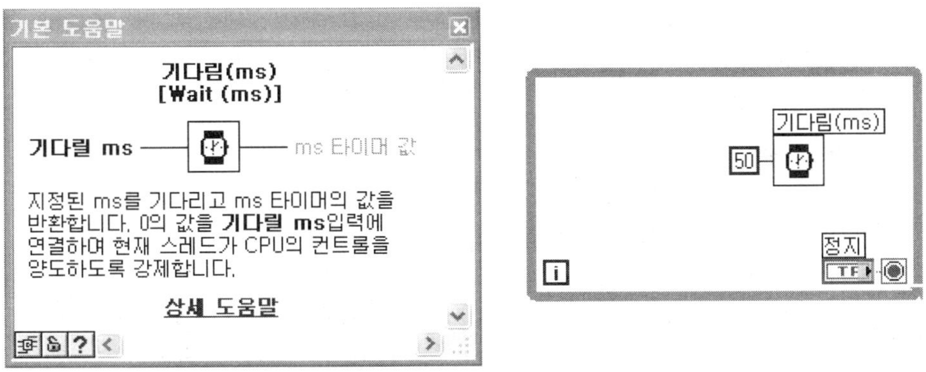

그림 2-100 While 루프에서 기다림 함수의 사용 예

연습 9 여러 가지 타입의 컨트롤/인디케이터

◉ 동작 원리 : 서로 다른 2개 이상의 이미지와 그림 링 컨트롤을 사용해 동영상처럼 보이는 인디케이터를 작성한다.

○ 프런트 패널의 구성

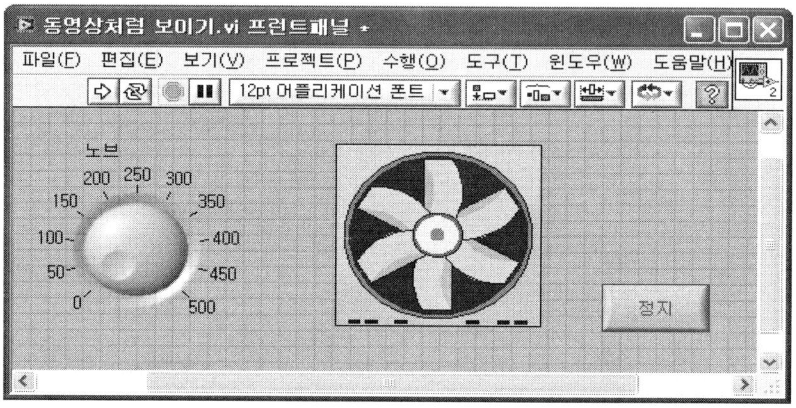

☞  : 컨트롤≫클래식≫클래식 링 & 열거형≫그림 링

☞ 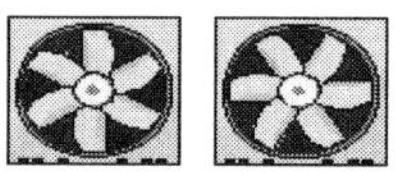 : 도구(T)≫DSC 모듈≫이미지 탐색(Blowers Etc≫Cool fan (Animation frame) 1을 마우스 오른쪽 버튼으로 클릭하고 복사한 후, 다시 프런트 패널에 있는 그림 링을 마우스 오른쪽 버튼으로 클릭하고 클립보드에서 그림 반입을 선택. 다시 오른쪽 마우스를 클릭하여 다음 아이템 추가를 선택한 후, 같은 방법으로 Cool fan (Animation frame) 2를 그림 링에 넣는다.)

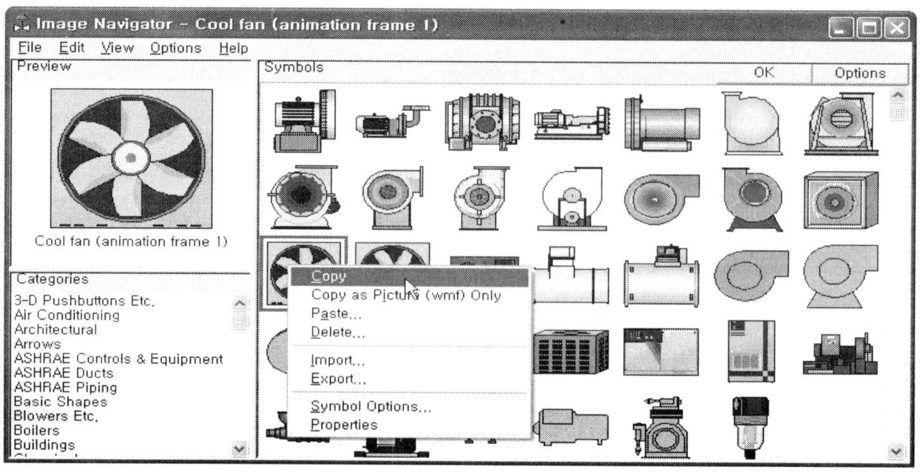

☞ 그림 링을 마우스 오른쪽 버튼으로 클릭하고, 보이는 아이템〉〉라벨과 증가/감소를 숨긴다. 그리고 투명한 색칠 도구(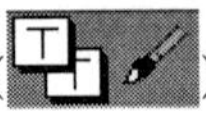)를 이용해 그림 링의 경계선 부분들을 투명하게 처리한다.

☞ 노브 : 컨트롤≫일반≫숫자형≫노브

☞ 

: 컨트롤≫일반≫불리언≫정지 버튼

○ 블록다이어그램의 구성

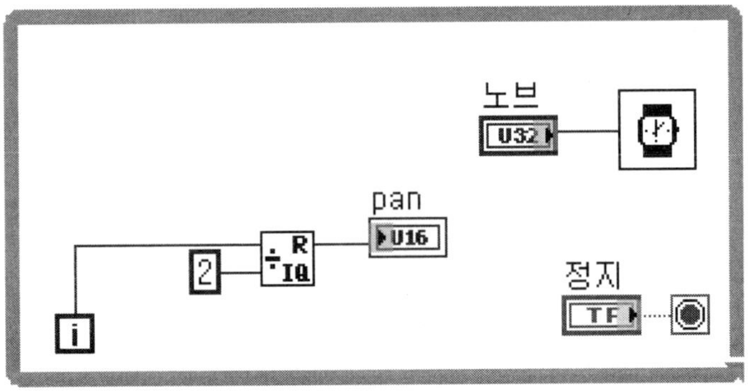

☞  : 함수≫프로그래밍≫구조≫While 루프(팔레트에서 구조를 선택 후, 블록다이어그램에 알맞은 크기만큼 드래그하여 크기를 조정한다).

☞  : 함수≫프로그래밍≫타이밍≫기다림(ms)

☞  : 함수≫프로그래밍≫숫자형≫몫 & 나머지

☞  : 조건 터미널을 마우스 오른쪽 버튼으로 클릭한 후, 메뉴에서 컨트롤 생성을 선택한다. 또한 조건 터미널에서 참인 경우 정지()할 것인지 참인 경우 계속()할 것인지 설정할 수 있다.)

8.2.2 자동 인덱싱(Auto-indexing) 루프

배열을 For 루프나 While 루프 입력 터널에 연결하는 경우, 자동 인덱싱이 활성화되어 해당 배열의 각 원소를 읽고 처리할 수 있다. 다음 그림 2-101은 배열의 모든 정수 요소 값의 합계를 구하는 VI로써 자동 인덱싱을 사용하고 있다.

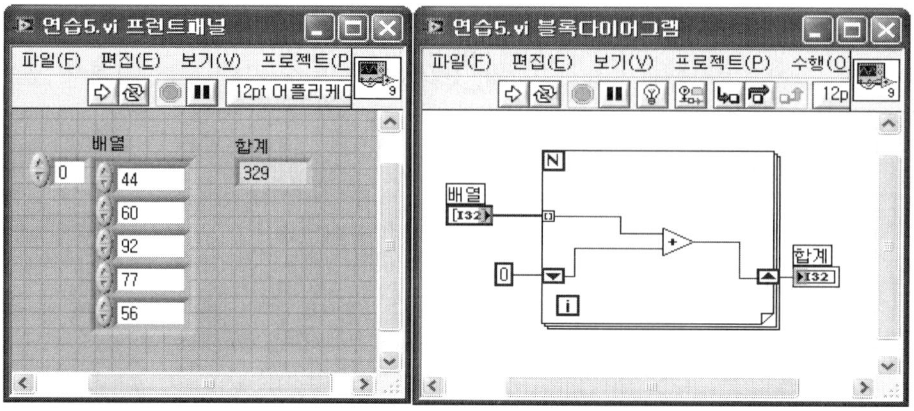

그림 2-101 자동 인덱싱을 사용해 배열의 요소값의 합계를 구하는 프로그램

위의 그림에서처럼 배열을 루프 경계선의 입력 터널에 연결하고 자동 인덱싱을 활성화하면, 배열의 첫 번째 원소부터 한 번에 하나씩 루프로 들어간다. 자동 인덱싱을 비활성화하면 전체 배열이 한꺼번에 루프로 전달된다. 자동 인덱싱되는 출력 배열의 크기는 항상 반복 횟수와 같은 크기이다. 예를 들어, 루프가 10회 실행되면 출력 배열은 10개의 원소를 가진다. 출력 터널의 자동 인덱싱을 비활성화하면, 루프의 마지막 실행의 원소만 블록다이어그램의 다음 노드로 전달된다. 루프 경계의 터널에서 마우스 오른쪽 버튼을 클릭하고 바로 가기 메뉴에서 인덱싱 활성화 또는 인덱싱 비활성화를 선택하여 자동 인덱싱을 활성화하거나 비활성화 할 수 있다.

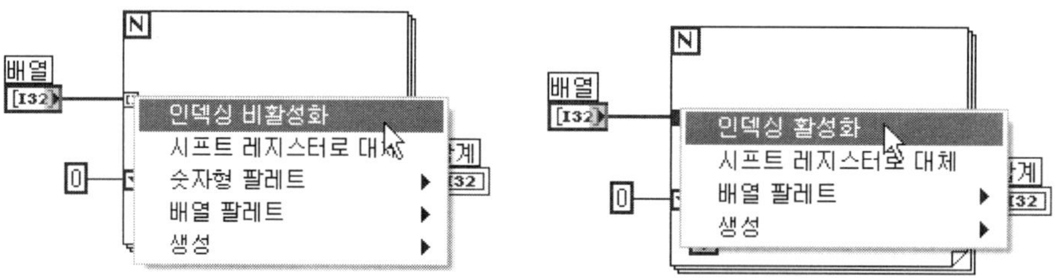

그림 2-102 자동 인덱싱의 활성화와 비활성화

While 루프에서 자동 인덱싱은 기본적으로 비활성화 되어 있다. 루프 경계에 괄호 모양이 있으면 자동 인덱싱이 활성화된 것이다. 출력 터널과 그 다음 노드를 연결하는 와이어의 굵기도 루프가 자동 인덱싱을 사용하는지 여부를 나타낸다. 자동 인덱싱을 사용하면 와이어가 스칼라가 아닌 배열을 가지고 있으므로 더 두껍다. 루프는 1차원 배열에 대해서 스칼라를 인덱싱하고, 2차원 배열에 대해서는 1차원 배열을 인덱싱한다. 출력 터널에 대해서는 반대로 적용된다. 스칼라 원소는 1차원 배열로 순차적으로 쌓이고, 1차원

배열은 2차원 배열로 된다.

While 루프의 배열 입력 자동 인덱싱을 활성화하면 While 루프도 For 루프와 같은 방법으로 배열을 인덱싱한다. 반면에 While 루프는 특정 조건이 발생할 때까지 실행이 계속 반복되기 때문에 While 루프의 반복 횟수는 입력 배열의 크기에 의해 제한을 받지 않는다. While 루프의 반복 횟수가 입력 배열의 크기를 넘어서면 배열 원소 타입의 기본값이 루프로 전달된다. 배열 크기 함수를 이용하여 이렇게 기본값이 While 루프로 전달되는 것을 피할 수 있다. 하지만, 출력 배열의 크기를 미리 정할 수 없기 때문에 출력 배열에서는 For 루프를 사용하여 자동 인덱싱하는 것이 While 루프를 사용하는 것보다 더 효과적이다. 특히, While 루프에서는 반복을 너무 많이 하면 시스템 메모리를 넘어버릴 수도 있기 때문에 주의가 필요하다.

8.2.3 루프를 이용한 배열 만들기

루프를 이용하여 배열 원소를 읽고 처리하는 것과 마찬가지로, For 루프와 While 루프를 이용하여 배열을 만들 수 있다. 다음 그림 2-103은 그 예로써 For 루프는 난수를 이용해 10 × 10의 2차원 배열을 만들고, While 루프는 100개 이하의 원소로 이루어진 1차원 배열을 만든다. 이 예제는 labview\examples\general\arrays.llb를 참조한다.

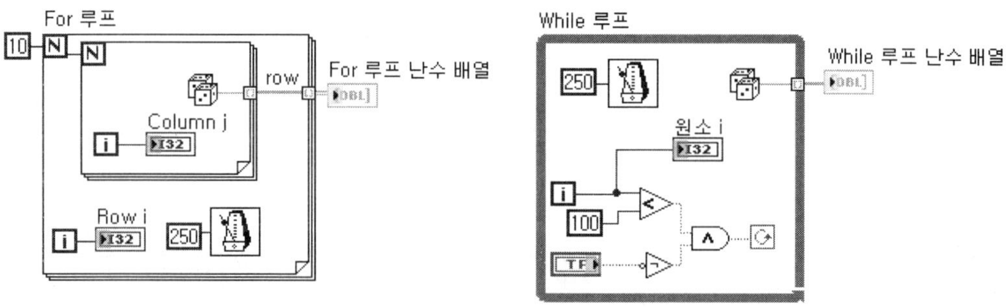

그림 2-103 For 및 While 루프를 이용해 배열 만들기

8.2.4 루프의 시프트 레지스터(Shift register)

For 루프나 While 루프에서 시프트 레지스터나 피드백 노드( )를 사용하여 한 루프 반복에서 다음 반복으로 값을 전달할 수 있다. 이전 반복의 값을 루프를 통해 다음 반복으로 전달하고자 할 때 시프트 레지스터를 사용한다. 시프트 레지스터의 오른쪽 터미널은 반복이 끝날 때마다 데이터를 저장하며, 데이터를 다음 반복으로 전달한다. 루프가 실행된 후에 루프의 오른쪽의 터미널은 시프트 레지스터에 저장된 마지막 값을 반환한다.

시프트 레지스터는 모든 데이터 타입을 전달하며, 시프트 레지스터에 연결된 첫 번째 객체의 데이터 타입에 맞게 자동으로 변경된다. 각 시프트 레지스터의 터미널에 연결하는 데이터는 동일 타입이어야 하며, 루프에는 여러 개의 시프트 레지스터를 둘 수도 있다. 루프 왼쪽의 시프트 레지스터 터미널에 컨트롤이나 상수를 연결하여 시프트 레지스터를 초기화할 수 있다. VI를 실행할 때마다 시프트 레지스터는 0과 1의 값으로 시작한다.

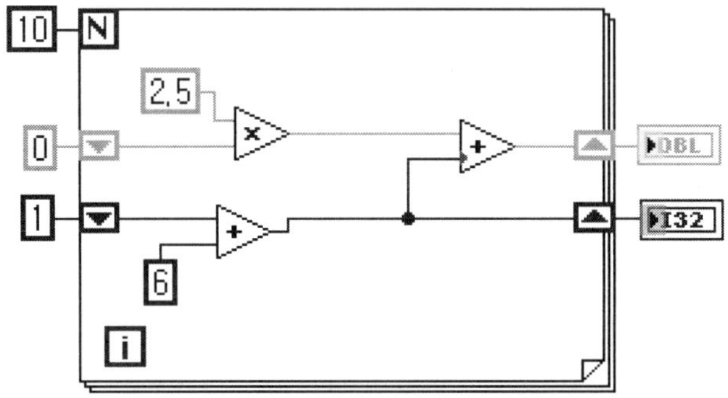

그림 2-104 For 루프에서 여러 개의 시프트 레지스터 사용

다층 시프트 레지스터는 이전 루프 반복의 데이터에 접근할 수 있게 해준다. 즉, 다층 시프트 레지스터는 여러 이전 반복의 데이터까지 저장하여 그 값을 다음 반복으로 넘길 수 있게 한다. 다층 시프트 레지스터를 만들기 위해서 시프트 레지스터의 왼쪽 터미널에서 마우스 오른쪽 버튼을 클릭하고 메뉴에서 원소 추가를 선택한다. 다층 시프트 레지스터는 루프의 왼쪽에만 나타난다. 왼쪽 터미널에 또 다른 원소를 하나 더 추가하면 최근 두 번의 반복값을 다음 반복으로 전달할 수 있다. 이들 아래쪽 터미널은 이전 반복에서 전달된 데이터가 저장된다.

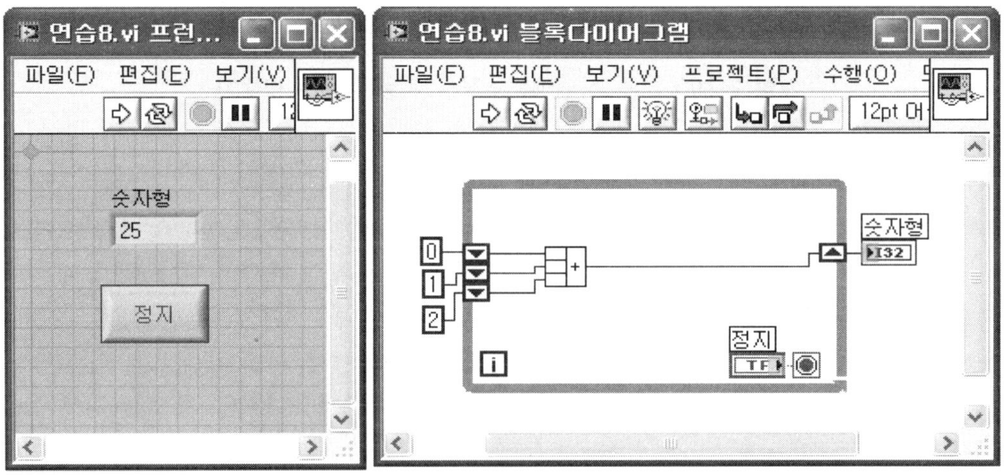

그림 2-105 다층 시프트 레지스터 사용 예

한편 초기화가 되지 않은 시프트 레지스터와 상수 입력을 갖는 While의 조합은 기능적 전역변수(FGV, Functional Global Variable)로써 전역변수를 대신해서 자주 활용된다. 다음 그림 2-106에 나타난 것과 같이 While 루프의 조건 터미널에 거짓 상수가 연결되어 있기 때문에 루프는 매번 1번씩만 실행된다. 그리고, 시프트 레지스터가 초기화 되지 않기 때문에 VI가 메모리에 상주해있는 동안에는 시프트 레지스터의 값은 계속 유지된다. 즉, VI를 멈춘 후에 다시 실행해도 이전 값이 계속 남아있다. 반면에, 모드에 참이 입력되면 저장된 값이 출력 인디케이터에 나타나고(읽기 모드), 모드에 거짓이 연결되면 새로운 입력 컨트롤 값이 시프트 레지스터에 써 진다.(쓰기 모드) 따라서, 전역변수의 인디케이터와 컨트롤에 해당하며 전역변수에서 문제가 되는 경합(race) 조건이 여기서는 문제가 되지 않는다.

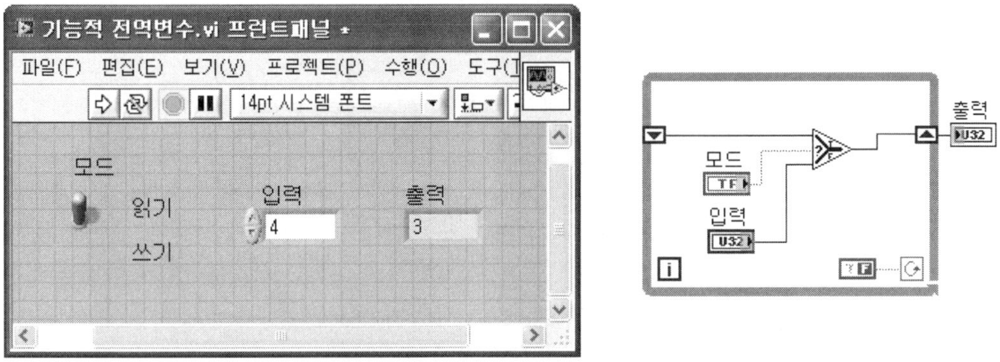

그림 2-106 기능적 전역변수의 예

8.2.5 루프의 기본 데이터

처음에 시프트 레지스터가 초기화되어 있지 않으면 While 루프는 기본값을 생성한다. For 루프의 카운트 터미널에 0을 연결하거나 자동 인덱싱이 활성화된 For 루프에 빈 배열을 입력으로 연결하는 경우, For 루프는 기본값을 생성한다. 루프는 실행되지 않고 자동 인덱싱이 비활성화된 출력 터널에서는 터널 데이터 타입의 기본값이 생성된다. 다음 표 3은 여러 데이터 타입에 대한 기본값을 나타낸 것이다.

표 3 여러 데이터 타입의 기본값

데이터 타입	기본값
숫자형 데이터	0
문자열	빈 문자열
불리언	거짓 (F)
경로 문자열	빈 경로
타임 스탬프	1904년 1월 1일 오전 12:00:00.000

연습 10 열거형 변수와 케이스 구문

◉ 동작 원리 : 열거형 변수와 케이스 구문을 이용해 프로그래밍 하는 방법에 대해 학습한다.

○ 프런트 패널의 구성

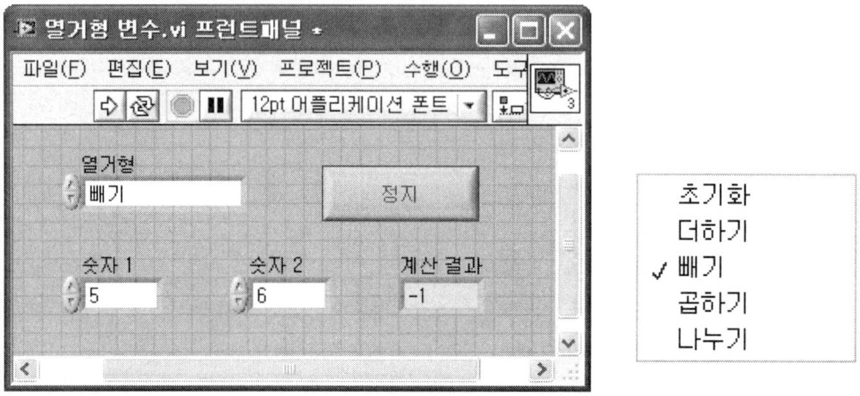

☞ 열거형 : 컨트롤≫일반≫링, 열거형≫열거형 (열거형 컨트롤을 마우스 오른쪽 버튼으로 클릭한 후, 메뉴에서 아이템 편집을 선택하고, 삽입 버튼을 사용해 초기화, 더하기, 빼기, 곱하기, 나누기 아이템을 추가한다)

☞ 숫자 1 : 컨트롤≫일반≫숫자형≫숫자형 컨트롤

☞ 숫자 2 : 컨트롤≫일반≫숫자형≫숫자형 컨트롤

☞ 계산 결과 : 컨트롤≫일반≫숫자형≫숫자형 인디케이터

○ 블록다이어그램의 구성

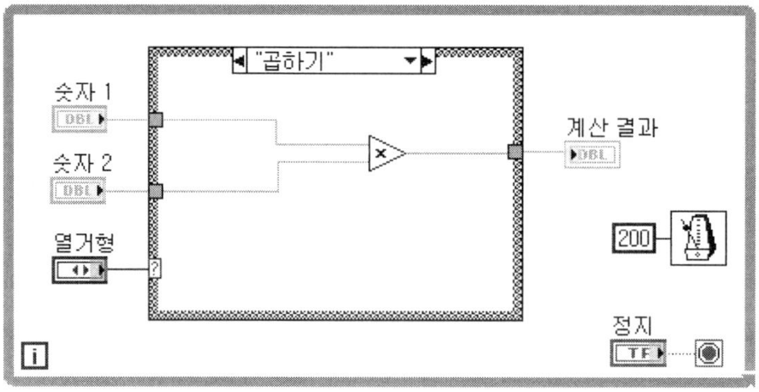

☞ 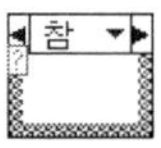 : 함수≫프로그래밍≫구조≫케이스 구조(열거형 변수를 조건 터미널에 연결한 후, 케이스 라벨부를 마우스 오른쪽 버튼으로 클릭한 후, 모든 값에 대한 케이스 추가를 선택한다. 각 케이스에 해당 연산자를 넣어 결선한다).

☞  : 함수≫프로그래밍≫타이밍≫다음 ms 배수까지 기다림

☞ 정지 버튼 : While 루프의 조건을 마우스 오른쪽 버튼으로 클릭한 후, 컨트롤 생성을 클릭

8.3 케이스(Case) 구조

케이스 구조에는 분기가 가능한 여러 개의 서브다이어그램 또는 케이스가 있다. 이들 서브다이어그램은 한 번에 하나만 실행되고, 블록다이어그램에서는 하나만 표시된다. 케이스 구조에 있는 케이스 선택자(?)에 전달되는 입력값이 실행될 서브다이어그램을 결정한다. 케이스 구조는 텍스트 기반 프로그래밍 언어에서의 "if ... then ... else" 문이나 "Switch" 문과 매우 유사하다.

케이스 구조의 위에 있는 케이스 선택자 라벨(◀참 ▾▶)에는 해당 케이스에 대응하는 선택자 값의 이름이 있고 양쪽에 증가/감소 화살표가 있다. 증가 및 감소 화살표를 클릭하면 이웃한 케이스로 이동할 수 있다. 또한 선택자 값의 이름 옆에 있는 아래 방향의 화살표를 클릭하여 풀다운 메뉴에서 특정 케이스를 선택해서 바로 이동할 수도 있다.

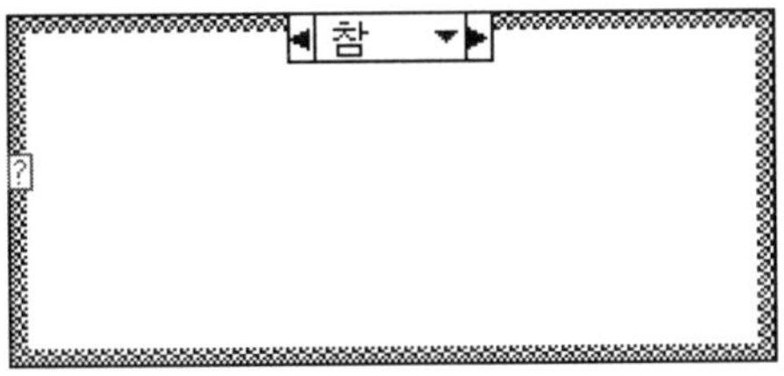

그림 2-107 케이스 구조

선택자 터미널에 특정 타입의 입력을 연결하여 실행할 케이스를 결정한다. 입력으로는 정수, 불리언, 문자열, 또는 열거형 변수를 선택자 터미널에 연결할 수 있다. 선택자 터미널에 불리언이 연결되면, 구조는 참 케이스와 거짓 케이스가 자동으로 만들어지며, 문자열을 연결할 경우에는 라벨링 도구()를 선택한 후에 선택자 라벨에서 이중 인용부호(" ") 안에 문자를 직접 입력해야 한다. 그리고 정수인 경우 정수 값에 해당하는 어떠한 케이스도 가질 수 있다.

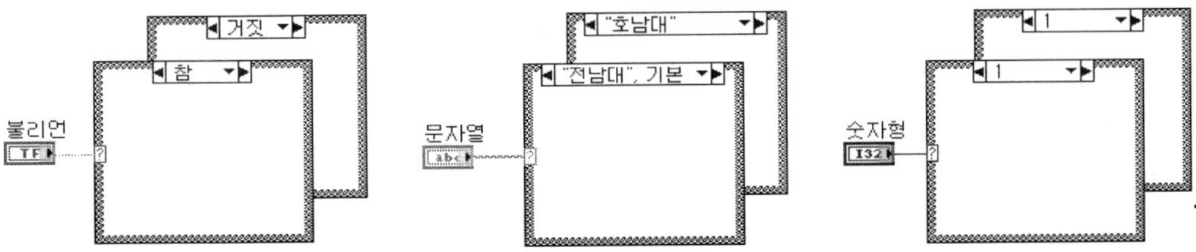

그림 2-108 선택자 데이터 타입에 따른 케이스 구조의 변화

하지만 이때 특히 주의해야 할 점은 불리언의 경우를 제외하고는 나머지 경우에 있어서는 기본(default) 케이스가 반드시 있어야 한다는 것이다. 이것은 모든 가능한 경우에 대해 케이스를 만들기 어렵기 때문에 특정 입력값에 해당하는 케이스가 없는 경우에 실행되는 케이스를 의미한다. 예를 들어, 선택자가 정수이고 1, 2, 3의 케이스가 지정되어 있는 상태에서 입력값이 4 또는 1, 2, 3 이외의 다른 정수값이 입력된 경우, 분기할 곳이 없기 때문에 에러가 발생하게 된다. 이를 미연에 방지하기 위해 기본 케이스가 반드시 지정되어 있어야만 한다.

케이스 선택자 라벨에는 단일값 또는 값의 리스트와 범위를 입력할 수 있다. 리스트에서는 콤마(,)를 사용하여 값을 분리한다. 숫자에서는 10에서 20까지의 범위를 10..20으로 지정하며, 개방형 범위를 사용할 수도 있다. 즉, ..100은 100보다 작거나 같은 모든 숫자를 의미하며, 100..은 100보다 크거나 같은 숫자를 의미한다. 또한, 리스트와 범위를 결합할 수 있는데 예를 들면, ..5, 6, 7..10, 12, 13, 14 이 그 예이다. 문자열에서는, a..c의 범위에는 a와 b는 포함되지만 c는 포함되지 않는다. a..c, c의 범위는 c값을 포함한다. 선택자 터미널에 연결된 객체와 다른 타입의 선택자 값을 입력하면, 값이 빨간색으로 표시되고 구조가 실행되기 전에 이 선택자 값을 삭제하거나 편집하지 않으면 VI를 실행할 수 없다. 또한, 부동소수는 반올림 문제가 발생할 수 있으므로 부동소수 값을 케이스 선택자 값으로 사용할 수 없다. 부동소수 값을 케이스에 연결하면 LabVIEW는 기본 케이스를 실행한다.

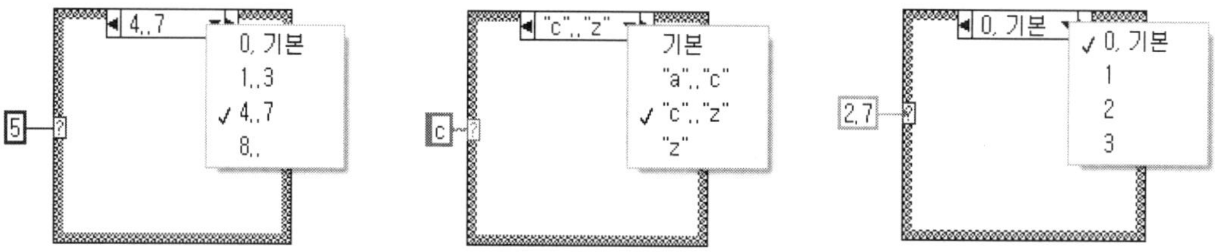

그림 2-109 케이스 구조의 여러 가지 선택자 라벨링 방법의 예

입력과 출력 터널 케이스 구조에 여러 개의 입력과 출력 터널을 만들 수 있다. 입력은 모든 케이스에서 접근이 가능하지만, 모든 케이스가 입력을 사용할 필요는 없다. 반면에, 출력 터널은 모든 케이스에서 정의를 해주어야만 한다. 하나의 출력 터널이라도 연결되어 있지 않으면 실행이 안 되며 구조의 출력 터널은 흰색 사각형으로 표시된다. 출력 터널에서 마우스 오른쪽 버튼을 클릭하고 메뉴에서 연결되지 않으면 기본값 사용을 선택하면 연결되지 않은 모든 터널에서 기본값을 사용한다.

그림 2-110 출력 터널에서 연결되지 않으면 기본값 사용의 예

다음 그림 2-101은 케이스 구조를 이용해 실수 입력값의 제곱근(Square root)을 구하는 프로그램으로 if-else로 된 C 언어와 함께 비교를 실시하였다.

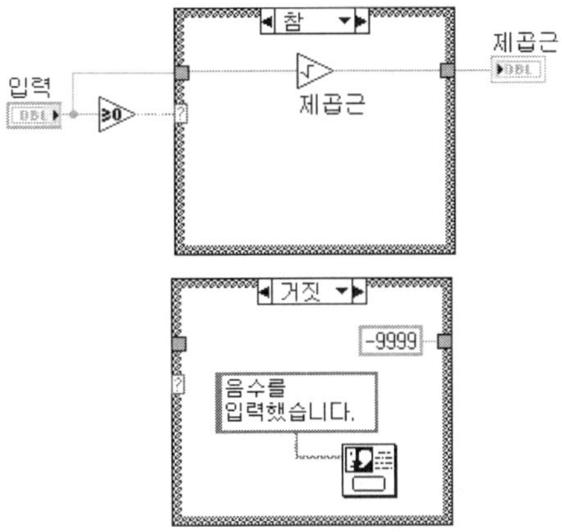


```
if(입력>=0)
    제곱근=SQRT(입력);
else {
    제곱근=-9999;
    print("음수를 입력했습니다");
```

그림 2-111 입력의 제곱근을 구하는 프로그램의 예

8.4 시퀀스(Sequence) 구조

시퀀스 구조는 순차적으로 실행되는 하나 이상의 서브다이어그램 또는 프레임이 포함되어 있다. 각 프레임 안에서는 블록다이어그램의 다른 부분에서와 마찬가지로 데이터 의존성에 의해 노드의 실행 순서가 결정된다. 시퀀스 구조에는 플랫 시퀀스 구조와 다층 시퀀스 구조의 두 가지 타입이 있다.

그림 2-112 다층 시퀀스 구조와 플랫 시퀀스 구조

플랫 시퀀스 구조는 모든 프레임을 표시하고 왼쪽에서 오른쪽으로 프레임을 실행하며, 프레임에 연결된 모든 데이터값을 이용할 수 있고 마지막 프레임까지 실행된다. 다층 시퀀스 구조는 각 프레임을 쌓아서 하나의 프레임만 볼 수 있으며, 0번 프레임, 1번 프레임의 순으로 마지막 프레임까지 실행된다. LabVIEW의 병렬 수행 능력을 충분히 활용하려면 시퀀스 구조를 지나치게 사용하지 않는 것이 좋다. 시퀀스 구조는 실행의 순서를 강요하고 병렬 작업을 불가능하게 만든다.

다음 그림 2-113은 특정한 정수값을 입력했을 때 난수(×100)값이 같을 때까지의 시간과 반복 횟수를 구하는 숫자 매칭 프로그램으로 플랫 시퀀스 구조를 사용해 소요시간을 측정하고 있다.

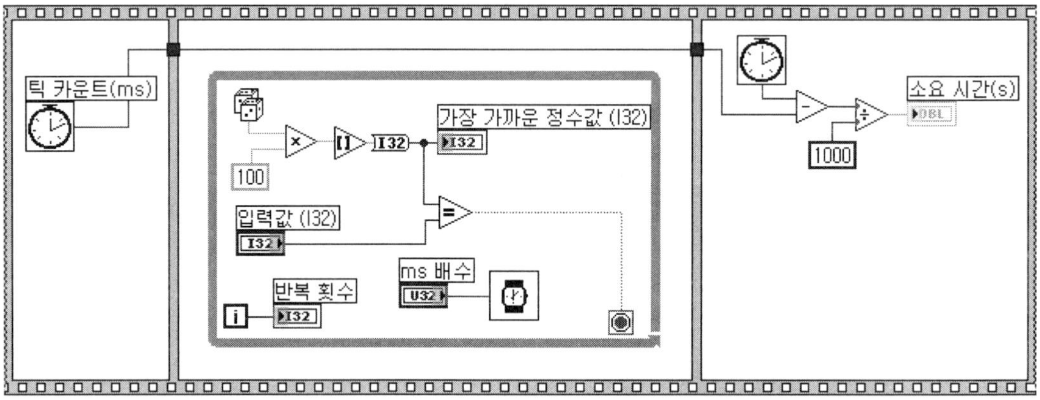

그림 2-113 플랫 시퀀스 구조를 이용한 숫자 매칭 프로그램의 예

8.5 이벤트(Event) 구조

이벤트 구조는 하나 또는 그 이상의 서브다이어그램 또는 이벤트 케이스를 가지며, 이 구조가 실행되면 그 중 하나만이 실행된다. 이벤트 구조는 이벤트가 일어날 때까지 기다린 후, 특정 이벤트가 발생하면 해당 이벤트 케이스가 실행된다.

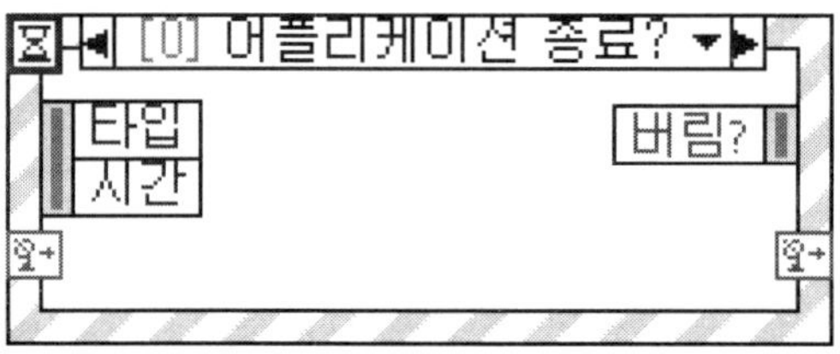

그림 2-114 이벤트 구조

이벤트 구조 맨 위에 있는 이벤트 선택자 라벨([0] 타임아웃)은 어떤 이벤트에 의해 현재 표시된 케이스가 실행되는지를 나타내며, 케이스 이름 옆의 아래쪽 화살표를 통해 다른 케이스로 이동할 수 있다. 이벤트 구조의 상부 왼쪽에 있는 타임아웃(timeout) 터미널은 타임 아웃 이벤트가 발생할 때까지의 대기 시간을 ms 단위로 지정한다. 기본값은 -1로써 이벤트가 발생할 때까지 무한대로 기다린다. 타임아웃 터미널에 어떤 값을 연결하는 경우, 타임아웃 케이스를 제공해야만 한다. 이벤트 구조의 왼쪽 중간에 있는 타임과 시간은 이벤트 데이터 노드이며, 이벤트가 발생했을 때 LabVIEW가 제공하는 데이터이다. 오른쪽 중간에 있는 것은 이벤트 필터 노드이며, 필터 이벤트에서 특정 데이터를 한 번 필터링할 수 있다. 그리고, 이벤트 구조에 있는 또 하나의 터미널( )은 다이내믹 이벤트 터미널이며 다이내믹 이벤트와 사용자 이벤트를 등록하기 위해서 사용된다.

이벤트는 사용자 인터페이스(UI), 외부 I/O, 또는 어플리케이션의 다른 부분에서 발생할 수 있다. 사용자 인터페이스(User Interface) 이벤트에는 마우스 클릭, 키보드 다운 등이 있다. 외부 I/O 이벤트에는 데이터 수집이 완료되거나 에러 조건이 발생했을 때 신호를 주는 하드웨어 타이머 또는 트리거 등이 있다. 사용자 이벤트(User Event)를 프로그램적으로 생성할 수 있으며, 이를 이용해 어플리케이션의 다른 부분과 통신할 수도 있다. LabVIEW는 사용자 인터페이스와 프로그램적으로 생성되는 이벤트는 지원하지만 외부 I/O 이벤트는 지원하지 않고 있다.

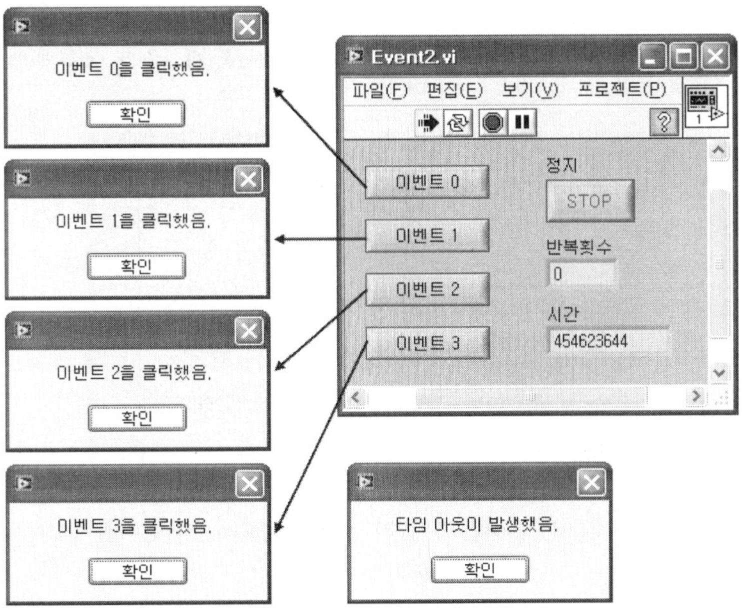

그림 2-115 이벤트 구조를 이용한 예제

다음 그림 2-115는 사용자가 특정한 이벤트 버튼을 클릭했을 경우, 클릭된 특정한 버튼을 나타내는 문구를 단일 버튼 대화 상자를 이용해 표시하는 프로그램으로 루프의 반복 횟수를 함께 표시하고 있다. 또한, 10초 동안 어떠한 동작도 취하지 않거나 정지 버튼을 누르면 VI가 종료된다.

이 예제의 블록다이어그램에서 타임아웃 이벤트의 처리 부분은 다음 그림 2-116과 같다. 이벤트 구조는 항상 While 루프 내에서 실행되어야만 한다.

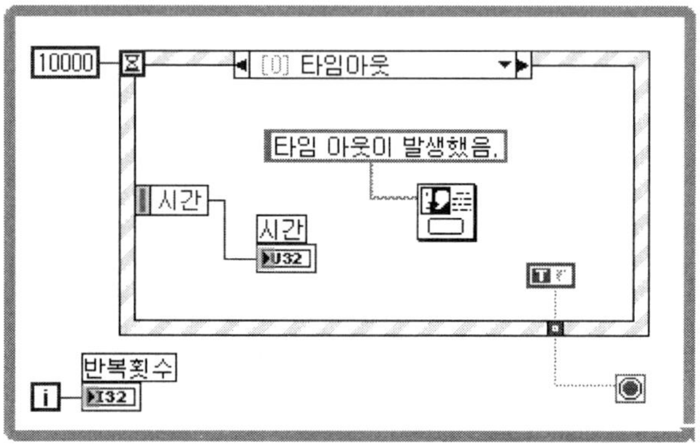

그림 2-116 타임아웃 이벤트 처리 예

위의 예제에서는 10초 동안 어떠한 이벤트도 발생되지 않으면 자동으로 타임아웃 이벤트가 발생하며, 단일 버튼 대화 상자에 의해 "타임아웃이 발생했음." 메시지가 나타난다. 또한 참의 값이 루프 조건 터미널에 전달되기 때문에 VI는 종료된다.

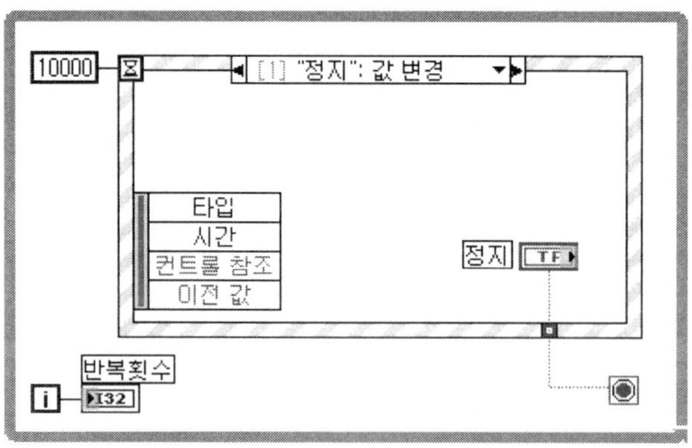

그림 2-117 정지 버튼의 값이 변경될 때의 이벤트 처리 예

위의 이벤트 처리 예는 정지 버튼을 클릭했을 경우, VI가 종료되는 절차를 나타낸 것이다. 이러한 이벤트 처리 케이스를 만들기 위해서는 먼저 이벤트 구조 위에 마우스를

위치시킨 후, 마우스 오른쪽 버튼을 클릭하고 바로 가기 메뉴에서 이벤트 케이스 추가... 를 선택해야 한다. 이벤트 편집 창이 나타나면, 이벤트 소스에서 이벤트를 발생할 소스를 선정하고, 그 다음 키 다운, 타임아웃, 또는 값 변경과 같이 이벤트 소스에 설정하려는 이벤트를 이벤트 리스트에서 선택한다. 다이내믹 이벤트가 등록되어 있으면 이벤트 소스에서 다이내믹 부분이 나타난다. 또한, 현재 케이스에서 새로운 이벤트를 추가하려면 파란색 더하기 버튼( )을 클릭한 다음 추가로 이벤트 소스와 이벤트를 다시 지정한다. 대화 상자 상단의 이벤트 지정자 섹션에는 이번 케이스에서 처리해야할 모든 이벤트를 나열하며, 빨간색 X 버튼( )을 클릭하여 선택된 이벤트를 제거할 수도 있다. 설정한 이벤트는 이벤트 선택자 라벨에 나타나며, 이벤트 데이터 노드는 처리할 모든 이벤트의 공통적인 데이터를 표시한다. 이 예제에서는 정지 버튼을 누르면 VI가 종료되는 것을 처리해야 하기 때문에 다음그림 2-118과 같이 이벤트 소스는 정지가 되고, 정지 버튼과 관련된 이벤트는 마우스 다운, 마우스 업, 값 변경 등이 가능하지만 일반적으로 값 변경 이벤트를 많이 사용한다.

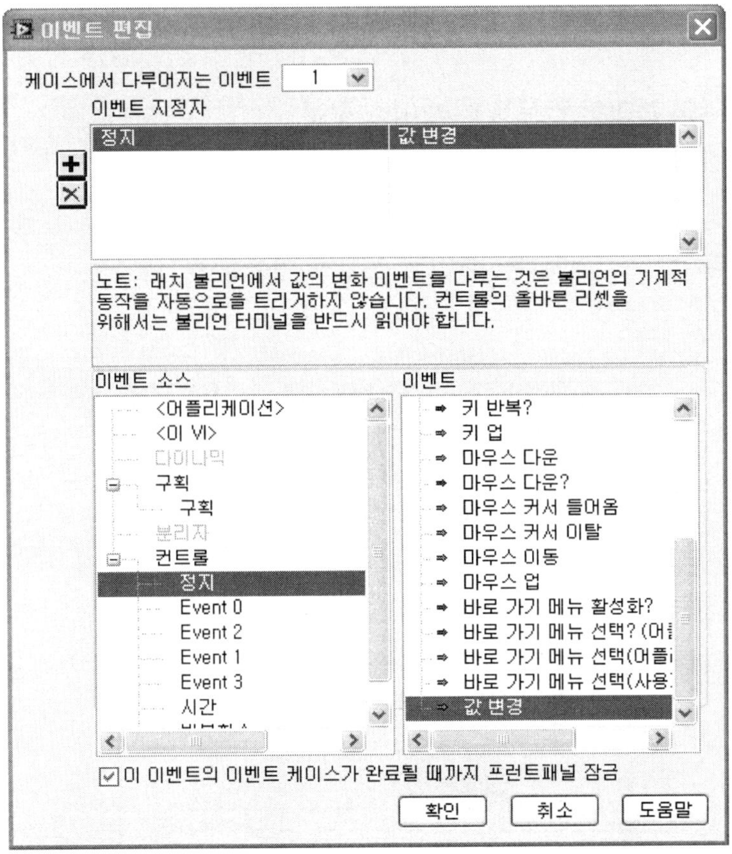

그림 2-118 정지 버튼에 의한 종료를 처리하기 위한 이벤트 설정

다음 그림 2-119는 이벤트 0 버튼을 클릭한 경우에 대한 이벤트 케이스로써 이벤트 소스는 이벤트 0 버튼이고, 해당 이벤트는 값 변경이 된다. 이벤트 구조에 대한 추가적인 예제는 labview\examples\general\uievents.llb을 참조하도록 한다.

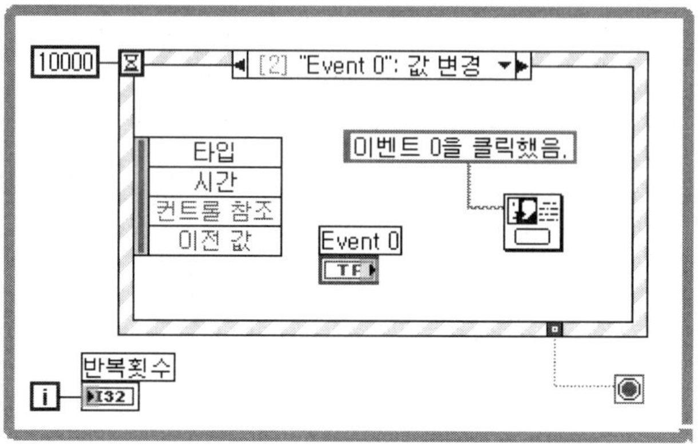

그림 2-119 이벤트 0버튼에 대한 이벤트 설정

연습 11 투명 불리언 컨트롤과 케이스 구문

◉ 동작 원리 : 투명한 불린 컨트롤을 이용해서, 수조 탱크를 클릭했을 때 현재 수위를 알 수 있도록 할 수 있다. 즉, 탱크에 새로운 기능을 추가할 수 있다.

○ 프런트 패널의 구성

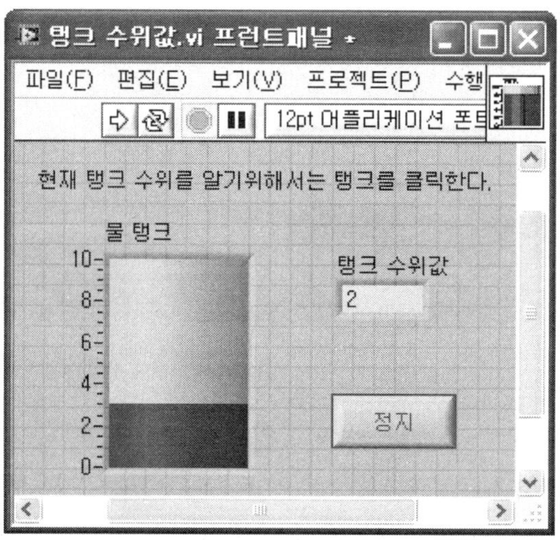

☞  : 컨트롤≫일반≫숫자형≫탱크

☞  : 컨트롤≫일반≫숫자형≫숫자형 인디케이터

☞  : 컨트롤≫일반≫불리언≫정지 버튼

○ 블록다이어그램의 구성

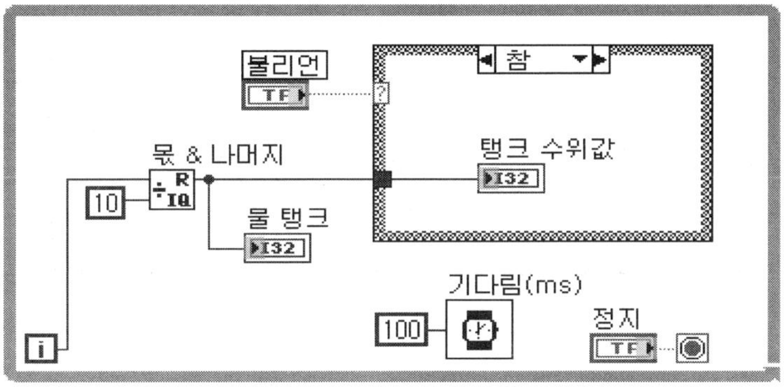

☞  ,  : 함수≫프로그래밍≫구조≫While 루프, 케이스 구조

☞  : 함수≫프로그래밍≫숫자형≫몫 & 나머지

☞  : 컨트롤≫일반≫불리언≫확인 버튼 (불리언 버튼의 모양을 탱크만큼 키운 후 탱크 위에 위치시키고, 색칠 도구를 사용해 전경색과 배경색을 모두 투명하게 한다. 필요하면 순서 재설정 도구()를 이용해 불리언 버튼이 맨 위에 오게 한다. 즉, 물탱크를 클릭하면 실제는 투명 버튼을 클릭한 것이 된다.)

연습 12 시퀀스(Sequence) 구조

◉ 동작 원리 : 시퀀스 구조를 이용해 난수가 입력값과 일치하는 경우까지의 반복 횟수와 소요시간을 계산한다.

○ 프런트 패널의 구성

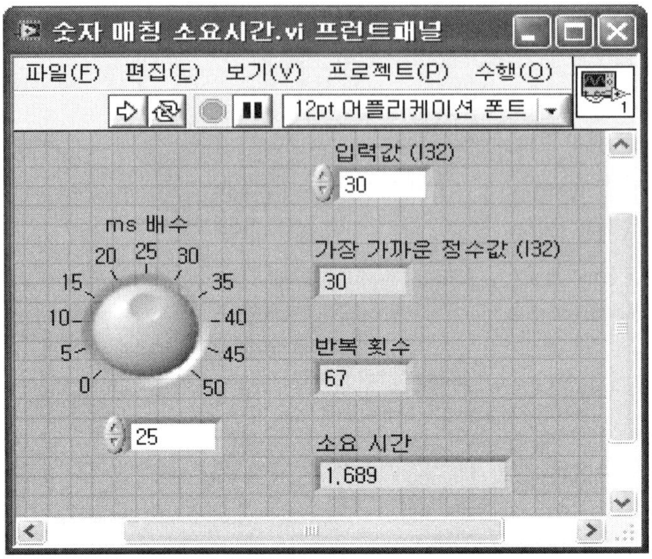

☞ ms 배수 : 컨트롤≫일반≫숫자형 컨트롤≫다이얼 (객체를 마우스 오른쪽 버튼으로 클릭한 후, 메뉴에서 보이는 아이템≫디지털 디스플레이를 선택하고, 수행 도구 ( )를 이용해 값을 25로 변경한다)

☞ 입력값 : 컨트롤≫일반≫숫자형≫숫자형 컨트롤

☞ 가장 가까운 정수값 (132) : 컨트롤≫일반≫숫자형≫숫자형 인디케이터

☞ 반복 횟수 (132) : 컨트롤≫일반≫숫자형≫숫자형 인디케이터

☞ 소요 시간 (DBL) : 컨트롤≫일반≫숫자형≫숫자형 인디케이터

○ 블록 다이어그램의 구성

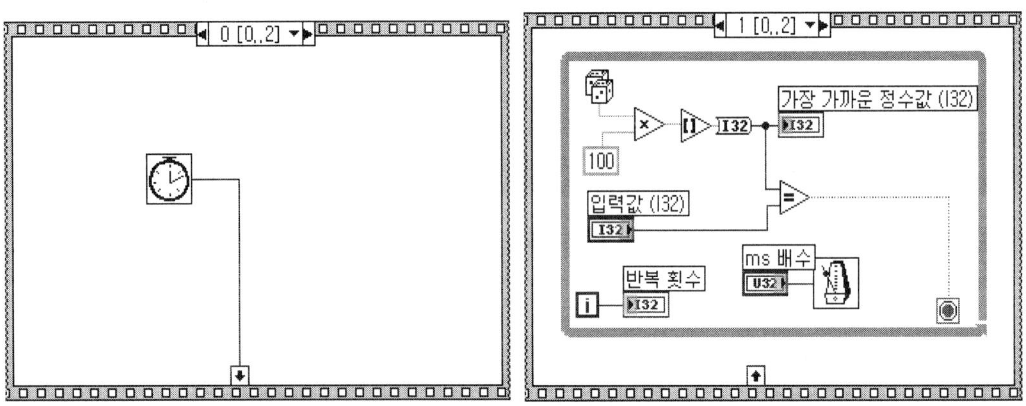

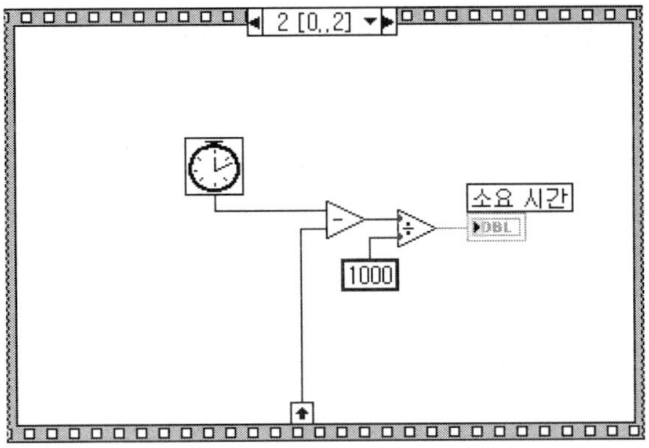

☞  : 함수≫프로그래밍≫구조≫다층시퀀스 구조 (프레임을 추가하기 위해 시퀀스 구조 틀을 마우스 오른쪽 버튼으로 클릭한 후, 메뉴에서 다음 프레임 추가를 선택한다.)

☞  : 함수≫프로그래밍≫타이밍≫틱 카운트

☞ 다층 시퀀스구조 1번 프레임에 삽입

☞  : 함수≫프로그래밍≫구조≫While 루프

☞  : 함수≫프로그래밍≫숫자형≫난수(0-1)

☞  : 함수≫프로그래밍≫숫자형≫곱하기 (곱하기 함수의 입력 터미널에서 마우스 오른쪽 버튼을 클릭하고, 메뉴에서 생성≫상수를 선택하고, 100을 입력)

☞  : 함수≫프로그래밍≫숫자형≫반올림

☞ 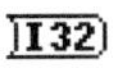 : 함수≫프로그래밍≫숫자형≫변환≫롱 정수로

☞  : 함수≫프로그래밍≫비교≫같음?

☞  : 함수≫프로그래밍≫타이밍≫다음 ms 배수까지 기다림

☞  : 함수≫프로그래밍≫숫자형≫빼기

☞  : 함수≫프로그래밍≫숫자형≫나누기

연습 13 이벤트 구조를 이용한 사용자 인터페이스

◉ 동작 원리 : 이벤트 구조와 단일 버튼 대화 상자를 사용하여 특정 이벤트 버튼을 누르면 버튼의 값 변경 이벤트가 발생되고, 그에 따라 해당 이벤트 케이스가 실행되며, While 루프의 반복 횟수가 표시된다. 또한, 10초간 어떠한 이벤트도 발생하지 않으면 타임아웃 이벤트가 발생하고 그 때의 시간을 표시한다. 그리고 단일 버튼 대화 상자의 확인 버튼을 누르면 VI가 정지한다.

○ 프런트 패널의 구성

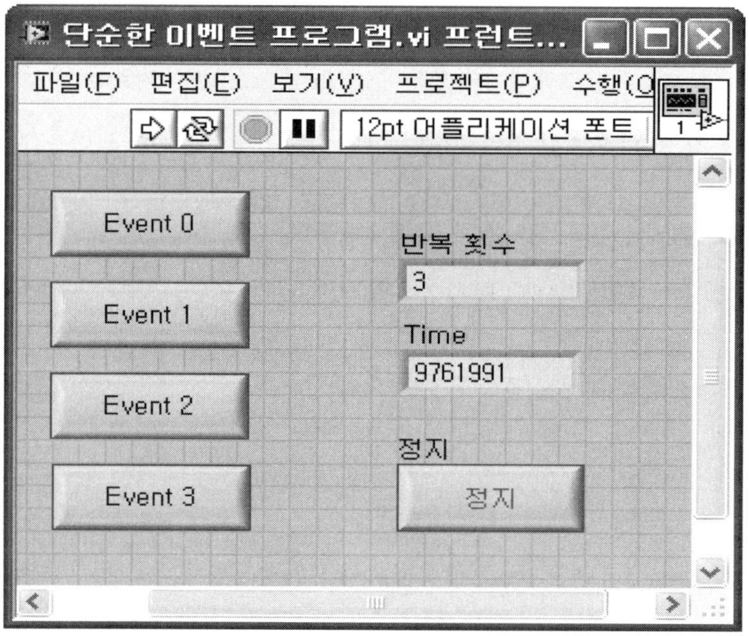

1) 새 VI를 열고, 다음과 같이 프런트 패널을 구성한다.

☞ 

⇨ 

, 

: 컨트롤≫일반≫불리언 팔레트에서 확인 버튼을 4개, 정지 버튼을 1개를 선택해서 프런트 패널에 위치시킨다(확인 버튼의 라벨과 텍스트를 Event 0으로 수정하고, 객체 메뉴에서 보이는 아이템≫라벨을 선택해 라벨을 숨긴다. 또한 객체 메뉴에서 기계적 동작≫놓을 때 래치를 선택한다. 나머지 Event 1, 2, 3도 동일하게 처리한다).

○ 프런트 패널의 구성

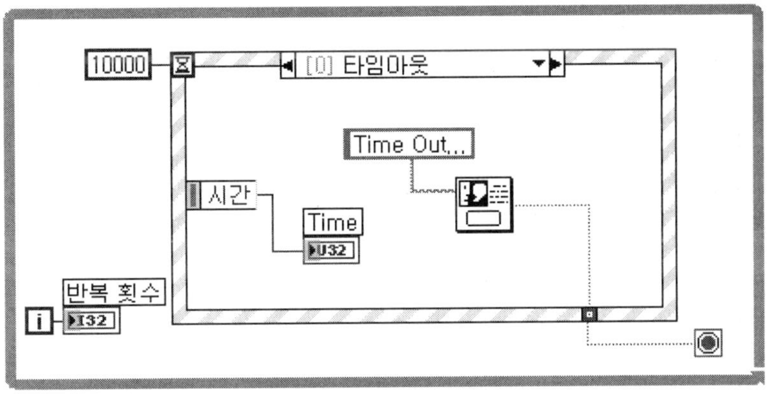

☞  ,  : 함수≫프로그래밍≫구조 팔레트≫While 루프, 이벤트 구조 (팔레트에서 구조를 선택한 후 블록다이어그램에 알맞게 크기를 조정한다.)

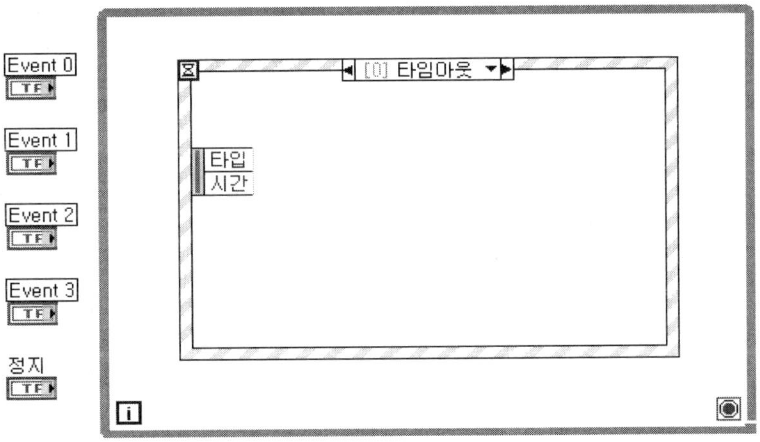

☞ 기본으로 지정되어 있는 이벤트는 타임아웃 이벤트이다. 타임아웃 이벤트 터미널(⌛)에 10초에 해당하는 10000을 입력한다(10초 안에 이벤트가 발생하지 않으면 타임아웃 이벤트가 방생한다).

☞ 이벤트 선택자 라벨에서 마우스 오른쪽 버튼을 클릭하고, 메뉴에서 이벤트 케이스 추가를 선택한 후, 이벤트 편집 창에서 이벤트 소스로 정지 버튼을 선택하고, 이벤트로써 값 변경을 선택한다.

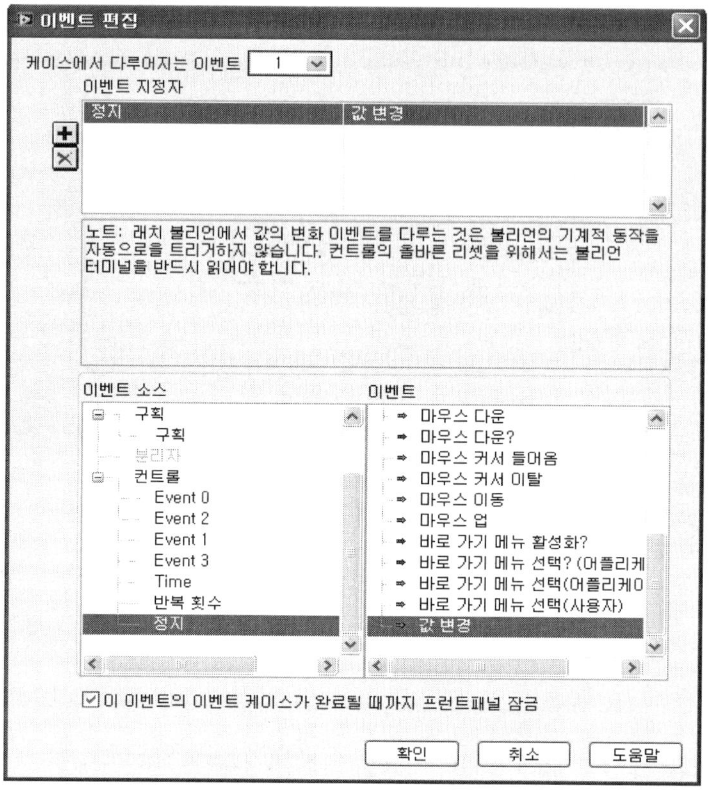

☞ 확인 버튼을 클릭하고, 이벤트 편집을 닫고 다음과 같이 수정한다.

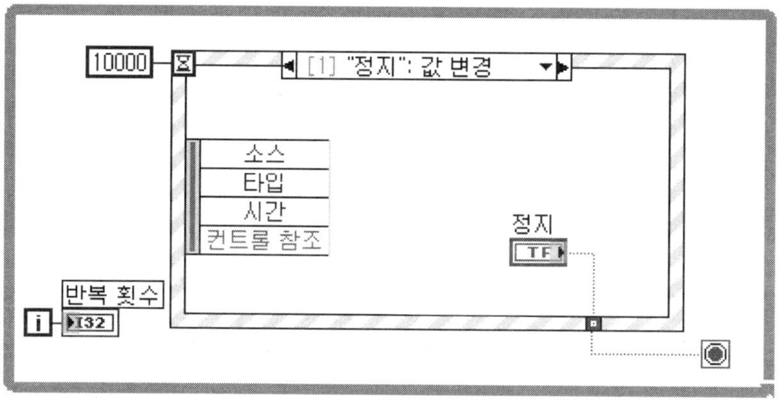

☞ 마찬가지 방법으로 이벤트를 추가해서, 이벤트 소스로 Event 0 버튼을 선택하고 이벤트로써 값 변경을 선택한다. 그리고 다음과 같이 수정한다(정지 버튼의 값이 변경될 때 이벤트가 발생. 그리고 정지 버튼의 값이 거짓에서 참으로 바뀌면서 While 루프의 조건 터미널()에 참이 전달되면서 While 루프가 종료된다).

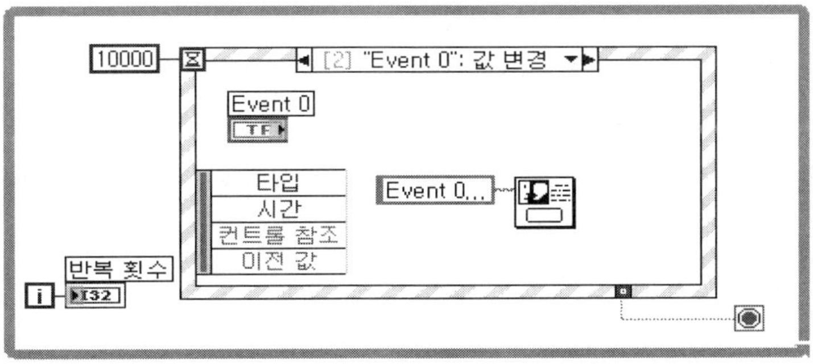

☞ 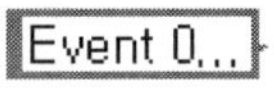 문자열 상수 : 함수≫프로그래밍≫문자열

☞  : 함수≫프로그래밍≫대화 상자 & 사용자 인터페이스≫단일버튼 대화 상자

☞ Event 1, Event 2, Event 3도 동일한 방법으로 이벤트 케이스를 추가한다.

☞ 루프 반복횟수 터미널을 마우스 오른쪽 버튼으로 클릭한 후, 인디케이터 생성을 선택한 후 라벨을 "반복 횟수"라고 입력한다.

1) VI를 실행한다.
2) Event 0에서 3까지의 버튼 중 하나를 누르면서 대화 상자가 나타나는 것과 반복 횟수가 1씩 증가하는 것을 확인한다.
3) VI를 실행시킨 후 아무 버튼도 클릭하지 않으면, 10초 후에 Time out..란 메시지 창이 뜨며, 이때 확인 버튼을 클릭하면 VI가 종료한다.

연습 14 사용자 메뉴

◉ 동작 원리 : 사용자 메뉴를 만들고, 이벤트 구문을 사용해 사용자가 특정 메뉴를 선택하면 해당 이벤트 케이스를 실행시킨다.

○ 메인 VI의 프런트 패널 구성

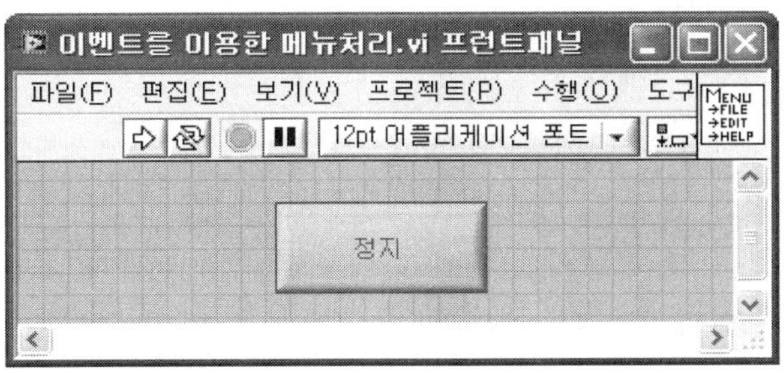

☞  : 컨트롤≫일반≫불리언≫정지 버튼

◎ 사용자 메뉴 생성

☞ 메인 VI의 메뉴에서 편집≫런타임 메뉴를 클릭하면, 메뉴 편집기가 실행된다. 이 메뉴 편집기에서 링 변수에서 사용자를 선택한 후, 도구 버튼(,)을 사용해 다음과 같이 아이템 이름과 태그를 편집한다. (사용자 메뉴는 rtm이란 확장자를 가지며, 메뉴의 속성을 저장한다. 라이브러리 파일이나 프로젝트 파일 등을 생성할 때 이 파일은 반드시 포함되어야 한다).

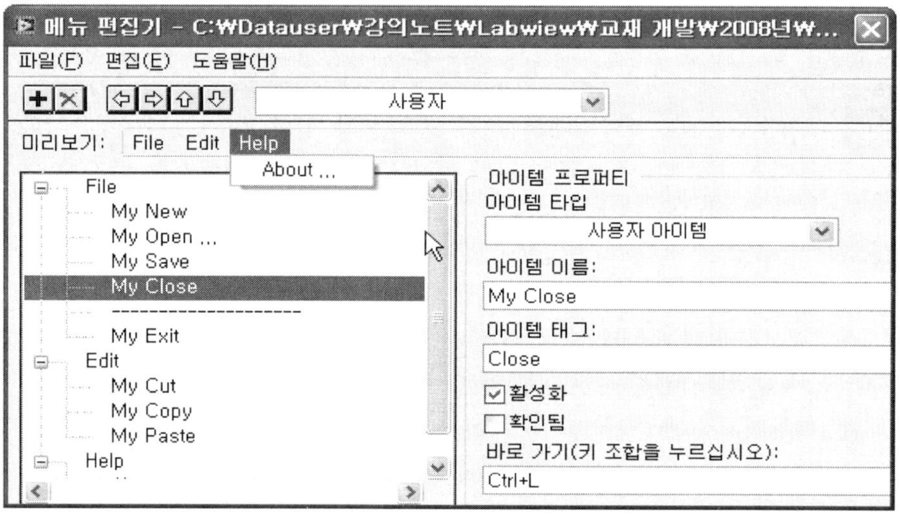

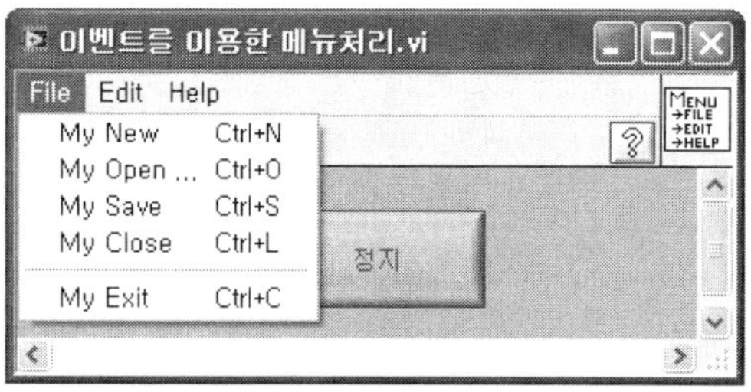

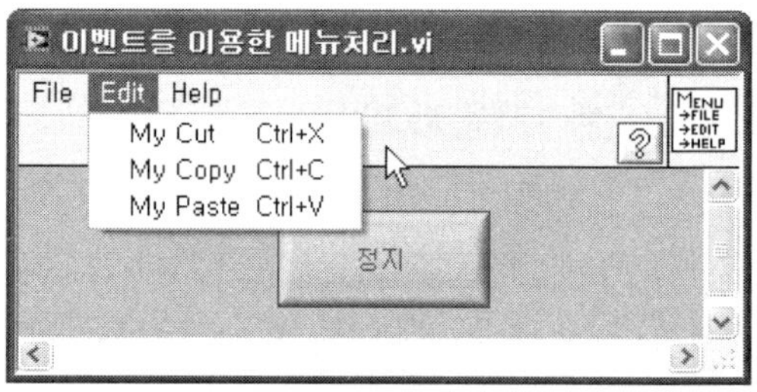

☞ : 메뉴를 삽입할 수 있다.

☞ : 만든 메뉴를 삭제할 수 있다.

☞ : 메뉴의 순서를 변경할 수 있다.

☞ 미리보기 : 편집한 메뉴를 미리 확인해볼 수 있다.

☞ 아이템 프로퍼티 : 각 메뉴의 아이템 타입과 아이템 이름 및 태그, 바로가기 키 조합을 설정할 수 있다.

☞ 아이템 타입 : 사용자 아이템, 분리자, 어플리케이션 아이템의 3가지로 분류된다. 어플리케이션 아이템은 LabVIEW에 이미 등록되어 있는 것으로 불러다 쓸 수는 있지만 편집은 불가능하다. 반면에 사용자 아이템은 사용자가 새로 등록하는 것으로,

아이템 이름 및 태그, 바로가기 키 조합을 설정할 수 있다.

☞ 아이템 이름과 태그 : 메뉴에 나타나는 아이템의 이름과 태그

☞ 활성화 : VI 실행 시 나타나는 메뉴 아이템의 활성화 여부

☞ 확인됨 : VI 실행 시 나타나는 메뉴 아이템 옆의 확인 표시 여부

☞ 바로가기 : 단축키를 입력하여 해당 메뉴 아이템을 실행할 수 있게 한다.

○ 메인 VI의 블록다이어그램 구성

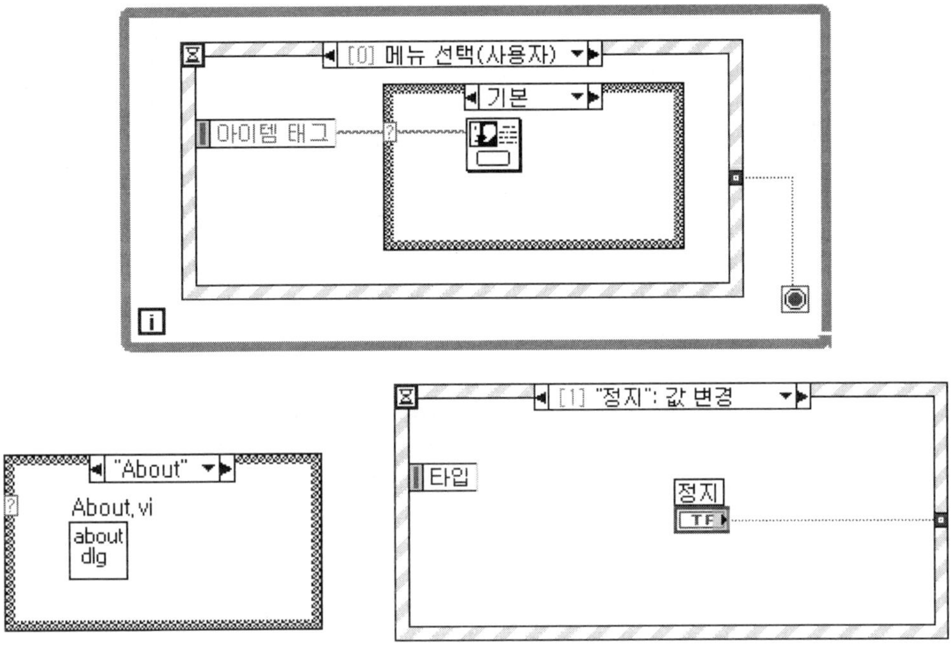

☞ ,  : 함수≫프로그래밍≫구조≫While 루프, 케이스 구조

☞  : 함수≫프로그래밍≫대화 상자 & 사용자 인터페이스≫단일 버튼 대화 상자

☞  : SubVI(함수≫VI 선택≫About.vi)

☞  : 프런트 패널에서 만든 정지 버튼

☞ 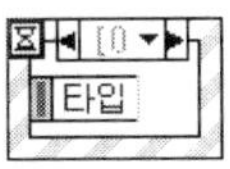 : 함수≫프로그래밍≫구조≫While 루프, 케이스 구조 (이벤트 구조를 마우스 오른쪽 버튼으로 클릭하여 "이 케이스에 의해 핸들되는 이벤트 편집"을 선택한 후, 이벤트 소스를 〈이 VI〉로, 이벤트를 메뉴 선택(사용자)를 지정한다. 그 다음 이벤트 구조에서 이벤트 케이스 추가를 선택한 후, 이벤트 편집 창에서 이벤트 소스를 컨트롤≫정지로, 이벤트를 값 변경으로 설정한다. 그리고 정지 버튼을 해당 케이

스 안에 위치시킨다.)

○ SubVI의 프런트 패널 구성

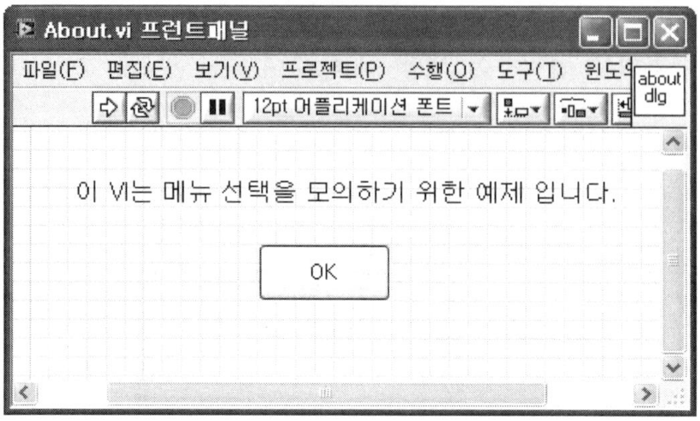

☞ 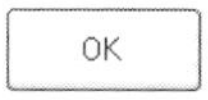 : 컨트롤≫일반≫불리언≫확인 버튼

○ SubVI의 블록다이어그램 구성

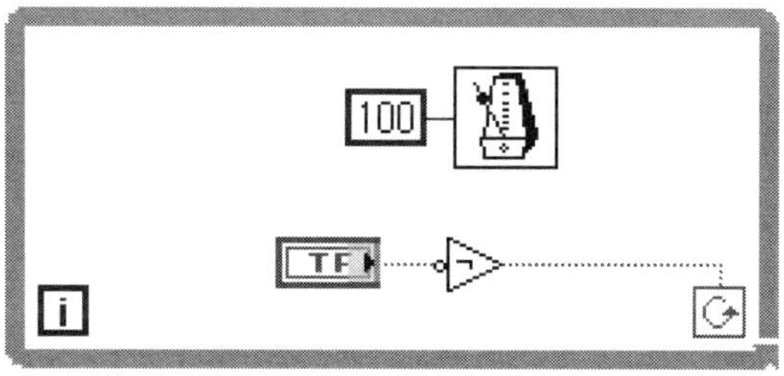

☞  : 함수≫프로그래밍≫불리언≫NOT

☞  : 함수≫프로그래밍≫타이밍≫다음 ms 배수까지 기다림

☞ VI 프로퍼티 : 프런트 패널에서 파일≫VI 프로퍼티를 클릭하고 윈도 모양 항목을 선택한 후, 대화 상자를 설정한다.

8.6 수식 및 스크립트 노드

수식 노드는 블록다이어그램에서 수학 연산을 수행할 때 사용할 수 있는 편리한 텍스트 기반의 노드이다. 외부 코드나 어플리케이션에 접근할 필요가 없으며, 방정식을 만들기 위해 하위 레벨의 산술 함수를 연결하지 않아도 된다. 수식 노드에는 텍스트 기반 방정식 표현을 사용할 수 있고, C 프로그래머들에게 친숙한 If 문, While 루프, For 루프,

그리고 Do 루프 등을 사용할 수 있다. 이들 프로그래밍 요소들은 C 프로그래밍의 것들과 유사하지만 완전히 똑같지는 않다. 수식 노드는 변수가 많거나 복잡한 방정식과 기존 텍스트 기반 코드를 재사용할 때 유용하다. 기존 텍스트 기반 코드를 블록다이어그램에서 그래픽으로 다시 만들지 않고 수식 노드로 복사하여 붙여놓을 수 있다.

수식 노드는 다음과 같은 For 루프, While 루프, 케이스 구조, 다층 및 플랫 시퀀스 구조와 유사하게 크기 변경이 가능한 상자이다. 그러나, 서브다이어그램 대신, 수식 노드는 다음 그림 2-120과 같이 세미콜론으로 구분된 하나 또는 그 이상의 C 언어와 유사한 문장을 갖는다. C와 같이, 슬래시/별표의 조합(/* 주석 */) 안에 주석을 넣거나 두 개의 슬래시 뒤(//주석)에 주석을 넣어 주석을 추가할 수도 있다.

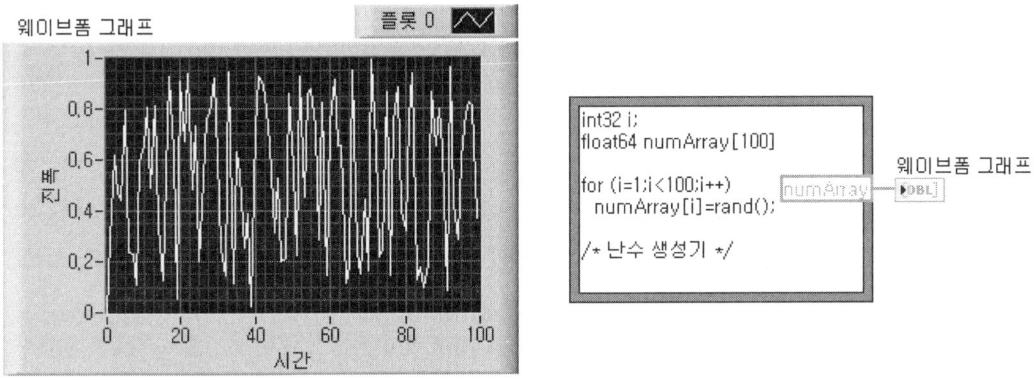

그림 2-120 수식 노드를 이용한 100개의 난수 발생 예

수식 노드를 사용하는 것에 대한 예제는 labview\examples\general\structs.llb에 있는 Create Function with Formula Node VI를 참조한다.

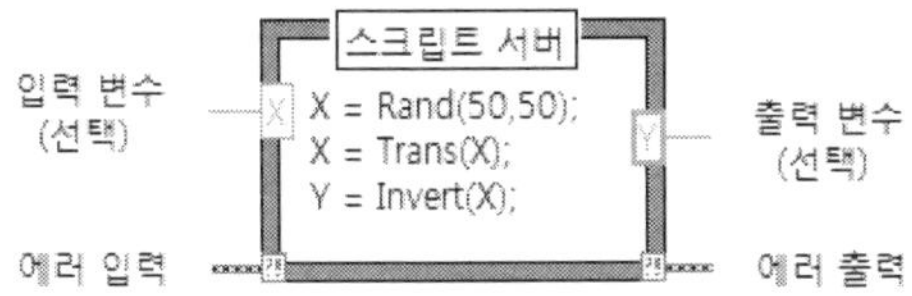

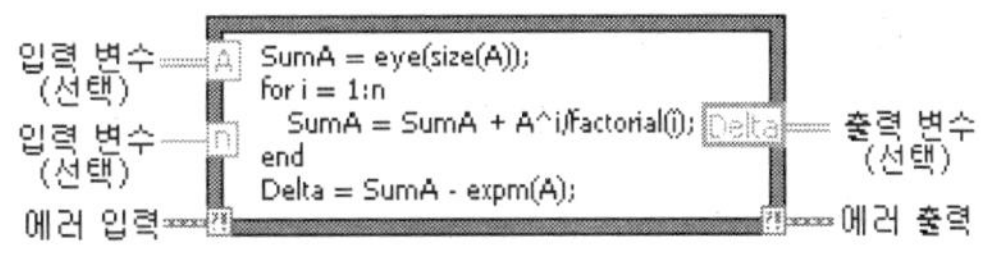

스크립트 노드를 사용하여 LabVIEW에서 수학 스크립트를 실행할 수 있다. LabVIEW는 LabVIEW MathScript 구문, MATLAB® 언어 구문, Xmath 구문의 스크립트 노드를 제공한다. 이들 노드는 수식 노드와 유사하며, 노드를 통해 데이터를 주고받을 수 있다. 수식 노드가 MathScript 노드보다 빨리 실행되기 때문에 짧은 스크립트는 수식 노드를 사용하는 것이 좋다.

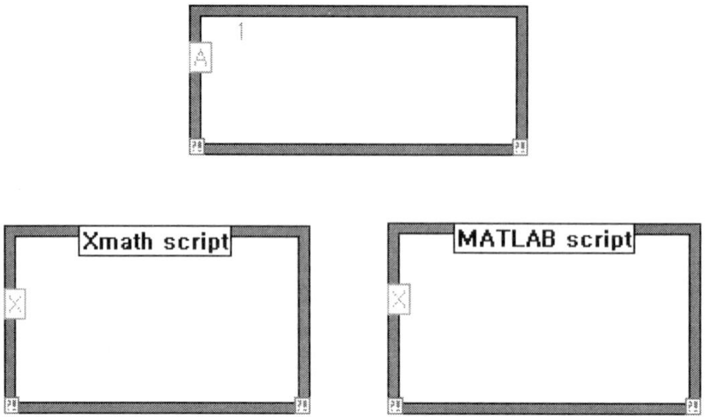

그림 2-121 스크립트 노드
(위 : MathScript, 아래 좌 : Xmath, 아래 우 : MATLAB)

MATLAB 소프트웨어가 컴퓨터에 설치되어 있지 않은 경우에도 MathScript 노드를 사용하여 MathScript와 MATLAB 언어 구문으로 작성된 스크립트를 생성, 로드, 편집할 수 있지만 일부 기능은 지원되지 않는다. 컴퓨터에 Xmath 소프트웨어 또는 MATLAB 소프트웨어 6.5 또는 이후 버전의 정품이 설치되어 있는 경우, MATLAB 스크립트 노드 또는 Xmath 스크립트 노드를 사용하여 블록다이어그램에 Xmath 스크립트 또는 MATLAB 언어 구문으로 작성된 스크립트를 생성, 로드, 편집할 수 있다. 또한, 컴퓨터에 NI MATRIXx 7.x 또는 이전 버전이 설치되어 있으면 Xmath 스크립트 노드를 사용할 수 있다. 이는 스크립트 노드가 Xmath 스크립트를 실행하도록 Xmath 스크립트 서버를 인보크하기 때문이다.

스크립트 노드에 입력과 출력 변수를 사용하여 LabVIEW와 MathScript, MATLAB 소프트웨어, 또는 Xmath 소프트웨어 사이에 값을 전달할 수 있다. 미리 작성해놓은 스크립트가 없는 경우, 블록다이어그램에 스크립트 노드를 놓고 MathScript 구문, MATLAB 언어 구문, 또는 Xmath 구문을 사용하여 스크립트를 생성해야 한다. MATLAB 소프트웨어와 Xmath 소프트웨어는 각각 MATLAB 언어 구문과 Xmath 구문으로 작성된 스크립트를 실행하는 스크립트 서버 엔진을 설치한다. LabVIEW는 대응하는 스크립트 노드를 통해 스크립트 서버 엔진과 통신을 수행한다. LabVIEW가 통신에 이용하는 스크립트 서버 엔진을 변경하여 MATLAB 스크립트 노드를 Xmath 스크립트 노드 또는 반대로 변환할 수도 있다. 반면에 MathScript 노드에 대한 스크립트 서버 엔진은 변경할 수 없다.

연습 15 수식 노드

◉ 동작 원리 : 수식 노드를 이용하여 섭씨온도를 화씨온도로 변환한다.

○ 프런트 패널의 구성

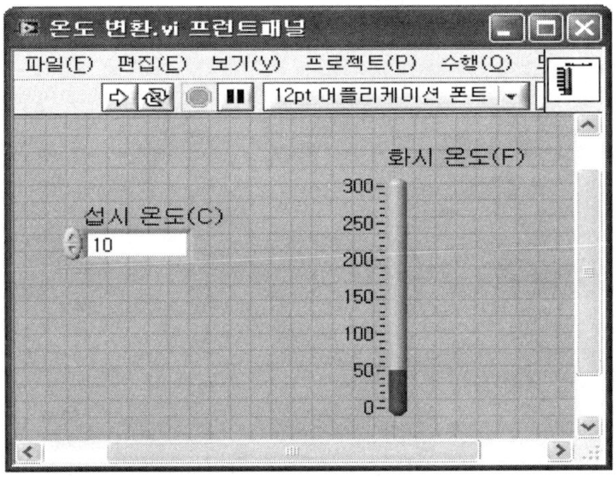

☞ 섭씨온도(C) : 컨트롤≫일반≫숫자형≫숫자형 컨트롤

☞ 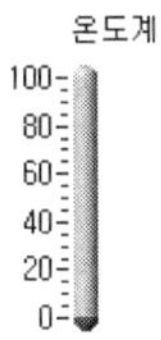

: 컨트롤≫일반≫숫자형≫온도

○ 블록다이어그램의 구성

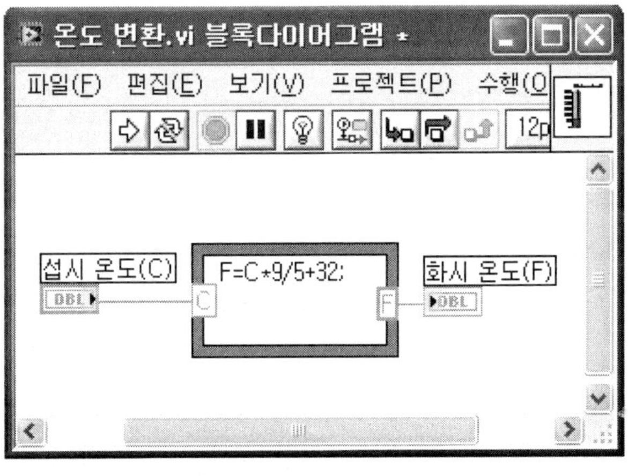

☞ 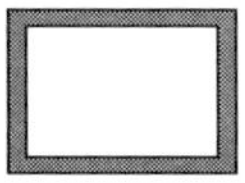 : 함수≫프로그래밍≫구조≫수식 노드

연습 16 수식 노드를 이용한 다항식 그래프

◉ 동작 원리 : 3차 다항식($y=x^3-9x^2-5x+1$)을 수식 노드를 이용해 프런트 패널 그래프에 디스플레이 한다.

○ 프런트 패널의 구성

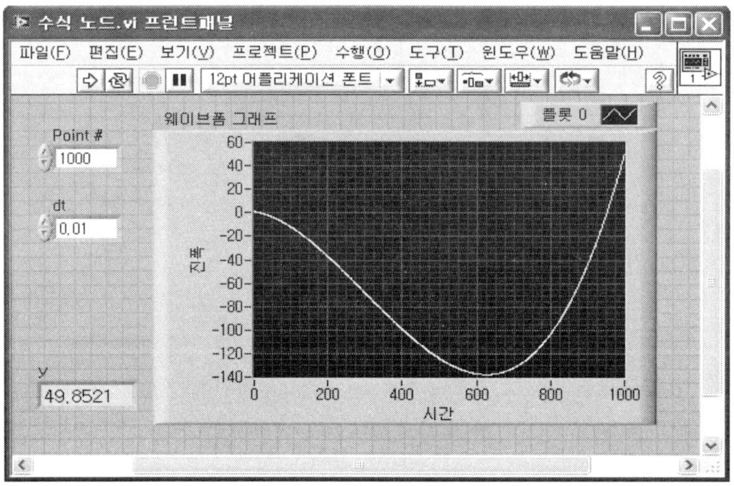

☞ Point # 컨트롤 (I32)을 부호 있는 32비트 정수로 형변환을 실시

○ 블록다이어그램의 구성

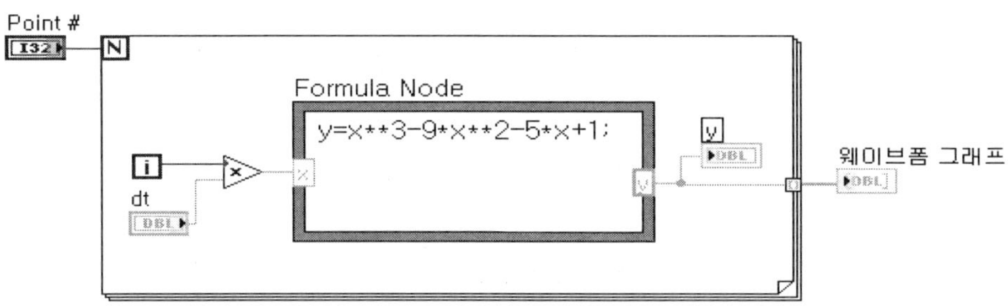

☞ 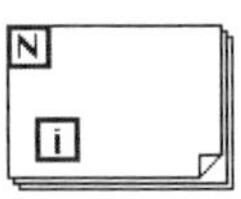 , 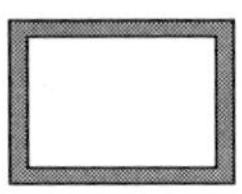 : 함수≫프로그래밍≫구조≫For 루프, 수식 노드

연습 17 MathScript 노드

◉ 동작 원리 : MathScript 노드를 사용하여 프랙털(Fractal) 이미지를 생성하고, 강도 그래프에 디스플레이 한다.

○ 프런트 패널의 구성

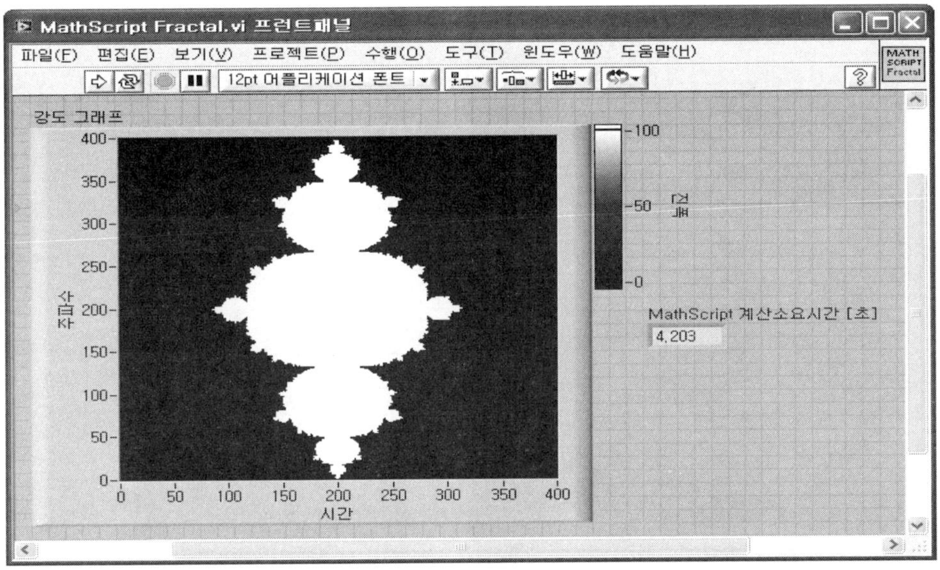

☞ 강도그래프 : 컨트롤≫일반≫그래프≫강도그래프(원하는 지점에서 마커 추가를 선택한 후, 추가된 마커에서 마커색을 이용해 여러 색을 구성 가능)

○ 블록다이어그램의 구성

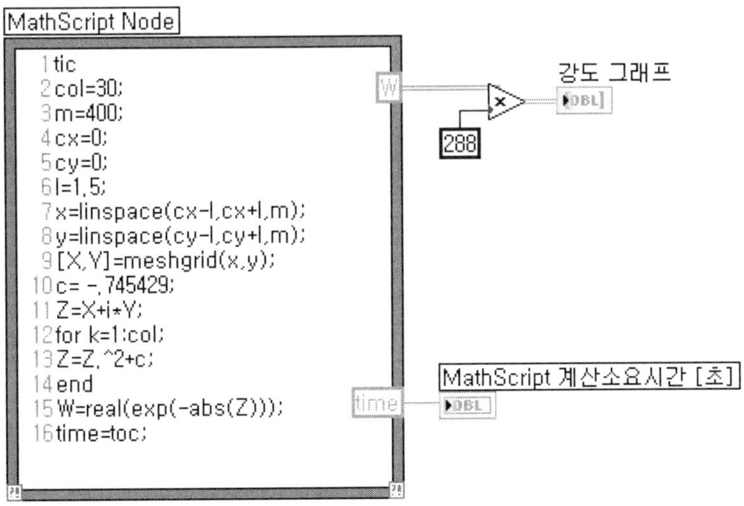

☞ 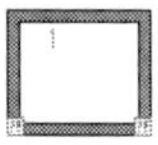 : 함수≫프로그래밍≫구조≫MathScript 노드

☞ ,  : MathScript 노드에서 마우스 오른쪽을 클릭한 후 출력 추가를 선택

8.7 피드백(Feedback) 노드

피드백 노드()는 For 루프나 While 루프에서 노드의 출력을 노드의 입력으로 연결할 때 자동적으로 나타난다. 또한 함수 팔레트의 피드백 노드()를 선택하여 For 루프 또는 While 루프의 안에 놓을 수도 있다. 피드백 노드를 이용하면 루프를 가로지르는 긴 결선을 피할 수 있다.

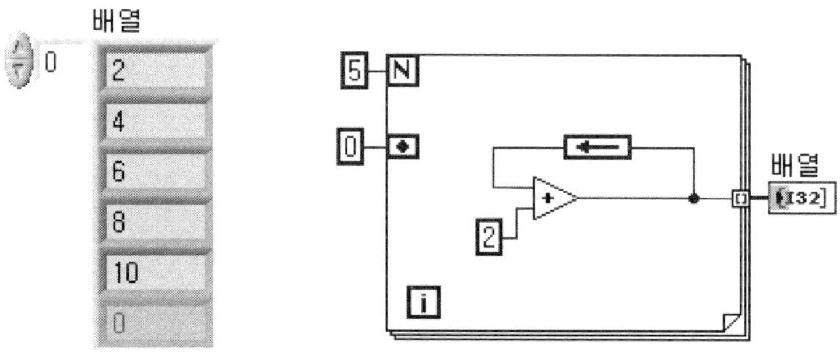

그림 2-122 피드백(Feedback) 노드 사용 예

함수 팔레트에서 피드백 노드()를 선택하거나 초기화된 시프트 레지스터를 피드백 노드로 바꾸었을 때 루프는 초기화 터미널이 자동으로 나타낸다. 피드백 노드를 초기화하면 VI가 실행될 때 루프의 첫 반복에서 초기값으로 리셋된다. 피드백 노드를 초기화하지 않으면 노드는 마지막으로 쓰인 값을 전달하거나 루프를 실행하지 않은 경우 데이터 타입의 기본값을 전달한다. 즉, 초기화 터미널의 입력을 연결하지 않으면, VI가 실행될 때마다 피드백 노드의 초기 입력은 이전 실행의 마지막 값이 된다. 시프트 레지스터에서 마우스 오른쪽 버튼을 클릭하고 메뉴에서 피드백 노드로 대체를 선택하면 시프트 레지스터를 피드백 노드로 대체한다. 반대로, 피드백 노드에서 마우스 오른쪽 버튼을 클릭하고 메뉴에서 시프트 레지스터로 대체를 선택하면 피드백 노드를 시프트 레지스터로 대체한다.

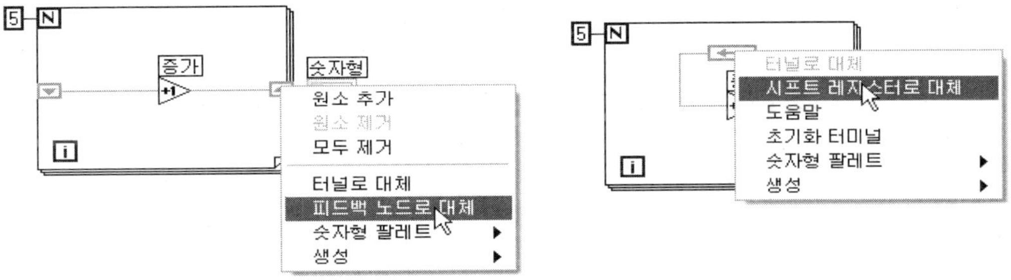

그림 2-123 피드백 노드와 시프트 레지스터의 대체 예

8.8 다이어그램 비활성화 및 조건적 비활성화 구조

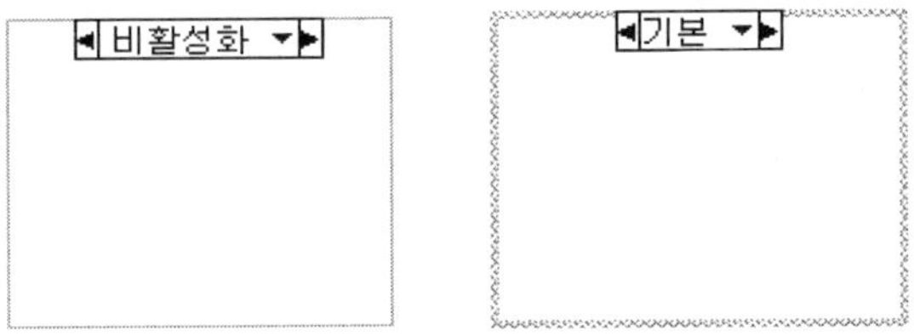

그림 2-124 다이어그램 비활성화 및 조건적 비활성화 구조

이들 구조는 LabVIEW 8.0부터 추가되었으며, 다이어그램 비활성화 구조는 C 언어에서의 코드 일부분을 주석처리(/* ... */)하는 것과 유사한 기능을 수행한다. 즉, 다이어그램 비활성화 구조는 하나 또는 그 이상의 서브다이어그램, 케이스를 가지며 활성화 서브다이어그램만을 실행한다. 따라서 블록다이어그램의 한 섹션을 비활성화하려면 이 구조를 사용하여 비활성화시키면 간편하다. 또한, 다이어그램 비활성화 구조를 생성한 후, 서브다이어그램을 추가, 복제, 재배열, 또는 삭제할 수 있다. 또한, 다이어그램 비활성화 구조의 경계에서 마우스 오른쪽 버튼을 클릭하고 메뉴에서 조건적 비활성화 구조로 변경을 선택하여 조건적 비활성화 구조로 스위치할 수 있다.

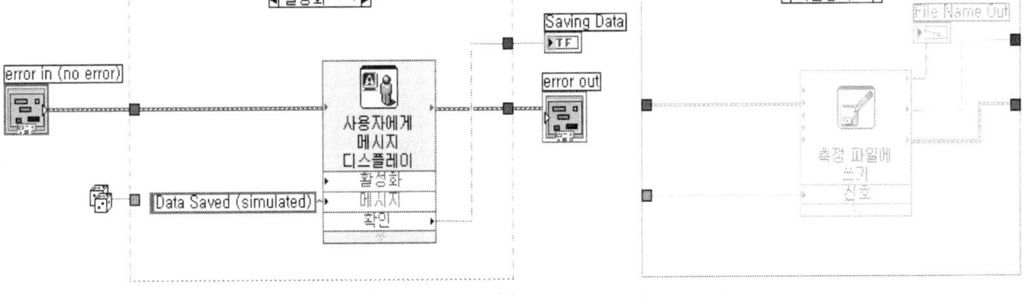

그림 2-125 다이어그램 비활성화 구조의 사용 예

조건적 비활성화 구조는 다이어그램 비활성화 구조와 기능이 거의 같지만 특정 조건의 설정에 따라 특정 케이스만 실행된다는 점에서 차이가 있다. C 언어에서의 코드 #ifdef처럼 작용한다. 따라서 사용자 정의된 조건에 기초해서 블록다이어그램의 코드의 특정 섹션을 비활성화하려면 이 구조를 사용하는 것이 편리하다.

사용 가능한 서브다이어그램을 스크롤하려면, 선택자 라벨의 감소와 증가 화살표를 클릭한다. 조건적 비활성화 구조를 생성한 후, 서브다이어그램을 추가, 복사, 재배열, 또는 삭제할 수 있다. 조건적 비활성화 구조의 상부에 있는 조건 라벨부를 마우스 오른쪽 버튼으로 클릭한 후 메뉴에서 이 서브다이어그램의 조건 편집을 선택하면 다음 그림 2-126과 같이 조건을 편집할 수 있는 대화 상자가 나타난다. 여기서 케이스의 조건을 편집할 수 있다.

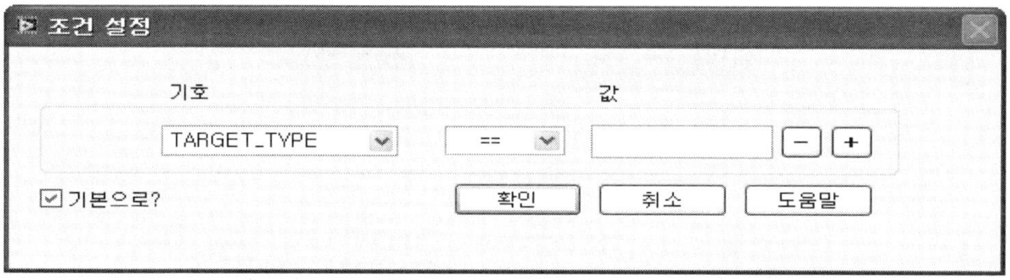

그림 2-126 조건적 비활성화 구조의 조건 설정 창

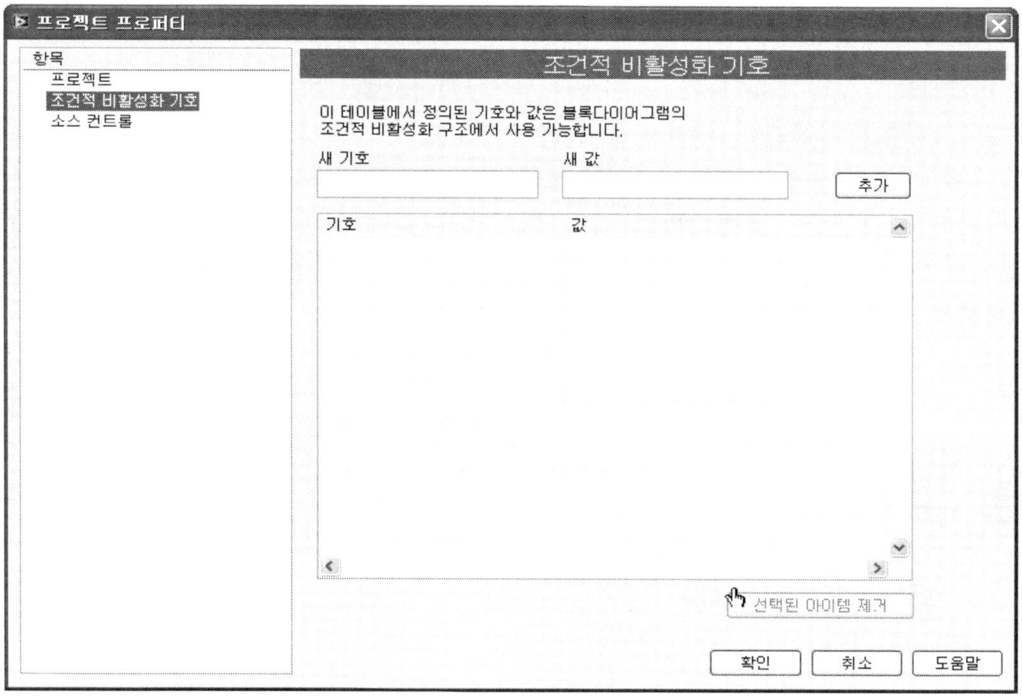

그림 2-127 프로젝트의 프로퍼티 창에서 조건적 비활성화 기호 항목

한편, 조건적 비활성화 구조에 사용되는 기호와 값은 VI를 포함하는 프로젝트를 만들고 프로젝트 탐색기 창에서 프로젝트를 마우스 오른쪽 버튼으로 클릭한 후 메뉴에서 프로퍼티를 선택하고, 항목에서 조건적 비활성화 기호를 통해 설정할 수 있다.

9 문자열과 함수를 이용한 프로그램

문자열 & 경로 팔레트의 문자열 컨트롤 및 인디케이터를 사용하여 텍스트 엔트리 박스와 라벨을 생성하고 반환할 수 있다. 문자열은 ASCII 문자의 나열이며, 일반적으로 문자열을 포함하는 어플리케이션은 다음과 같은 것이 있다.

- 단순 문자 메시지 생성
- 숫자 데이터를 문자열로 변환하여 인스트루먼트에 전달한 후, 수신된 문자열을 다시 숫자값으로 변환하여 표시
- 숫자 데이터를 디스크에 저장하기. ASCII 파일에 숫자 데이터를 저장하려면, 디스크에 데이터를 쓰기 전에 반드시 숫자 데이터를 문자열로 변환해야 한다.
- 사용자에게 지시 또는 요청하는 대화 상자

9.1 문자열 함수

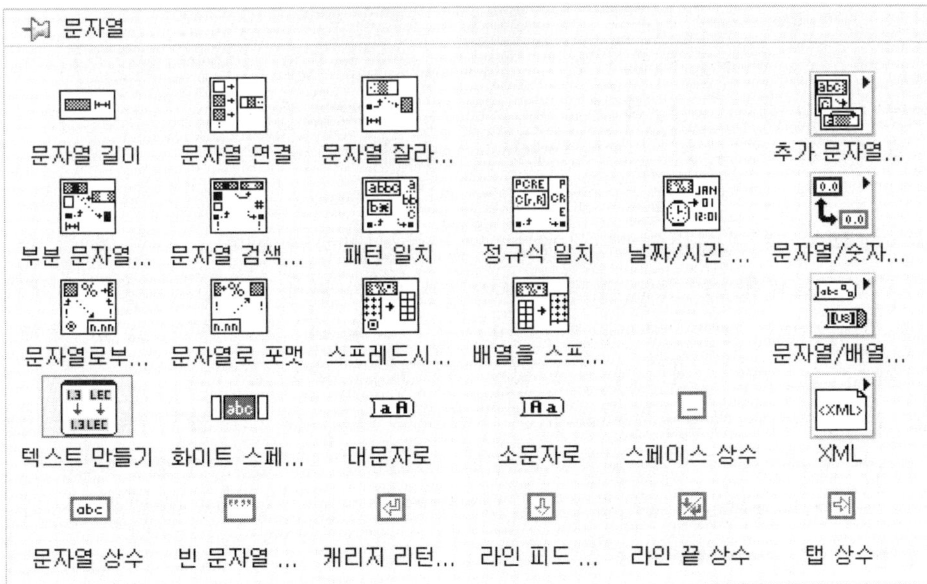

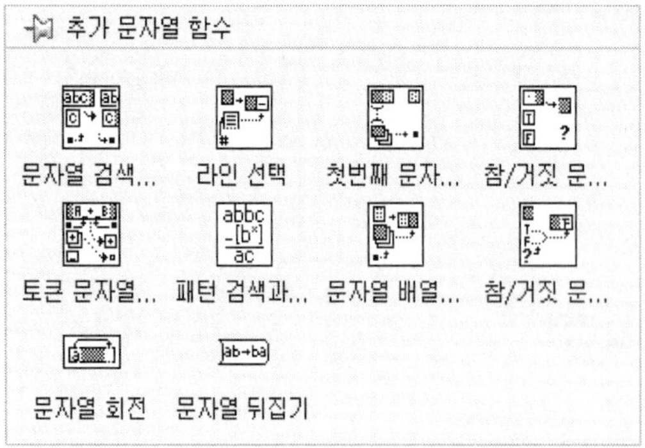

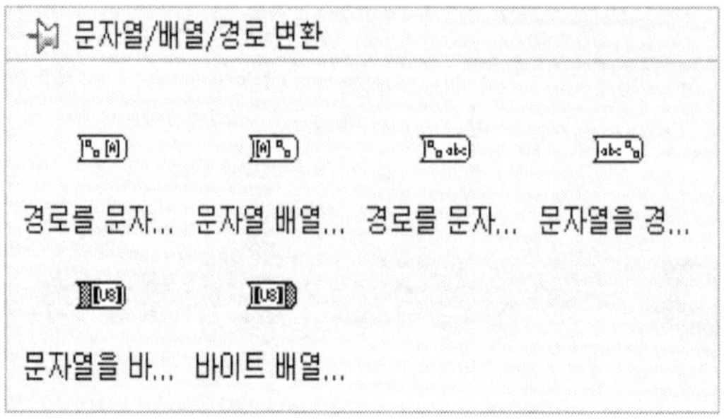

그림 2-128 문자열 함수 서브 팔레트

프런트 패널에서 문자열은 테이블, 문자 입력 박스, 그리고 라벨로 나타난다. LabVIEW에는 문자열을 포맷하고 분석하고 편집하는 것을 포함하여 문자열을 다루는 내장된 VI와 함수가 있다. 다음은 블록다이어그램에서 함수 팔레트≫프로그래밍 아래의 문자열 서브 팔레트이다.

이들 문자열 함수를 사용하여 문자열의 편집 작업을 수행할 수 있으며, 다음은 문자열 편집과 관련된 함수들의 기능을 간단히 정리한 것이다.

- 문자열 검색과 대체, 부분 문자열 대체, 문자열 검색/분리, 첫 번째 문자열 일치 함수 : 문자열에서 문자나 문자열의 일부를 찾거나, 불러오고, 대체하기
- 대문자로, 소문자로 함수 : 문자열의 모든 문자를 대문자나 소문자로 바꾸기
- 패턴 일치 함수 : 문자열에서 일치하는 패턴을 찾고 가져오기
- 라인 선택 함수 : 문자열에서 한 개의 라인을 가져오기
- 문자열 회전, 문자열 뒤집기 함수 : 문자열에서 문자를 회전시키거나 뒤집기
- 문자열 연결 함수 : 두 개 또는 그 이상의 문자열을 합치기
- 문자열 잘라내기 함수 : 문자열에서 문자를 삭제하기

다른 VI, 함수, 또는 어플리케이션에서 데이터를 사용하기 위해서 종종 데이터를 문자열로 바꾸고 문자열을 VI, 함수, 또는 어플리케이션에서 읽을 수 있는 포맷으로 바꾸어야 할 때가 있다. 예를 들어, Microsoft Excel은 문자열에 탭, 콤마, 또는 스페이스와 같은 구분 문자가 있어야만 숫자나 단어를 셀로 구분할 수 있다.

또한, 숫자값의 1D 배열을 2진 파일 쓰기 함수를 사용하여 스프레드시트에 쓰려면, 배열을 문자열 포맷으로 바꾸고 탭과 같은 구분 문자로 각 숫자를 분리해야 한다. 즉, 다음 그림 2-129와 같이 배열을 스프레드시트 문자열로 함수를 이용하며 배열을 포맷하고 포맷과 구분 문자도 지정해주어야 한다.

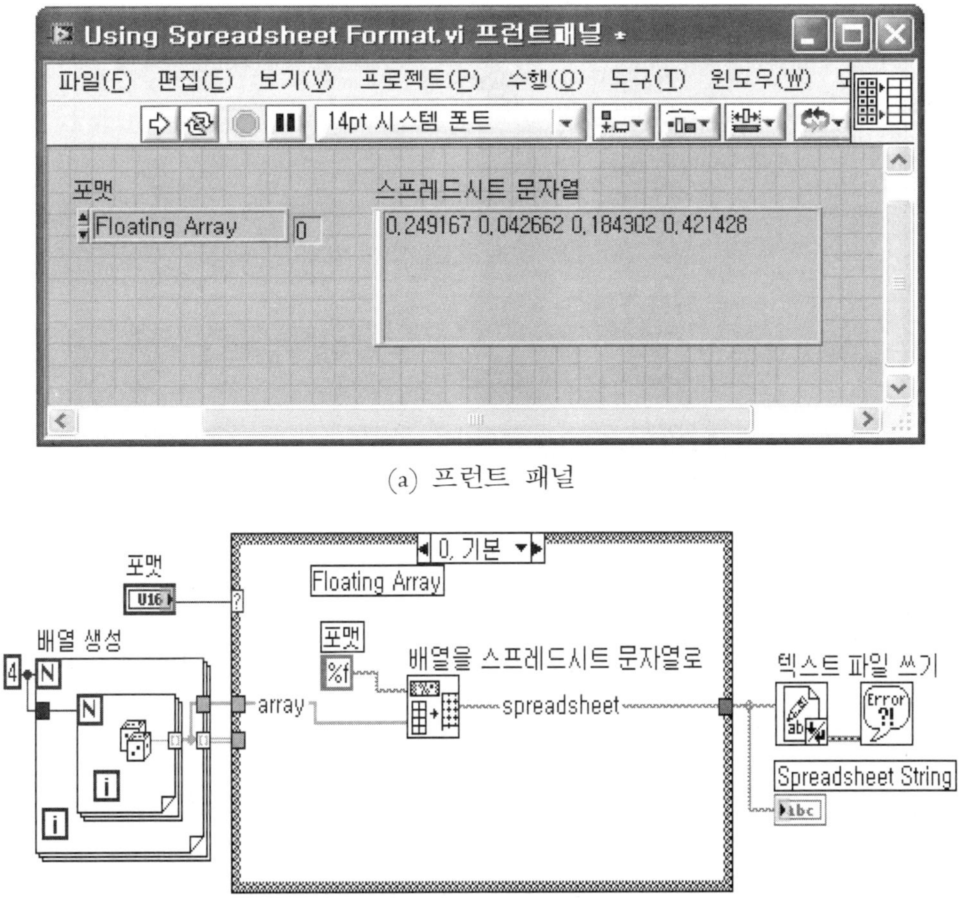

(a) 프런트 패널

(b)블록다이어그램

그림 2-129 1D 배열을 스프레드시트 파일로 저장하기

한편, 함수 팔레트의 프로그래밍 아래의 파일 서브 팔레트에 있는 스프레드시트 파일에 쓰기 VI는 2D 또는 1D 배열의 문자열이나 부호있는 정수형 또는 배정도 숫자를 텍스트 문자열로 변환하고 문자열을 새 바이트 스트림 파일에 쓰거나 문자열을 기존의 파일에 추가할 때 사용한다. 2D 데이터 입력 또는 1D 데이터 입력에 연결한 데이터 타입이 사용할 다형성 인스턴스를 결정한다. 다음 그림 2-130은 프레드시트 파일에 쓰기 VI의 다형성 입력을 나타낸 것으로 1D, 2D의 숫자형 데이터나 1D, 2D의 문자열이 입력으로 사용이 가능한 것을 나타내고 있다.

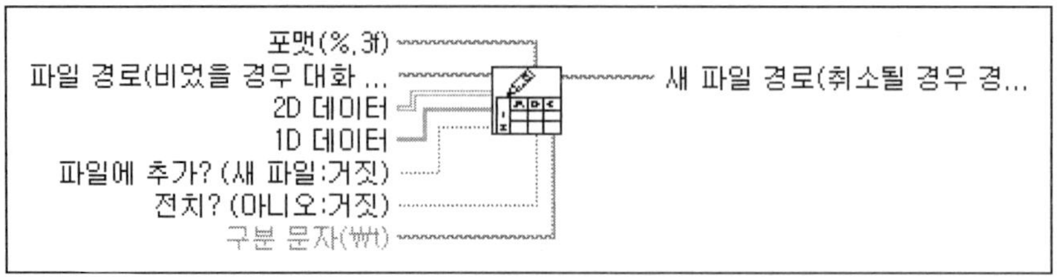

(a) ID, 2D의 배정도 실수 입력

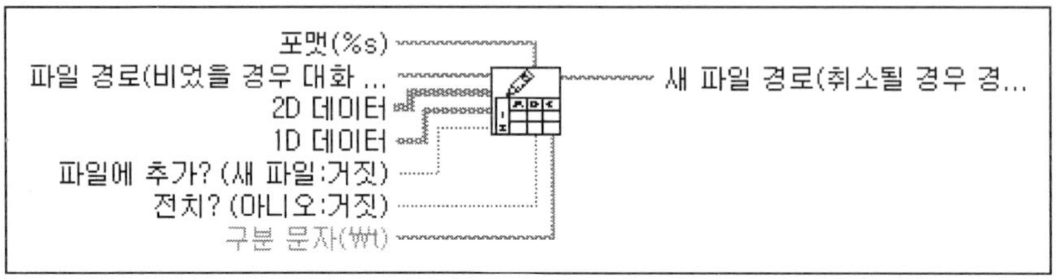

(b) ID, 2D의 문자열 입력

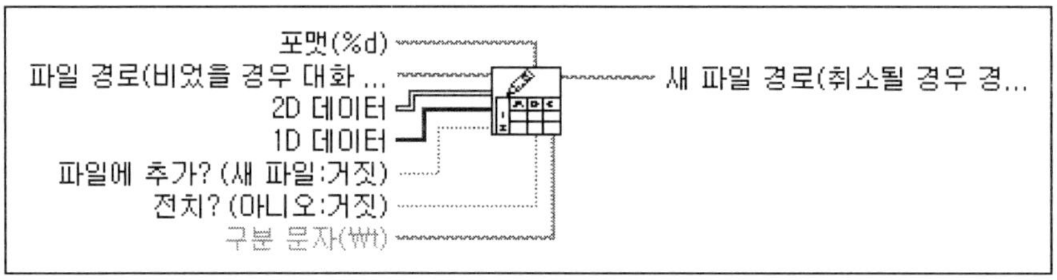

(c) ID, 2D의 정수 입력

그림 2-130 스프레드시트 파일에 쓰기 VI의 다형성 입력

다음 그림 2-131의 문자열/숫자 변화 함수들을 사용해 문자열의 숫자를 16진수, 10진수, 8진수 정수로 해석하고, 또한 숫자를 10진수, 16진수, 8진수, 공학, 소수점형 및 지수형 문자열로 변환할 수 있다.

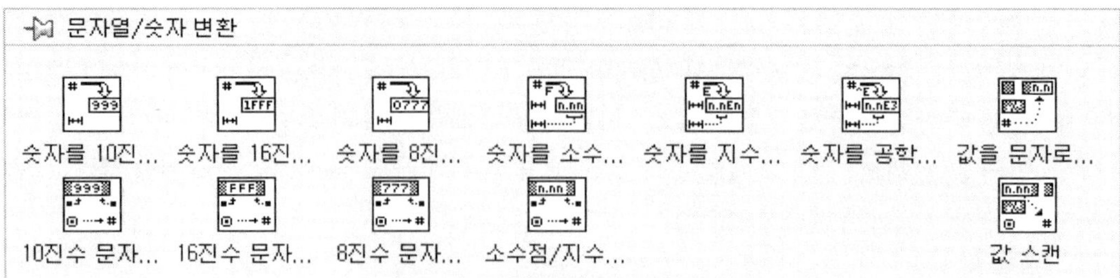

그림 2-131 문자열/숫자 변화 함수들

문자열 포맷을 위하여 포맷 문자열 파라미터에 하나 또는 그 이상의 포맷 지정자를 입력해야 한다. 포맷 지정자는 어떻게 숫자 데이터에서 문자열로 혹은 그 반대로 바꿀 것인가를 지정하는 코드이다. LabVIEW는 변환 코드를 이용하여 파라미터의 문자 포맷을 지정할 수 있다. 예를 들어, 포맷 지정자 %x, %d, %s는 16진수 정수, 문자열을 나타낸다. 문자열로 포맷과 문자열로부터 스캔 함수는 한 개의 입력이나 출력에서 다음과 같이 여러 포맷 지정자를 이용할 수 있다.

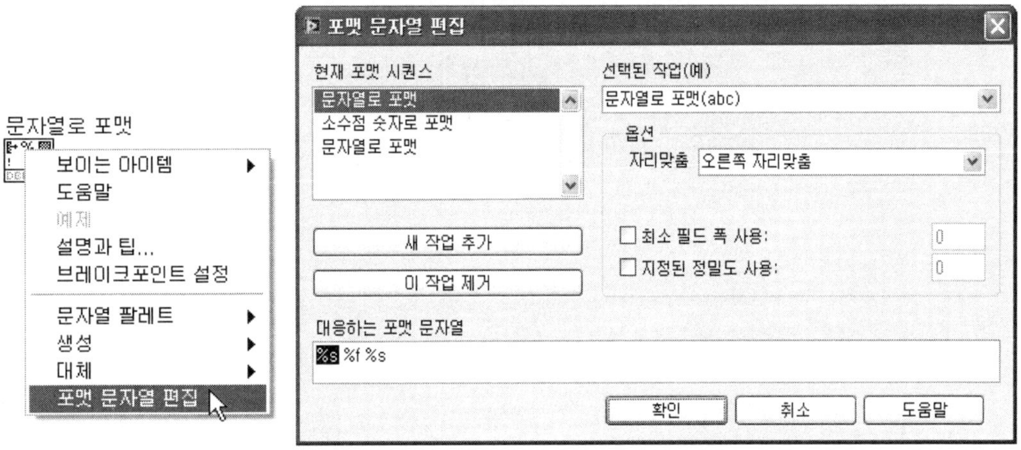

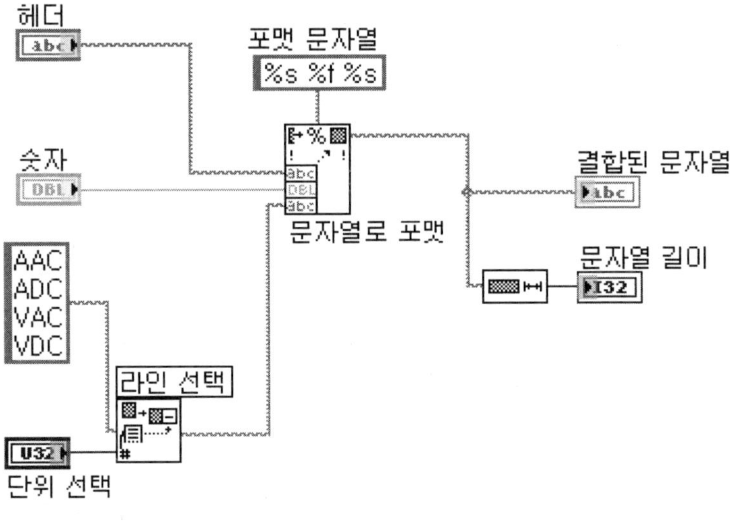

그림 2-132 문자열 포맷 함수와 포맷 문자열 편집창

연습 18 문자열 함수(문자열 검색과 대체)

◉ 동작 원리 : 자신이 원하는 문자열을 입력 문자열에 입력한 다음, 문자열 검색과 대체 함수를 이용하여 문자열을 검색하고 지정된 문자열로 대체한다.

○ 프런트 패널의 구성

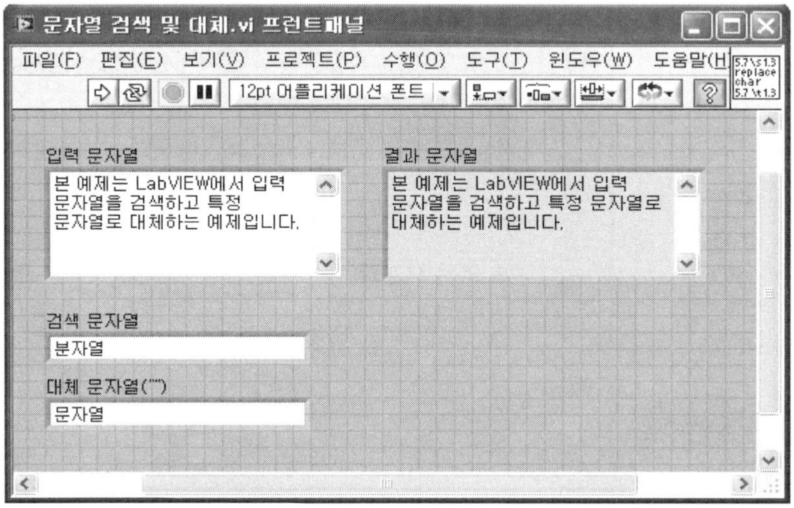

☞ , : 컨트롤≫일반≫문자열&경로≫문자열 컨트롤 및 인디케이터 (문자열 크기를 확장한 후, 마우스 오른쪽 버튼을 클릭한 후, 메뉴에서 보이는 아이템≫수직 스크롤 막대를 선택)

○ 블록다이어그램의 구성

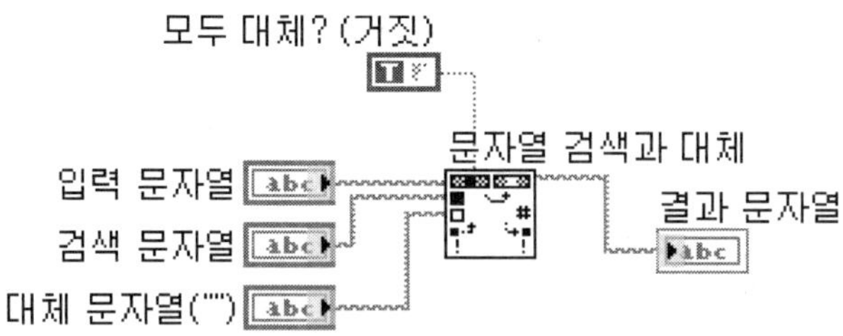

☞  : 함수≫프로그래밍≫문자열≫문자열 검색과 대체 (부분 문자열의 하나 또는 모든 인스턴스를 다른 부분 문자열로 대체한다).

☞  : 함수≫프로그래밍≫불리언≫참 상수

연습 19 문자열 함수(문자열 결합)

◉ 동작 원리 : 문자열로 포맷 함수와 문자열 포맷 편집 창을 이용하여 문자와 숫자 컨트롤이 결합된 포맷 문자열을 만든다.

○ 프런트 패널의 구성

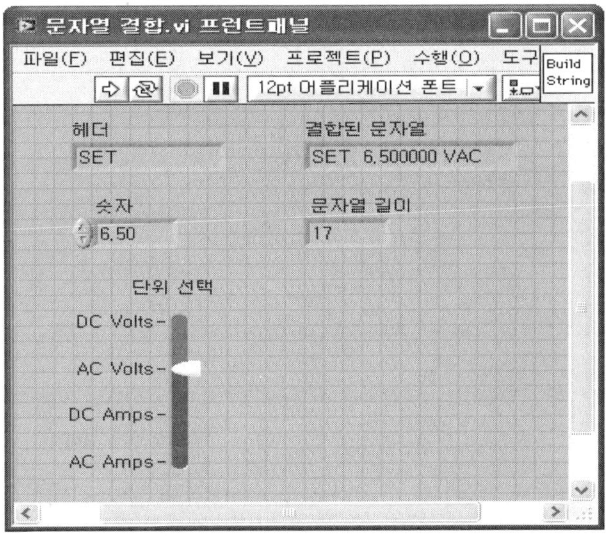

☞  : 컨트롤≫일반≫문자열&경로≫문자열 컨트롤(컨트롤이나 인디케이터를 만든 후, 클릭한 상태에서 〈Ctrl〉 키를 누르고 끌면 객체 복사가 가능)

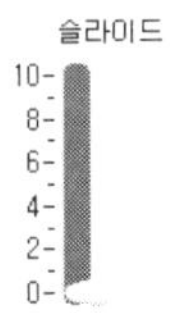

☞ : 컨트롤≫일반≫숫자형≫수직 포인터 슬라이드(라벨을 변경)

○ 블록다이어그램의 구성

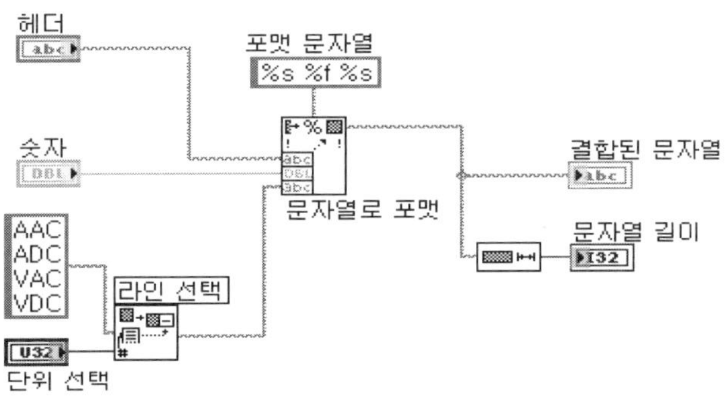

☞  : 함수≫프로그래밍≫문자열≫문자열로 포맷(마우스 오른쪽 버튼으로 함수를 클릭한 후, 메뉴에서 포맷 문자열 편집을 선택하고, 다음과 같이 편집한다).

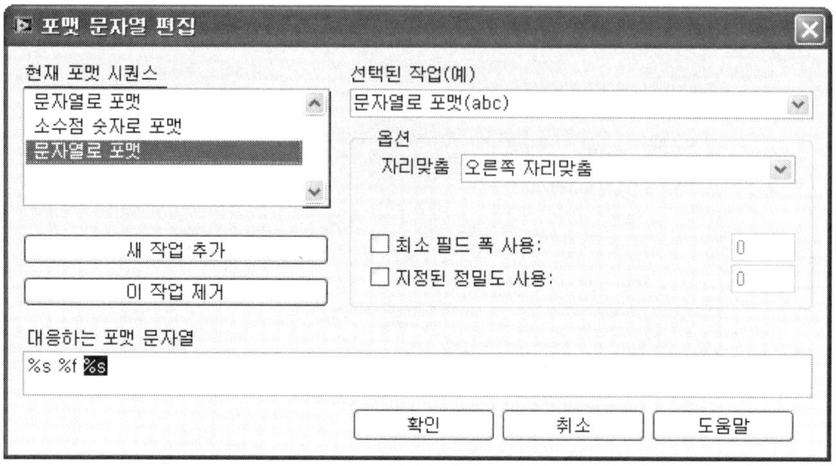

☞  : 함수≫프로그래밍≫문자열≫추가 문자열 함수≫라인 선택(여러 라인 문자열에서 특정 라인을 선택하고, 그 라인을 문자열에 추가한다).

☞  : 함수≫프로그래밍≫문자열≫문자열 길이(문자열의 문자 개수(바이트)를 반환한다).

☞  : 함수≫프로그래밍≫문자열≫문자열 상수

연습 20 문자열 함수(문자열 잘라내기, 문자열로부터 스캔)

◉ 동작 원리 : 인스트루먼트에서 얻어진 값으로 예상되는 주어진 문자열 입력에서 특정 문자열을 잘라내기 및 문자열로부터 스캔 함수를 이용하여 특정 문자열을 잘라내고, 문자열을 스캔한다.

○ 프런트 패널의 구성

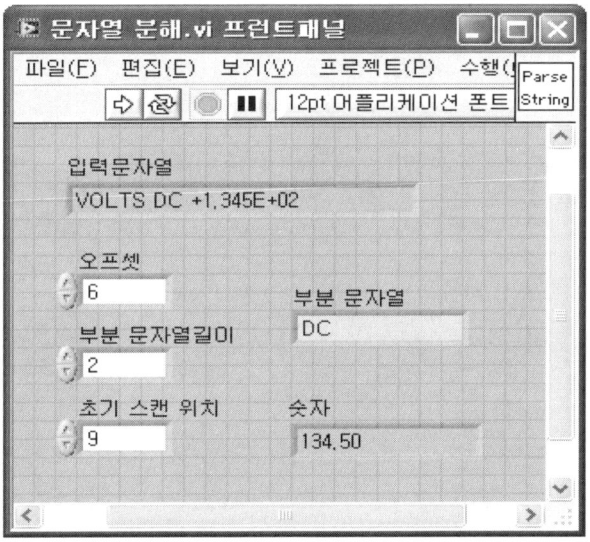

☞ , : 컨트롤≫일반≫문자열&경로≫문자열 컨트롤, 인디케이터(컨트롤이나 인디케이터를 만든 후, 클릭한 상태에서 〈Ctrl〉 키를 누르고 끌면 객체를 복사할 수 있다).

○ 블록다이어그램의 구성

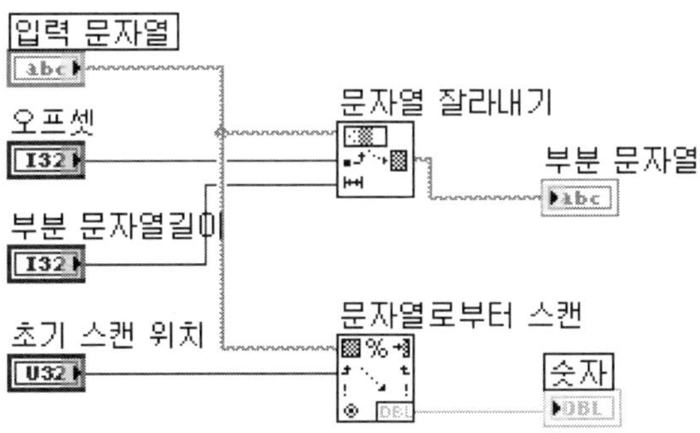

☞ 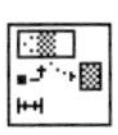 : 함수≫프로그래밍≫문자열≫문자열 잘라내기(입력 문자열에서 오프셋과 문자 길이에 의해 지정되는 부분 문자열을 반환한다).

☞  : 함수≫프로그래밍≫문자열≫문자열로부터 스캔(입력 문자열을 스캔하여 포맷 문자열 지정에 따라 문자열을 변환한다).

9.2 리스트박스, 트리 컨트롤, 테이블

리스트박스를 사용해 여러 개의 항목 중에서 특정 항목을 선택하는 것을 허용할 수 있다. 또한, 여러 열 리스트박스를 사용하여 아이템의 크기와 생성된 날짜와 같이 각 아이템에 대한 추가적인 정보를 표시할 수 있다. 다음 그림 2-133은 리스트 & 테이블 팔레트에 위치한 리스트박스, 테이블, 트리의 컨트롤과 터미널을 나타낸 것이다.

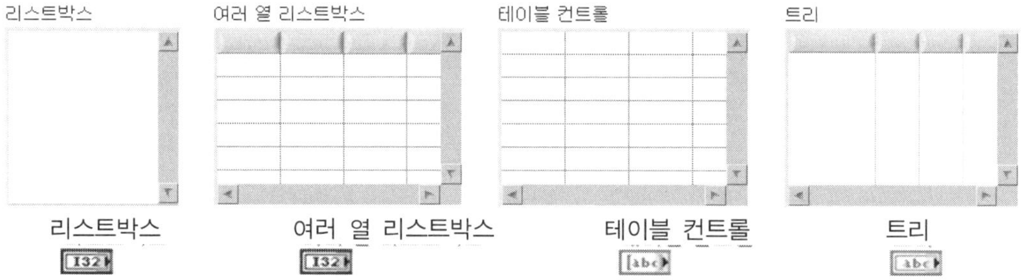

그림 2-133 리스트박스, 테이블, 트리의 컨트롤과 터미널

테이블은 문자열의 2차원 배열로, 문자열 함수를 사용하여 테이블을 만들 수 있다. 테이블의 각 셀이 문자열이고 각 셀은 열과 행으로 구분한다. 프런트 패널에 테이블을 추가할 때, 문자열 배열을 이용해 헤더를 입력할 수 있으며, 이것을 라벨링() 도구나 수행 도구()를 사용하여 변경할 수 있다. 테이블의 행과 열 헤더는 테이블 데이터의 일부가 아니며, 테이블 헤더는 프로퍼티 노드를 사용하여 읽거나 설정할 수 있다.

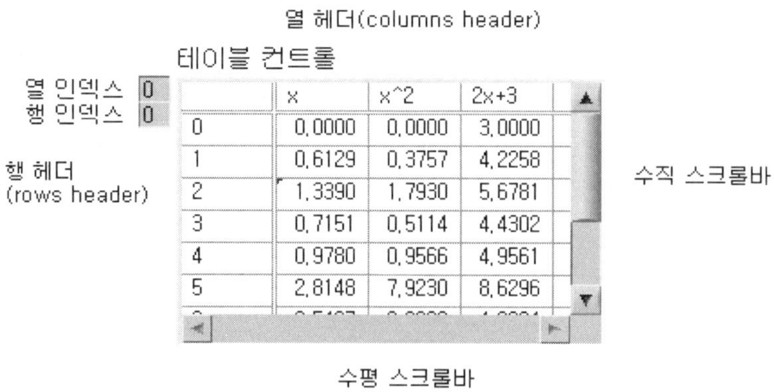

그림 2-134 테이블 컨트롤의 모양

트리 컨트롤을 사용하면 사용자가 선택할 수 있는 아이템의 계층 리스트를 제공할 수 있다. 트리 컨트롤은 아이템과 노드의 그룹으로 구성된다. 노드 옆의 확장(+) 기호를 클릭하면 노드가 확장하고 모든 아이템이 표시된다. 또한 노드 옆의 축소(-) 기호를 클릭하면 노드가 다시 줄어든다. VI가 트리 컨트롤을 포함하는 경우, 모든 LabVIEW 패키지에서 실행이 가능하지만, Base Package에서는 이 컨트롤을 수정할 수 없다. 트리 컨트롤에서 문자를 입력하면, 입력한 문자로 시작하는 첫 번째 아이템을 선택한다. 아이템을 선택한 후 마침표(.) 키를 누르면 현재 아이템이 하위 아이템으로 밀려나고 또는 쉼표(,) 키를 누르면 현재 아이템이 상위 아이템으로 올라가기 때문에 트리 컨트롤의 아이템의 계층 구조를 바꿀 수 있다. 트리 컨트롤에서 마우스 오른쪽 버튼을 클릭한 후, 메뉴에서 선택 모드≫전체 행 하이라이트를 선택하면 아이템을 선택했을 때 전체 행이 하이라이트 된다.

리스트박스와 같은 방법으로 트리 컨트롤의 아이템을 설정한다. 또한 각 노드 옆에 나타나는 심벌의 타입을 바꿀 수 있고, 사용자가 트리 컨트롤에 아이템을 끌어넣을 수 있는지도 설정할 수 있다.

인보크 노드를 사용하면 트리 컨트롤의 아이템을 수정하고 사용자가 더블 클릭한 아이템을 감지하는 것과 같이 아이템에 대한 정보를 얻을 수 있다. 트리 컨트롤에 아이템을 추가할 때, LabVIEW는 아이템에 고유한 태그를 생성한다. 이 태그를 이용하여 프로그램 방식으로 아이템을 수정하거나 아이템 정보를 수집할 수 있다. 트리 컨트롤에서 마우스 오른쪽 버튼을 클릭한 후, 메뉴에서 아이템 편집을 선택하여 LabVIEW가 각 아이템에 대해서 생성하는 태그를 수정할 수 있다.

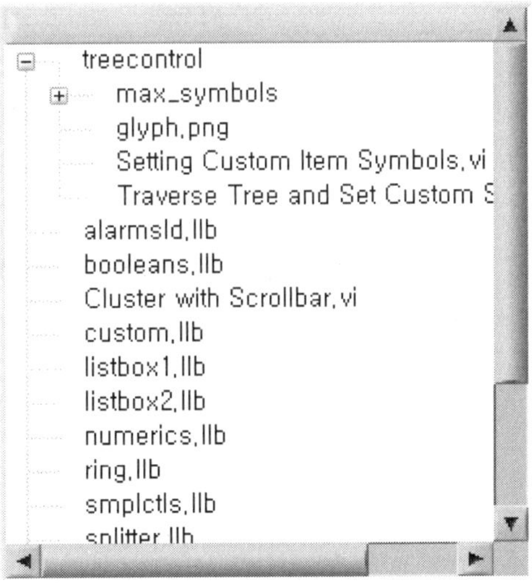

그림 2-135 트리의 컨트롤의 사용 예

10 그래프와 차트를 이용한 프로그램

데이터를 수집 또는 생성한 후 그래픽 방식으로 데이터를 표시하기 위해 그래프 또는 차트를 사용한다. 그래프와 차트는 데이터를 표시하고 업데이트하는 방법에서 차이가 있다. 그래프를 가진 VI는 일반적으로 배열 안에 데이터를 모으고 그래프에 데이터를 한꺼번에 그린다. 이 과정은 데이터를 먼저 저장한 후 데이터의 그림을 생성하는 스프레드시트와 비슷하다. 데이터가 새로 그려지면 그래프는 이전 데이터를 버리고 새로운 데이터를 디스플레이 한다.

그래프는 일반적으로 연속적으로 데이터를 수집하는 빠른 과정에 주로 사용한다. 반면에, 차트는 새 데이터 포인트를 이미 그려진 데이터 뒤에 덧붙여서 디스플레이하고 히스토리를 생성한다. 차트에서는 현재의 읽기 또는 측정을 이전에 수집된 데이터와 함께 볼 수 있다. 차트에서 표시할 수 있는 것보다 더 많은 데이터 포인트가 추가되면, 차트는 스크롤하여 차트의 왼쪽으로 이전 포인트가 이동하면서 차트의 오른편에 새 포인트가 추가된다. 일반적으로 차트는 초당 아주 적은 수의 데이터 포인트만을 디스플레이하는 느린 과정에 주로 사용한다. 다음 그림 2-136은 프런트 패널에서의 그래프 팔레트를 나타낸다.

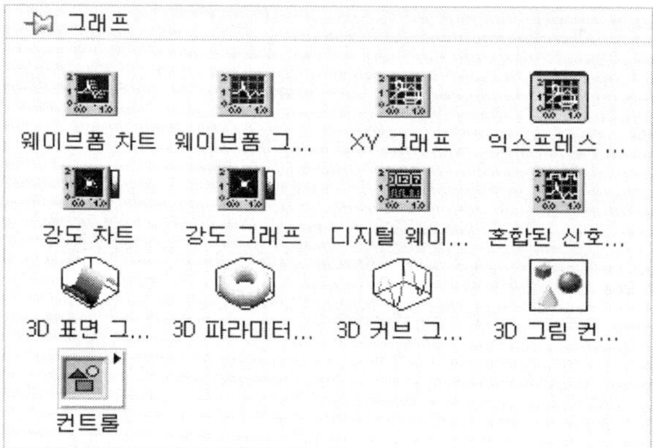

그림 2-136 프런트 패널에서의 그래프 팔레트

10.1 그래프 종류

LabVIEW는 다음과 같은 그래프(Graph)와 차트(Chart)를 가지고 있다.

- 웨이브폼 차트와 그래프 : 일정한 속도로 수집된 데이터를 표시
- XY 그래프 : 일정하지 않은 속도로 얻은 데이터와 여러 값을 가진 함수를 표시
- 강도 차트와 그래프 : 3차원 값을 표시하기 위해 색의 변화를 이용하며, 2D 플롯에

서 3D 데이터를 표시

- 디지털 웨이브폼 그래프 : 펄스나 디지털 라인의 그룹으로 데이터를 표시
- 3차원 그래프 : 프런트 패널에 있는 ActiveX 객체의 3차원 플롯에 데이터를 표시

그래프와 차트에 대한 예제는 다음의 labview\examples\general\graphs 디렉터리에 있는 다음 llb와 VI를 참조하도록 한다.

10.1.1 웨이브폼 그래프와 차트

LabVIEW는 일정한 속도로 수집되는 데이터를 표시하기 위해 웨이브폼(Waveform) 그래프와 차트를 가지고 있다. 웨이브폼 그래프는 균일하게 샘플링된 측정의 하나 또는 여러 플롯을 표시한다. 웨이브폼 그래프는 y = f(x)와 같이 x 축을 따라 포인트가 균일하게 분포하는 단일값 함수만을 그린다. 다음 그림 2-137은 단순한 웨이브폼 그래프와 차트의 예제를 보여준다.

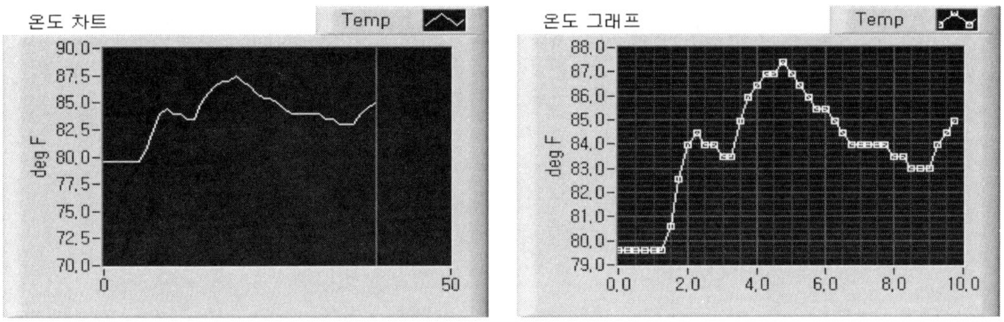

그림 2-137 웨이브폼 차트와 그래프

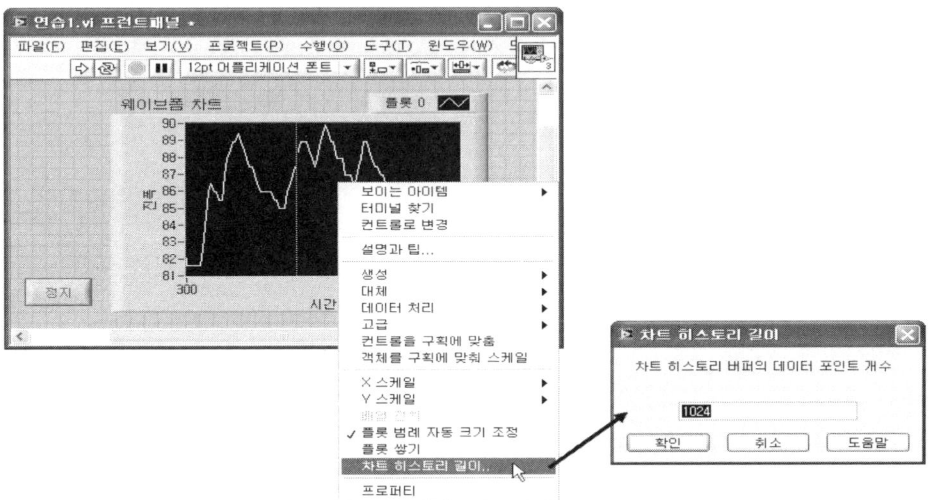

그림 2-138 웨이브폼 차트의 차트 히스토리 길이 설정 방법

웨이브폼 그래프는 임의 개수의 포인트를 가진 플롯을 디스플레이할 수 있다. 반면에 웨이브폼 차트는 일반적으로 같은 속도로 수집된 하나 또는 그 이상의 데이터를 표시하는 숫자 인디케이터의 특별한 타입이다. 웨이브폼 차트는 이전 데이터 히스토리, 또는 버퍼를 유지한다. 웨이브폼 차트에서 마우스 오른쪽 버튼을 클릭한 후 메뉴에서 차트 히스토리 길이를 선택하여 버퍼를 설정할 수 있다. 웨이브폼 차트의 기본 차트 히스토리 길이는 1,024 데이터 포인트이다. 차트에 데이터를 보내는 주기가 차트를 얼마나 자주 업데이트하는지를 결정한다.

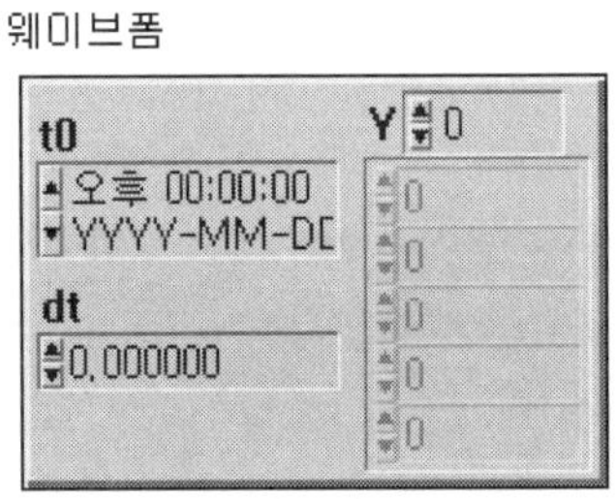

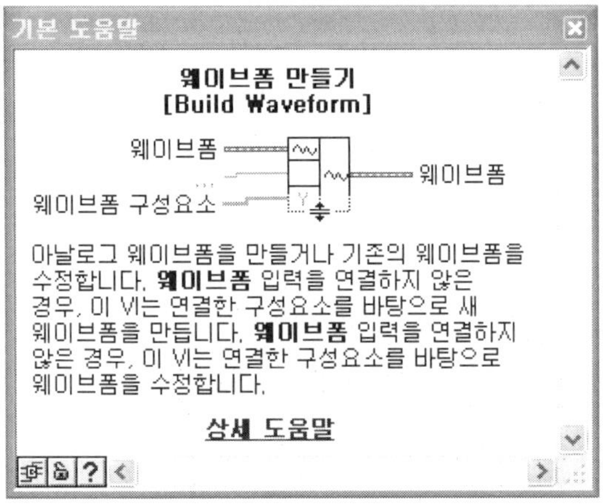

그림 2-139 웨이브폼 컨트롤 및 웨이브폼 만들기

웨이브폼 데이터 타입은 컨트롤 팔레트에서 일반 팔레트 아래의 I/O 서브팔레트에 위치한 웨이브폼 컨트롤을 프런트 패널에 위치시키면 만들 수 있다. 웨이브폼 데이터 타입은 웨이브폼의 데이터(Y), 시작 시간(t0), 델타 t(dt)로 구성되어 있으며, 웨이브폼 만들기 함수로도 생성할 수 있다. 웨이브폼을 수집 또는 분석하는 대부분의 VI와 함수는 기본적으로 웨이브폼 데이터를 입력으로 받고 결과를 반환한다. 웨이브폼 데이터를 웨이브폼 그래프 또는 웨이브폼 차트에 연결하면, 그래프나 차트는 자동적으로 웨이브폼의 데이터, 시작 시간, 델타 x를 기반으로 웨이브폼을 디스플레이 한다. 웨이브폼 데이터의 배열을 웨이브폼 그래프나 차트에 연결하면, 그래프와 차트는 자동으로 모든 웨이브폼을 표시한다. 다음은 블록다이어그램의 함수 팔레트의 프로그래밍 아래에 있는 웨이브폼 서브팔레트이다.

이들 웨이브폼 VI와 함수를 사용하면, 웨이브폼 값, 채널 정보, 그리고 타이밍 정보를 포함하는 웨이브폼을 만들고 웨이브폼 속성과 구성요소를 설정하거나 가져올 수 있다. 또한, 아날로그 웨이브폼 서브팔레트에 있는 VI와 함수를 사용하여 웨이브폼에 연산과 비교 함수를 수행할 수 있으며, 디지털 웨이브폼 서브팔레트에 있는 VI와 함수를 사용하여 디지털 웨이브폼과 디지털 데이터에 연산을 수행할 수 있다. 그리고, 웨이브폼 파일

I/O VI를 사용하여 파일에 웨이브폼 데이터를 쓰고 파일로부터 웨이브폼 데이터를 읽을 수 있다.

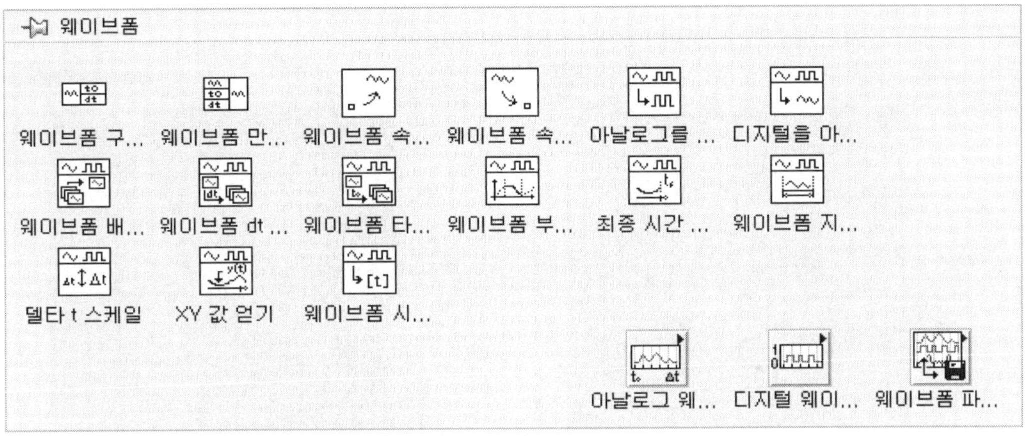

그림 2-140 블록다이어그램의 웨이브폼 팔레트

다음 그림 2-141은 진폭과 주기가 틀린 2개의 사인파를 발생해서 하나의 웨이브폼 그래프에 나타낸 것으로 웨이브폼의 데이터(Y), 시작 시간(t0), 델타 t(dt)를 전달하기 위해 묶기(Bundle) 함수를 사용했으며 2개의 그래프를 합치기 위해 배열 만들기 함수를 사용하였다.

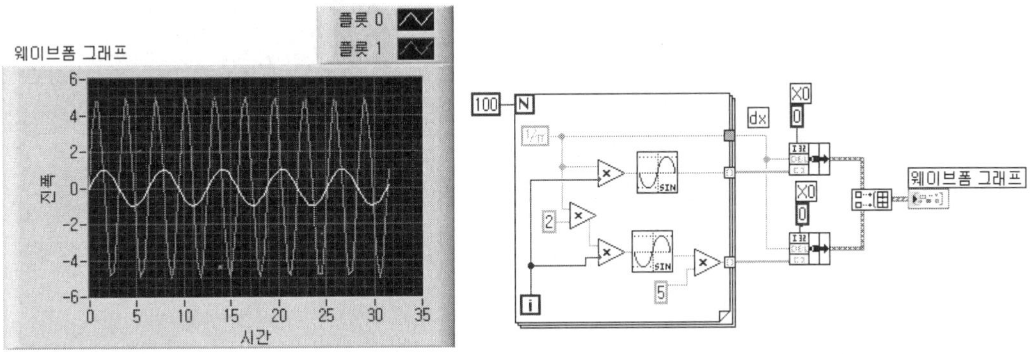

그림 2-141 멀티 웨이브폼 그래프 예제

10.1.2 XY 그래프

XY 그래프는 구형이나 가변 시간 베이스를 갖는 웨이브폼과 같이 연속적인 여러 함수 값을 가지는 그래프를 그리기 위한 것으로, x와 y의 직각좌표 세트를 가진다. XY 그래프는 샘플링 속도의 균일도와 관계없이 모든 포인트 집합을 표시할 수 있다. 또한, XY 그래프에서는 XY 그래프를 마우스 오른쪽 버튼으로 클릭한 후, 메뉴에서 평면 옵션을 선

택하면 나이퀴스트(Nyquist) 평면, 니콜스(Nichols) 평면, S 평면, Z 평면을 표시할 수 있다. 이들 평면의 라인과 라벨은 직각좌표 라인과 같은 색이며, 선도 라벨 폰트를 수정할 수는 없다.

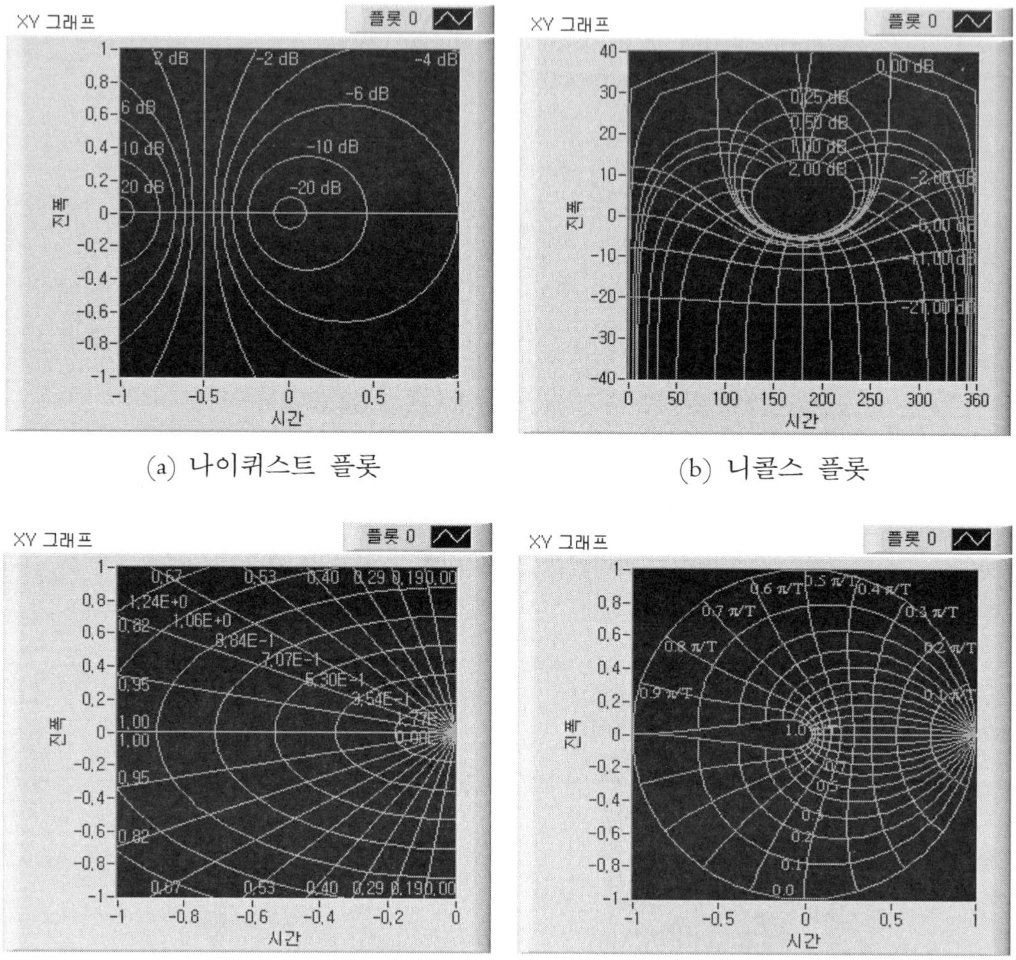

(a) 나이퀴스트 플롯 (b) 니콜스 플롯

(c) S 플롯 (d) Z 플롯

그림 2-142 나이퀴스트 평면, 니콜스 평면, S 평면, Z 평면 XY 그래프

다음 그림 2-143은 XY 그래프의 예제이다. x축 값으로 사인파를, y축 값으로 코사인파을 주어 XY 그래프를 표시하였으며, 반복 횟수를 이용해 직선을 구한 후 배열 만들기 함수를 사용해 2개의 그래프를 XY 그래프에 표시하였다. XY 그래프는 임의 개수의 포인트를 가진 플롯을 표시할 수 있다.

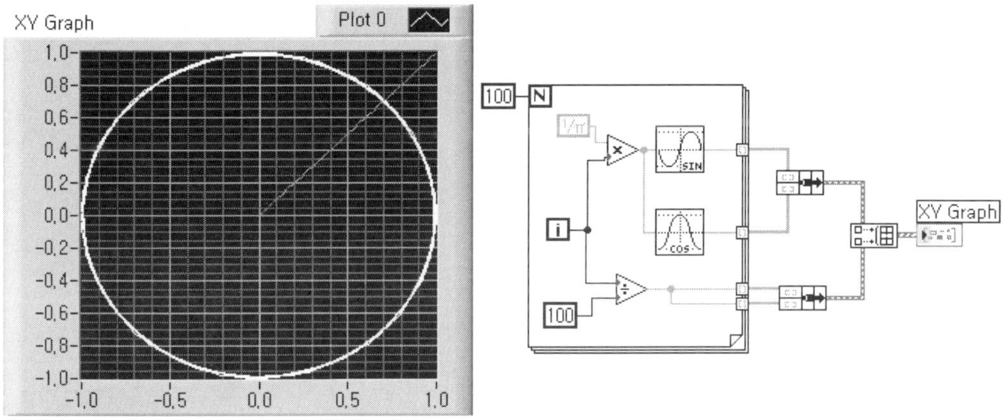

그림 2-143 XY 그래프의 예제

연습 21 XY 그래프

◉ 동작 원리 : (x, y) 데이터와 복소수를 XY 그래프를 이용해 디스플레이 한다.

○ 프런트 패널의 구성

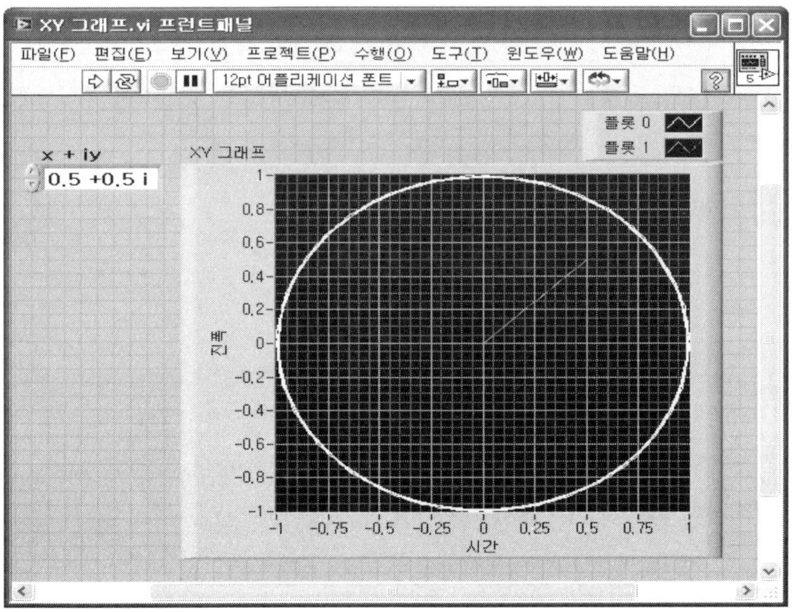

☞ 복소수(x+iy) : 컨트롤≫일반≫숫자형≫숫자형 컨트롤(컨트롤을 오른쪽 마우스로 클릭한 후, 메뉴에서 형≫배정도 복소수(CDB)를 선택하고 라벨을 변경)

☞ XY 그래프 : 컨트롤≫일반≫그래프≫XY 그래프(선택 도구()를 이용해 플롯범례를 확장한다.)

○ 블록다이어그램의 구성

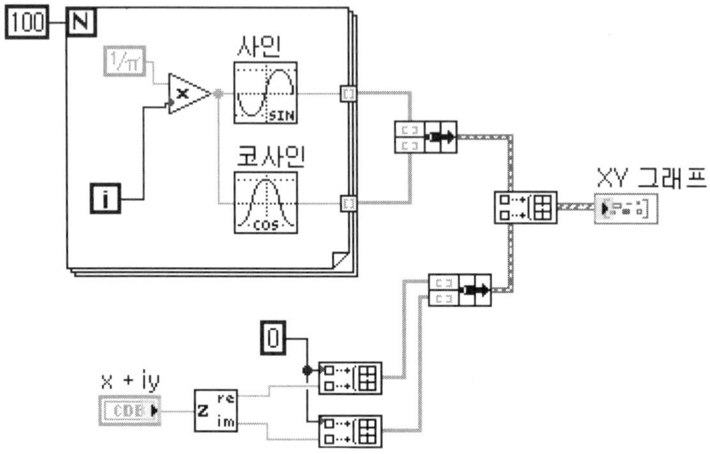

☞  : 함수≫프로그래밍≫숫자형≫수학&과학 상수≫원주율의 역수

☞ 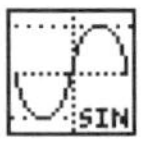 : 함수≫수학≫기본 & 특수 함수≫삼각 함수≫사인

☞ 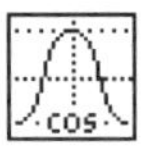 : 함수≫수학≫기본 & 특수 함수≫삼각 함수≫코사인

☞ 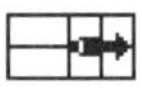 : 함수≫프로그래밍≫클러스터, 클래스 & 배리언트≫묶기

☞  : 함수≫프로그래밍≫배열≫배열 만들기

☞  : 함수≫프로그래밍≫숫자형≫복소수≫복소수를 실수/허수로

10.1.3 강도(Intensity) 그래프와 차트

그래프와 차트를 사용하여 직각 평면에 색 블록을 놓아서 3D 데이터를 2D 플롯에서 표시할 수 있다. 예를 들어, 강도 그래프와 차트를 이용해서 각각의 값이 고도를 나타내는 온도 패턴과 지형과 같은 패턴 데이터를 표시할 수 있다. 강도 그래프와 차트는 숫자의 3D 배열을 수용한다. 배열에서 각 숫자는 특정색으로 나타난다. 2D 배열 원소의 인덱스는 색에서 플롯 위치를 나타낸다. 다음 그림 2-144는 2D 배열 데이터를 강도 그래프에 나타낸 것으로 값의 크기를 색상으로 표시하였다.

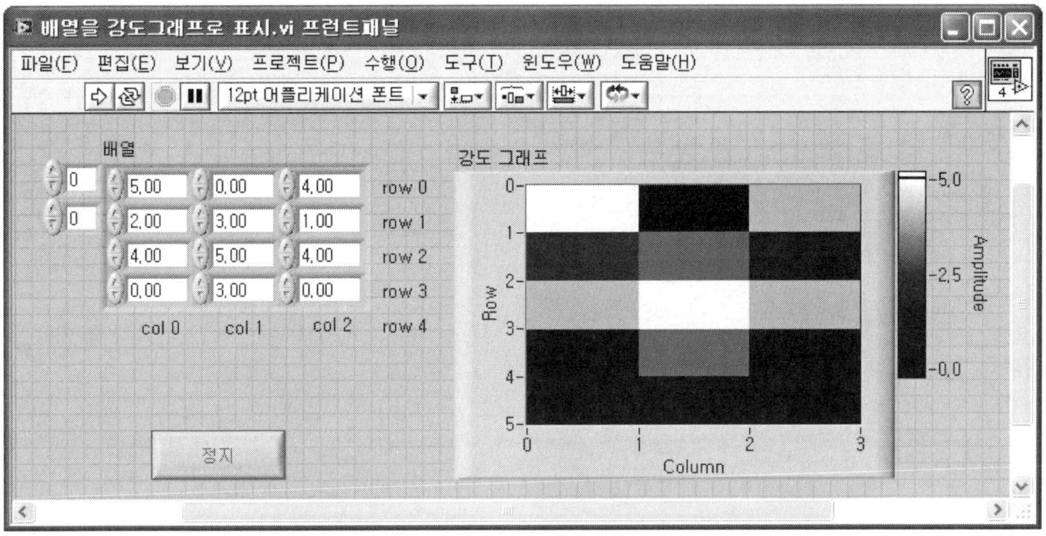

(a) 프런트 패널

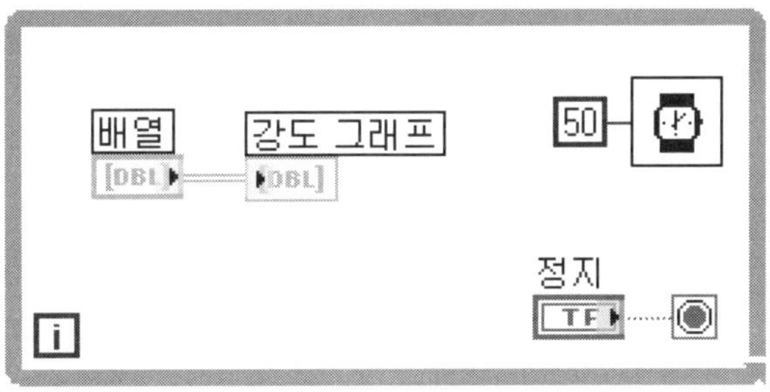

(b) 블록다이어그램

그림 2-144 강도 그래프의 예

데이터의 행은 그래프 또는 차트의 새로운 열로써 디스플레이에 전달된다. 행을 디스플레이상에서 행으로 나타내려면 그래프 또는 차트에 2D 배열 데이터 타입을 연결하고 그래프 또는 차트를 마우스 오른쪽 버튼으로 클릭한 후, 메뉴에서 배열 전치를 선택한다. 배열의 인덱스는 색 블록의 왼쪽 밑 꼭지점에 대응한다. 색 블록은 배열 인덱스로 정의되는 두 포인트 사이의 영역인 단위 영역을 가지고 있다. 강도 그래프 또는 차트는 최대 256개의 비연속적인 색을 표시할 수 있다.

강도 차트에 데이터 블록을 플롯한 후에, 직각 평면의 원점은 마지막 데이터 블록의 오른쪽으로 이동한다. 따라서 차트가 새 데이터를 처리할 때, 새 데이터값은 이전 데이터값의 오른쪽에 나타나게 된다. 차트 디스플레이가 꽉 차면 가장 오래된 데이터값은 차트의 왼쪽으로 스크롤되어 사라지며, 이런 동작은 스트립 차트와 유사하다. 다음 그림 2-145는 강도 차트의 예제를 보여준다.

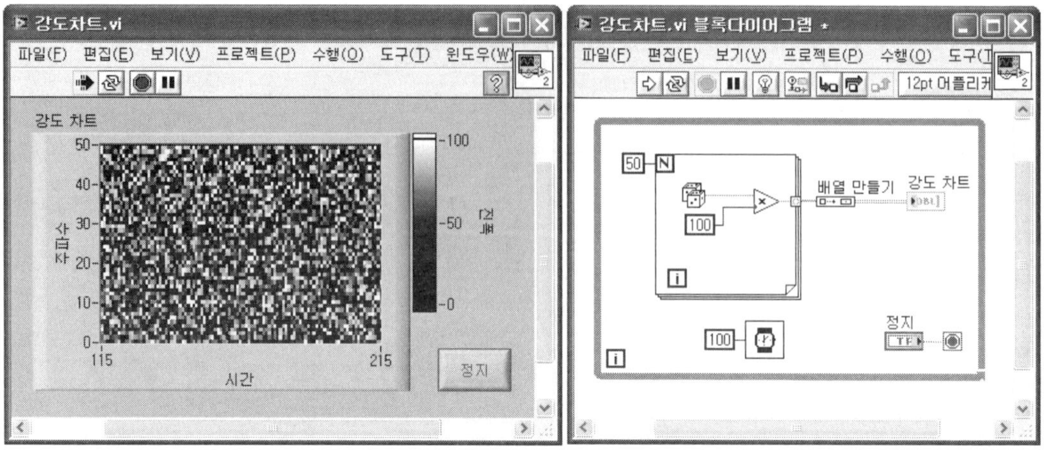

그림 2-145 강도 차트의 예

웨이브폼 차트와 마찬가지로, 강도 차트는 이전 데이터 히스토리, 즉 버퍼를 가지고 있다. 웨이브폼 차트에서 마우스 오른쪽 버튼을 클릭한 후 메뉴에서 차트 히스토리 길이를 선택하여 버퍼를 설정할 수 있다. 강도 차트에서 히스토리 버퍼 크기의 기본 설정은 128데이터 포인트이다. 강도 차트를 디스플레이하기 위해서 많은 메모리가 필요할 수도 있다.

강도 그래프는 이전 데이터 값을 유지하지 않고 업데이트 모드를 포함하지 않는 부분만을 제외하면, 강도 차트와 동일하게 작동한다. 강도 그래프로 새 데이터 값이 전달될 때마다 새 데이터는 이전 데이터값을 대체한다. 다른 그래프와 같이 강도 그래프에는 커서가 있다. 각 커서는 그래프에서 특정 포인트의 x, y, z 값을 디스플레이한다.

강도 그래프 또는 강도 차트는 색을 사용하여 2D 플롯에 3D 데이터를 표시한다. 강도 그래프와 차트에서 색 맵핑을 설정하려면, 그래프 또는 차트의 우측 상단에 있는 색 스케일을 설정해야 한다. 색 스케일은 각각의 숫자값에 대응하는 디스플레이 색상을 가지는 2개 이상의 마커로 구성되어 있다. 강도 그래프와 차트에서 디스플레이 되는 색은 숫자값에 대응된다. 색 맵핑 방법은 임계점값을 넘는 데이터 및 데이터 범위를 시각적으로 지정하는 데 유용하다.

연습 22 강도 그래프

◉ 동작 원리 : 색을 사용하여 2D 플롯에서 3D 데이터를 디스플레이한다.

○ 프런트 패널의 구성

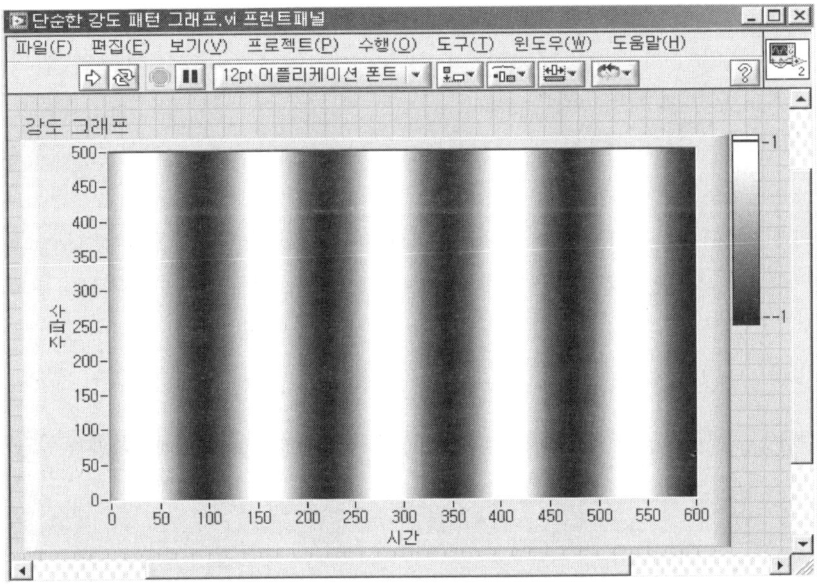

☞ 강도 그래프 : 컨트롤≫일반≫그래프≫강도 그래프(강도 그래프의 우측에 있는 컬러 램프 컨트롤과 유사한 스케일은 실행 도구()를 사용해 범위와 색 값을 -1(검은색)에서 1(흰색)로 지정한다. 중간에 있는 마커는 삭제한다).

○ 블록다이어그램의 구성

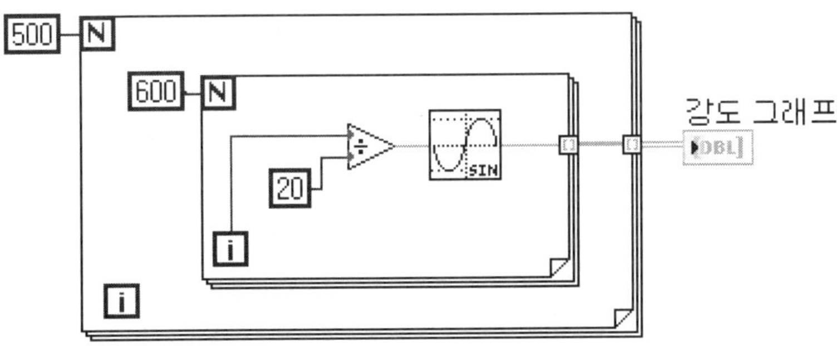

☞ 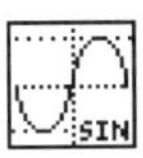 : 함수≫수학≫기본 & 특수 함수≫삼각 함수≫사인

색을 정의하는 것과 같은 방법으로 강도 그래프와 차트에서 색 맵핑을 대화식으로 설

정할 수 있다. 강도 그래프와 차트에서 표시할 수 있는 색상은 비디오 카드에서 표시할 수 있는 색의 수와 모니터가 제공할 수 있는 색상의 수에 의해 제한받는다.

10.1.4 디지털 웨이브폼 그래프

디지털 웨이브폼 그래프를 사용하여 디지털 데이터를 표시할 수 있다. 특히 타이밍 다이어그램이나 논리 분석기와 함께 사용이 가능하다. 디지털 웨이브폼 그래프는 디지털 웨이브폼 데이터 타입, 디지털 데이터 타입, 또는 이들 데이터의 배열을 입력으로 받을 수 있다. 기본적으로 디지털 웨이브폼 그래프는 디지털 데이터를 단일 플롯으로 표시하도록 한다. 디지털 데이터 배열을 연결하면, 디지털 웨이브폼 그래프는 배열의 각 원소를 배열의 순서대로 다른 플롯에 그린다.

프런트 패널의 다음 디지털 웨이브폼 그래프는 단일 플롯에 디지털 데이터를 표시한다. VI는 숫자 배열의 숫자를 디지털 데이터로 변환하고, 숫자의 2진 표현을 디지털 데이터 인디케이터에 2진형으로 표시하고 있다. 디지털 그래프에서 숫자 0은 모든 비트값이 0이므로 상위 라인 없이 나타나고, 숫자 255는 모든 비트값이 1이므로 아래쪽 선이 없이 나타난다.

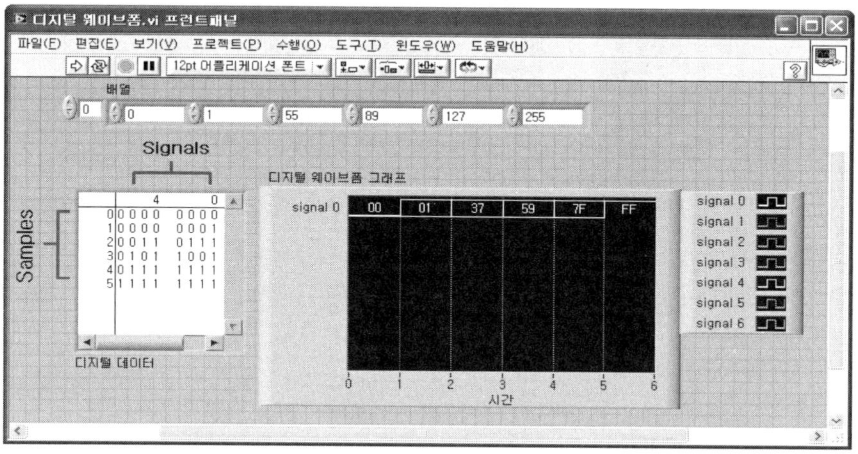

(a) 프런트 패널

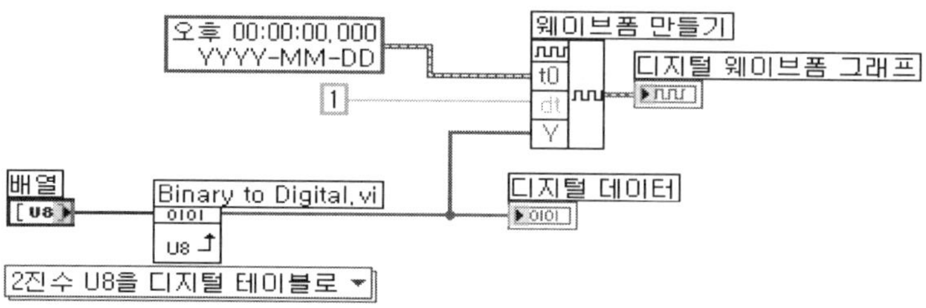

(b) 블록다이어그램

그림 2-146 배열 데이터를 디지털 데이터 및 웨이브폼으로 변환한 예제

디지털 데이터의 각 샘플을 플롯하려면 y 스케일(signal 0~6)을 마우스 오른쪽 버튼으로 클릭한 후, 바로 가기 메뉴에서 Y 스케일≫디지털 버스 확장을 선택한다. 각 플롯은 k 같이 디지털 패턴에서 다른 비트를 나타낸다.

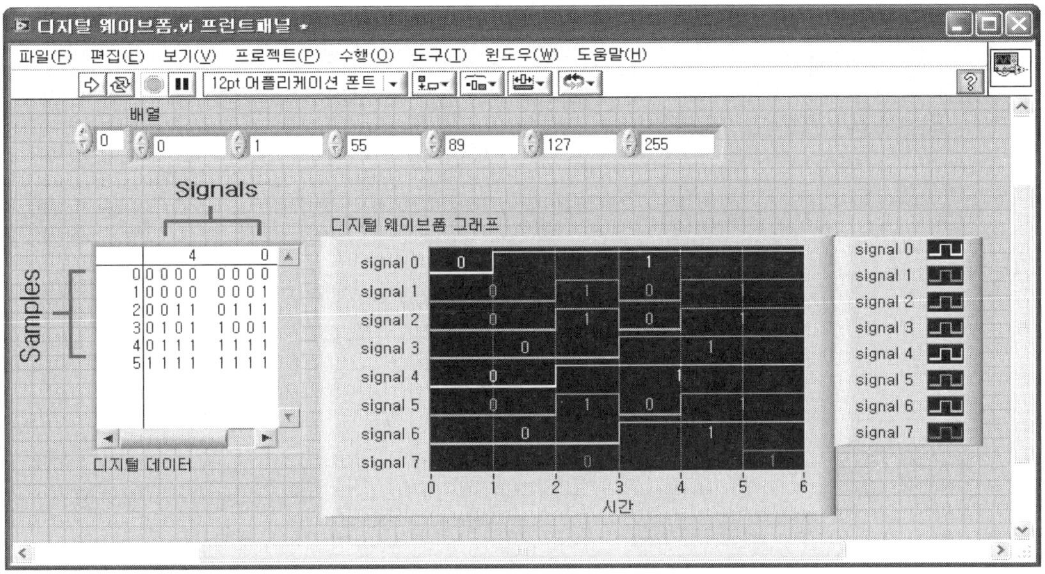

그림 2-147 디지털 웨이브폼 그래프 예제

프런트 패널에서 디지털 웨이브폼 그래프는 숫자 배열에 있는 여섯 개의 숫자를 표시한다. 2진형 디지털 인디케이터는 숫자를 2진수로 표시한다. 테이블의 각 열은 하나의 비트를 나타낸다. 여기서는 정수가 8비트(U8)이기 때문에 이들 수를 표시하기 위해 8비트(signal 0 ~ 7)가 필요하다. 예를 들어, 숫자 89는 8비트(0101 1001) 데이터가 필요하며, 숫자 255는 8비트(1111 1111) 데이터가 필요하다. 디지털 웨이브폼 그래프의 포인트 3은 번호 89를 나타내기 위한 8비트 데이터를 표시한다.

디지털 웨이브폼 데이터 타입은 시작 시간, 델타 x, 데이터, 그리고 디지털 웨이브폼의 속성으로 구성된다. 디지털 웨이브폼은 웨이브폼 만들기 함수로 생성할 수 있다. 디지털 웨이브폼 데이터를 디지털 웨이브폼 그래프에 연결하면, 그래프는 디지털 웨이브폼의 시간 정보와 데이터를 기반으로 하여 자동적으로 그려진다.

10.1.5 3D 그래프

표면의 온도 분포, 조인트 시간-주파수 분석, 비행기의 움직임과 같은 대부분의 실세계 데이터 세트는 3차원으로 데이터를 시각화할 필요가 있다. 3D 그래프는 3차원 데이터를 시각화하기 위한 것으로 3D 그래프 프로퍼티를 수정하여 데이터를 표시하는 방법을 변경할 수 있다. LabVIEW는 다음과 같은 타입의 3D 그래프를 가지고 있다.

- 3D 표면(Surface) : 3차원 공간 위에 표면을 표시
- 3D 파라미터형(Parametric) 표면 : 3차원 공간 위에 파라미터형 표면을 표시
- 3D 커브(Curve) : 3차원 공간 위에 라인을 표시

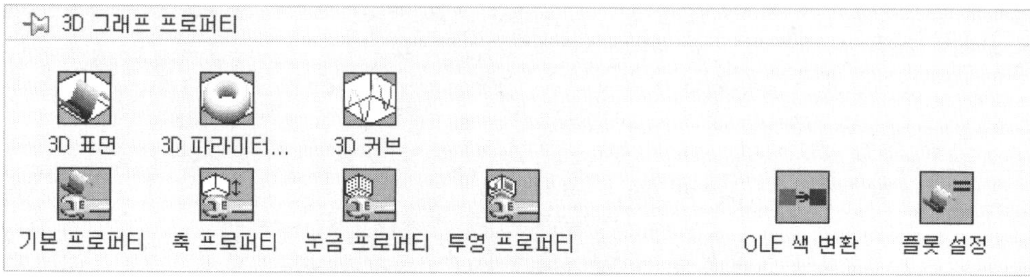

그림 2-148 3D 그래프 프로퍼티 팔레트

커브와 표면을 플롯하기 위해 3D 그래프를 그래프 프로퍼티와 함께 사용한다. 커브는 그래프의 각 포인트들을 나타낸다. 각 포인트는 x, y, z 좌표를 가지며, VI는 이 포인트들을 하나의 선으로 연결한다. 커브는 비행기의 비행경로와 같이 움직이는 객체의 경로를 시각화하는 데 이상적이다. 다음 그림은 3D 커브 그래프의 예제이다.

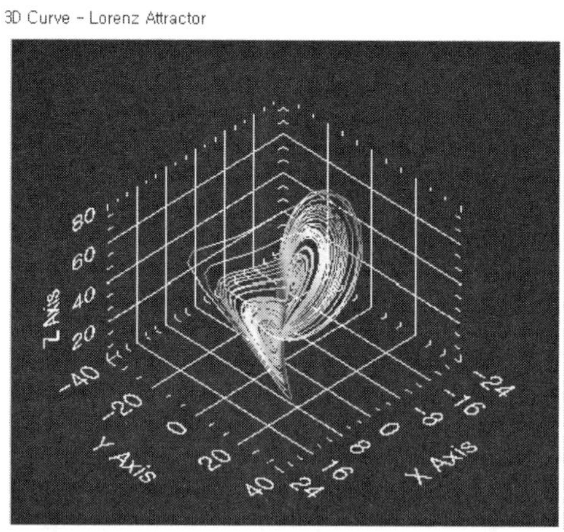

그림 2-149 3D 커브 그래프(Lorenz Attractor)의 예제

표면 플롯은 x, y, z 데이터를 사용하여 그래프에서 점들을 그린다. 표면 플롯은 이러한 점들을 연결하여 데이터의 3차원 표면 보기를 형성한다. 예를 들어, 지형 맵핑 데이터를 위해 표면 플롯을 사용할 수 있다. 다음 그림 2-150은 3D 표면 그래프와 3D 파라미터형 표면 그래프의 예제를 보여준다.

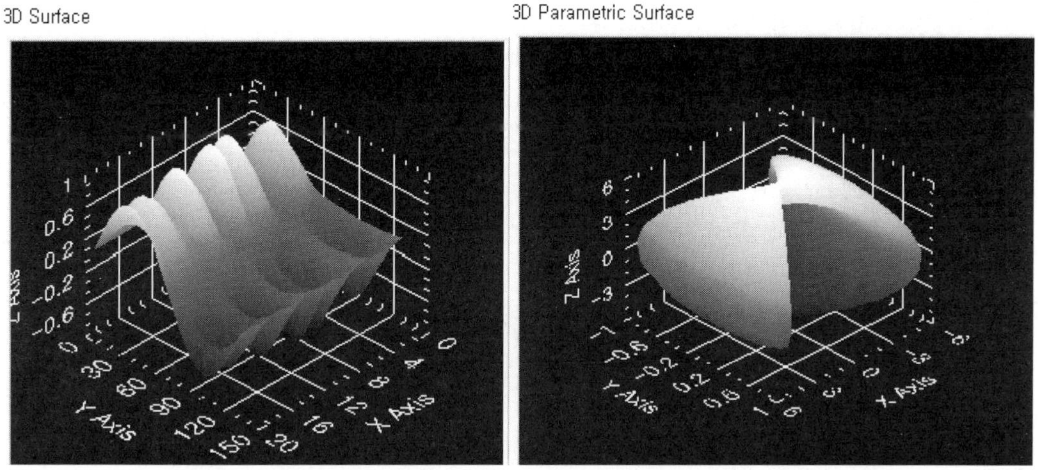

그림 2-150 3D 표면 그래프와 3D 파라미터형 표면 그래프의 예제

3차원 그래프는 ActiveX 기술과 3D 형태를 다루는 VI를 사용한다. 3차원 그래프를 선택하면, LabVIEW는 3D 그래프 컨트롤이 내장된 ActiveX 컨테이너를 프런트 패널 위에 위치시키고, 또한 블록다이어그램에 3차원 그래프 컨트롤의 참조를 위치시킨다. LabVIEW는 이 참조를 3개의 3D 그래프 VI 중 하나에 연결한다.

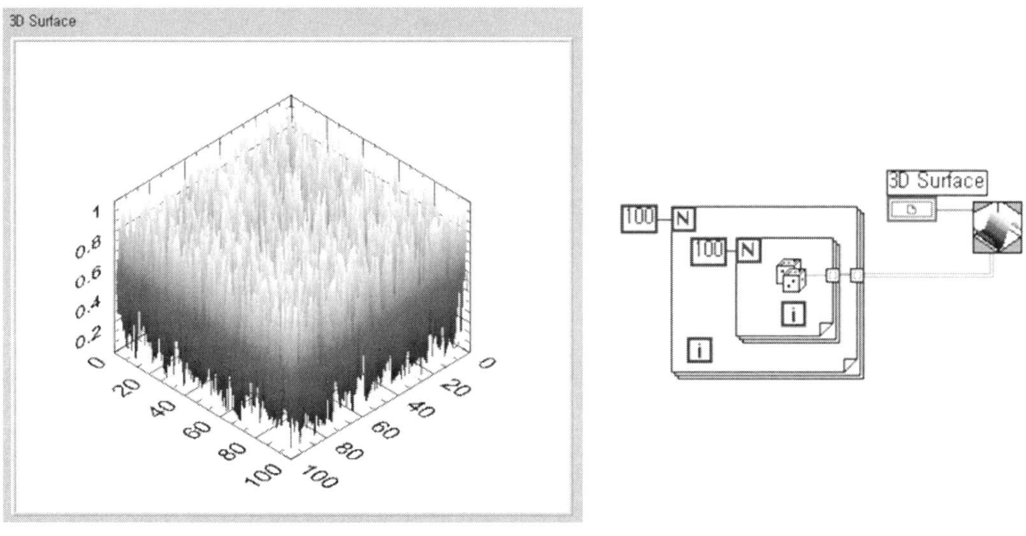

그림 2-151 3D 표면 그래프의 간단한 생성 예제

연습 23 3D 그래프

◉ 동작 원리 : 3D 그래프 출력값을 기본 프로퍼티와 투영 프로퍼티로 여러 형식으로 디스플레이한다.

○ 프런트 패널의 구성

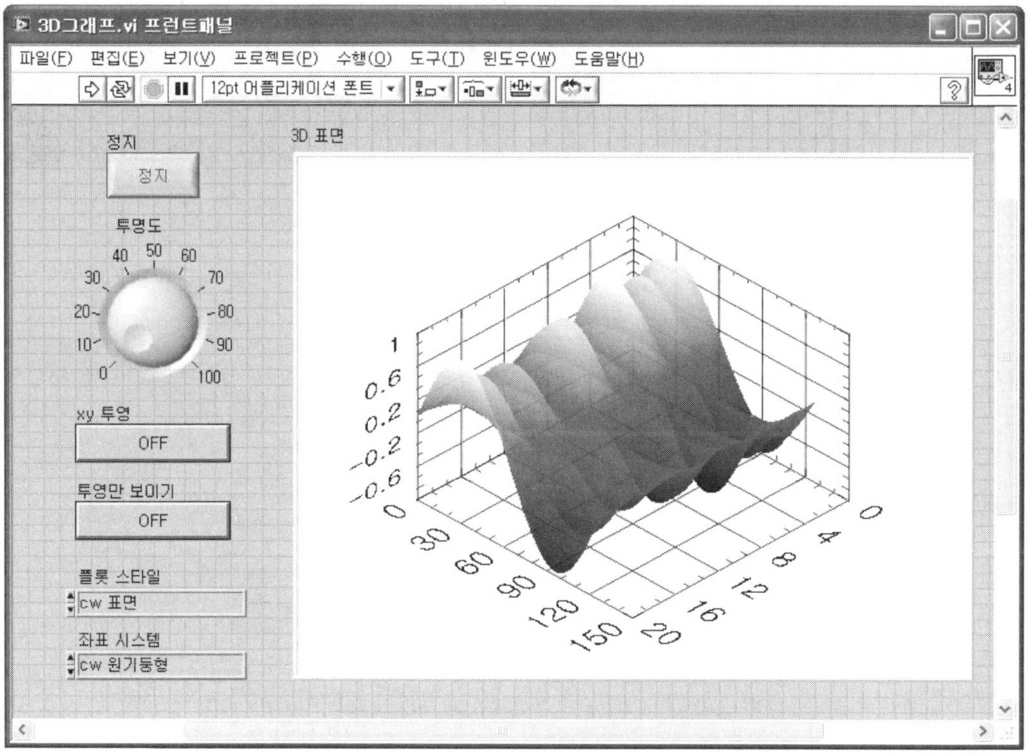

☞ 정지 : 컨트롤≫일반≫불리언≫정지 버튼

☞ 다이얼 : 컨트롤≫일반≫숫자형 컨트롤≫다이얼(라벨을 투명도로 변경한다)

☞ 불리언 : 컨트롤≫클래식≫클래식 불리언≫라벨 있는 정사각형 버튼(xy 투영, 투영만 보이기)

☞ 3D 표면그래프 : 컨트롤≫일반≫그래프≫3D 표면 그래프

☞ 플롯 스타일, 좌표 시스템 컨트롤은 블록다이어그램의 기본 프로퍼티(Basic Properties.vi)의 해당 터미널에서 오른쪽 마우스로 클릭한 후, 생성≫컨트롤을 선택해서 컨트롤을 생성한다.

☞ 에러 입력 3D, 에러 출력 3D : 컨트롤≫일반≫배열, 행렬, 클러스터≫에러 입력

3D, 에러 출력 3D(위에서는 표시되어 있지 않으나 블록다이어그램을 보면 있는 것을 알 수 있다).

○ 블록다이어그램의 구성

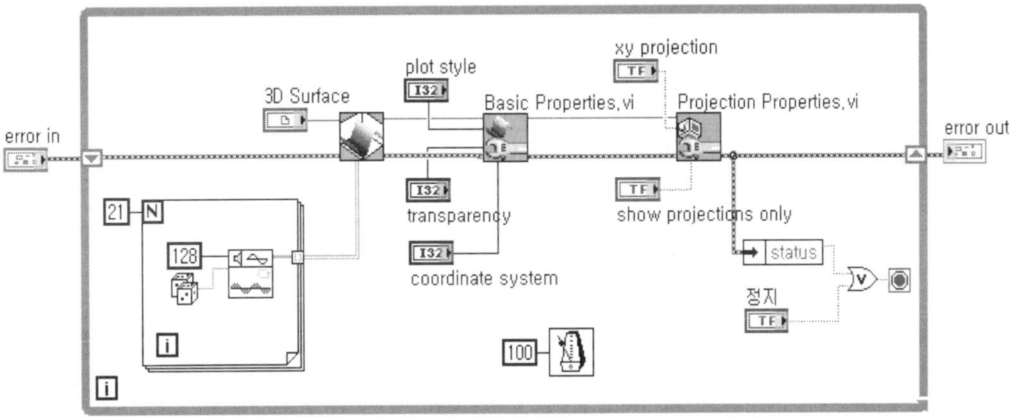

☞  : 함수≫신호처리≫신호발생≫사인파

☞  : 함수≫프로그래밍≫그래픽 & 사운드≫3D 그래프 프로퍼티≫기본 프로퍼티

☞  : 함수≫프로그래밍≫그래픽 & 사운드≫3D 그래프 프로퍼티≫투영 프로퍼티

☞  : 함수≫프로그래밍≫타이밍≫다음 ms 배수까지 기다림

☞  : 함수≫프로그래밍≫구조≫While 루프(루프 틀에서 마우스 오른쪽 버튼을 클릭한 후 메뉴에서 시프트 레지스터 추가를 선택한다.)

☞ 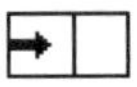 : 함수≫프로그래밍≫클러스터, 클래스, & 배리언트≫이름으로 풀기

☞  : 함수≫프로그래밍≫불리언≫OR

10.1.6 3D 그림 컨트롤 사용하기

이 기능은 LabVIEW 8.2에서 추가된 기능으로써 3D 그림 컨트롤 VI, 프로퍼티, 메소드를 사용해서 3D 객체를 사용자가 보고 조작할 수 있게 하였다. 즉, 여러 3D 객체를 생성하고 크기, 형태, 동작, 모양, 그리고 장면 내에서 다른 객체들과의 관계를 지정할 수 있

다. 또한 빛 소스의 스타일과 위치 및 카메라와 장면 간의 상호작용 등의 특성도 지정할 수 있다. 다음 2-152는 3D 그림 컨트롤 팔레트를 나타낸다.

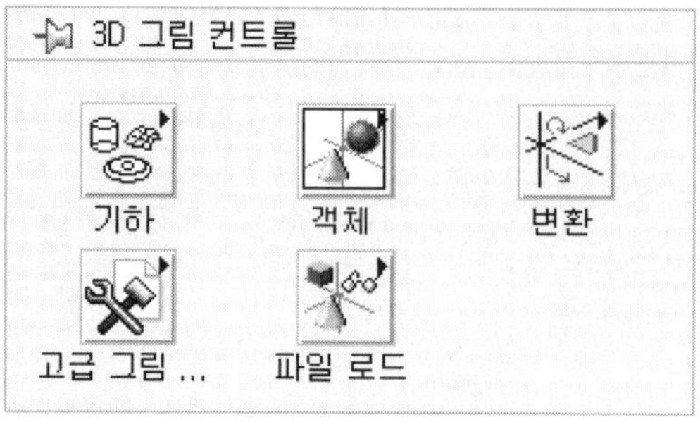

그림 2-152 3D 그림 컨트롤 팔레트

다음 그림 2-153은 빛 소스가 있는 간단한 3D 장면 예제이다. 이러한 3D 장면을 3D 그림 컨트롤로 생성하기 위해서는 3D 그림 컨트롤 VI, 프로퍼티, 메소드를 사용하여 3차원 장면을 만든다.

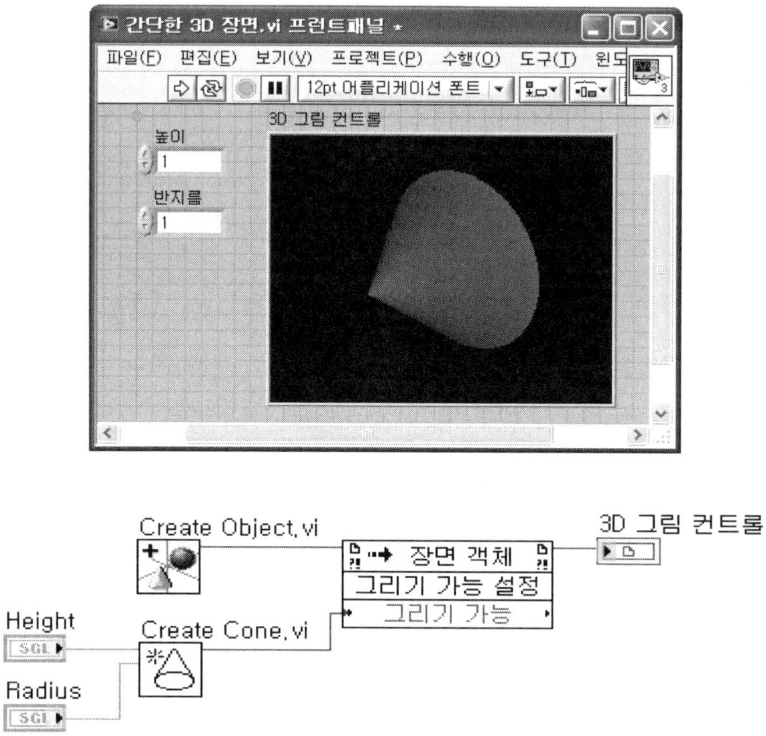

그림 2-153 간단한 3D 장면의 예(우 : 프런트 패널, 아래 : 블록다이어그램)

3D 장면을 조작하기 위해 프런트 패널 윈도에 있는 3D 그림 컨트롤에서 마우스 오른

쪽 버튼을 클릭하고 바로가기 메뉴에서 카메라 컨트롤러를 선택하고, 그 다음 메뉴에서 자동으로 다시 그리기와 구형좌표를 선택한다. VI를 연속적으로 실행하거나 장면을 While 루프에 넣고 VI를 실행하면 특정 시간 동안 연속적인 장면을 생성할 수 있다. 이때 VI가 실행되면, 마우스는 사용자가 장면을 탐색하는 데에 사용하는 카메라처럼 동작한다. 또한 카메라 컨트롤러:타입 프로퍼티를 사용해서 3D 그림 컨트롤을 위한 카메라 컨트롤러를 설정할 수도 있다. 3D 그림 컨트롤에서 카메라 컨트롤러를 설정하는 예제는 labview\examples\picture\3D Picture Control 디렉터리에 있는 solarsystem.vi를 참조하기 바란다.

3D 장면에서 객체 간의 관계를 생성하여 직하위 객체가 직상위 객체의 변경사항을 반영하도록 할 수 있다. 다음 그림 2-154는 태양계 모형에서처럼, 객체의 움직임이 서로 관련된 장면에서 객체 관계 기능을 사용하고 있다.

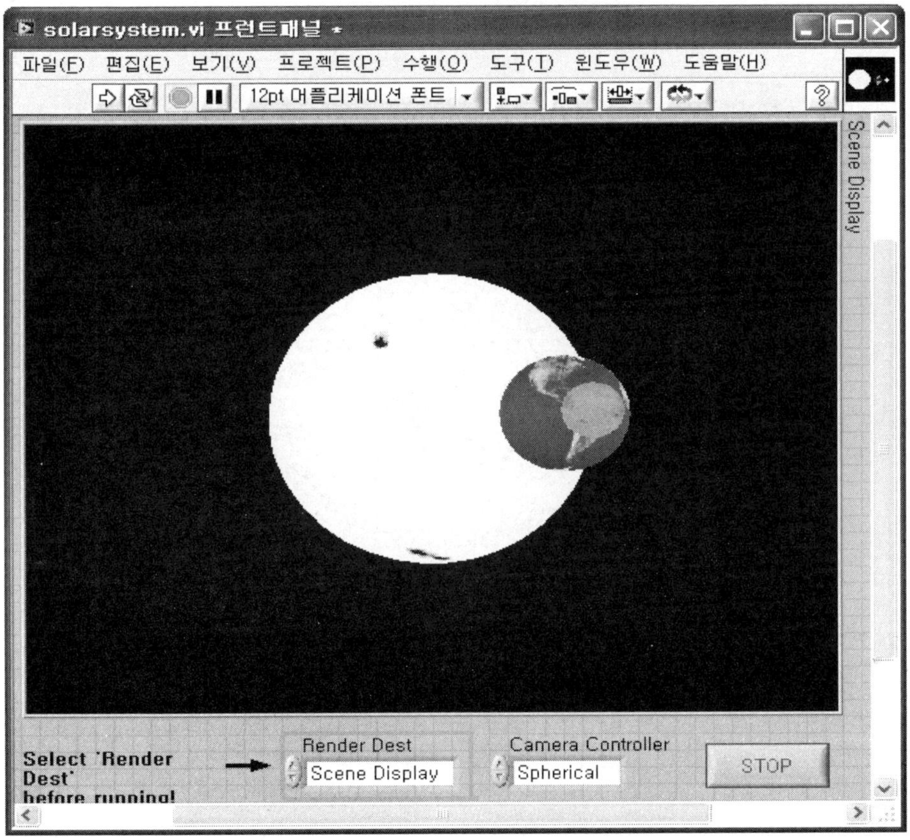

그림 2-154 3D 장면 조작하기의 예

객체에 텍스처(Texture)를 첨가함으로써 3D 객체의 모양을 바꿀 수 있다. 텍스처를 첨가하려면, 3D 개체 주변을 감싸도록 LabVIEW에서 2차원 이미지를 사용한다. 예를 들면, 구형에 지구 표면의 2D 이미지를 첨가함으로써 구형의 지구본을 만들 수 있다. 다음 그림 2-155와 같이 Texture VI와 장면 텍스처(Scene texture) 프로퍼티 및 메소드를 사용하여 3D 객체에 텍스처를 첨가한다.

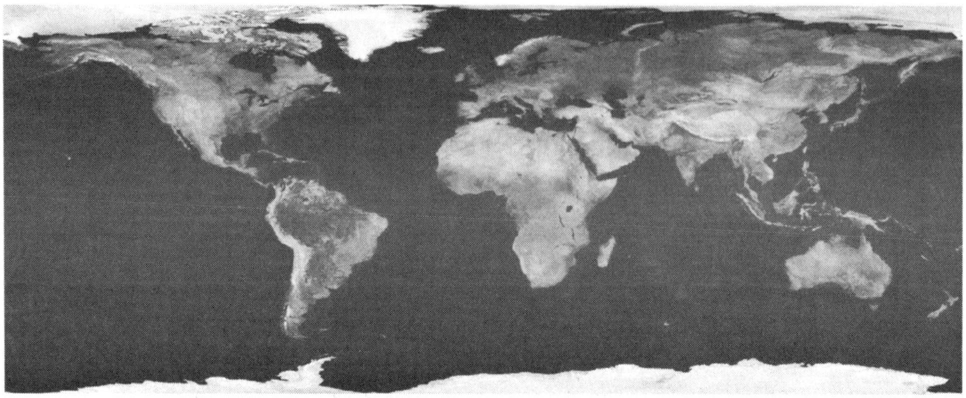

(a) 2차원 지구 이미지(Earth Morning.jpg)

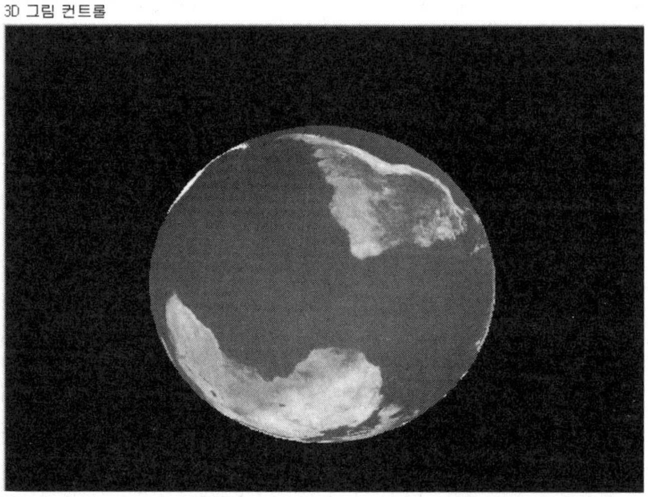

(b) 2차원 지구 이미지를 이용해 생성된 지구본

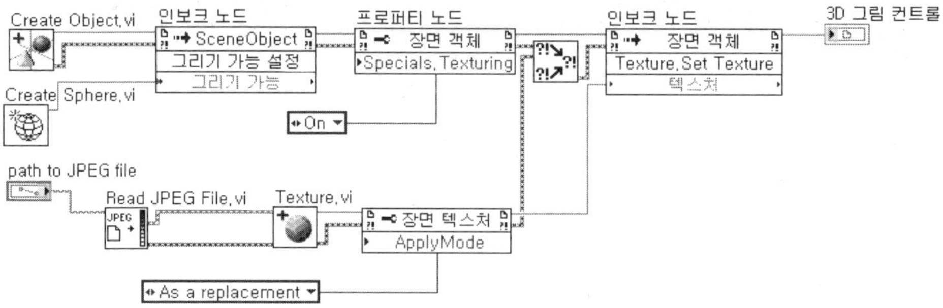

(c) 블록다이어그램

그림 2-155 지구 사진을 이용해 지구본 만들기 예제

10.2 그래프 활용 방법

각 그래프와 차트는 모양의 사용자 정의, 부가 정보 전달, 데이터 하이라이트를 사용할 수 있도록 많은 옵션을 가지고 있다. 그래프와 차트는 바로 가기 메뉴에서 접근할 수 있는 여러 가지 공통된 옵션을 제공하고 있다. 그러나 어떤 옵션은 차트 또는 그래프의 특정한 타입에서만 사용 가능하다.

10.2.1 여러 X, Y 스케일 사용

모든 그래프는 여러 x, y 스케일을 지원하며, 모든 차트는 여러 y 스케일을 지원한다. 공통적인 y 또는 y 스케일을 공유하지 않는 여러 플롯을 표시하려면 그래프나 차트의 여러 스케일을 사용할 수 있다. 그래프나 차트에 여러 스케일을 추가하기 위해서는 마우스 오른쪽 버튼으로 클릭한 후, 바로 가기 메뉴에서 스케일 복제를 선택한 후, 사이드 맞바꾸기를 하면 다음 그림 2-156과 같은 그림을 얻을 수 있다.

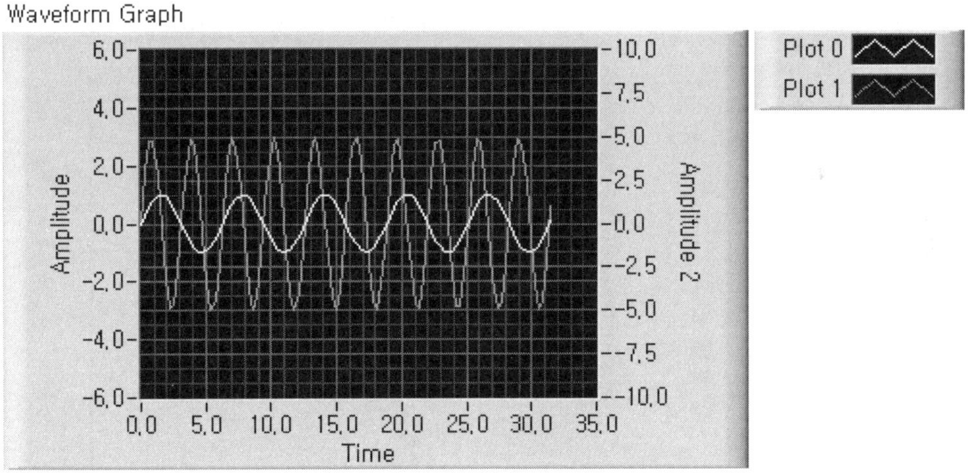

그림 2-156 여러 X, Y 스케일 사용

10.2.2 오토 스케일(Auto Scale)

그래프와 차트는 자동적으로 연결한 데이터에 맞도록 수평과 수직 스케일을 조정할 수 있다. 이 동작을 오토스케일이라고 하며, 그래프 또는 차트에서 마우스 오른쪽 버튼을 클릭한 후 바로 가기 메뉴에서 X 스케일≫오토스케일 X 또는 Y 스케일≫오토스케일 Y를 선택하여 오토스케일을 활성화하거나 비활성화시킬 수 있다. 기본적으로 그래프와 차트의 오토스케일은 활성화되어 있다. 하지만, 오토스케일은 실행을 느리게 할 수 있다.

수행 도구( )나 라벨링 도구( )를 사용하여 직접 수직 또는 수평 스케일을 바꾸는 것이 가능하다.

10.2.3 여러 X, Y 스케일 포맷하기

그래프와 차트에서 x축과 y축의 스케일을 지정하기 위해 프로퍼티 대화 상자의 포맷과 정밀도 페이지를 사용한다. 기본적으로, x 스케일은 시간의 라벨을 가지며 부동소수 표기를 사용하도록 설정되어 있으며, y 스케일은 진폭의 라벨을 가지며 자동 포맷을 사용하도록 설정되어 있다. 그래프 또는 차트의 스케일을 설정하려면, 그래프 프로퍼티 대화 상자 또는 차트 프로퍼티 대화 상자를 이용한다. 포맷과 정밀도 페이지에서 고급 편집 모드를 선택하면 포맷 문자열을 직접 입력하게 하는 텍스트 옵션을 디스플레이한다. 포맷 문자열을 입력하여 스케일의 모양과 숫자 정밀도를 사용자 정의할 수 있다.

그림 2-157 웨이브폼 그래프의 프로퍼티 대화 상자

10.2.4 그래프 팔레트 사용하기

그래프 팔레트를 사용하여 VI가 실행되는 동안 그래프 또는 차트에 특정 동작을 수행할 수 있다. 즉, 그래프 팔레트에서 커서 이동, 디스플레이 줌, 디스플레이 팬을 할 수 있다. 그래프 또는 차트에서 마우스 오른쪽 버튼을 클릭한 후 바로 가기 메뉴에서 보이는 아이템≫그래프 팔레트를 선택하면 그래프 팔레트( )가 나타난다.

그래프 팔레트에는 있는 버튼은 다음과 같은 기능을 수행하며, 버튼은 활성화 시 녹색 LED로 표시된다.

-  (커서 이동 도구, 그래프에서만 유효) : 디스플레이에서 커서를 움직인다.
-  (줌, Zoom) : 디스플레이를 줌-인(Zoom-in), 줌-아웃(Zoom-out)한다.
-  (팬 도구) : 플롯을 선택하여 디스플레이에서 스크롤한다.

10.2.5 그래프와 차트의 모양 사용자 정의하기

보이기 또는 숨기기 옵션으로 그래프 또는 차트의 모양을 사용자 정의한다. 그래프 또는 차트를 마우스 오른쪽 버튼으로 클릭한 후 바로 가기 메뉴에서 보이는 아이템을 선택하여 다음 옵션들을 숨기거나 보이게 한다.

- 플롯 범례(

) : 플롯의 색과 스타일을 정의한다. 여러 플롯을 표시하려면 플롯 범례의 크기를 조정한다.
- 스케일 범례 (

) : 스케일의 라벨을 정의하고 스케일 프로퍼티를 설정한다.
- 그래프 팔레트() : VI가 실행되는 동안 그래프 또는 차트에서 커서를 움직이고 줌하고 팬할 수 있게 한다.
- X 스케일과 Y 스케일 : x와 y 스케일을 포맷한다.
- 커서 범례(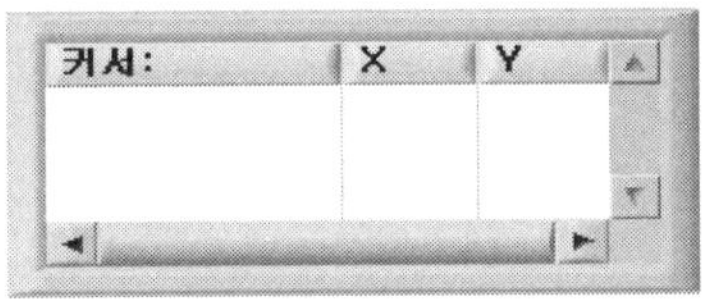

) : 정의된 포인트 좌표에 마커를 표시한다. 그래프에 여러 커서를 디스플레이할 수 있다. (그래프에서만 유효)
- X 스크롤바 : 그래프 또는 차트의 데이터를 스크롤한다. 스크롤 막대를 사용하여 현재 보이지 않는 그래프나 차트의 데이터를 관찰한다.
- 디지털 디스플레이(웨이브폼 차트에서만 유효) : 차트의 숫자값을 표시한다.

10.2.6 그래프 사용자 정의하기

각 그래프는 사용자의 데이터 디스플레이 요건에 충족시키기 위해 그래프를 사용자 정의를 할 수 있는 옵션을 포함하고 있다. 예를 들면, 그래프 커서의 동작과 모양 또는 그래프 스케일 설정의 수정을 할 수 있다. 다음 그림 2-158은 그래프의 원소를 보여준다.

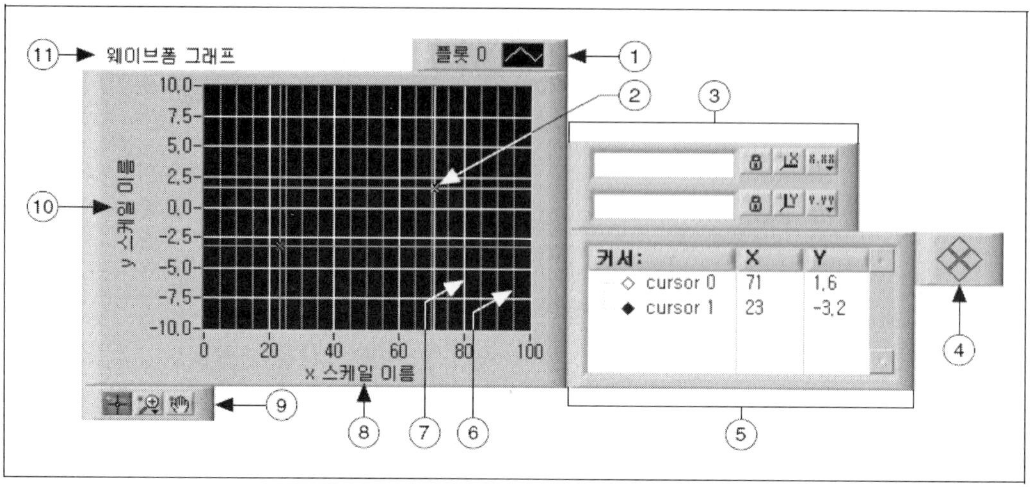

1	플롯 범례	4	커서 이동자	7	눈금 마크	10	Y 스케일
2	커서	5	커서 범례	8	X 스케일	11	라벨
3	스케일 범례	6	보조 눈금 마크	9	그래프 팔레트		

그림 2-158 그래프의 원소들

위 범례에 나열된 대부분의 아이템을 추가하기 위해서 그래프에서 마우스 오른쪽 버튼을 클릭한 후 바로 가기 메뉴에서 보이는 아이템을 선택하고 적절한 항목을 선택한다.

그래프에서 커서를 사용하여 플롯 또는 플롯 영역 포인트의 정확한 값을 읽을 수 있다. 커서값은 커서 범례에 표시된다. 커서 범례에서 어디든 마우스를 놓고 마우 스 오른쪽 버튼을 클릭하고 바로가기 메뉴에서 커서 생성을 선택하고 커서 모드를 선택하여 그래프에 커서를 추가한다. 커서 위치는 커서 모드에서 정의되며, 커서는 다음 모드를 가진다.

- 독립 : 플롯 위치에 구애받지 않고 플롯 영역에서 자유롭게 커서를 움직인다.
- 단일 플롯 : 커서와 연관되어 있는 플롯에서만 커서가 움직일 수 있다. 커서 범례에서 마우스 오른쪽 버튼을 클릭하고 바로 가기 메뉴에서 고정을 선택하여 하나 또는 모든 플롯을 커서와 연관시킬 수 있다.
- 여러 플롯 : 플롯 영역의 특정 데이터 포인트에서만 커서가 위치한다. 여러 플롯 커서는 커서가 연관된 모든 플롯의 지정된 x값에서 값을 나타낸다. 플롯 영역의 어느 플롯에나 커서를 놓을 수 있다. 이 모드는 복합 신호 그래프에서만 사용 가능하다.

일단, 커서의 모드를 생성한 후에는 변경할 수 없다. 커서를 삭제하고 다른 커서를 생성해야만 한다. 여러 가지 방법으로 커서의 모양을 사용자 정의할 수 있다. 플롯에서 커서에 라벨링하고, 커서의 색을 지정하고, 라인, 포인트, 커서 스타일을 지정 할 수 있다. 커서 범례 열에서 마우스 오른쪽 버튼을 클릭한 후 바로 가기 메뉴에서 아이템을 선택하여 커서를 사용자 정의하도록 한다.

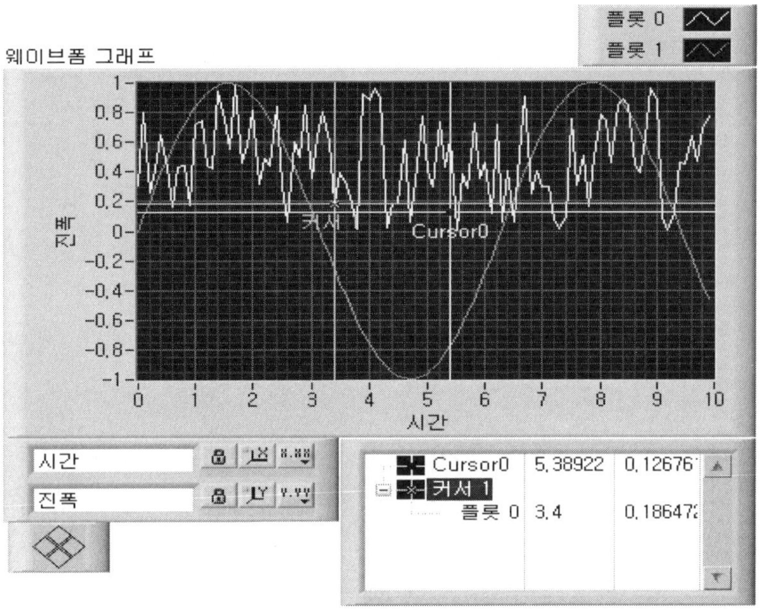

그림 2-159 그래프 커서의 사용 예

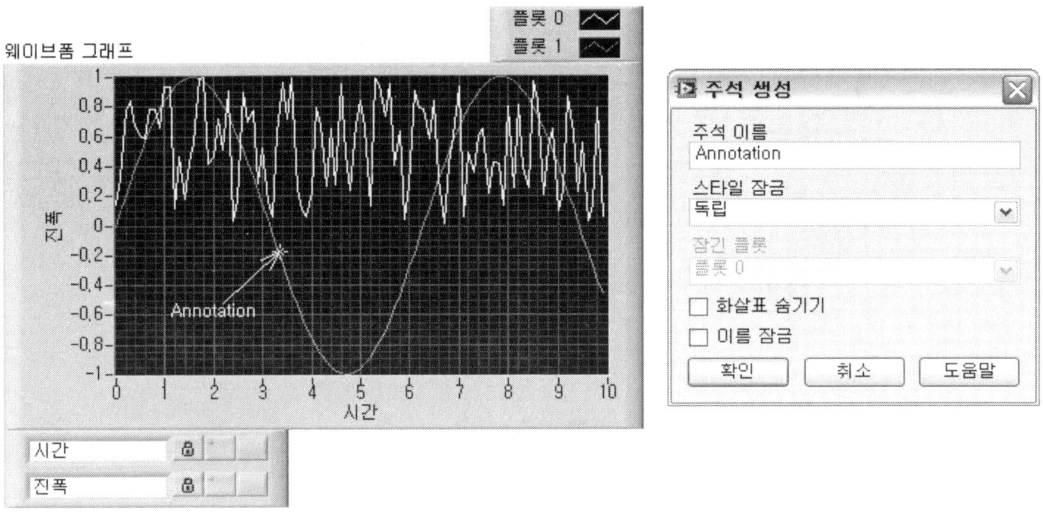

그림 2-160 주석을 사용한 그래프의 예제

그래프에 주석을 사용하여 플롯 영역의 데이터 포인트를 하이라이트할 수 있다. 주석은 주석과 데이터 포인트를 식별하는 라벨과 화살표가 있으며, 그래프는 여러 개의 주석을 가질 수 있다. 위 그림 2-160은 주석을 사용한 그래프의 예제이다.

그래프에서 마우스 오른쪽 버튼을 클릭한 후 바로 가기 메뉴에서 데이터 처리≫주석 생성을 선택하면 위에 나타난 주석 생성 대화 상자가 나타난다. 주석 생성 대화 상자를 사용하여 주석 이름을 지정하고 어떻게 주석이 플롯 영역에 고정되는지 지정한다. 주석 생성 대화 상자에서 고정 스타일 풀다운 메뉴를 사용하여 어떻게 주석이 플롯 영역의 플롯에 고정되는지 지정한다. 고정 스타일 구성요소에는 다음 옵션이 있다.

- 독립 : 주석을 플롯 영역의 어디에나 이동할 수 있다. LabVIEW는 주석을 플롯 영역의 어느 플롯에도 고정되지 않는다.
- 모든 플롯에 고정 : 플롯 영역의 임의의 플롯에 따라 주석을 가장 가까운 데이터 포인트로 이동시킨다.
- 한 플롯에 고정 : 지정된 플롯을 따라서만 주석을 이동시킬 수 있다.

여러 가지 방법으로 주석의 모양을 사용자 정의할 수 있다. 플롯 영역에 주석 이름이나 화살표를 숨기거나 보여주고, 주석의 색을 지정하고, 라인, 포인트, 주석 스타일을 지정할 수 있다. 주석에서 마우스 오른쪽 버튼을 클릭한 후 메뉴에서 속성을 선택하여 주석을 사용자 정의한다. 주석을 삭제하려면 메뉴에서 주석 삭제를 선택한다.

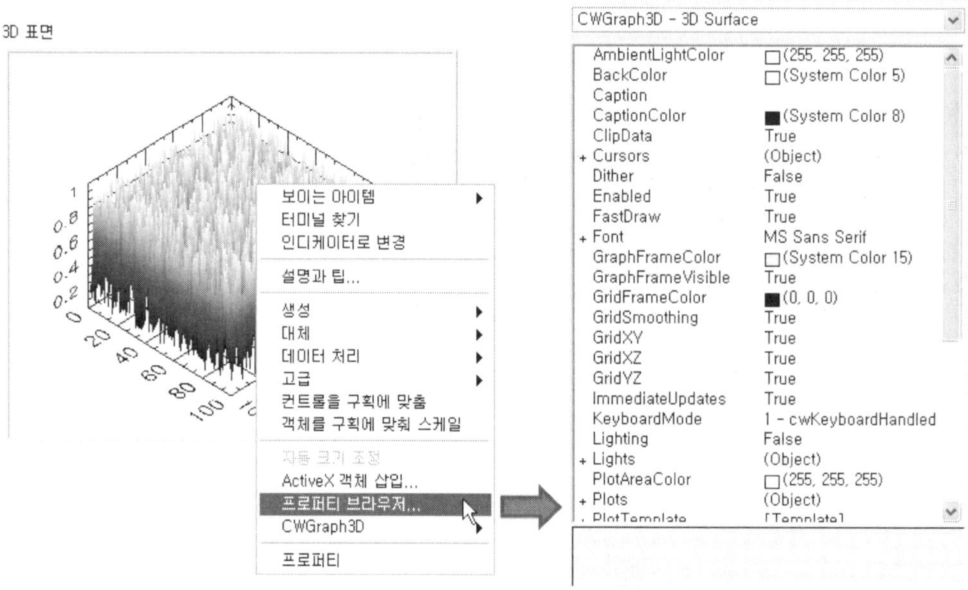

그림 2-161 3D 그래프의 프로퍼티를 설정을 위한 프로퍼티 브라우저

3D 그래프는 3D 플롯 스타일, 스케일 포맷, 눈금, 플롯 투영 등 사용자 정의를 하는 많은 옵션을 가지고 있다. 3D 그래프는 ActiveX 기술과 3D 형태를 다루는 VI를 사용하기 때문에 다른 그래프의 설정 옵션과는 다르다. 어플리케이션을 생성하는 동안 ActiveX 프로퍼티 브라우저를 사용하여 3D 그래프의 프로퍼티를 설정한다. 3D 그래프에서 마우

스 오른쪽 버튼을 클릭한 후 바로 가기 메뉴에서 ActiveX 프로퍼티 브라우저를 디스플레이하기 위해 프로퍼티 브라우저를 선택한다. 실행할 때의 공통 프로퍼티 변경을 허용하거나 프로그램적으로 프로퍼티를 설정할 필요가 있다면 3D 그래프 프로퍼티 VI를 사용한다.

10.2.7 차트 사용자 정의하기

저장된 데이터를 새 데이터로 덮어쓰고 디스플레이하는 그래프와 달리 차트는 이전에 저장된 데이터의 히스토리를 보존하고 주기적으로 업데이트한다. 사용자의 데이터 디스플레이 요구에 맞도록 차트를 사용자 정의할 수 있다. 모든 차트에서 스크롤 막대, 스케일 범례, 그래프 팔레트, 디지털 디스플레이, 시간에 대한 스케일 타입 옵션이 사용 가능하다. 또한 차트 히스토리 길이, 업데이트 모드, 그리고 플롯 디스플레이의 차트 동작을 수정할 수 있다.

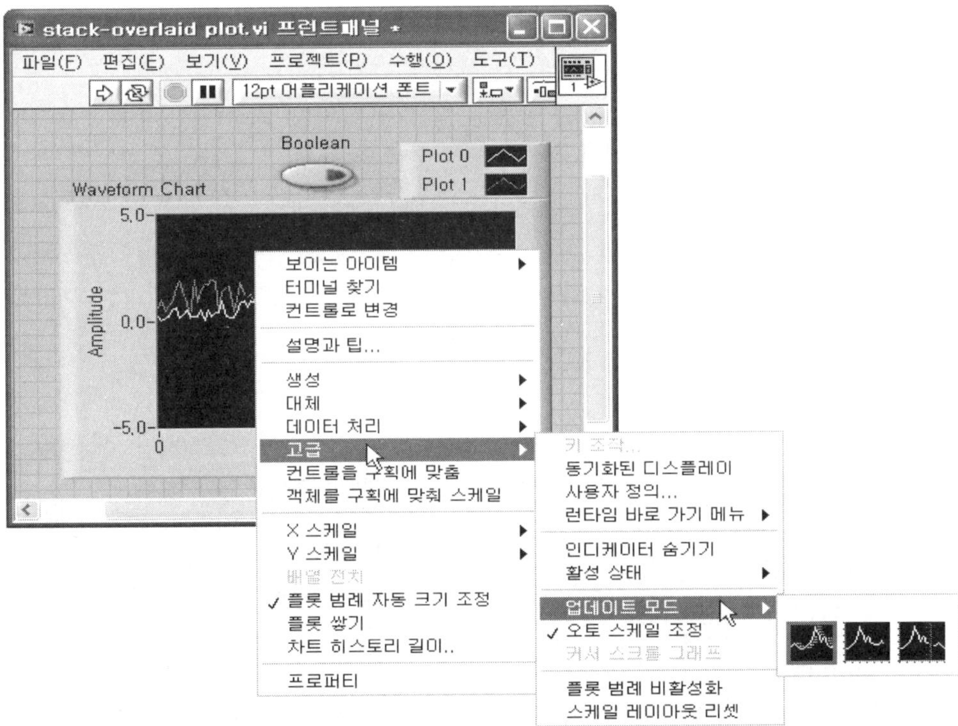

그림 2-162 차트의 업데이트 모드를 설정 방법

LabVIEW는 버퍼, 또는 차트 히스토리에 이미 추가된 데이터 포인트를 저장한다. 차트 히스토리 버퍼의 기본 크기는 1,024 데이터 포인트이다. 웨이브폼 차트에서 마우스 오른쪽 버튼을 클릭한 후 바로 가기 메뉴에서 차트 히스토리 길이를 선택하여 히스토리 버퍼

를 설정할 수 있으며, 차트의 스크롤 막대를 이용해 이전에 수집된 데이터를 관찰할 수 있다. 스크롤 막대를 나타내려면 차트에서 마우스 오른쪽 버튼을 클릭한 후 바로 가기 메뉴에서 보이는 아이템≫X 스크롤 막대를 선택한다.

새로운 데이터를 디스플레이하기 위해 차트를 업데이트 하는 방법을 설정할 수 있다. 차트에서 마우스 오른쪽 버튼을 클릭한 후 바로 가기 메뉴에서 고급≫업데이트 모드를 선택하여 차트의 업데이트 모드를 설정한다.

차트는 데이터를 디스플레이하기 위해 다음 모드중 하나를 사용한다.

- 스트립(Strip) 차트 : 차트의 이전 데이터는 왼쪽에, 그리고 새 데이터는 오른쪽에 연속적으로 스크롤하면서 데이터를 나타낸다. 스트립 차트는 기본 업데이트 모드이다.
- 스코프(Scope) 차트 : 펄스 또는 웨이브와 같은 데이터의 한 아이템을 왼쪽에서 오른쪽으로 스크롤하는 도중을 나타낸다. 각 새로운 값에 대해 차트는 최근 값의 오른쪽에 값을 나타낸다. 플롯이 그리는 영역의 오른쪽 경계에 도달하면, LabVIEW는 플롯을 지우고 왼쪽 경계부터 다시 그리기 시작한다. 스코프 차트의 다시 그리기는 오실로스코프와 비슷하다.
- 스윕(Sweep) 차트 : 수직선을 기준으로 오른쪽에는 이전 데이터가 유지되고 왼쪽에는 새 데이터가 그려지는 것을 제외하면 스코프 차트와 유사하다.

하나의 수직 스케일인 오버레이 플롯이나 여러 수직 스케일인 플롯 쌓기를 사용하여 차트에 여러 플롯을 표시할 수도 있다. 다음 그림 2-163은 플롯 오버레이와 플롯 쌓기의 예이다.

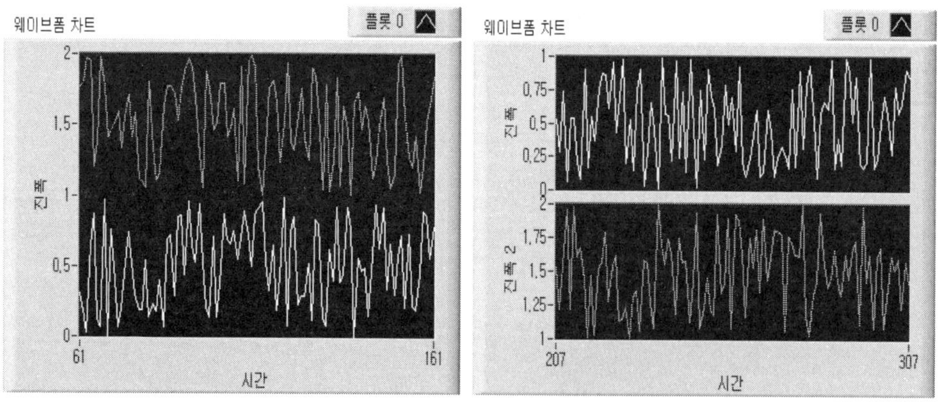

그림 2-163 차트 그래프의 플롯 오버레이와 플롯 쌓기의 예

11 경로 및 파일 함수들을 이용한 프로그램

파일 I/O 함수와 VI는 파일에 데이터를 저장하거나 파일에서 데이터를 읽어올 때 사용한다. 여기서는 파일 I/O 팔레트에 있는 VI와 함수를 포함하여 모든 파일 I/O 기능을 살펴본다. 일반적으로 파일 I/O는 다음 기능을 수행한다.

- 데이터 파일의 열기와 닫기
- 파일에서 데이터 읽기와 데이터 쓰기
- 스프레드시트 형식 파일 읽기와 쓰기
- 파일 및 디렉터리 이동하기와 이름 바꾸기
- 파일 특성 변경하기
- 설정 파일 만들기, 수정하기, 읽기

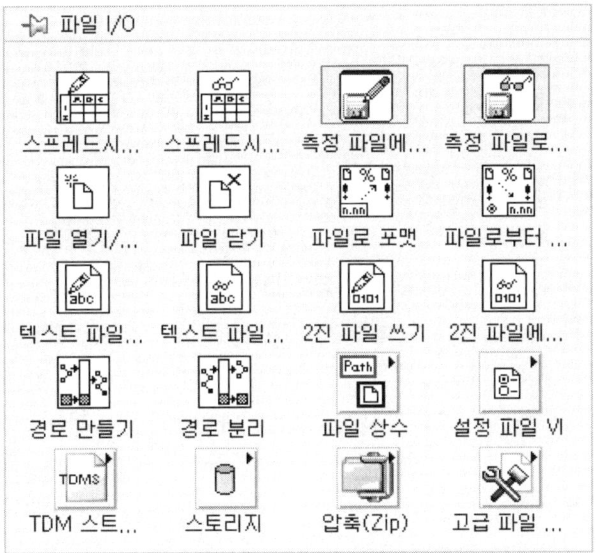

그림 2-164 파일 I/O 팔레트

하나의 VI 또는 함수를 사용하여 파일을 열거나, 읽거나, 쓰거나, 닫을 수 있다. 또한, 함수를 사용하여 프로세스의 각 단계를 제어할 수도 있다. 또한, 측정 파일로부터 읽기 익스프레스 VI와 측정 파일에 쓰기 익스프레스 VI를 사용하여 .lvm 또는 .tdm 파일에서 데이터를 읽고 데이터를 쓸 수 있다.

11.1 파일 I/O의 기초

일반적인 파일 I/O는 다음과 같은 과정으로 진행된다.

1. 파일을 새로 만들거나 연다(메모리에 파일을 위한 공간이 확보됨). 새 파일 생성 경로를 지정하거나 기존 파일을 선택하려면 파일 위치 경로를 직접 입력하거나 대화상자의 지시에 따라 선택할 수 있다. 일단, 파일이 열려서 메모리가 할당된 후에는 참조 번호가 파일을 표시한다.
2. 파일을 읽거나 쓴다.
3. 파일을 닫는다(메모리에서 파일을 위한 공간이 제거된다).

파일 I/O VI와 텍스트 파일에서 읽기 및 텍스트 파일 쓰기 함수와 같은 일부 파일 I/O 함수는 일반적인 파일 I/O 작업을 위한 세 단계 모두를 수행할 수 있다. 여러 작업을 위해 디자인된 VI와 함수는 개별 작업을 위해 설정되거나 디자인된 함수보다 효율성이 떨어진다. 대부분의 파일 I/O VI와 함수들은 참조 번호 또는 경로에 대응하는 입력 파라미터와 같은 값을 반환한다.

11.2 파일 I/O 포맷 선택하기

파일 I/O 팔레트에 있는 VI들은 파일의 형태에 따라 사용이 구별된다. 텍스트, 2 진, 데이터로그(datalog)의 3가지 형태로 파일 읽기 또는 쓰기가 가능하다. 어떤 데이터 포맷을 사용할 것인가를 결정하기 위해서 다음 기본 지침을 참고한다.

- Microsoft Excel과 같은 다른 어플리케이션에서 사용할 수 있는 데이터를 만들려면, 가장 일반적이고 호환 가능한 텍스트 파일을 사용한다.
- 수행 속도와 콤팩트한 디스크 공간이 중요하다면 텍스트 파일보다 효율적인 2진 파일을 선택한다.
- 복잡한 데이터 레코드 또는 서로 다른 데이터 타입을 사용하려면 데이터로그 파일 형식을 사용한다. 데이터로그 파일은 LabVIEW에서만 지원되며 복잡한 데이터 구조를 저장해야 할 때 가장 좋은 방법이다.

그래프나 차트 데이터처럼 원래의 형식이 텍스트가 아닌 경우에 텍스트 파일은 2 진이나 데이터로그 파일보다 더 큰 메모리를 차지한다. 데이터를 ASCII 형으로 나타내면 일반적으로 데이터 자체보다 더 커지기 때문이다. 예를 들어, -123.4567는 단정도 부동소수로 4바이트에 저장할 수 있다. 그러나 이것의 ASCII 표현은 각 문자마다 하나의 바이트 즉, 9바이트가 필요하다.

11.3 일반적인 파일 I/O 작업을 위한 VI와 함수 사용하기

파일 I/O 팔레트에는 다음 타입의 데이터를 쓰기 또는 읽기 등 일반적인 파일 I/O 작업을 위해 설계된 VI와 함수가 포함되어 있다.

- 스프레드시트 텍스트 파일에 숫자값 쓰기와 읽기
- 텍스트 파일에서 문자 쓰기와 읽기
- 텍스트 파일에서 라인 쓰기와 읽기
- 2진 파일에서 데이터 쓰기와 읽기

다음 그림 2-165의 블록다이어그램은 스프레드시트 파일에 쓰기 VI를 사용하여 탭으로 자리를 구분한 스프레드시트 파일에 숫자를 보내는 방법을 보여준다. VI를 실행시키면 LabVIEW는 새 파일을 생성하거나 이미 존재하는 파일에 데이터를 기록하도록 입력 요청한다.

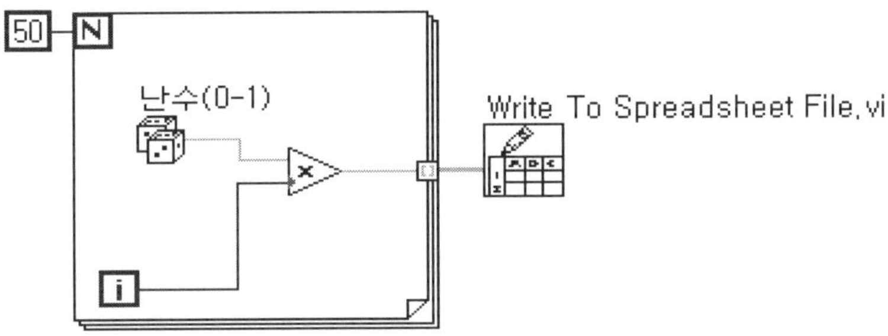

(a) 블록다이어그램

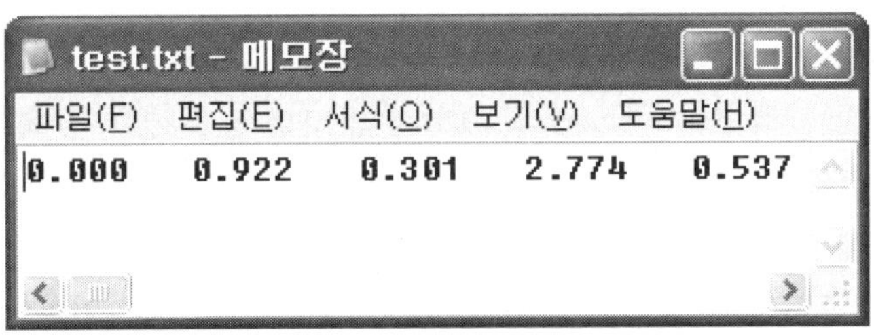

(b) 저장한 스프레드시트 파일

그림 2-165 스프레드시트 파일에 쓰기 VI를 활용한 예제

열기, 읽기, 쓰기 함수는 파일 경로 입력을 필요로 한다. 파일 경로를 지정하지 않으면, 읽거나 쓸 파일을 지정하도록 대화 상자가 자동으로 나타난다. 파일 I/O 팔레트에는 개별적으로 각 파일 I/O 작업을 제어하는 함수가 포함되어 있다. 이 함수를 사용하여 파

일을 생성하거나 열고, 파일로부터 데이터를 읽거나 파일에 데이터를 쓰고, 파일을 닫을 수 있다. 이런 함수를 사용하여 다음 태스크도 수행할 수 있다.

- 디렉터리 생성하기
- 파일 이동하기, 복사하기, 또는 삭제하기
- 디렉터리 내용 리스트하기
- 파일 특성 변경하기
- 경로 변경하기

파일 경로 컨트롤은 문자열 & 경로 팔레트에 위치하며 다음 그림 2-166과 같이 파일의 위치를 지정하기 위한 LabVIEW 데이터 타입이다. 경로는 파일의 크기, 파일 시스템 최상위 레벨부터 현재 파일까지의 디렉터리, 그리고 파일명을 나타낸다. 현재 플랫폼의 표준 구문으로 경로 컨트롤 또는 인디케이터에 파일 경로를 입력하거나 표시한다.

그림 2-166 경로 컨트롤과 터미널의 예

다음 그림 2-167의 블록다이어그램은 파일 I/O 함수를 사용하여 숫자를 스프레드시트 파일로 저장하는 예제로써 구분 문자로 탭 상수를 사용하였다. VI를 실행할 때, 파일 열기/생성/대체 함수는 경로 상수에 있는 파일을 열거나 새로 생성한다. 텍스트 파일 쓰기 함수는 숫자 문자열을 파일에 쓴다. 파일 닫기 함수는 파일을 닫는다. 파일을 닫지 않으면 파일은 메모리에 남게 되며 다른 어플리케이션이나 다른 사용자가 메모리에 접근할 수 없어 메모리가 낭비된다.

그림 2-165에서의 스프레드시트에 쓰기 VI와 비교해서 위의 블록다이어그램은 각 파일 작업에 개별 함수를 사용한다. 즉, 숫자 배열을 문자열로 포맷하기 위해 배열을 스프레드시트 문자열로 함수를 사용하였으며 각각의 파일 I/O 함수를 이용해 파일을 열고, 파일에 문자열을 쓰고, 파일을 닫는 직업을 수행하였다.

또한, 디스크 스트리밍 작업에도 파일 I/O 함수를 사용할 수 있다. 디스크 스트리밍 작업은 함수가 파일을 열고 닫기 위해 OS와 상호작용하는 횟수를 줄여 메모리 리소스를 절약할 수 있다. 디스크 스트리밍은 루프 내에서 파일을 닫지 않고 열린 상태를 유지하면서 여러 가지 데이터 저장 작업을 수행하는 기술이다. 스프레드시트 파일에 쓰기 VI는 VI가 실행될 때마다 파일을 열고 닫기 때문에 오버헤드가 추가된다. 즉, 동일한 파일을 자주 열고 닫게 되면 함수를 호출하는 데 시간이 소요되기 때문에 VI의 효율성이 떨어진다.

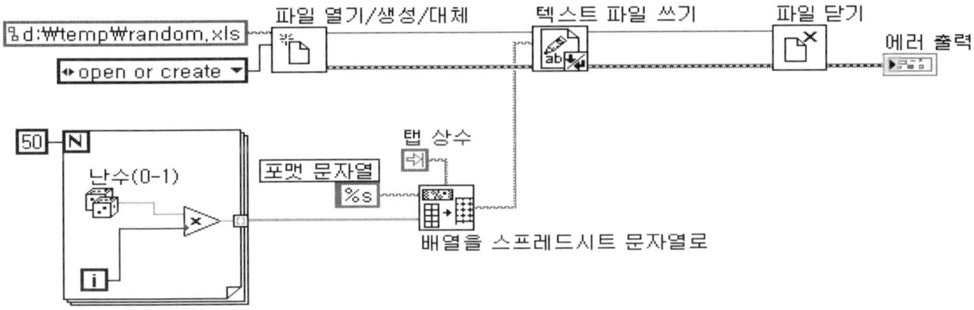

(a) 블록다이어그램

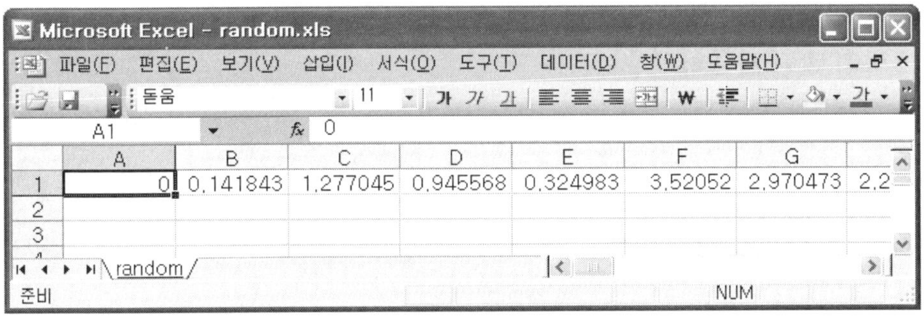

(b) 저장한 스프레드시트 파일(random.xls)

그림 2-167 파일 함수를 사용한 스프레드시트 파일 저장 예

일반적인 디스크 스트리밍 작업을 하려면 파일 열기/생성/대체 함수를 루프 앞에 놓고, 루프 안에 읽기 또는 쓰기 함수를 놓고, 파일 닫기 함수를 루프 뒤에 놓아 계속적인 파일 쓰기 작업이 각 반복마다 파일을 열고 닫는 것에 관련된 오버헤드 없이 루프 내에서 발생할 수 있도록 한다.

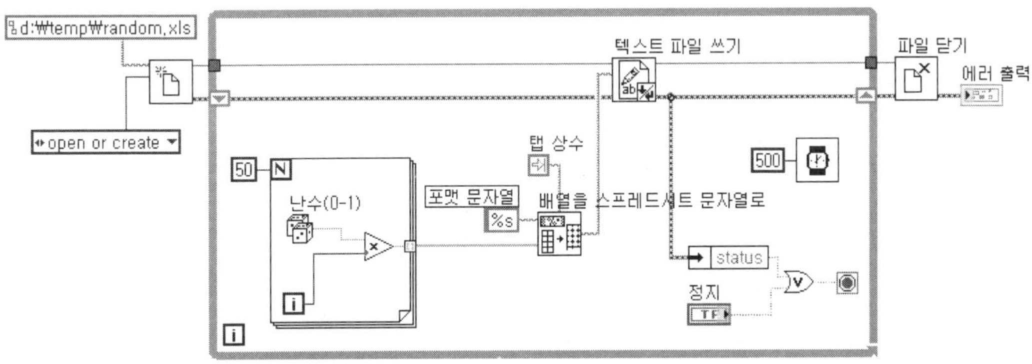

그림 2-168 디스크 스트리밍 작업의 예

텍스트 파일에 쓰기 함수는 문자의 문자열 또는 문자열의 배열을 라인으로 파일에 쓴다. 경로를 파일 입력에 연결하는 경우, 함수는 파일에 쓰고 이전 파일 내용을 대체한다. 파일 참조 번호를 파일 입력에 연결하는 경우, 현재 파일 위치에서 쓰기가 시작된다. 따라서 기존 파일에 추가하기 위해서는 파일 위치 설정 함수를 사용하여 파일 위치를 파일 끝으로 설정해야 한다.

디스크 스트리밍은 속도에 민감한 장시간 데이터 수집 수행 시에 이상적이다. 데이터를 수집하면서 한편으로는 파일에 데이터를 연속적으로 기록할 수 있다. 최상의 결과를 위해 데이터 수집이 완료될 때까지 다른 VI와 함수를 함께 실행하지 않도록 하는 것이 좋다.

11.4 스토리지 VI 사용하기

스토리지 팔레트의 스토리지 VI들을 사용하여 웨이브폼과 웨이브폼 프로퍼티를 2 진 측정 파일(.tdm)에 쓰고 읽을 수 있다. LabVIEW와 DIAdem과 같은 NI 소프트웨어 간의 데이터 교환은 .tdm 파일을 사용하는 것이 좋다. 스토리지 VI는 오직 Windows에서만 사용이 가능하다.

스토리지 VI는 채널을 구성하기 위해서 웨이브폼과 웨이브폼 속성을 결합한다. 채널 그룹은 채널 세트를 구성하고, 파일은 채널 그룹의 세트를 포함한다. 이름에 따라 채널을 저장한다면 기존의 채널에 빠르게 데이터를 추가하거나 기존의 채널로부터 데이터를 읽을 수 있다. 숫자값과 더불어 스토리지 VI는 문자열 배열과 타임스탬프 배열을 지원한다. 참조 번호는 블록다이어그램 상의 파일, 채널 그룹과 채널을 나타낸다. 또한, 스토리지 VI를 사용하여 지정된 조건에 부합하는 채널 그룹 또는 채널을 얻기 위해서 파일을 쿼리(query)할 수도 있다. 개발 중에 시스템 사양이 변경되고 파일에 데이터를 추가해야 하는 경우, 파일을 사용 불능으로 만들지 않고도 파일의 포맷을 변경할 수 있다.

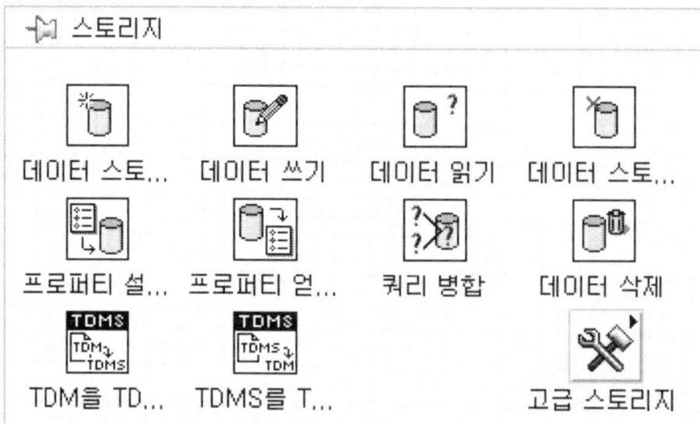

그림 2-169 스토리지 팔레트

스토리지 VI를 사용한 예제로 labview\examples\file\storage.llb를 참조하도록 한다. 또한, 측정 파일로부터 읽기 익스프레스 VI와 측정 파일에 쓰기 익스프레스 VI를 사용하여 .tdm 파일로부터 데이터를 읽고 쓸 수 있다.

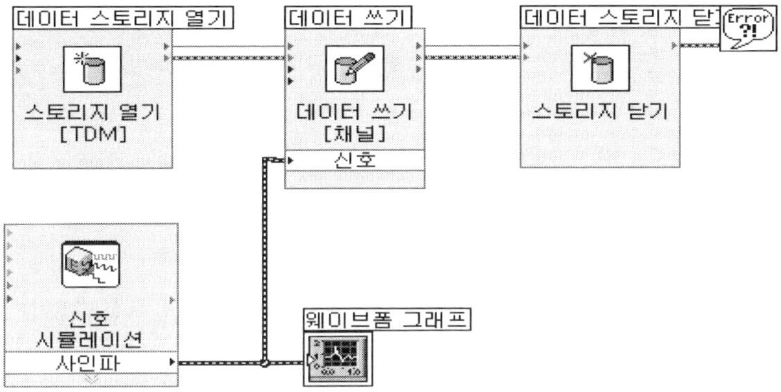

(a) 스토리지 파일 만들기

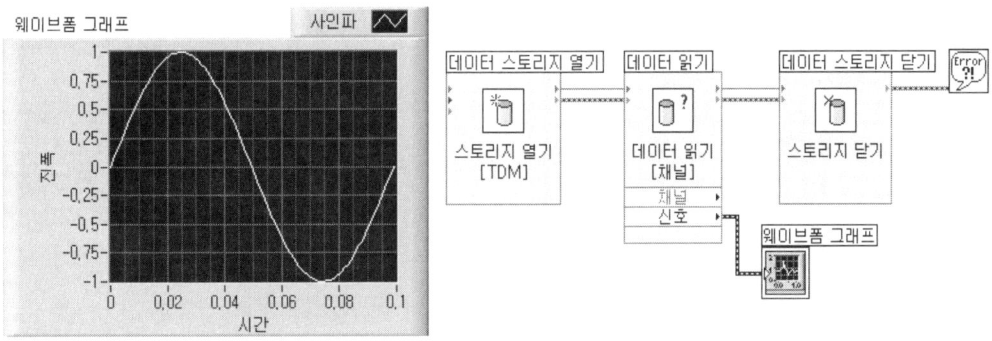

(b) 스토리지 파일 읽기

그림 2-170 스토리지 익스프레스 VI를 이용한 파일 쓰기/읽기

11.5 텍스트와 스프레드시트 파일 생성하기

텍스트 파일에 데이터를 쓰려면, 반드시 데이터를 문자열로 변환해야 한다. 스프레드시트 파일에 데이터를 쓰려면 탭과 같은 구분자를 포함하는 문자열인 스프레드시트 문자열로 포맷해야 한다. 대부분의 워드 프로세싱 어플리케이션들은 텍스트를 읽기 위해 형식화된 텍스트를 요구하지 않기 때문에 그냥 텍스트 파일에 텍스트를 쓰면 된다. 텍스트 파일에 텍스트 문자열을 쓰려면, 파일을 자동으로 열고 닫는 텍스트 파일 쓰기 함수를 사용한다. 2진 파일 쓰기 함수를 사용하여 플랫폼에 독립적인 텍스트 파일을 생성하고, 2진 파일에서 읽기 함수를 사용하여 플랫폼에 독립적인 텍스트 파일을 읽을 수 있다.

그래프나 차트에 나타난 숫자 세트나 획득한 데이터를 스프레드시트 문자열로 변환하기 위해서는 스프레드시트 파일에 쓰기 VI 또는 배열을 스프레드시트 문자열로 함수를 사용한다. 워드 프로세싱 어플리케이션에서 생성한 텍스트를 읽다가 에러가 발생하는 경우는 파일 I/O VI가 처리할 수 없는 폰트, 색상, 스타일, 그리고 사이즈로 텍스트가 포맷되었기 때문이다. 숫자와 문자를 스프레드시트 또는 워드 프로세싱 어플리케이션에 쓰고자 하는 경우, 문자열 함수 또는 배열 함수로 데이터를 포맷하고 문자열끼리 조합한 후 파일에 데이터를 기록하도록 한다. 파일로 포맷 함수를 사용하여 문자열, 숫자, 경로 및 불리언 데이터를 텍스트로 포맷하고 파일에 쓴다. 문자열로 포맷 함수로 문자열을 포맷하고 텍스트 파일 쓰기 함수로 결과 문자열을 저장하는 대신 이 함수를 사용하면 편리하다.

파일에서 데이터를 스캔하기 파일에서 문자열, 숫자, 경로, 그리고 불리언값 등의 원하는 텍스트를 찾으려면 파일로부터 스캔 함수를 사용하고, 텍스트를 데이터 타입으로 변환한다. 2진 파일에서 읽기 함수 또는 텍스트 파일에서 읽기 함수로 파일에서 데이터를 읽고 문자열로부터 스캔 함수로 결과 문자열을 스캔하는 대신에 이 함수를 사용하면 편리하다.

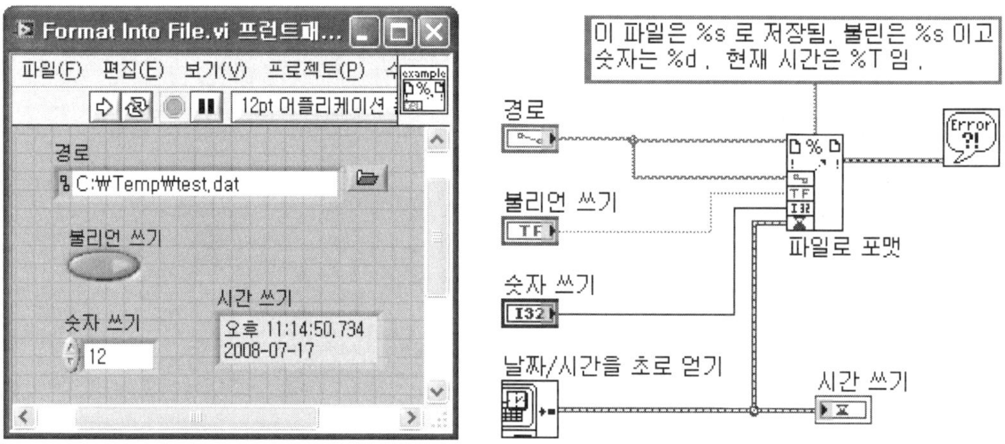

(a) 프런트 패널과 블록다이어그램

(b) 저장된 파일

그림 2-171 파일로 포맷 함수를 이용한 문자열로 저장 방법

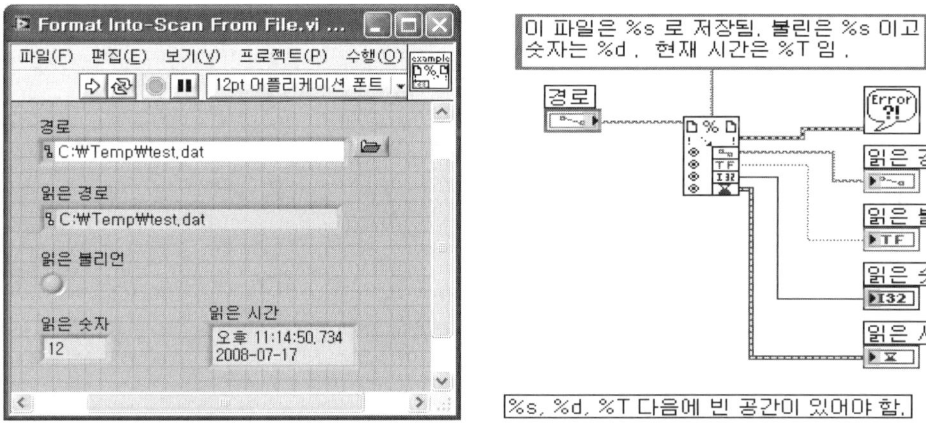

그림 2-172 파일로부터 스캔 함수를 이용한 데이터 읽기 방법

11.6 2진 파일 생성하기

2진 파일 쓰기 함수를 사용하여 2진 파일을 생성할 수 있다. 어떤 데이터 타입도 2진 파일에 쓰기 함수의 데이터 입력에 연결될 수 있다. 하지만 2진 파일에서 읽기 함수를 사용하여 파일 데이터를 읽을 때에는 데이터 타입을 미리 지정해야만 한다.

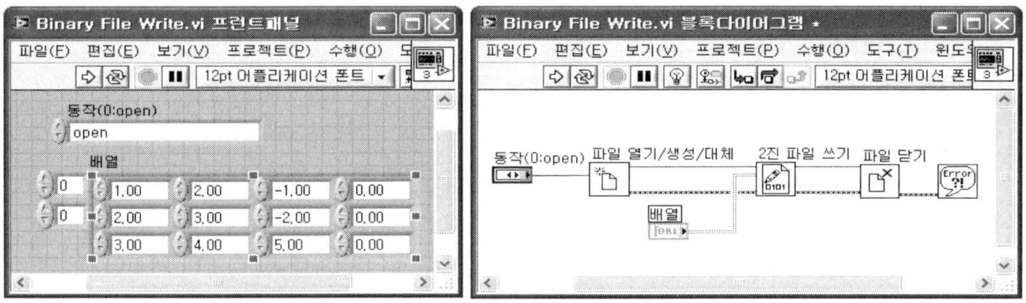

(a) 2진 데이터 쓰기 예제

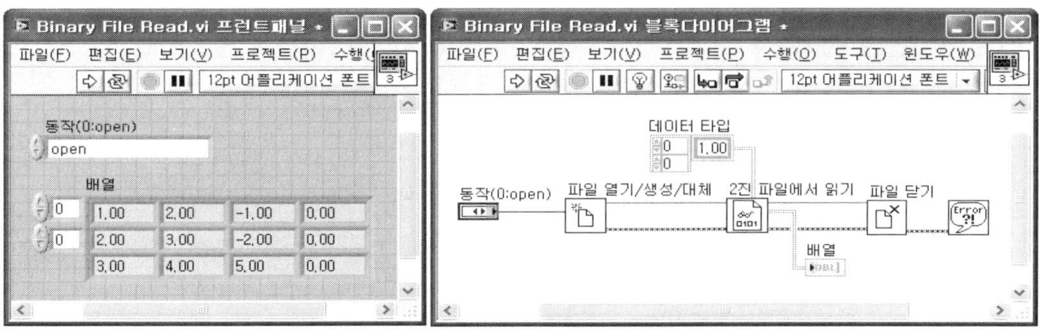

(b) 2진 데이터 읽기 예제

그림 2-173 2진 파일 함수를 이용한 배열 쓰기와 읽기 예제

해당 데이터 타입의 컨트롤 또는 상수를 2진 파일에서 읽기 함수의 데이터 타입 입력에 연결한다. 2진 파일 쓰기와 2진 파일에서 읽기 함수를 사용하여 다른 OS에서 생성된 텍스트 파일을 읽고 쓸 수도 있다.

다음 그림 2-173의 예제는 2D 배열 데이터를 2진 파일로 저장하고, 저장된 2진 파일에서 배열 데이터를 다시 읽어 들이는 방법을 나타낸 것으로, 2진 데이터를 읽어 들이고자 할 때는 미리 데이터 타입을 알고 있어야만 한다.

위에서 (b)의 VI 이름 뒤에 *가 붙어있는 것은 파일이 수정하고 변경된 상태에서 아직 저장되지 않은 것을 나타내며, 파일을 저장하면 없어진다.

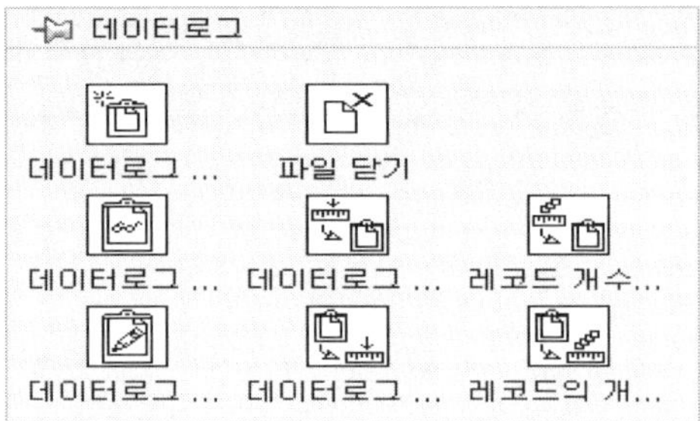

그림 2-174 데이터로그 팔레트

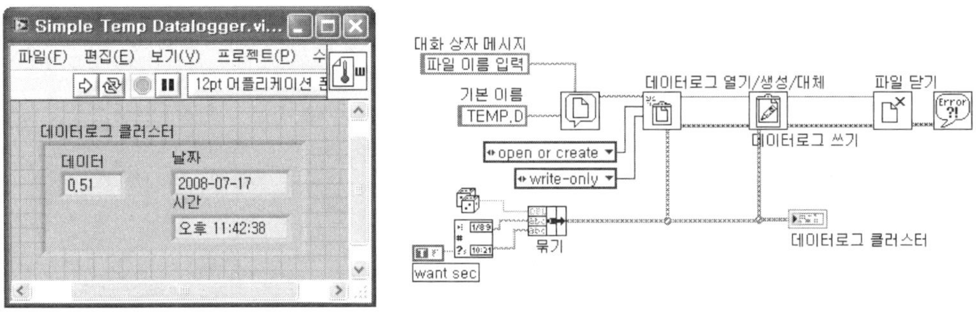

(a) 데이터로그 함수를 이용한 클러스터 데이터 쓰기

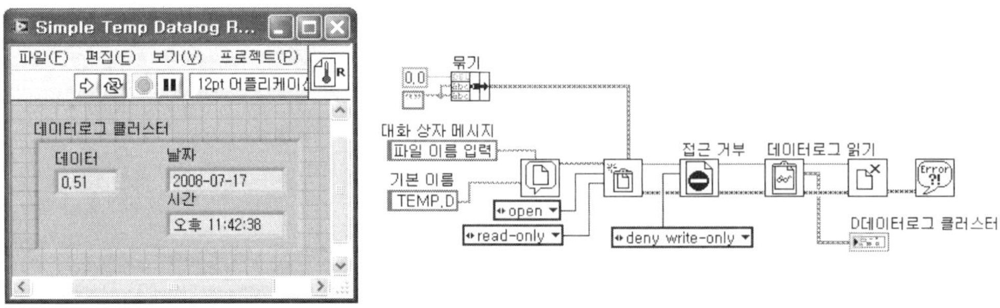

(b) 데이터로그 함수를 이용한 클러스터 데이터 읽기

그림 2-175 데이터로그 함수를 이용한 클러스터 데이터 쓰기 및 읽기

11.6.1 데이터로그 파일 생성하기

위의 데이터로그 팔레트의 데이터로그 함수를 사용하여 데이터를 수집하고 데이터를 함수에 씀으로 데이터 로그 파일을 생성하고 읽을 수 있다. 데이터로그 파일에서는 데이터를 포맷할 필요가 없다.

그러나 데이터로그 파일을 읽거나 쓰고자 할 때는 반드시 데이터 타입을 지정해야만 한다. 예를 들어, 시간과 날짜를 데이터와 함께 기록하려면, 한 개의 숫자와 두 개의 문자열을 가진 클러스터로 이 데이터를 지정한다. 다음은 데이터, 시간, 날짜가 함께 존재하는 파일을 저장하고 읽는 예제로써, 하나의 숫자와 두 개의 문자열이 있는 클러스터로 데이터 타입을 지정하였다.

연습 24 텍스트 파일 저장 및 읽기

◉ 동작 원리 : 파일 I/O 함수를 이용해 간단한 텍스트 파일을 생성 및 저장하고, 저장된 텍스트 파일의 문자열을 읽어온다.

○ (텍스트 파일 저장.VI) 프런트 패널의 구성

☞ ,  : 컨트롤≫일반≫문자열 & 경로≫문자열 컨트롤, 경로 인디케이터 (도구 팔레트의 수행 또는 라벨링 도구를 이용해 문자열 컨트롤과 경로 인디케이터의 라벨을 수정한다.)

○ 블록다이어그램의 구성

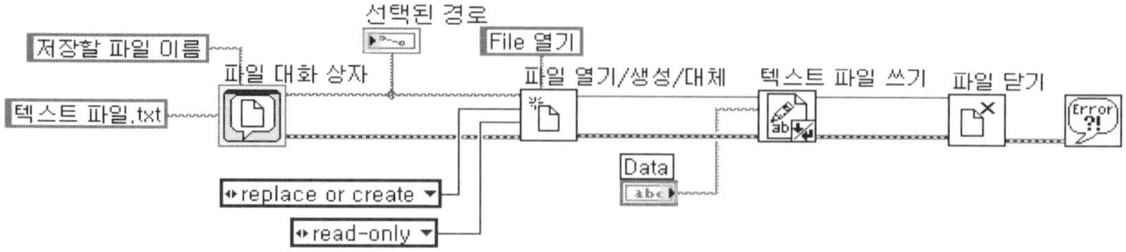

☞  : 함수≫프로그래밍≫파일 I/O≫고급 파일 기능≫파일 대화 상자 (익스프레스 VI로써 블록다이어그램에 위치시키면 파일 대화 상자 설정 창이 나타나고, 다음과 같이 설정한다. 그리고, 익스프레스 VI를 마우스 오른쪽 버튼으로 클릭한 다음 메뉴에서 아이콘 보기를 선택한다).

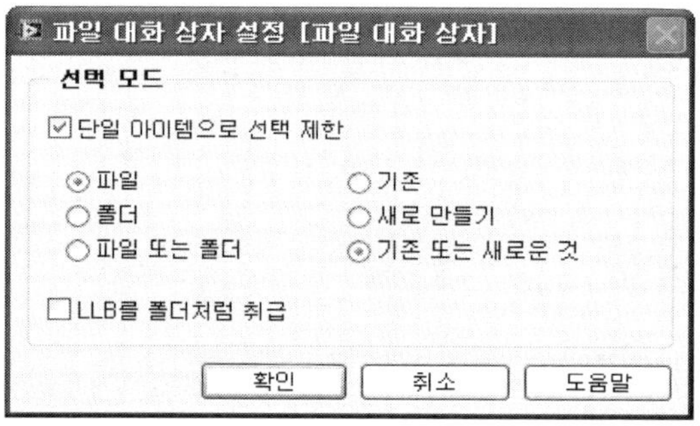

☞  : 함수≫프로그래밍≫파일 I/O≫파일 열기/생성/대체

☞  : 함수≫프로그래밍≫파일 I/O≫텍스트 파일 쓰기

☞  : 함수≫프로그래밍≫파일 I/O≫파일 닫기

☞  : 함수≫프로그래밍≫대화 상자 & 사용자 인터페이스≫단순 에러 핸들러

○ (텍스트 파일 읽기.VI) 프런트 패널의 구성

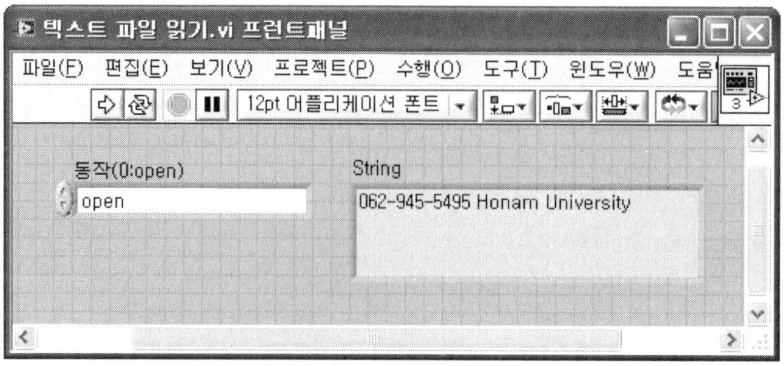

☞  : 컨트롤≫일반≫링 & 열거형≫열거형(파일 열기/생성/대체 함수를 마우스 오른쪽 버튼으로 클릭한 후, 메뉴에서 생성≫컨트롤을 생성한다).

☞  : 컨트롤≫일반≫문자열 & 경로≫문자열 인디케이터

○ 블록다이어그램의 구성

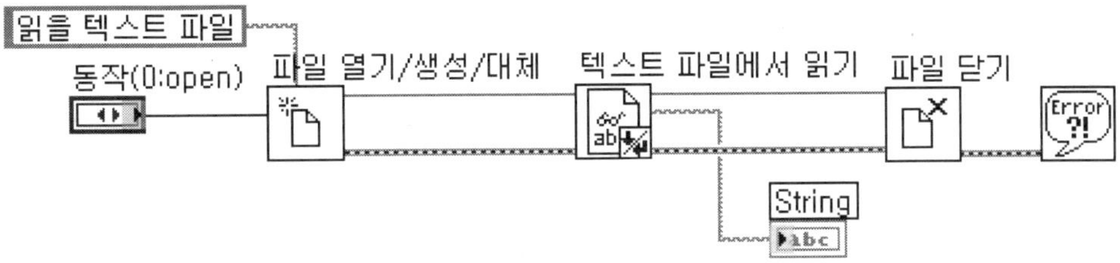

☞  : 함수≫프로그래밍≫파일 I/O≫파일 열기/생성/대체

☞  : 함수≫프로그래밍≫파일 I/O≫텍스트 파일에서 읽기

☞  : 함수≫프로그래밍≫파일 I/O≫파일 닫기

☞  : 함수≫프로그래밍≫대화 상자 & 사용자 인터페이스≫단순 에러 핸들러

1) 연습 프로그램을 완성한 후, VI를 실행시켜 텍스트 파일 저장과 읽기가 제대로 동작하는지를 확인한다.

연습 25 단순 이진 파일 저장 및 읽기

◉ 동작 원리 : 파일 I/O 함수를 이용해 간단한 이진 파일을 생성 및 저장하고, 저장된 이진 파일의 데이터를 읽어온다.

○ (단순 이진 파일 쓰기.VI) 프런트 패널의 구성

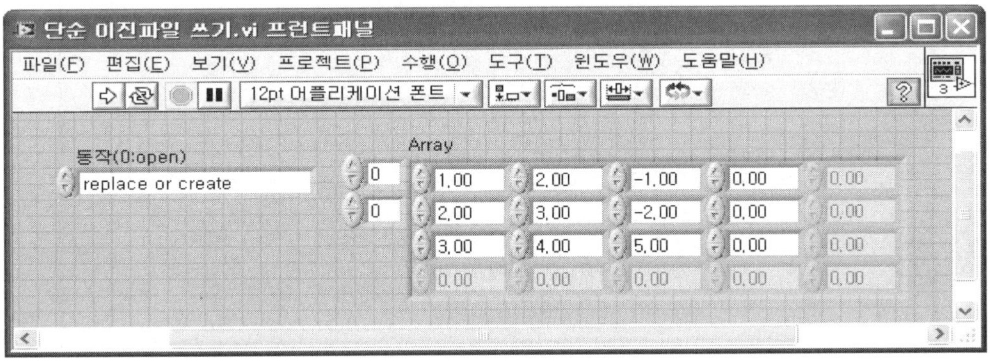

☞  : 컨트롤≫일반≫링 & 열거형≫열거형(파일 열기/생성/대체 함수를 마우스 오른쪽 버튼으로 클릭한 후, 메뉴에서 생성≫컨트롤을 생성한다).

☞  : 컨트롤≫일반≫배열, 행렬, 클러스터≫배열(배열을 선택하여 프런트 패널에 놓은 후 컨트롤≫일반≫숫자형≫숫자형 컨트롤을 선택하여 배열 안에 넣는다. 왼편의 인덱스 디스플레이에서 오른쪽 마우스를 클릭한 후 메뉴에서 차원 추가를 하여 2D 배열로 바꾸어 준다. 그 후 배열을 드래그 하여 적당한 크기로 조정하여 준다).

○ (단순 이진 파일 쓰기.VI) 블록다이어그램의 구성

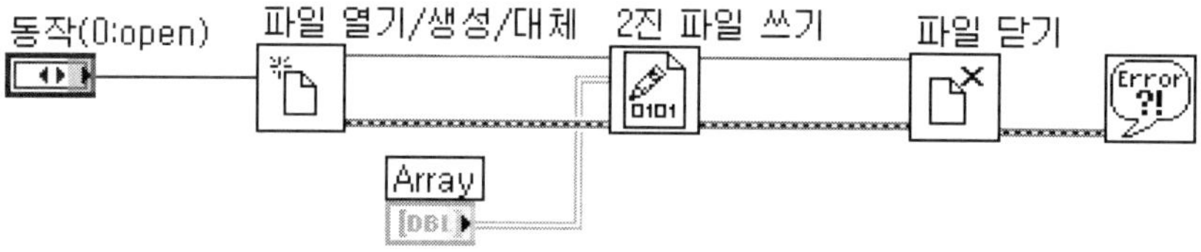

☞  : 함수≫프로그래밍≫파일 I/O≫파일 열기/생성/대체

☞  : 함수≫프로그래밍≫파일 I/O≫2진 파일 쓰기

☞  : 함수≫프로그래밍≫파일 I/O≫파일 닫기

☞  : 함수≫프로그래밍≫대화 상자 & 사용자 인터페이스≫단순 에러 핸들러

○ (단순 이진 파일 읽기.VI) 프런트 패널의 구성

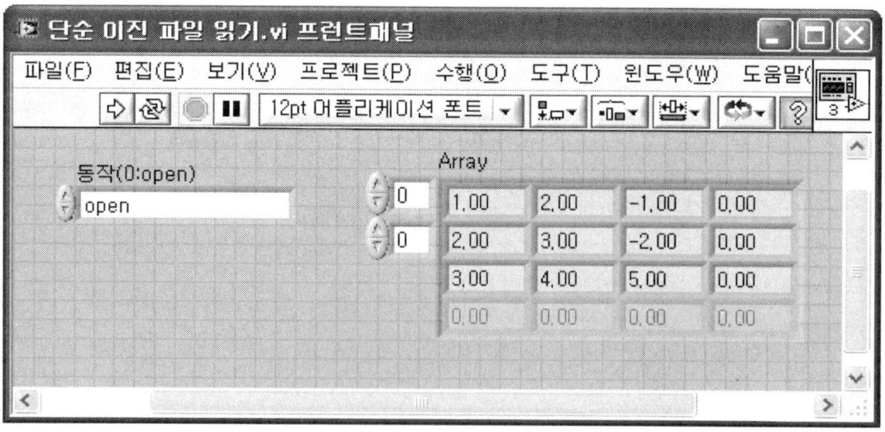

☞  : 컨트롤≫일반≫링 & 열거형≫열거형

☞  : 컨트롤≫일반≫배열, 행렬, 클러스터≫배열

○ (단순 이진 파일 읽기.VI) 블록다이어그램의 구성

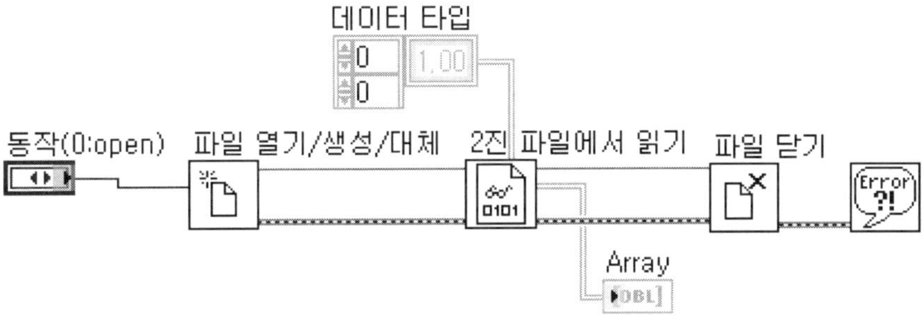

☞  : 함수≫프로그래밍≫파일 I/O≫파일 열기/생성/대체

☞  : 함수≫프로그래밍≫파일 I/O≫2진 파일에서 읽기

☞  : 함수≫프로그래밍≫파일 I/O≫파일 닫기

☞  : 함수≫프로그래밍≫대화 상자 & 사용자 인터페이스≫단순 에러 핸들러

☞ 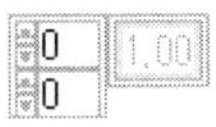 : 함수≫프로그래밍≫배열≫배열 상수(블록다이어그램에 배열(틀)을 놓은 후, 함수≫프로그래밍≫숫자형≫숫자형 상수를 선택하고, 객체를 오른쪽 마우스로 클릭해서 메뉴에서 형≫배정도(DBL)를 선택한다. 그 후 숫자형 상수를 드래그하여 배열 안에 넣는다. 그리고 배열 상수에서 오른쪽 마우스를 클릭한 후, 메뉴에서 차원 추가를 클릭해 2D 배열 상수로 만든다).

11.7 파일에 웨이브폼 쓰기/읽기

파일에 웨이브폼을 보내기 위해서는 웨이브폼을 파일에 쓰기와 웨이브폼을 스프레드시트 파일로 반출 VI를 사용한다. 웨이브폼은 스프레드시트, 텍스트, 또는 데이터로그 파일에 쓸 수 있다. 생성한 웨이브폼을 VI에서만 사용한다면 데이터로그 파일(.log)로 웨이브폼을 저장하도록 한다.

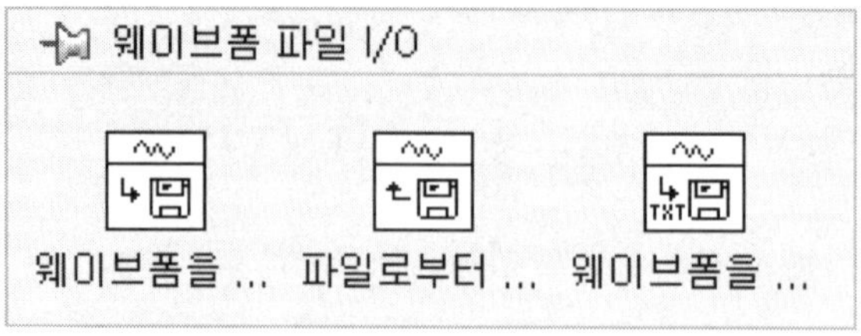

그림 2-176 웨이브폼 파일 I/O 팔레트

다음 그림 2-177의 VI는 여러 개의 웨이브폼을 수집하고, 그래프에 디스플레이하며, 스프레드시트 파일에 측정된 데이터를 저장하는 예제이다.

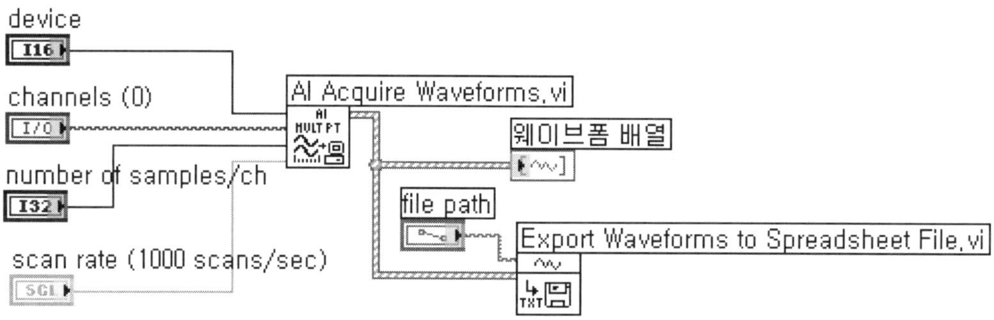

그림 2-177 웨이브폼 데이터의 수집과 저장 예제

또한, 스토리지 팔레트의 스토리지 VI나 측정 파일에 쓰기 익스프레스 VI를 사용하여 웨이브폼을 파일에 쓸 수도 있다. 파일로부터 웨이브폼 읽기 VI를 이용하여 파일에서 웨이브폼을 읽을 수 있다. 또한, 하나의 웨이브폼을 읽은 후, 웨이브폼 만들기 함수로 웨이브폼 데이터 타입의 구성요소를 추가 또는 편집하거나 웨이브폼 속성 얻기 함수로 웨이브폼의 구성요소를 추출할 수 있다.

파일로부터 웨이브폼 읽기 VI는 파일에서 여러 개의 웨이브폼을 읽을 수 있다. 이 VI는 여러 플롯 그래프에서 디스플레이할 수 있는 웨이브폼 데이터의 배열을 반환한다. 파일에서 하나의 웨이브폼에 접근하려면 다음 블록다이어그램과 같이 웨이브폼 데이터의 배열을 인덱싱해야 한다. 다음 예제에서 배열 인덱스 함수는 파일에서 첫 번째와 세 번째 웨이브폼을 읽고 그래프에 각 웨이브폼을 그리는 예제이다. 또한, 스토리지 VI나 측정 파일로부터 읽기 익스프레스 VI를 사용하여 파일에서 웨이브폼을 읽을 수도 있다.

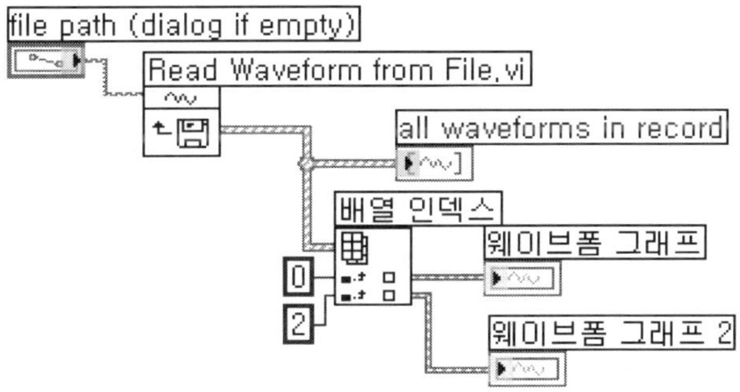

그림 2-178 파일에서 두 개의 웨이브폼을 읽고 나타내기

연습 26 2진 파일 저장 및 읽기

◉ 동작 원리 : 사인파 함수를 사용해 사인파를 만들고, 파일 I/O 함수를 이용해 2진 파일로 저장하고, 저장된 이진 파일에서 사인파를 읽어내 그래프에 나타낸다.

○ (2진 파일 저장.VI) 프런트 패널의 구성

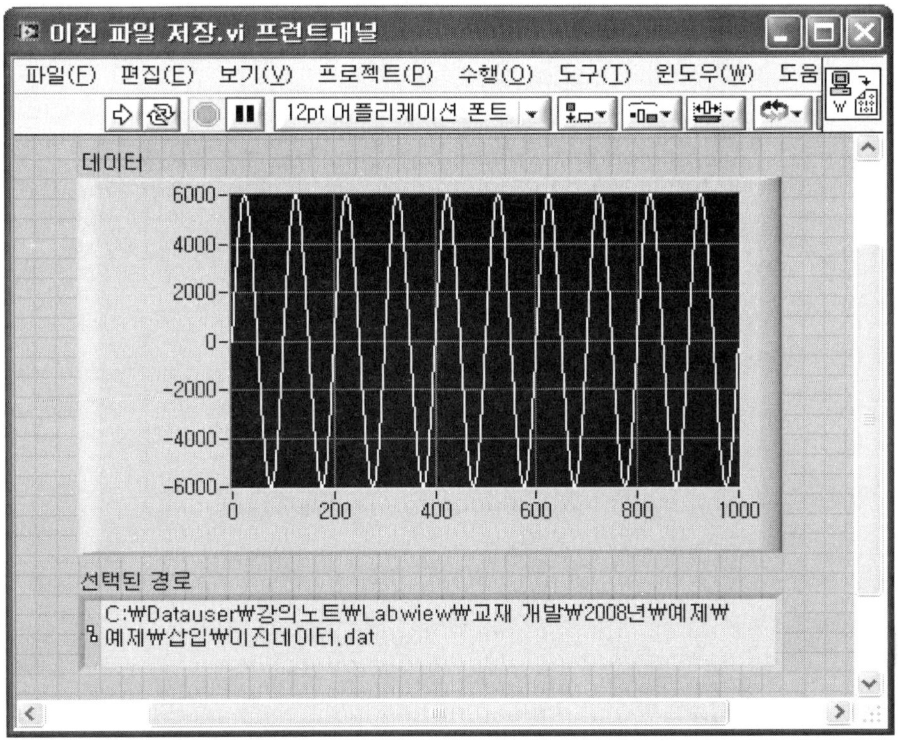

☞ 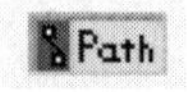 : 컨트롤≫일반≫문자열 & 경로≫파일 경로 인디케이터

☞  : 컨트롤≫일반≫그래프≫웨이브폼 그래프

○ 블록다이어그램의 구성

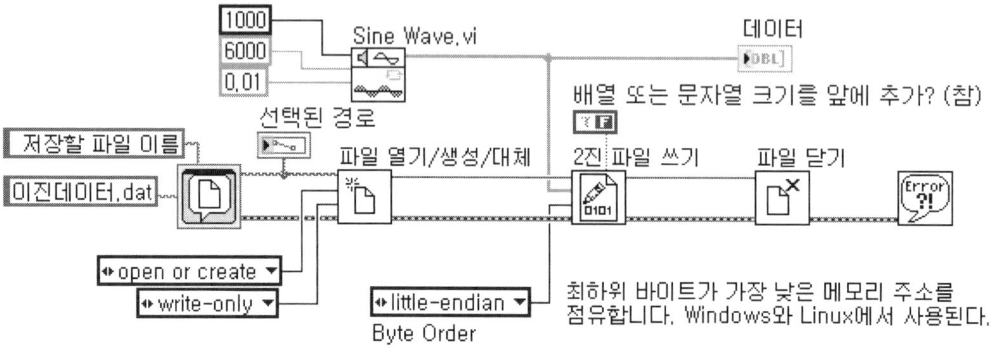

☞  : 함수≫프로그래밍≫신호처리≫신호발생≫사인파

☞  : 함수≫프로그래밍≫파일 I/O≫고급 파일 기능≫파일 대화 상자(익스프레스 VI로써 블록다이어그램에 위치시키면 파일 대화 상자 설정 창이 나타나고, 다음과 같이 설정한다. 그리고 익스프레스 VI를 마우스 오른쪽 버튼으로 클릭한 다음 메뉴에서 아이콘 보기를 선택한다).

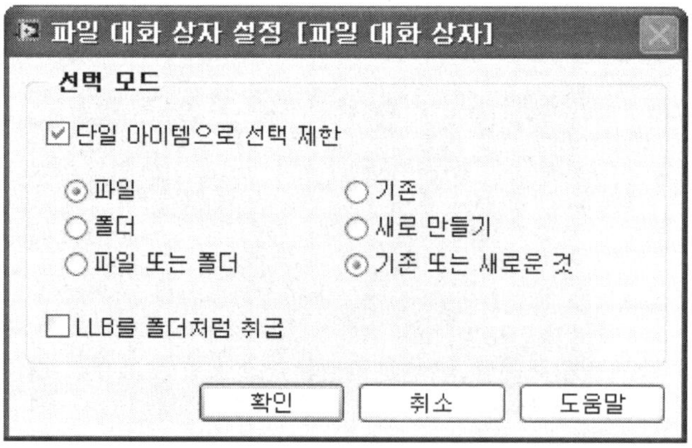

파일 대화 상자의 터미널 중 입력 요청과 기본 이름에서 오른쪽 마우스 클릭을 하여 메뉴를 호출한 후 생성≫상수를 클릭한 후 문자를 입력한다.)

☞  : 함수≫프로그래밍≫파일 I/O≫파일 열기/생성/대체(함수의 동작과 접근 터

미널에서 오른쪽 마우스 클릭한 후, 메뉴에서 생성≫상수를 선택하고 함수의 속성을 설정한다).

☞  : 함수≫프로그래밍≫파일 I/O≫2진 파일 쓰기(함수의 바이트 순서 터미널에서 생성≫상수를 선택하고 함수의 속성을 설정한다).

- big-endian, network order(기본) : 최상위 바이트가 가장 낮은 메모리 주소를 점유한다. Mac OS 및 다른 플랫폼에서 쓰인 데이터를 읽을 때 사용된다.
- native, host order : 호스트 컴퓨터의 바이트 순서 포맷을 사용한다. 읽기와 쓰기 속도를 향상시킨다.
- little-endian : 최하위 바이트가 가장 낮은 메모리 주소를 점유한다. Windows와 Linux에서 사용된다.

☞  : 함수≫프로그래밍≫파일 I/O≫파일 닫기

☞  : 함수≫프로그래밍≫대화 상자 & 사용자 인터페이스≫단순 에러 핸들러

1) 프로그램을 완성한 후 실행시켜 2진 파일을 생성해본다.

○ (2진 파일 읽기.VI) 블록다이어그램의 구성

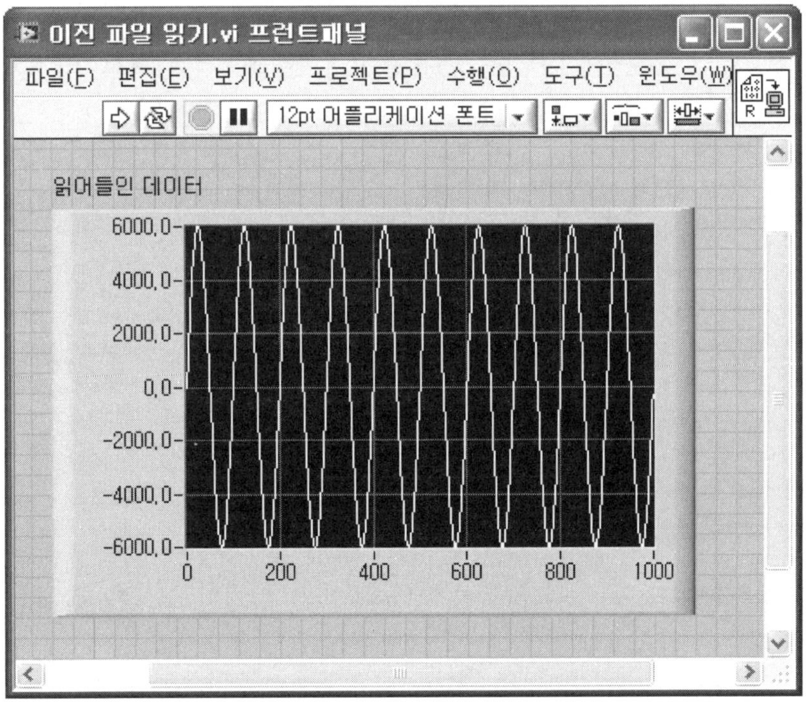

☞  : 컨트롤≫일반≫그래프≫웨이브폼 그래프

○ (2진 파일 읽기.VI) 블록다이어그램의 구성

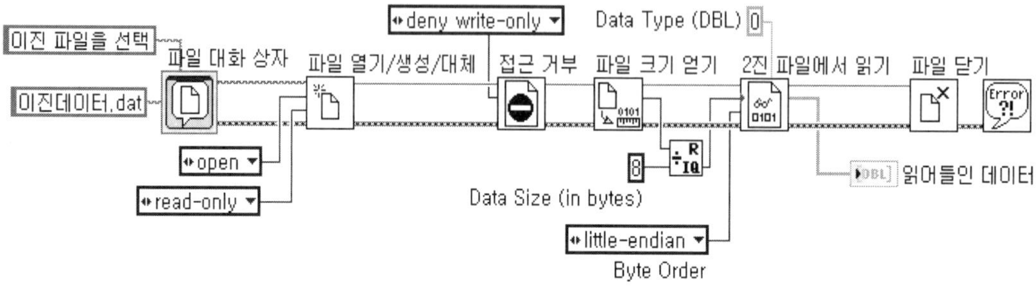

☞  : 함수≫프로그래밍≫파일 I/O≫고급 파일 기능≫파일 대화 상자

☞  : 함수≫프로그래밍≫파일 I/O≫파일 열기/생성/대체

☞  : 함수≫프로그래밍≫파일 I/O≫고급 파일 기능≫접근 거부(거부 모드 터미널에서 오른쪽 마우스를 클릭한 후, 메뉴에서 생성≫상수를 선택해서 함수의 속성을 설정한다).

☞  : 함수≫프로그래밍≫파일 I/O≫고급파일기능≫파일 크기 얻기

☞  : 함수≫프로그래밍≫파일 I/O≫2진 파일에서 읽기(데이터 타입 터미널에서 오른쪽 마우스를 클릭한 후, 메뉴에서 생성≫상수를 선택해서 숫자 상수(DBL)를 생성한다. 2진 파일에서 읽기 함수의 데이터 터미널을 프런트 패널에 있는 웨이브폼 그래프의 터미널과 연결한다.
한편, 카운트 입력은 읽어 들일 데이터 타입이 배정도 실수(8바이트)이기 때문에 파일 크기 얻기에서 얻은 크기(바이트)를 8로 나누어 카운트 입력에 연결한다).

☞  : 함수≫프로그래밍≫파일 I/O≫파일 닫기

☞  : 함수≫프로그래밍≫대화 상자 & 사용자 인터페이스≫단순 에러 핸들러

1) 프로그램을 완성한 후 실행하여 이진 파일 저장. VI에서 저장한 데이터를 읽어 보도록 한다.

12 VI를 설계, 실행 및 디버깅

그래픽 언어인 LabVIEW를 이용해 어플리케이션을 개발하기 위해서는 VI를 설계하고, 실행하고, 디버깅하는 과정이 매우 중요하다.

12.1 VI 설계하기

프로그램 구조(Architecture)는 소프트웨어를 성공적으로 완성하는 데 있어 매우 중요한 요소이다. LabVIEW에서는 가장 많이 사용되는 일반적인 구조가 설계 패턴으로 그룹화되어 있다. 이러한 어떠한 설계 패턴의 장단점을 살펴봄으로써 언제 어떤 설계 패턴을 사용해야 하는지를 파악하기가 쉬워진다. 또한, 다른 개발자가 설계 패턴을 기초로 하여 VI를 판독하고 변경하기가 쉬워지는 장점도 가진다.

여기서는 가장 일반적인 설계 패턴을 중심으로 설명을 한다. 실제에는 이들 설계 패턴 외에도 많은 설계 패턴들이 존재하며, 대부분의 어플리케이션은 이러한 설계 패턴 중 최소 한 가지를 이용한다. LabVIEW 시작하기 화면에서 메뉴에서 파일을 클릭하고 새로 만들기를 선택하고, 템플릿으로부터 항목을 확장해서 프레임워크 항목을 표시하면 하면 다음 그림 2-179와 같은 일반적인 디자인 패턴을 볼 수 있다.

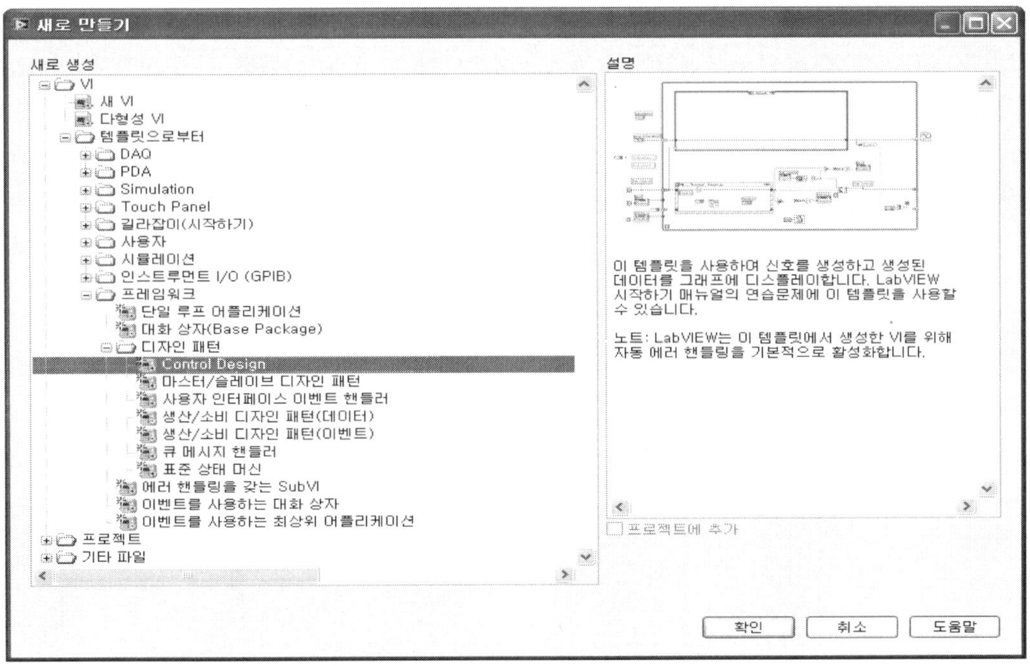

그림 2-179 새로 만들기 대화 상자

12.1.1 단순 VI 설계 패턴(Simple VI Design Patterns)

단순 VI 설계 패턴에서는 일반적으로 사용자가 시작 또는 정지 작업을 지정할 필요가 없다. 사용자가 실행 버튼을 클릭하기만 하면 된다. 단순 VI 설계 패턴은 큰 어플리케이션의 기능 구성요소나 간단한 어플리케이션을 작성할 때 사용되며, 설계 패턴이라고 보기에는 미흡하다.

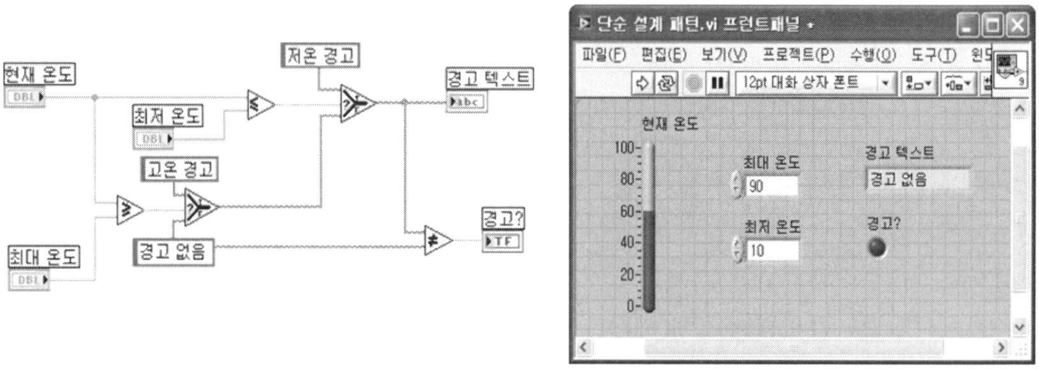

그림 2-180 단순한 설계 패턴의 예

12.1.2 일반 VI 설계 패턴

일반 VI 설계 패턴에서는 초기화와 종료 과정이 중요하며, 다음과 같이 3가지 부분으로 구분할 수 있다.

1) 시작 : 하드웨어를 초기화하거나 파일에서 설정 정보를 읽거나 사용자에게 데이터 파일 위치를 입력하도록 요청한다.
2) 주요 어플리케이션 : 사용자가 프로그램을 종료하거나 I/O와 같은 기타 이유로 프로그램이 종료될 때까지 로프의 동작을 반복한다.
3) 종료 : 파일을 닫거나 디스크에 설정 정보를 쓰거나 I/O를 기본 상태로 다시 지정한다.

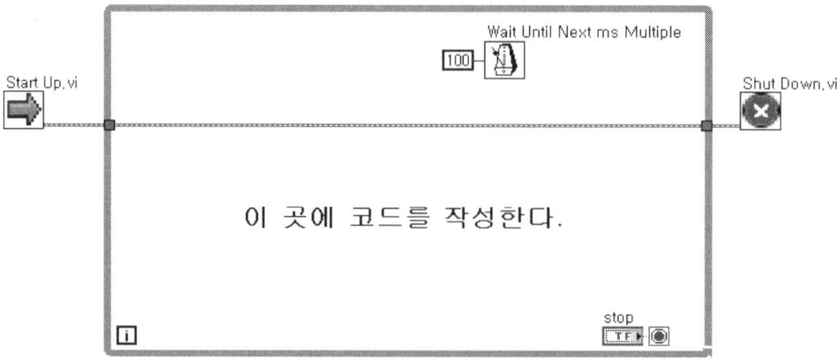

그림 2-181 일반 VI 설계 패턴의 예

12.1.3 상태 머신(State machine) 설계 패턴

상태 머신은 시스템의 실행 흐름을 제어하는 유일한 생태들과 전환(Transition)을 가진 시스템이다. 상태 머신 설계 패턴은 가장 널리 알려져 있으며, LabVIEW에서 매우 유용하게 이용되고 있는 설계 패턴 중 하나이다. 이 설계 패턴을 이용해서 상태 다이어그램(State diagram)이나 흐름도에 의한 알고리즘을 구축할 수 있다.

일반적으로 진단(Diagnosis) 루틴이나 공정(Process) 감시와 같이 어느 정도 복잡한 의사 결정과정을 구축할 때 많이 사용된다. 즉, 상태가 뚜렷이 구별되는 어플리케이션에서는 상태머신을 사용하는 것이 좋다. 각 상태는 하나 또는 여러 상태로 이어지거나 처리흐름을 종료한다. 또한, 대부분의 어플리케이션에서는 초기화 상태와 종료(Shutdown) 상태가 필요하며, 종료 상태는 일반적으로 리소스 제거 동작을 수행하는 데 사용된다.

상태 머신 설계 패턴은 일반적으로 사용자 인터페이스를 만들 때 많이 사용된다. 사용자 인터페이스에서 서로 다른 사용자의 동작들은 사용자 인터페이스를 통해 서로 다른 처리 부분으로 보내지며, 각 처리 부분은 상태 머신에서 상태에 해당한다. 또한, 각 처리 부분은 추가 처리를 위해 다른 처리 부분으로 이어지거나 또 다른 사용자 동작을 위해 대기할 수도 있다. 예를 들어 공장에서 프로세스 테스트 과정은 상태 머신 설계 패턴을 응용한 것으로, 하나의 상태는 공정(process)의 각 처리 과정에 해당한다. 그리고, 각 상태의 테스트 결과에 따라 여러 가지 상태로 분기하게 된다.

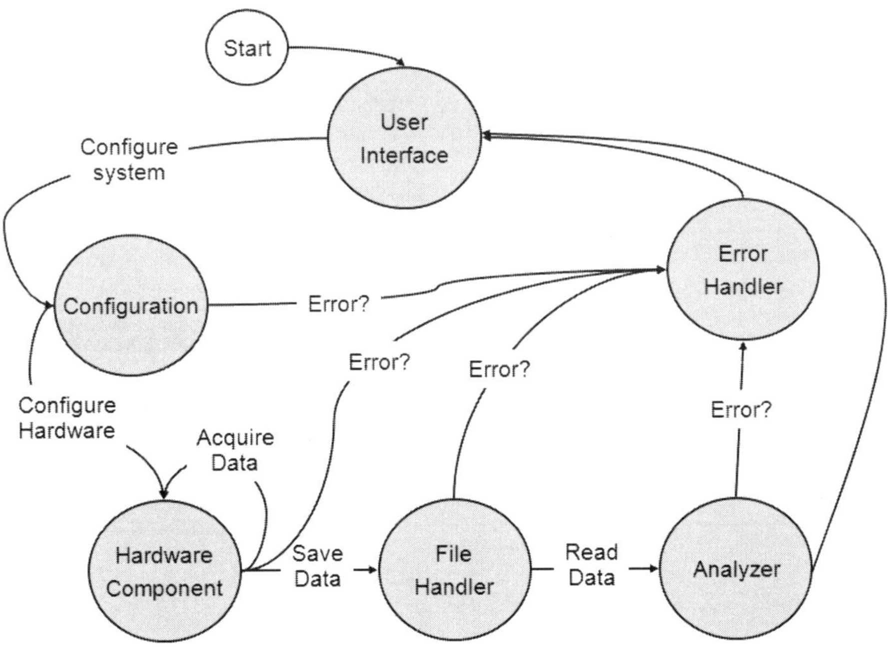

그림 2-182 온도 데이터 수집 시스템의 상태다이어그램 예

상태 전환 다이어그램을 LabVIEW 블록다이어그램에서 구현하려면 다음과 같은 구성요소가 필요하다.

- While Loop : 여러 상태를 연속적으로 실행한다.
- Case 구문 : 각 상태를 위한 case와 실행할 코드가 들어있다.
- 시프트레지스터(Shift Register) : 상태 전환 정보를 가지고 있다.
- 상태 기능 코드 : 상태의 기능을 구현하는 코드를 작성한다.
- 전환 코드(Transition code) : 시퀀스 동작에서 다음 상태를 결정한다.

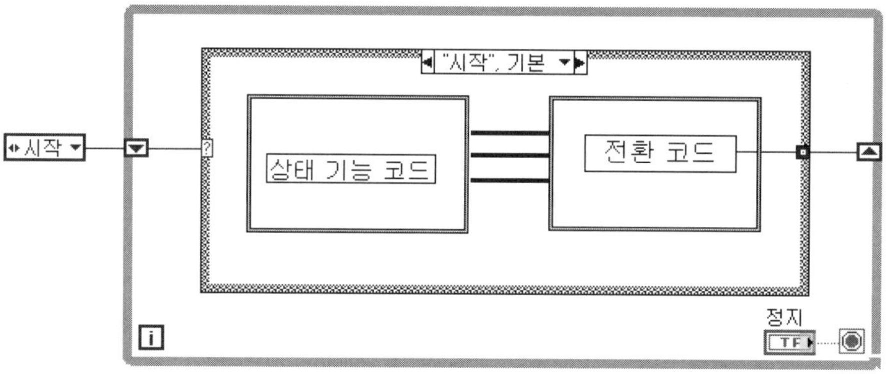

그림 2-183 상태 전환 다이어그램의 구축 방법 예

상태 머신의 초기화 및 전환을 제어하는 최상의 방법은 열거형 컨트롤을 사용하는 것이다. 사용자가 열거형 컨트롤에서 상태를 추가하거나 삭제하려 할 때, 이 열거형 컨트롤의 복사본에 연결된 나머지 wires가 깨진다. 이것은 열거형 컨트롤로 상태머신을 구축할 때 주된 장애요소 중의 하나로 작용한다.

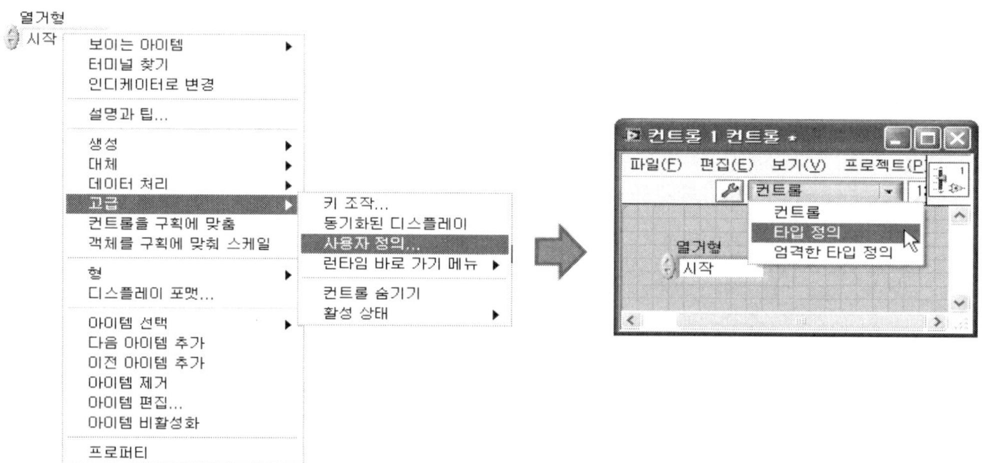

그림 2-184 열거형 변수를 타입정의 컨트롤로 변경하는 방법

이것에 대한 하나의 해결 방법으로는 열거형 컨트롤을 사용자 정의를 통해 타입 정의 컨트롤로 만드는 것이다. 즉, 열거형 컨트롤을 마우스 오른쪽 버튼으로 클릭하고 고급≫사용자 정의를 선택하고, 프런트 패널에서 컨트롤 단추를 클릭한 후 타입 정의를 선택한다. 이렇게 타입이 정의된 열거형 컨트롤을 만들면, 상태를 추가하거나 제거할 때 모든 열거형 컨트롤 복사본이 자동으로 업데이트되기 때문에 매우 편리하다.

전환 코드를 작성하는 데에도 몇 가지 방법이 적용된다. 다음 그림 2-185는 온도 데이터 수집 시스템에 대해 구축된 기본 전환을 사용하는 설계 패턴을 나타낸 것으로, 이러한 기본 전환에서는 다음 상태를 결정하는 데 코드가 필요하지 않다.

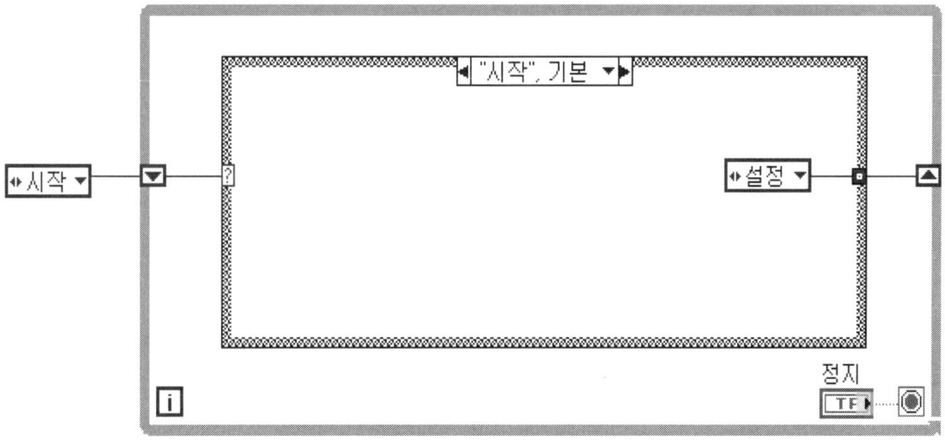

그림 2-185 단일 기본 전환

두 상태 사이의 전환은 선택() 함수를 사용해 조건에 따라 2가지 다른 상태로 분기가 가능하다. 반면에 3개 이상의 상태 사이에서 전환을 위해서는 많은 수정이 필요하다. 다음 그림 2-186은 셋 이상의 상태 사이의 전환 방법을 나타낸 것으로 케이스 구조를 사용하는 방법과 전환 배열을 사용하는 방법이 있다.

케이스(Case) 구조 방식은 전환 코드에 선택 함수 대신 케이스 구조를 사용한다. 케이스 구조는 좋은 반면에 모든 코드를 동시에 볼 수는 단점을 가진다. 반면에 전환 배열 방식은 케이스 구조에 비해 더 많은 코드를 보이도록 할 수 있으며, 모든 전환에 대해 전환 배열을 만들어 특정 상태에 대한 전환을 발생하고 배열을 인덱싱 한다. 이 방법은 상대적으로 확장성과 가독성이 좋은 반면에 전환 코드를 개발할 때 주의를 기울여야 한다는 단점을 가진다. 다음은 그림 2-179의 새로 만들기 대화 상자에 나타난 디자인 패턴에서 표준 상태 머신을 선택했을 때의 화면이다.

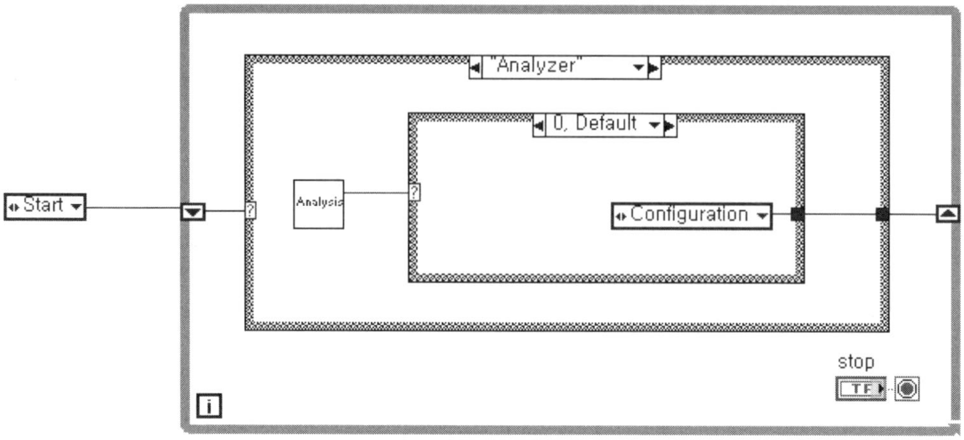

(a) 케이스 구조를 사용하는 방법

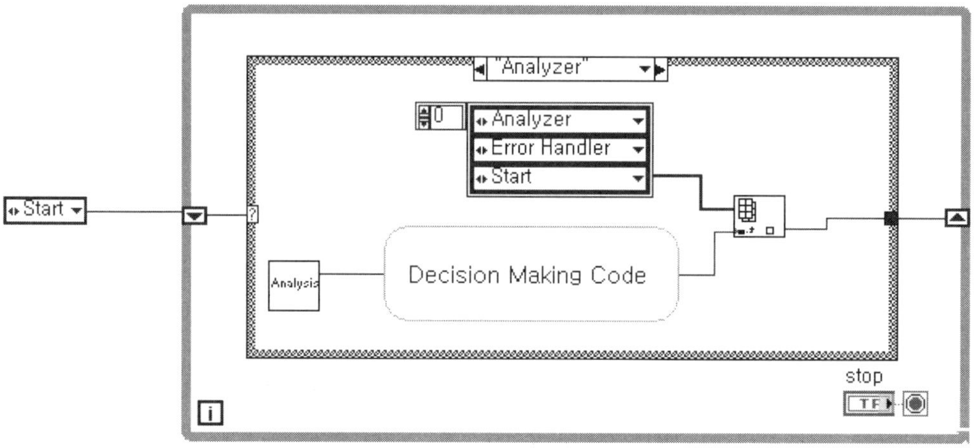

(b) 전환 배열 구조를 사용하는 방법

그림 2-186 셋 이상의 상태 사이의 전환 방법

표준 상태 머신 템플릿을 사용하며 표준 상태 머신 설계 패턴을 생성할 수 있으며, 각 상태는 코드를 실행하고 어느 상태로 전달할 것인지를 결정한다.

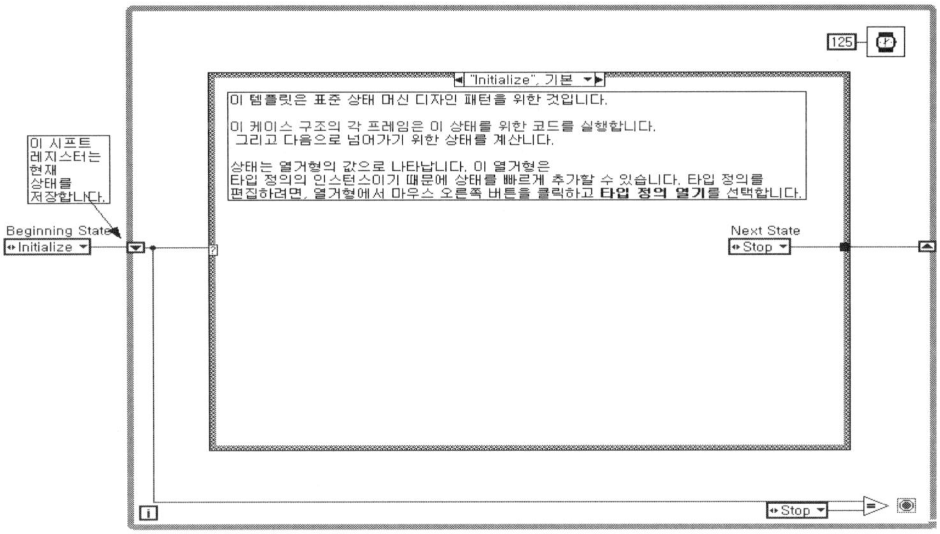

그림 2-187 표준 상태머신 설계 패턴 템플릿

12.1.4 큐 메시지 처리기(Queued Message Handler) 설계 패턴

큐 메시지 처리기는 사용자 인터페이스에 대한 코드를 구축하는 데 흔히 사용되는 방법이다. 여러 메시지가 큐로 들어오고, 큐에 쌓인 순서에 따라 FIFO(First In, First Out) 방식에 따라 하나씩 처리되는 큐 메시지 처리기의 동작은 사용자 인터페이스 이벤트 핸들러와 유사하다. 다음 그림 2-188은 새로 만들기 대화 상자에 나타난 디자인 패턴에서 큐 메시지 핸들러를 선택했을 때의 화면이다.

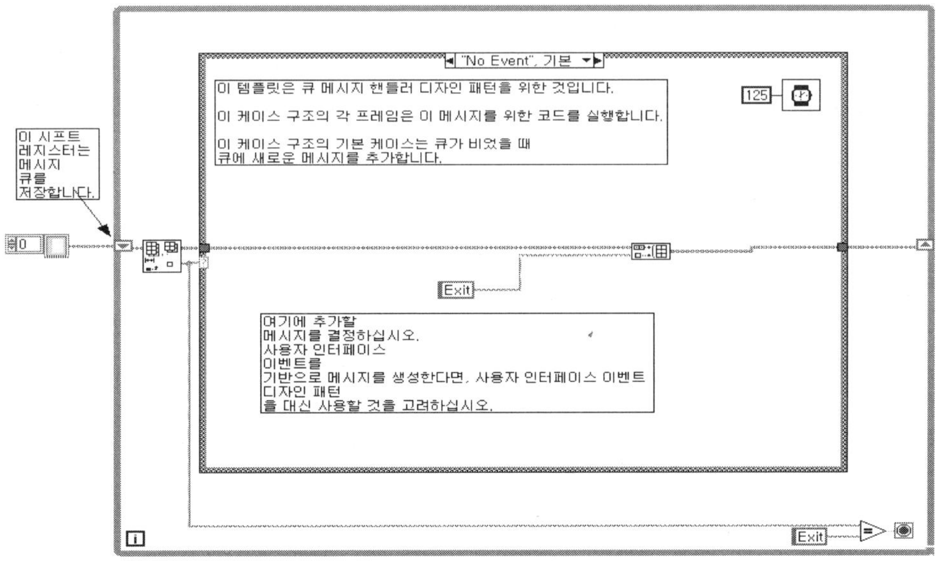

그림 2-188 큐 메시지 핸들러 설계 패턴 템플릿

이 설계 패턴은 대기열 케이스 구조를 갖는 While 루프와 대기열 메시지를 유지하는 시프트 레지스터로 구성되어 있다. 케이스 구조에는 큐가 비어 있을 경우, 새로운 이벤트를 큐에 놓는 기본 케이스가 있을 수 있다. While 루프가 반복될 때마다 대기열의 맨 위 메시지가 제거되고, 케이스 구조에서 해당 처리 하위 다이어그램이 실행된다. 기본 또는 No Event 키가 있는 처리기는 대기열이 비었을 때 이 코드를 실행한다. While 루프는 Exit 메시지가 대기열의 맨 위에 올 때 종료된다.

큐 메시지 처리기 설계 패턴을 사용하여 VI를 작성할 때, 다음 사항에 주의한다.

- 컨트롤들을 폴링하기(Polling)보다는 항상 최신 메시지를 확인하여 While 루프를 종료한다.
- 이 구조를 통해 메인 While 루프가 종료되기 전에 병렬 루프의 종료와 요구되는 종료 코드를 실행할 수 있다.
- 어떤 메시지에 대한 핸들러 코드 내에서 새로운 메시지를 생성할 수 있다. 이렇게 함으로써 이벤트 처리 코드가 유연해질 수 있다.
- 핸들러 코드에서 생성된 메시지가 새로운 메시지를 자체적으로 생성해서는 안 된다.

12.1.5 병렬 루프 디자인 패턴(Parallel Loop Architecture)

여러 작업을 동시에 실행하고 응답해야 하는 어플리케이션을 작성해야 하는 경우, 어플리케이션의 주요 작업마다 다른 루프를 할당할 수 있다. 사용자가 서로 다른 동작을 수행하는 여러 루프 중에서 특정 버튼을 선택해야 하는 경우, 병렬 루프 설계 패턴을 사용한다. 병렬 루프 VI 설계 패턴은 루프 사이의 조화와 통신이 중요하다. 루프 사이를 와이어를 통해 연결하면 루프가 병렬로 실행되지 않기 때문에 루프 간의 통신에 사용할 수 없다. 대신, 프로세스 간에 정보를 전달하는 메시징 기술을 사용해야만 한다. 여러 작업이 동일한 데이터를 읽고 수정하려고 할 경우, 경합 조건(Race condition)이 발생하기 때문에 디버깅하기 어려운 상황이 발생할 수도 있다. LabVIEW 8.5부터는 멀티 코어에 의한 프로그램이 가능해져 Timed 루프를 이용해 다른 루프에 다른 CPU를 할당하는 것이 가능하다.

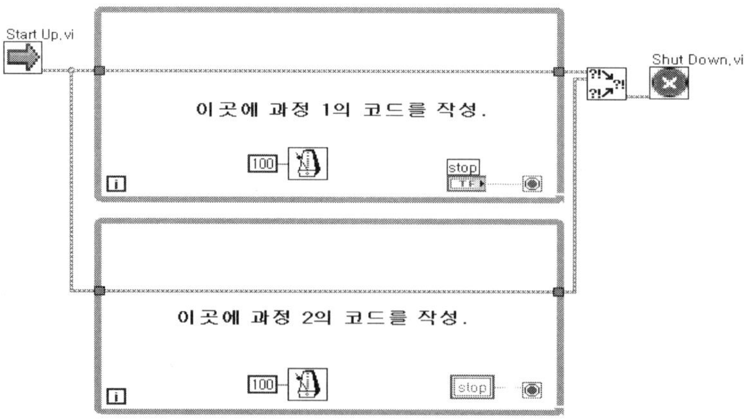

그림 2-189 병렬 루프 디자인 패턴의 예

12.1.6 마스터/슬레이브 설계 패턴

마스터/슬레이브 설계 패턴은 둘 또는 그 이상의 프로세스를 동시에 실행하고 마스터에서 슬레이브로 메시지를 전달해야 하는 경우에 사용한다. 이러한 프로세스를 단일 루프에서 실행하면 루프의 일부분이 예상보다 오랜 시간 소요될 수 있기 때문에 심각한 타이밍 문제가 발생할 수 있다. 다음 그림 2-190은 새로 만들기 대화 상자에 나타난 디자인 패턴에서 마스터/슬레이브 디자인 패턴을 선택했을 때의 화면이다.

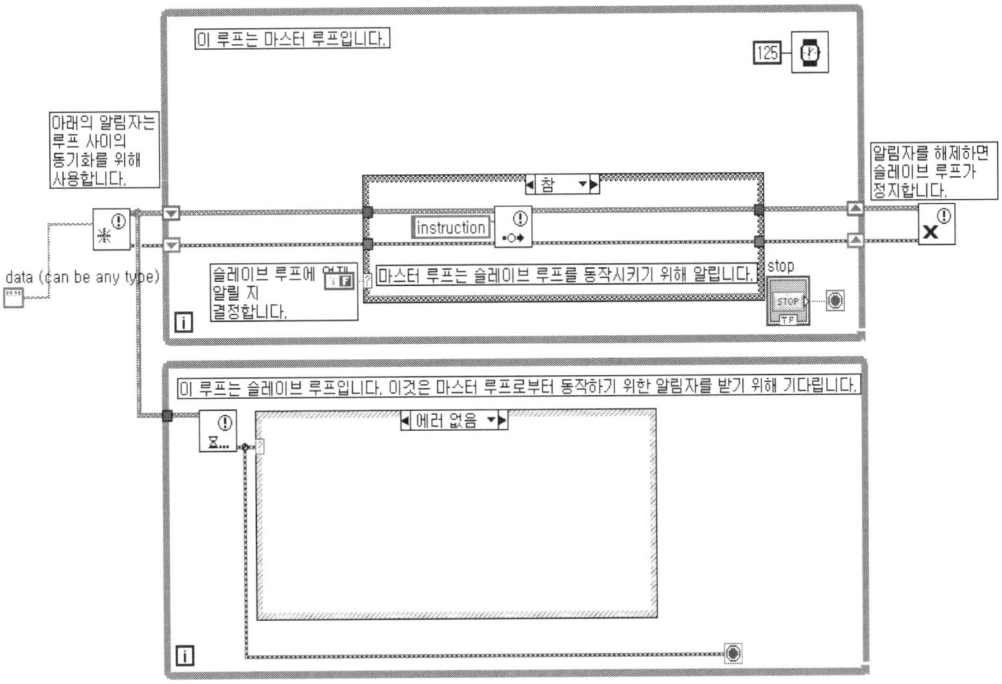

그림 2-190 마스터/슬레이브 설계 패턴 템플릿

마스터/슬레이브 설계 패턴은 여러 개의 병렬 루프로 구성되며, 각 루프는 서로 다른 속도로 작업을 실행한다. 이때 하나의 루프는 마스터로 작용하고, 나머지 루프들은 슬레이브로 작용한다. 마스터 루프는 모든 슬레이브 루프의 실행을 제어하며, 위에 표시된 바와 같이 알림자(Notifier)를 이용한 메시지 구조를 사용하여 슬레이브와 통신한다. 따라서 데이터를 수집하는 동시에 사용자 인터페이스 컨트롤에 반응하는 VI가 필요한 경우에 이 설계 패턴을 사용한다. 예를 들어, "3초마다 천천히 변하는 전압을 측정하고 기록하는 VI를 만들고, 전송 라인으로부터 파형을 수집하여 이를 100ms마다 그래프에 표시"하는 어플리케이션을 개발한다고 가정하자. 또한 사용자가 수집을 위한 매개변수들을 변경할 수 있는 사용자 인터페이스가 필요하다면, 이러한 어플리케이션에는 마스터/슬레이브 설계 패턴이 매우 적합하다.

마스터 루프에는 사용자 인터페이스가 들어있고, 하나의 슬레이브 루프에서는 전압이 수집되고 다른 슬레이브 루프에서는 그래프가 작성된다. 이들 2개 루프는 모두 사용자 인터페이스 컨트롤에 의해 입력을 받는 마스터 루프에 의해 제어된다. 각 프로세스 간에 서로 영향을 미치지 않고, 사용자 인터페이스에 의한 지연이 다른 프로세스 동작에 영향을 미치지 않는다.

마스터/슬레이브 패턴을 사용할 때는 블록다이어그램의 데이터 흐름이 독립적 프로세스로 분리되어야 한다. 하나의 마스터와 여러 슬레이브 루프 간의 통신을 위해서는 알림자(Notifier)가 적격이다. 그리고 마스터/슬레이브 설계 패턴을 사용할 때 주의할 점은 슬레이브가 마스터에 비해 너무 느리게 응답하지 않는 것이 중요하다. 즉, 슬레이브 작업이 마스터 루프보다 더 빠르게 실행된다고 확신하는 경우에만 마스터/슬레이브 설계 패턴을 사용하도록 한다.

12.1.7 생산/소비 설계 패턴(데이터) (Producer/Consumer (Data))

생산/소비 설계 패턴(데이터)은 마스터/슬레이브 설계 패턴에 바탕을 두고 있으며, 서로 다른 속도로 실행되는 다수의 루프 사이에서의 데이터 공유를 강화하였다. 생산/소비 설계 패턴(데이터)에서 병렬 루프는 데이터를 생성하는 루프와 생성된 데이터를 소비하는 루프로 분류된다. 다음 그림 2-191은 새로 만들기 대화 상자에 나타난 디자인 패턴에서 생산/소비 디자인 패턴(데이터)을 선택했을 때의 화면이다.

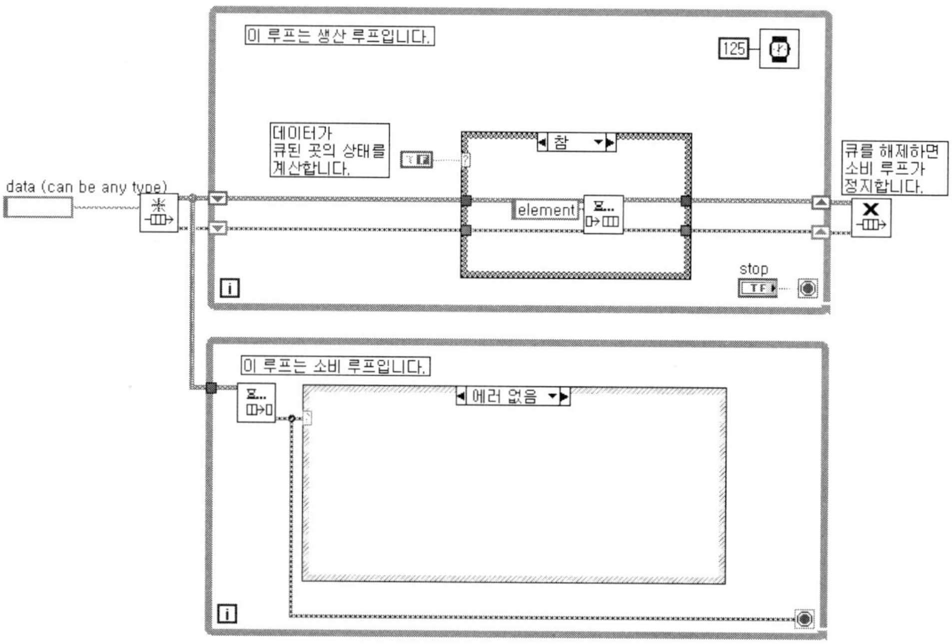

그림 2-191 생산/소비 설계 패턴(데이터) 템플릿

데이터 큐는 생산 및 소비 루프 사이에서 데이터 버퍼링의 역할을 수행한다. 마스터/슬레이브 설계 패턴과 마찬가지로 생산/소비 설계 패턴(데이터)은 서로 다른 속도로 데이터를 생성 및 소비하는 프로세스를 분리시킨다. 다수의 데이터 집합을 모두 수집해서 순서대로 처리해야 하는 경우에 생산/소비 설계 패턴(데이터)이 적합하다. 예를 들어, 들어오는 데이터를 저장하고, 순서대로 데이터를 처리하는 VI를 작성해야 한다고 가정하자. 이때 데이터를 처리(소비)하는 것보다 저장(생산)하는 것이 훨씬 빠른 경우에는 이와 같은 생산/소비 설계 패턴(데이터)이 이상적이다.

생산/소비 설계 패턴(데이터)에서 소비자 루프가 일정 속도로 데이터를 처리하는 동안 생산자 루프는 계속해서 추가 데이터를 큐에 저장할 수 있다. 이 설계 패턴을 이용하면 network 통신을 분석하는 VI를 제작할 수도 있다. 이때 생산자 루프에서는 Network 라인을 지속적으로 폴링(polling)하여 패킷을 가져오고, 소비자 루프에서는 생산자 프로세스가 가져온 패킷을 분석한다. 큐는 Network 패킷을 위한 버퍼링 역할을 수행한다.

12.1.8 사용자 인터페이스 이벤트 핸들러(User Interface Event Handler)

사용자 인터페이스 이벤트 핸들러 설계 패턴은 LabVIEW에서 사용자 인터페이스를 처리하기 위한 강력하고 효율적인 구조를 제공한다. 즉, 사용자가 컨트롤 값을 변경하거나, 마우스를 이동 또는 클릭하거나, 키를 누를 때 이를 감지하기 위해 사용자 인터페이스 이벤트 핸들러를 사용한다. 이처럼 이벤트 핸들러를 사용함으로써 컨트롤 값을 폴링(polling)하거나 읽을 필요가 없다. 다음 그림 2-192는 새로 만들기 대화 상자에서 사용자 인터페이스 이벤트 핸들러를 선택했을 때의 화면이다.

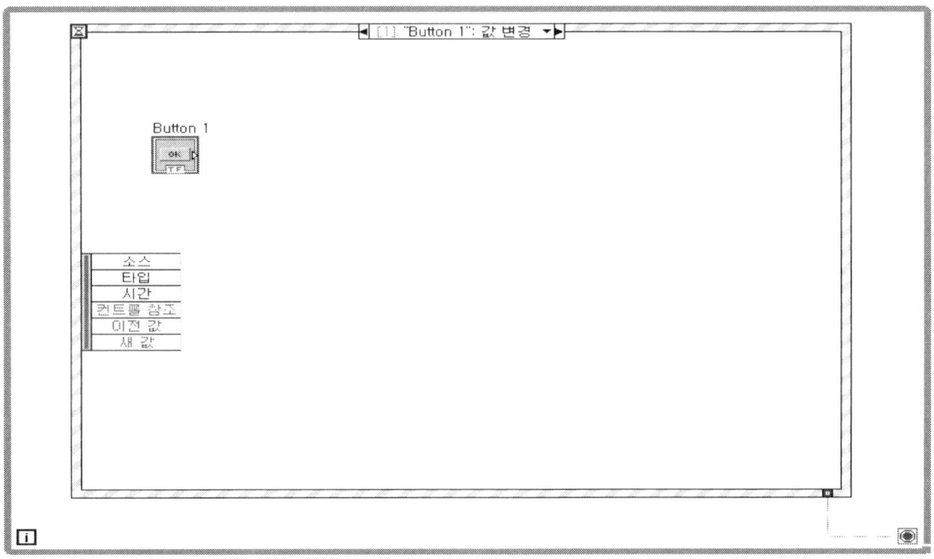

그림 2-192 사용자 인터페이스 이벤트 핸들러 템플릿

이벤트 핸들러를 사용할 때의 일반적인 문제점은 Event 문이 실행되기 전에 While 루프 단자가 먼저 계산된다는 점이다. 또한, 이벤트 처리 코드는 보통 200ms 이내로 빠르게 실행되어야 한다. 그렇지 않으면 사용자 이벤트가 잠긴 것 같은 느낌이 들게 한다.

한편, 기본적으로 이벤트가 처리되는 동안 프런트 패널은 잠기게 된다. 각 이벤트 케이스에 대해 프런트 패널 잠김을 해제하여 사용자 인터페이스의 반응을 빠르게 만들 수 있지만 기존 이벤트 처리가 종료되기 전에는 새로운 이벤트가 즉시 처리되지 않는다. 따라서 사용자 인터페이스가 여전히 반응하지 않게 된다. 여러 이벤트 구조 케이스 사이에서 공유하는 코드는 모듈화하는 것이 좋다. 또한, Timeout 이벤트를 이용하여 코드에서 중요한 타이밍 동작을 수행할 수도 있다.

12.1.9 생산/소비 설계 패턴(이벤트) (Producer/Consumer (Events))

유연성과 다용도성이 가장 우수한 설계 패턴 중의 하나는 생산/소비 설계 패턴과 사용자 인터페이스 이벤트 핸들러 설계 패턴이 조합된 형태이다. 생산/소비 설계 패턴(이벤트) 패턴을 이용하여 만든 VI는 사용자 인터페이스에 비동기적으로 응답하므로 사용자 인터페이스가 사용자 동작에 지속적으로 응답할 수 있다. 이 패턴의 소비자 루프는 생산/소비 설계 패턴(데이터)의 소비자 루프와 유사하게 이벤트가 발생할 때마다 응답한다. 다음 그림 2-193은 새로 만들기 대화 상자에서 생산/소비 디자인 패턴(이벤트)을 선택했을 때의 화면이다.

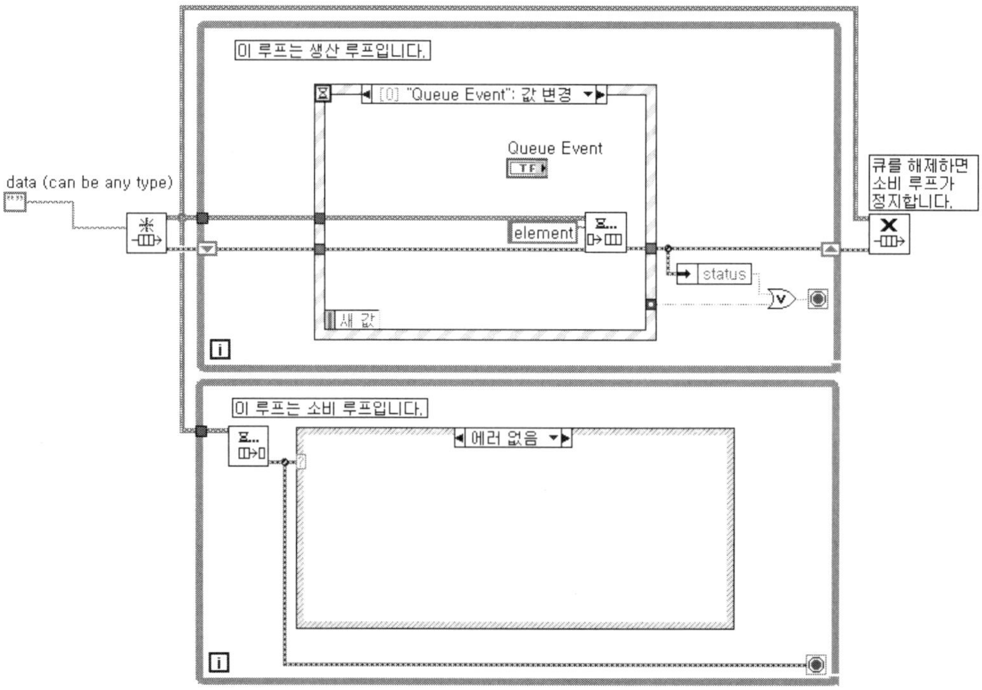

그림 2-193 생산/소비 디자인 패턴(이벤트) 설계 방식의 템플릿

생산/소비 설계 패턴(이벤트)은 생산자 루프가 이벤트 구조를 이용하여 사용자 인터페이스 이벤트에 응답하는 것을 제외하고는 생산/소비 설계 패턴(데이터)과 동일한 방식으로 동작한다. 즉, 이벤트 구조와 큐를 통해 사용자 인터페이스에 응답할 수 있으며, 이때 큐는 어떠한 데이터 타입도 전송이 가능하다. 위 그림에서 큐의 데이터 타입은 문자열이며, 보다 효율적인 데이터 타입은 열거형과 배리언트(Variant)로 구성된 클러스터를 사용하는 것이다. 다음 표 2.3은 앞에서 열거된 설계 패턴들의 장단점을 비교 정리한 것이다.

표 2.3 설계 패턴들의 용도와 장단점 비교

설계 패턴	용도	장점	단점
단순	단순 계산	단순 계산을 쉽게 수행	해당 없음
일반	표준 컨트롤 흐름	초기화, 실행 및 정지 단계	이전 단계로 돌아갈 수 없다.
State Machine	시스템 sequence를 만들어 VI 기능을 제어	Sequences 제어	차후에 실행될 sequence를 저장하지 않음
Queued Message Handler	차후에 실행될 sequences를 저장하여 상태머신을 강화	차후에 실행될 sequence를 저장	메모리를 효율적으로 사용하지 못함.
Parallel Loop	동일한 VI 내에서 여러 태스크를 처리	리소스를 효율적으로 사용	동기화 및 data 전달
Master/Slave	메시지 전송 및 병렬 루프를 동기화	메시지 전송 및 루프 동기화 처리	Data 전달에 그다지 적합하지 않음
Producer/Consumer (Data)	다른 data 처리/분석과 병렬로 데이터를 처리 또는 분석	차후 처리를 위해 data를 저장	Loop 동기화를 제공하지 않는다.
User Interface Event Handler	User interface로 부터 메시지를 처리	User interface 메시지를 처리	대형 처리 applications에는 사용하지 못함
Producer/Consumer (Events)	Processor 집중 applications에서 user events에 응답	Processor 집중 코드에서 user interface를 분리	User interface 이외의 events를 잘 통합하지 못함

또한, 다음 그림 2-194는 어플리케이션을 개발할 때, 설계 패턴을 선택하는 방법을 정리한 것이다. 예를 들어, 개발하고자 하는 어플리케이션에 시퀀스가 포함되어 있고, 사용자 인터페이스에 반응해야 하고, 집중적인 처리가 필요한 경우에는 생산/소비(이벤트) 설계 패턴이 무난한 것을 그림에서 알 수 있다. 하지만 이것은 대략적인 설계 패턴의 선택 방법을 나타낸 것으로, 향후 기능성, 확장성 및 유지 관리가 쉬운 어플리케이션의 개발하기 위해서는 세심한 부분까지를 고려한 구체적인 설계 패턴에 대한 연구가 필요할 것으로 생각된다.

마지막으로 새로 만들기 대화 상자에서 선택할 수 있는 것이 Control Design 설계 패턴이다. 이 템플릿을 사용하여 신호를 생성하고, 생성된, 데이터를 그래프에 표시할 수 있다.

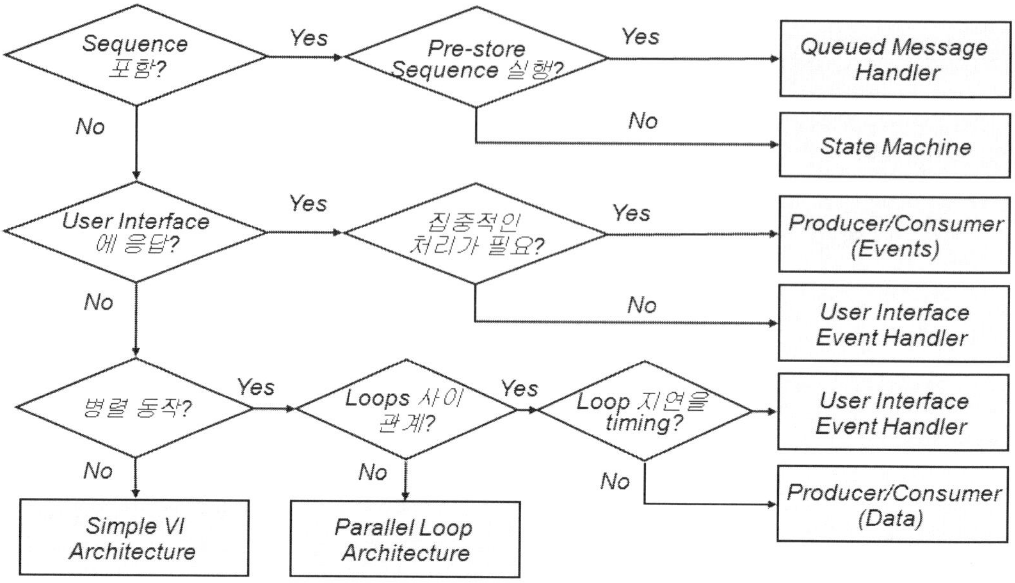

그림 2-194 설계 패턴 선택 방법

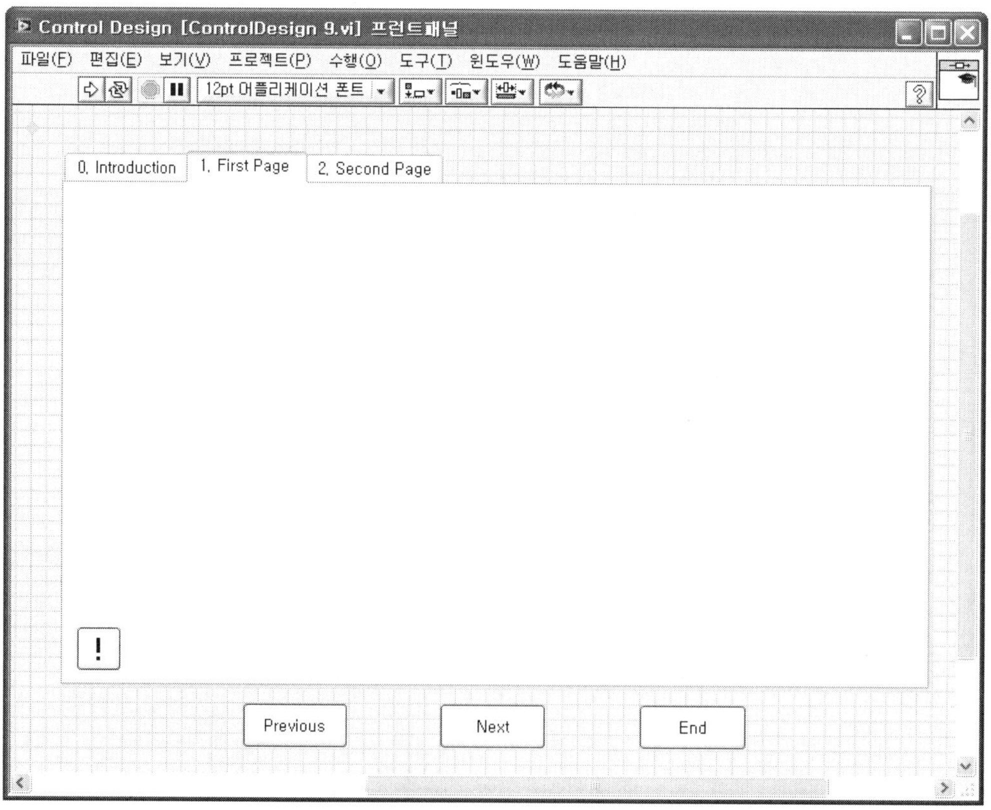

그림 2-195 Control Design 설계 패턴의 프런트 패널

연습 27 디자인 설계 패턴 템플릿

◉ 동작 원리 : VI에서 사용되는 기본 구조의 베이스로 활용되는 여러 가지 설계 패턴에 대한 템플릿 VI를 띄우고 동작 원리와 각각의 차이점에 대해 조사한다.

1) LabVIEW를 시작하고 시작하기 창이 나타날 때까지 기다린다.
2) 파일≫새로 만들기…를 선택한다.
3) 템플릿으로부터≫프레임워크≫디자인 패턴을 선택한다.
4) 표준 상태 머신을 선택하고, 오른쪽 설명 섹션에 있는 글들을 읽는다. 확인 버튼을 클릭한다.
5) 블록다이어그램을 열고, 실행 하이라이트()를 활성화하고, VI를 실행한다.
6) 상태 머신은 케이스 구문을 제어하기 위해 단일 기본 전환을 사용하는 점에 주의한다.
7) 설계 패턴이 다음 사항들을 처리하는 방법에 주의하면서 기능을 관찰한다.
   - 상태 전환, 데이터 흐름
   - 병렬 루프 실행
   - 설계 패턴을 생성하는 VI와 함수들
   - 설계 패턴을 닫는다. 저장하지 않는다.
8) 1단계에서 7단계까지 반복하면서 다음 설계 패턴들의 동작을 관찰한다.
   - 표준 상태 머신(Standard State Machine)
   - 마스터/슬레이브 디자인 패턴(Master/Slave Design Pattern)
   - 큐 메시지 핸들러(Queued Message Handler)
   - 사용자 인터페이스 이벤트 핸들러
   - 생산/소비디자인 패턴(데이터)(Producer/Consumer Design Pattern (Data))
   - 생산/소비디자인 패턴(이벤트)(Producer/Consumer Design Pattern (Event))
   - Control Design

12.2 VI 실행하기

VI를 메모리를 기준으로 살펴보면, 프런트 패널 객체를 위한 메모리 공간, 블록다이어그램 객체를 위한 메모리 공간, 상수와 변수를 위한 메모리 공간, 블록다이어그램이 컴파일된 실행 코드를 위한 메모리 공간 동 총 4개의 공간들로 구성되어 있다. 이때 메인 VI는 반드시 프런트 패널이 표시되어야 한다. 하지만 블록다이어그램 객체들은 블록다이어그램이 표시된 경우에만 메모리에 로드된다. 반면에 SubVI는 컴파일된 코드와 데이터 공간만 메모리에 로드되어도 실행이 가능하다. 어플리케이션이 사용하고 있는 메모리를 확인하기 위해서는 프런트 패널에서 파일≫VI 프로퍼티를 선택한 다음, 메모리 사용을 선택하면 프런트 패널 객체, 블록다이어그램 객체, 코드 및 데이터 공간이 차지하는 메모리의 양을 확인할 수 있다.

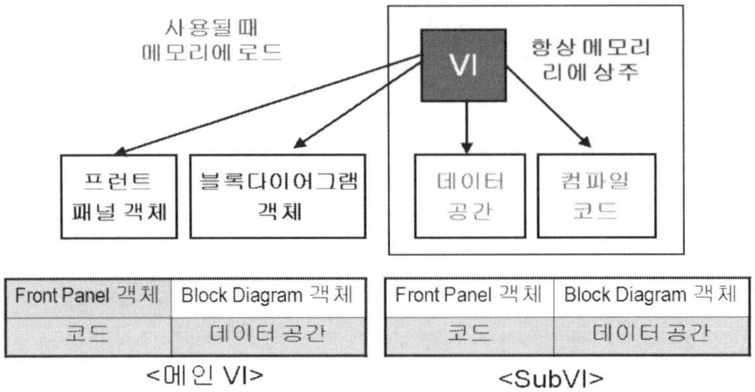

그림 2-196 어플리케이션 VI의 메모리 구성요소들

VI를 실행하면 사용자가 VI를 설계한대로 작업을 실행한다. 도구 모음의 실행 버튼이 굵은 흰색 화살표( )로 나타나면 VI를 실행할 수 있음을 나타낸다. 블록다이어그램 도구 모음의 실행( ) 또는 연속 실행 버튼( )을 클릭하거나 단계별 실행 버튼( )을 클릭하면 VI가 실행된다. VI가 실행되는 동안 실행 버튼은 다음과 같이 회색 화살표( )로 바뀌어 VI가 실행되고 있음을 나타낸다. VI가 실행 중일 때는 VI를 변경할 수 없다. 실행 버튼을 클릭하면 VI를 한 번만 실행한다. VI가 데이터 흐름을 완료하면 VI는 정지한다. 다음과 같이 연속 실행 버튼( )을 클릭하면 수동으로 정지시킬 때까지 VI는 연속적으로 실행된다. 단계별 실행 버튼( )을 클릭하면 단계별로 VI를 실행한다.

12.3 깨진 VI 수정하기

VI가 실행되지 않으면 깨졌거나 실행할 수 없는 VI이다. 생성 또는 편집되는 VI에 에러가 있으면 실행 버튼( )이 다음 ( )과 같이 깨져서 나타난다. 블록다이어그램의 연결을 마쳤는 데도 버튼이 여전히 깨져있는 경우에는 VI에 에러가 있는 경우이며, 실행을 할 수 없다. 경고는 VI의 실행을 막지는 않지만 VI의 잠재적인 문제점이 있음을 나타낸다. 그러나 에러가 있으면 VI는 깨지며, 실행을 위해서는 반드시 모든 에러를 제거해야만 한다. 깨진 실행 버튼을 클릭하거나 보기≫에러 리스트를 선택해하면 VI가 깨진 원인을 찾을 수 있다.

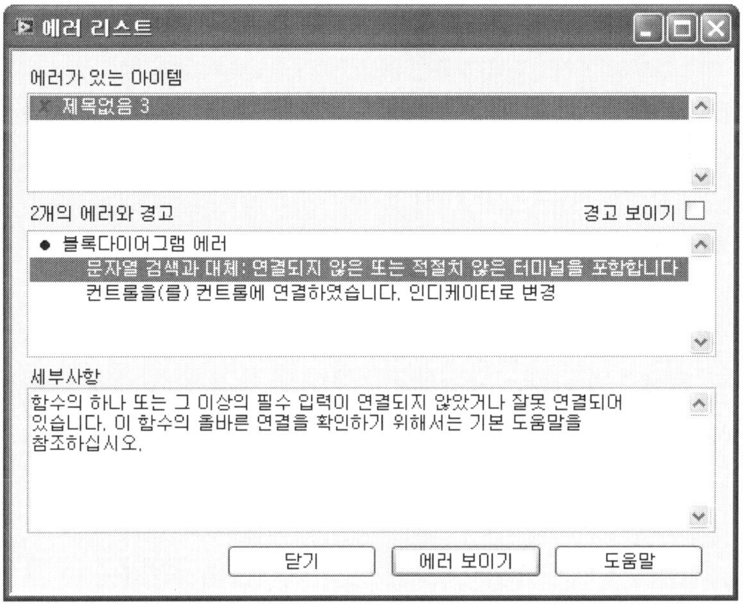

그림 2-197 에러 발생 시의 에러 리스트 윈도

에러 리스트 윈도에는 모든 에러가 나열된다. 에러가 있는 아이템 부분은 VI 및 프로젝트 라이브러리 등 에러가 있는 메모리상의 모든 아이템 이름을 나열한다. 에러와 경고 부분은 에러가 있는 아이템 부분에서 선택한 VI의 에러와 경고를 나열한다. 세부사항 부분은 에러를 설명하며, 일부 경우에는 에러를 수정하는 방법을 설명한다. 도움말 버튼을 클릭하면 에러를 상세히 설명하고 에러를 수정하기 위한 단계별 해설을 포함하는 LabVIEW 도움말의 주제를 표시한다. 에러 보이기 버튼을 클릭하거나 에러 설명을 더블 클릭하면 에러를 포함하는 블록다이어그램 또는 프런트 패널 영역을 하이라이트한다. VI에 경고가 있는 경우 에러 리스트 윈도의 경고 보이기 확인란에 확인 표시를 한 경우에는 에러와 경고가 동시에 나타난다.

12.3.1 깨진 VI의 일반적인 원인

다음은 편집할 때 VI가 깨지는 일반적인 원인을 나열한 것이다.

- 블록다이어그램에 데이터 타입이 맞지 않거나, 끊어지고 연결되지 않아서 깨진 와이어가 있다.
- 필수 터미널이 연결되어 있지 않았다.
- SubVI가 깨졌거나 SubVI의 아이콘을 VI의 블록다이어그램에 놓은 후 커넥터 팬을 편집한 경우이다.

12.4 디버깅 기술

VI가 깨지지는 않았으나 예상치 않은 데이터를 얻었을 경우에는 다음 몇 가지 기 술을 사용하여 VI 또는 블록다이어그램 데이터 흐름의 문제점을 확인하고 수정하도록 한다.

12.4.1 실행 하이라이트하기

다음과 같이 실행 하이라이트 버튼( )을 클릭하여 하이라이트( )시키면 블록다이어그램 실행의 애니메이션을 볼 수 있다. 실행 하이라이트는 블록다이어그램의 한 노드에서 다른 노드까지의 데이터 이동을 와이어를 따라 움직이는 방울을 사용하여 보여준다. 실행 하이라이트를 단계별 실행과 함께 사용하여 데이터값이 VI를 통하여 어떻게 노드와 노드 사이를 움직이는지 확인할 수 있어 디버깅하기가 매우 편리하다. 그러나 실행 하이라이트는 VI의 실행 속도를 현저히 저하시키는 단점이 있다. 에러 출력 클러스터를 케이스 구조에 연결한 경우, 에러가 발생하는 경우에는 케이스 구조의 경계가 빨간색이 되고 에러가 없는 경우에는 녹색 경계를 가진다.

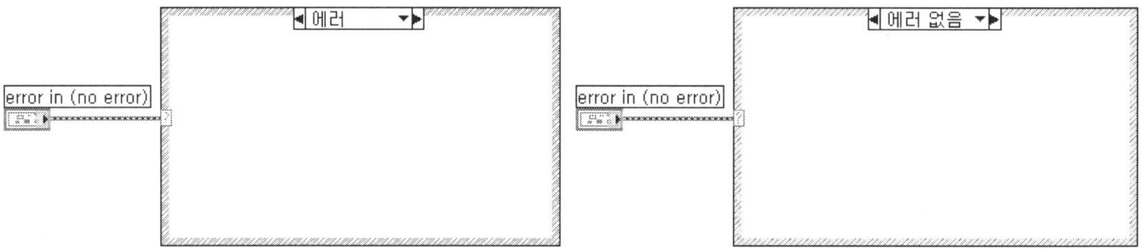

그림 2-198 에러 클러스터를 케이스 구조의 선택자에 연결한 경우

12.4.2 단계별 실행

VI를 단계별로 실행하여 VI가 실행될 때 블록다이어그램에서 VI의 각 단계별 작업을 볼 수 있다. 다음 그림 2-199와 같은 단계별 실행 버튼은 단계별 실행 모드에서의 VI 또는 SubVI 실행에만 영향을 준다.

그림 2-199 도구 모음에서 단계별 실행관련 버튼들

블록다이어그램의 도구 모음에서 단계별 실행 건너뛰기 또는 단계별 실행 들어가기 버튼을 클릭하면 단계별 실행 모드로 들어간다. 단계별 실행 건너뛰기, 단계별 실행 들어

가기, 단계별 실행 나가기 버튼 위로 커서를 이동하면 해당 버튼을 설명하는 팁 상자를 볼 수 있다. SubVI를 단계별로 실행하거나 정상적으로 실행할 수 있다. 실행 하이라이트를 켜고( ) VI를 단계별로 실행하는 경우, 현재 실행 중인 SubVI아이콘 위에 녹색 화살표 모양이 나타난다.

12.4.3 프로브(Probe) 도구

일반 프로브를 사용하여 와이어를 통과하는 데이터를 볼 수 있다. 와이어에서 마우스 오른쪽 버튼을 클릭한 후 바로 가기 메뉴에서 사용자 프로브≫일반 프로브를 선택하면 일반 프로브를 사용할 수 있다.

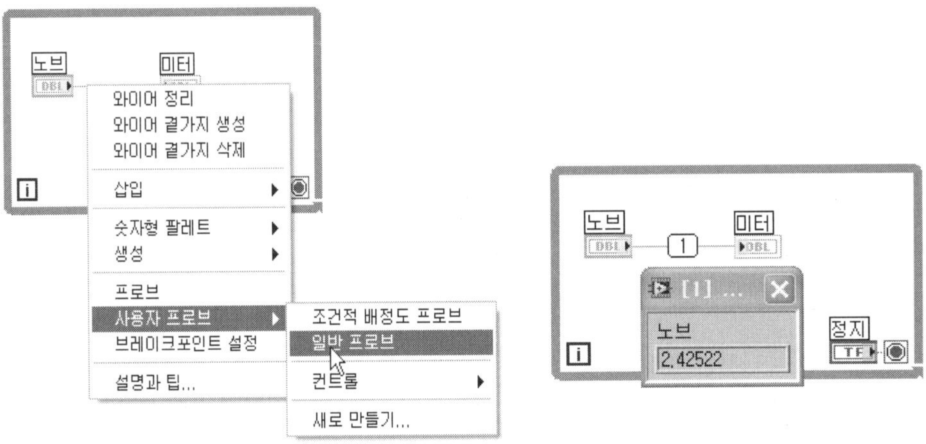

그림 2-200 일반 프로브 사용 예

또한, 도구 모음 버튼에 있는 와이어 값 유지( )를 선택하여 데이터 값을 저장할 수 있다. 이 버튼을 클릭하고 VI를 실행하면, LabVIEW는 실행의 흐름에 있는 각 포인트에서의 마지막 값을 저장한다. 따라서 와이어에 프로브를 놓을 때, 그 와이어를 통과한 데이터 중에서 가장 최근 값을 즉시 알 수 있다. 하지만 이 디버깅 도구는 현재 VI의 성능에 영향을 미칠 수도 있다는 점에 주의해야 한다.

12.4.4 브레이크 포인트(Break point)

다음과 같이 브레이크 포인트 도구( )를 사용하여 블록다이어그램의 VI, 노드, 또는 와이어에 브레이크 포인트를 만들고 해당 위치에서 실행을 일시 중지시킬 수 있다. 와이어에 브레이크 포인트를 설정할 때, 실행은 데이터가 와이어를 통과한 후에 일시 정지한다. 브레이크 포인트에서 VI가 일시 중지되면, LabVIEW는 블록다이어그램을 전면에 띄우고 선택 표시를 사용하여 브레이크 포인트가 있는 노드나 와이어를 하이라이트한다.

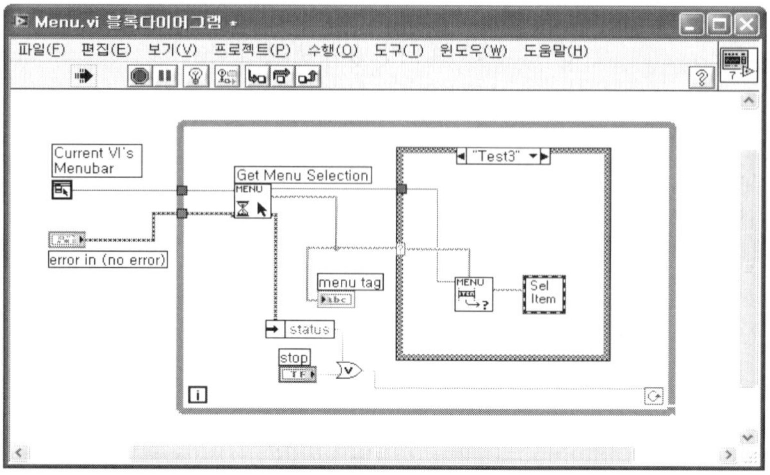

그림 2-201 브레이크 포인트 사용 예

실행 도중 브레이크 포인트에 도달하면 VI는 실행을 멈추고 일시 정지 버튼(▮▮)은 빨간 색이 된다. 이때 다음 동작을 취할 수 있다.

- 단계별 실행 버튼을 사용하여 단계별로 실행한다.
- 와이어 위에 프로브를 놓아 중간값을 확인한다.
- 프런트 패널 컨트롤의 값을 변경한다.
- 일시 정지 버튼(▮▮)을 클릭하여 다음 브레이크 포인트나 VI가 실행을 마칠 때까지 계속 실행한다. LabVIEW는 VI와 함께 브레이크 포인트를 저장하지만 브레이크 포인트는 VI를 실행할 때만 활성화된다. 수행≫브레이크 포인트를 선택한 후 찾기 버튼을 클릭하면 모든 브레이크 포인트를 찾을 수 있다.

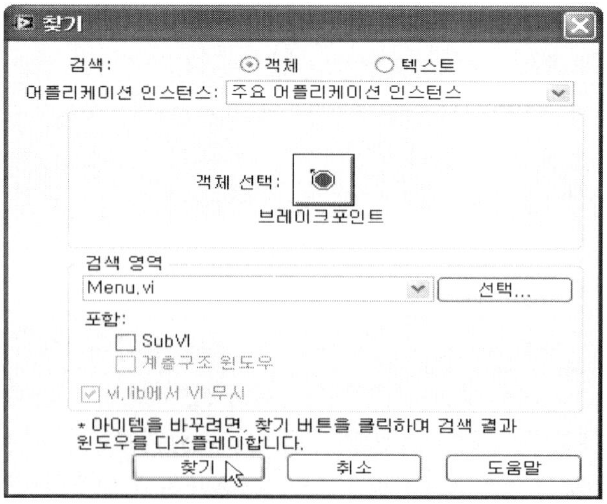

그림 2-202 브레이크 포인트 찾기 예

12.5 에러 핸들링하기

아무리 잘 만든 VI라고 하더라도 여전히 에러가 존재할 확률이 높다. 이때 에러 확인 메커니즘이 없으며 VI가 올바로 작동하지 않는다는 사실은 알 수 있지만, 에러 확인 메커니즘이 있으면 왜 그리고 어디에서 에러가 발생했는지 알 수 있다. 모든 종류의 입력과 출력 (I/O)을 수행할 때 에러가 발생할 가능성을 고려해야만 한다. LabVIEW에서 거의 모든 I/O 함수는 에러 정보를 반환한다. VI, 특히 I/O 실행(파일, 시리얼, 인스트루먼트, 데이터 수집, 통신)에서는 에러 확인하기를 포함시키고 적절한 에러 처리 메커니즘을 제공해야만 한다. 기본적으로, LabVIEW는 에러 발생시 VI의 실행을 일시 정지하고, 에러가 발생한 SubVI 또는 함수를 하이라이트하고, 에러 대화 상자를 디스플레이하도록 자동으로 처리한다. 현재 VI의 에러 핸들링을 비활성화 하려면 파일≫VI 프로퍼티를 선택하고, 항목에서 실행을 선택한다.

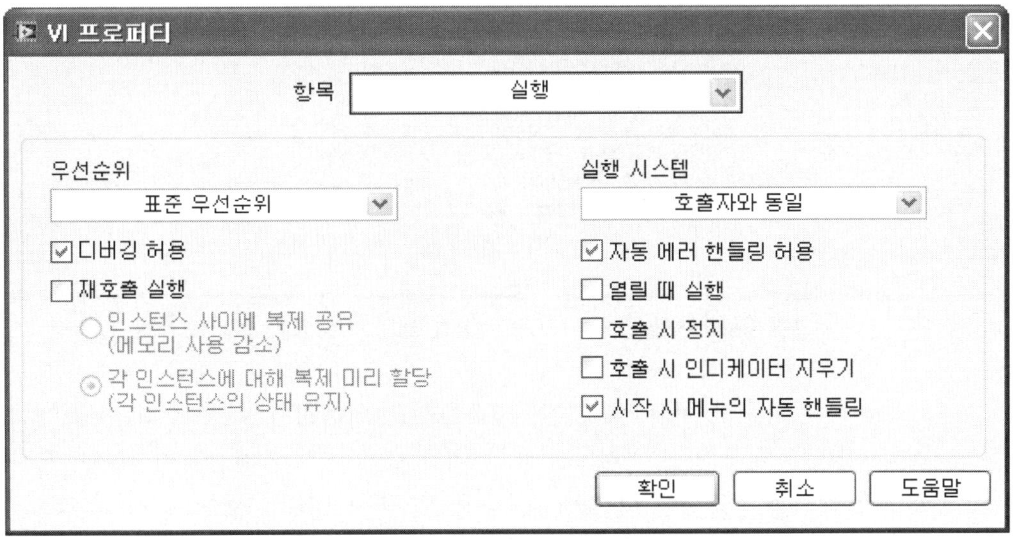

그림 2-203 자동 에러 핸들링 허용 설정을 비활성화

사용자가 생성한 새로운 빈 VI의 자동 에러 핸들링을 비활성화하려면, 다음 그림 2-204와 같이 도구≫옵션을 선택하고 항목 리스트에서 블록다이어그램을 선택한다. 메뉴에서 새 VI에서 자동 에러 핸들링 활성화 옆의 체크 표시를 제거한다.

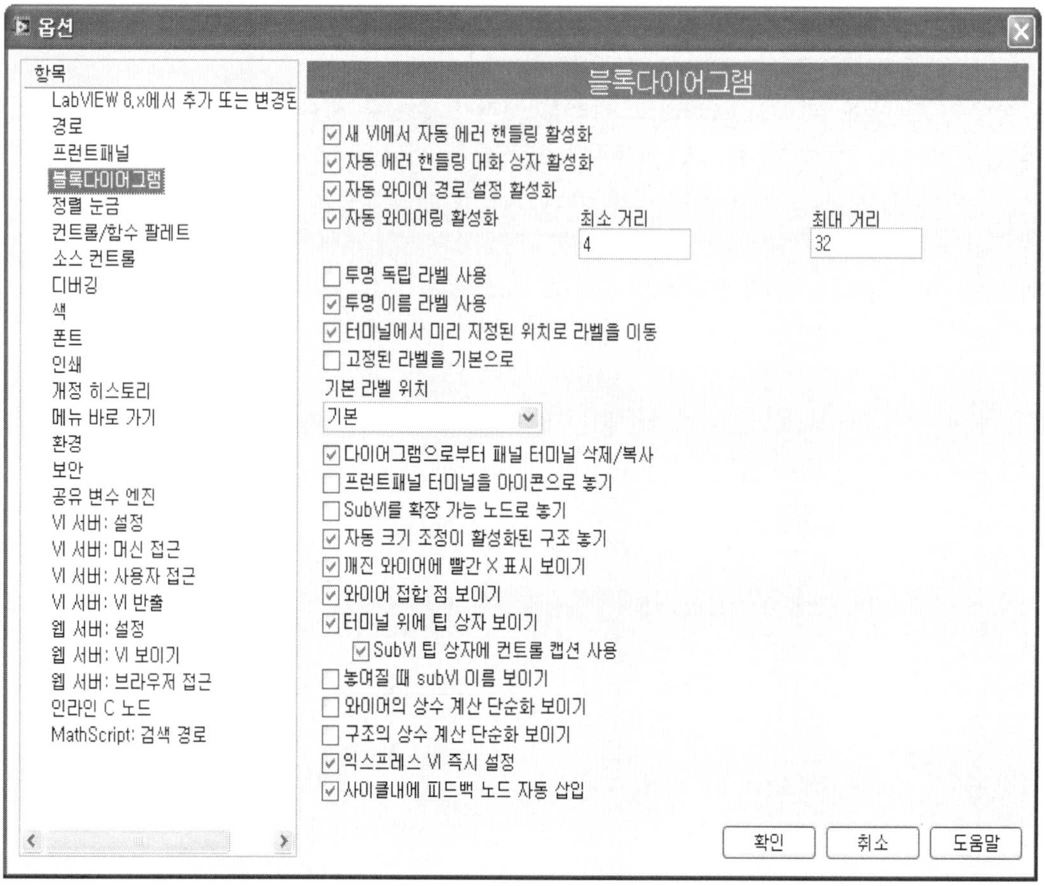

그림 2-204 새 VI에서 자동 에러 핸들링 비활성화 하기

VI 내의 SubVI나 함수의 자동 에러 핸들링을 비활성화하려면 에러 출력 파라미터를 다른 SubVI나 함수의 에러 입력 파라미터 또는 에러 출력 인디케이터에 연결한다. 또 다른 에러 핸들링 방법을 선택할 수도 있다. 예를 들어, 블록다이어그램에서 I/O VI의 타임아웃으로 전체 어플리케이션이 정지하고 에러 대화 상자를 디스플레이 하기를 원하지 않을 수도 있다. 또한 특정 시간 간격으로 VI를 다시 시도하기를 원할 수도 있다. LabVIEW의 경우, VI의 블록다이어그램에서 이러한 에러 핸들링에 대한 결정을 할 수 있다. 대화 상자 & 사용자 인터페이스 팔레트의 LabVIEW 에러 핸들링 VI 및 함수와 함께 대부분의 VI와 함수에 포함되어 있는 에러 입력과 에러 출력 파라미터를 사용하여 에러를 처리한다. 예를 들어, LabVIEW가 에러를 만났을 경우 여러 종류의 대화 상자에 에러 메시지를 디스플레이할 수 있다.

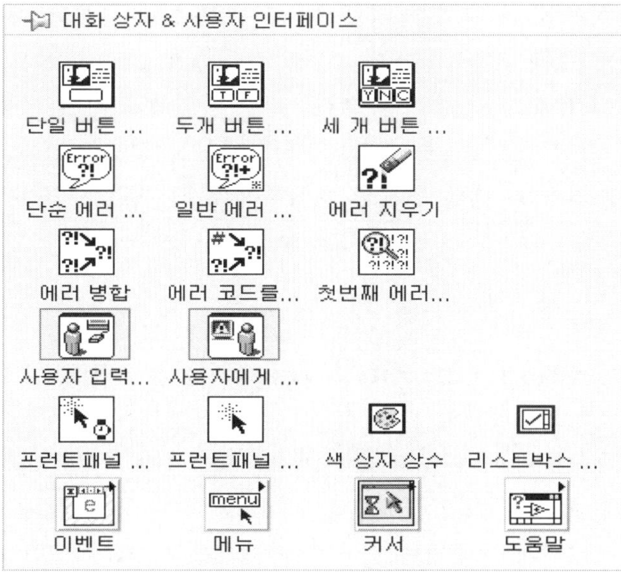

그림 2-205 대화 상자 & 사용자 인터페이스 팔레트

에러 핸들링과 디버깅 도구를 함께 사용하여 에러를 찾아내고 관리한다. VI와 함수는 숫자 에러 코드 또는 에러 클러스터로 에러를 반환한다. 일반적으로 함수는 숫자 에러 코드를, VI는 에러 클러스터를 사용하여 에러를 입력 또는 출력한다. LabVIEW의 에러 핸들링은 데이터 흐름 모델을 따른다. 데이터값이 VI를 따라 흐르듯이 에러 정보도 VI를 따라 흐른다. 따라서, VI의 끝에 에러 핸들러 VI를 놓으면 해당 VI가 에러 없이 실행되었는지를 확인할 수 있다.

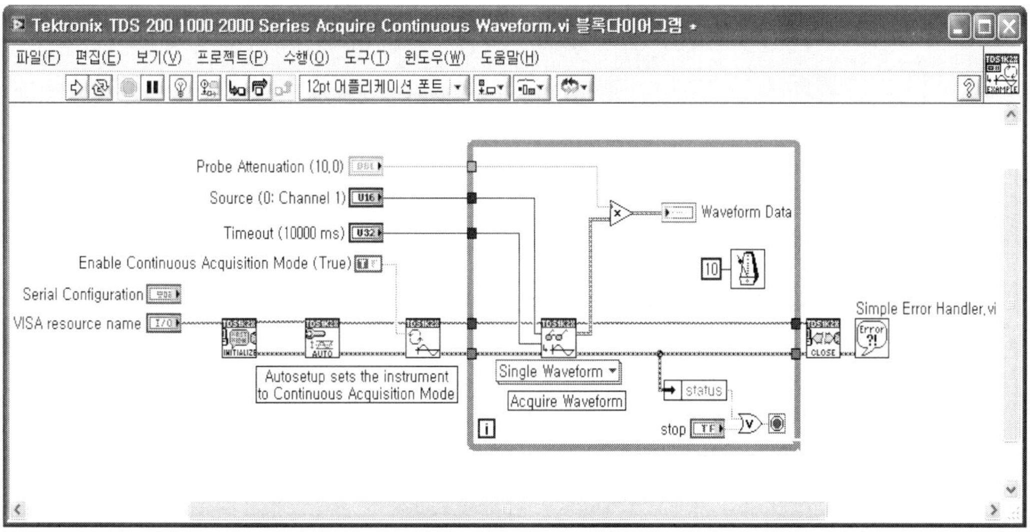

그림 2-206 데이터 흐름 모델을 이용한 에러 처리 방법의 예

각 VI의 에러 입력과 에러 출력 클러스터를 사용하여 VI를 통해 에러 정보를 전달한다. 에러 클러스터는 흐름 파라미터이다. VI를 실행하면 LabVIEW는 각 실행 노드에서 에러를 테스트한다. LabVIEW가 에러를 발견하지 못하면 노드는 정상적으로 실행되지만, LabVIEW가 에러를 발견하면 노드는 코드의 해당 부분을 실행하지 않고 에러를 다음 노드로 전달한다. 다음 노드도 해당 부분을 실행하지 않고 에러를 그 다음 노드로 전달한다. 실행 흐름의 끝에서 LabVIEW는 에러를 보고하게 된다.

12.5.1 에러 클러스터

에러 입력과 에러 출력 클러스터는 다음 원소의 정보를 포함하고 있다.

- 상태(Status)는 에러가 발생했을 때 참(True)을 보고하는 불리언값이다.
- 코드(Code)는 에러를 숫자로 표현하는 32비트 부호 있는 정수이다. 제로가 아닌 에러 코드가 표시되고 상태에 거짓이 나타나면 에러가 아닌 경고(Warning)를 의미한다.
- 소스(Source)는 어디에서 에러가 발생했는지 나타내는 문자열이다.

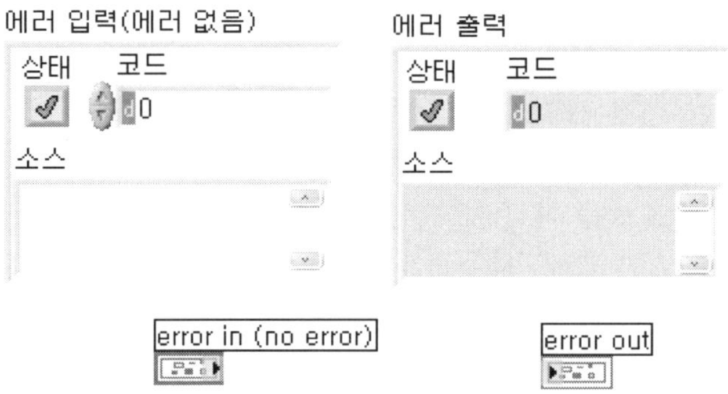

그림 2-207 에러 클러스터 컨트롤과 인디케이터

또한 불리언 데이터를 받는 일부 VI, 함수, 구조도 에러 클러스터를 인식한다. 예를 들어, 에러 클러스터를 선택, LabVIEW 종료, 또는 정지 함수의 불리언 입력에 연결할 수 있다. 에러가 발생하는 경우, 에러 클러스터는 참값을 해당 함수에 전달한다.

12.5.2 에러 처리를 위해 While 루프 사용하기

에러 클러스터를 While 루프의 조건 터미널에 직접 연결하면 에러가 발생한 경우에 While 루프는 반복을 멈춘다. 조건 터미널의 바로 가기 메뉴에서 에러 발생 시 정지( )와 에러 발생 시 계속( )을 선택할 수 있다.

그림 2-208 While 루프에서 에러 클러스터 사용하기

12.5.3 에러 핸들링을 위해 케이스 구조 사용하기

그림 2-209에 나타낸 바와 같이 에러 클러스터를 케이스 구조의 선택자 터미널에 연결하면 케이스 선택자 라벨은 에러와 에러 없음의 두 케이스를 표시하고, 케이스 구조의 경계는 색이 변경된다. 에러의 경우에는 빨강, 에러가 없는 경우에는 녹색이 된다. 다음 그림은 케이스 선택자에 에러 클러스터를 연결한 예를 나타낸 것으로 에러가 있는 경우에는 아무것도 실행되지 않고 바로 출력으로 에러 클러스터를 전달하고, 에러가 없는 경우에는 while 루프의 서브다이어그램을 실행한다. 이와 같은 에러 처리 방법은 데이터 흐름 모델에서 에러 처리를 구현하는 방법에 해당한다.

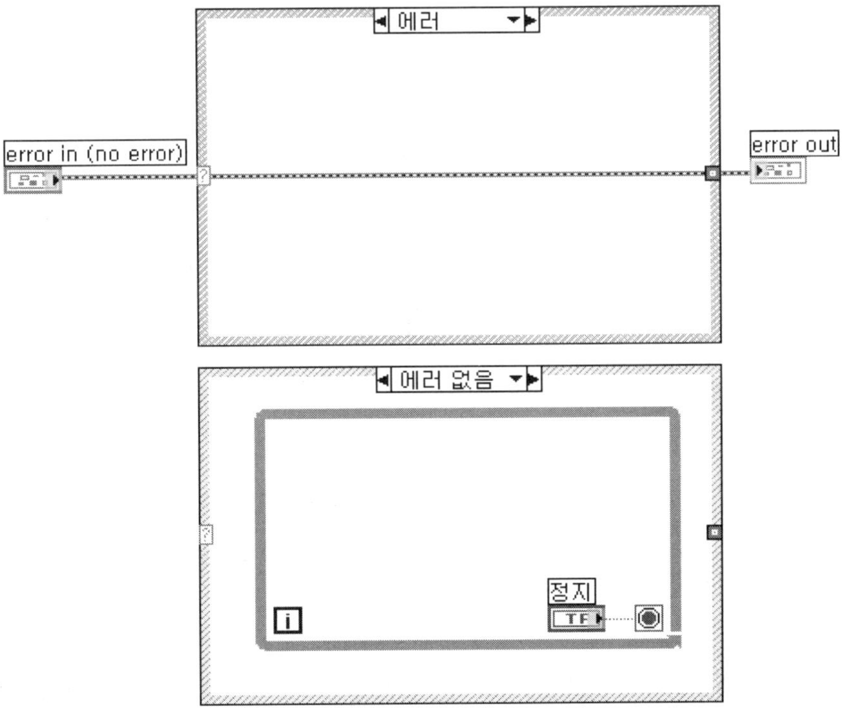

그림 2-209 데이터 흐름 모델을 이용한 에러 처리 VI의 구현 방법 예

연습 28 커서 변경

◉ 동작 원리 : LabVIEW 커서 함수를 이용하여 커서를 변경해본다.

○ 프런트 패널의 구성

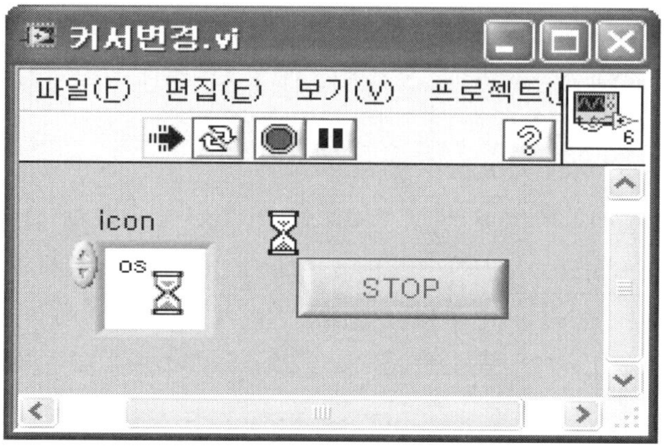

☞  : 컨트롤≫일반≫링 & 열거형≫그림 링(Set Cusor.vi의 아이콘 입력에서 마우스 오른쪽 버튼을 클릭하고, 생성≫컨트롤을 선택해서 만든다).
블록다이어그램에서 커서 설정 함수를 이용해 만들어준다.

☞  : 컨트롤≫일반≫불리언≫정지 버튼

○ 블록다이어그램의 구성

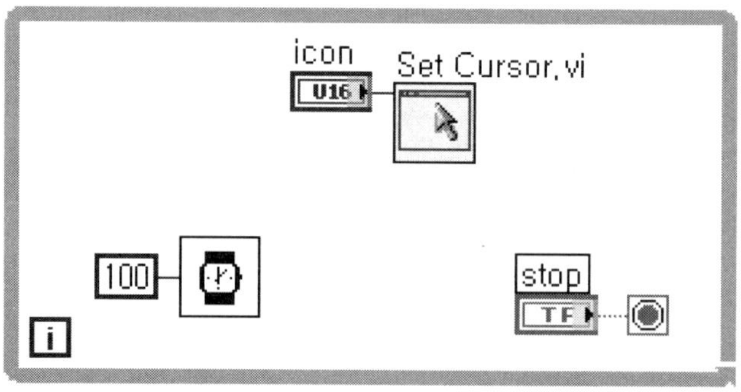

☞  : 함수≫프로그래밍≫대화 상자&사용자 인터페이스≫커서≫커서 설정

☞  : 커서 설정 함수의 아이콘 입력에서 오른쪽 마우스를 클릭한 후, 메뉴에서 생성≫컨트롤을 선택해서 생성한다.

☞ : 함수≫프로그래밍≫타이밍≫기다림(ms)

☞ : While 루프의 조건 터미널에서 오른쪽 마우스 버튼을 클릭한 후, 메뉴에서 생성≫컨트롤을 선택해서 만든다.

1) VI를 전부 완성한 후 실행을 한다. 프런트 패널의 아이콘 링 컨트롤에서 커서 모양을 변경해가면서 실행할 때, 선택된 커서 모양이 나타나는 지를 확인한다.

13 SubVI 만들기

일반적으로 어플리케이션을 개발해보면 예상보다 실제 코드가 상당히 증가하는 것을 알 수 있다. 이렇게 코드가 커져서 블록다이어그램이 모니터 화면을 초과하게 되면 그래픽 언어의 한계상 코드를 이해하고 디버깅하기가 힘들어진다. 이와 같은 문제점을 극복하기 위한 하나의 방법이 자주 사용되는 부분을 SubVI로 만드는 것이다. 이렇게 함으로써 코드가 콤팩트해지고, SubVI의 프런트 패널이 메모리에 로드되지 않기 때문에 메모리 사용의 효율성이 증가한다. 여기서는 SubVI를 생성하고, 아이콘과 커넥터 팬(Connector pane)을 편집하는 방법에 대해서 알아본다.

13.1 예제 검색 및 내장 VI와 함수 사용하기

새 VI를 만들기 전에 도움말(H)≫예제 찾기(E)...를 선택하여 NI 예제 탐색기를 열고 필요 사항에 맞는 예제 VI가 있는지 검색해보는 것이 필요하다. 적당한 예제 VI를 찾을 수 없는 경우에는 새로 만들기 대화 상자에서 특정 템플릿을 선택해서 VI를 생성한다.

LabVIEW에는 데이터 수집 VI와 함수, 다른 VI에 접근하는 VI, 다른 어플리케이션과 통신하는 VI 등과 같이 특수한 어플리케이션을 만드는 데 도움을 주는 내장 VI 와 함수가 있다. 이러한 VI를 어플리케이션에 SubVI로 사용함으로써 개발 시간을 줄일 수 있다. 새 VI를 만들기 전에 함수 팔레트를 검색하여 비슷한 VI와 함수를 찾고 기존 VI를 새 VI의 시작점으로 사용하는 것을 고려해보도록 한다.

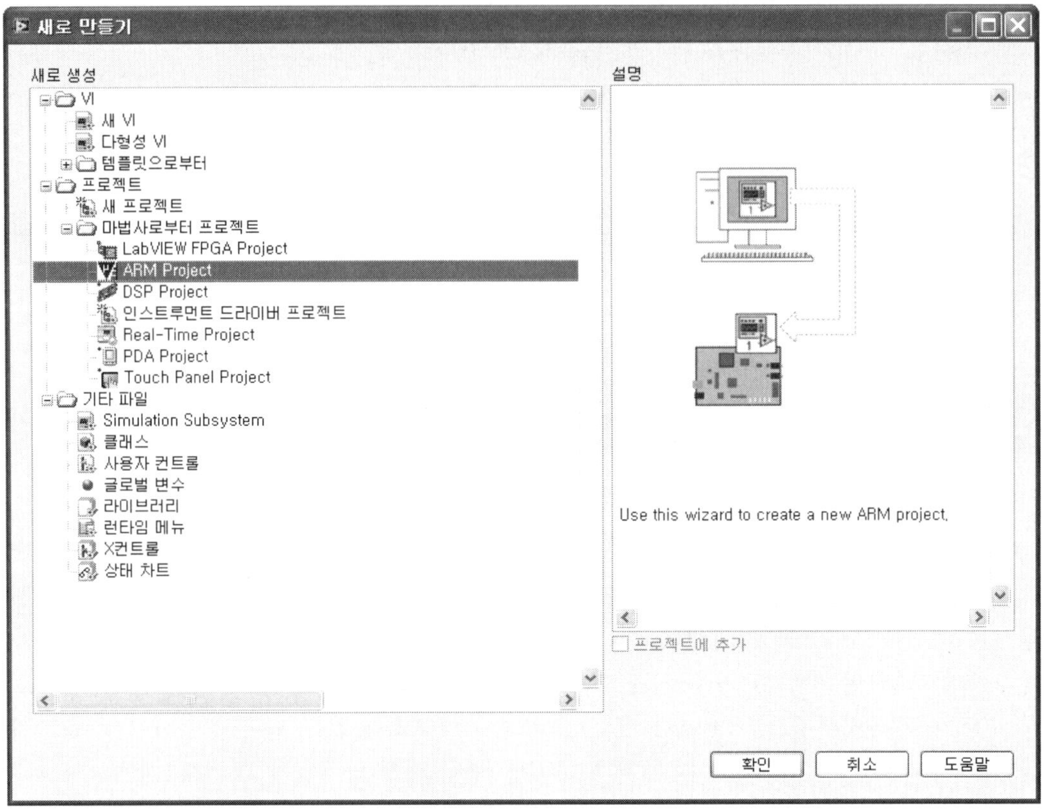

그림 2-210 새로 만들기 창

13.2 서브 VI(SubVI) 생성하기

VI를 만들고 난 후에는 다른 VI에서 이 VI를 호출할 수도 있다. 다른 VI의 블록다이어그램에서 호출되는 VI를 SubVI라고 부르며, SubVI는 다른 임의의 VI에서 사용이 가능하다. 이와 같이 하나의 VI를 다른 VI의 블록다이어그램에서 SubVI로 사용하기 위해서는 컨트롤과 인디케이터를 커넥터 팬에 할당하고, 아이콘을 편집해야만 한다. SubVI 노드는 텍스트 기반 프로그래밍 언어의 서브루틴 호출에 해당한다. 여러 동일한 SubVI 노드를 포함하는 블록다이어그램은 동일한 SubVI를 여러 번 호출할 수 있다.

SubVI 컨트롤과 인디케이터는 호출하는 VI의 블록다이어그램을 통해 데이터를 받고 반환한다. 함수 팔레트에서 VI 선택... 메뉴를 선택한 후, 특정 VI를 탐색하고 블록다이어그램에 위치시킴으로써 SubVI를 호출할 수 있다. 또한, 수행 도구( ) 또는 위치 도구( )로 블록다이어그램에 있는 SubVI를 더블 클릭하면 SubVI를 편집할 수도 있다. SubVI를 저장할 때, SubVI의 변경은 현재 인스턴스뿐만 아니라 SubVI를 호출하는 모든 VI에 영향을 미치는 것에 주의해야 한다.

13.2.1 아이콘 생성하기 (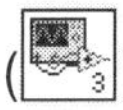)

모든 VI는 프런트 패널과 블록다이어그램은 창의 오른쪽 위 모서리에 아이콘을 포함하고 있다. 아이콘은 VI의 그래픽 표현으로써 텍스트와 이미지를 포함할 수 있다. 기본 아이콘은 LabVIEW를 실행한 이후로 얼마나 많은 새 VI를 열었는지를 나타내는 숫자를 포함하고 있다. 프런트 패널 또는 블록다이어그램의 오른쪽 위 모서리에 있는 아이콘에서 마우스 오른쪽 버튼을 클릭한 후, 메뉴에서 아이콘 편집...을 선택하거나 프런트 패널의 오른쪽 위 코너에 있는 아이콘을 더블-클릭하면, 기본 아이콘을 대체할 수 있는 아이콘 편집기 창이 나타난다.

LabVIEW 8.5부터는 아이콘 편집기 창에 ni.com에서 Icon Art Glossary 버튼이 추가되었으며, 이 버튼을 클릭하면 인터넷을 통해 NI 홈페이지에서 여러 가지 아이콘 이미지를 다운받아 저장할 수 있으며, 이들 이미지를 사용해 아이콘을 편집할 수 있다. 이를 위해서는 먼저 선택 도구()를 사용해 삭제할 영역을 선택하고, 지우기를 선택해 불필요한 부분을 삭제한다. 그런 다음 아이콘 편집기의 메뉴에서 편집≫클립보드에서 그림 반입을 선택한 다음, 반입하고자 하는 이미지 파일을 지정한다. 그리고 선택 도구()를 사용해 붙여 넣을 영역을 선택하고, 편집≫붙여 넣기를 선택하면 새로운 아이콘 이미지를 쉽게 생성할 수 있다.

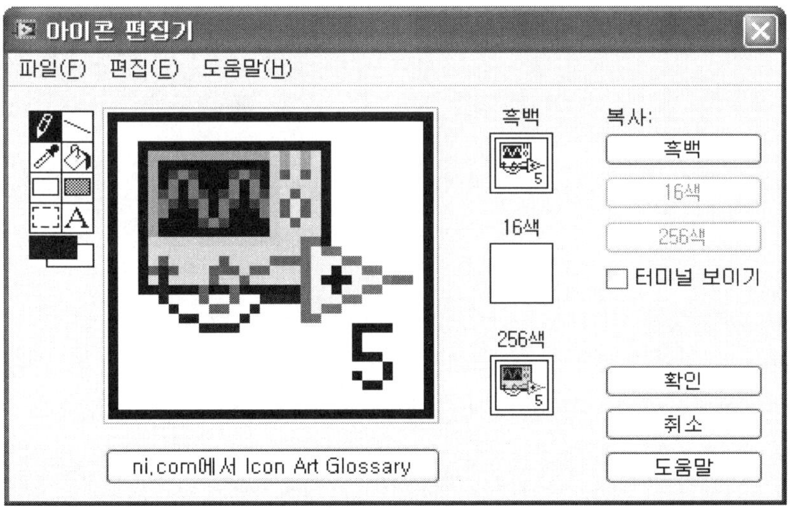

그림 2-211 아이콘 편집기 윈도

아이콘 이미지를 다운받기 위한 또 다른 방법이 있으며, 이것은 다음 그림 2-212와 같이 ni.com/info에서 정보 코드 rdglos를 입력하는 것이다.

그림 2-212 아이콘 이미지를 download 하기 위한 정보코드 입력창

새로 열린 창에서 Download Glossary.zip(1,190kB)을 다운받은 후에 압축을 풀고 idnet_library 디렉터리를 탐색해 보면 많은 아이콘용 이미지를 볼 수 있다. 다음 그림 2-213은 그 중의 일부 이미지를 나타낸 것이다.

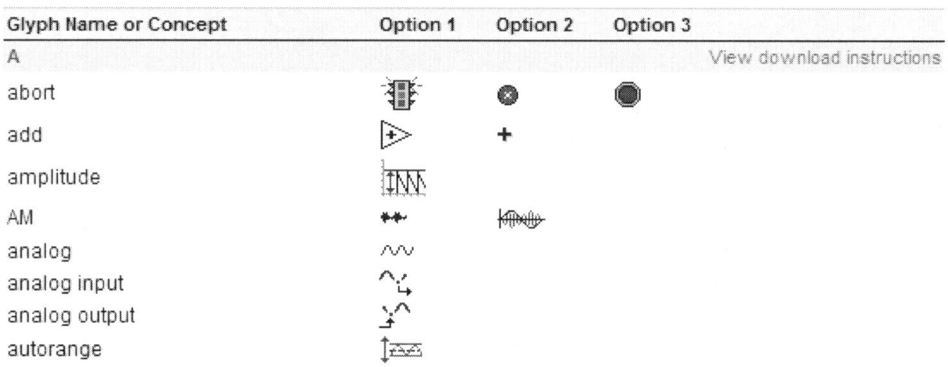

그림 2-213 아이콘 이미지를 download 하기 위한 정보코드 입력창

그래픽 이미지를 마우스로 끌어서 직접 프런트 패널 또는 블록다이어그램의 이미지를 대체할 수도 있다. 이때 LabVIEW는 그래픽을 32 ×32 픽셀 아이콘으로 변환한다. 또한, 텍스트 도구(A)를 사용해 아이콘에 텍스트를 입력할 수 있다. 텍스트 도구를 더블 클릭하면 텍스트 도구 폰트 창이 나타나고, 여기서 폰트와 크기 등을 결정할 수 있다. 그리고 텍스트가 활성화 되어 있는 동안에는, 화살표 키를 눌러서 텍스트를 이동할 수도 있

다. 대개 작은 폰트가 아이콘에서 잘 동작한다. Icon에 사용할 텍스트의 적절한 크기와 글꼴은 모두 대문자로 8포인트이고 작은 폰트이다.

13.2.2 의미 있는 아이콘 구현하기

SubVI의 아이콘이 잘 설계되어 있으면, 개발자가 설명을 지나치게 참고하지 않고도 SubVI 기능을 쉽게 파악할 수 있기 때문에 의미 있는 아이콘 구현하는 것은 매우 중요하다. 또한 관련된 VI들에서는 통일된 아이콘 스타일을 사용하는 것이 직관적 이해를 위해 좋다. 인쇄 목적의 Icon에는 항상 흑백 아이콘을 만들어 두는 것도 좋은 방법이다. 다음 그림 2-214는 리포트 생성 VI들로써 모범적인 스타일 기법으로 설계한 아이콘의 좋은 예 중의 하나이다.

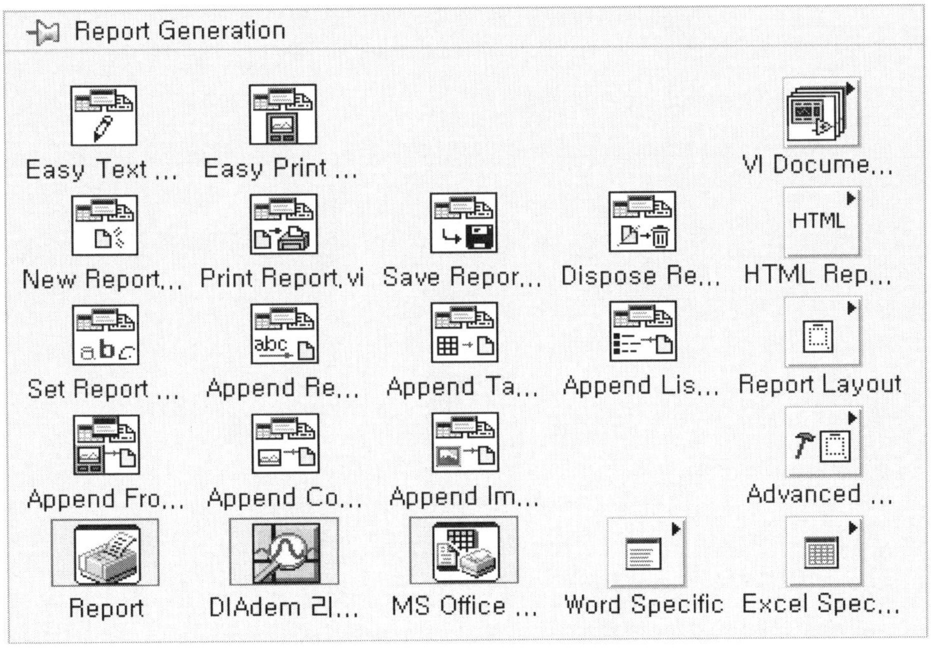

그림 2-214 직관적인 아이콘의 좋은 예

또한, 숫자형 및 비교 함수와 같은 LabVIEW 내장 함수와 비슷하게 사각형이 아닌 아이콘도 만들 수 있다. 이러한 형태의 아이콘은 블록다이어그램의 가독성을 향상시킬 수 있다. 사각형이 아닌 아이콘을 만들기 위해서는 아이콘 편집기에서 이미지를 만든 다음 아이콘의 바깥의 경계선을 없애면 된다. LabVIEW는 아이콘의 경계가 없는 백색 공간을 투명하게 처리하기 때문에 경계선을 지우면 된다.

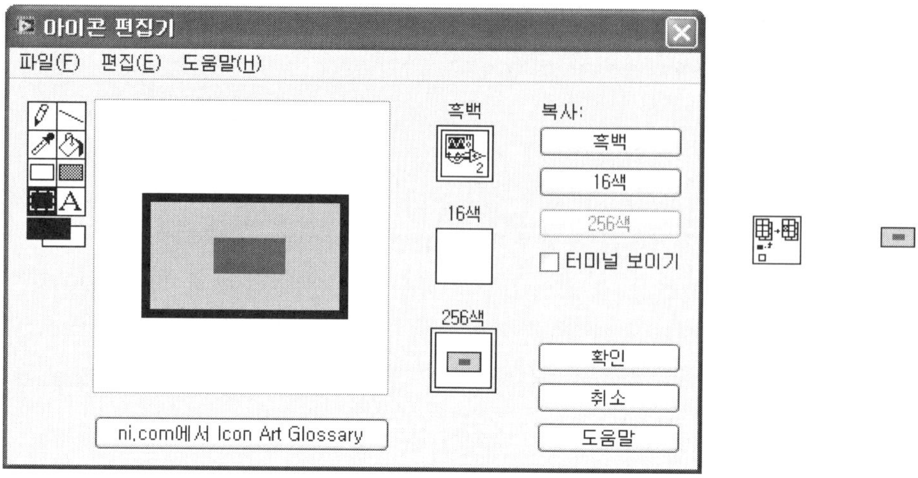

그림 2-215 특정한 모양의 아이콘 만들기

13.2.3 커넥터 팬(Connector pane) 만들기

VI를 SubVI로 사용하려면 우선 프런트 패널에 있는 아이콘 이미지를 마우스 오른쪽 버튼으로 클릭하고, 메뉴에서 커넥터 보이기를 선택해서 다음과 같이 커넥터 팬을 표시한다. 그런 다음 와이어링 도구()를 사용해 VI의 프런트 패널 위에 있는 컨트롤과 인디케이터를 커넥터 팬에 연결한다.

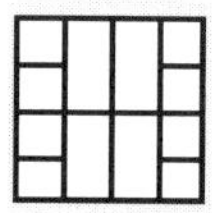

그림 2-216 커넥터 팬(Connector pane)

커넥터 팬은 해당 VI의 컨트롤과 인디케이터에 대응하는 터미널 세트이며 텍스트 기반 프로그래밍 언어에서의 함수 호출의 파라미터 리스트와 유사하다. 즉, 커넥터 팬은 VI에 연결할 수 있는 입력과 출력 터미널의 타입을 정의하고, VI를 SubVI로 사용할 수 있도록 한다. 또한, 커넥터 팬은 입력 터미널에서 데이터를 받고 프런트 패널 컨트롤을 통하여 블록다이어그램 코드에 데이터를 전달하며, 프런트 패널 인디케이터로부터 출력 터미널에 결과를 받는다.

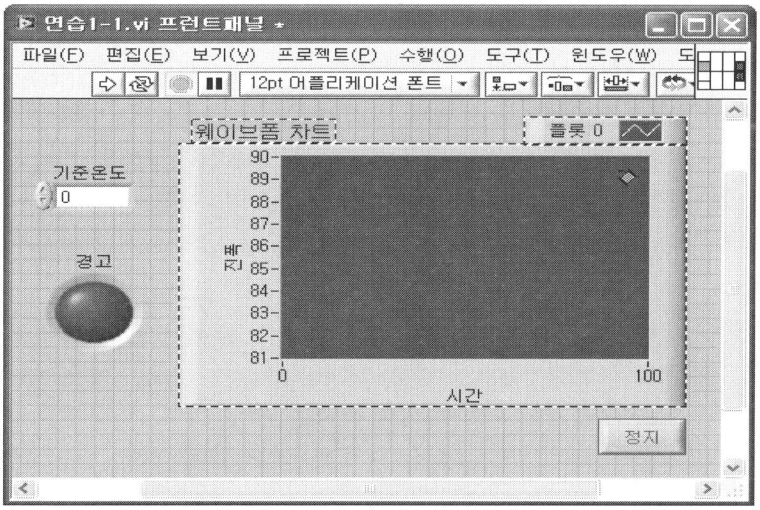

그림 2-217 프런트 패널에서 커넥터 팬 지정 방법

기본 커넥터 팬 패턴은 4 × 2 × 2 × 4로써, 향후 기능 추가를 고려해 여분의 터미널은 남겨두는 것이 일반적이다. 하나의 커넥터 팬에 최대 28개까지의 터미널을 할당할 수 있지만 연결상의 문제점들을 고려해 대개 16개 이하까지만 사용한다. 따라서 프런트 패널 상에 있는 컨트롤과 인디케이터가 28개 이상일 경우, 일부 컨트롤 또는 인디케이터를 클러스터로 그룹화하는 것이 필요하다. 커넥터 팬은 4×4 패턴을 사용하여 최소 8개의 터미널을 가지는 것이 좋다. 터미널을 할당할 때는 VI가 서로 연결되는 방식을 고려해야 하며, 모든 터미널에는 필수, 권장, 옵션 설정을 사용해 사용자가 SubVI의 연결을 간과하지 않도록 한다. 필수 터미널은 반드시 연결되어야지만 VI가 실행될 수 있다는 점에 주의할 필요가 있다.

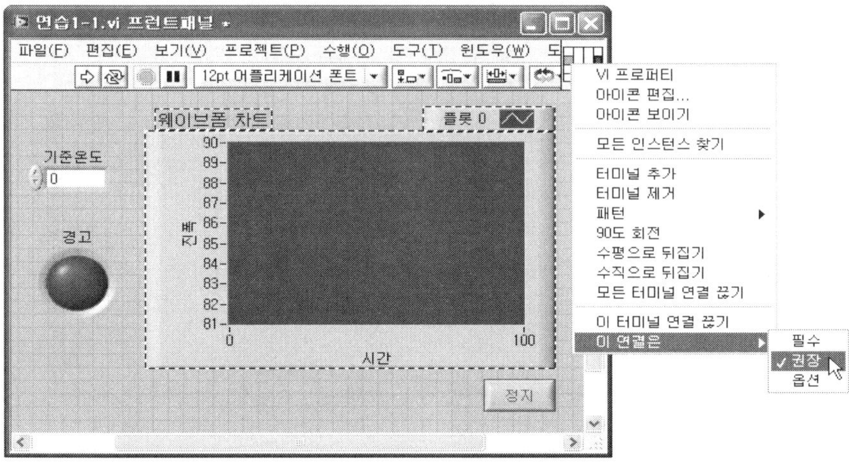

그림 2-218 커넥터 팬의 터미널 설정하기(필수, 권장, 옵션)

13.2.4 VI의 섹션에서 SubVI 생성하기

위치 도구( )를 사용해서 SubVI로 만들려고 하는 블록다이어그램의 영역을 선택하고, 편집≫SubVI 생성을 선택하면, 선택된 영역이 새로운 SubVI로 변환되고 블록다이어그램의 선택 부분을 대체한다. 또한, LabVIEW는 새 SubVI에 대한 컨트롤과 인디케이터를 생성하고, 선택한 컨트롤과 인디케이터 터미널의 개수를 기반으로 자동적으로 커넥터 팬을 설정하며, SubVI를 기존의 와이어에 연결한다. 선택에 의한 SubVI 생성은 편리하지만, VI의 논리적인 계층구조를 생성하기 위해서는 신중한 계획이 요구된다. 선택에 어떤 객체를 포함할지를 고려하고 결과 VI의 기능이 바뀌는 것을 피하도록 해야 한다.

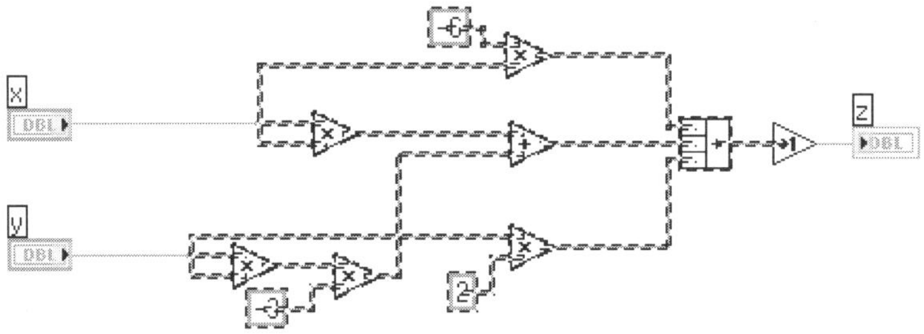

(a) 수식 계산 VI($z=x^2-3y^2-6x+2y+1$)

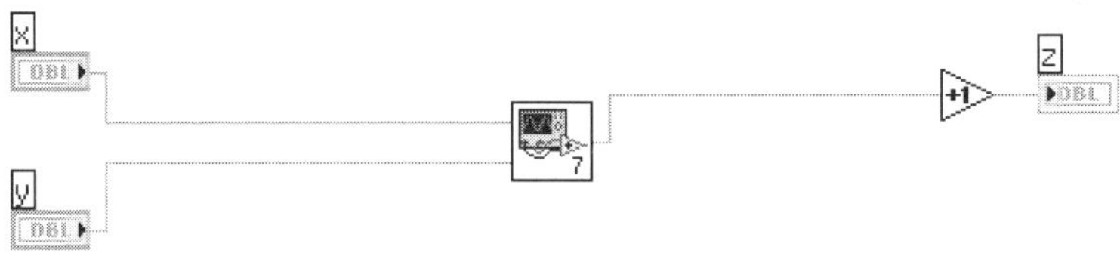

(b) SubVI 생성을 선택

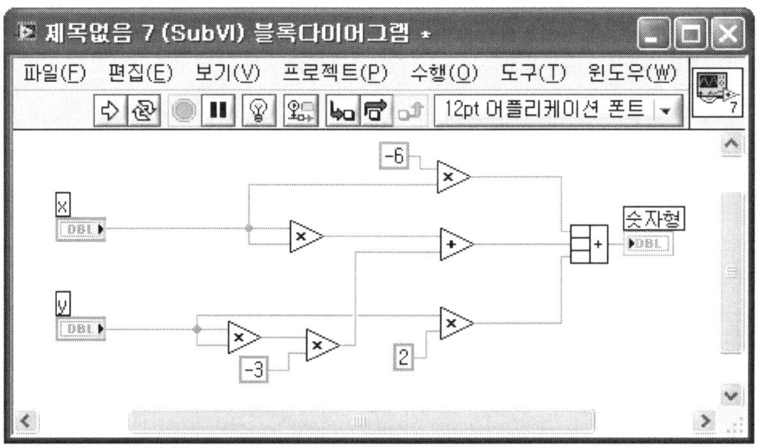

(c) 새로 생성된 SubVI의 블록다이어그램

그림 2-219 SubVI의 생성 방법

13.3.5 VI의 계층 구조 보기

VI 계층 구조 윈도는 타입 정의와 글로벌 변수를 포함하여 메모리에 있는 모든 VI 의 호출 계층 구조와 열려 있는 모든 LabVIEW 프로젝트 및 타깃의 그래픽 표시를 디스플레이한다. 보기≫VI 계층 구조를 선택하면, 다음 그림 2-220과 같이 VI 계층 구조 창이 표시된다.

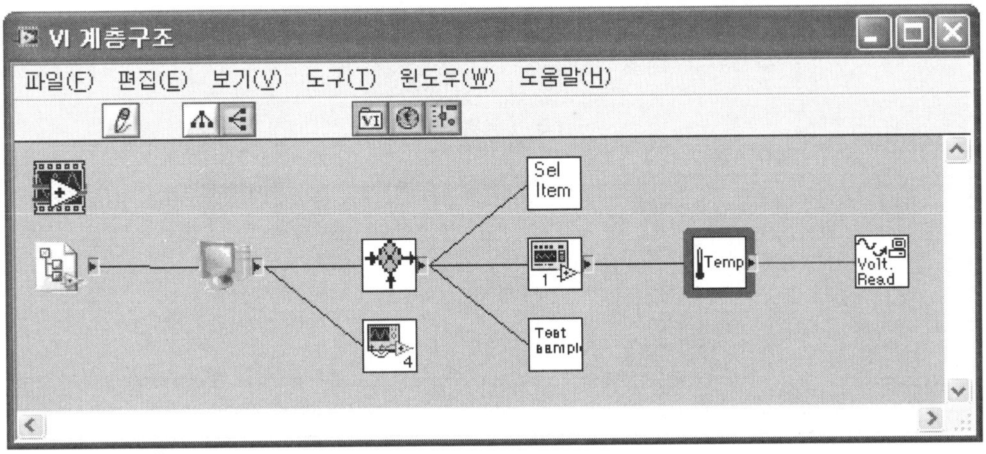

그림 2-220 VI 계층 구조의 예

이 창을 사용하여 메모리상의 VI를 구성하는 SubVI와 다른 노드 보기를 하고 VI 계층 구조에서 검색이 가능하다. VI 계층구조 창은 최상위 아이콘을 표시하고, 메인 LabVIEW 어플리케이션 인스턴스가 나타내고, 그 아래에 모든 VI가 나타난다. 프로젝트를 추가하면 VI 계층 구조 창은 다른 상위 레벨 아이콘을 표시하여 프로젝트를 나타낸다. 추가하는 각 타깃은 프로젝트에 바로 반영된다. 위치 도구( )를 사용하여 VI 계층 구조 창에서 블록다이어그램으로 VI를 끌어서 다른 VI의 SubVI로 사용할 수 있다. VI를 더블 클릭하면 VI의 프런트 패널을 표시한다. SubVI를 가지고 있는 VI는 아래 또는 오른쪽 경계에 화살표 버튼이 있으며, 이 화살표 버튼을 클릭하면 SubVI를 보이거나 숨겨진다. 빨간색 화살표 버튼은 모든 SubVI가 숨겨져 있을 때 나타난다. 검은색 화살표 버튼은 모든 SubVI가 표시되었을 때 나타난다.

13.3.6 다형성 VI

다형성 VI는 단일 입력 또는 출력 터미널에서 서로 다른 데이터 타입을 받아들일 수 있다. 다형성 VI는 같은 커넥터 팬 패턴을 가지는 VI를 모은 것으로, 모음의 각 VI는 다형성 VI의 하나의 인스턴스이다.

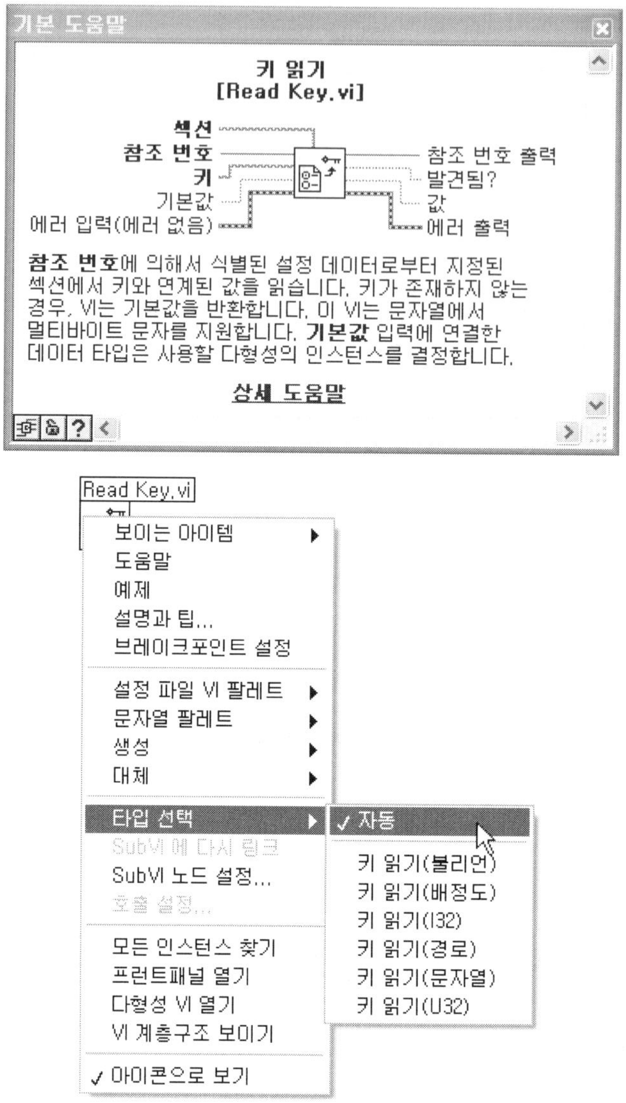

그림 2-221 키 읽기의 상세 도움말 및 타입 수동 선택의 예

예를 들어, 키 읽기(Read key) VI는 다형성을 갖는다. 기본값 터미널은 불리언, 배정도 부동소수, 32비트 부호 있는 정수, 경로, 문자열, 또는 32비트 부호 없는 정수 데이터를 받아들일 수 있다. 대부분의 다형성 VI에서 입력에 연결된 데이터 타입은 사용할 인스턴스를 결정한다. 다형성 VI가 연결된 데이터 타입에 호환되는 인스턴스를 포함하지 않는 경우에는 와이어가 깨진 상태로 나타난다. 다형성 VI 입력에 연결한 데이터 타입이 사용할 인스턴스를 자동으로 결정하지 못하면 수동으로 인스턴스를 선택해야만 한다. 다형성 VI의 인스턴스를 수동으로 선택하면 VI는 선택한 인스턴스의 데이터 타입만을 받고

반환하기 때문에 더 이상 다형성 VI로서 작동하지 않는다.

인스턴스를 수동으로 선택하기 위해서는 앞의 그림에서와 같이 다형성 VI를 마우스 오른쪽 버튼으로 클릭한 후 메뉴에서 타입 선택을 선택하고, 사용할 인스턴스를 선택하면 된다. 또는 수행 도구( )를 사용하여 다음 그림에 보이는 것과 같이 다형성 VI 선택자를 클릭하고 메뉴에서 원하는 인스턴스를 선택할 수도 있다. 블록다이어그램의 다형성 VI에서 마우스 오른쪽 버튼을 클릭한 후, 메뉴에서 보이는 아이템≫다형성 VI 선택자를 선택하면 선택자가 표시된다. 모든 데이터 타입을 다시 받도록 다형성 VI를 변경하기 위해서는 다형성 VI에서 마우스 오른쪽 버튼을 클릭한 후, 메뉴에서 타입 선택≫자동을 선택하거나 수행 도구( )를 사용해 다형성 VI 선택자에서 자동을 선택한다.

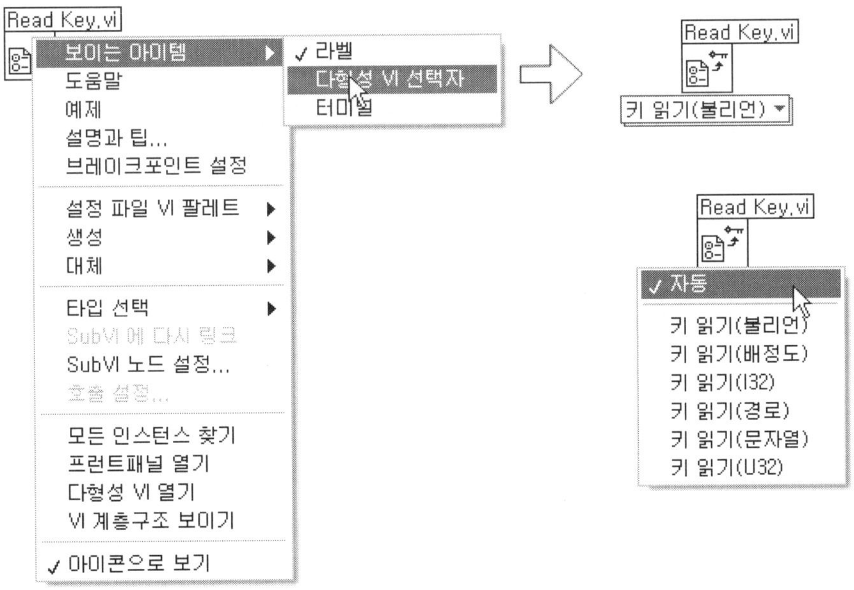

그림 2-222 다형성 VI의 VI 선택자 설정방법의 예

13.3 VI 저장하기

파일(F)≫저장(S)을 선택하여 VI를 저장한다. VI를 저장할 때, 되도록이면 VI를 설명할 수 있는 이름을 사용하면 나중에 VI를 쉽게 식별할 수 있다. 또한, LabVIEW는 이전 버전으로 VI를 저장할 수 있다. 즉, LabVIEW 8.2는 LabVIEW 8.0으로만 저장할 수 있다. 따라서 LabVIEW 7.0이 필요한 경우, 이론상으로는 LabVIEW 8.2를 이용해 LabVIEW 8.0을 만들고, LabVIEW 8.0을 이용해 LabVIEW 7.1을 만들고, LabVIEW 7.1을 이용해 LabVIEW 7.0 VI를 만들어야만 한다.

VI를 이전 버전으로 저장할 때 LabVIEW는 VI 뿐만 아니라 labview\vi.lib 디렉터리의 파일을 제외한 계층 구조의 모든 VI를 변환한다. 종종 VI는 이전 버전의 LabVIEW에서는 없었던 기능을 사용하기도 한다. 이런 경우, LabVIEW는 가능한 많은 VI를 저장하고 변환할 수 있는 것들에 대해서는 리포트를 만든다.

13.4 VI 사용자 정의하기

어플리케이션을 사용자의 취향에 맞도록 VI와 SubVI를 설정할 수 있다. 예를 들어, 사용자 입력을 필요로 하는 VI를 SubVI로 사용하려고 하는 경우, 블록다이어그램에서 VI를 호출할 때마다 프런트 패널이 화면에 나타나야만 한다. 이를 위해서는 블록다이어그램에 있는 VI를 마우스 오른쪽 버튼으로 클릭한 후 메뉴에서 SubVI 노드 설정을 클릭한다. 그러면 다음 그림 2-223과 같은 SubVI 노드 설정 창이 나타나며, 여기서 원하는 기능을 설정하면 된다.

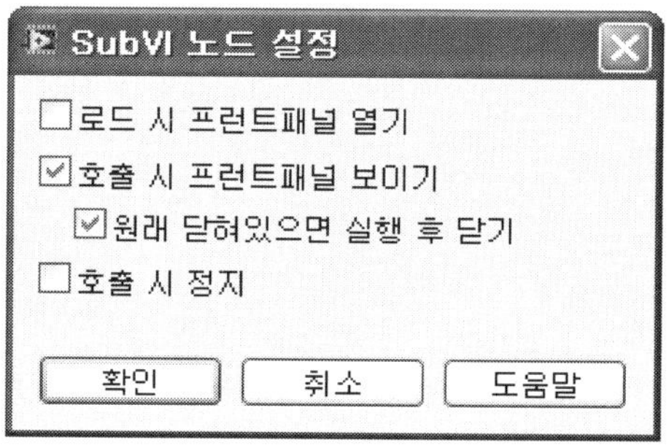

그림 2-223 SubVI 노드 설정 창

또한, 파일≫VI 프로퍼티를 선택하여 VI의 모양과 실행 위치, 메모리 사용, 암호 설정, 개정 히스토리 등 여러 가지 특성들을 설정할 수 있다. 즉, 대화 상자 위쪽에 있는 풀다운 메뉴를 사용하여 다음의 옵션을 설정할 수 있다.

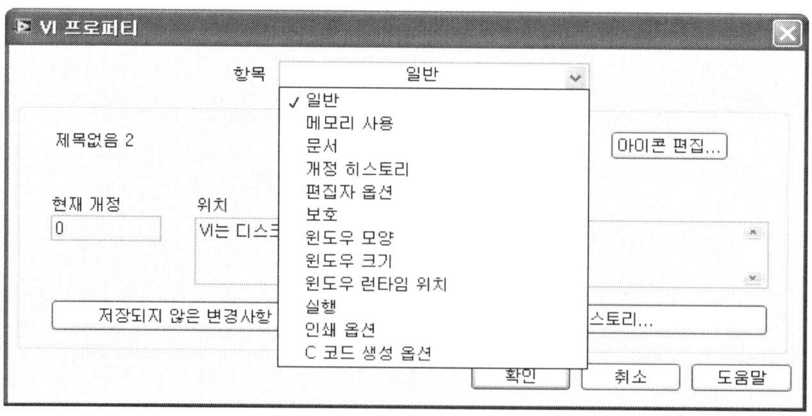

그림 2-224 VI 프로퍼티 대화 상자

- 일반 - 이 페이지를 사용하여 VI가 저장된 곳의 현재 경로, 개정 번호, 개정 히스토리, 마지막으로 저장된 이후의 모든 변화를 결정한다. 또한 이 페이지를 사용하여 VI의 아이콘을 편집할 수도 있다.
- 문서 - 이 페이지를 사용하여 VI에 설명을 추가하고 도움말 파일 주제에 연결한다.
- 보안 - 이 페이지를 사용하여 VI를 잠그거나 암호 보호를 한다. 즉, 블록다이어그램을 다른 사람이 볼 수 없도록 암호를 설정할 수 있다. 이것은 LabVIEW를 종료한 후에 다시 실행해야만 적용된다.

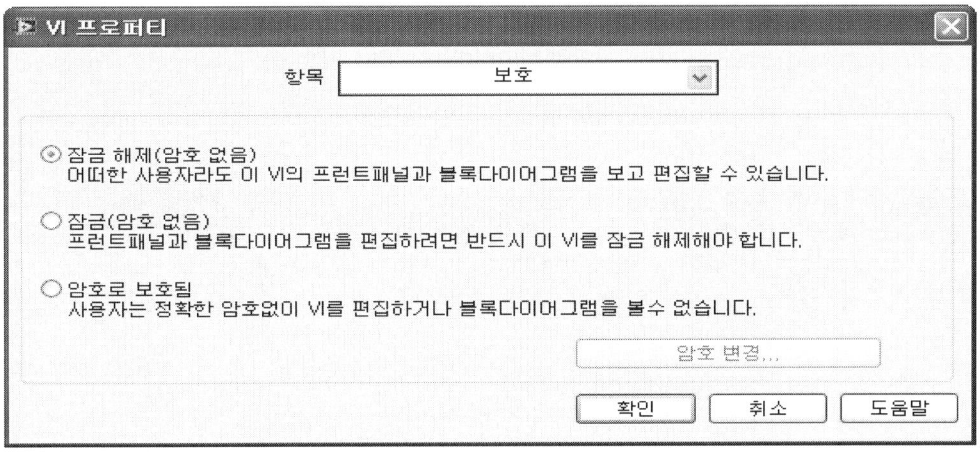

그림 2-225 VI 프로퍼티의 보호 설정 창

- 윈도 모양 - 이 페이지를 사용하여 윈도 제목 및 스타일과 같은 VI의 윈도 모양을 사용자 정의한다. 윈도 모양의 사용자 정의 화면은 다음과 같다.

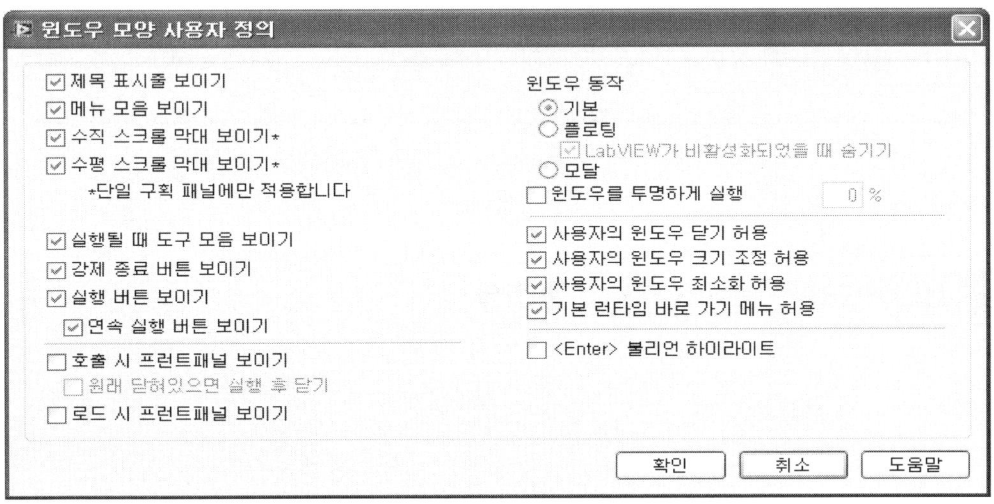

그림 2-226 윈도 모양의 사용자 정의 화면

- 윈도 크기 - 이 페이지를 사용하여 윈도의 크기를 설정한다.
- 윈도 런타임 위치 - 런타임 프런트 패널 윈도의 위치와 크기를 사용자 정의한다.
- 실행 - 이 페이지를 사용하여 VI가 어떻게 실행될지를 설정한다. 예를 들어, VI를 열면 즉시 실행되도록 설정하거나 SubVI로 호출될 때 일시 정지하도록 설정할 수 있다.
- 편집자 옵션 - 이 페이지를 사용하여 현재 VI에 대한 정렬 눈금의 크기를 설정하고, 터미널에서 마우스 오른쪽 버튼을 클릭한 후 바로 가기 메뉴에서 생성≫컨트롤 또는 생성≫인디케이터를 선택할 때 LabVIEW가 생성하는 컨트롤 또는 인디케이터의 스타일(일반, 클래식, 시스템)을 변경한다. 그림 2-20을 참조한다.
- (Embedded Targets, PDA Module, Touch Panel Module) C 코드 생성 옵션 - 어플리케이션 단위가 아닌 VI 단위로 코드 생성 옵션을 설정한다.

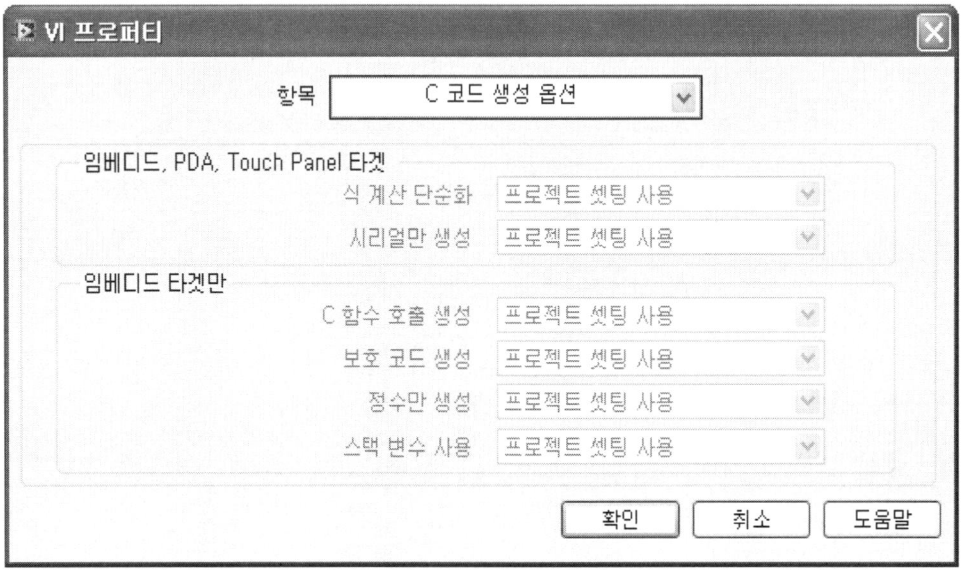

그림 2-227 VI 프로퍼티의 C 코드 생성 옵션 창

연습 29 아이콘 편집 및 커넥터 팬 할당

◉ 동작 원리 : 사인파 신호 분석 VI를 만들고, VI의 아이콘을 편집하고 커넥터 팬을 할당한다.

○ 프런트 패널의 구성

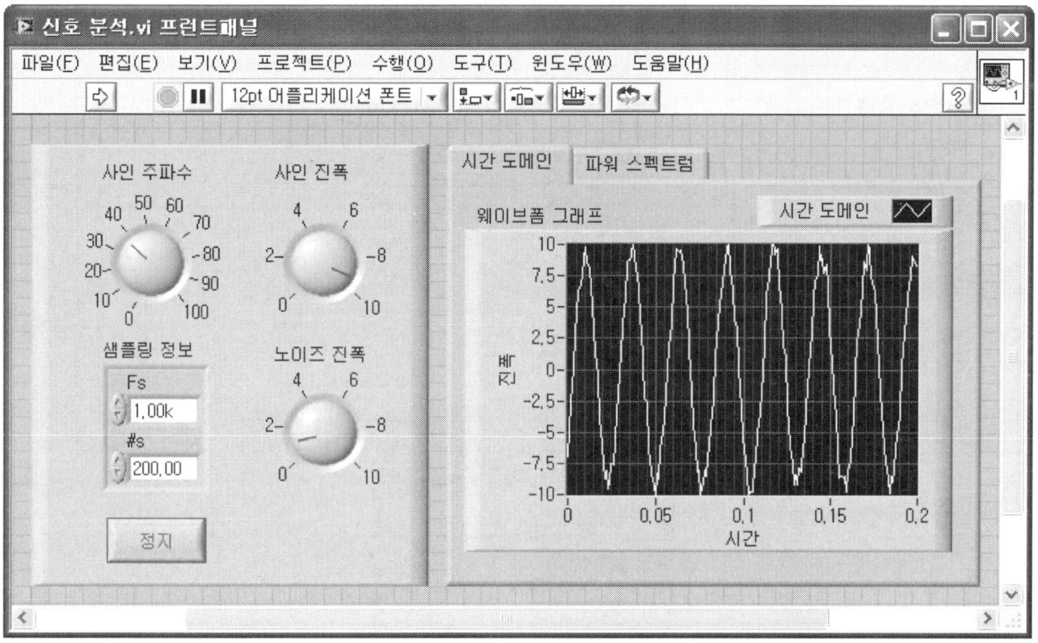

☞ 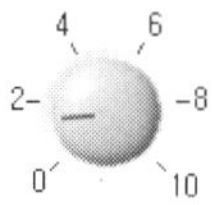 : 컨트롤≫일반≫숫자형≫다이얼 (수행 도구()를 이용해 다이얼의 최대값을 10에서 100으로 변경. 2개의 다이얼을 추가해서 라벨을 변경한다.)

☞ 

: 컨트롤≫일반≫불리언≫정지 버튼

☞ 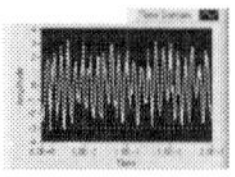 : 컨트롤≫일반≫그래프≫웨이브폼 그래프

☞ 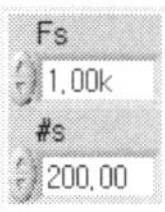

샘플링 정보 : 컨트롤≫일반≫배열 & 클러스터(사인 웨이브폼 VI의 샘플링 정보 입력에서 마우스 오른쪽 버튼을 클릭하고, 메뉴에서 생성≫컨트롤을 선택해서 생성한다.)

☞  : 컨트롤≫일반≫컨테이너≫탭 컨트롤

☞ , 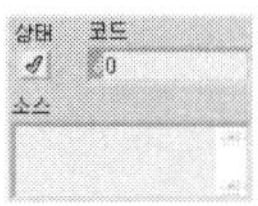 : 컨트롤≫일반≫배열, 행렬, 클러스터≫에러 입력 3D, 에러 출력 3D(편의상 프런트 패널에서는 보이지 않게 하였음)

○ 블록다이어그램 구성

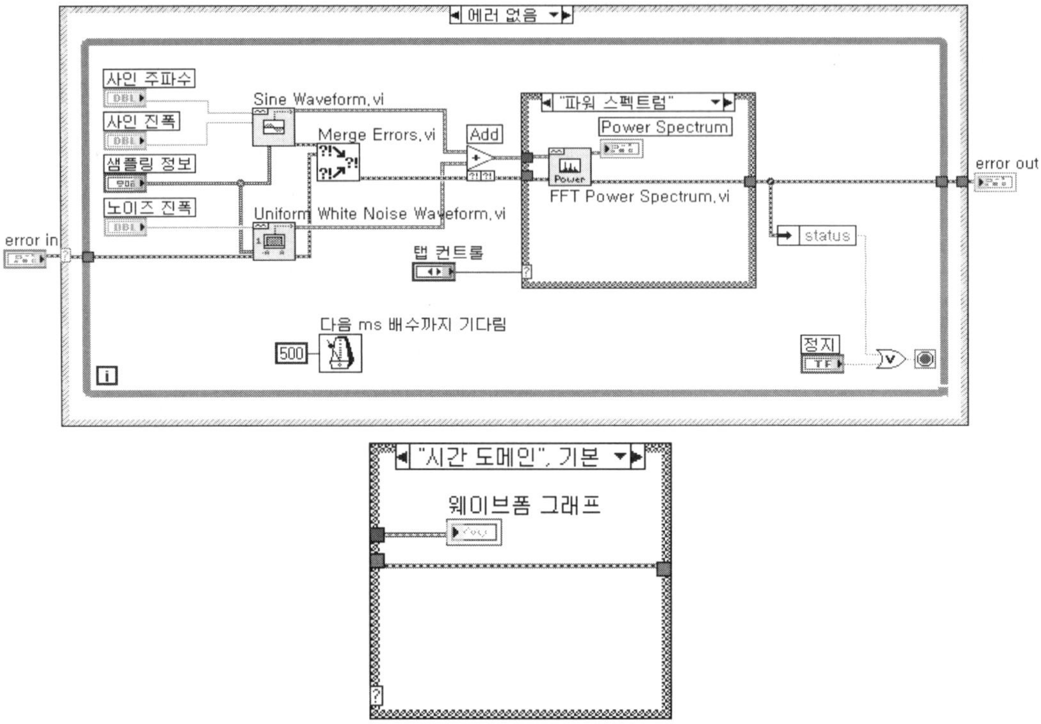

☞ ,  : 함수≫프로그래밍≫구조≫While 구조, 케이스 구조

☞ 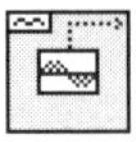 : 함수≫신호처리≫웨이브폼 생성≫사인 웨이브폼

☞ 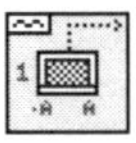 : 함수≫신호처리≫웨이브폼 생성≫균일한 화이트노이즈

☞  : 함수≫신호처리≫웨이브폼 측정≫FFT 파워 스펙트럼

☞  : 함수≫프로그래밍≫대화 상자 & 사용자 인터페이스≫에러 병합

☞  : 함수≫프로그래밍≫불리언≫OR

☞  : 함수≫프로그래밍≫숫자형≫더하기(두 웨이브폼 값 또는 두 다이내믹 데이터 타입값을 이 함수에 연결하면, 자동으로 에러 입력과 에러 출력 터미널이 함수에 나타난다).

☞ 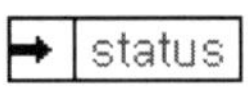 : 프로그래밍≫ 클러스터, 클래스 & 배리언트≫이름으로 풀기

☞  : 함수≫프로그래밍≫타이밍≫다음 ms까지 기다림

1) 프런트 패널에서 오른쪽 위 모서리에 있는 아이콘에서 마우스 오른쪽 버튼을 클릭 한 후, 메뉴에서 아이콘 편집...을 선택하거나 프런트 패널의 오른쪽 위 코너에 있는 아이콘을 더블-클릭하면, 기본 아이콘을 대체할 수 있는 아이콘 편집기 창이 나타난다.

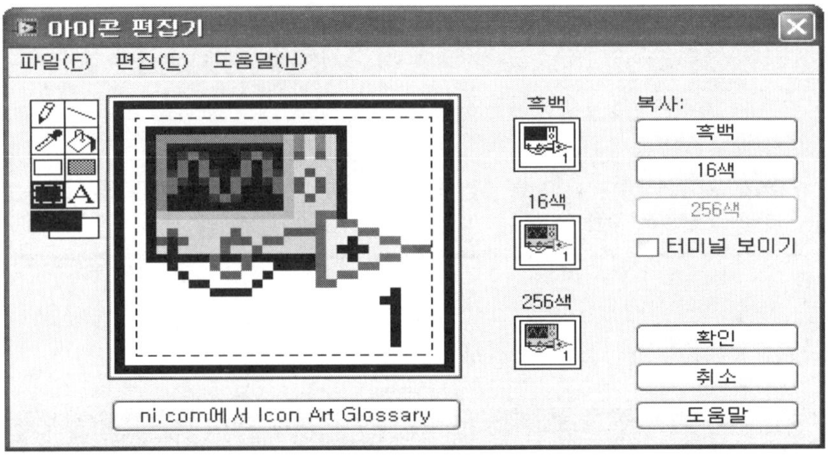

2) 도구 모음에서 선택 도구( )를 선택하고, 아이콘에서 사용해 삭제할 영역을 선택하고, 메뉴에서 편집≫지우기를 선택하거나 〈Delete〉키를 눌러서 불필요한 부분을 삭제한다.

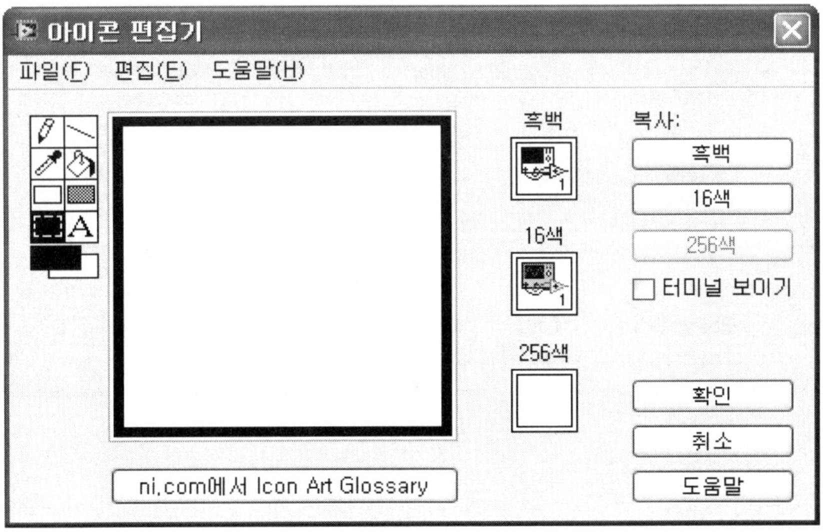

3) 아래에 있는 ni.com에서 Icon Art Glossary 버튼을 클릭해서 IconLLibrary.zip 파일을 다운로드하고 압축을 푼다.

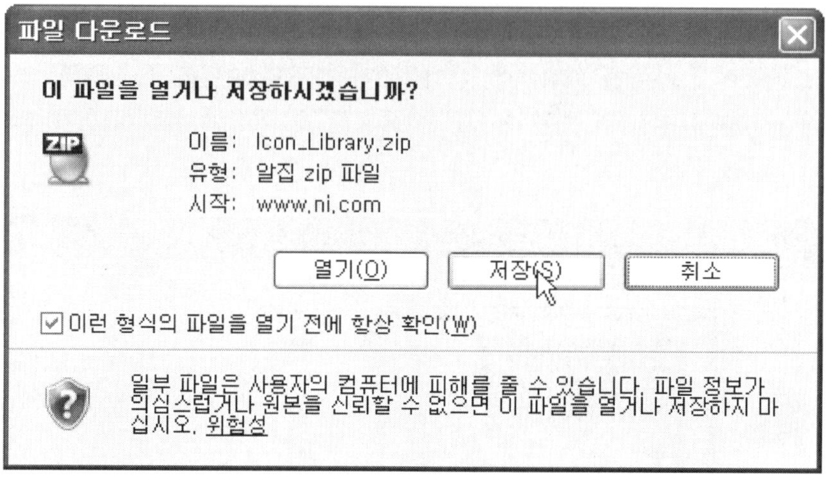

4) 아이콘 편집기의 메뉴에서 편집≫클립보드에서 그림 반입을 선택한 다음, Function_Generator 이미지 파일을 지정한다.

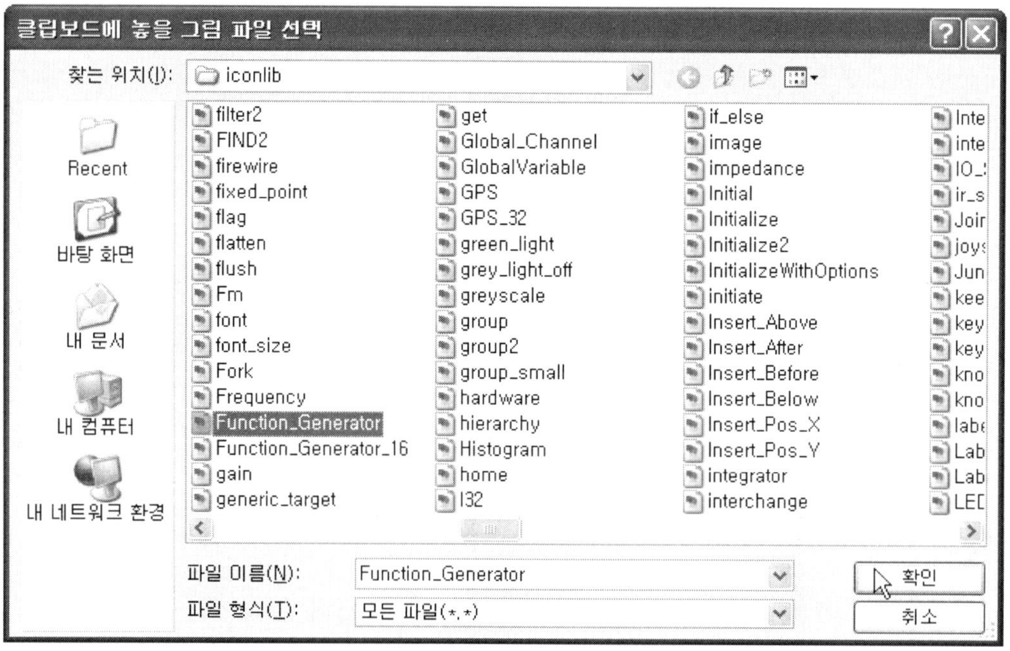

5) 선택 도구( )를 사용해 다음과 같이 붙여 넣을 영역을 선택한다.

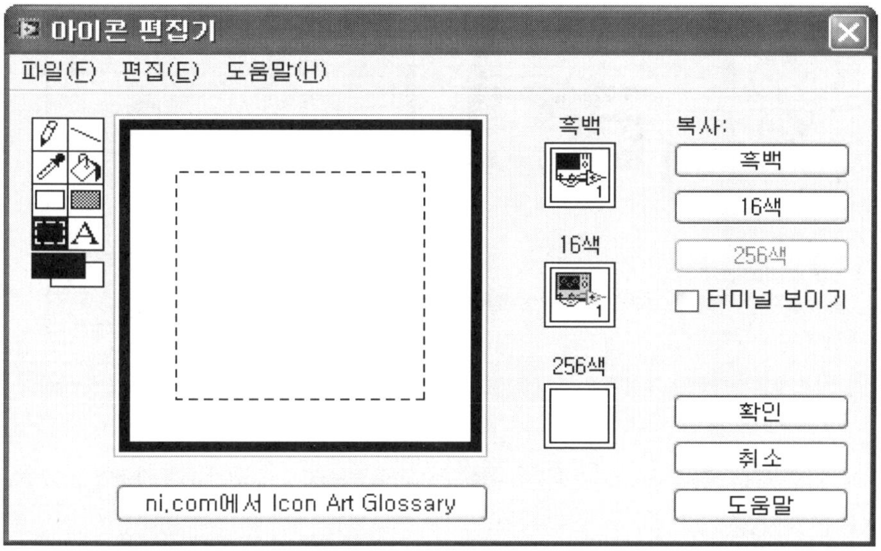

6) 편집≫붙여 넣기를 선택한다.

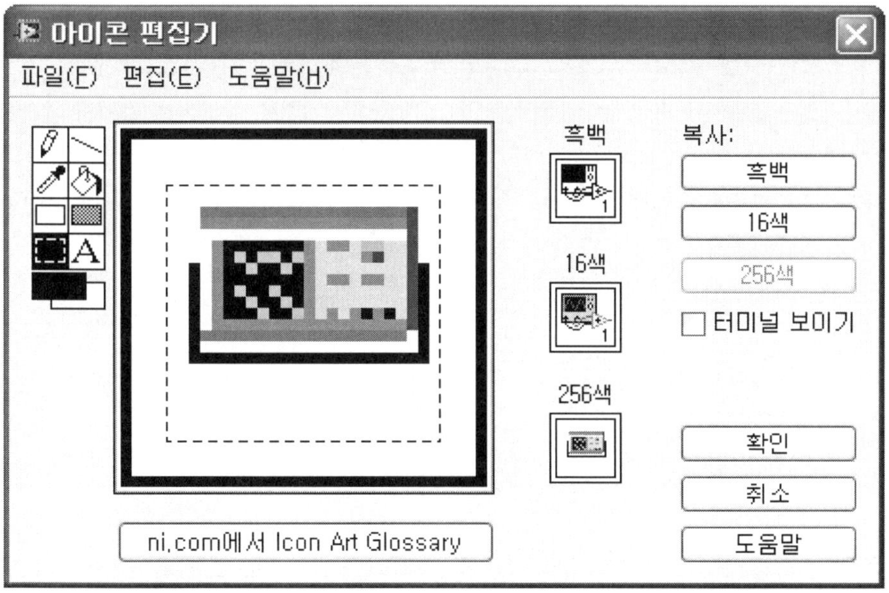

7) 현재 이미지를 복사하고 16색 아이콘을 선택한 후, 복사 아래에 있는 256 버튼을 클릭한다. 이러면 256 아이콘이 16색 아이콘으로 복사된다. 또는 직접 선택 도구( )를 사용해 기존 이미지를 지우고 붙여 넣을 영역을 선택한다. 그리고 다음과 같이 붙여 *넣기를 선택한다.

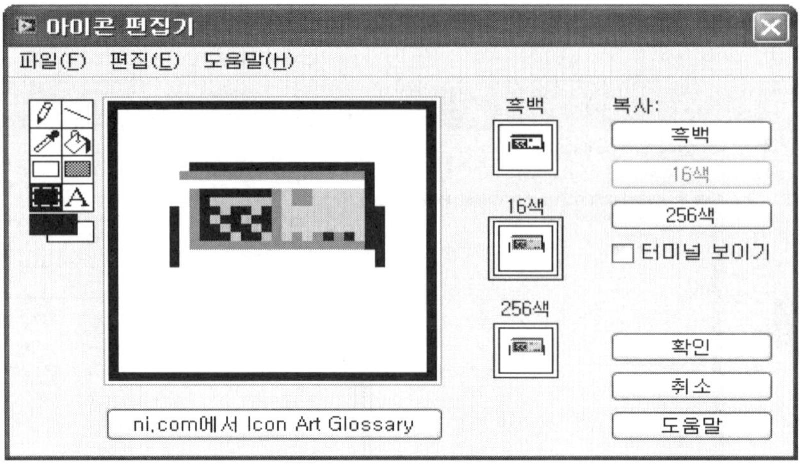

8) 현재 이미지를 복사하고 흑백 아이콘을 선택한 후, 위와 같은 방법으로 이미지를 붙여 넣는다.
9) 확인 버튼을 눌러 아이콘 편집을 종료한다.
10) 프런트 패널에서 오른쪽 위 모서리에 있는 아이콘에서 마우스 오른쪽 버튼을 클릭한 후, 메뉴에서 커넥터 보이기를 선택해서 커넥터 팬을 나타낸다.
11) 기본 커넥터 팬 패턴은 4×2×2×4이며, 다른 패턴을 가지고 있을 때는 커넥터 팬을 마우스 오른쪽 버튼으로 클릭한 후, 패턴에서 4×2×2×4를 선택해서 변경하도록 한다.
12) 와이어링 도구( )를 사용해 VI의 프런트 패널 위에 있는 컨트롤과 인디케이터를 커넥터 팬을 다음과 같이 연결하도록 한다.

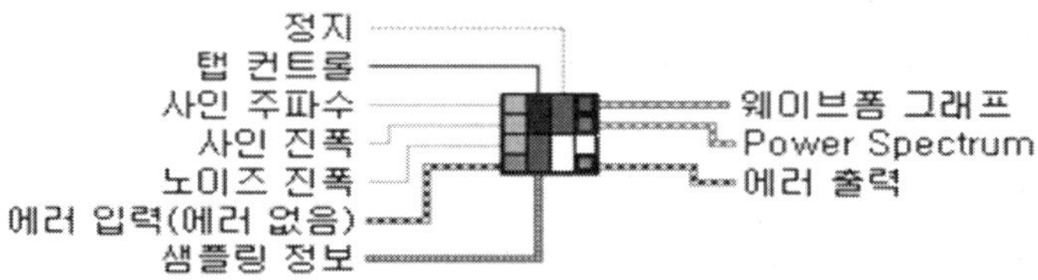

다음은 마우스를 프런트 패널의 아이콘에 가져갔을 때 기본 도움말 창에 나타나는 이미지이다.

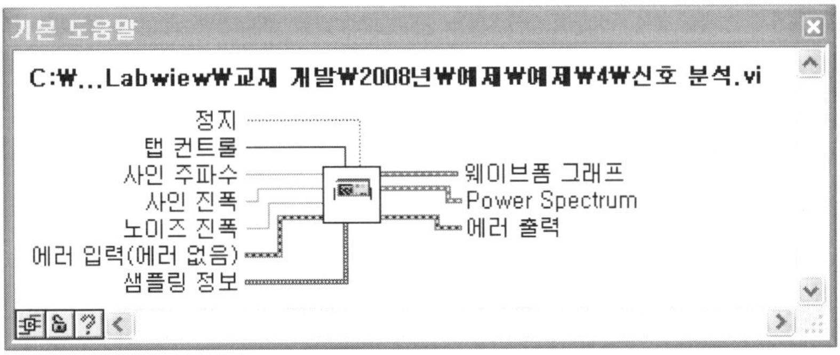

연습 30 웹출판

◉ 동작 원리 : 연습 29에서 만든 예제를 사용해서, 웹출판 도루를 선택해서 VI의 웹출판을 실시하고, 웹을 통해 VI를 컨트롤하도록 한다.

1) 웹출판하고자 하는 VI의 프런트 패널에서 도구≫옵션을 선택한다.

2) 옵션 대화 상자에서 웹서버 : 설정 항목을 선택하고, 웹서버 활성화를 체크 표시한다 (프런트 패널 이미지와 HTML 문서를 출판하기 위해 웹서버를 활성화한다. 또한 웹서버 : 서버 활성화 프로퍼티를 사용하여 웹서버를 프로그램적으로 활성화할 수 있다).

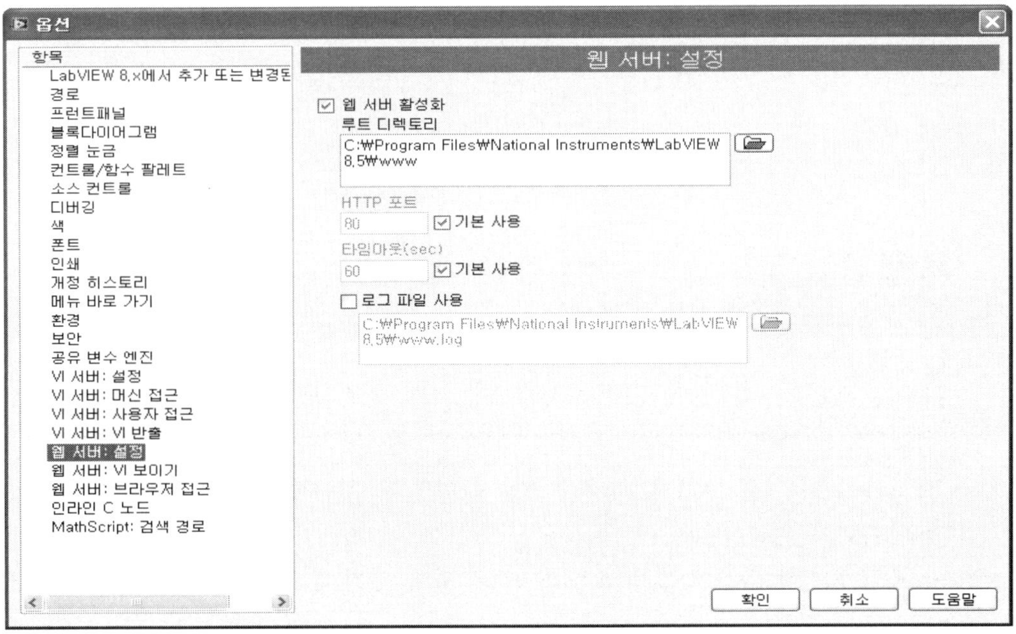

• 루트 디렉터리 : 웹서버 HTML 파일이 위치해 있는 디렉터리를 나타내며, 기본 경로는 labview\www이다.
• HTTP 포트 : 웹서버가 사용하는 TCP/IP 포트를 나타낸다. 다른 서버가 이미 컴퓨터의 HTTP 포트에 지정된 포트를 사용하거나 80과 같은 예약된 포트의 사용 허가를 가지고 있지 않은 경우, 기본 사용 확인란의 확인 표시를 제거하고 HTTP 포트의 값을 사용하려는 포트값으로 대체한다.
• 타임아웃(sec) : 웹서버가 타임아웃하기 전에 요구를 읽는 동안 웹서버가 기다리는 초를 나타낸다.
• 로그 파일 사용 : 로그 파일을 활성화 한다.

3) 옵션 대화 상자에서 웹서버 : VI 보이기 항목을 선택한다. 웹에서 보이는 VI의 리스트를 설정하고 편집할 수 있으며, 여기서는 위에서 작성한 VI의 이름(신호 분석.vi를 오른쪽의 VI 보이기에 입력한다.

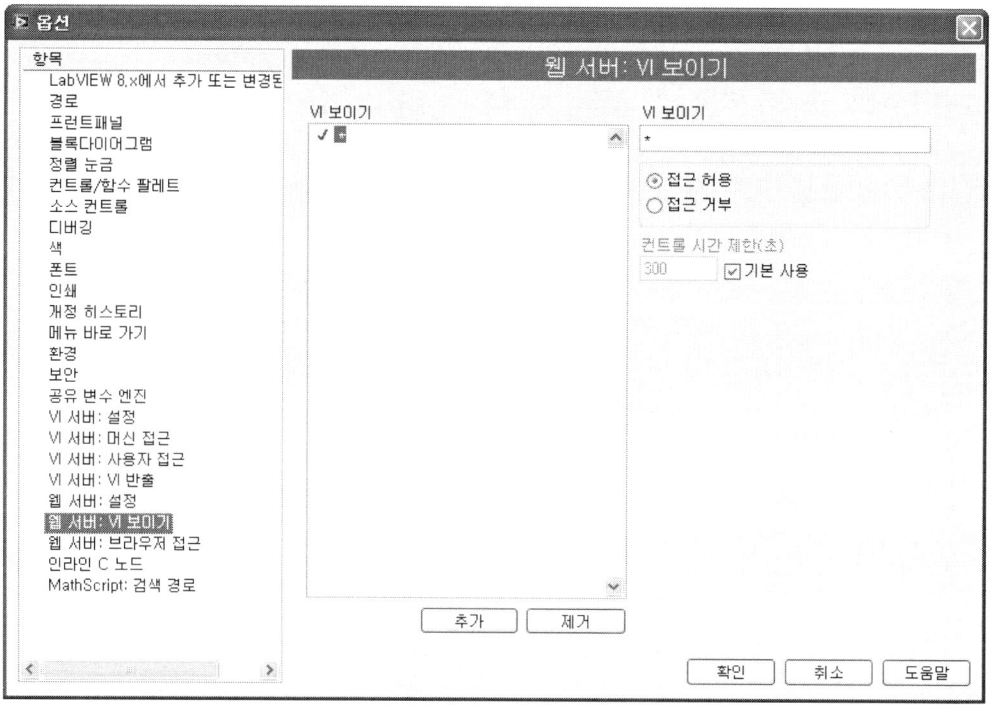

• VI 보이기 : 웹서버를 통해서 보이는 VI를 나열한다. 접근을 허용할 때 녹색 확인 표시가 아이템의 왼쪽에 나타나고, 접근을 거부할 때 붉은색 X가 나타난다. 엔트리에 녹색 확인 표시나 붉은색 X 마크가 그 이름 옆에 있지 않을 때, 엔트리에 대한 구문이 맞지 않는다.

• VI 보이기 : VI 보이기의 리스트에 VI를 입력한다. 입력할 VI 이름 또는 디렉터리 경로에 와일드 카드를 사용할 수 있다. 기본값은 모든 VI의 보이기가 가능하도록 설정되어 있다. LabVIEW 프로젝트의 일부인 VI를 지정하려면, 적용 가능한 경우 반드시 프로젝트 이름, 프로젝트 라이브러리, VI의 경로에 있는 타깃을 포함해야 한다. 예를 들어, MyVI.vi이 My Computer라는 타깃 아래의 MyProject.lvproj라고 불리는 프로젝트에 있을 경우, VI 이름으로 MyProject.lvproj/My Computer/MyVI.vi를 입력한다.
• 접근 허용 : 선택된 경우, LabVIEW는 VI 보이기 리스트에서 선택된 VI에 대한 접근을 허용한다. 이 옵션은 기본적으로 선택되어 있다.
• 접근 거부 : 선택된 경우, LabVIEW는 VI 보이기 리스트에서 선택된 VI에 대한 접근을 거부한다.
• 컨트롤 시간제한(초) : 여러 클라이언트가 VI를 컨트롤하려고 기다리고 있을 때 원격 클라이언트가 VI 보이기 리스트에서 VI를 컨트롤할 수 있는 시간을 지정(초 단위)한다. 기본은 300초이다. 2번째 클라이언트가 같은 VI의 컨트롤을 요구할 때까지 LabVIEW는 특정한 VI에 시간제한 설정을 시작하지 않는다.

4) 옵션 대화 상자에서 웹서버 : 브라우저 접근 항목을 선택한다. 이 페이지에서는 웹서버에 접근할 수 있는 브라우저 주소를 열거하며, 여기서는 기본값을 그 대로 사용한다. 이것으로 VI가 웹출판을 하기 위한 준비가 된 상태이다.

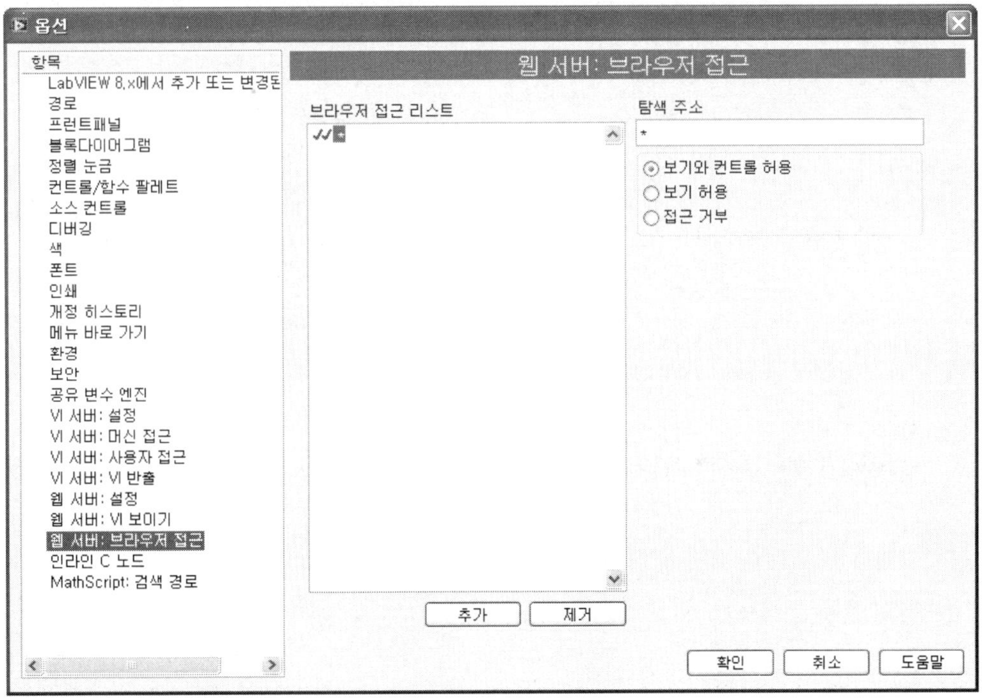

이 대화 상자를 사용하여 브라우저 접근 리스트에 엔트리를 추가, 리스트로부터 엔트리를 제거, 리스트 아이템의 접근 권한을 설정할 수 있다. 이 페이지는 다음의 구성요소를 포함한다.

- 브라우저 접근 리스트 : 웹서버에 접근할 수 있는 브라우저 주소를 나열한다. 프런트 패널의 보기와 컨트롤을 허용하면 2개의 녹색 확인 표시가 나타나고, 프런트 패널의 보기만을 허용하면 한 개의 녹색 확인 표시가 나타나며, 접근을 거부하면 붉은색 X가 나타난다.
- 탐색 주소 : 브라우저 접근 리스트에 나열할 브라우저 주소를 입력한다. 입력할 브라우저 주소에 와일드 카드를 사용할 수 있다. *는 모든 주소(everyone)를 의미한다.

또한 웹서버 : TCP/IP 접근 리스트 프로퍼티를 사용하여 프로그램적으로 브라우저 주소에 접근을 허용하고 거부할 수도 있다.

5) 이제 실제 웹출판을 하기 위한 방법적인 설정을 해주어야 한다. 이를 위해, 도구(T) ≫ 웹출판 도구를 선택한다.

6) 웹출판 도구 창에서 VI 이름의 링 컨트롤에서 출판하고자 하는 VI, 즉 신호 분석.vi를 선택한다. 그 다음 보기 모드에서 임베디드를 선택하고 다음을 클릭한다.

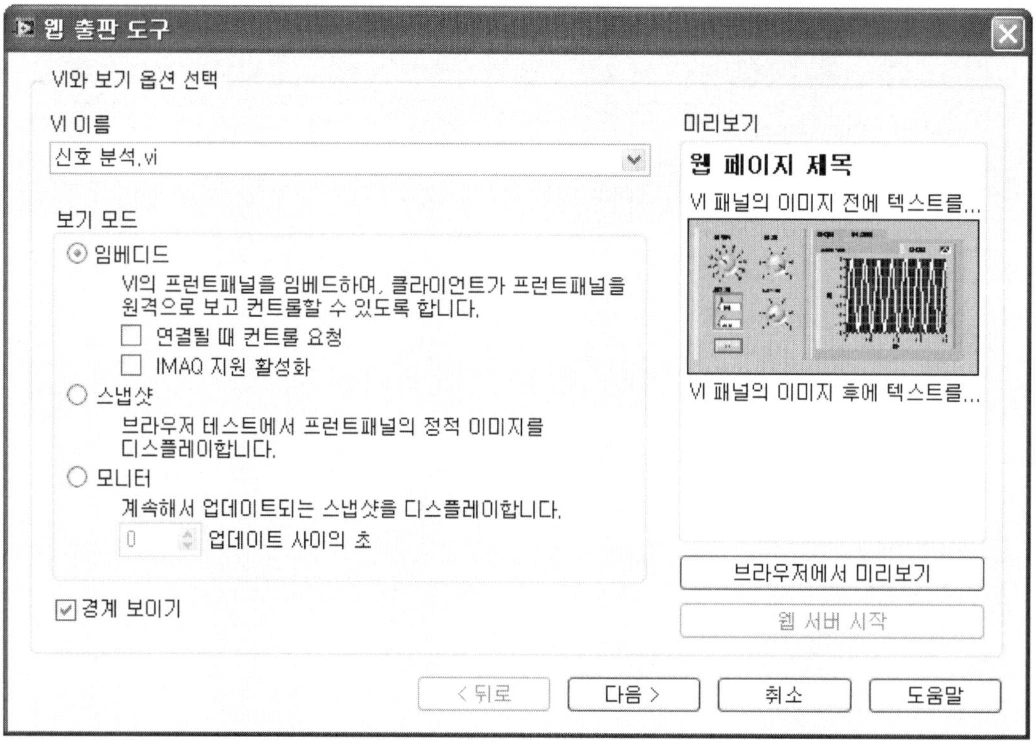

• 임베디드 : VI의 프런트 패널을 내장하여 클라이언트가 브라우저를 사용하여 프런트 패널을 원격으로 보고 컨트롤할 수 있도록 한다. 클라이언트가 프런트 패널을 보고 컨트롤할 수 있도록 VI는 반드시 서버 컴퓨터의 메모리에 있어야 한다. 리모트 프런트 패널 연결에서는 표준 VI만 내장할 수 있다. 예를 들어, 다형성 VI는 내장할 수 없다.
• 스냅샷 : 브라우저에 프런트 패널의 정적 이미지를 표시한다. 스냅샷은 브라우저에서 VI의 컨트롤과 상호작용하는 것을 허용하지 않는다.
• 모니터 : 연속적으로 업데이트되는 애니메이션 스냅샷을 표시한다. 스냅샷은 브라우저에서 VI의 컨트롤과 상호작용하는 것을 허용하지 않는다.

6) HTML 출력 선택은 실제로 웹으로 접속할 때, 화면에 보이는 문구들을 설정하는 부분이다. 차후에 구체적인 내용을 기술하고 지금은 문제 제목만 "웹출판을 위한 예제 프로그램"으로 변경하고 다음을 클릭한다. 브라우저에서 미리보기를 클릭하면 기본 브라우저에서 웹페이지를 미리보기가 가능하다. 이 옵션은 LabVIEW 웹서버가 실행중이 아닌 경우에는 비활성화된다.

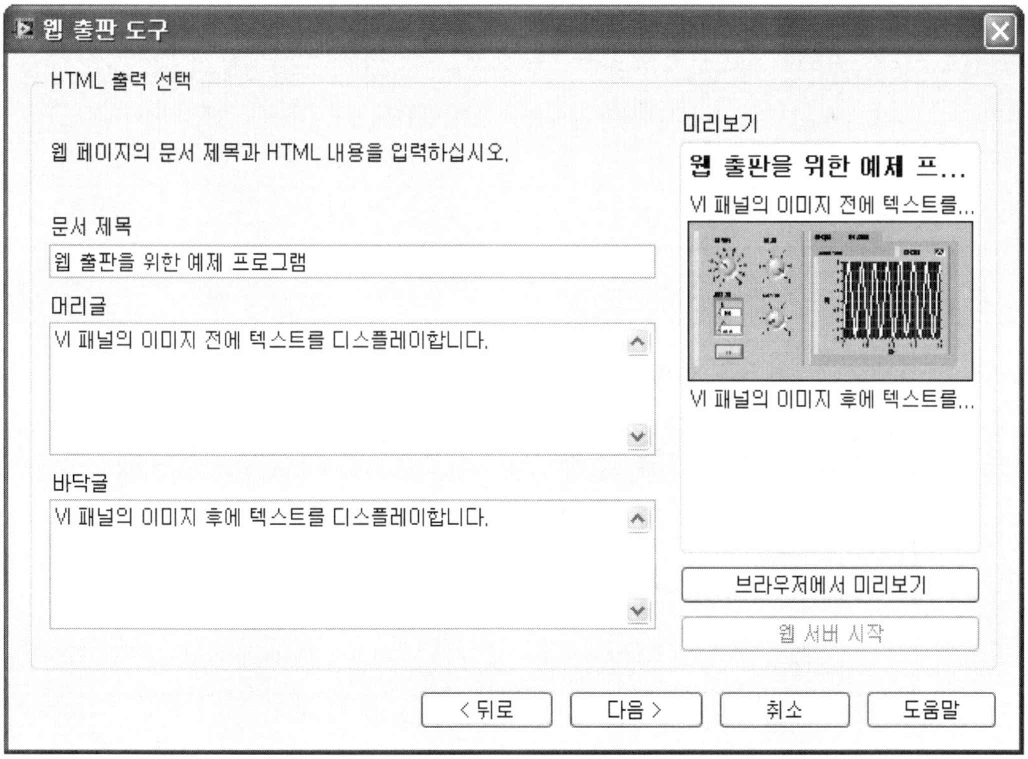

8) 이 페이지에서는 웹페이지를 저장할 디렉터리와 URL을 지정한다. URL 주소를 정확히 알고 있어야만 외부에서 접속할 수 있기 때문에 파일 이름이 한글인 경우에는 URL이 복잡해지기 때문에 간단하게 수정하는 것이 좋다.

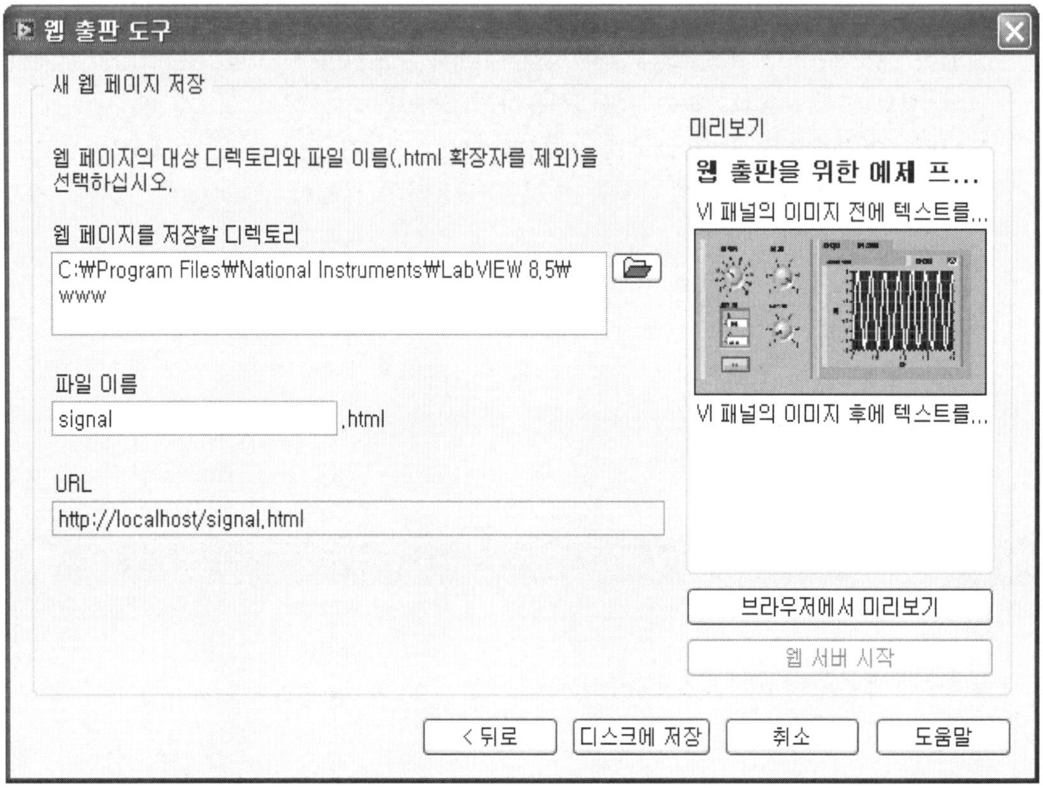

9) 디스크에 저장 버튼을 눌러 웹페이지를 저장한다.

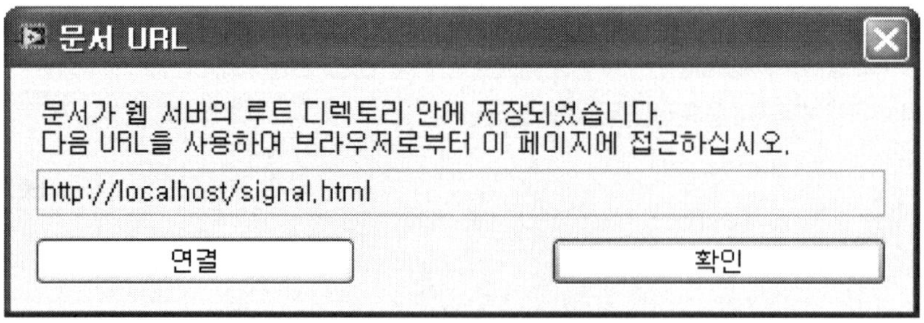

10) 연결 버튼을 눌러 웹페이지를 접속한다.

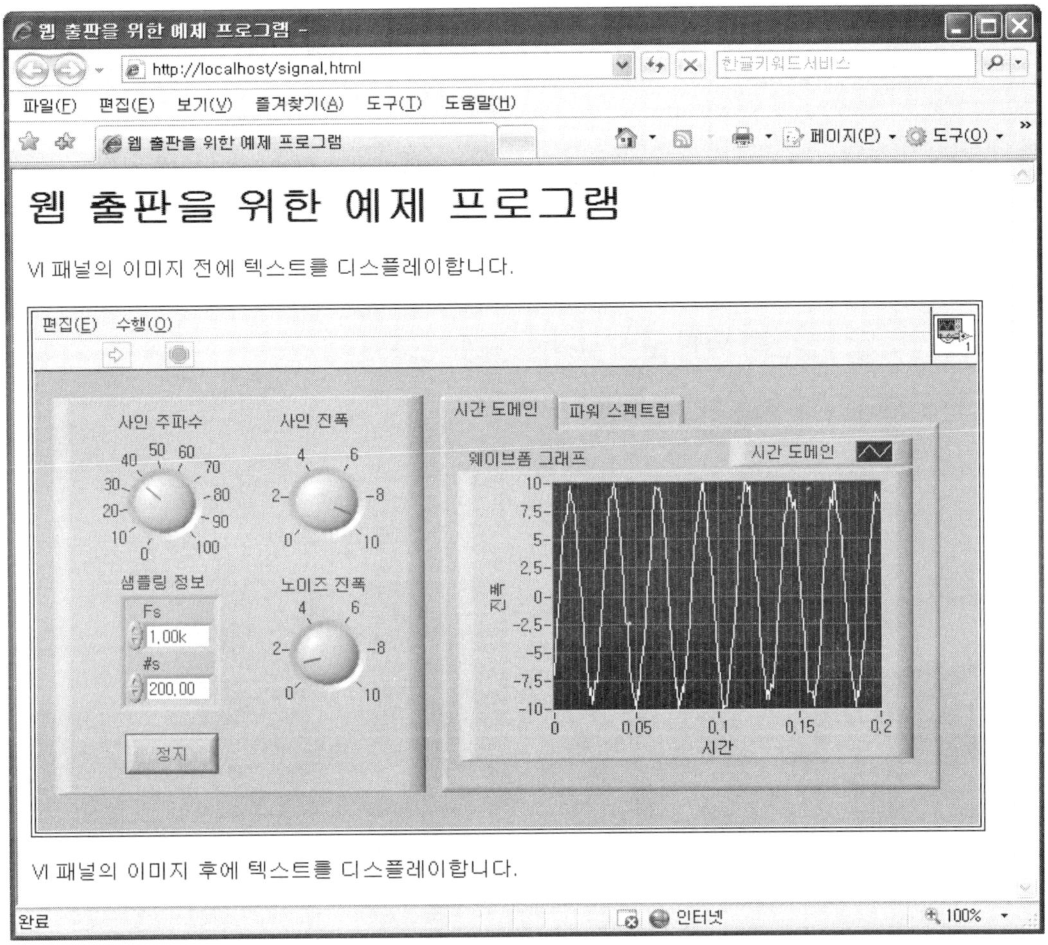

11) 웹을 닫고, 문서 URL 창에서 확인 버튼을 클릭한다.

◉ 웹을 통한 접속 및 VI 컨트롤 획득

1) 외부 혹은 자신의 컴퓨터를 사용해 위의 URL를 사용하여 브라우저로 다음과 같이 접속한다(대개 1~3분 정도 소요됨).

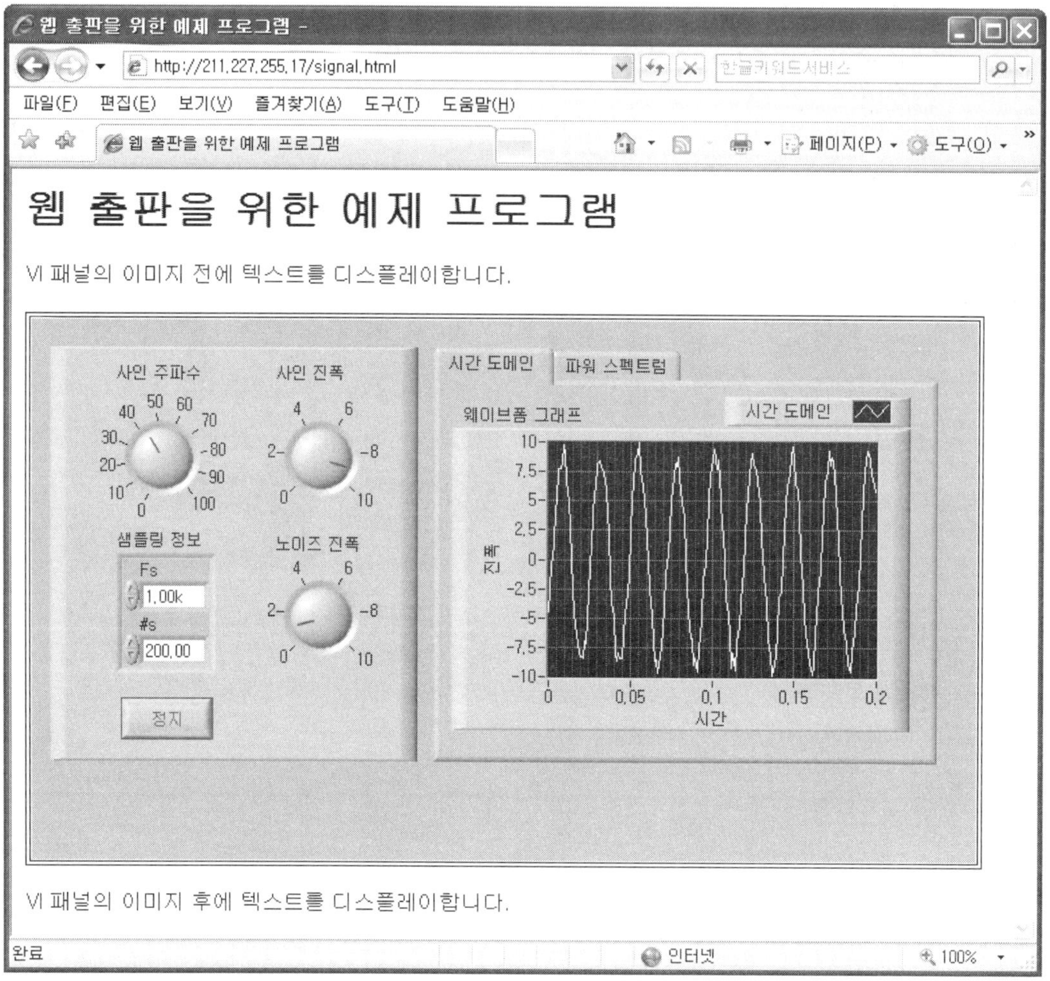

2) 웹을 통한 컨트롤을 획득하기 위해 브라우저에서 마우스 오른쪽 버튼을 클릭하고, 메뉴에서 VI의 컨트롤 요청을 선택한다.

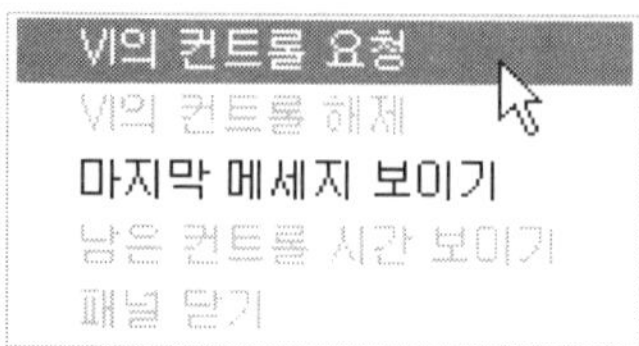

3) 컨트롤을 요청한 곳으로 해당 주소로 컨트롤이 이동되면, 다음과 같이 VI에 대한 제어권이 내부에서 외부로 이동했다는 문구가 나온다. 일단 웹을 통해 제어권을 얻으면, 모든 VI 컨트롤을 웹상에서 변경하고 제어할 수 있다.

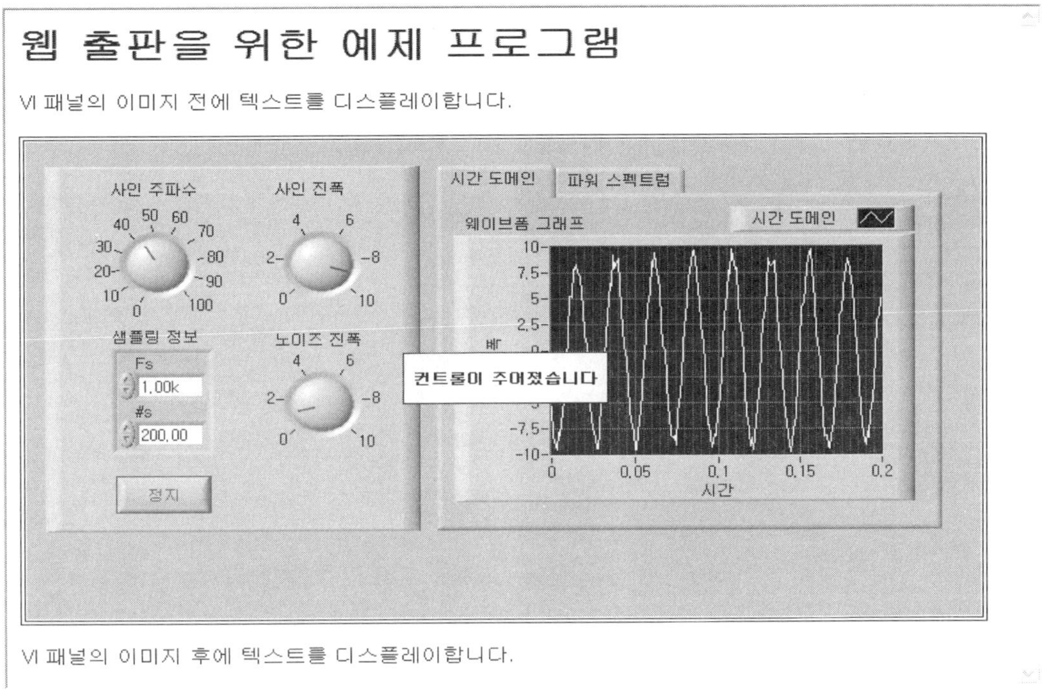

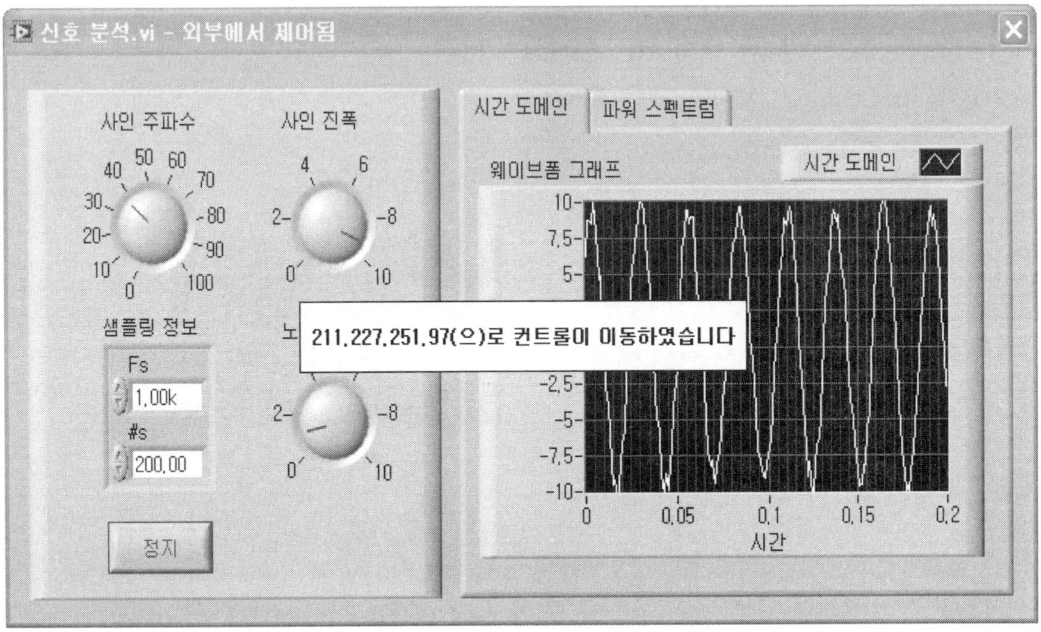

반면에, 서버가 컨트롤을 잠근 상태이면 VI에 대한 제어권을 가져올 수 없으며, 이 경우 다음과 같은 메시지가 나타난다. 이 경우에는 서버가 잠금 해제를 해주어야만 컨트롤을 가져올 수 있다.

컨트롤 기다림: 서버가 잠금되어 있거나 다른 클라이언트가 컨트롤을 가지고 있습니다

4) 서버에서 다시 컨트롤을 획득하려면 다음과 같이 서버 측 VI의 프런트 패널에서 마우스 오른쪽 버튼을 클릭하고, 메뉴에서 컨트롤 획득을 선택한다.

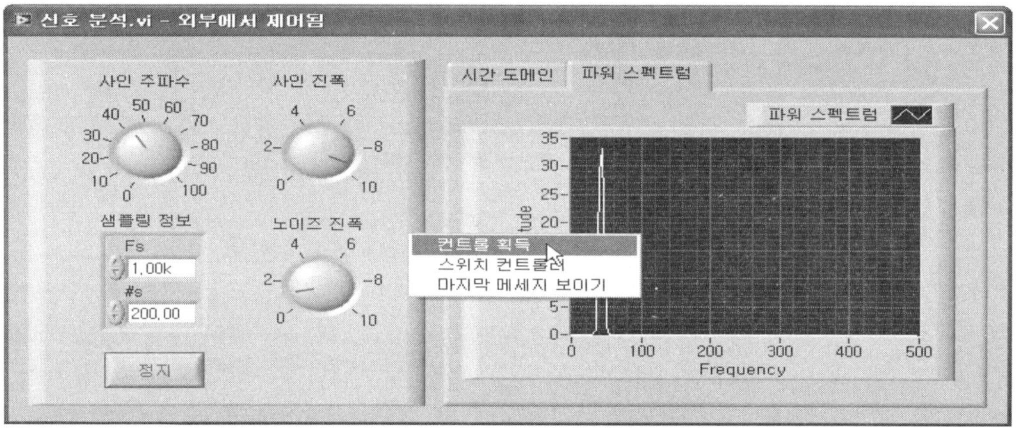

그러면 상대편에서는 다음과 같이 서버가 다시 제어권을 가져간 것을 나타내는 메시지가 표시된다.

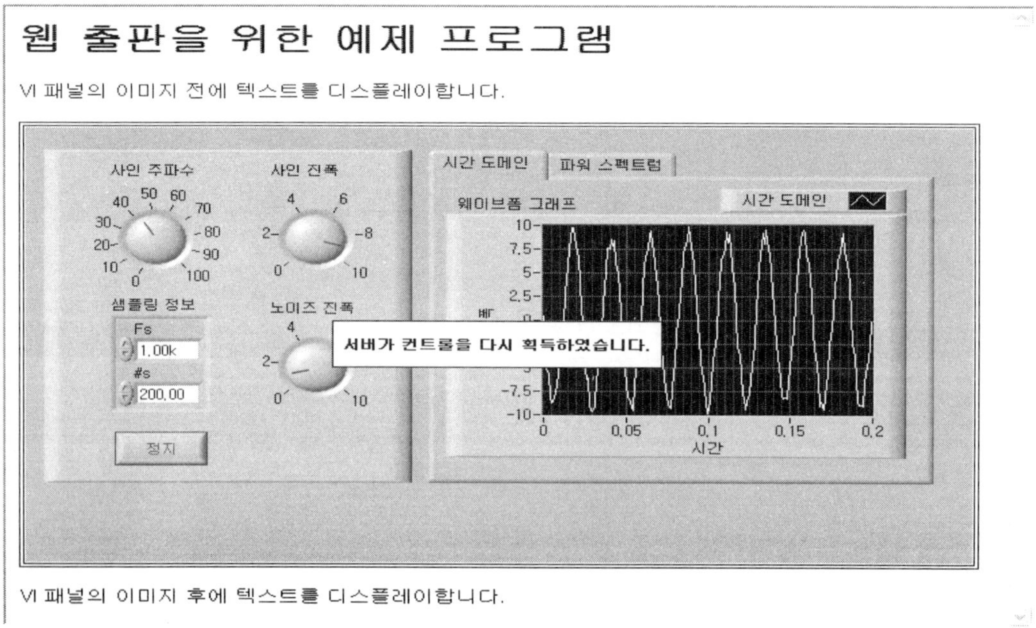

5) 외부에서 내부로 컨트롤이 전달되면 컨트롤이 내부에서 잠기도록 되어있다. 따라서 외부에서 다시 컨트롤을 요청하면 컨트롤이 잠겨있다는 문구가 뜨게 된다.

컨트롤 기다림: 서버가 잠금되어 있거나 다른 클라이언트가 컨트롤을 가지고 있습니다

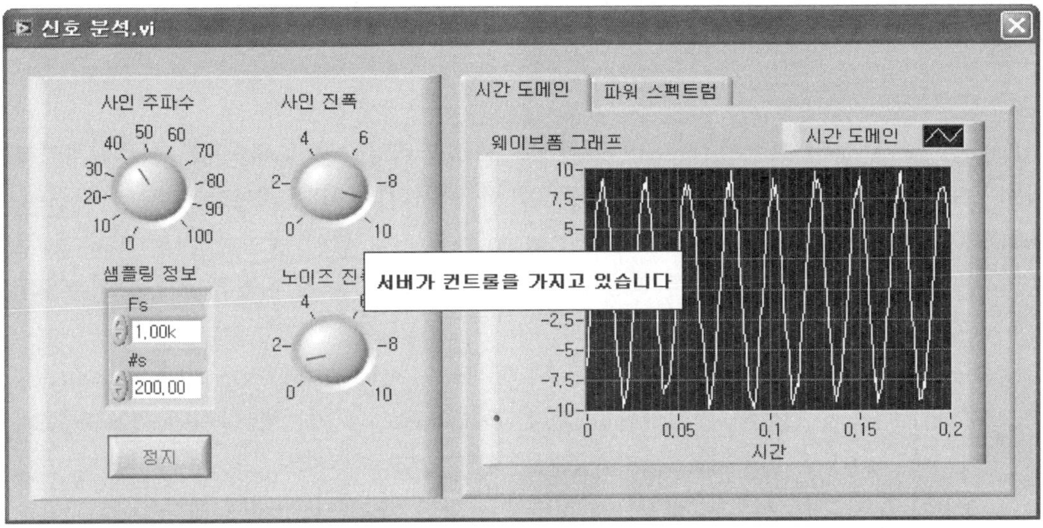

6) 외부로 다시 제어권을 넘겨주기 위해서는 현재 제어권을 가지고 있는 곳에서 잠겨있는 컨트롤을 풀어줘야 한다. 이를 위해서 마우스 오른쪽 버튼을 클릭한 후, 리모트 패널 서버≫컨트롤 잠금 해제를 선택한다.

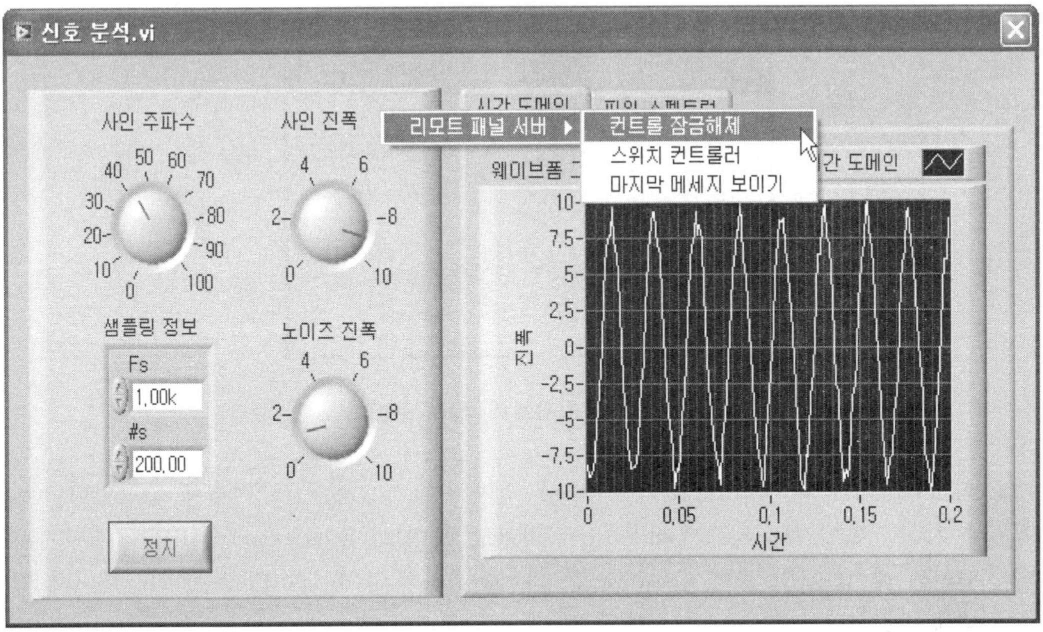

7) 제어권(컨트롤)을 가지고 있는 곳에서 VI를 정지시키면 VI가 중단되며, 외부에서 웹 창을 닫거나 내부에서 VI를 종료하게 되면 전체적으로 웹출판이 종료된다.

14 DataSocket

DataSocket은 산업 표준인 TCP/IP에 기초한 프로그래밍 기술로써, 다른 어플리케이션 사이 또는 네트워크를 통해 서로 연결된 컴퓨터 사이의 데이터 교환을 단순화 시킨다. 또한 복잡한 TCP 기술을 사용하지 않고도 Internet을 통해 원시 데이터를 효율적으로 전송할 수 있으며 복수 사용자에게 반응할 수 있다. DataSocket은 다음의 4가지 성분으로 구성되어 있다.

① DataSocket 서버 - DataSocket을 사용해 통신을 수행하기 위해서는 먼저 DataSocket 서버가 반드시 실행되고 있어야만 한다. DataSocket 서버는 클라이언트 요청을 위해 포트 3015를 연속적으로 리슨(listen)하고 있다. 만약 포트를 통해 클라이언트 요청이 들어오면, 서버는 설정값을 사용해 "클라이언트가 서버에 대한 접근 권한을 가지고 있는 가" 를 검사한 후, 클라이언트 접근이 허용되면 읽기 또는 쓰기 요청을 진행한다. (시작≫모든 프로그램≫National Instruments≫DataSocket≫DataSocket Server)

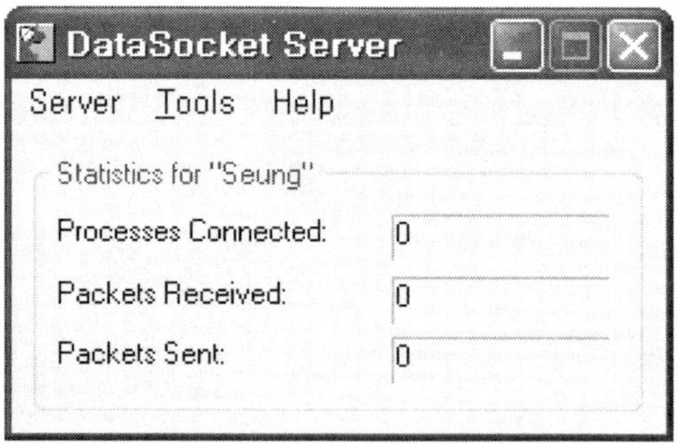

그림 2-228 DataSocket 서버

② DataSocket 출판자(Publisher, Writer) - 데이터를 DataSocket 서버에 출판한다. 즉, 출판자는 특정 데이터를 DataSocket 서버로 보내고, DataSocket 서버는 "출판자가 서버에 데이터를 출판할 권한이 있는 가"를 검사한 후에 데이터를 서버의 데이터 항목에 쓴다.

③ DataSocket 수신자(Subscriber, Reader) - DataSocket 출판자가 DataSocket 서버에 출판한 데이터를 읽는다. 이때 DataSocket 서버는 "수신자가 서버의 데이터를 읽을 권한이 있는 가"를 검사한다.

④ 데이터 항목(Data items) - DataSocket 서버에(서) 쓰기(읽기)를 원하는 데이터를 구별하기 위한 자신만의 이름. 한 가지의 데이터 항목은 한 가지 타입의 데이터만을 저장할 수 있다. 한 가지 이상의 데이터 타입을 저장하려면 데이터들을 클러스터로 묶어서 사용한다.

DataSocket 서버, 출판자, 수신자가 모두 같은 컴퓨터 내에 있어도 되지만 모두 다른 컴퓨터에서 실행되어도 가능하다. 이때, 다른 컴퓨터상에서 DataSocket 서버를 실행하면, 서버로부터 출판자와 수신자를 분리되기 때문에 출판자(측정 시스템)에 대한 보안을 제공할 수 있다. 또한, 각 출판자는 여러 개의 데이터 항목들을 서버에 출판할 수 있으며, 하나의 데이터 항목에 여러 출판자가 동시에 데이터를 출판할 수도 있다. 이와 같은 출판자, 수신자, 데이터 항목 및 DataSocket 서버에 대한 환경설정은 DataSocket 서버 관리자를 통해서 수행된다. 다음은 DataSocket 서버 관리자를 실행했을 때 나타나는 창의 모습이다.

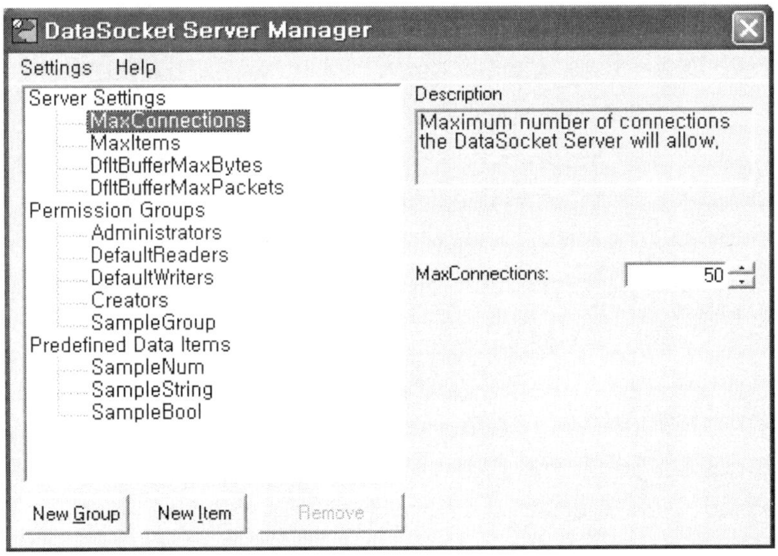

그림 2-229 DataSocket 서버 관리자

14.1 DataSocket 서버 관리자 설정하기

DataSocket 서버 관리자는 DataSocket 서버를 환경 설정하고, 서버에 대한 접근과 데이터 항목을 관리하기 위한 실행파일로 시작≫모든 프로그램≫National Instruments≫

DataSocket에서 찾을 수 있다. 다음은 DataSocket 서버 관리자에 의해 설정할 수 있는 서버관련 항목들이다.

- MaxConnection - 동시에 DataSocket 서버에 연결할 수 있는 최대 클라이언트 수. 기본값은 50
- MaxItems - DataSocket 서버에 허용 가능한 데이터 항목의 최대 수. 기본값은 200
- DfltBufferMaxBytes - 동적으로 생성되는 데이터 항목을 위한 최대 버퍼 크기. 기본값은 26,214,400
- DfltBufferMaxPackets - 동적으로 생성되는 데이터 패킷을 위한 최대 버퍼 크기. 기본값은 1

다음은 DataSocket 서버 관리자에 의해 설정할 수 있는 데이터 접근 관련 항목들이다. 이를 통해 데이터 읽기, 쓰기 및 데이터 항목 생성이 가능한 호스트를 지정함으로써 특정 데이터에 대한 보안을 설정할 수 있다. 여기서 localhost는 현재 실행되고 있는 컴퓨터를 의미하며, everyhost는 모든 호스트를 의미한다. 그밖에는 이름이나 IP 주소를 지정함으로 호스트를 추가할 수 있다.

- Administration - DataSocket 서버를 관리할 수 있는 호스트 그룹. 기본값은 localhost
- DefaultReaders - DataSocket 서버에 출판되어 있는 데이터 항목들을 읽을 수 있는 호스트 그룹. 기본값은 everyhost. 즉, 임의 호스트도 서버로부터 데이터 항목들을 읽을 수 있다.
- DefaultWrite - DataSocket 서버에 만들어진 데이터 항목들에 데이터를 출판할 수 있는 호스트 그룹. 기본값은 localhost. 즉, DataSocket 서버를 실행하고 있는 호스트만이 데이터 항목에 데이터를 쓸 수 있다. 다른 호스트(클라이언트)가 데이터를 출판하기 위해서는 이 설정을 바꾸어야만 한다.
- Creator - DataSocket 서버에 특정 데이터 항목을 생성하도록 허용된 호스트 그룹. 기본값은 localhost. 즉, DataSocket 서버를 실행하고 있는 호스트만이 데이터 항목을 만들 수 있다. 특정 호스트는 출판자(Writer) 그룹에 속할 수는 있지만 생성자(Creator) 그룹에는 속하지 않을 수도 있다.
- SampleGroup - 사용자 정의 그룹으로 샘플 데이터 항목들을 읽을 수 있는 호스트 그룹. 기본값은 everyhost

다음은 DataSocket서버 관리자에 의해 설정할 수 있는 데이터 항목들이다. Data 항목은 DataSocket 서버에 있는 데이터를 읽고/쓰기 위한 자신만의 이름 또는 장소이다. 클라이언트가 생성자(Creator) 그룹에 속하면 프로그램 내에서 동적으로 데이터 항목을 생성할 수 있다. DataSocket 서버 관리자에서 미리 데이터 항목을 지정할 수도 있다. 즉, New Item 버튼을 클릭하고, 데이터 항목에 이름과 읽기/쓰기 권한을 가진 그룹을 지정함으로써 새로운 데이터 항목을 생성할 수도 있다. Predefined Data Items는 DataSocket에 대한 연결 없이도 존재하기 때문에 초기값을 지정해주어야만 한다. 그러면, DataSocket 서버에 출판자(writer)가 연결되기 전에 DataSocket 수신자(reader)가 서버에 있는 Predefined Data Items에 미리 연결될 때, DataSocket 서버는 수신자에게 초기값을 반환할 수 있게 된다. 한편, DataSocket 서버 관리자에서 변경을 만든 후, 변경된 설정값이 효력을 발휘하기 위해서는 DataSocket 서버를 종료(shutdown) 후 다시 시작해야만 한다.

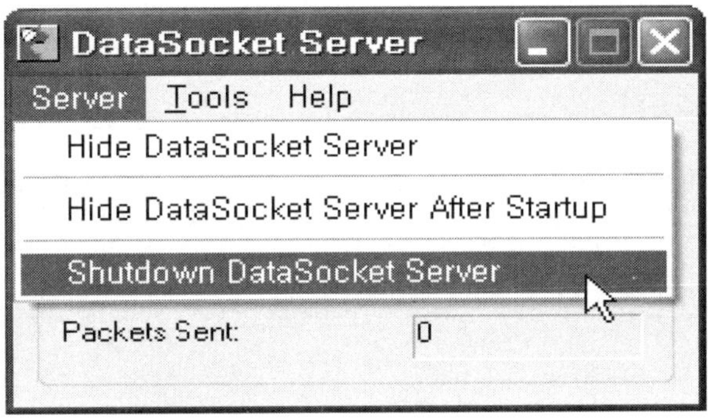

그림 2-230 DataSocket 서버 종료하기

14.2 DataSocket URL

DataSocket Transport Protocol(DSTP)이라 불리는 DataSocket 통신을 위한 URL은 Web 페이지에서 사용되는 URL과 매우 비슷하다. DataSocket을 통해 서버 내의 특정 위치에 데이터를 쓰고/읽기 위해서는 다음 그림과 같은 방법으로 위치를 지정한다. 즉, URL에서 dstp는 DataSocket 통신 프로토콜을 사용하는 것을 의미하며, 그 다음에는 DataSocket 서버가 실행되고 있는 호스트를 지정하기 위한 IP 주소 또는 머신 이름이 오고, 마지막으로는 서버 내에서의 위치를 지정하기 위해서 데이터 항목의 이름을 사용한다.

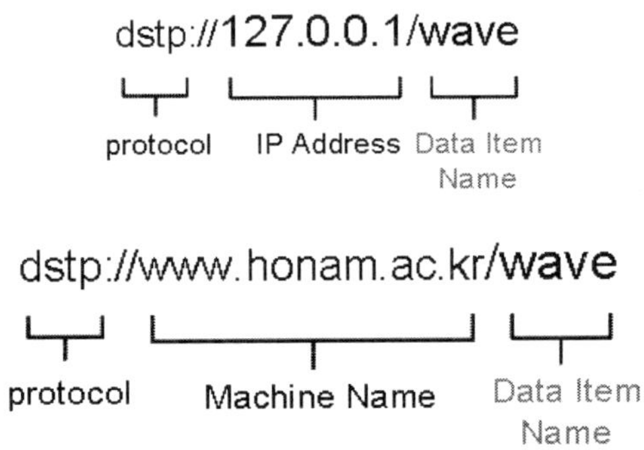

그림 2-231 DataSocket Transport Protocol(DSTP)의 예

연습 31 DataSocket VIs를 이용한 통신

◉ 동작 원리 : DataSocket 통신 프로토콜을 사용해 출판자가 현재 시간을 서버에 출력하고, 수신자는 서버로부터 현재 시간을 읽어 들인다.

※ 이 연습을 실행시키기 위해서는 먼저 DataSocket 서버가 반드시 실행되고 있어야만 한다. (시작≫모든 프로그램≫National Instruments≫DataSocket≫DataSocket Server)

○ DataSocket Reader의 프런트 패널 구성

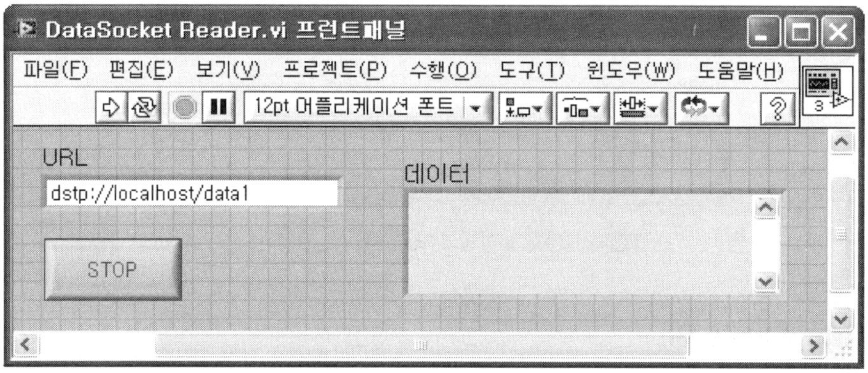

☞  : 컨트롤≫일반≫문자열 & 경로≫문자열 컨트롤

☞  : 컨트롤≫일반≫문자열 & 경로≫문자열 인디케이터

☞  : 컨트롤≫일반≫불리언≫정지 버튼

○ DataSocket Reader의 블록다이어그램 구성

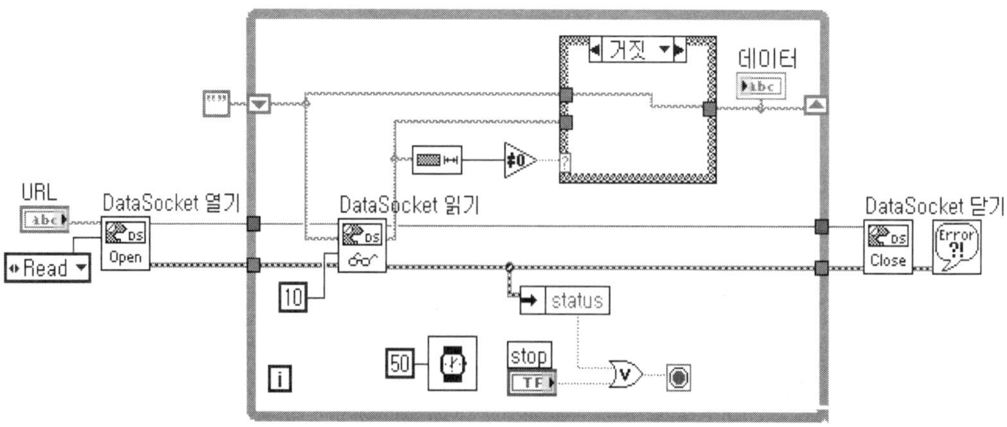

☞  : 데이터 통신≫DataSocket 열기, 읽기, 닫기

☞ 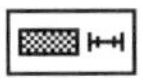 : 프로그래밍≫문자열≫문자열 길이

☞  : 프로그래밍≫타이밍≫기다림(ms)

☞  : 프로그래밍≫클러스터, 클래스 & 배리언트≫이름으로 풀기

☞  : 프로그래밍≫불리언≫OR

☞  : 프로그래밍≫대화 상자 & 사용자 인터페이스≫단순 에러 핸들러

☞ 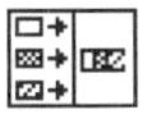 : 프로그래밍≫문자열≫문자열 연결

☞  : 프로그래밍≫문자열≫빈 문자열 상수

☞  : 프로그래밍≫비교≫0과 같지 않음?

☞  : 프로그래밍≫문자열≫라인 끝 상수

○ DataSocket Writer의 프런트 패널 구성

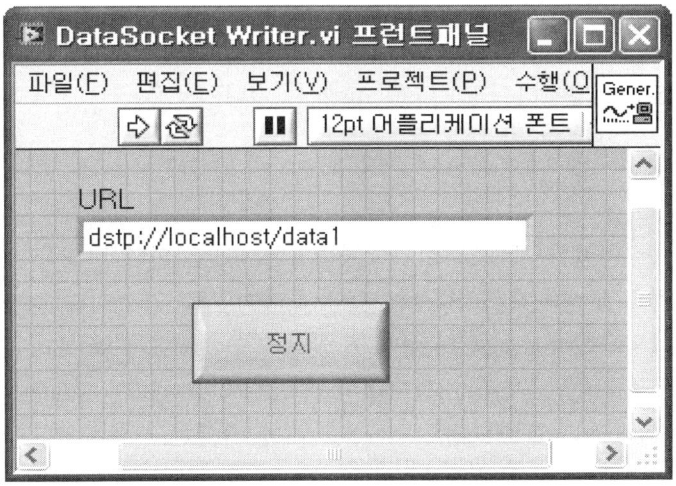

☞  : 컨트롤≫일반≫문자열 & 경로≫문자열 컨트롤

☞  : 컨트롤≫일반≫불리언≫정지 버튼

○ DataSocket Writer의 블록다이어그램 구성

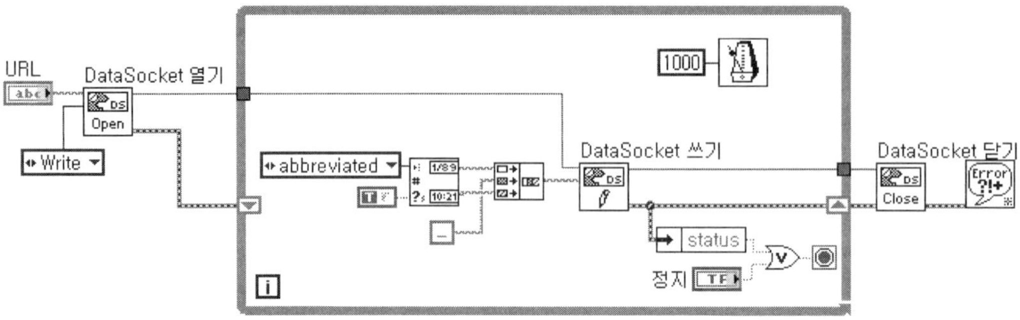

☞  : 데이터 통신≫DataSocket 열기, 쓰기, 닫기

☞  : 프로그래밍≫타이밍≫ 날짜/시간을 문자열로 얻기

☞  : 프로그래밍≫대화 상자 & 사용자 인터페이스≫단순 에러 핸들러

☞  : 프로그래밍≫클러스터, 클래스 & 배리언트≫이름으로 풀기

☞  : 프로그래밍≫불리언≫OR

☞  : 프로그래밍≫문자열≫스페이스 상수

☞  : 프로그래밍≫타이밍≫다음 ms까지 기다림

☞ 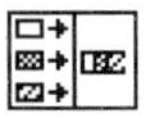 : 프로그래밍≫문자열≫문자열 연결

1) 각자 Ethernet 연결이 제대로 이루어졌는지를 확인한다(인터넷을 실행해 본다).
2) 2인 1조로 팀을 구성하여 서버(출판자)와 클라이언트(수신자)를 정한 후, 서버 측에서는 DataSocket Writer VI를 작성하고 실행하기 전에 DataSocket 서버를 실행한다(시작≫모든 프로그램≫National Instruments≫DataSocket≫DataSocket Server).
3) 클라이언트 측에서는 DataSocket Reader VI를 작성하고 서버와 DataSocket Writer VI가 실행된 후에 VI를 실행한다. 이때 URL을 지정하기 위해 서버 측의 IP 주소 또는 컴퓨터 이름을 알고 있어야만 한다.
4) 서버(출판자)와 클라이언트(수신자)를 교환하여 역할을 반대로 수행한다.
5) DataSocket Reader VI를 먼저 종료하고, DataSocket Writer VI를 종료한다(그렇지 않으면 서버에 데이터가 없기 때문에 DataSocket 읽기 함수가 계속 데이터를 읽기 위해 대기한다).

14.3 DataSocket의 데이터 버퍼링(Data Buffering)

프로그램적으로 데이터를 공유하기 위해 네트워크 공유 변수 또는 dstp URL를 사용하는 경우, LabVIEW는 기본적으로 가장 최신의 데이터만을 모든 수신자에게 쓴다. 한 출판자가 서버에 값을 쓰는 속도가 수신자가 그 값을 읽는 속도보다 더 빠를 경우, 서버의 새 값은 수신자가가 그 값을 읽기 전에 처리되지 않은 이전 값을 덮어쓰게 된다. 이 경우 데이터는 손실되게 된다. 즉, 데이터의 손실이 서버나 클라이언트에서 발생할 수 있다. 데이터를 읽고 가장 최근에 서버에 써진 값만을 받으려고 하는 경우, 이와 같은 데이터 유실은 문제가 되지 않는다. 그러나 서버에 써지는 모든 값을 받으려고 하는 경우나 데이터 유실이 허용되지 않는 전송의 경우에는 클라이언트(수신자)의 데이터를 버퍼링해야만 한다.

버퍼링은 수신자와 발신자 사이의 잠재적인 시간차를 줄여줄 수 있으나 데이터 전송을 보장하지는 않는다. 서버나 클라이언트의 버퍼에 있는 데이터가 버퍼의 크기보다 커지는 경우, 버퍼는 이전 값을 버리고 새로운 값으로 대체된다. 버퍼 크기를 설정하여 출판자가 이전 데이터를 덮어쓰기 전에 얼마나 많은 데이터 패킷을 보유할 수 있는지를 설정할 수 있다. 또한 프로그램적으로 각 데이터 항목의 버퍼가 보유할 수 있는 최대 바이트 수(BufferMaxBytes)와 최대 패킷 수(BufferMaxBytes)를 지정할 수 있다. 입력 데이터가 최대 바이트 수 또는 최대 패킷 수를 초과하는 경우, LabVIEW는 오래된 데이터를 버퍼에서 삭제하고 새로운 데이터로 대체한다.

버퍼가 활성화된 수신자가 모든 데이터를 받고자 하는 경우, DataSocket 쓰기 함수를 사용하여 프로그램적으로 실시간 데이터를 써야만 한다. 프런트 패널에서 데이터 연결을 통해 직접 쓰면 데이터 손실을 유발할 가능성이 높다. DataSocket 프로퍼티를 사용하여 FIFO(first-in-first-out) 버퍼의 크기를 설정하는 경우, DataSocket 열기 함수의 모드 입력을 버퍼 사용 읽기(BufferedRead) 또는 버퍼 사용 읽기와 쓰기(BufferedReadWrite)로 설정해야 한다. 그렇지 않으면, 연결이 되어도 서버의 데이터 항목은 버퍼에 저장되지 않는다.

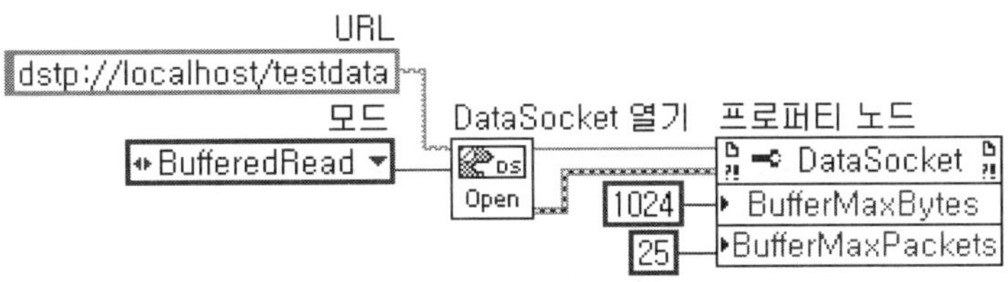

그림 2-232 DataSocket 수신자를 위한 버퍼 크기 설정

다음 블록다이어그램은 프로그램적으로 DataSocket 서버가 출판한 데이터를 버퍼링을 사용해 읽고 사용된 버퍼 크기를 모니터링하는 예제이다.

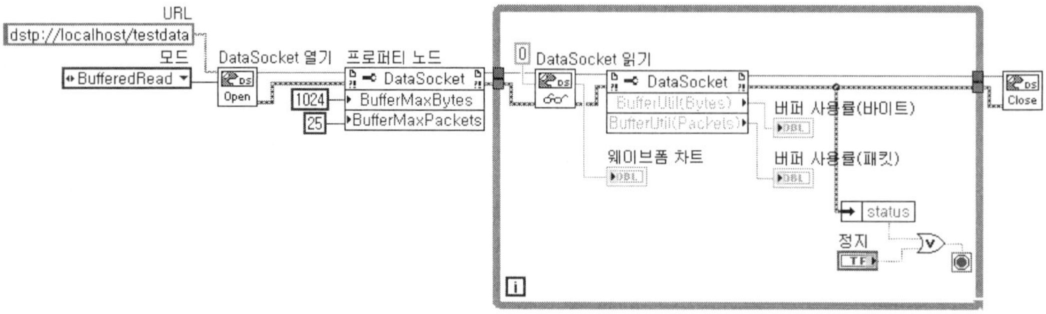

그림 2-233 DataSocket Buffering을 이용한 데이터 수신

연습 32 DataSocket의 Data Buffering

◉ 동작 원리 : DataSocket 통신 프로토콜을 사용해 데이터를 놓치지 않고 수신하기 위해 수신자 측에 버퍼를 설정하여 모든 데이터를 읽어 들인다.

○ Buffered Reader의 프런트 패널 구성

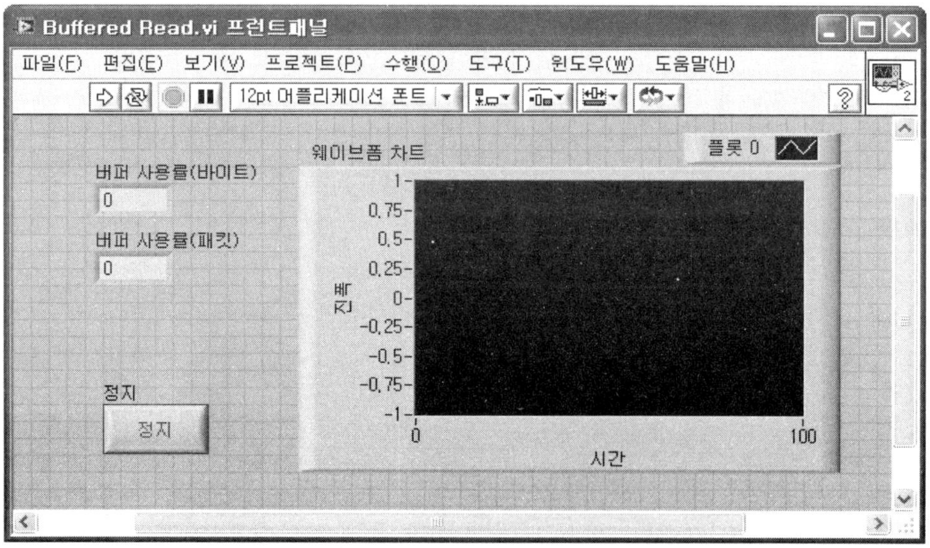

☞  : 컨트롤≫일반≫숫자형≫숫자형 인디케이터

☞  : 컨트롤≫일반≫그래프≫웨이브폼 차트

☞  : 컨트롤≫일반≫불리언≫정지 버튼

○ Buffered Reader의 블록다이어그램 구성

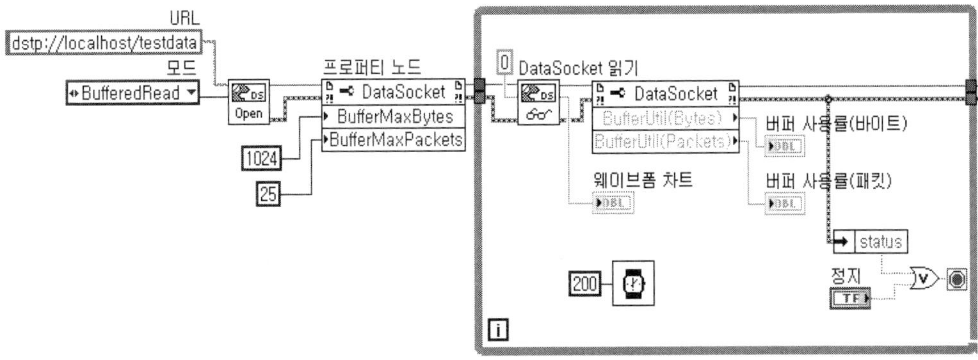

☞  : 데이터 통신≫DataSocket 열기, 읽기, 닫기

☞  : 프로그래밍≫어플리케이션 컨트롤≫프로퍼티 노드

☞  : 프로그래밍≫타이밍≫기다림(ms)

☞  : 프로그래밍≫클러스터, 클래스 & 배리언트≫이름으로 풀기

☞  : 프로그래밍≫불리언≫OR

○ Buffered Writer VI의 프런트 패널 구성

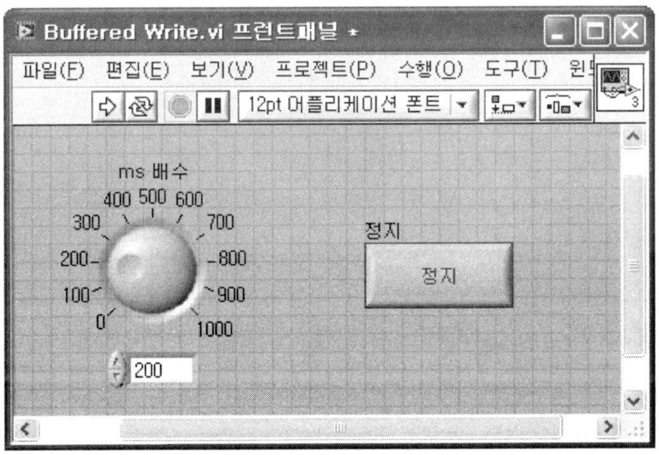

☞ 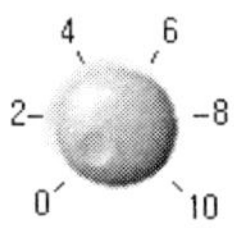 : 컨트롤≫일반≫숫자형≫노브(수행 도구()나 라벨링 도구()를

사용하여 10을 100으로 변환한다. 노브를 마우스 오른쪽 버튼을 클릭한 후, 메뉴에서 "보이는 아이템≫디지털 디스플레이"를 선택한다. 또한, 디지털 디스플레이 컨트롤에 200을 입력한 후, 메뉴에서 "데이터 처리≫현재값을 기본값으로"를 선택한다.)

☞ 

: 컨트롤≫일반≫불리언≫정지 버튼

○ Buffered Writer VI의 블록다이어그램 구성

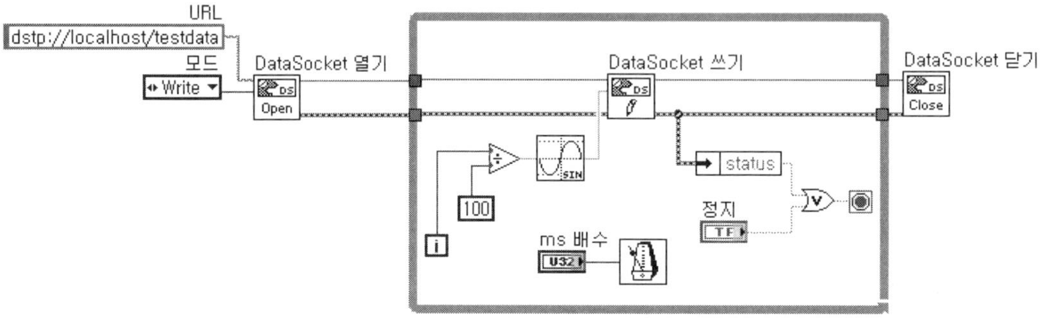

☞ 

: 데이터 통신≫DataSocket 열기, 쓰기, 닫기

☞ 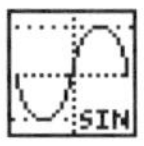

: 수학≫기본 & 특수 함수≫삼각 함수≫사인

☞ 

: 프로그래밍≫클러스터, 클래스 & 배리언트≫이름으로 풀기

☞  : 프로그래밍≫불리언≫OR

☞ 

: 프로그래밍≫숫자형≫숫자형 상수

☞  : 프로그래밍≫타이밍≫다음 ms까지 기다림

1) 각자 Ethernet 연결이 제대로 이루어졌는지를 확인한다(인터넷을 실행해 본다).
2) 2인 1조로 팀을 구성하여 서버(출판자)와 클라이언트(수신자)를 정한 후, 서버 측에서는 Buffered Write VI를 작성하고 실행하기 전에 DataSocket 서버를 실행한다(시작≫모든 프로그램≫National Instruments≫DataSocket≫DataSocket Server).
3) 클라이언트 측에서는 Buffered Read VI를 작성하고 서버와 Buffered Write VI가 실행된 후에 VI를 실행한다. 이때 URL을 지정하기 위해 서버 측의 IP 주소 또는 컴퓨터 이름을 알고 있어야만 한다.
4) 출판자의 프런트 패널에 있는 ms 배수 컨트롤을 0까지 서서히 줄여가면서 수신자 측의 프런트 패널에 있는 웨이브폼 차트와 함께 버퍼 사용률(바이트)과 버퍼 사용률(패킷) 인디케이터 값의 변화를 관찰한다.
5) 반대로 ms 배수 컨트롤을 천천히 증가시켜 가면서 수신자 측의 프런트 패널에 있

는 웨이브폼 차트와 함께 버퍼 사용률(바이트)과 버퍼 사용률(패킷) 인디케이터값의 변화를 관찰한다.

6) 위의 과정을 몇 차례 반복하면서 버퍼의 사용량의 변화에 대해 관찰한다.
7) 서버(출판자)와 클라이언트(수신자)를 교환하여 역할을 반대로 수행한다.
8) Buffered Read VI를 먼저 종료하고, Buffered Write VI를 종료한다(그렇지 않으면 서버에 데이터가 없기 때문에 DataSocket 읽기 함수가 계속 데이터를 읽기 위해 대기한다).

14.4 프런트 패널 데이터 연결

DataSocket 통신 프로토콜(dstp)을 이용한 프런트 패널 데이터 연결을 사용하면 거의 모든 프런트 패널의 컨트롤과 인디케이터를 직접적으로 출판하고 읽을 수 있다. 하지만 DataSocket을 통한 데이터 버퍼링은 할 수 없다. 다음 단계를 따라 dstp 프로토콜을 사용하여 다른 VI의 프런트 패널 컨트롤을 제어할 수 있다.

DataSocket 연결을 사용하는 경우, DataSocket 서버를 시작하고 DataSocket 서버 관리자를 통해 데이터 항목을 생성하고 설정한다.

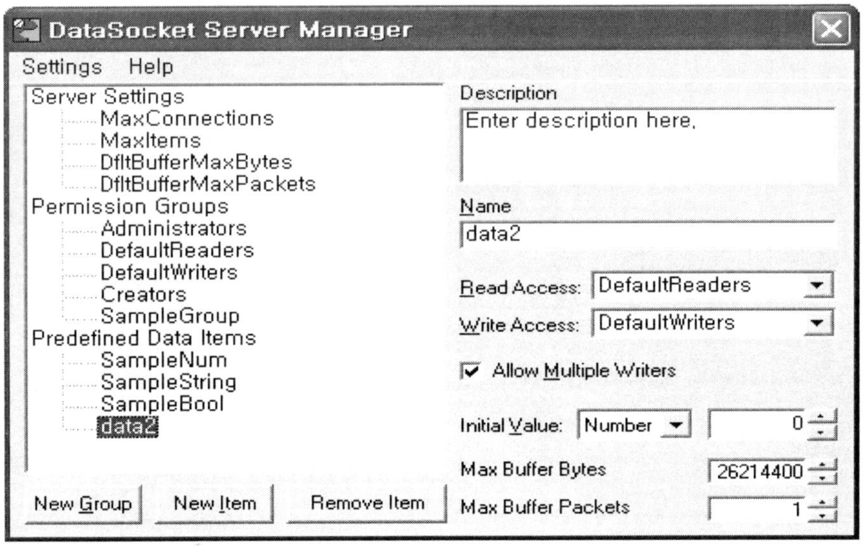

그림 2-234 DataSocket 서버 관리자에 의한 새 데이터 항목 생성

DataSocket을 통해 통신하고자 하는 프런트 패널의 객체를 마우스 오른쪽 버튼으로 클릭한 후, 메뉴에서 프로퍼티를 선택하여 프로퍼티 대화 상자를 표시한다. 대화 상자에서 데이터 연결 선택 리스트에서 DataSocket을 선택하고, 경로 텍스트 박스에 dstp URL

을 입력한다(탐색 풀다운 메뉴에서 DSTP 서버 또는 파일 시스템을 선택하여 사전에 지정된 데이터 항목을 탐색할 수도 있다). 데이터 연결 페이지에서 접근 타입 풀다운 메뉴에서 쓰기 전용을 선택하고 확인 버튼을 클릭한다.

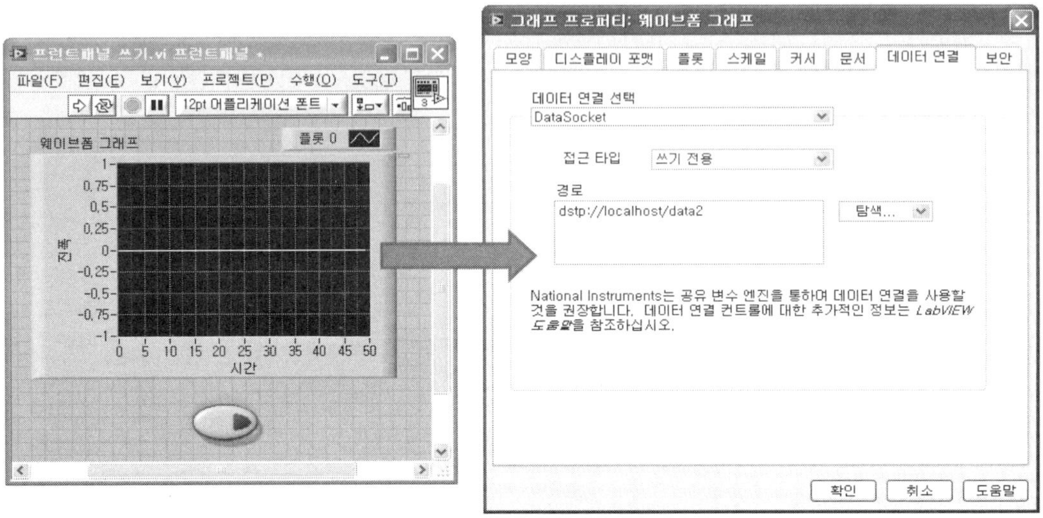

그림 2-235 프런트 패널 데이터 연결을 통한 DataSocket 출판자 설정

다음과 같이 출판자로 프런트 패널 쓰기 VI의 블록다이어그램과 수신자(로컬 컴퓨터 또는 원격 컴퓨터)로서 프런트 패널 읽기 VI를 작성한다.

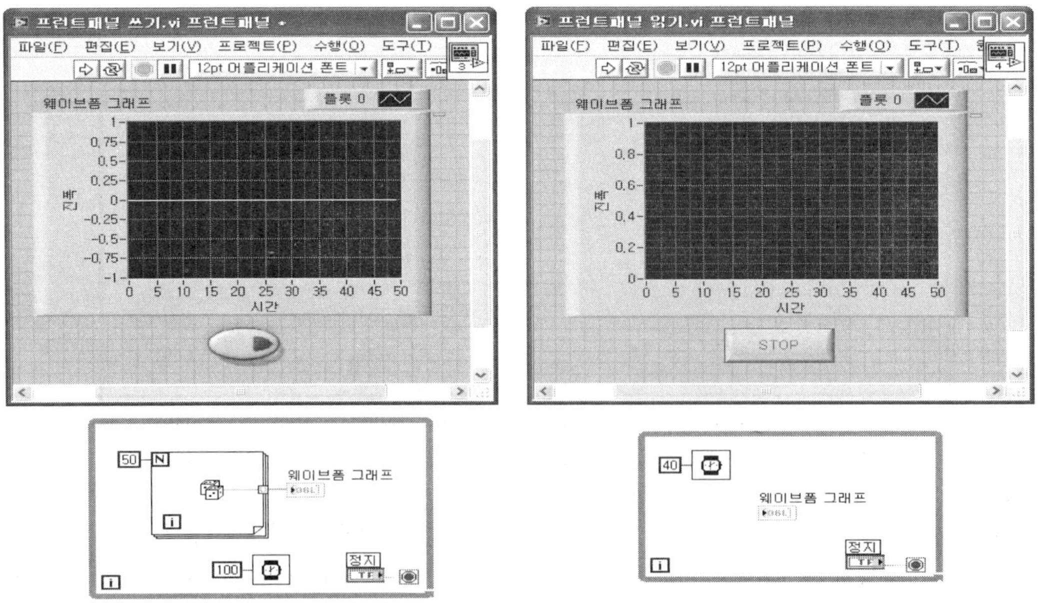

그림 2-236 프런트 패널 데이터 연결을 통한 DataSocket 통신 방법

프런트 패널 읽기 VI에서, 프런트 패널의 웨이브폼 그래프를 마우스 오른쪽 버튼으로 클릭한 후, 메뉴에서 프로퍼티를 선택하고, 데이터 연결 페이지를 다음과 같이 설정한다.

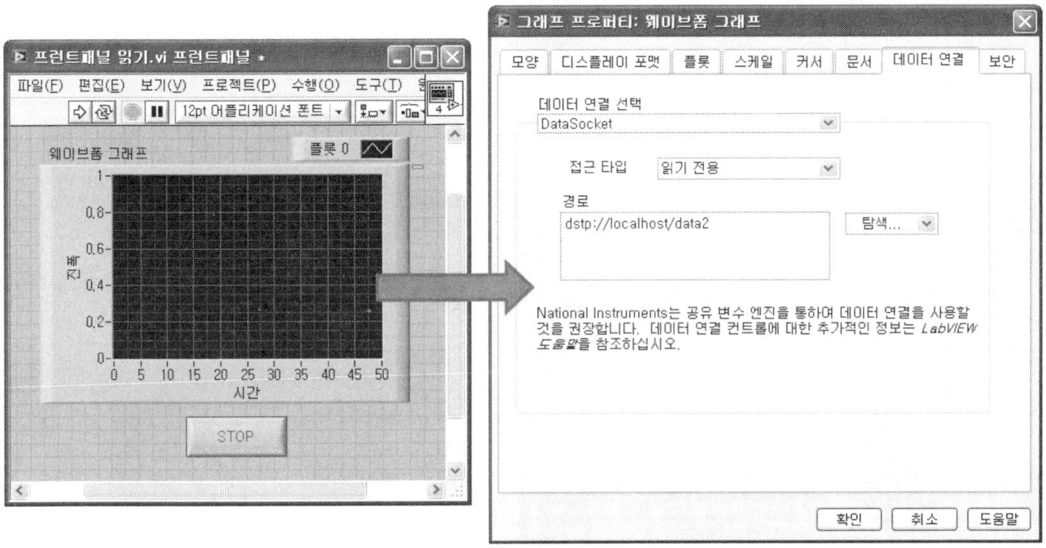

그림 2-237 프런트 패널 데이터 연결을 통한 DataSocket 수신자 설정

두 VI를 실행한다. 이때, 수신자 VI의 프런트 패널 컨트롤은 출판자 VI가 전달하는 값을 DataSocket 연결을 통해서 가져온다. DataSocket 서버에 대한 연결이 성공적인 경우, 작은 녹색 인디케이터가 VI의 프런트 패널 객체 옆에 나타난다. 연결이 실패한 경우, 녹색 대신에 붉은색 인디케이터가 나타난다. LabVIEW가 서버에 연결을 시도하기 전에는, 작은 투명한 인디케이터가 나타난다. 프런트 패널 객체의 바로 가기 메뉴에서 보이는 아이템≫DataSocket LED를 선택하여 이 인디케이터를 숨길 수도 있다. 또한, DataSocket : LED 보이기 프로퍼티를 사용하여 프로그램적으로 컨트롤과 인디케이터를 숨길 수도 있다.

이와 같은 프런트 패널 데이터 연결 방식은 DataSocket 통신 프로토콜(dstp) 외에도 opc(OLE for Process Control), ftp, http, 또는 file URL을 경로 텍스트 박스에 입력하거나 탐색 풀다운 메뉴에서 DSTP 서버 또는 파일 시스템을 선택하여 URL을 탐색함으로써 프런트 패널 데이터 읽기가 가능하다. 또한, 프런트 패널 데이터 연결 방식을 사용하여 공유 변수 엔진을 통해 원격으로 프런트 패널 컨트롤을 제어하면 공유 변수 및 NI-Publish-Subscribe-Protocol (PSP) 데이터 항목의 연결뿐만 아니라 DataSocket 통신 프로토콜(dstp)보다 더 빠르고 버퍼를 통한 신뢰성 있는 데이터 전송이 가능하다.

연습 33 프런트 패널 데이터 연결을 통한 양방향 통신

◉ 동작 원리 : 프런트 패널 데이터 연결을 통한 통신 방법 중 DataSocket 통신 방식을 이용해 간단한 양방향 통신을 구현한다.

○ 프런트 패널(Machine 1)

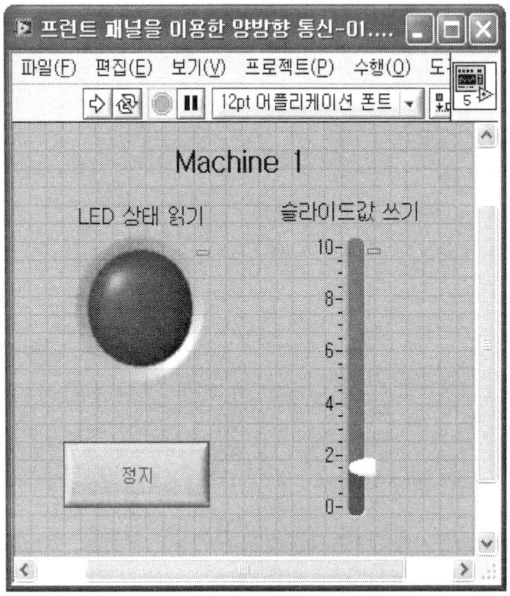

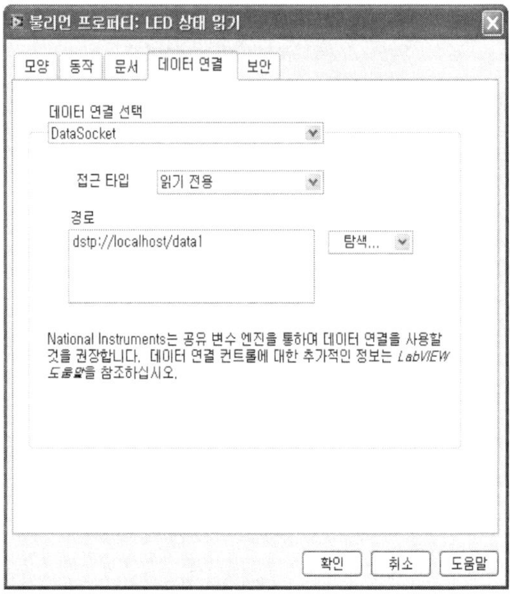

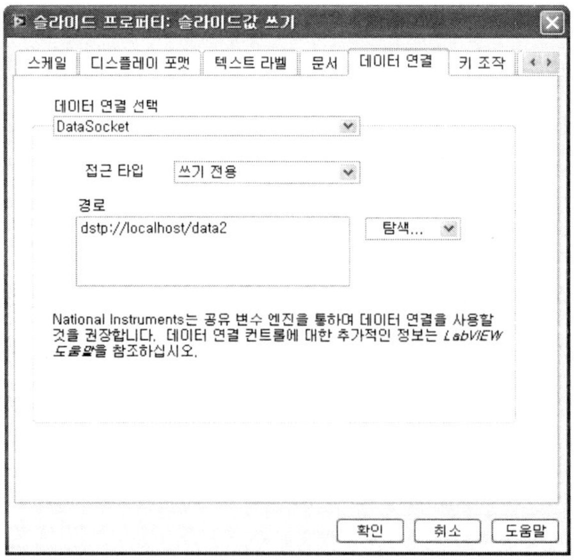

☞  : 컨트롤≫일반≫불리언≫원형 LED

☞ 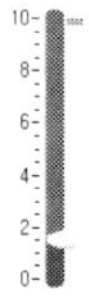 : 컨트롤≫일반≫숫자형≫수직 포인터 슬라이드

☞ 

: 컨트롤≫일반≫불리언≫정지 버튼

○ 블록다이어그램 구성 (Machine 1)

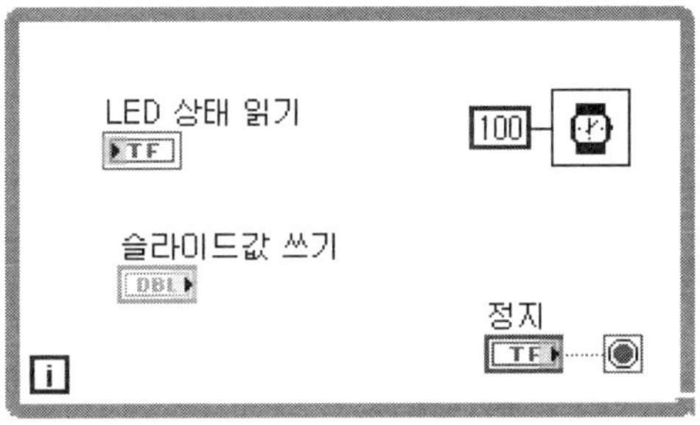

☞  : 프로그래밍≫타이밍≫기다림(ms)

○ 프런트 패널(Machine 2)

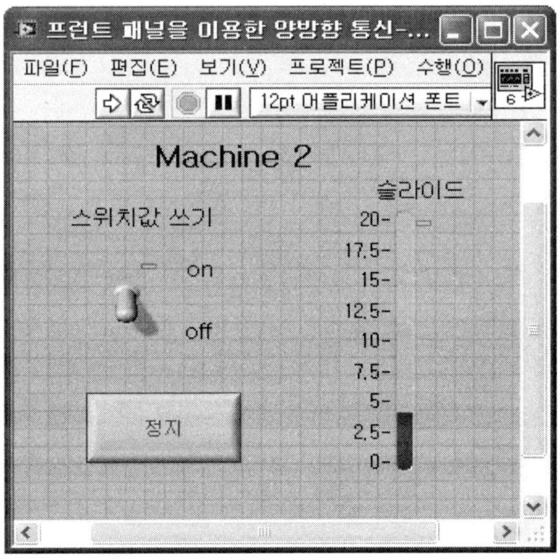

☞  : 컨트롤≫일반≫불리언≫수직 토글 스위치

☞ 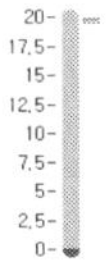

: 컨트롤≫일반≫숫자형≫수직 포인터 슬라이드

☞ 

: 컨트롤≫일반≫불리언≫정지 버튼

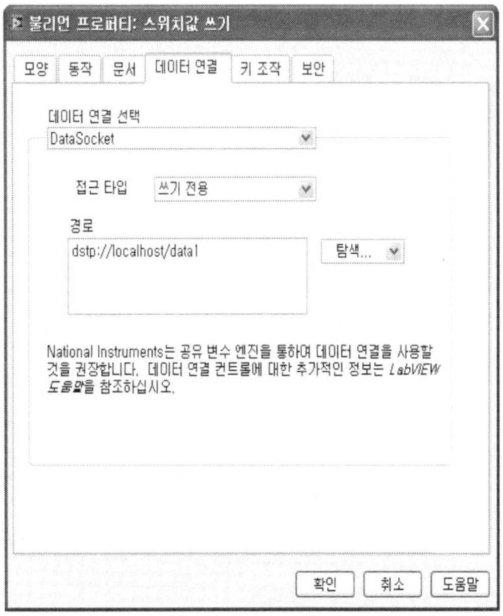

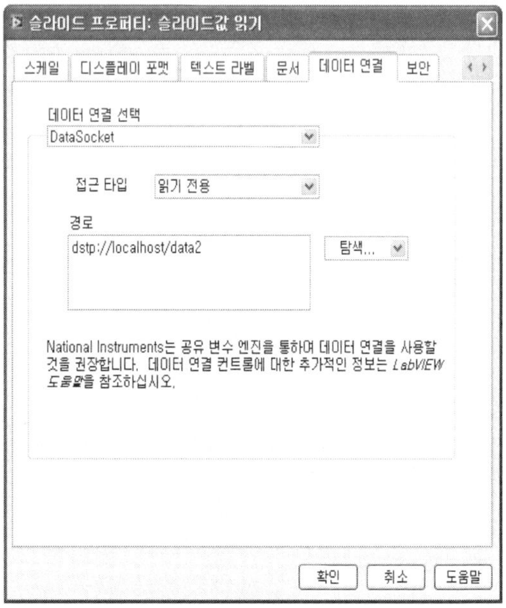

○블록다이어그램 구성 (Machine 2)

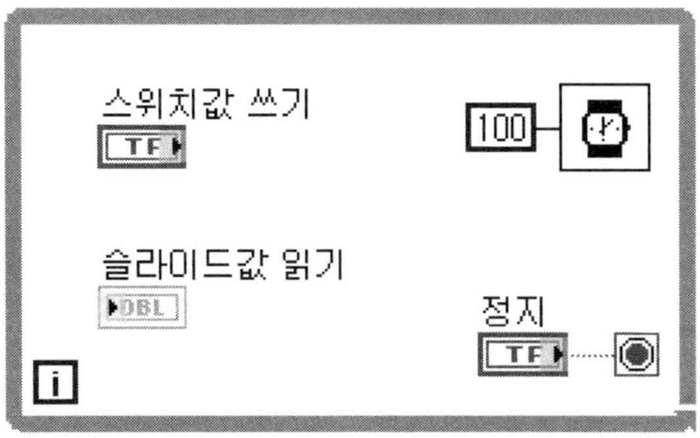

☞ 
: 프로그래밍≫타이밍≫기다림(ms)

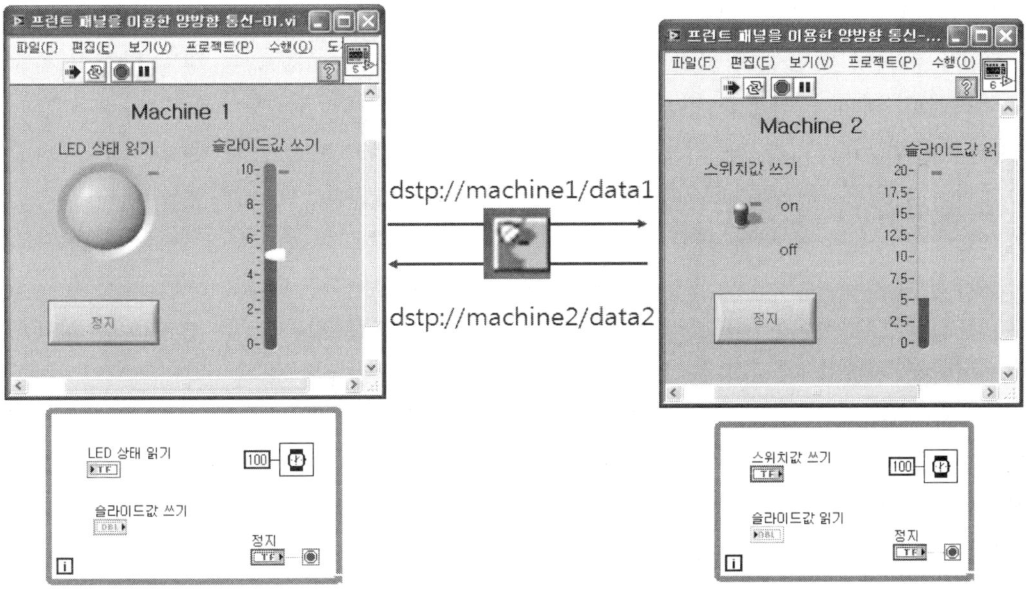

14.5 배리언트 함수를 이용한 속성 추가

배리언트 데이터는 특정 데이터 타입을 따르지 않으며 속성을 포함할 수 있다. LabVIEW는 배리언트 데이터를 배리언트 데이터 타입으로 표시한다. 배리언트 데이터 타입은 컨트롤 또는 인디케이터 이름, 변환한 데이터 타입에 대한 정보와 함께 데이터 자체를 저장하고 있으며, 배리언트 데이터 타입을 원래의 데이터 타입으로 올바르게 변환할 수 있기 때문에 다른 데이터 타입과는 다르다. 예를 들어, 문자열 데이터 타입을 배리언트 데이터 타입으로 변환할 경우, 배리언트 데이터 타입은 텍스트를 저장하고 텍스트가 문자열인 것을 나타낸다.

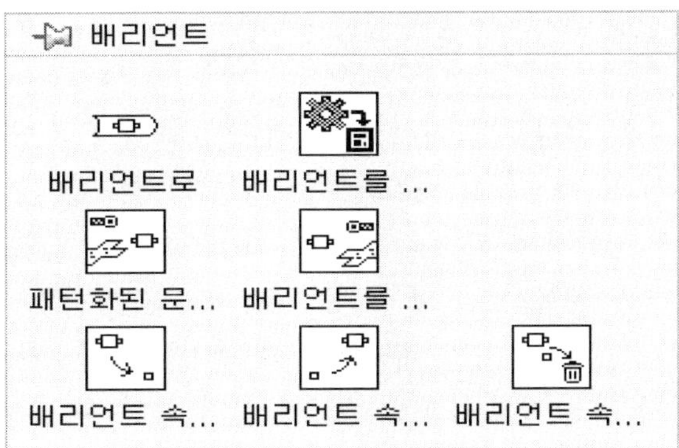

그림 2-238 배리언트 함수들

위의 배리언트 함수를 사용하여 배리언트 데이터를 생성하고 조작할 수 있다. 모든 LabVIEW 데이터 타입을 배리언트 데이터 타입으로 변환할 수 있으며, 몇몇 다형성 함수는 배리언트 데이터 타입을 반환한다. 데이터를 전송하거나 보관할 때, 알려지지 않은 디바이스에 쓰거나 읽을 때, 또는 서로 다른 컨트롤의 세트에 연산을 수행하는 것과 같이 데이터 타입에 독립적으로 데이터를 처리하는 것이 중요할 때 배리언트 데이터 타입을 쓰는 것이 올바른 해결책이다.

또한, 패턴화된 문자열로 함수를 사용하여 배리언트 데이터 타입을 패턴화된 문자열 데이터 타입으로 변환할 수 있다. 문자열로 데이터를 패턴화하는 것은 TCP/IP를 사용하여 데이터를 전송할 때 유용하다. 왜냐하면 TCP/IP 프로토콜은 오직 문자열만 인식하기 때문이다. 하지만, LabVIEW는 원래 데이터 타입이 변환하려는 데이터 타입과 일치하지 않을 때 패턴화된 데이터를 강제 변환할 수 없기 때문에 패턴화된 데이터를 사용하는 데에는 한계가 있다.

한편, 배리언트 데이터 타입을 사용하는 또 다른 장점은 데이터의 속성을 저장할 수 있는 기능이다. 속성은 사용자가 정의하며, 배리언트 데이터 타입이 저장하는 데이터에 대한 정보이다. 예를 들어, 일정 데이터가 언제 생성되었는지를 알려는 경우, 데이터를 배리언트 데이터로 저장하고 시간 문자열을 저장하기 위해서 시간으로 불리는 속성을 추가할 수 있다.

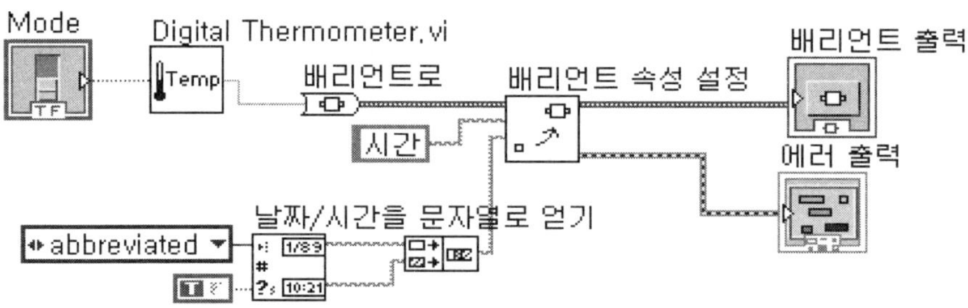

그림 2-239 배리언트 속성 설정 함수를 이용한 속성 추가 예

DataSocket 연결을 통해 하나로 묶어서 여러 데이터 타입의 속성을 보내기 위해 배리언트 함수를 사용할 수도 있다. 속성 데이터는 어떠한 타입도 될 수 있다. 따라서 몇 가지 데이터 타입을 함께 결합하여 하나의 데이터 타입으로 만들 수도 있다.

특정 속성으로 데이터를 분류하고, 데이터를 생성하는 디바이스 또는 어플리케이션을 식별하거나, 또는 특정 속성을 가지는 배리언트 데이터를 필터링할 때 배리언트 속성을 사용한다. 다음의 출판자 VI는 연속적으로 온도를 읽어 들인 후 온도 데이터를 배리언트 데이터로 변환하고 속성으로서 타임스탬프를 온도 데이터에 추가하는 예제이다.

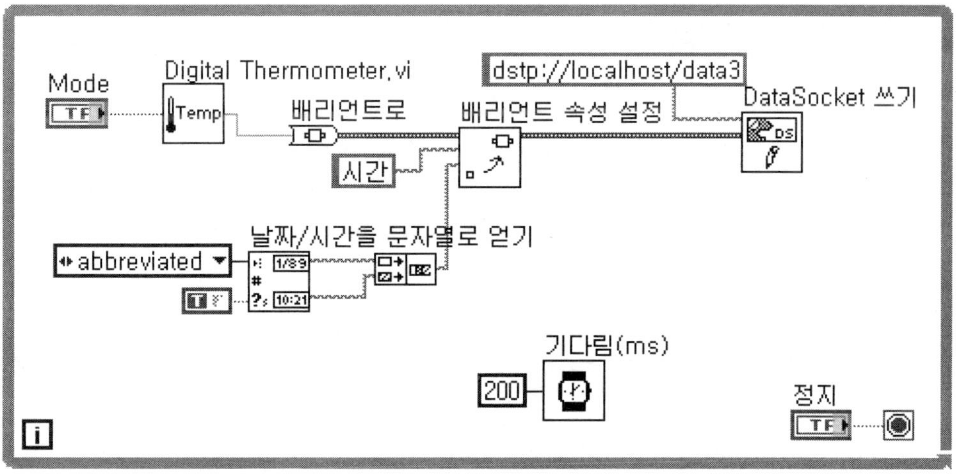

그림 2-240 온도 데이터에 타임스탬프 속성을 추가해서 DataSocket에 쓰기

수신자 VI에서 이 실시간 데이터를 읽는 경우, VI는 배리언트 데이터를 자신이 조작할 수 있는 데이터 타입으로 변환해야 한다. 다음 블록다이어그램은 온도 데이터를 연속적으로 읽고, 배리언트 데이터를 온도값으로 변환하고, 읽혀진 값에 해당되는 타임스탬프 속성을 가져오며, 프런트 패널에 온도값과 타임스탬프를 표시한다.

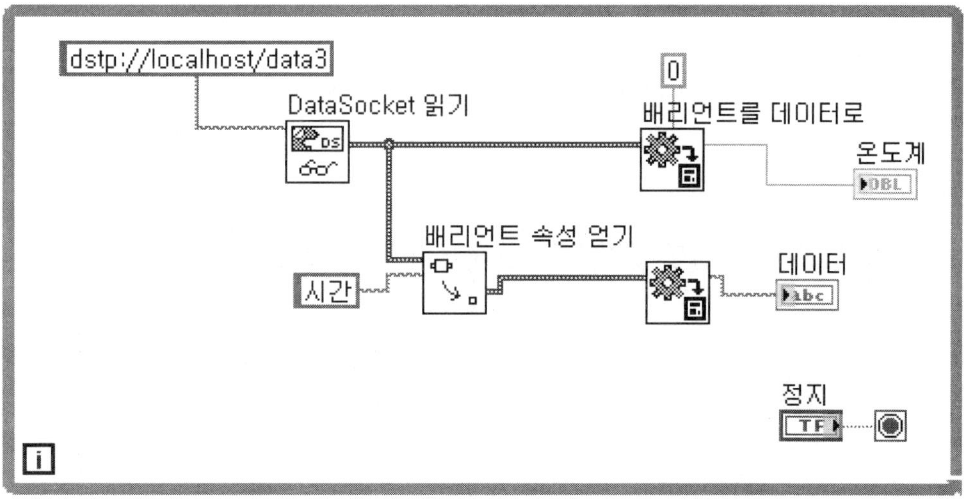

그림 2-241 DataSocket 배리언트 데이터로부터 온도값과 타임스탬프 속성 읽기

15 실행파일 만들기

LabVIEW에서도 어플리케이션 빌더를 사용해 기존 VI를 독립 어플리케이션, 즉 EXE 실행파일로 만들 수 있다. LabVIEW 개발 환경은 VI에 의해 이용되는 많은 리소스를 포함하고 있기 때문에, 독립 어플리케이션은 개발 환경에서 실행되는 VI와는 다음과 같이 여러 가지 차이가 있다.

- 독립 어플리케이션에 의해 사용되는 경로는 변경될 수 있다.
- 독립 어플리케이션의 동작은 사용자가 OS에서 직접 실행시키는 표준 어플리케이션과 유사하다.
- 사용자는 어플리케이션이 LabVIEW VI라는 사실을 인지할 필요가 없다.

LabVIEW 8.0부터는 VI와 어플리케이션 빌더만을 사용해서 독립 어플리케이션을 만들 수 없게 되었으며, 반드시 LabVIEW 프로젝트를 생성한 후, 빌드 스펙을 설정해야만 독립 어플리케이션을 만들고 실행할 수 있다. 참고로 LabVIEW Professional 버전은 어플리케이션 빌더를 포함하고 있지만 기본(Base) 또는 풀(Full) 패키지는 별도로 어플리케이션 빌더를 구매해야만 실행파일을 생성할 수 있다.

15.1 LabVIEW 프로젝트 준비하기

빌드(Build) 스펙을 설정하려면 먼저 프로젝트를 만들어야만 한다. 파일≫새 프로젝트를 선택하여 프로젝트를 생성한다. 그런 다음 내 컴퓨터에서 마우스 오른쪽 버튼을 클릭하고 메뉴에서 추가≫폴더(자동 적용)를 선택한 후, labview\examples\application builder 디렉터리를 탐색하여 선택한다.

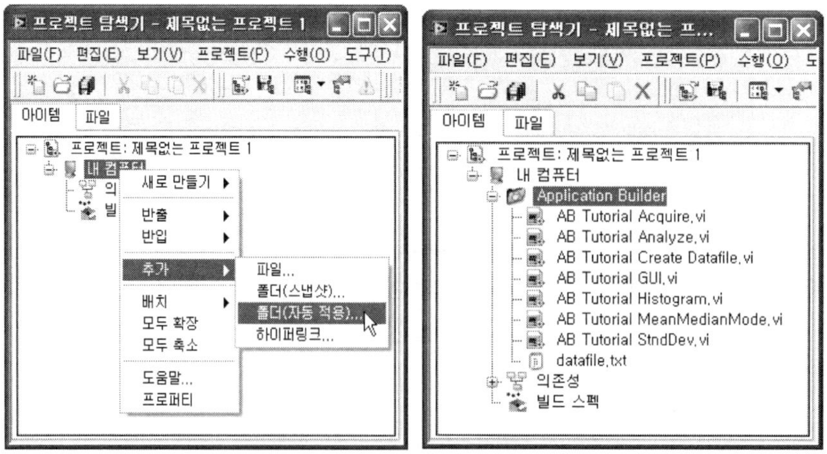

그림 2-242 새로운 프로젝트 생성

빌드 스펙 노드가 프로젝트 탐색기 창에서 내 컴퓨터 아래에 나타난다. 이 프로젝트를 독립 어플리케이션.lvproj으로 저장한다.

15.2 빌드 스펙 설정하기

프로젝트 탐색기 창에서 빌드 스펙 노드를 마우스 오른쪽 버튼으로 클릭한 후, 메뉴에서 새로 만들기≫어플리케이션을 선택하면 어플리케이션 프로퍼티 대화 상자가 표시된다.

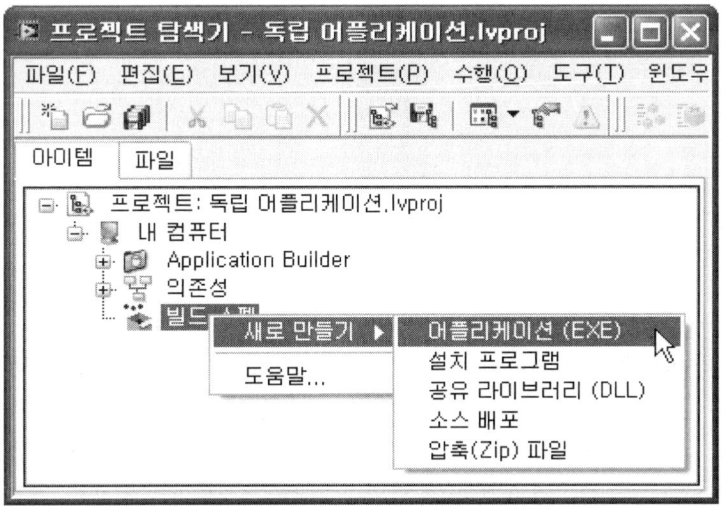

그림 2-243 빌드 스펙 설정하기

대화 상자의 어플리케이션 정보 페이지에서 다음 단계를 완성한다.

- 빌드 스펙 이름의 텍스트 박스에 테스트 어플리케이션을 입력한다. 텍스트 박스는 프로젝트 탐색기 창의 빌드 스펙 아래에 나타나는 어플리케이션 빌드 스펙 이름이다.
- 타깃 파일 이름의 텍스트 박스에 Tutorial.exe을 입력한다. 텍스트 박스는 실행 파일에 대한 디스크상의 파일 이름을 나타낸다.
- 어플리케이션 대상 디렉터리 텍스트 박스 옆의 탐색 버튼을 클릭하고, 실행파일 디렉터리를 탐색하고, 새 폴더 만들기 버튼을 클릭해서 어플리케이션이라는 이름의 서브디렉터리를 생성한다. 어플리케이션 디렉터리를 더블 클릭하고 현재 디렉터리를 선택한다. 어플리케이션을 만들 때 실행 파일은 이 디렉터리에 나타난다.

그림 2-244 어플리케이션 프로퍼티 대화 상자의 어플리케이션 정보 페이지

왼쪽의 항목 리스트에서 소스 파일을 클릭하면 어플리케이션에 포함될 소스 파일의 설정이 들어있는 소스 파일 페이지가 표시된다. 대화 상자 페이지에서 다음 단계를 완성한다.

- 프로젝트 파일 트리에서 어플리케이션 빌더 폴더를 클릭하여 확장한 후, AB Tutorial GUI.vi를 선택한다. 시작 VI 리스트 박스의 왼쪽에 있는 파란색 추가 화살표( )를 클릭해서 리스트 박스에 VI를 추가한다. 시작 VI의 리스트 박스에 추가된 VI는 어플리케이션을 실행할 때 열리고 실행되는 VI이다.
- 프로젝트 파일 트리에서 AB Tutorial MeanMedianMode.vi를 선택한다. 시작 VI의 리스트 박스의 왼쪽에 있는 파란색 추가 화살표( )를 클릭해서 리스트 박스에 VI를 추가한다.
- 같은 방법으로 AB Tutorial StndDev.vi, AB Tutorial Histogram.vi, datafile.txt 파일을 항상 포함의 리스트 박스에 추가한다. 이때 다른 예제에서 사용되고 있는 파일을 추가하지 않도록 한다. 이 리스트 박스는 어플리케이션에서 항상 포함해야 하는 다이내믹 VI와 지원 파일을 지정한다. 리스트박스에 폴더를 추가할 때 폴더의 모든 아이템이 추가되며 개별 아이템은 제거할 수 없다. 다이내믹 VI는 LabVIEW가 VI 서

버를 통해서 동적으로 호출하는 VI이다. 지원 파일은 어플리케이션이 사용하는 VI가 아닌 파일, 즉 드라이버, 텍스트 파일, 도움말 파일, .NET 어셈블리이다.

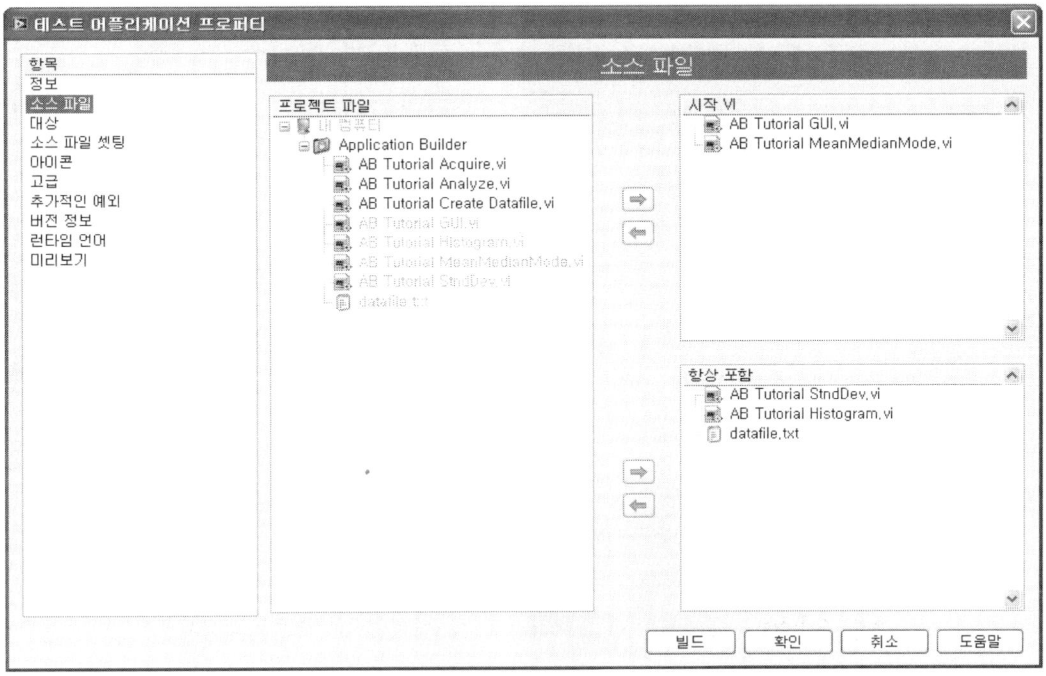

그림 2-245 어플리케이션 프로퍼티 대화 상자의 소스 파일 페이지

다음의 파일을 시작 VI 또는 항상 포함 리스트 박스로 옮길 수 없다.

- 시작 VI 리스트 박스 : 다형성 VI, 컨트롤, 프라이빗 데이터 컨트롤, 텍스트, 이미지, 또는 .mnu 파일과 같이 VI가 아닌 파일, LabVIEW 클래스 또는 X컨트롤과 같은 라이브러리 파일
- 항상 포함 리스트 박스 : 프라이빗 데이터 컨트롤

항목 리스트에서 대상, 소스 파일 세팅, 아이콘, 고급, 추가적인 예외, 버전 정보, 런타임 언어를 클릭하여 빌드 스펙에 설정한 세팅을 탐색해본다. 단, 대화 상자 페이지의 설정을 변경하지는 않도록 한다.

항목 리스트에서 미리보기를 선택하여 미리보기 페이지를 표시한다. 미리보기 생성 버튼을 클릭하면 사용자가 어플리케이션을 만들었을 때 어플리케이션 빌더가 생성하는 파일의 미리보기가 가능하다. 이 미리보기를 사용하여 어플리케이션 빌더가 사용자가 원하는 디렉터리에 알맞은 파일을 생성하는지 확인할 수 있다. 어플리케이션을 만들기 전에 에러를 수정할 수도 있다.

그림 2-246 어플리케이션 프로퍼티 대화 상자의 미리보기 페이지

확인 버튼을 클릭하여 대화 상자를 닫고 프로젝트를 업데이트한다. 테스트 어플리케이션 빌드 스펙이 프로젝트 탐색기 윈도의 빌드 스펙 아래에 나타난다.

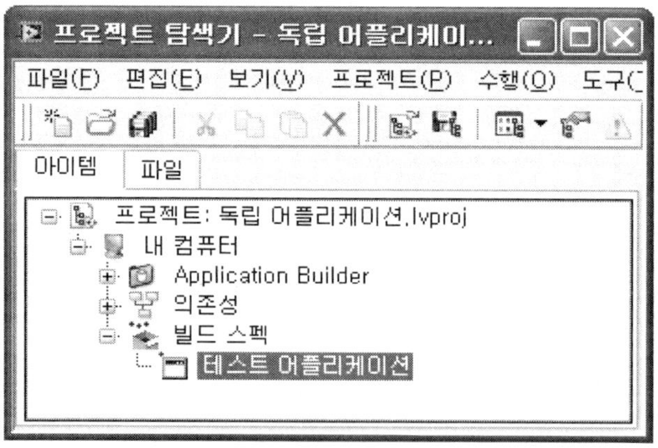

그림 2-247 프로젝트 탐색기 창

15.3 어플리케이션 만들고 실행하기

프로젝트 탐색기 창에서 파일≫모두 저장(이 프로젝트)을 선택해 프로젝트를 저장한다. LabVIEW는 사용자가 프로젝트를 저장하기 전에는 디스크에 빌드 스펙 설정을 저장하지 않는다. 테스트 어플리케이션 빌드 스펙에서 마우스 오른쪽 버튼을 클릭한 후, 메뉴에서 빌드를 선택하면 어플리케이션이 만들어 진다. 대화 상자는 빌드의 진행을 디스플레이 한다. 대화 상자가 빌드 완료 메시지를 디스플레이하면 완료 버튼을 클릭한다.

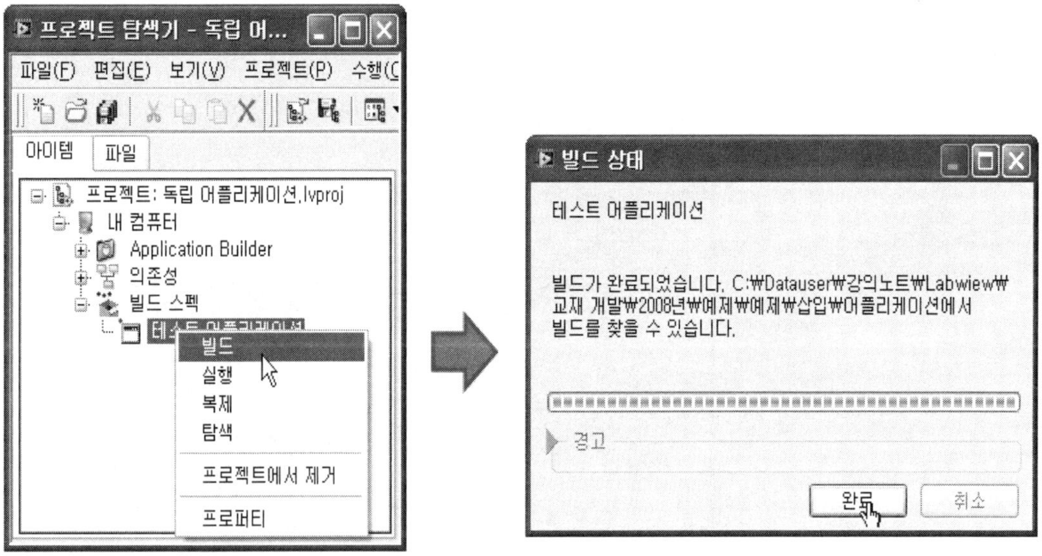

그림 2-248 어플리케이션을 빌드하기

어플리케이션 디렉터리와 data 서브디렉터리를 탐색한다. 어플리케이션 디렉터리에 실행 파일 Tutorial.exe, LabVIEW 설정 파일인 Tutorial.ini이 쓰며, 지원 파일인 datafile.txt와 lvanlys.dll은 data 디렉터리에 포함되어 있다.

그림 2-249 D:\실행파일\어플리케이션 디렉터리에 생성된 파일과 서브디렉터리

Tutorial.exe 파일을 더블 클릭하여 어플리케이션을 실행하면 파일 대화 상자가 나타나 어플리케이션과 함께 생성된 data 디렉터리에 위치한 datafile.txt 파일을 탐색하고 선택하도록 입력 요청한다. 데이터 수집(Acquire Data) 버튼을 클릭하여 버퍼에 데이터를 로드한다. 데이터 그래프(Graph Data) 버튼을 클릭하여 데이터를 오른쪽의 그래프에 디스플레이한다. 분석 타입 섹션에서 수행할 분석을 선택하고, 분석 (Analyze) 버튼을 클릭하여 데이터의 통계를 디스플레이 하도록 한다. 모든 실행을 완료한 후에는 정지 버튼을 클릭하여 어플리케이션을 닫는다. 다음 그림 2-236은 실행한 결과를 나타낸다.

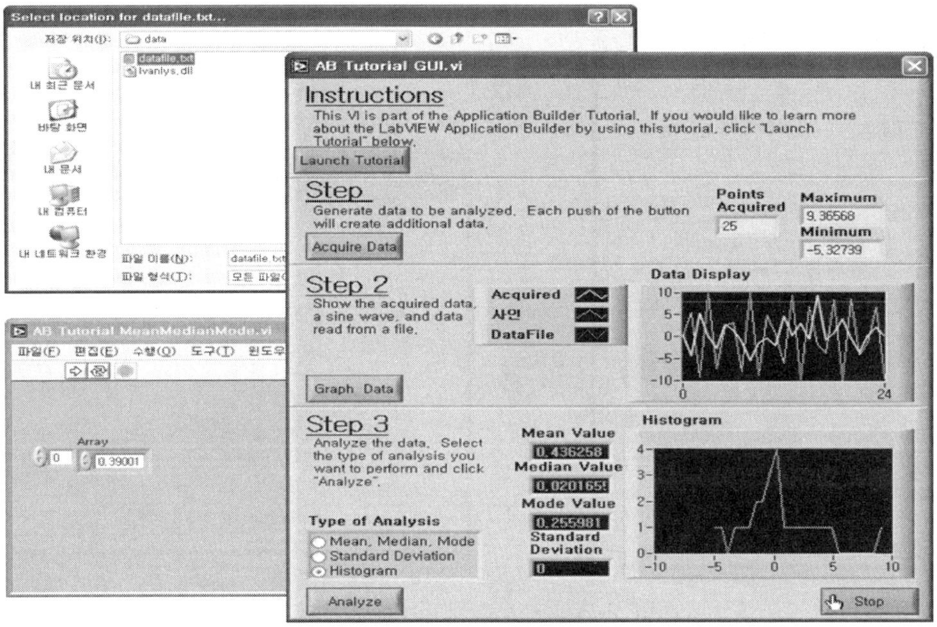

그림 2-250 실행 파일을 단계별로 실행한 경우의 화면

15.4 어플리케이션을 만들 때 주의 및 권장 사항

다음은 VI를 사용자에게 배포할 어플리케이션 또는 공유 라이브러리로 만들 때 고려해야 하는 주의 및 권장 사항들이다.

- VI가 현재 있는 위치와 상관없는 상대적 파일 경로를 가진 코드를 만들어야만 필요한 지원 및 데이터 파일에 접근할 수 있다.
- 일부 VI 서버 프로퍼티와 메소드는 LabVIEW 런-타임 엔진에서 지원되지 않는다. 따라서 어플리케이션 또는 공유 라이브러리를 만들려고 하는 경우에는 이러한 프로퍼티와 메소드는 사용하지 않도록 한다.
- VI 프로퍼티 대화 상자에 있는 속성이 올바른지 확인하도록 한다. VI가 열리면 자동으로 실행되거나 도구 모음에서 버튼을 숨기거나 하는 것에 주의하도록 한다. 저작

권 문제의 소지가 있으므로 자신이 만든 어플리케이션이나 공유 라이브러리에 LabVIEW 제품 설명서를 포함하지 않도록 한다.

- VI가 VI 서버나 참조에 의한 호출(Call By Reference) 노드를 이용해 다른 VI들을 동적으로 로드할 경우, 소스 파일 페이지에서 해당 VI를 다이내믹 VI와 지원 파일 리스트 박스에 추가해야 한다. VI가 VI 서버나 참조에 의한 호출 노드를 이용해 다른 VI들을 동적으로 로드할 경우, 어플리케이션이나 공유 라이브러리가 VI들을 위해 경로를 정확하게 생성하고 있는지를 확인하도록 한다.
- 어플리케이션에서 모든 프런트 패널을 닫으며, 어플리케이션은 정지한다. 따라서 어플리케이션이 모두 닫힌 상태에서 동작하는 코드는 실행될 수 없다.
- VI가 사용자 런-타임 메뉴를 사용하는 경우, VI가 사용하는 모든 어플리케이션 메뉴 아이템이 LabVIEW 런타임 엔진에서 유용한지 확인하도록 한다.
- LabVIEW 환경 설정이 들어있는 기본 설정 파일을 어플리케이션과 함께 배포하는 것이 좋다. 어플리케이션 또는 공유 라이브러리와 함께 LabVIEW 런타임 엔진을 배포해야 한다.

15.5 어플리케이션의 아이콘 생성

어플리케이션을 보다 전문적으로 보일 수 있도록 하는 방법 중의 하나가 어플리케이션에 사용자 정의 아이콘을 사용하는 것이다. LabVIEW 8.0 이상에서는 아이콘 편집기가 어플리케이션 프로퍼티 대화 상자에 포함되어 사용자 아이콘 파일을 선택하거나, 아이콘 파일을 생성할 수 있다. 이 페이지는 다음의 구성요소를 포함한다.

- 기본 LabVIEW 아이콘 파일 사용 : 어플리케이션에 표준 LabVIEW 아이콘을 사용할 것인지를 나타낸다. 프로젝트 안에 있는 아이콘 파일을 선택하려는 경우, 확인란에서 확인 표시를 제거한다. 이 확인란에서 확인 표시를 제거하는 경우, 프로젝트 파일 선택 대화 상자가 나타나고 사용자가 프로젝트에 있는 아이콘 파일을 선택할 수 있다.
- 프로젝트의 아이콘 파일 : 어플리케이션에 사용할 아이콘 파일을 표시한다. LabVIEW는 최대 256×256 픽셀 및 최대 32비트 색을 지원한다. 프로젝트 탐색 버튼을 클릭하여 프로젝트 파일 선택 대화 상자를 열면, 프로젝트에서 아이콘 파일을 선택하는데 사용할 수 있다. 프로젝트에 아이콘 파일이 존재하지 않을 경우, 프로젝트 파일 선택 대화 상자를 사용하여 프로젝트에 아이콘 파일을 추가할 수도 있다.
- 아이콘 편집기 : 아이콘 파일을 생성하거나 편집할 때 사용한다. 프로젝트의 아이콘 파일에 있는 아이콘 파일을 선택한 경우, 파일은 아이콘 편집기에서 열린다. 아이콘 파일을 선택하지 않은 경우, 아이콘 편집기는 새 아이콘 파일을 생성하고 연다. 아이콘 편집기를 닫기 전에 아이콘 파일에 대한 편집을 저장한다. 새 아이콘 파일을

생성한 경우, 프로젝트의 아이콘 파일 옆에 있는 프로젝트 탐색 버튼을 클릭하여 아이콘 파일을 프로젝트와 빌드 스펙에 추가한다.

- 아이콘 이미지—(Windows) .ico 파일에 있는 사용 가능한 이미지들을 나열한다. LabVIEW는 아이콘 디스플레이 및 설정에서 최대 256×256픽셀 및 최대 32비트 색까지 지원한다.

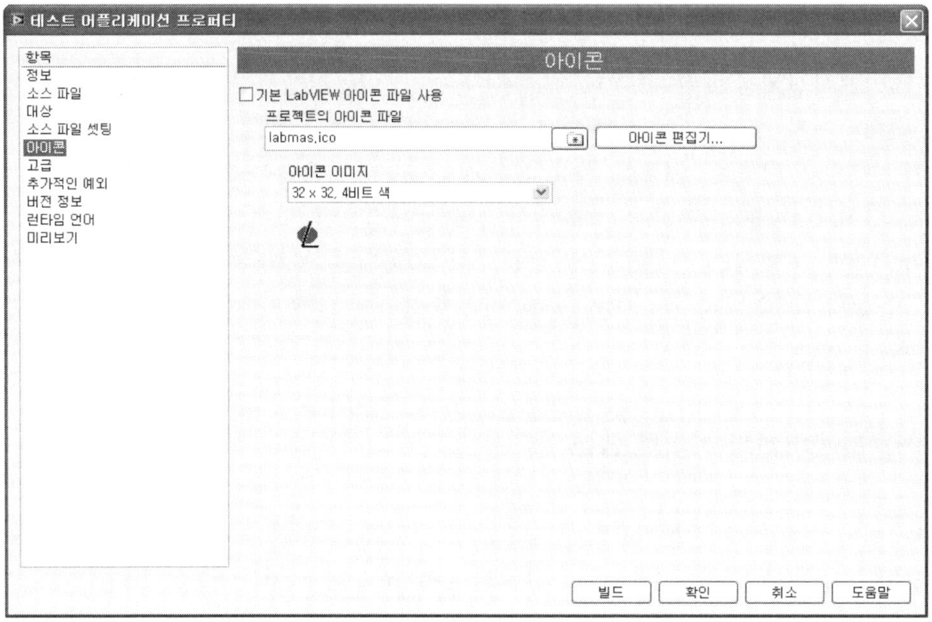

(a) 테스트 어플리케이션 프로퍼티의 아이콘 페이지

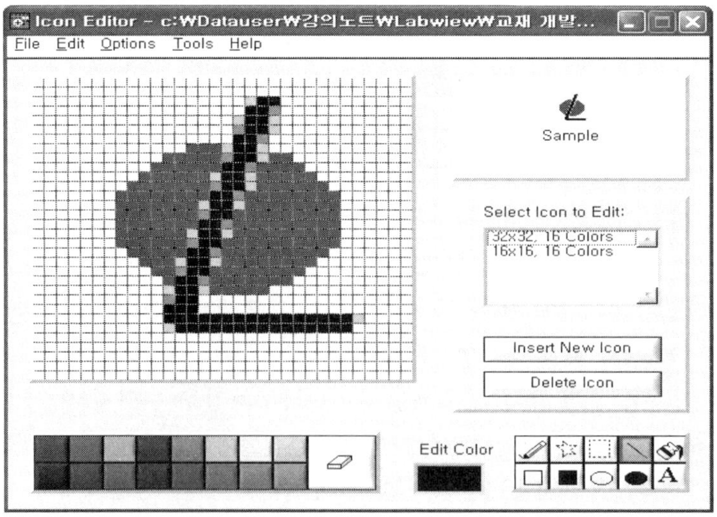

(b) 아이콘 편집기

그림 2-251 어플리케이션에서 사용자 아이콘 생성 방법

16 시리얼(Serial) 통신

16.1 시리얼 통신의 개요

시리얼(또는 직렬) 통신은 컴퓨터와 계측 장비 또는 컴퓨터 간의 데이터 전송 방법 중의 하나로 대표적인 시리얼 인터페이스는 RS-232C 표준 인터페이스이다. 일반적으로 대부분의 컴퓨터는 시리얼 인터페이스를 위해서 시리얼 포트를 내장하고 있다. RS-232C (Recommended Standard 232 Revision C)는 미국 전자 공업 협회(EIA)에서 제정한 통신 인터페이스 규격 중의 하나로 컴퓨터와 단말기, 프린터, 플로터, 모뎀 및 시리얼 통신이 지원되는 계측기 등의 각종 주변 장치를 연결하는 데 사용된다. 시리얼 통신은 동기식(Synchronous) 또는 비동기식(Asynchronous) 통신 방식이 있으며, 다음과 같은 통신 방식이 있다.

- RS-232(ANSI/EIA-232 표준) : 마우스, 프린터, 모뎀 연결 등 다양한 용도로 사용된다. 또한 산업용 장치와의 통신에도 사용된다. RS-232는 컴퓨터 시리얼 포트와 장치 사이의 일대 일(Point to point) 연결에 한정된다.
- RS-422(AIA RS-422A 표준) : RS-232에서는 접지를 기준으로 하는 비균형(단일 종단형) 신호를 사용하는 반면에 RS-422에서는 차동(Differential) 전기적 신호를 사용한다. 신호를 전달하고 수신하는 데 2개의 라인을 사용하는 차동 전송은 RS-232에서 사용하는 비균형 신호에 비해 노이즈가 적고, 전송 거리도 더 길다.
- RS-485(EIA-485 표준) : RS-422의 변종으로 단일 포트에 32개의 디바이스까지 연결할 수 있다. 강화된 멀티드롭(multidrop) 기능으로 단일 RS-485 시리얼 포트에 연결된 장치 사이에 네트워크를 생성할 수 있다. RS-485는 노이즈 방지와 멀티드롭 기능 때문에 데이터 수집과 기타 작업을 위해 컴퓨터나 다른 컨트롤러들이 네트워크로 분포된 산업 어플리케이션에서 매우 유용한 방법이다.

시리얼 통신은 1회에 1bit의 데이터를 송신기에서 수신기로 전송하는 직렬 통신이다. RS-232C 통신의 단점은 1개의 시리얼 포트가 1개의 장치만을 제어할 수 있다는 점이다. 다음은 RS-232 통신의 접속과 데이터 구성 예를 나타낸다.

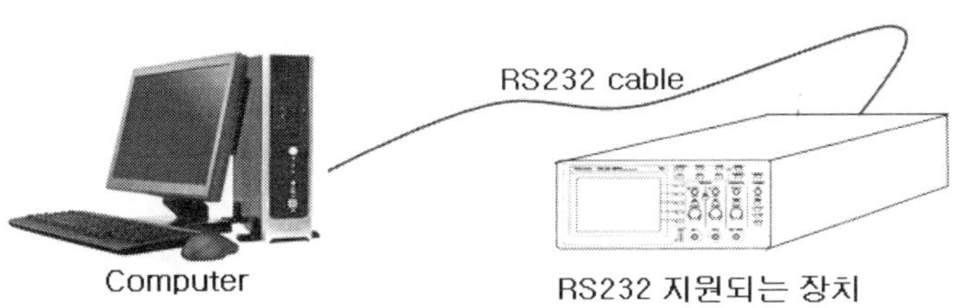

그림 3-45 RS-232 통신 구성도

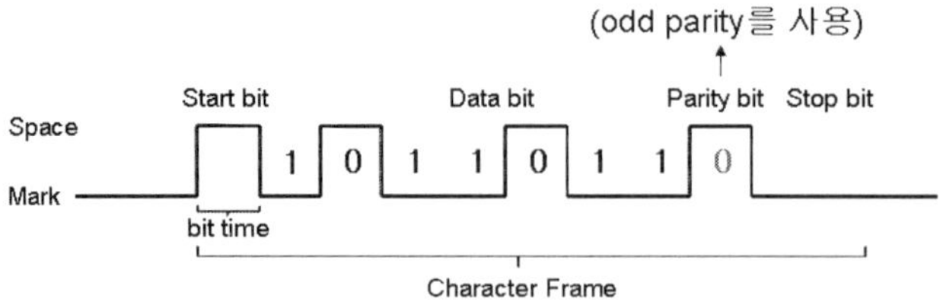

전송문자 : 1101101 → 6D (ASCII Code) → m

그림 3-46 RS-232 통신 데이터의 예

RS-232 통신은 2개의 전압 상태((Mark, - 전압), (Space, + 전압))를 가지며, +3V보다 크면 0에 해당하고, -3V보다 작으면 1의 값에 해당한다. +3V에서 -3V 사이는 Dead 영역으로서 라인의 노이즈 제거에 사용된다. 데이터 비트는 최하위 비트(LSB)에서 최상위 비트(MSB)로 전송된다. 따라서 문자 프레임에서 데이터 비트를 해석하려면, 오른쪽에서 왼쪽으로 읽고 음의 전압을 1로, 양의 전압을 0으로 읽어야 한다. 패리티 비트는 옵션 사항이며, 패리티 비트가 있는 경우 패리티 비트도 반전된 로직을 따른다. 이 비트는 에러 확인의 수단으로 사용되며 전송의 패리티가 짝수인지 홀수인지 미리 지정해야 한다. 패리티를 홀수로 선택하는 경우, 패리티 비트는 데이터 비트와 패리티 비트에 숫자 1을 더하여 홀수를 만들도록 설정된다. 위의 그림에서 수신된 데이터는 1101101로 6D에 해당하며, 이것은 ASCII 코드에서 영문자 m에 해당한다. 또한, 그림에서 맨 뒤의 데이터는 패리티 비트를 나타내며 이 경우에는 홀수(odd) 패리티로 설정되어 있다. 문자 프레임의 마지막 부분은 항상 음의 전압으로 나타내는 1, 1.5, 또는 2 정지 비트로 구성된다. 추가적인 문자가 전송되지 않는 경우, 라인은 음의 전압(Mark) 조건에 머물러 있으며, 다음 문서 프레임의 전달은 양의 전압이 시작 비트로 인식된다.

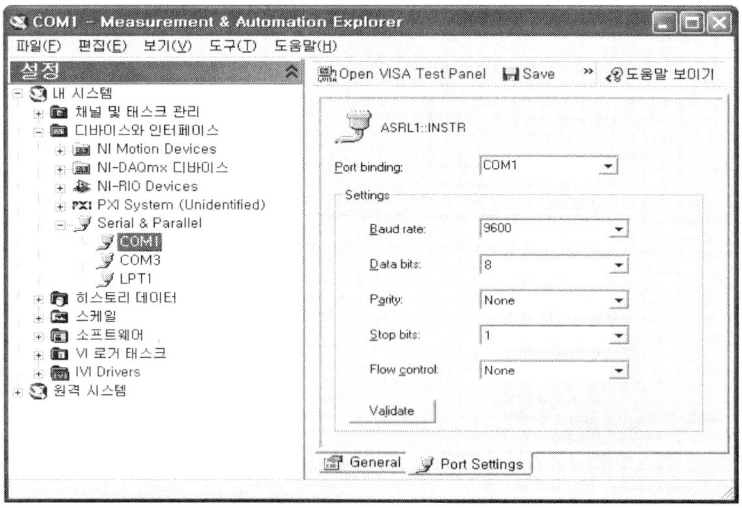

그림 2-252 MAX를 이용해 COM1 직렬포트의 설정 예

시리얼 통신을 설정하기 위해서는 4개의 파라미터(Baud rate, data bit, parity bit, stop bit)를 지정해야 한다. 그림 2-252는 MAX를 이용해 COM1 시리얼 포트를 설정하기 위한 화면이다. Baud Rate는 제어 비트를 포함하여 초당 전송되는 최대 비트 수를, Parity bit는 짝수(even)와 홀수(odd) 패리티가 있으며 데이터 비트 다음에서 에러 체크를 위해 사용된다. Stop bits는 문자 프레임의 마지막 부분으로 1, 1.5, 2비트로 구성된다. 설정값 중에서 Flow control은 핸드쉐이킹(handshaking)을 위한 것이다.

16.2 시리얼 통신 케이블 만들기

RS-232C는 컴퓨터가 모뎀과 같은 다른 직렬 장치들과 데이터를 주고받기 위해 사용하는 인터페이스로서, DTE(Data Terminal Equipment) 인터페이스와 DCE(Data Communication Equipment) 인터페이스가 있으며, 각각 케이블의 구조가 틀린 것에 주의를 해야 한다. DCE 방식은 모뎀, 프린터, 플로터에서 사용하는 반면에 컴퓨터와 장치 간의 시리얼 통신에서는 주로 DTE 방식이 사용된다. 다음 그림은 9핀으로 된 시리얼 케이블의 구조와 각각의 이름과 입·출력의 방향을 정리한 것이다.

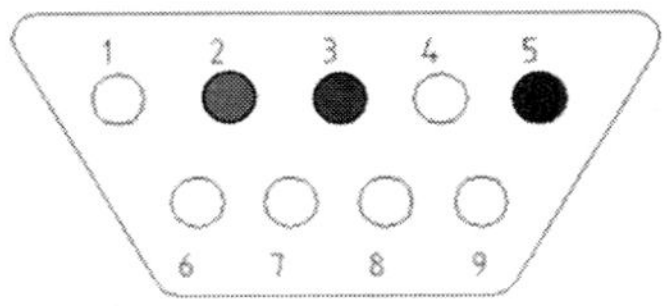

(a) 직렬 통신 케이블 (9핀)의 구조

No	핀 이름	DTE (컴퓨터 터미널)	DCE (모뎀, 프린터, 플로터)
1	DCD : Data Carrier Detect	Input	Output
2	RD : Receive Data	Input	Output
3	TD : Transmit Data	Output	Input
4	DTR : Data Terminal Ready	Output	Input
5	SG : Signal Ground	-	-
6	DSR : Data Set Ready	Input	Output
7	RTS : Request to Send	Output	Input
8	CTS : Clear to Send	Input	Output
9	RI : Ring Indicator	Input	Output

(b) 핀의 이름과 용도

그림 2-253 시리얼 통신 케이블의 구조와 용도

표준 RS-232C 통신 케이블은 DTE 방식으로 일반적으로 9핀으로 구성되며 2번(RD) 핀

과 3번(TD) 핀을 서로 교차하여 구성한다. 아래 그림의 구성은 일반적인 구성이다. 한편, 일부 계측기는 시리얼 핀의 배열 및 구성을 다르게 제시하는 경우도 있기 때문에 사용 설명서를 확인한 후 케이블을 제작하여 사용하는 것이 좋다.

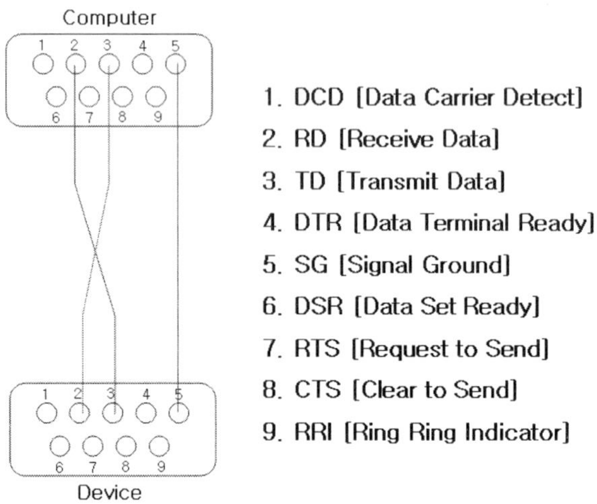

그림 2-254 표준 RS-232 통신케이블 구성

따라서 연결해야 할 시스템이 시리얼 포트를 가지고 있는 경우, 우선 해당 디바이스의 핀 배치를 알아보고 시리얼 장치를 컴퓨터에 연결할 케이블이 올바른가를 확인해야 한다. 또한, 장치가 데이터 통신 장치(DCE)인지 데이터 터미널 장치(DTE)인지를 확인하고, 보 전송속도, 데이터 비트, 정지 비트, 패리티, 또는 핸드쉐이킹(흐름 컨트롤) 등이 어떤 설정값을 사용하는지를 반드시 확인한 후에 장치와 시리얼 통신을 수행하도록 한다.

16.3 LabVIEW에서의 시리얼 통신

LabVIEW의 함수 팔레트에서 인스트루먼트 I/O≫시리얼을 탐색하면 다음과 같은 (VISA) 시리얼 팔레트가 나타난다.

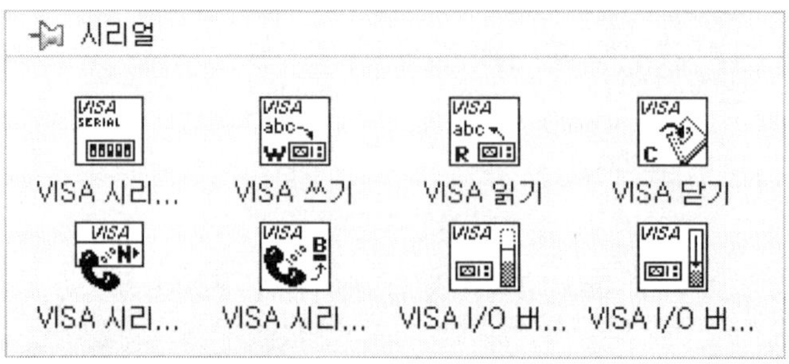

그림 2-255 (VISA) 시리얼 팔레트

VISA는 IEEE 288.2 표준을 기초로 한 것으로 장비와의 통신 표준화를 위한 표준 I/O API이다. VISA는 시리얼, GPIB, USB, 이더넷, PIX, VXI 장비들의 타입에 따라 적절한 드라이버를 자동으로 호출하므로 사용자는 장비에 특정한 통신 프로토콜을 배울 필요가 없다. PXI와 많은 VXI 장비는 레지스터 기반 통신을 사용하는 반면에 시리얼, GPIB, USB, 이더넷, 일부 VXI 장비는 메시지 기반 통신을 사용한다. 사용자는 ASCII 문자열을 사용하여 메시지 기반 장비들을 프로그램한다. 장비는 명령 문자열을 분석하는 로컬 프로세서를 가지고 있다. 프로그램이 가능한 인스트루먼트용 표준 명령(SCPI, Standard Commands for Programmable Instruments)은 장비들을 프로그램 하는 데 사용되는 ASCII 명령 문자열을 표준화한 것이다. 여러 제조업체의 각 장비마다 다른 명령 메시지를 배울 필요 없이 하나의 명령 세트만 배우면 사용이 가능하기 때문에 매우 편리하다. 가장 일반적인 메시지 기반 함수는 VISA 읽기, VISA 쓰기, VISA 트리거 지정, VISA 지우기, VISA STB 읽기이다. 다음은 VISA 시리얼 통신을 위한 VISA 시리얼 포트 설정 VI로써 VISA 리소스 이름으로 지정된 시리얼 포트를 지정된 설정값으로 초기화한다.

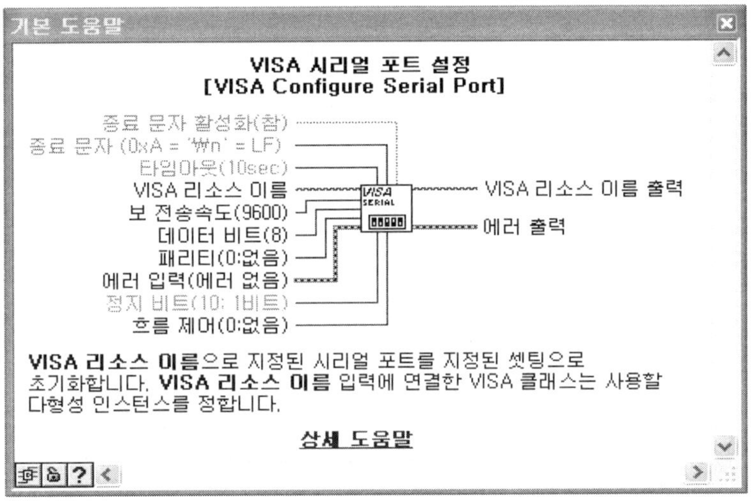

그림 2-256 VISA 시리얼 포트 설정 VI의 기본 도움말 화면

대부분의 간단한 인스트루먼트 어플리케이션의 경우, VISA 시리얼 포트 설정 VI와 VISA 쓰기 및 VISA 읽기의 2가지 VISA 함수만을 사용해 프로그램을 할 수 있다. 다음 예제는 VISA 함수를 사용한 시리얼 통신 방법에 대한 것으로 Tektronix TDS 220 오실로스코프와 컴퓨터 사이의 통신 결과를 나타낸다.

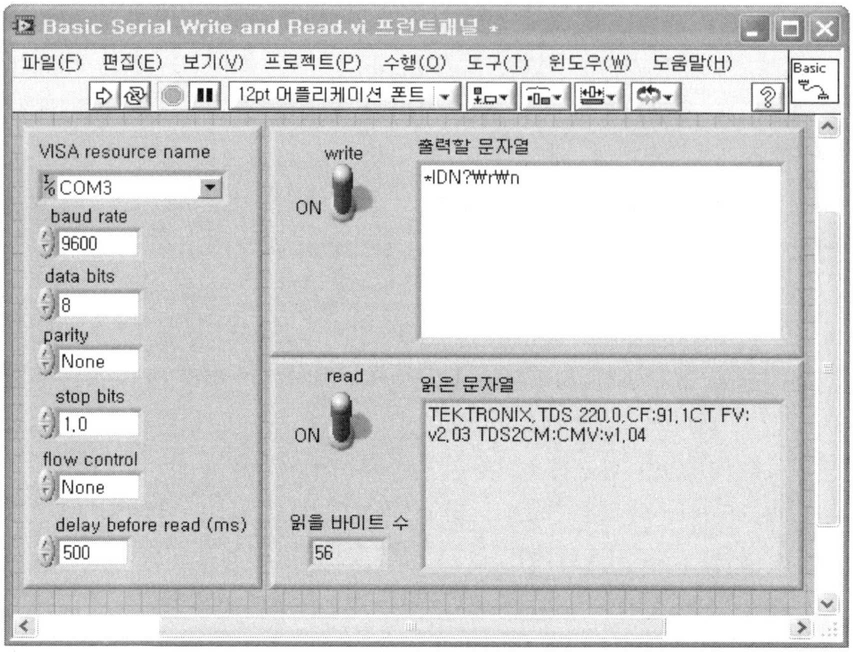

(a) 프런트 패널

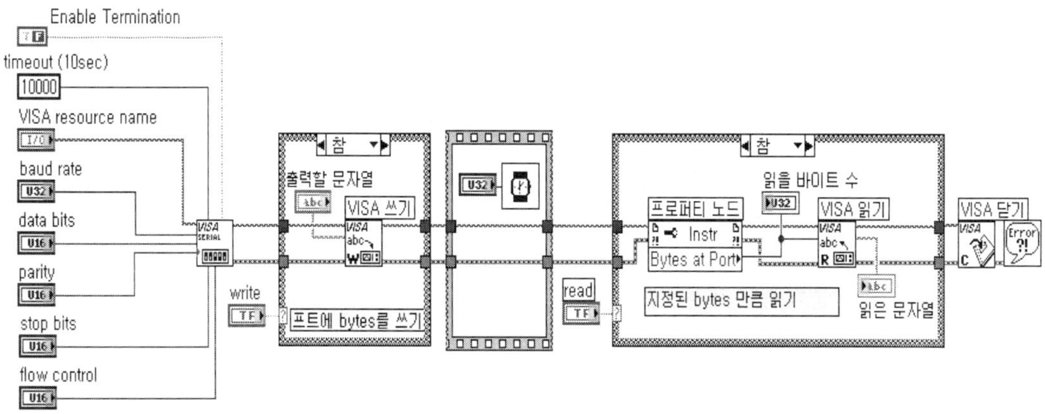

(b) 블록다이어그램

그림 2-257 Tektronix TDS 220 오실로스코프와 컴퓨터 사이의 통신 예제

한편, 기존의 시리얼 통신 함수와 예제 VIs는 labview\vi.lib\Instr\Serial.llb에 있으며, 그림 2-258은 시리얼 포트 초기화 VI를 나타낸 것이다. 그림 2-256과 비교해 차이가 있는 것을 알 수 있다.

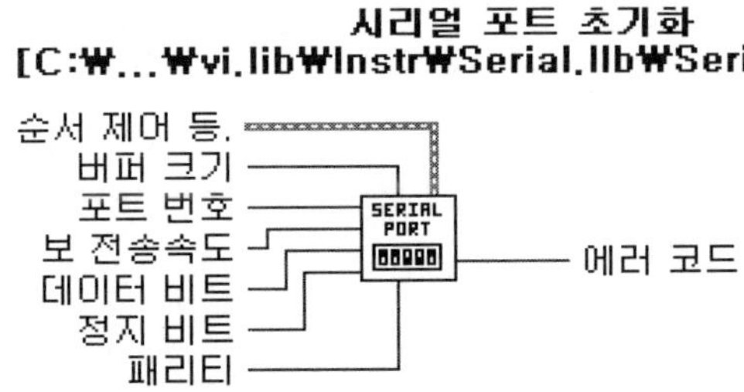

그림 2-258 기존의 시리얼 포트 초기화 VI

16.4 시리얼 루프백 테스트 방법

종종 시리얼 포트의 정상 작동 여부를 판별하기 위해 이렇게 저렇게 시도해보지만 판단을 하기 어려운 경우가 많다. 시리얼 루프백(Loop-Back) 테스트 방법은 케이블 및 클립으로 시리얼 포트의 동작 여부를 판별할 수 있는 편리한 검사 방법이다.

루프백 테스트를 통해 동일 시리얼 포트에서 데이터를 주고받아 포트가 제대로 작동하는지 확인할 수 있다. 이 테스트를 수행하기 위해서는 전송(TD) 핀과 수신(RD) 핀이 연결되도록 시리얼 케이블을 임시로 변경해야 한다. DB-9 커넥터는 아래에 나타낸 9핀 커넥터이다. 케이블 한쪽 끝을 직렬 포트에 꽂고 자유로운 다른 쪽 끝을 사용하여 루프백 연결을 구성한다. 아래 그림은 2번 핀과 3번 핀이 단락된 암 DB-9 커넥터이다. 아래에 나타낸 것처럼 클립을 암 커넥터의 각 구멍에 삽입하여 두 연결을 간단히 단락시킬 수 있다.

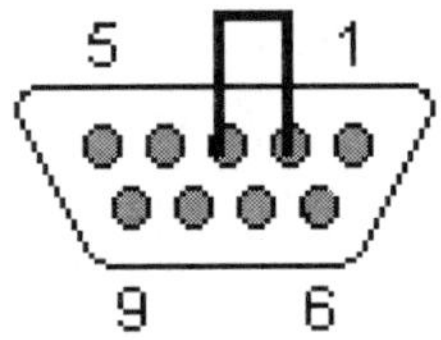

그림 2-259 DB-9 커넥터 2, 3핀 루프백 테스터 결선

다음 예제는 그림 2-259의 2, 3핀 루프백 테스터 결선을 이용해 시리얼 통신 상태를 체크한 프로그램이다. 2, 3핀을 접속함으로써 자체 생성한 데이터값이 다시 입력으로 들어오는 것을 확인할 수 있었다.

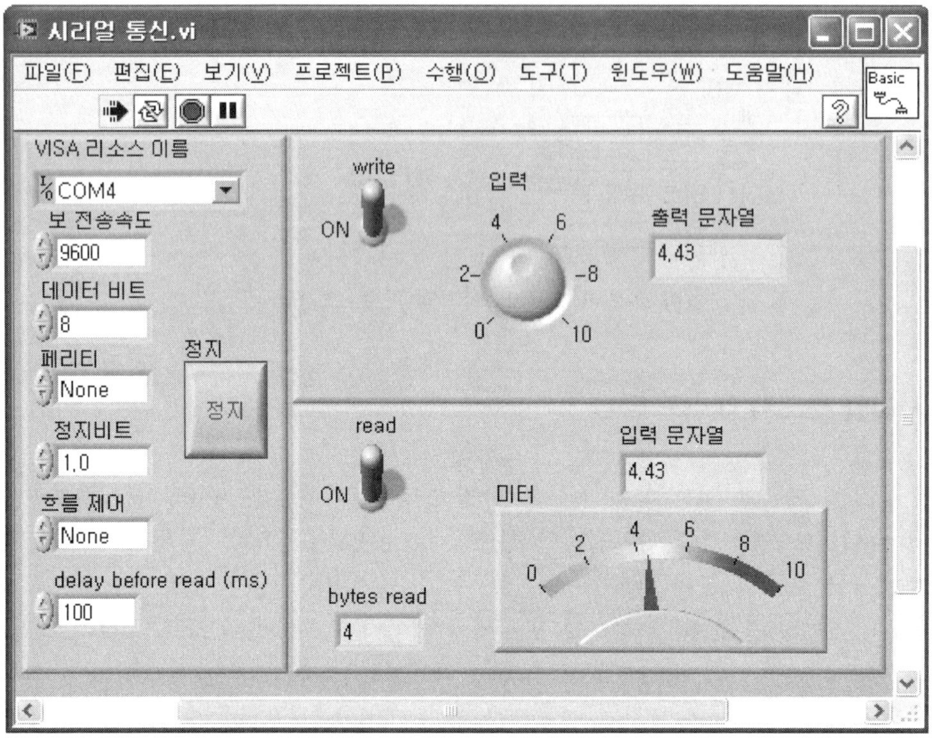

(a) 프런트 패널

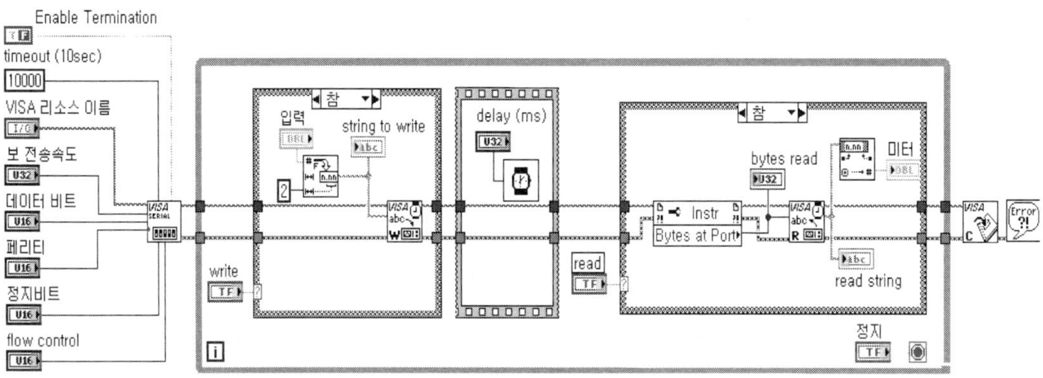

(b) 블록다이어그램

그림 2-260 2, 3핀 루프백 결선을 통한 시리얼 통신의 상태 확인 예제

연습 문제 | 설명 문제

1. 다음의 데이터 타입에 대해 기술하시오.

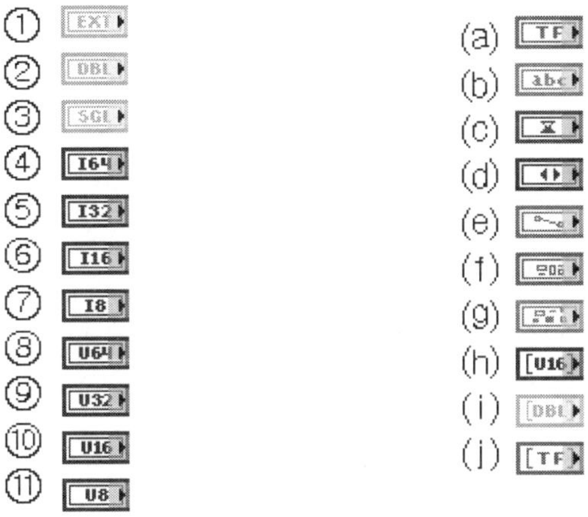

2. 다음 구문의 이름과 동작 특성에 대해 비교하여 기술하시오.

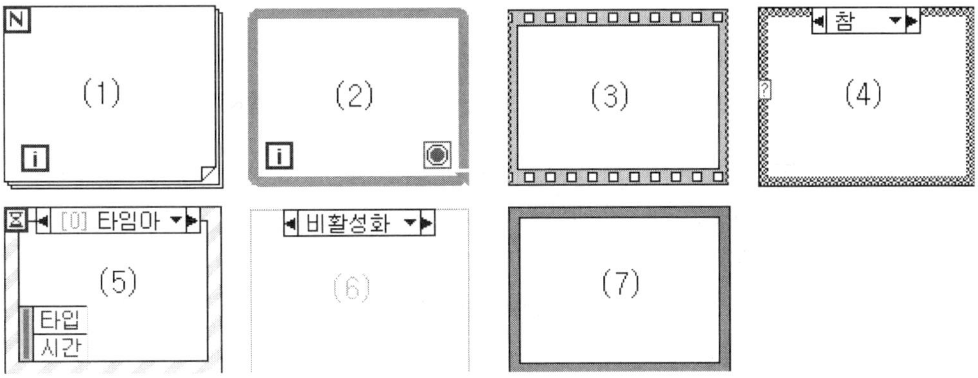

3. 다음 도구 팔레트에 있는 도구들과 툴바에 있는 버튼의 기능에 대해 기술하시오.

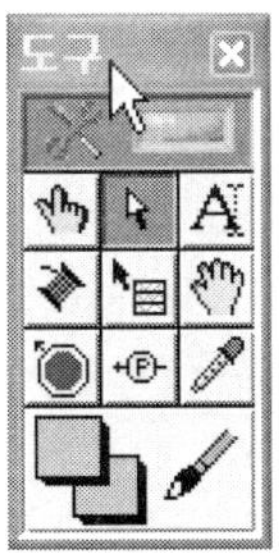

4. 다음 블록다이어그램 코드의 동작 원리와 결과를 설명하시오.

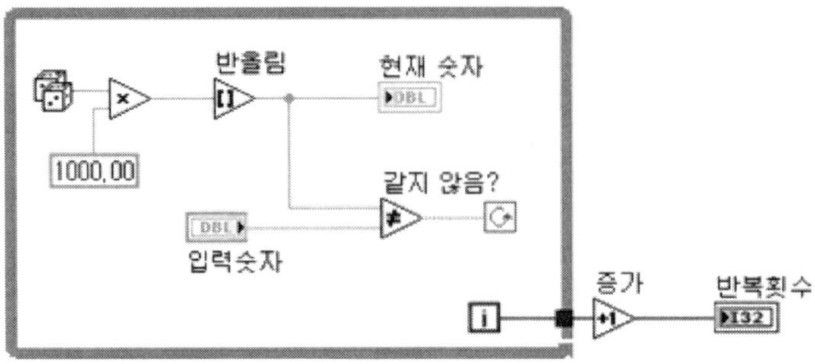

5. 다음 프로그램에서 출력 배열의 결과를 쓰시오.

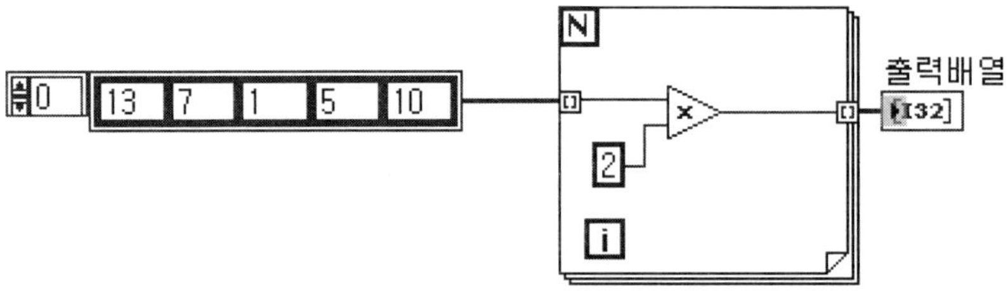

6. 다음 프로그램을 실행했을 때, 부분 문자열과 숫자 인디케이터의 값은?

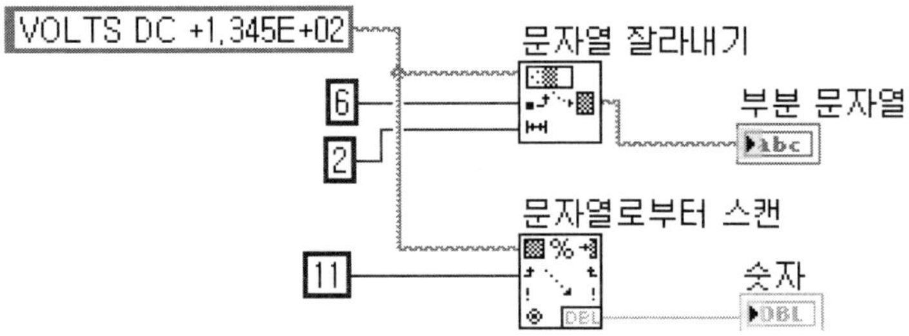

7. 다음 프로그램을 실행했을 때, 결과 배열의 값은?

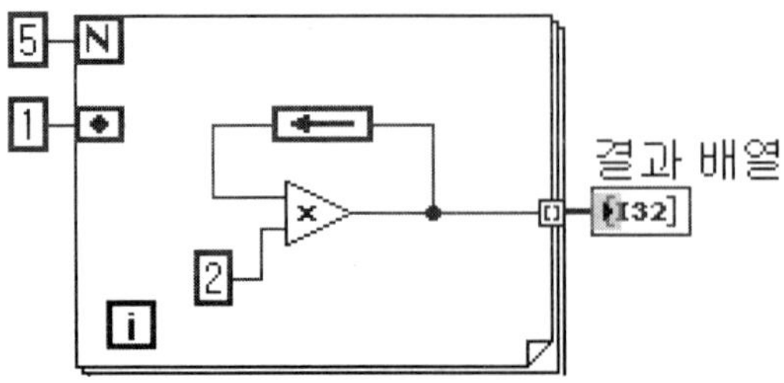

8. 다음 프로그램을 실행했을 때, 결과 배열의 값은?

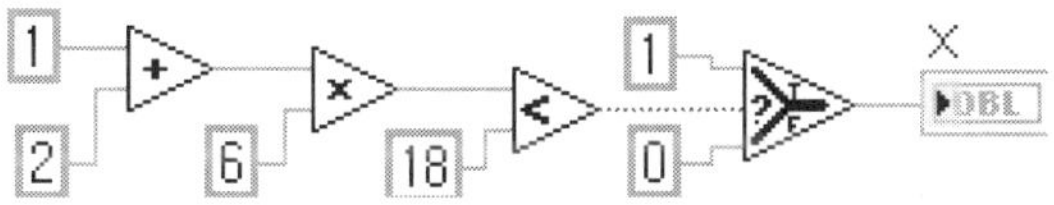

9. 다음 블록다이어그램 코드의 동작 원리와 결과를 설명하시오.

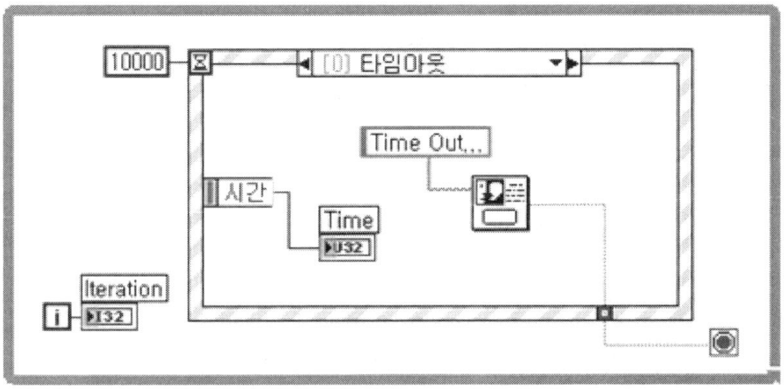

10. 다음 프로그램의 동작 원리와 결과를 설명하시오.

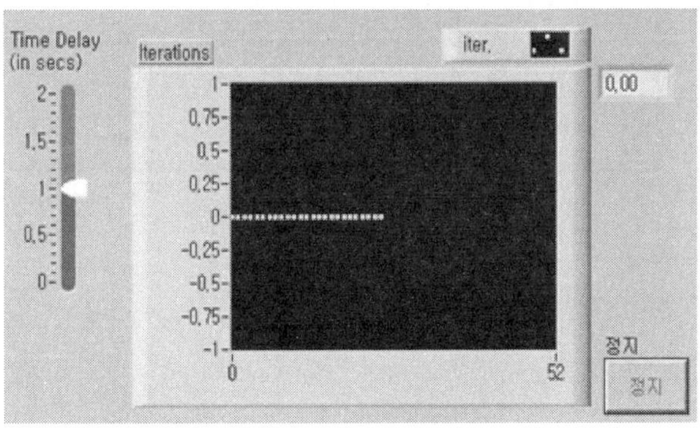

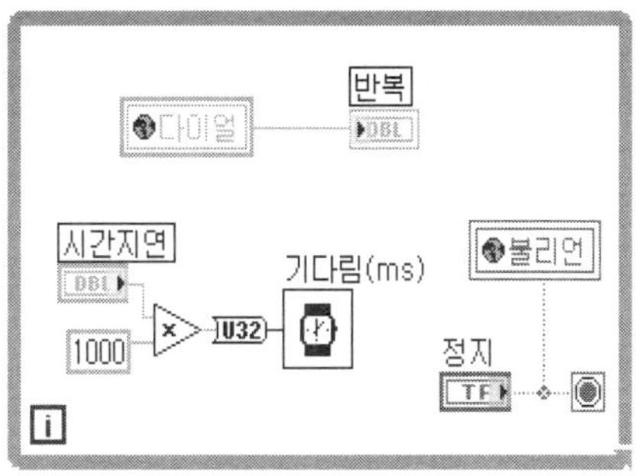

11. 다음 프로그램을 실행했을 때, 결과 배열의 값은?

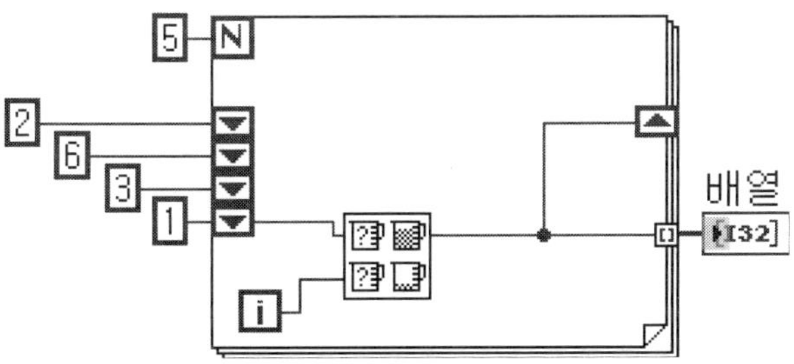

12. 다음 프로그램의 동작 원리와 결과를 설명하시오.

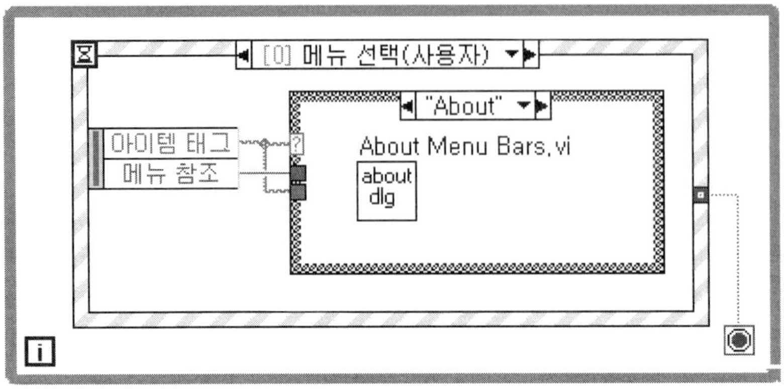

13. 다음 프로그램의 동작 원리와 결과를 설명하시오.

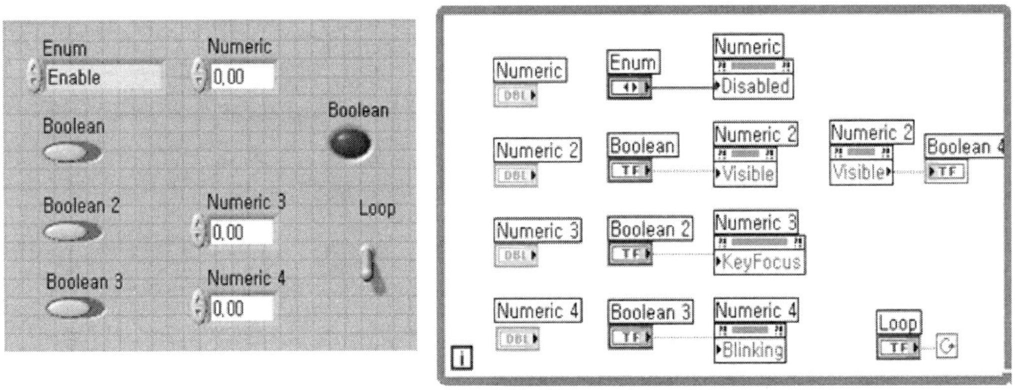

연습 문제 ▌ 실습 및 설계 문제

◎ 다음 문제에 해당하는 프로그램을 작성한 후, 바탕화면에 자기 이름의 폴더를 만든 후에 그곳에 저장하시오.

1. 0~1000의 난수를 발생시킨 후, 정수로 전환하고 이 값을 입력값과 비교하여 같은 경우에 루프의 반복 횟수와 소요시간(ms 단위)을 출력하고 정지하는 프로그램을 작성하시오. (10)

2. 다음은 섭씨온도(℃, Celsius)를 화씨온도(°F,Fahrenheit)와 절대온도(T)로 변환하는 수식이다. 수식 노드를 이용해 섭씨온도(C)를 화씨온도(F)와 절대온도(T)로 변환하는 프로그램을 작성하시오. 커넥터에 입출력 단자를 할당하시오.

$$F = C \times 9/5 + 32$$
$$T = 273 + C$$

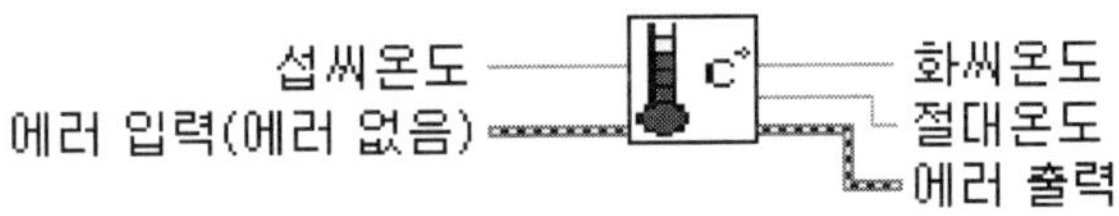

3. 다음의 오일러(Euler) 공식을 XY 그래프를 이용해 구현하시오. 단, θ의 범위는 0~2π까지 이다.

$$e^{j\theta} = \cos\theta + j\sin\theta$$

4. 다음의 메뉴와 기능을 포함하는 프로그램을 이벤트 문을 이용해 작성하시오 (20)
   ① 20초 이상 응답이 없으면 자동 종료한다.
   ② 정지 버튼을 누르면 자동 정지한다.
   ③ 메뉴에서 Login을 선택하면 Login 창이 뜨고 ID와 password를 입력. 설정된 값과 모두 일치하면 접근 허용 버튼을 녹색으로 전환한다.
   ④ 접근 허용이 이루어진 후에는 숫자 매칭을 선택하면 위의 1번에서 작성한 VI가 팝업되고, 오일러 공식을 선택하면 2번에서 작성한 VI가 팝업되고, 온도 변환을 누르면 섭씨온도가 화씨온도와 절대온도로 변환된다.

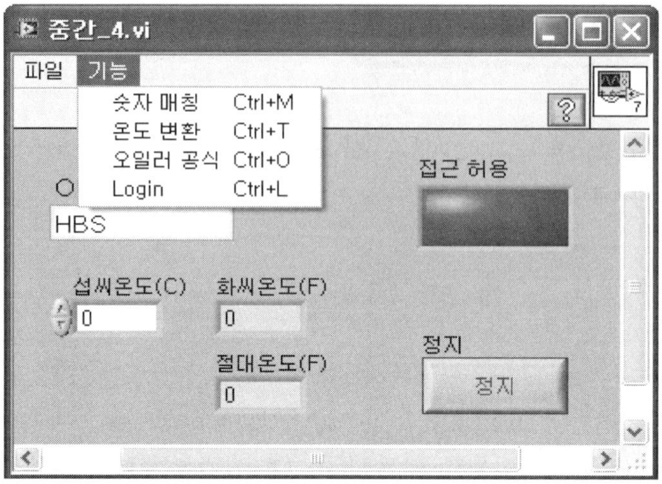

5. VISA를 이용한 시리얼 통신 프로그램을 작성하시오.

6. 다음의 UDP Sender 측에서 보내는 신호를 수신하는 UDP Receiver 프로그램을 작성하시오. 그리고 약 10초간 수신된 데이터를 텍스트 파일로 저장하는 프로그램을 추가하시오. Error code 56은 timeout으로 무시된다.

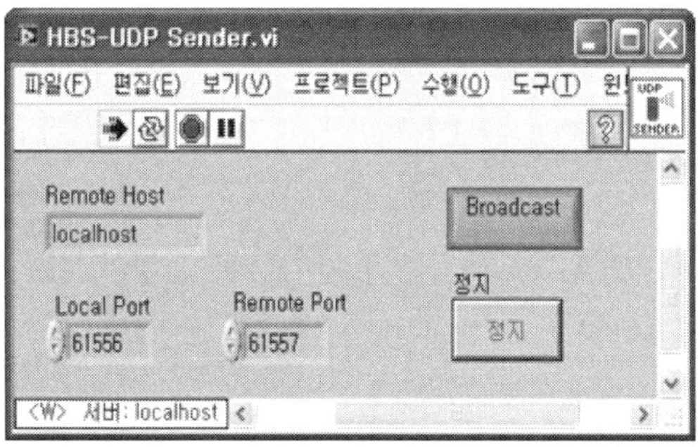

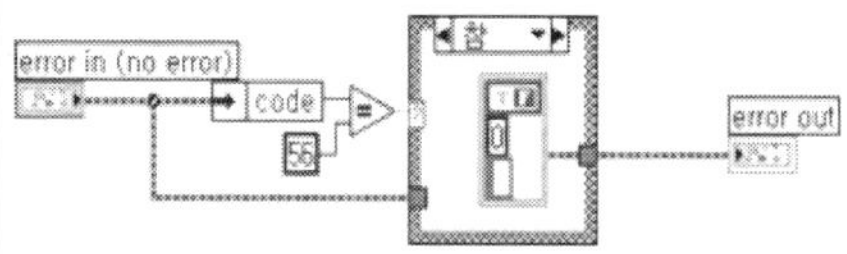

7. 다음의 Test.vi를 C:\에 만들고, 이것을 프로퍼티와 인보크 노드를 이용해 자동으로 호출하고 닫는 프로그램을 작성하시오.

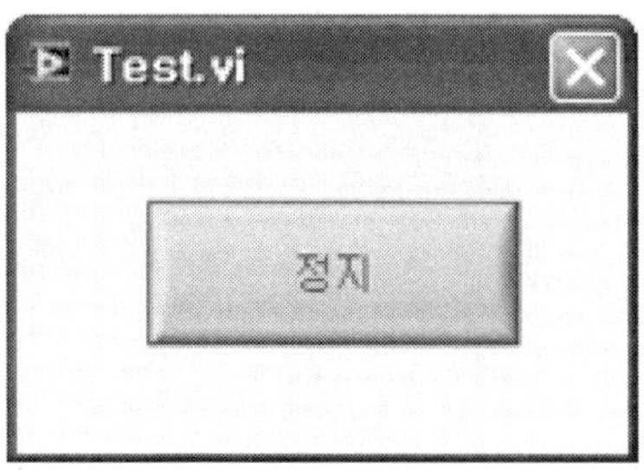

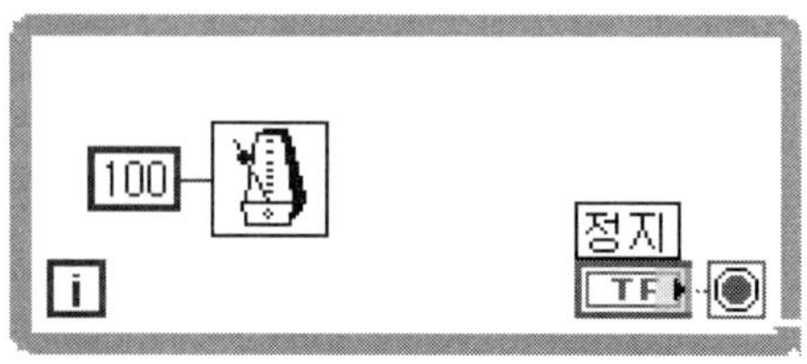

8. DataSocket을 이용해 [날짜/시간을 문자열로 얻기] 함수를 사용해 현재 시간을 DataSocket 서버에 쓰는 Publisher와 그 데이터를 읽어내는 Subscriber 프로그램을 작성하시오. 데이터 항목은 Data1로 한다.

9. 다음의 프런트 패널과 메뉴 출력을 갖는 프로그램을 이벤트 문을 사용해 작성하시오.

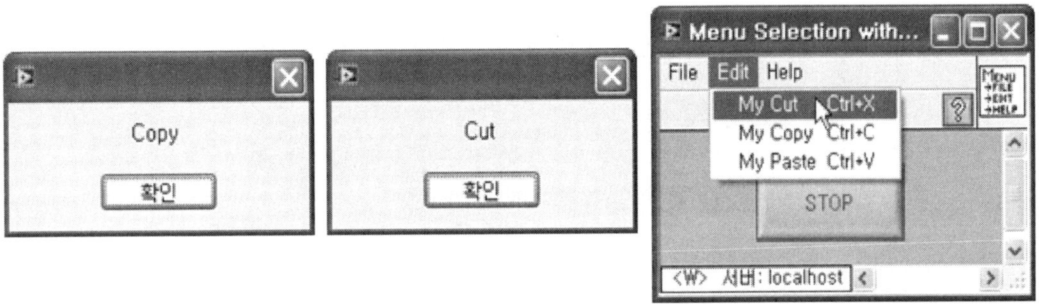

10. For 문과 Sine 함수를 사용해 다음 패턴을 생성하고, 강도 그래프로 다음과 같이 표시하시오.

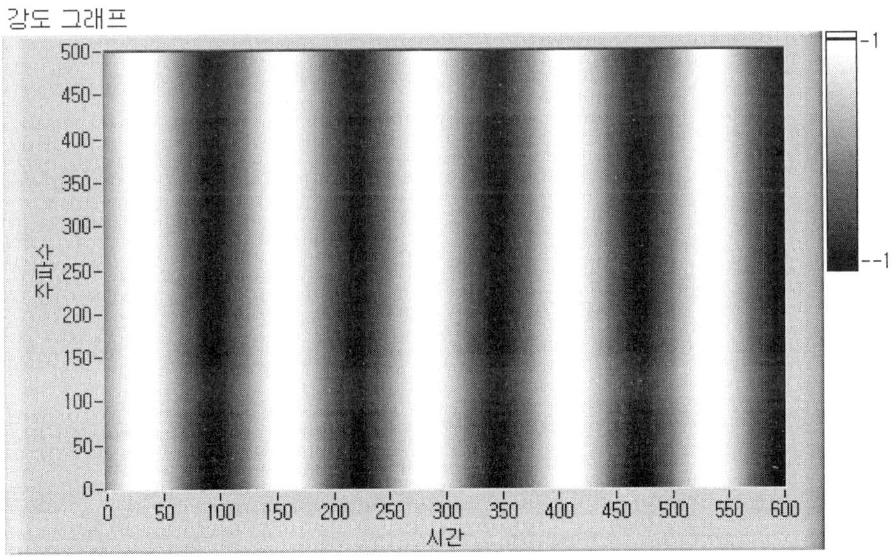

11. 라이브러리 함수 호출 노드를 사용하여 C:\windows/system32/user32.dll에 있는 MessageBoxA 함수를 호출하는 프로그램을 작성하시오.

int MessageBoxA(hWnd, lpText, lpCaption, uType)

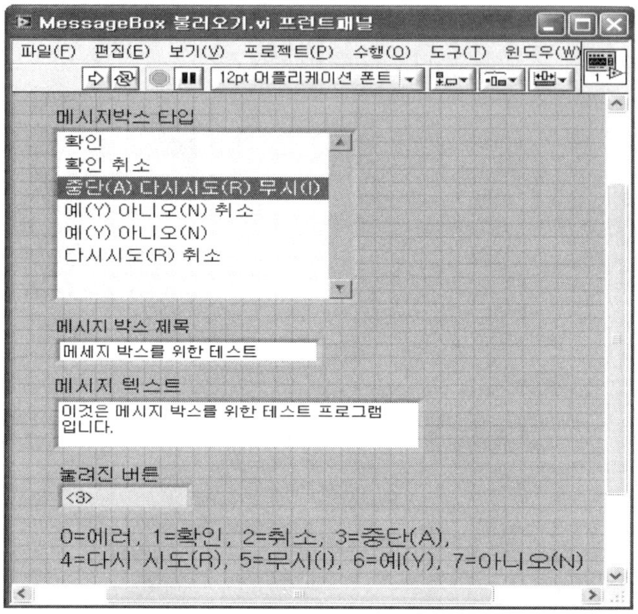

연습 문제 ▌ 실습 및 설계 문제

○ 프런트 패널

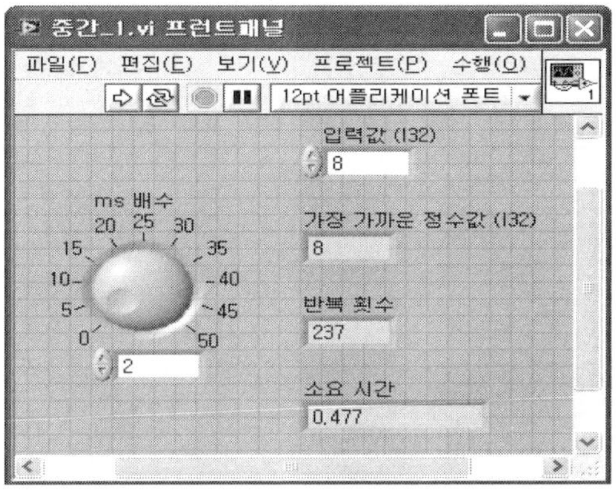

○ 블록다이어그램

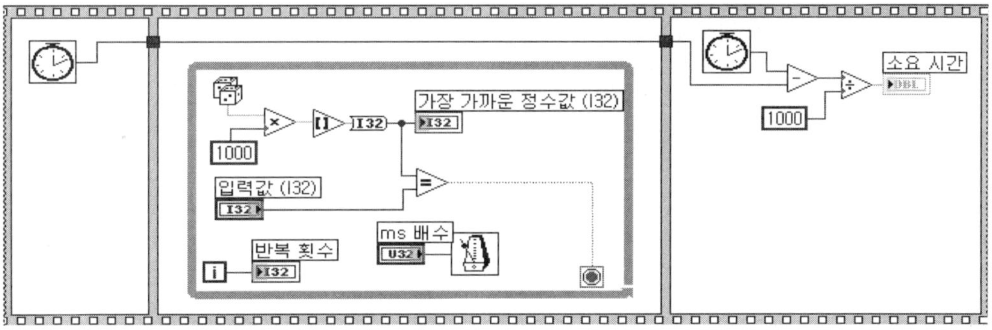

【2번 문제】

○ 프런트 패널 및 블록다이어그램

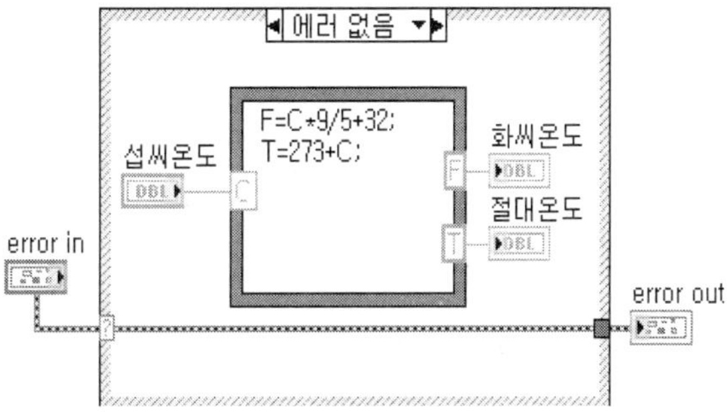

○ 아이콘 및 커넥터 팬을 연결도

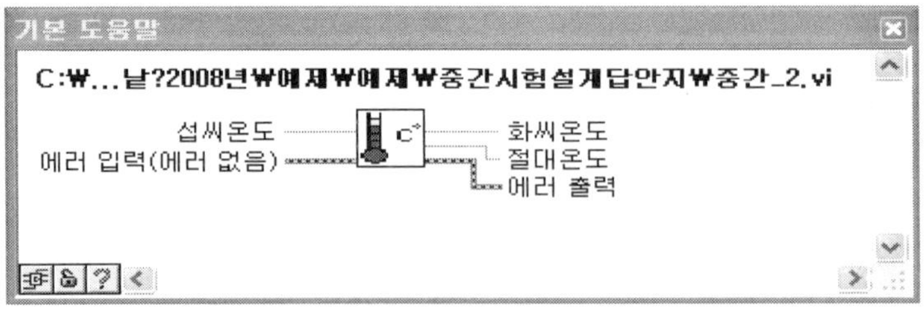

【3번 문제】

○ 프런트 패널 및 블록다이어그램

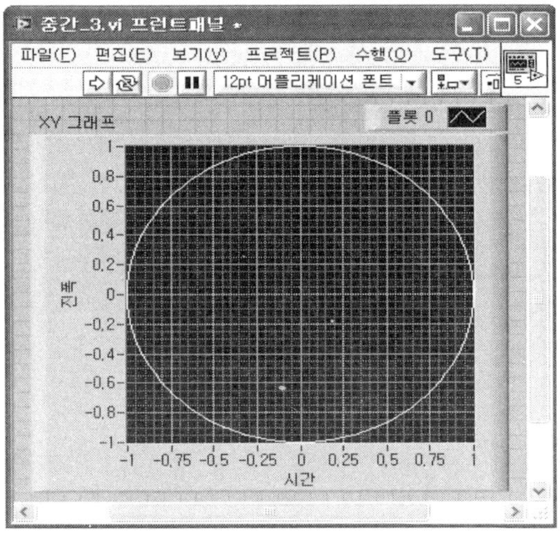

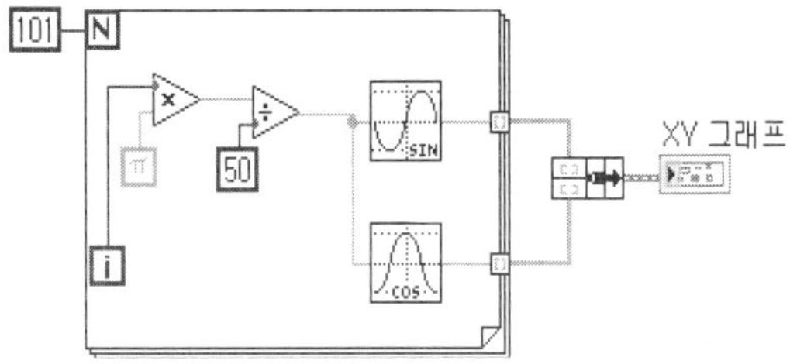

【4번 문제】

○ 프런트 패널(메인 및 SubVI (로그인을 위한 VI))

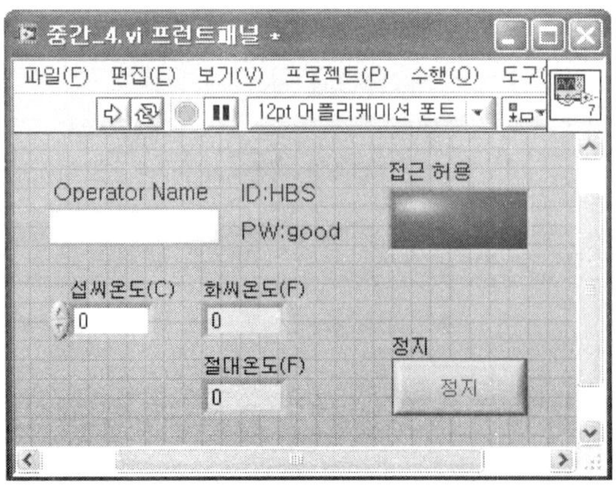

○ 메인 VI의 런타임 메뉴

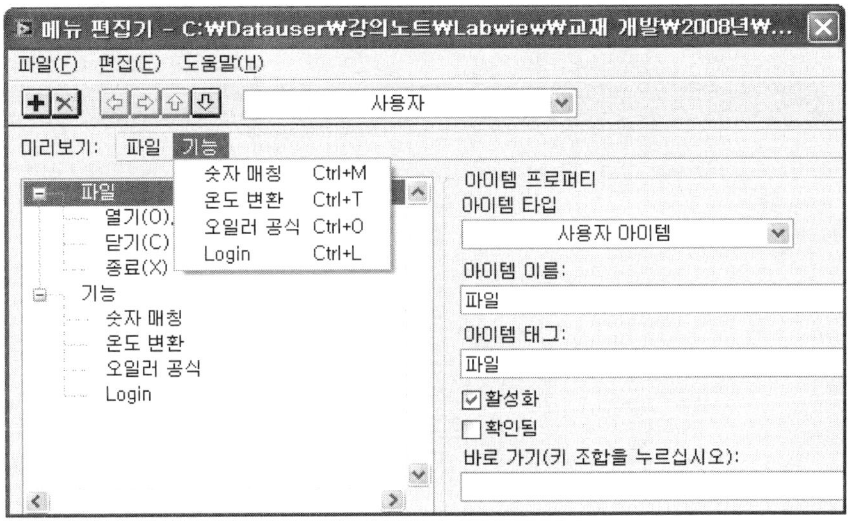

○ 메인 VI의 블록다이어그램

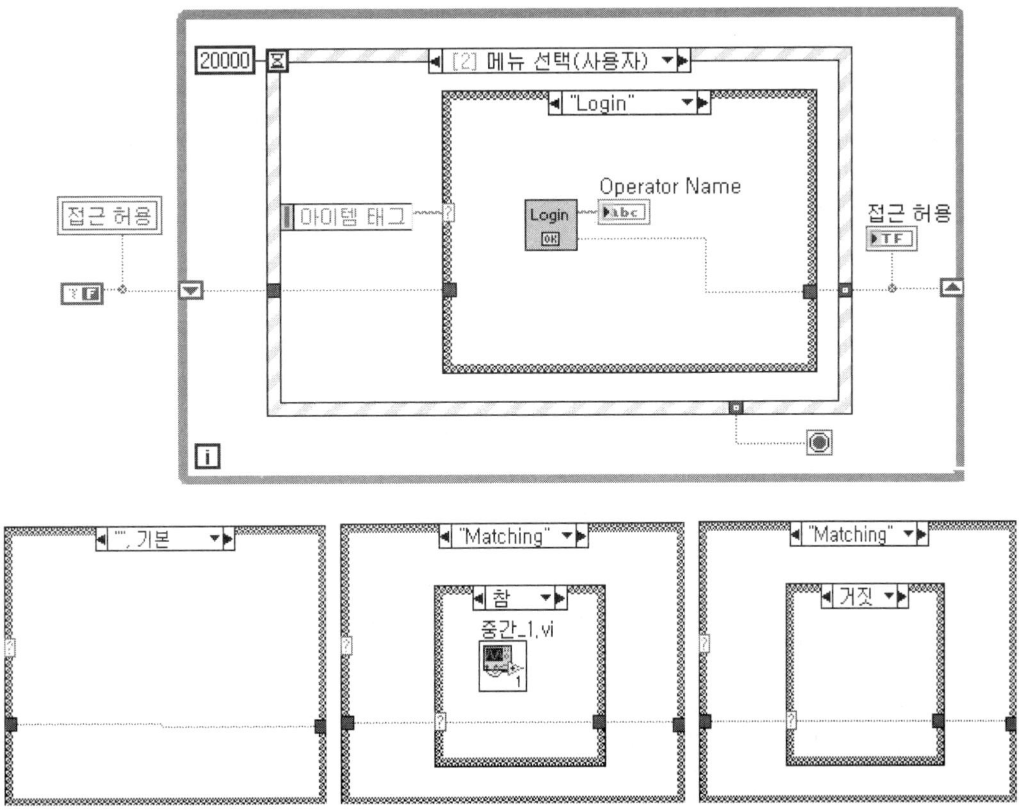

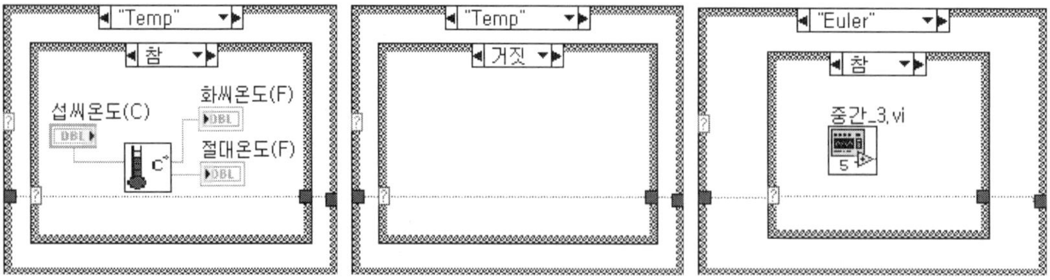

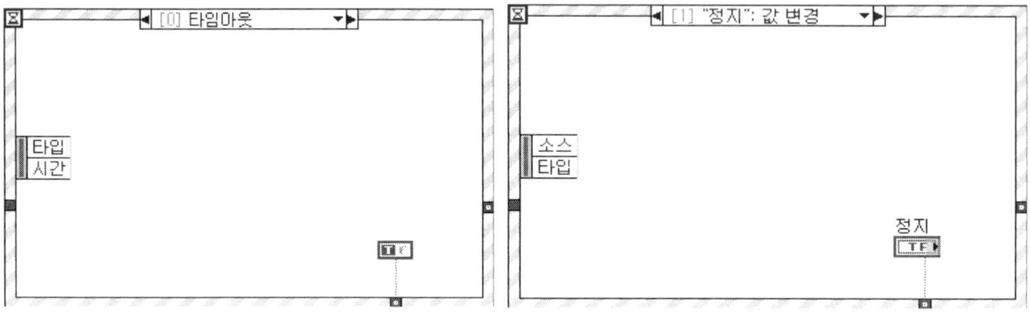

○ SubVI의 블록다이어그램

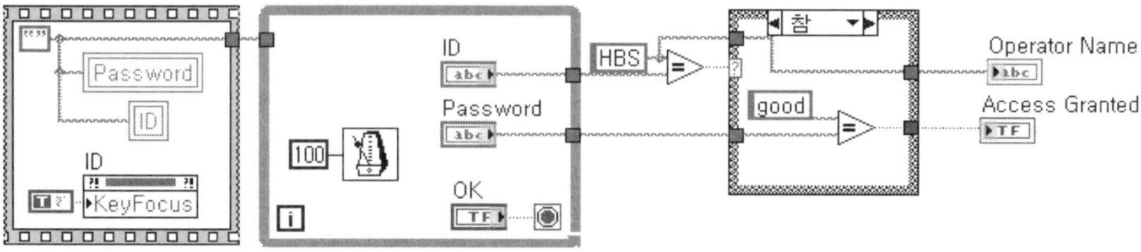

【5번 문제】

○ 프런트 패널

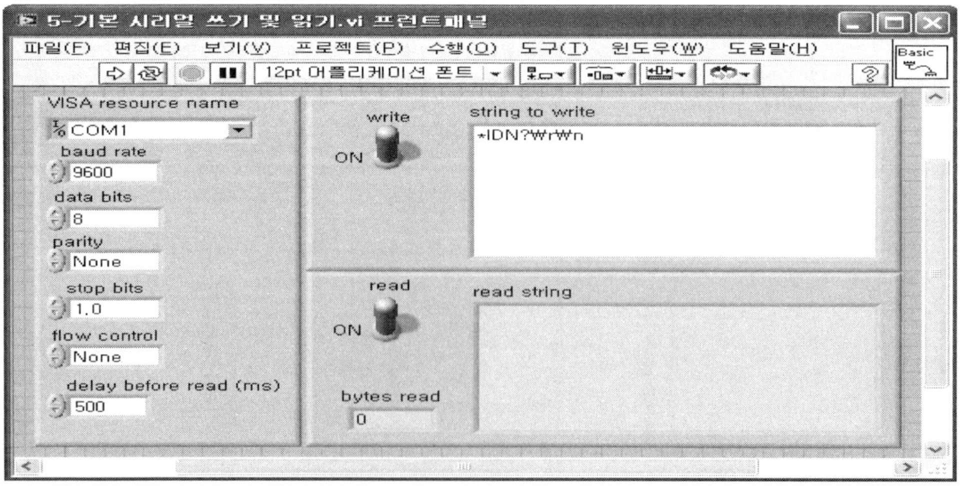

○ 블록다이어그램

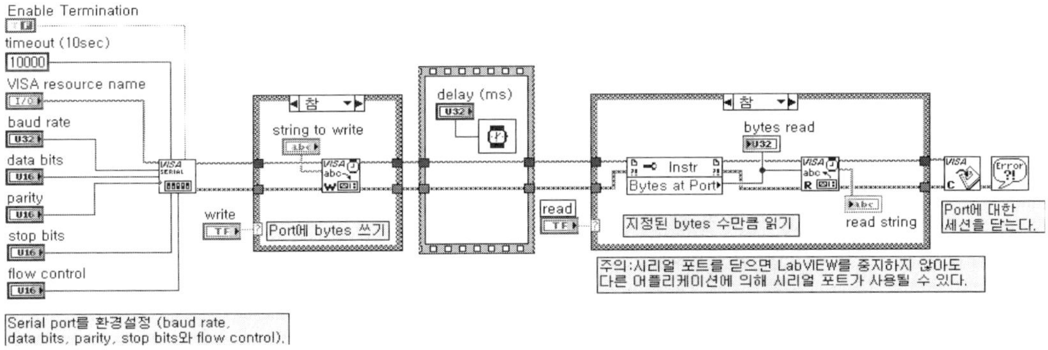

【6번 문제】

○ 프런트 패널

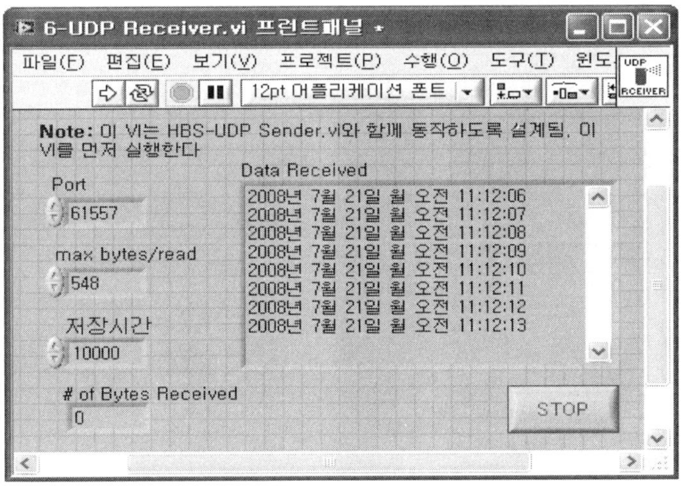

○ 블록다이어그램

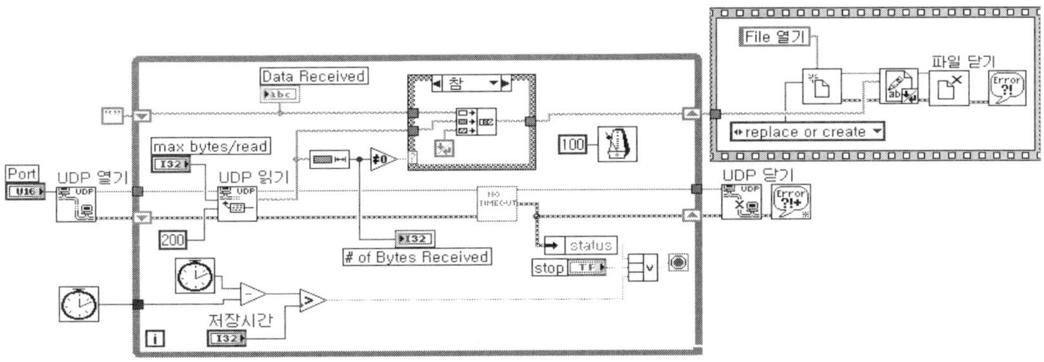

○ 참고 : Sender 프런트 패널

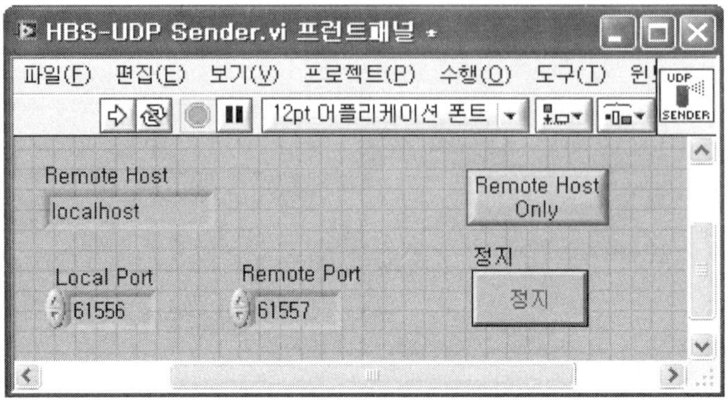

○ 참고 : Sender 블록다이어그램

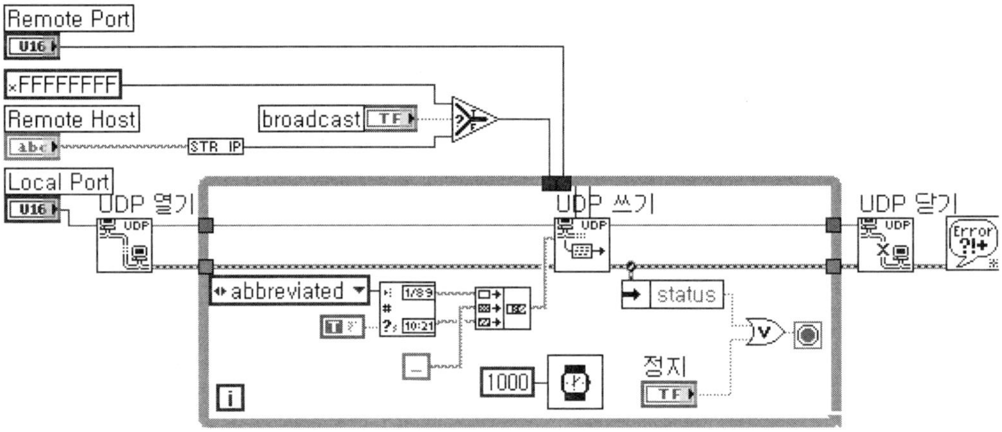

【7번 문제】

○ 프런트 패널

○ 블록다이어그램

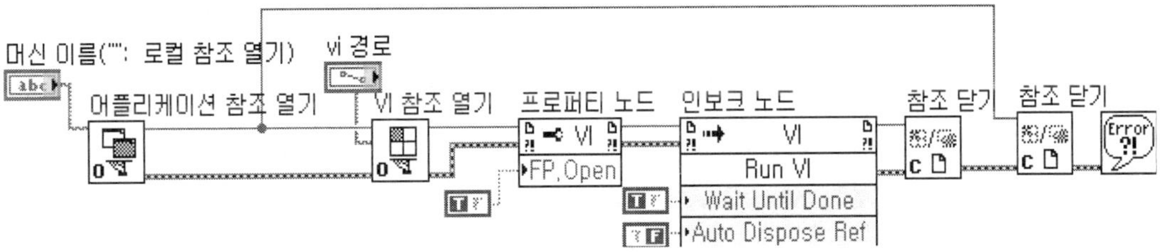

【8번 문제】

먼저 DataSocket 서버를 실행한다.

○ (DataSocket Writer) 프런트 패널

○ (DataSocket Writer) 블록다이어그램

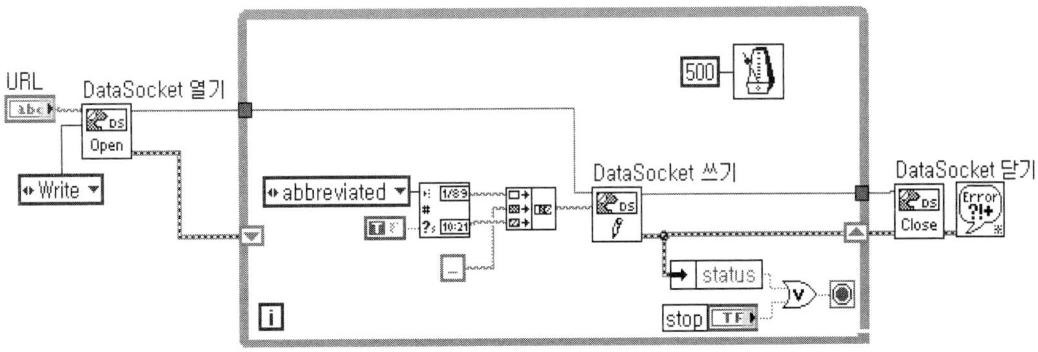

○ (DataSocket Reader) 프런트 패널

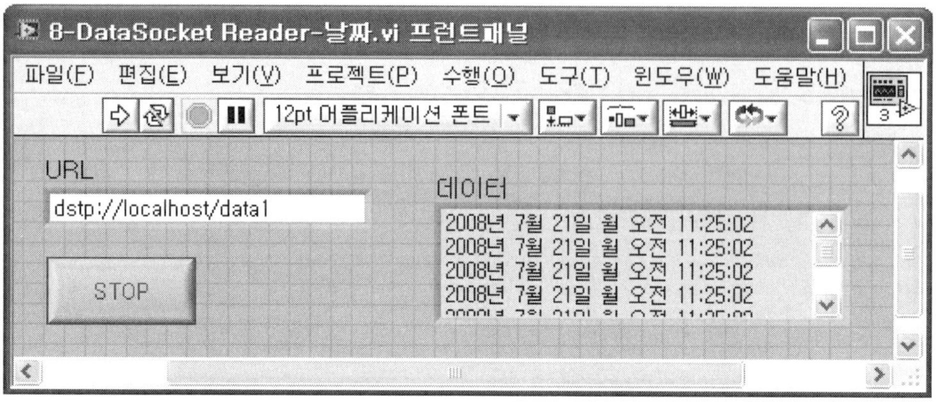

○ (DataSocket Reader) 블록다이어그램

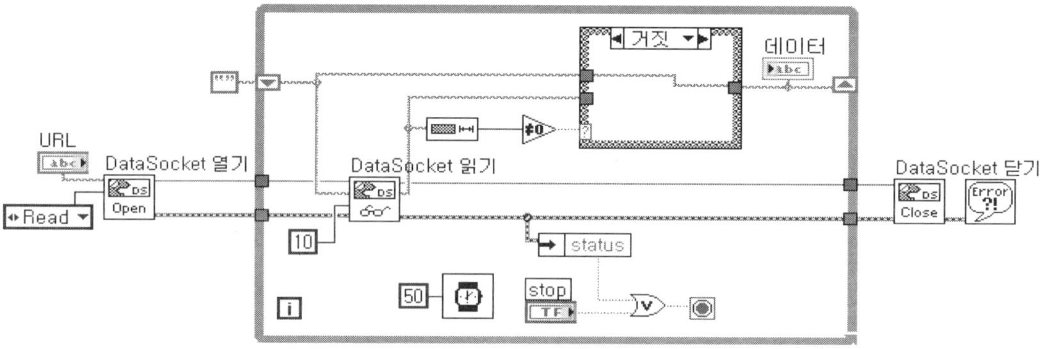

【9번 문제】

○ 메인 VI의 런타임 메뉴

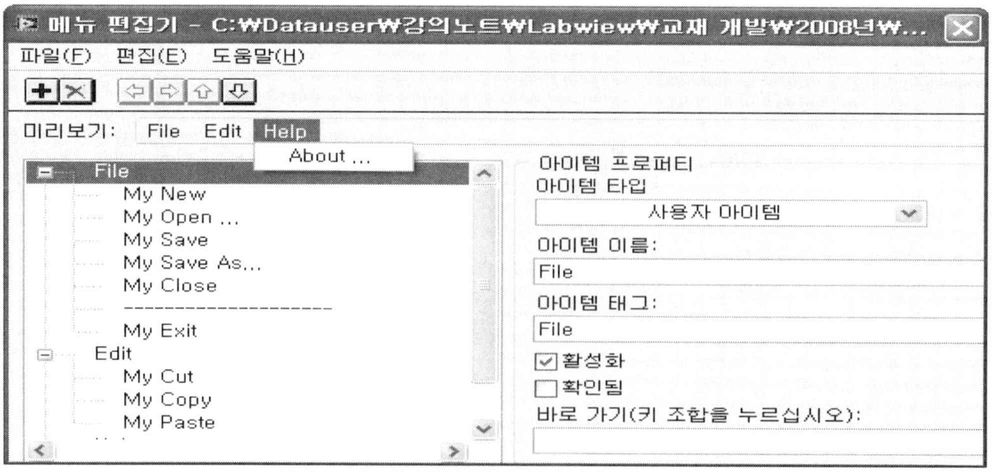

○ 프런트 패널 및 블록다이어그램

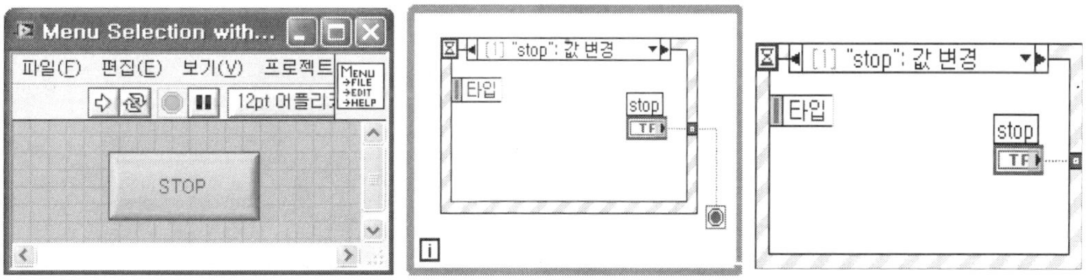

【10번 문제】

○ 프런트 패널

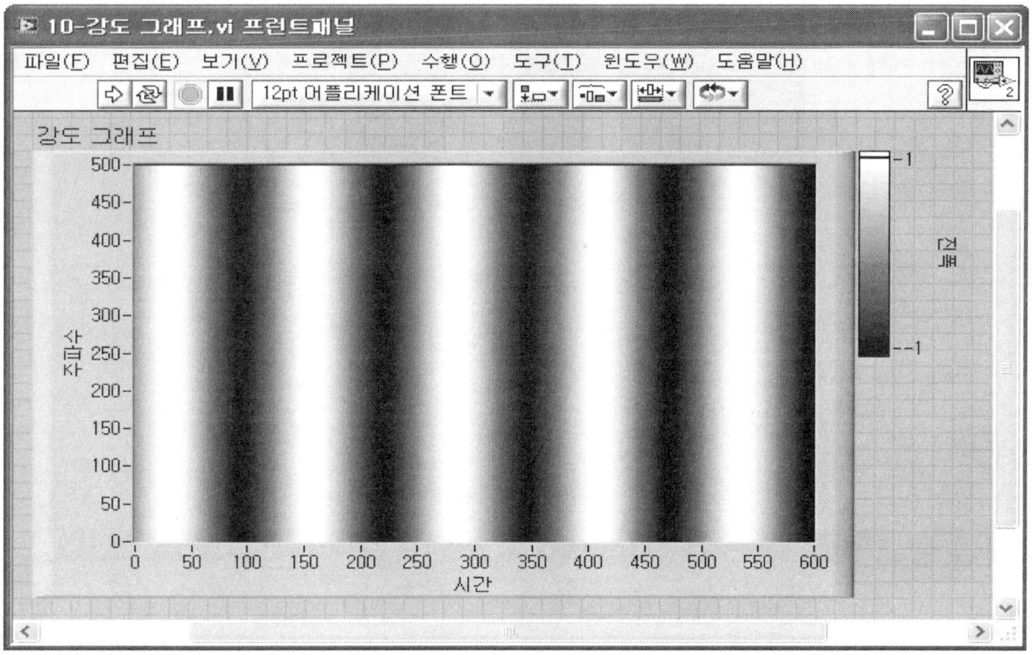

○ 블록다이어그램

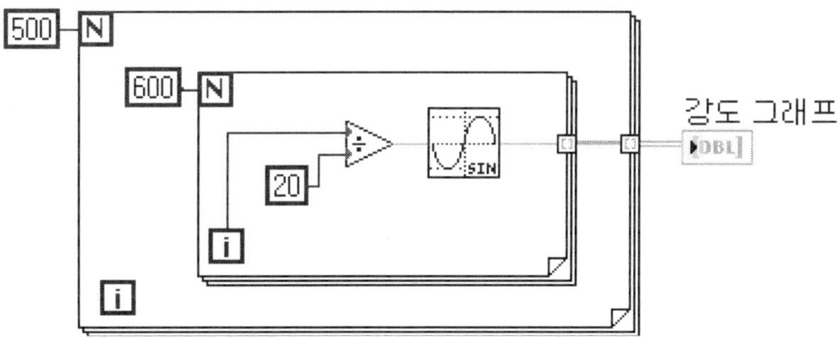

【11번 문제】

○ 프런트 패널 및 블록다이어그램

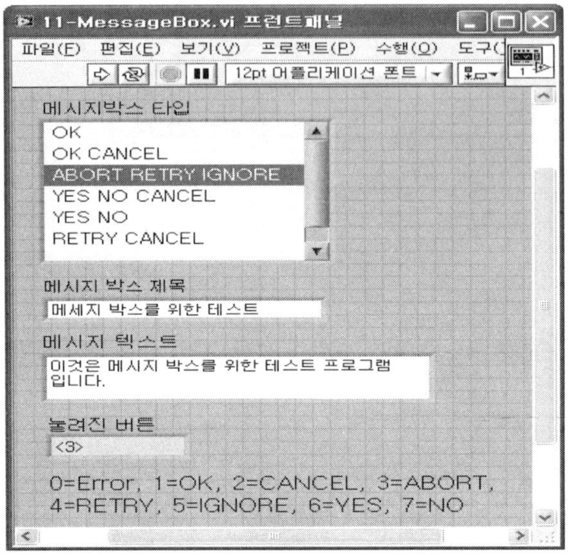

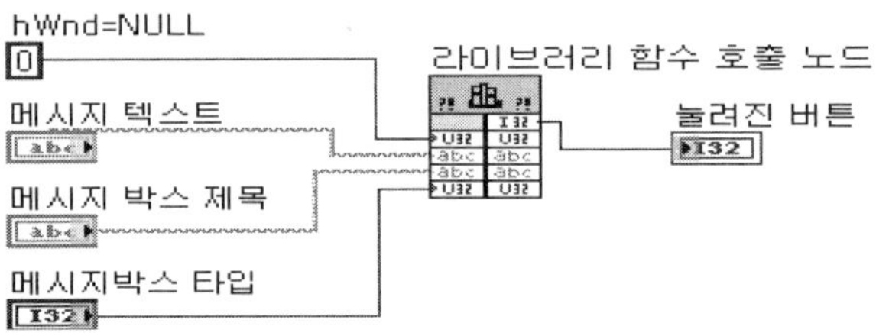

○ 라이브러리 함수 호출 노드의 설정(함수 페이지)

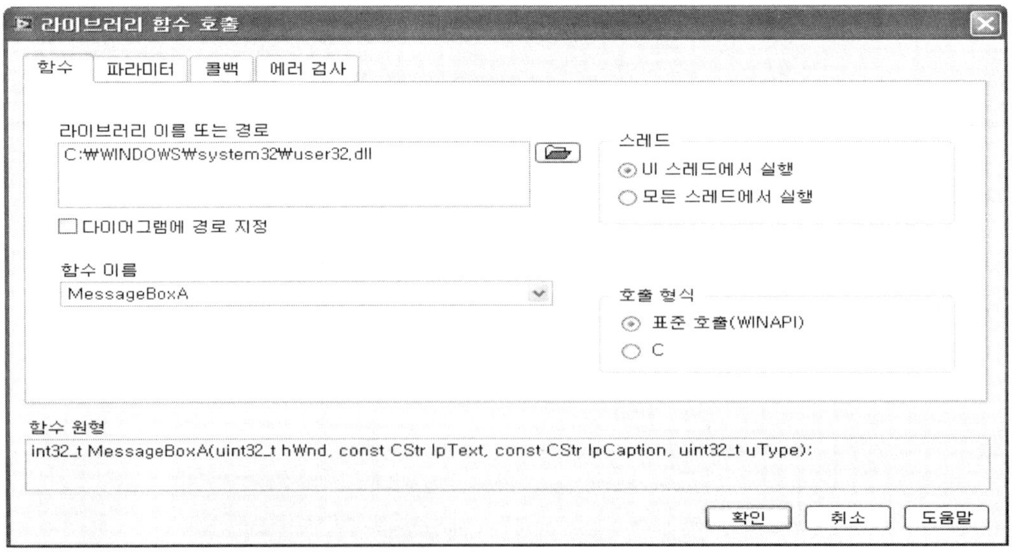

○ 라이브러리 함수 호출 노드의 설정(파라미터 페이지)

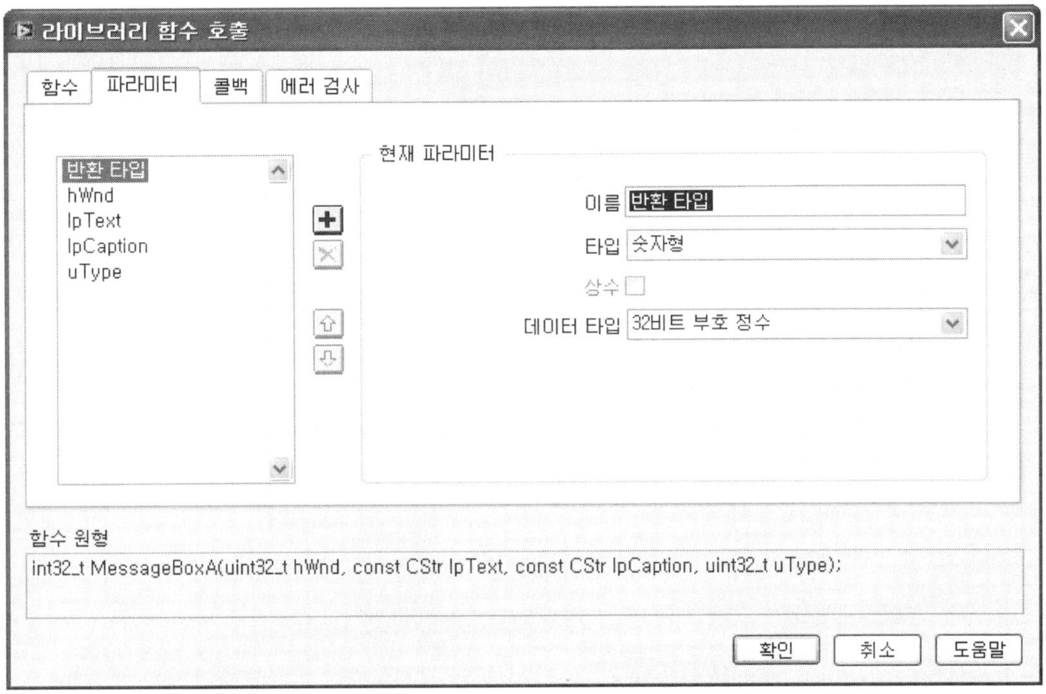

부록 : NI 애드온(Add-on)

툴킷(Toolkit), 모듈(Module), 또는 드라이버와 같은 LabVIEW 애드온 프로그램을 추가로 설치하면, 특정한 라이브러리 함수 및 VI들이 생성되며 이들을 사용하여 특수한 목적의 어플리케이션을 생성할 수 있으며, 전문화된 어플리케이션 요건에 맞추어 개발 시간을 줄일 수 있다. LabVIEW 애드온의 도구모음을 사용자의 어플리케이션으로 통합하여 음향 및 진동 측정, 과도신호 분석, 모션 제어, 이미지 프로세싱과 관련된 개발 시간 및 비용을 모두 절감할 수 있다. 뿐만 아니라 데이터베이스 커뮤니케이션을 사용한 어플리케이션 개발, Microsoft Word나 Excel과 같은 표준 툴을 사용한 프로패셔널한 리포트 제작, 인터넷 기반 이메일이나 브라우저 기술을 사용한 원격 어플리케이션의 메시지 알림 및 모니터링과 같은 놀라운 최신 기술을 활용할 수 있다. 또한, LabVIEW에서 도움말≫애드온 도움말을 선택하면 접근할 수 있는 별도의 애드온 도움말이 나타나며, 이것은 해당 애드온에 대한 별도의 도움말 시스템의 이름이다. 다음은 LabVIEW 프로그램에서의 모듈과 툴킷에 대한 기본적인 개요를 나타낸 것이다.

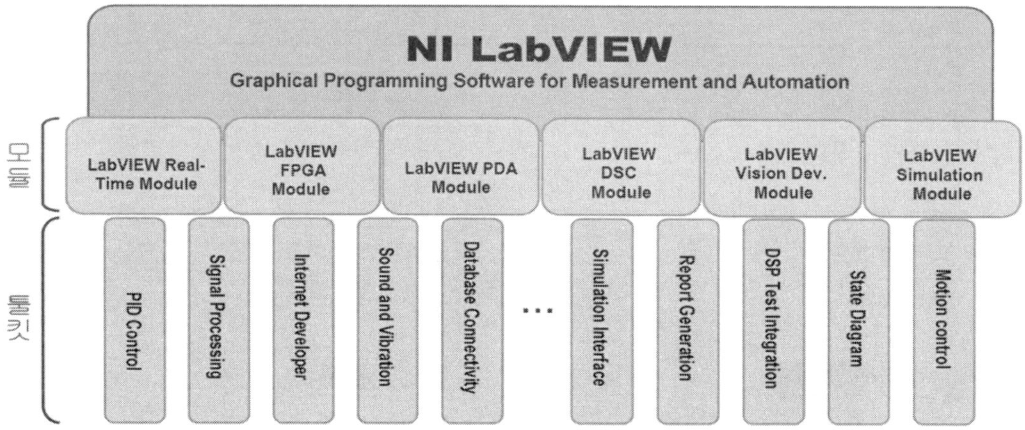

그림 2-261 NI LabVIEW의 모듈과 툴킷

모든 툴킷은 LabVIEW 버전과 관계없이 원활하게 실행된다. 반면에 모듈(module)은 LabVIEW 버전과 반드시 일치해야만 실행이 가능하다. 다음은 몇 가지 툴킷과 모듈에 대한 기능을 간단히 설명한 것이다. 제공되는 전체 LabVIEW에서 툴킷에 대한 추가적인 정보는 NI 웹사이트(ni.com/toolkits)를 참조한다.

○ 신호 처리 및 분석 기능

- 디지털 필터 설계 디자인 툴킷(Digital Filter Design Toolkit) : LabVIEW의 함수와 대화식 디자인 툴을 확장시켜 신속하게 클래식 디자인을 탐색하고 고정 소수점 및 부동 소수점 디지털 필터를 디자인, 모델, 구현한다. FIR, IIR, 여러 속도의 필터를 포함한 30가지 이상의 필터 타입을 잘 알려진 특수 목적의 디자인 옵션과 함께 설계할 수 있다.
- 사운드 및 진동 툴킷(Sound & Vibration Toolkit) : LabVIEW의 함수와 인디케이터를 확장하여 오디오 측정, 비옥타브 분석, 스윕 사인 분석, 사운드 레벨 측정, 주파수 측정, 주파수 응답 측정, 변이 측정 및 워터폴 디스플레이를 포함한 몇몇 사운드와 진동 디스플레이를 처리한다. 기능에는 스케일링, 교정, 리미트 테스트, 가중치, 왜곡, 단일 톤 측정이 포함된다.

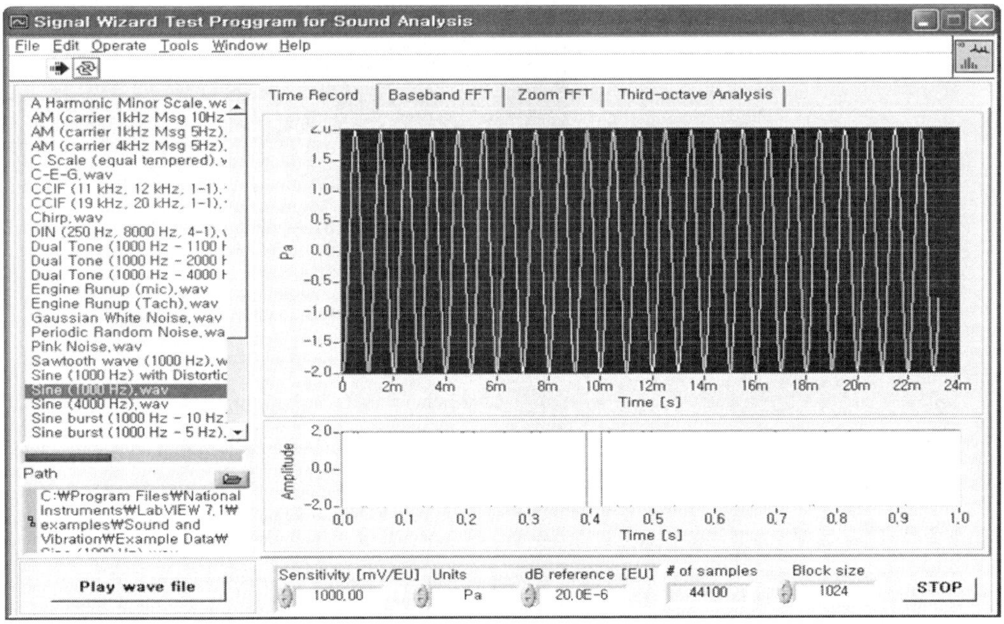

그림 2-262 사운드 및 진동 툴킷을 사용한 프로그램 예

- 변조 툴킷(Modulation Toolkit) : 표준 및 사용자 디지털과 아날로그 변조 포맷의 신호 생성, 분석, 시각화 및 프로세싱을 위한 함수와 툴로 내장 분석 기능을 확장한다. 이 툴킷은 EVM과 변조 에러율(MER)을 포함한 품질 측정을 제공하며, 표준 및 사용자 변조 포맷(AM, FM, PM, ASK, FSK, MSK, GMSK, PSK, QPSK, PAM, QAM, CPM)을 처리하고, DC 오프셋, IQ 이득 불균형, 구적법 스큐를 포함한 시뮬레이트를 측정하며; 비트 에러율(BER), 위상 에러, 버스트 타이밍, 주파수 편차 측정을 제공한다.

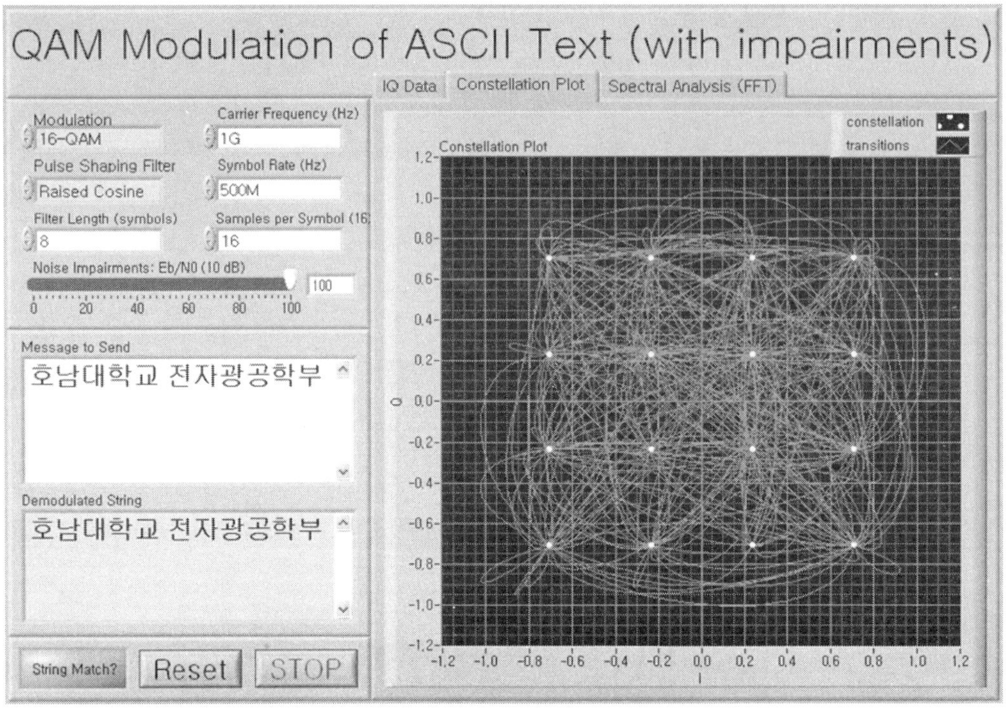

그림 2-263 텍스트 문자를 QAM 변조를 통해 통신하는 예제 프로그램

- 스펙트럼 측정 툴킷(Spectral Measurements Toolkit) : 스펙트럼 측정을 수집하고 분석하며 AM, FM, PM 신호에 대한 변조과 복조를 수행하는 함수로 기능을 확장한다. 이 툴킷은 파워 스펙트럼, 피크 파워와 주파수, 밴드 파워, 인접 채널 파워, 점유 대역폭 및 3D 스펙트로그램 기능을 포함한다.

○ 전문 개발 기능

- 리얼타임 실행 추적 툴킷(Real-Time Execution Trace Toolkit) : 리얼타임 개발자에게 LV Real-Time 모듈로 개발한 코드의 실행을 분석하고 검증하는 대화식 방법을 제공한다. 스레드와 VI 실행을 대화식으로 분석하고 벤치마킹할 수 있으며, 메모리 할당, 휴면 기간, 리소스 경합을 식별하여 성능을 최적화할 수 있다.
- 익스프레스 VI 개발 툴킷(Express VI Development Toolkit) : 사용자가 테스트, 측정, 컨트롤 어플리케이션의 개발을 단순화하는 대화식 익스프레스 VI를 생성하는데 도움을 줄 수 있는 기능들을 제공한다.
- VI 분석 툴킷(Analyzer Toolkit) : 사용자 VI의 성능, 사용성, 관리성을 최적화하기 위한 UI 디자인, 블록다이어그램 코드, 문서, VI 프로퍼티와 세팅의 개선 사항을 자동으로 지적해준다.

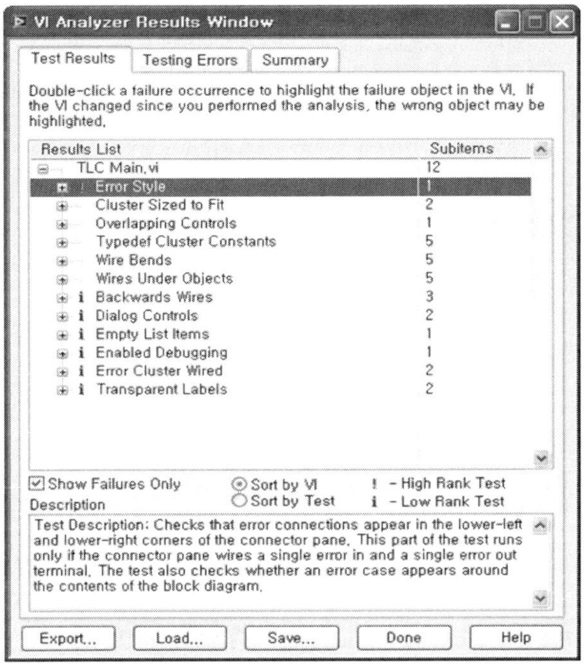

그림 2-264 VI Analyzer 실행 결과 예

○ 타사 연결 도구

- MS Office 보고서 생성 툴킷(Report Generation Toolkit for Microsoft Office) : LabVIEW에서 프로그램 방식으로 Microsoft Word와 Excel을 이용해 리포트를 생성하고 편집할 수 있는 VI의 라이브러리를 제공한다.
- 데이터베이스 연결 툴킷(Database Connectivity Toolkit) LabVIEW를 이용해 로컬 및 리모트 데이터베이스에 연결할 수 있으며, SQL(Sructured Query Language) 프로그래밍을 수행하지 않고도 일반적인 데이터베이스 작업을 수행할 수 있는 도구를 제공한다. 이 툴킷은 Microsoft ADO 기술을 통해 가장 인기 있는 데이터베이스에 연결되고 Microsoft Access, SQL Server, Oracle 데이터베이스에 쉽게 연결된다.
- 수학 인터페이스 툴킷(Math Interface Toolkit) : LabVIEW VI를 MATLAB® 소프트웨어 환경에 통합하여 LabVIEW와 MATLAB 소프트웨어 모두를 사용할 수 있는 방법을 제공하고 있다.
- 시뮬레이션 인터페이스 툴킷(Simulation Interface Toolkit) : Simulink 시뮬레이션 환경에서 개발한 모델을 사용하여 다이내믹 시스템을 개발하고, 프로토 타입과 테스트를 수행할 수 있도록 Simulink® 및 Real-Time Workshop® 소프트웨어 사이의 링크를 제공한다. 사용자가 정의한 LabVIEW 사용자 인터페이스를 생성하여

Simulink 환경에서 생성한 모델을 대화식으로 검증할 수 있다.

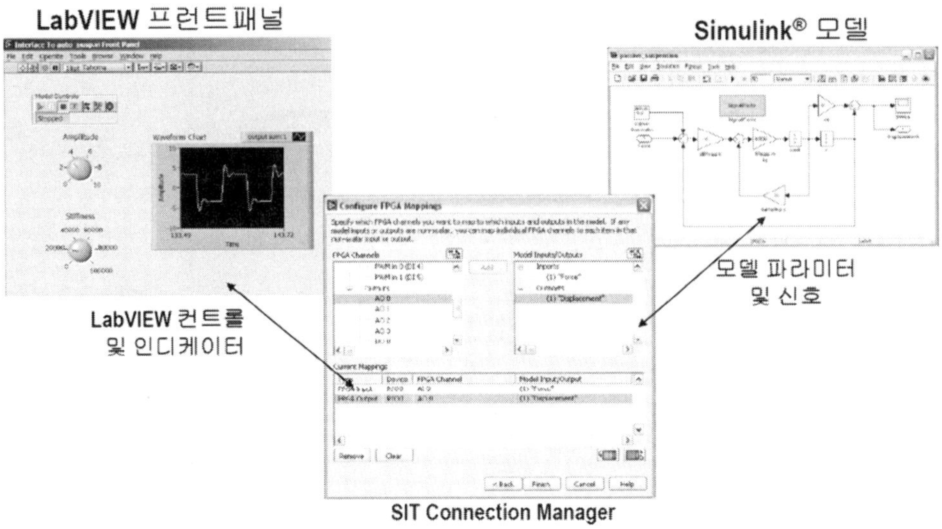

그림 2-265 Simulink®와 LabVIEW 사용자 인터페이스의 연결

○ 컨트롤 디자인과 시뮬레이션 도구

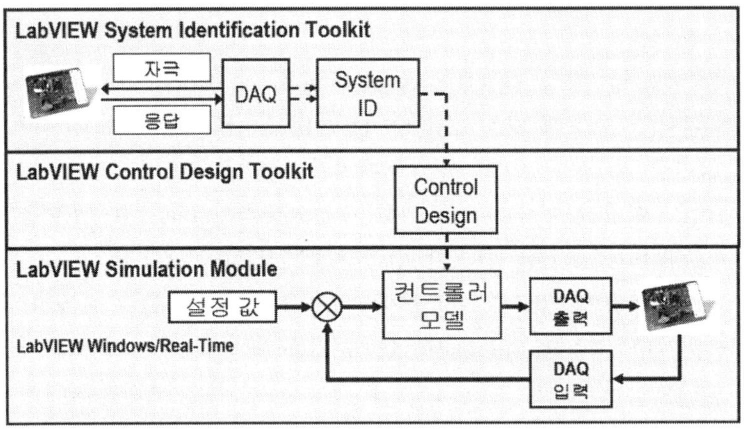

그림 2-266 NI LabVIEW Control Design의 개념도

- 컨트롤 디자인 툴킷(Control Design Toolkit) : 선형 시불변(LTI) 다이내믹 시스템 모델을 위한 컨트롤러를 디자인하고 분석하며 배포하는 데 사용할 VI와 LabVIEW MathScript 함수 라이브러리를 제공한다. 여기에는 Bode, 나이퀴스트, 니콜스 플롯과 같은 주파수 응답 분석 도구, 단계와 임펄스 응답 분석과 같은 시간 응답 분석 도구, Root Locus와 같은 디자인 도구, LQR(Linear Quadratic Regulator)과 폴 위치와 같은 상태 피드백 디자인 도구가 포함되어 있다. 또한 이 툴킷은 측정과

공정 노이즈를 통합하는 확률 시스템 모델을 위한 PID 디자인, 리드-래그 보상기(Lead-lag Compensator), 예측과 연속 관측기, 반복 칼만 필터를 지원한다. 또한 이 툴킥과 LabVIEW Real-Time 모듈을 사용하여 이산 컨트롤러를 리얼타임 타깃에 배포할 수 있다.

- 시스템 식별 툴킷(System Identification Toolkit) : 정확한 플랜트 모델링을 위해 데이터 수집 소프트웨어와 시스템 식별 알고리즘을 결합한 제품이다. DAQ Assistant 같은 LabVIEW의 직관적인 데이터 수집 도구를 활용하여 플랜트에서 데이터를 시뮬레이션 및 수집한 후 자동으로 다이내믹 신호 모델을 식별할 수 있다. 시스템 식별 모델은 컨트롤 시스템 분석 및 디자인을 위해 상태 공간, 전달 함수 또는 영점 극점 이득 형태로 변환이 가능하다. 이 툴킷은 데이터 사전 처리, 모델 생성 및 시스템 분석과 같은 공통적인 태스크 함수를 내장한다. 다른 내장된 유틸리티를 사용하면 직관적인 그래픽 디스플레이로 모델을 플롯하고 저장할 수 있다.
- PID 컨트롤 툴킷(PID Control Toolkit) : LabVIEW의 수학 및 논리 함수와 결합하여 그래프 방식으로 자동화된 컨트롤을 위한 제어 알고리즘과 프로그램을 개발할 수 있는 PID 및 퍼지 논리 컨트롤 함수를 제공한다.

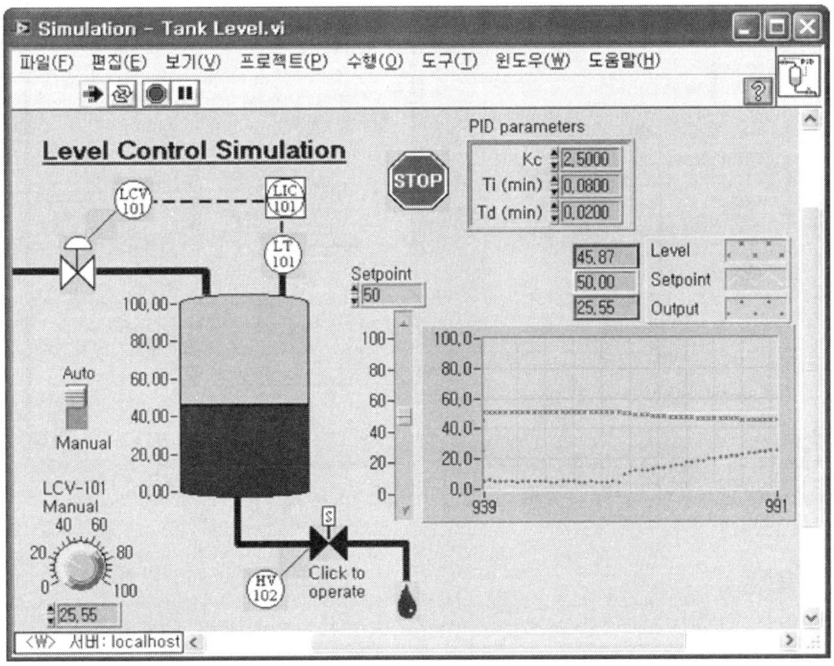

그림 2-267 PID 제어를 사용한 탱크 수위 조절 예

- 시뮬레이션 모듈(Simulation Module) : 다이내믹 시스템 모델의 전부 또는 일부를 생성하고 모의하는 데 사용하는 VI, 함수와 도구를 제공한다. 이 모듈은 비선형과

선형 다이내믹 시스템 모델 모두를 지원하며, 비선형 모듈을 정리하고 선형화하는 도구를 포함하고 있다. 이 모듈은 연속과 이산 전송 기능, 영점 극점 이득, 상태 공간 모델과 마찰, 불감 대역, 백래시와 같은 비선형 현상을 설명하는 함수를 포함하고 있다. 또한 이 모듈과 LabVIEW Real-Time 모듈을 사용하여 연속이나 이산 모델을 리얼타임 타깃에 배포할 수 있다.

- 상태 차트 모듈(Statechart Module) : LabVIEW에서 상태 차트를 만들고, 디버그하고 배포할 수 있는 프레임워크를 제공하여 큰 규모의 어플리케이션 개발을 지원한다. 이 모듈을 사용하여, 복잡한 의사 결정 알고리즘을 반영하는 상태 차트를 생성할 수 있으며, 필요한 블록다이어그램 코드를 생성하여 VI에서 상태 차트를 호출할 수도 있다. 이 모듈은 계층적이며 이벤트 기반이다. 적합한 LabVIEW 모듈을 설치한 경우, 지원되는 리얼타임 타깃과 NI FPGA 디바이스에서 상태 차트를 실행할 수 있다.

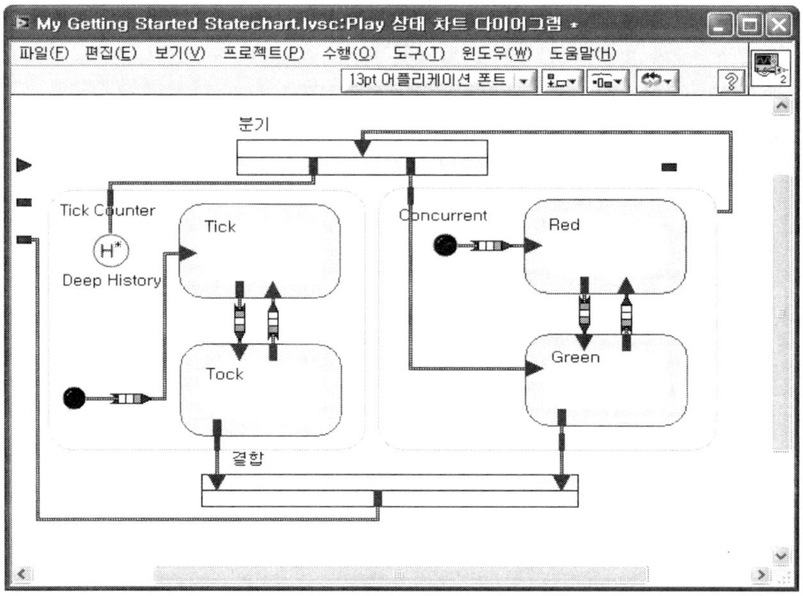

그림 2-268 Statechart 예

ㅇ기타 모듈들

- 비전 개발 모듈(Vision Development Module) : LabVIEW 머신 비전 및 과학용 이미징 어플리케이션을 개발하는 과학자, 엔지니어, 테크니션들을 위한 제품이다. 이 모듈은 비전 프로세싱을 위한 강력한 기능을 갖춘 라이브러리인 IMAQ Vision과 프로그래밍 없이 신속히 LabVIEW 어플리케이션 프로토타입을 만들어야 하는 개발자들을 위한 인터랙티브 환경인 Vision Assistant를 포함하고 있다.

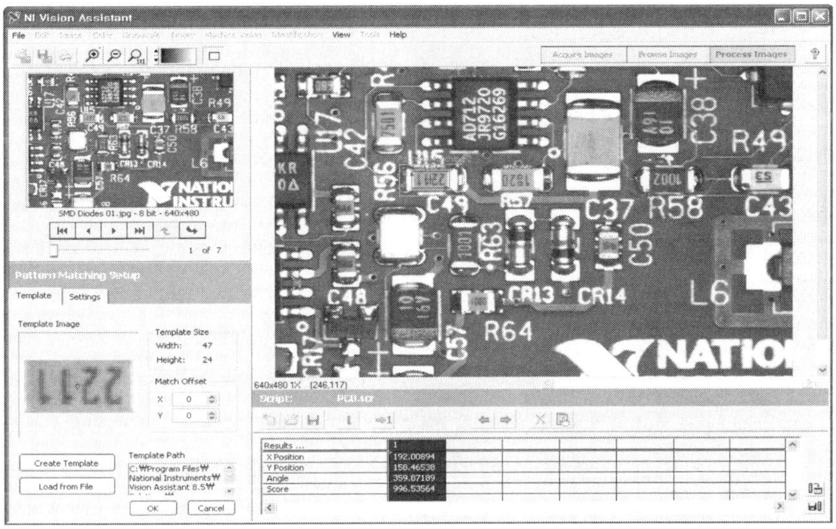

그림 2-269 NI LabVIEW Vision Development 모듈

- DSC(Datalogging & Supervisory Control) 모듈 : 분산 모니터링 및 제어 시스템의 대화식 개발을 위한 최상의 선택이다. 이 모듈을 사용하면 LabVIEW 어플리케이션을 확장하여 Real-Time 또는 히스토리 데이터 보기, 알람 및 이벤트 설정, 어플리케이션에 보안 설치, OPC 기기와 LabVIEW Real-Time 타깃을 하나의 완전한 시스템으로 손쉽게 네트워킹하기, 분산 히스토리 데이터베이스로 데이터를 효율적으로 로깅하기 등의 작업을 할 수 있다. 또한, 직관적인 마법사와 대화 상자를 갖추고 있기 때문에 더욱 빠르고 향상된 어플리케이션 개발을 할 수 있다.

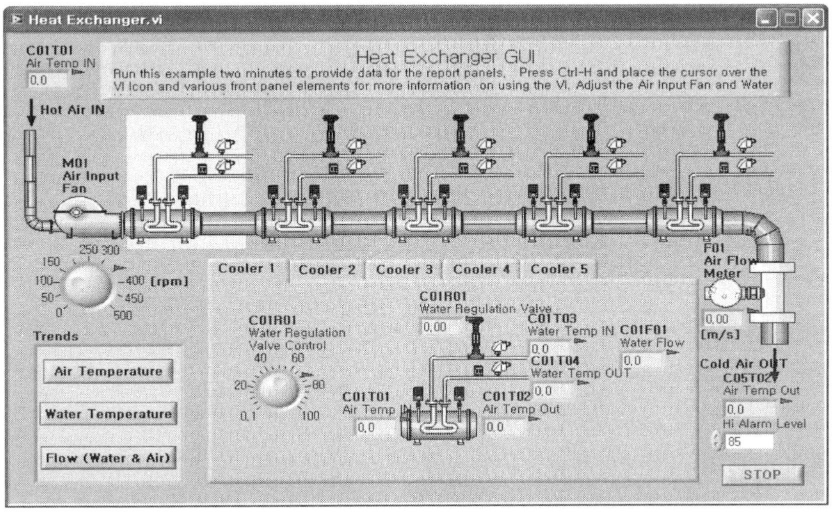

그림 2-270 NI DSC 모듈을 이용한 프로그램 예

- DSP 모듈 : 여러 가지 real-time DSP 보드를 그래픽 기반으로 프로그래밍 할 수 있다. 설계, 계측, 제어 분야의 업계 표준 툴인 NI LabVIEW를 기반으로 하는 이 모듈은 간편한 대화식 구성으로 DSP에 익숙하지 않은 사용자도 쉽고 빠르게 어플리케이션을 구축할 수 있도록 한다. LabVIEW DSP Module에는 광범위한 신호 프로세싱 알고리즘 라이브러리가 포함되어 있어 어플리케이션을 설계하고 테스트하며 프로토 타입을 작성하는 작업을 쉽게 할 수 있다. 또한 여러 가지 DSP 타깃을 통해 최종 구현을 위한 다양한 하드웨어를 제공한다. DSP 타깃에는 Texas Instruments의 DSK6711, DSK6713와 NI SPEEDY-33 DSP 보드가 포함된다.
- FPGA 모듈 : LabVIEW 임베디드 기술을 사용하여 LabVIEW의 그래픽 기반 개발 영역을 확장하고 NI의 재구성 가능한 I/O(RIO) 하드웨어의 FPGA상에 타깃팅한다. LabVIEW는 병렬 처리로 실행되며, 데이터 흐름을 명확하게 나타내므로 FPGA (Field Programmable Gate Array) 프로그래밍에 적합하다. 이 모듈을 통해 Low-Level 하드웨어 언어 및 보드 레벨 디자인 없이도 맞춤형 측정 및 제어 하드웨어를 생성할 수 있다. 이 같은 맞춤형 하드웨어는 고유의 타이밍과 트리거링을 가진 시스템 뿐 아니라, 초고속 제어, 디지털 프로토콜 인터페이스, 디지털 신호 프로세싱 (DSP) 및 고속 하드웨어 안정성과 고도의 결정성이 요구되는 여러 어플리케이션에 사용된다.

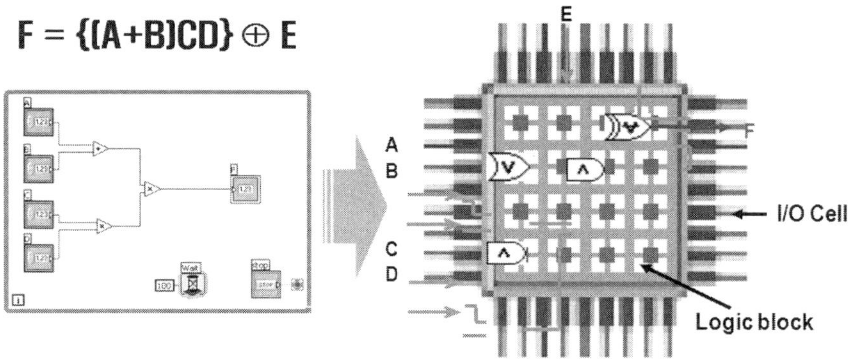

그림 2-271 FPGA(Field Programmable Gate Array)의 개념도

- PDA 모듈 : LabVIEW를 사용하여 Pocket PC 디바이스용 Windows Mobile에서 맞춤형 어플리케이션을 편리하게 구축할 수 있다. 이 모듈은 USB-6008, USB-6009, CF- 6004, DAQCard-6062E, DAQCard-6024E, DAQCard-6036E 등 여러 NI 데이터 수집 디바이스와 호환한다. 이 하드웨어 디바이스를 사용하면 자동차 서비스에서 필드 진단, 생체 모니터링에 이르는 어플리케이션을 위한 핸드헬드 측정 시스템을 구축할 수 있다. 또한, NI PCMCIA-4050 디지털 멀티미터 (DMM)와 작동하므로

사용자의 PDA에서 맞춤화된 DMM을 구축할 수 있다. 이 모듈과 NI PCMCIA-CAN 카드를 사용하면 휴대용 CAN(Controller Area Network) 통신 디바이스를 구축할 수 있다. 그리고, 802.11, 블루투스, SMS 텍스트 메시지, IrDA 및 시리얼 프로토콜을 사용하여 외부와 통신도 가능하다.

그림 2-272 PDA 프로그림 예

- Real-Time 모듈 : LabVIEW 그래픽 코드를 컴파일하여 선택한 리얼타임 타깃에 맞추어 코드를 최적화한다. 이 모듈로 PXI, Compact FieldPoint, FieldPoint, CompactRIO, 표준 데스크탑 PC 등의 NI 리얼타임 하드웨어 타깃에 어플리케이션을 개발 및 배포할 수 있다. 이와 같은 타깃의 임베디드 RTOS는 단일 전용 커널이며 임베디드 코드에 대한 최상의 신뢰도를 제공한다.

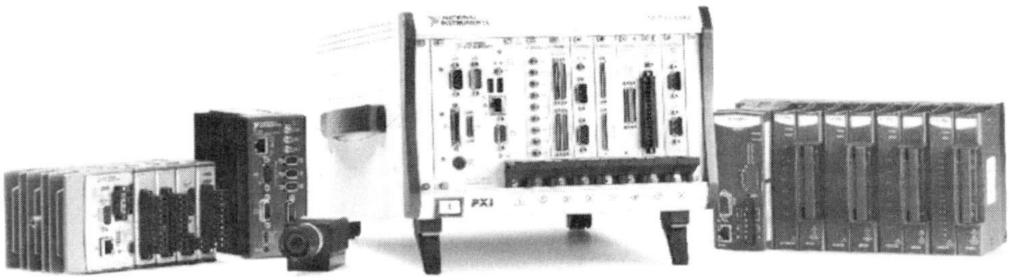

그림 2-273 Real-Time 시스템에 주로 사용되는 NI 제품군들

- 터치 패널 모듈(Touch Panel Module) : HMI 어플리케이션을 신속하게 생성하고 배포함으로써 Compact FieldPoint, CompactRIO, Compact Vision System과 같은 NI 임베디드 리얼타임 플랫폼과 통신할 수 있다. 이 모듈은 통신, 데이터 분석, 데이터 저장을 위한 함수뿐만 아니라 사용자 인터페이스 개발을 위한 도구도 제공하며, NI TPC-2006 등의 Windows CE 터치 패널 디바이스에 HMI를 개발하기 위해 최적화되어 있다. 각 터치 패널 컴퓨터에는 하나의 LabVIEW Touch Panel Module 배포 라이선스가 포함되어 있어, 대형의 산업 시스템을 배포하는 데에 추가의 비용이 들지 않는다.

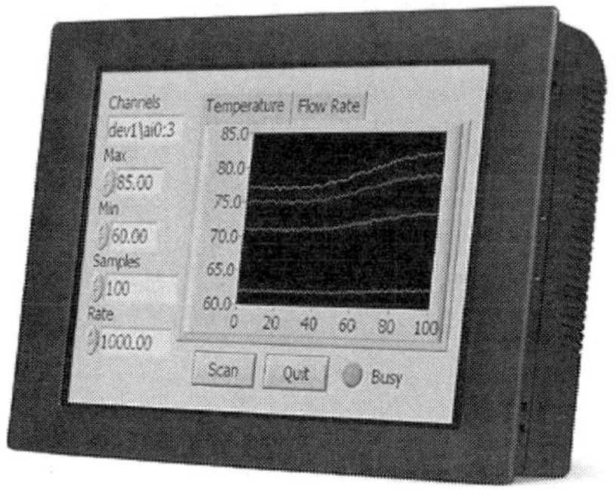

그림 2-274 NI LabVIEW Touch Panel 모듈

- 임베디드 개발 모듈(Embedded Development Module) : LabVIEW Micro-processor SDK(Software Development Kit)를 사용하면 32비트 마이크로프로세서를 그래픽 개발환경에서 프로그래밍할 수 있다. NI LabVIEW 그래픽 개발 환경을 사용하여 로직, 제어, 신호 프로세싱 및 분석 기능을 어플리케이션에 통합한다. LabVIEW 어플리케이션을 32비트 타켓에 컴파일, 링크 및 다운로드하려면 툴체인(toolchain) 및 임베드된 OS를 반드시 통합해야 한다.

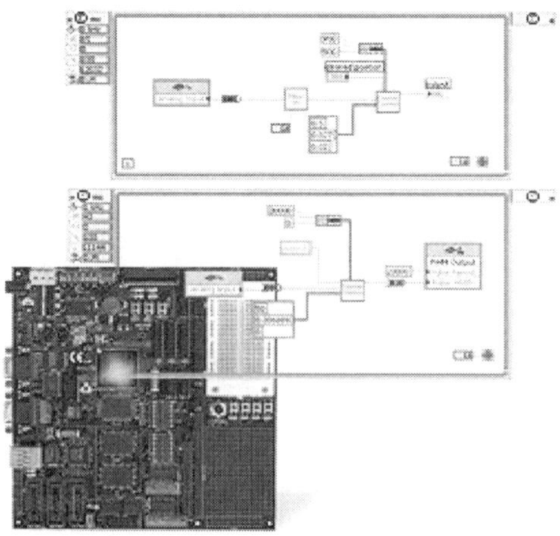

그림 2-275 NI LabVIEW Microprocessor SDK

- ADI Blackfin 프로세서를 위한 임베디드 모듈 : 임베디드 설계를 위한 종합적인 그래픽 개발 환경으로 Analog Devices와 NI의 합작품이다. 이 모듈은 NI LabVIEW 개발 환경과 ADI Blackfin 임베디드 프로세서를 긴밀하게 통합하고 있다. Blackfin Processors용 LabVIEW Embedded Module은 LabVIEW에서 신속하게 어플리케이션을 구축하며, 궁극적으로 맞춤 개발된 하드웨어를 타깃팅할 수 있으므로 개념에서 제작에 이르는 설계 과정에 필요한 모든 도구를 통합된 단일 개발 환경에서 제공할 수 있다. 이러한 방법으로 개발 시간이 단축되고, 개발 비용이 절감되는 동시에 고성능의 임베디드 프로세싱 솔루션을 구현할 수 있다.
- AVR 마이크로컨트롤러용 임베디드 모듈 : 가장 보편적으로 사용되는 임베디드 32-비트 RISC(reduced instruction set computing) 프로세서에 그래픽 프로그래밍을 구현한다. 이 모듈은 ARM7, ARM9, 및 Cortex-M3 마이크로컨트롤러를 위한 종합 개발 환경을 제공한다. NI와 ARM이 공동 개발한 제품으로 NI LabVIEW 임베디드 기술과 Keil RealView 마이크로컨트롤러 개발 환경을 긴밀하게 통합하여 완벽한 out-of-the-box 임베디드 프로그래밍을 제공한다. 이 모듈이 있으면 개념에서 제작에 이르기까지 모든 디자인으로 어플리케이션을 신속하게 생성할 수 있다(다양한 마이크로컨트롤러를 위한 통합된 디버깅, 데스크탑 시뮬레이션, 통신 드라이버, I/O 드라이버). 입증된 LabVIEW C 생성 기술을 사용하여 어플리케이션을 생성한다. 저가형 평가 키트도 사용가능하다.

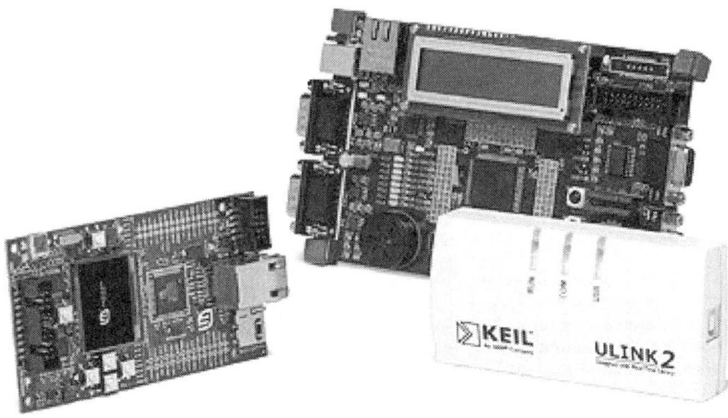

그림 2-276 ARM 마이크로컨트롤러를 위한 NI LabVIEW 임베디드 모듈

2부

비 전

제 1 장

개 론

컴퓨터 영상은 컴퓨터에 의한 시각 정보의 획득 및 처리를 말한다. 컴퓨터 영상의 중요성은 시각을 통해 사람이 받아들이는 정보의 양이 방대하다는 데 있다. 컴퓨터 영상은 크게 두 분야로 나누어 볼 수 있다. 그 첫 번째는 컴퓨터 비전이고 두 번째는 영상 처리이다. 이 두 분야를 구분 짓는 가장 큰 특징은 각 분야에서의 결과를 누가 사용하느냐이다. 컴퓨터 비전은 사람이 포함되지 않은 응용분야에 적용되는 컴퓨터 영상이다. 이 분야의 대표적인 예가 영상 분석이다. 영상 분석은 영상 데이터의 준비(examination), 특징 추출 그리고 패턴 분류의 과정으로 나뉜다. 영상 데이터 검사란 해결하고자 하는 비전 문제(vision problem)에 적합하도록 영상 데이터를 준비하는 과정이라 하겠다. 특징 추출 단계는 형태(shape), 색 정보 등과 같은 보다 높은 단계의 정보를 추출하는 과정이라 말할 수 있다. 패턴 분류 단계는 특징 추출 단계에서 제공하는 정보를 사용하여 영상 내의 물체(object)를 검출하는 과정이다. 컴퓨터 비전 시스템은 의료 분야, 자동화 분야, 법조 분야, 운송 분야 등과 같이 매우 다양한 분야에서 활용되고 있다.

영상 처리는 사람이 포함되는 응용분야에 적용되는 컴퓨터 영상이다. 이 분야의 대표적인 예는 영상 복원, 영상 품질 향상, 영상 압축이다. 영상 복원은 이미 알고 있거나 알고 있지 못하는 원인에 의해 훼손된 영상을 원래의 모습으로 되돌려 놓는 과정을 말하며 주로 사진 기술이나 출판에 관계하는 기술이다. 영상 복원을 위해서는 영상의 훼손 과정에 대한 모델링이 필요하다. 영상 품질 향상은 받아들인 영상을 시각적으로 보다 보기 좋은 형태로 변환하는 과정이다. 이 기법은 어떠한 효과를 목적으로 하느냐에 따라 적용하는 기법이 다양하다고 볼 수 있다. 영상 복원과 영상 품질 향상과의 차이는 영상 품질 향상은 사람의 시각 특성에 맞게 처리를 한다는 점이고, 영상 복원은 영상의 훼손 과정을 모델링한 후 이의 역 과정을 적용시킨다는 점이다. 영상 압축은 영상을 표현하는데 요구되는 방대한 정보량을 줄이는 과정이다. 이를 위해 시각적으로 불필요한(없어도 사람이 보기에는 별 차이가 없는) 데이터를 검출하여 제거하면 정보량을 줄일 수 있게 된다. 이러한 영상 처리 기법 역시 많은 분야에서 활용하고 있다. 그 예를 들면, 의료 분야, 오락 분야, CAD 분야 등을 들 수 있다. 이 때 의료 분야에서의 컴퓨터 비전 활용과 영상 처리 활용을 구분하여 설명하면 다음과 같다. 의료 분야에서의 컴퓨터 비전 활용은 자동으로 피부 종양을 검출하는 시스템을 들 수 있고, 영상 처리 기법의 활용으로는 MRI 영상을 컴퓨터에 저장하여 전문가가 이를 볼 수 있도록 편의를 제공하는 시스템을 들 수 있다.

본 교재에서 다루게 될 이들 처리 방법의 상관관계를 나타내면 다음의 그림과 같다.

시각 인식 시스템

사람의 시각 시스템은 눈과 뇌 두 가지 구성요소로 나누어 볼 수 있다. 이들 두 기관은 시신경으로 연결되어 있다. 눈은 입력 센서이고 뇌는 정보처리 기관이다. 사람이 눈으로 보는 과정은 다음과 같이 설명된다. 빛 에너지가 수정체를 통해 망막 센서에 도착한다. 이들 센서는 빛 에너지의 세기에 따라 반응하여 정해진 규칙에 의해 전기 신호를 시신경을 통해 뇌에 전달한다. 뇌는 이들 신호를 받아 영상을 형성한다.
다음은 사람의 눈을 나타내는 그림이다.

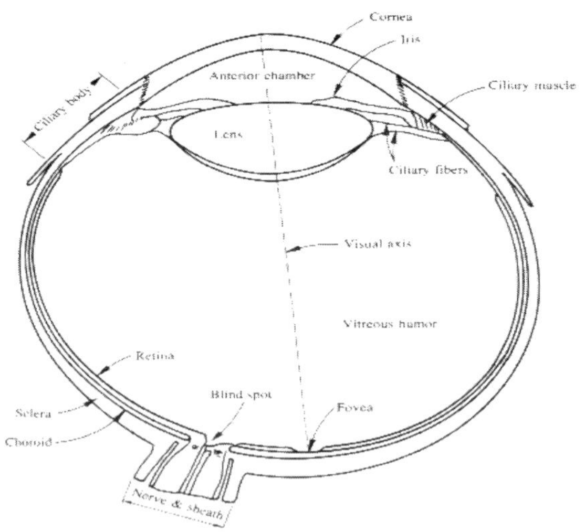

그림 1-1 사람의 눈

눈에는 두 가지 형태의 light energy receptor가 있다. 그 중 하나는 rod이고 나머지는 cone이다. 눈에 분포하는 이들 receptor의 관계가 아래의 그림에 나타나 있다. Cone은 낮에 사용되며 색상에 민감하고 높은 해상도의 분별력이 있다. Rod는 밤에 주로 사용되며 명암의 구분만 가능하고 중간 이하의 분별력을 갖는다.

Spatial Frequency resolution

해상도(resolution)란 두 개의 인접한 화소를 구분하는 능력과 관계가 있다. 공간 주파수를 알아보기 위해 아래의 그림을 사용하여 여러 가지 공간 주파수를 생성하면 다음과 같다.

아래에서 최대값을 갖는 부분은 밝게 0값을 갖는 부분은 검게 나타난다.

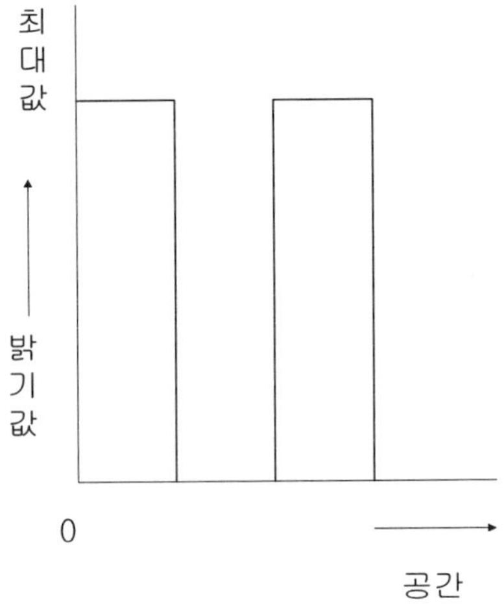

그림 1-2 공간 주파수를 생성하기 위한 구형파

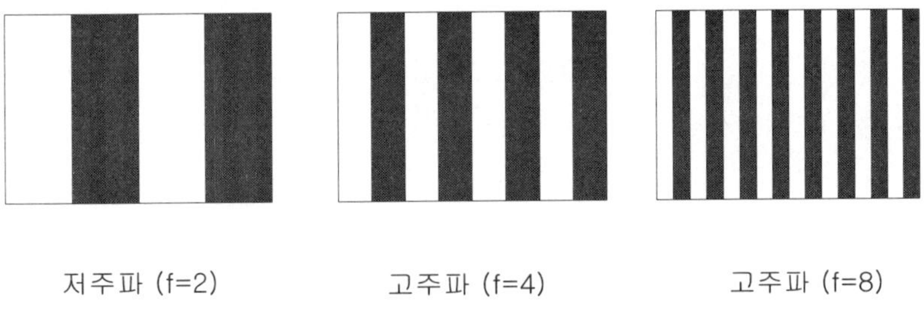

그림 1-3 여러 가지 공간 주파수에 대한 그림

위의 세 그림은 공간 주파수가 각기 다른 그림이다. 하지만 모두 현재 상태에서 해상도가 뛰어나다고 할 수 있다. 그러나 위의 세 번째 그림을 1 또는 2미터 뒤에서 볼 경우에는 해상도 문제가 발생하게 된다. 즉 해상도는 거리와 관계있는 성질이다. 다시 말해 동일한 공간 주파수를 갖는 영상이라 하더라도 어느 정도의 거리에서 보느냐에 따라 해상도가 달라진다. 공간 주파수와 해상도 사이의 관계를 규정하는 데 있어 "거리" 라는 개념을 제거하기로 하자. 이는 공간 주파수를 특정 길이에 대해 측정하는 게 아니라 보는 각도를 기준으로 하여 측정하면 된다. 여기서 각도는 "시계 : field of view" 의 각도

를 의미한다. 손을 쭉 뻗어 엄지손가락을 들었을 때의 시계는 1°에 해당한다. TV는 5-15° 범위의 시계에 놓이도록 설계되었다. 아래의 그림은 "시계와 cycle" 사이의 관계를 보여준다.

아래의 그림에서 보면 동일 시계 내에 두 물체가 놓여 있지만 하나의 물체는 그 거리가 멀게 놓여 있다. 두 물체는 모두 동일 공간 주파수를 갖는 것으로 간주된다. 이럴 경우 멀리 놓여 있는 물체의 사이클은 커질 수밖에 없다. 다시 말해 각도로 측정하는 공간 주파수가 같기 위해서는 멀리 놓여 있는 물체는 사이클이 커야 한다.

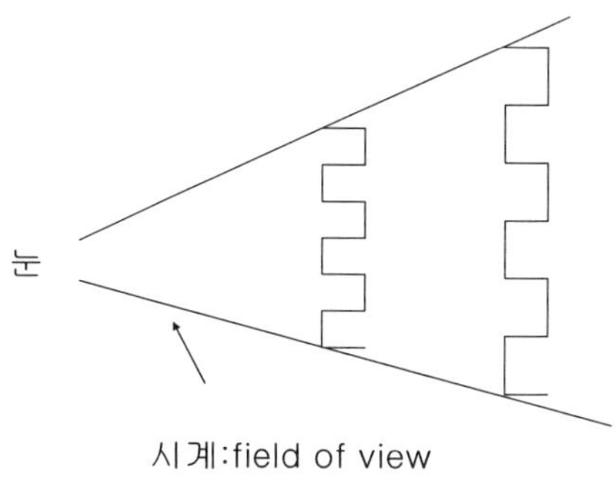

그림 1-4 동일 해상도의 두 물체

실험적으로 측정한 시각 시스템의 "공간 해상도"는 아래의 그림과 같다.

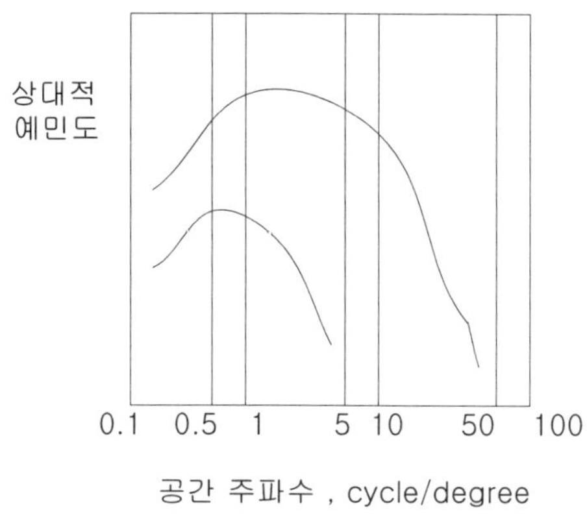

그림 1-5 공간 주파수

위 그림에서 보면 밝은 영상에 대해 사람은 50cycle/degree 이상은 구분하지 못하며 가장 잘 구분하는 공간 주파수는 4 cycle/degree 정도이다. 또한 컬러 정보의 경우 흑백보다 분별력이 저하되는 특성을 갖는다.

사람이 볼 수 있는 가장 밝은 빛의 세기를 glare light라 하고 가장 어두운 빛의 세기를 dark threshold라 하자. 그러나 사람의 눈은 위 범위에 있는 모든 빛의 세기에 항상 응답하지는 않고 주어진 순간에서의 빛의 상황에 따라 적응적으로 응답한다. 눈의 밝기에 대한 응답 특성은 다음의 그림과 같다.

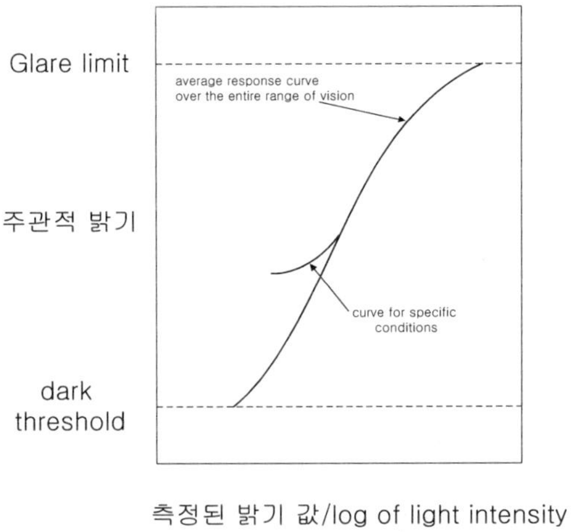

그림 1-6 밝기값 응답 특성

위 그림에서 작은 곡선은 특정 상황에서의 눈의 응답을 나타낸다. 이 곡선보다 낮은 밝기의 빛을 사람은 인지하지 못하게 된다. 이 곡선을 부분적으로만 그린 이유는 빛의 조건이 다르게 되면 작은 곡선은 위로 올라가기 때문이다. 실험에 의하면 작은 영역에서의 밝기의 구분은 20개 정도만 가능하다고 알려져 있다. 하지만 넓은 영역의 경우 위에서 살펴본 바와 같이 "밝기 적응" 성질로 인해 100개 정도의 밝기를 구분해낼 수 있다. 즉 약 7-bits 정도의 정보가 하나의 화소를 나타내는 데 필요하게 된다. 따라서 부자연스럽지 않은 영상을 나타내기 위해서는 7-bit 이상의 밝기 구분을 해주어야 한다. 아래의 그림은 Mach band effect를 나타낸다. 이 현상으로 인해 사람은 영상 내의 물체를 손쉽게 배경과 구분하게 된다.

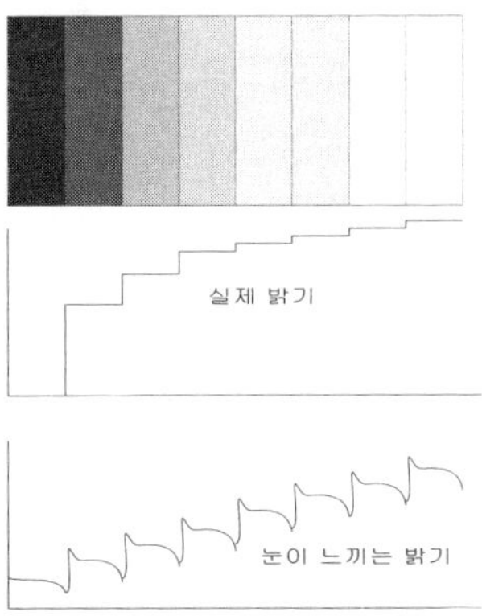

그림 1-7 Mach 밴드 효과

아래의 그림은 시간 주파수와 "flicker sensitivity"의 관계를 보여준다. 이 그림에서 보면 50Hz 이상이 되면 사람은 깜박거리는 것을 알아차리지 못함을 알 수 있다.

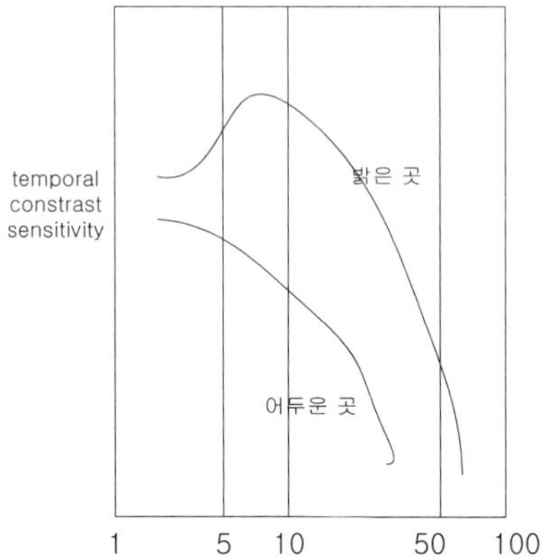

그림 1-8 시간 민감도

1 디지털 영상 처리

디지털 영상 처리의 대표적인 예는 영상 복원, 영상 품질 향상, 영상 압축이다. 영상 복원은 이미 알고 있거나 알고 있지 못하는 원인에 의해 훼손된 영상을 원래의 모습으로 되돌려 놓는 과정을 말하며 주로 사진 기술이나 출판에 관계하는 기술이다. 영상 복원을 위해서는 영상의 훼손 과정에 대한 모델링이 필요하다. 영상 품질 향상은 받아들인 영상을 시각적으로 보다 보기 좋은 형태로 변환하는 과정이다. 이 기법은 어떠한 효과를 목적으로 하느냐에 따라 적용하는 기법이 다양하다고 볼 수 있다. 영상 복원과 영상 품질 향상과의 차이는, 영상 품질 향상은 사람의 시각 특성에 맞게 처리를 한다는 점이고, 영상 복원은 영상의 훼손 과정을 모델링한 후 이의 역 과정을 적용시킨다는 점이다. 영상 압축은 영상을 표현하는 데 요구되는 방대한 정보량을 줄이는 과정이다.

1.1 전통적 주제

전형적인 디지털 영상 처리는 다음의 세 가지 주된 문제와 관련이 있다.

- 획득한 그림에 대한 digitization 및 그림에 대한 전송, 저장, 출력을 위한 부호화
- 영상 변환, 화질 향상, 복원

• 컴퓨터 비전의 초기 단계에 해당하는 영상 세그멘테이션 및 디스크립션

본 교재에서는 LabView를 사용하여 전형적인 디지털 영상 처리 문제를 해결하는 과정을 소개한다. 이를 위해서는 본 교재 3장의 내용은 전통적 주제에 대한 영상 처리 실습 과정으로 지금 소개하는 표현식을 기본으로 사용한다. 3장에서 소개된 내용은 영상 변환과 관련한 내용으로, 영상의 SVD를 통한 eigenimage 구성, Harr, Hadamard, DCT, Slant, Hotelling 변환에 대한 행렬 표현과 LabView를 사용한 이들 변환의 구현이다.

입력 영상을 impulse function의 합으로 표현하면 다음과 같다.

$$
\begin{aligned}
f(x,y) = \; & f(0,0)\delta(x-0,y-0)+\ldots\ldots+f(0,N-1)\delta(x-0,y-(N-1)) \\
& +f(1,0)\delta(x-1,y-0)+\ldots\ldots+f(1,N-1)\delta(x-1,y-(N-1)) \\
& +\ldots\ldots \\
& +f(N-1,0)\delta(x-(N-1),y-0)+\ldots+f(N-1,N-1)\delta(x-(N-1),y-(N-1)) \\
= & \sum_{k_1=0}^{N-1}\sum_{k_2=0}^{N-1}\left[f(k_1,k_2)\delta(x-k_1,y-k_2)\right]
\end{aligned}
$$

입력 영상의 Impulse 함수를 이용한 표현

위와 같이 표현되는 입력영상에 대한 기본적인 행렬 표현은 다음과 같다.

$$
\begin{bmatrix}
f(0,0) & f(0,1)\ldots & f(0,N-1) \\
. & . \;\; .. & . \\
. & . \;\; .. & . \\
f(N-2,0) & . \;\; .. & . \\
f(N-1,0) & . \;\; .. & f(N-1,N-1)
\end{bmatrix}
$$

영상의 행렬 표현식

디지털 영상 처리의 전통적 주제는 대략 영상 변환(Image Transform), 화질 개선(Image Enhancement), 영상 복원(Image Restoration), 영상 압축(Image Compression), 영상 분할(Image Segmentation)로 분류된다. 이들 각 분야 중 본 장에서는 영상 변환(Image Transform), 화질 개선(Image Enhancement)에 대하여 간략히 살펴보기로 한다.

㉮ 영상 변환(Image Transform)

대표적인 영상 변환의 예는 Fourier, Walsh, Hadamard, Harr, Slant, Discrete Cosine, Hotelling 변환이다. 본 절에서는 Fourier 변환에 대한 설명만을 간략히 하고, 나머지 변환들에 대한 유도 및 LabView상에서의 구현은 본 교재의 3장에서 자세히 다루기로 한다.

다음은 연속 함수에 대한 순방향 푸리에 변환식이다.

$$\Im\{f(x)\} = F(u) = \int_{-\infty}^{\infty} f(x) e^{-j2\pi ux} dx$$

다음은 연속 함수에 대한 역방향 푸리에 변환식이다.

$$\Im^{-1}\{F(u)\} = f(x) = \int_{-\infty}^{\infty} F(u) e^{j2\pi ux} du$$

다음은 연속함수에 대한 Fourier 변환의 예이다.

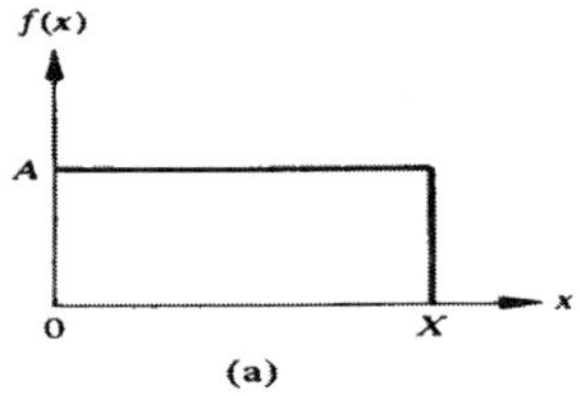

그림 1-9 구형파

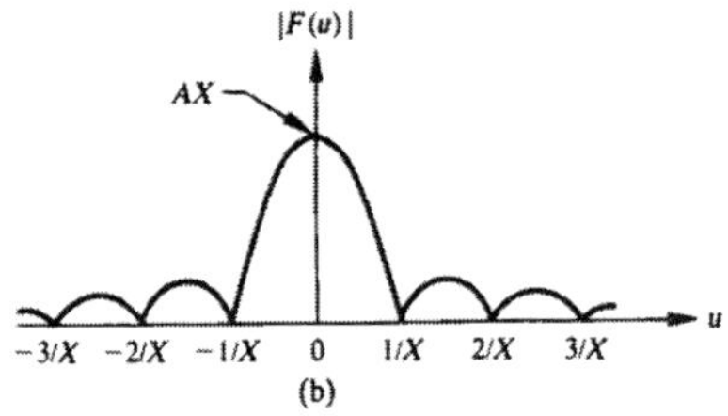

그림 1-10 구형파의 주파수 변환

위의 변환에 대한 식은 다음과 같다.

$$F(u) = \frac{A}{\pi u} \sin(\pi u X) e^{-j\pi u X}$$

Fourier 변환의 결과가 $F(u) = R(u) + jI(u)$와 같은 복소수일 경우 다음과 같은 정의를 사용한다.

- 지수 표현식 : $F(u) = |F(u)| e^{j\Phi(u)}$
- 푸리에 스펙트럼 : $|F(u)| = \sqrt{[R^2(u) + I^2(u)]}$
- 위상각(Phase Angle) : $\Phi(u) = \tan^{-1}\left[\frac{I(u)}{R(u)}\right]$
- Power 스펙트럼 : $P(u) = |F(u)| = R^2(u) + I^2(u)$

㉠ 이산화 과정에 대한 도식적 고찰

디지털 영상에 대한 푸리에 변환을 수행하기 위해서는 discrete 신호에 대한 푸리에 변환이 정의되어야 한다. 디지털 영상은 샘플링 과정을 통하여 디지털 데이터로 변환되어지는데 이러한 이산화(digitization) 과정에 의해 원래의 연속 신호에 대한 푸리에 변환에 변화가 생기게 된다. 이러한 과정을 도식적으로 살펴보면 다음과 같다.

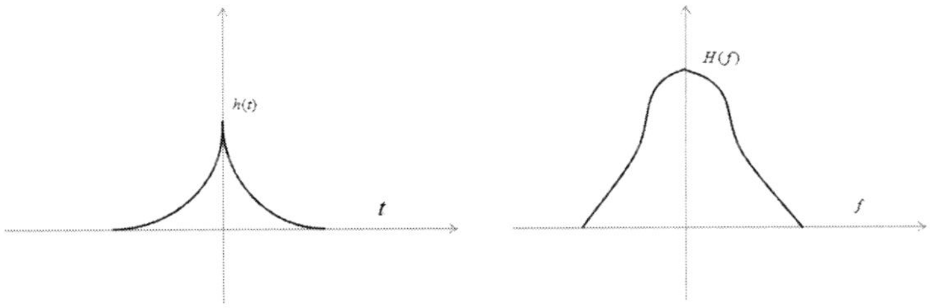

그림 1-11 연속 신호에 대한 푸리에 쌍

위의 그림은 입력 신호 $h(t)$에 대한 푸리에 변환 쌍 $H(f)$를 보여준다. 푸리에 변환 쌍을 다음과 같이 표기하기로 한다. 수식을 유도하기 위하여 위의 함수 $h(t)$는 시간상에서 $t=0$이후에만 존재한다고 가정한다.

$$h(f) \bigcirc Hf(f)$$

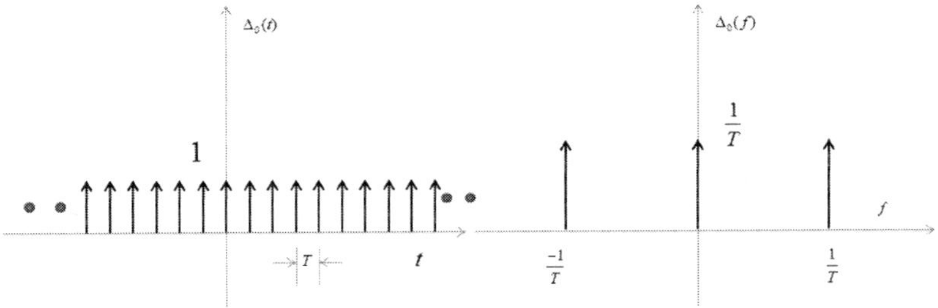

그림 1-12 샘플링(시간) 신호와 그 푸리에 변환

샘플링 함수는 다음과 같이 표현된다. $\Delta_0(t) = \sum_{k=-\infty}^{\infty} \delta(t-kT)$

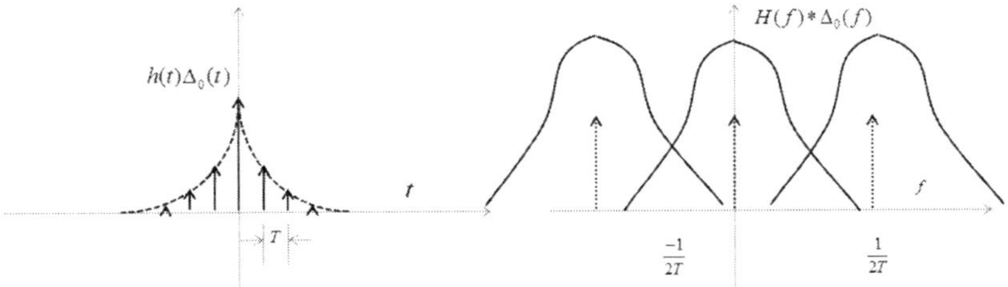

그림 1-13 시간 축에서의 샘플링과 푸리에 변환 쌍

위의 그림 좌측의 표본화된 입력 신호는 다음과 같이 표현된다.

$$h(t)\,\Delta_0(t) = h(t) \sum_{k=-\infty}^{\infty} \delta(t-kT) = \sum_{k=-\infty}^{\infty} h(kT)\delta(t-kT)$$

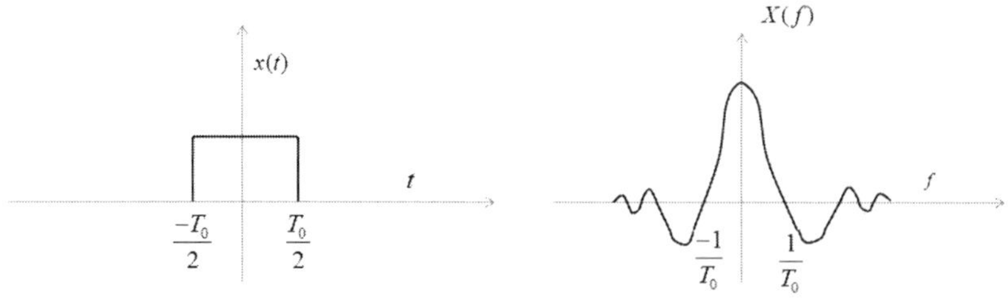

그림 1-14 Truncation 함수(시간축)과 푸리에 변환 쌍

위의 그림은 입력 신호 $h(t)$를 truncation하기 위해 사용하는 truncation 함수를 보여준다. $t \geq 0$인 입력 신호에 대하여, $x(t)$는 다음과 같이 정의된다.

$$x(t) = \begin{cases} 1, & -\frac{T}{2} < t < T_0 - \frac{T}{2} \\ 0 & : \text{기타 영역} \end{cases}$$

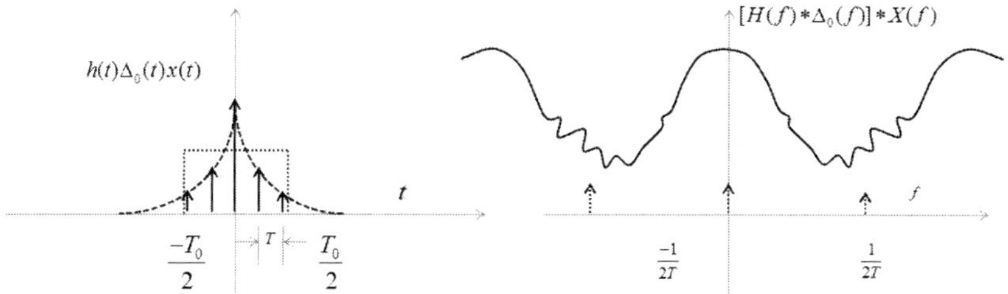

그림 1-15 시간 축에서의 Truncation과 주파수 영역에서의 영향

위의 그림은 입력 신호에 대하여 truncation이 수행된 결과를 보여준다. 또한 이렇게 truncation된 입력 신호에 대한 주파수 영역에서의 변화를 보여주고 있다.

$$h(t)\Delta_0(t)x(t) = \left[\sum_{k=-\infty}^{\infty} h(kT)\delta(t-kT)\right]x(t) = \sum_{k=0}^{N-1} h(kT)\delta(t-kT), \text{ 여기서 } N = \frac{T_0}{T}$$

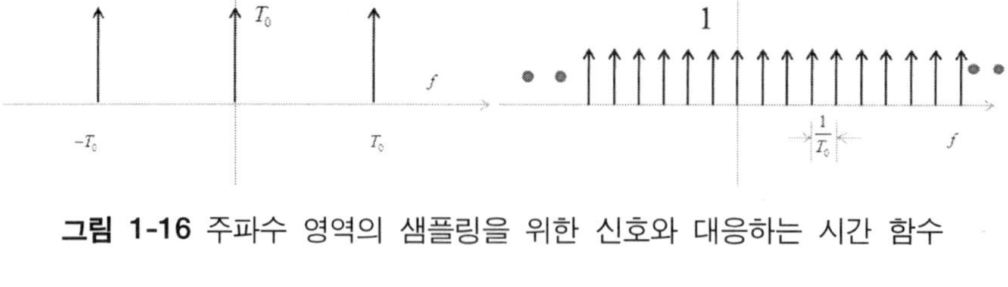

그림 1-16 주파수 영역의 샘플링을 위한 신호와 대응하는 시간 함수

위의 그림은 주파수 영역에서의 표본화를 나타낸다. $\triangle_1(f)$와 $\triangle_1(t)$의 관계는 다음과 같다. $\triangle_1(f)$의 주기가 $\frac{1}{T_0}$일 경우, 이에 해당하는 시간 영역에서의 신호는 아래의 식과 같다.

$$\Delta_1(t) = T_0 \sum_{r=-\infty}^{\infty} \delta(t - rT_0)$$

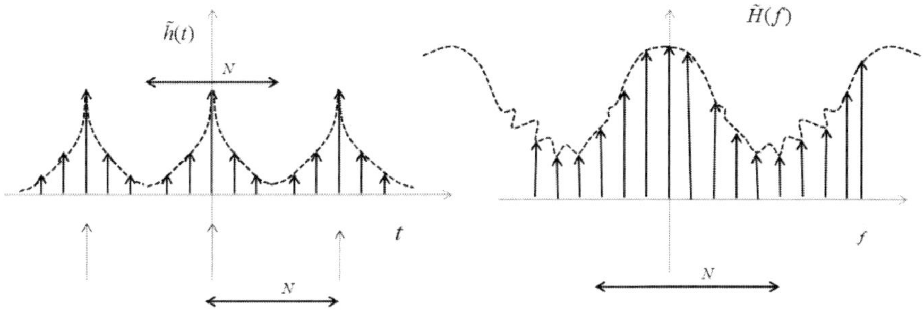

그림 1-17 주파수 영역에 대한 샘플링 및 대응하는 시간 영역의 신호

ⓛ 주기함수에 대한 푸리에 표현식

위의 그림은 최종적으로 주파수 영역에서 표본화된 신호와 이에 해당하는 시간 영역에서의 신호를 보여준다. 시간 영역에 대한 식은 다음과 같다.

$$[h(t)\Delta_0(t)x(t)] \times \Delta_1(t) = \left[\sum_{k=0}^{N-1} h(kT)\delta(t-kT)\right] \times \left[T_0 \sum_{r=-\infty}^{\infty} \delta(t - rT_0)\right]$$

$$= \ldots.. + T_0 \sum_{k=0}^{N-1} h(kT)\delta(t + T_0 - kT) + T_0 \sum_{k=0}^{N-1} h(kT)\delta(t - kT) + T_0 \sum_{k=0}^{N-1} h(kT)\delta(t + T_0 - kT) + \ldots..$$

$$\tilde{h}(t) = T_0 \sum_{r=-\infty}^{\infty} \left[\sum_{k=0}^{N-1} h(kT)\delta(t - kT - rT_0)\right]$$

주기가 T_0인 주기함수에 대한 푸리에 시리즈 표현을 구해본다.

$$y(t) = \frac{a_0}{2} + \sum_{n=1}^{\infty} \left[a_n \cos(2\pi n f_0 t) + b_n \sin(2\pi n f_0 t)\right], \quad f_0 = \frac{1}{T_0}$$

$$a_n = \frac{2}{T_0} \int_{-\frac{T_0}{2}}^{\frac{T_0}{2}} y(t)\cos(2\pi n f_0 t)dt \quad n = 0,1,2,3\ldots : \cos(2\pi n f_0 t) = \frac{1}{2}\left(e^{j2\pi n f_0 t} + e^{-j2\pi n f_0 t}\right)$$

$$b_n = \frac{2}{T_0} \int_{-\frac{T_0}{2}}^{\frac{T_0}{2}} y(t)\sin(2\pi n f_0 t)dt \quad n = 0,1,2,3\ldots : \sin(2\pi n f_0 t) = \frac{1}{2j}\left(e^{j2\pi n f_0 t} + e^{-j2\pi n f_0 t}\right)$$

$$y(t) = \frac{a_0}{2} + \frac{1}{2}\sum_{n=1}^{\infty}\left[(a_n - jb_n)e^{j2\pi n f_0 t}\right] + \frac{1}{2}\sum_{n=1}^{\infty}\left[(a_n + jb_n)e^{-j2\pi n f_0 t}\right]$$

위 식의 푸리에 계수에 대해 다음을 관계식을 유도할 수 있다.

$$a_n = \frac{2}{T_0}\int_{-\frac{T_0}{2}}^{\frac{T_0}{2}} y(t)\cos(2\pi n f_0 t)dt \quad n=0,1,2,3...$$

$$a_{-n} = \frac{2}{T_0}\int_{-\frac{T_0}{2}}^{\frac{T_0}{2}} y(t)\cos(-2\pi n f_0 t)dt = \frac{2}{T_0}\int_{-\frac{T_0}{2}}^{\frac{T_0}{2}} y(t)\cos(2\pi n f_0 t)dt = a_n \quad n=0,1,2,3...$$

$$b_n = \frac{2}{T_0}\int_{-\frac{T_0}{2}}^{\frac{T_0}{2}} y(t)\sin(2\pi n f_0 t)dt \quad n=0,1,2,3...$$

$$b_{-n} = \frac{2}{T_0}\int_{-\frac{T_0}{2}}^{\frac{T_0}{2}} y(t)\sin(-2\pi n f_0 t)dt = -\frac{2}{T_0}\int_{-\frac{T_0}{2}}^{\frac{T_0}{2}} y(t)\sin(2\pi n f_0 t)dt = -b_n \quad n=0,1,2,3...$$

따라서 아래의 관계식이 유도된다.

$$\sum_{n=1}^{\infty}\left[a_n e^{-j2\pi n f_0 t}\right] = \sum_{n=-1}^{-\infty}\left[a_n e^{j2\pi n f_0 t}\right],\ \sum_{n=1}^{\infty}\left[jb_n e^{-j2\pi n f_0 t}\right] = -\sum_{n=-1}^{-\infty}\left[jb_n e^{j2\pi n f_0 t}\right]$$

위의 관계식을 사용하여 정리하면 다음과 같다.

$$\begin{aligned}
y(t) &= \frac{a_0}{2} + \frac{1}{2}\sum_{n=1}^{\infty}(a_n - jb_n)e^{j2\pi n f_0 t} + \frac{1}{2}\sum_{n=1}^{\infty}(a_n + jb_n)e^{-j2\pi n f_0 t} \\
&= \frac{a_0}{2} + \frac{1}{2}\sum_{n=1}^{\infty}(a_n e^{j2\pi n f_0 t} - jb_n e^{j2\pi n f_0 t}) + \frac{1}{2}\sum_{n=1}^{\infty}(a_n e^{-j2\pi n f_0 t} + jb_n e^{-j2\pi n f_0 t}) \\
&= \frac{a_0}{2} + \frac{1}{2}\sum_{n=1}^{\infty}(a_n e^{j2\pi n f_0 t}) - \frac{1}{2}\sum_{n=1}^{\infty}(a_n e^{j2\pi n f_0 t}) + \frac{1}{2}\sum_{n=1}^{\infty}(a_n e^{-j2\pi n f_0 t}) + \frac{1}{2}\sum_{n=1}^{\infty}(a_n e^{-j2\pi n f_0 t}) \\
&= \frac{a_0}{2} + \frac{1}{2}\sum_{n=1}^{\infty}(a_n e^{j2\pi n f_0 t}) + \frac{1}{2}\sum_{n=-1}^{-\infty}(a_n e^{j2\pi n f_0 t}) - \frac{1}{2}\sum_{n=1}^{\infty}(jb_n e^{j2\pi n f_0 t}) - \frac{1}{2}\sum_{n=-1}^{-\infty}(jb_n e^{j2\pi n f_0 t}) \\
&= \frac{a_0}{2} + \frac{1}{2}\sum_{n=-\infty}^{\infty}(a_n e^{j2\pi n f_0 t}) - \frac{a_0}{2} - \frac{1}{2}\sum_{n=-\infty}^{\infty}(jb_n e^{j2\pi n f_0 t}) + \frac{b_0}{2} \\
&= \frac{1}{2}\sum_{n=-\infty}^{\infty}(a_n e^{j2\pi n f_0 t} - jb_n e^{j2\pi n f_0 t}) = \frac{1}{2}\sum_{n=-\infty}^{\infty}(a_n - jb_n)e^{j2\pi n f_0 t} = \sum_{n=-\infty}^{\infty} a_n e^{j2\pi n f_0 t}
\end{aligned}$$

다음의 유도 과정을 거치면 주기함수에 대한 푸리에 표현의 최종적인 결과를 얻을 수 있다.

$$y(t) = \sum_{n=-\infty}^{\infty} a_n e^{j2\pi n f_0 t},\ a_n = \frac{1}{2}(a_n - jb_n) \quad n=0,1,2,3...$$

$$a_n = \frac{2}{T_0}\int_{-\frac{T_0}{2}}^{\frac{T_0}{2}} y(t)\cos(2\pi n f_0 t)dt \Rightarrow \frac{2}{T_0}\int_{-\frac{T_0}{2}}^{\frac{T_0}{2}} y(t)\left(\frac{1}{2}(e^{j2\pi n f_0 t} + e^{-j2\pi n f_0 t})\right)dt \quad n=0,1,2,3...$$

$$b_n = \frac{2}{T_0}\int_{-\frac{T_0}{2}}^{\frac{T_0}{2}} y(t)\sin(2\pi n f_0 t)dt \Rightarrow \frac{2}{T_0}\int_{-\frac{T_0}{2}}^{\frac{T_0}{2}} y(t)\left(\frac{1}{2}(e^{j2\pi n f_0 t} - e^{-j2\pi n f_0 t})\right)dt \quad n=1,2,3...$$

$$a_n = \frac{1}{2}(a_n - jb_n) = \frac{1}{2}(\frac{2}{T_0}\int_{-\frac{T_0}{2}}^{\frac{T_0}{2}} y(t)(\frac{1}{2}(e^{j2\pi nf_0t} + e^{-j2\pi nf_0t}))dt - j\frac{2}{T_0}\int_{-\frac{T_0}{2}}^{\frac{T_0}{2}} y(t)(\frac{1}{2j}(e^{j2\pi nf_0t} - e^{-j2\pi nf_0t}))dt) \quad n = 0,1,2,3\ldots$$

$$= \frac{1}{2}\frac{1}{T_0}(\int_{-\frac{T_0}{2}}^{\frac{T_0}{2}} (y(t)(e^{j2\pi nf_0t} + e^{-j2\pi nf_0t}) - y(t)(\frac{1}{2j}(e^{j2\pi nf_0t} - e^{-j2\pi nf_0t}))dt) \quad n = 0,1,2,3\ldots$$

$$= \frac{1}{2T_0}(\int_{-\frac{T_0}{2}}^{\frac{T_0}{2}} (y(t)(e^{j2\pi nf_0t} + e^{-j2\pi nf_0t} - e^{j2\pi nf_0t} + e^{-j2\pi nf_0t}))dt$$

다음은 주기 신호에 대한 푸리에 시리즈 표현이다.

$$y(t) = \sum_{n=-\infty}^{\infty} \alpha_n e^{j2\pi nf_0t}, \quad \alpha_n = \frac{1}{T_0}\int_{-\frac{T_0}{2}}^{\frac{T_0}{2}} y(t)e^{-j2\pi nf_0t}dt, \quad n = 0,1,2,3\ldots$$

시간 영역에서의 주기 신호는 다음과 같이 convolution으로 표현될 수 있다. 여기서 $x(t)$는 주기가 T_0이고, 크기가 1인 impulse train이다.

$$y(t) = h(t) * x(t)$$

위의 $h(t)$에 대한 푸리에 변환을 $H(f)$라 하고, $x(t)$에 대한 푸리에 변환을 $X(f)$라 하자. Convolution 정리에 의하여 주기 신호 $y(t)$에 대한 푸리에 변환 $Y(f)$는 다음과 같다.

$$Y(f) = H(f)\,X(f) = H(f)\frac{1}{T_0}\sum_{n=-\infty}^{\infty}\delta\left[f - \frac{n}{T_0}\right] = \frac{1}{T_0}\sum_{n=-\infty}^{\infty} H(\frac{n}{T_0})\delta\left[f - \frac{n}{T_0}\right]$$

위의 식을 살펴보면, 주기함수에 대한 푸리에 변환(푸리에 적분)은 정현파에 대한 무한합의 표현을 갖는다는 점이다. 주기함수에 대한 푸리에 시리즈 표현에서도 이와 같은 해석이 가능하다. 주기함수에 대한 푸리에 시리즈 표현의 지수함수는 결과적으로 무한 정현파의 합이다. 푸리에 시리즈 표현식의 적분 구간을 살펴보면 한 주기에 해당한다. 따라서 $y(t) = h(t) * x(t)$에서 한 주기함수를 $h(t)$라 하였기에, 푸리에 시리즈 표현식을 사용하여 주기함수 $y(t)$에 대한 표현을 구하면 다음과 같다.

$$y(t) = \sum_{n=-\infty}^{\infty} \alpha_n e^{j2\pi nf_0t}, \quad \alpha_n = \frac{1}{T_0}\int_{\frac{T_0}{2}}^{\frac{T_0}{2}} y(t)e^{-j2\pi nf_0t}dt = \frac{1}{T_0}\int_{\frac{T_0}{2}}^{\frac{T_0}{2}} h(t)e^{-j2\pi nf_0t}dt = \frac{1}{T_0}H(nf_0) = \frac{1}{T_0}H(\frac{n}{T_0}), \quad n = 0,1,2,3.$$

이상의 고찰에 대한 결론은, 주기함수인 경우 푸리에 시리즈를 통하여 얻은 계수와 푸리에 변환을 통하여 얻은 계수는 같다는 점이다. 또한 주기함수 $y(t)$에 대한 푸리에 시리즈 표현에서의 계수는 단일함수 $h(t)$에 대한 푸리에 변환 $H(f)$의 $(\frac{n}{T_0})$에서의 값이다. 이를 식으로 표현하면 다음과 같다.

ⓒ DFT 표현식 유도

DFT를 유도하는 것은 아래의 식에 대한 푸리에 변환을 구하는 것이다.

$$[h(t)\Delta_0(t)x(t)]\times\Delta_1(t)=\left[\sum_{k=0}^{N-1}h(kT)\delta(t-kT)\right]\times\left[T_0\sum_{r=-\infty}^{\infty}\delta(t-rT_0)\right]$$

$$=.....+T_0\sum_{k=0}^{N-1}h(kT)\delta(t+T_0-kT)+T_0\sum_{k=0}^{N-1}h(kT)\delta(t-kT)+T_0\sum_{k=0}^{N-1}h(kT)\delta(t-T_0-kT)$$

$$+.....$$

$$\tilde{h}(t)=T_0\sum_{r=-\infty}^{\infty}\left[\sum_{k=0}^{N-1}h(kT)\delta(t-kT-rT_0)\right]$$

위의 식을 사용하여 '주기함수에 대한 푸리에 시리즈 표현과 푸리에 변환 표현 사이의 관계' 를 나타내는 식을 전개하면 다음과 같다.

$$\tilde{H}\left[\frac{n}{T_0}\right]=\sum_{n=-\infty}^{\infty}\alpha_n\delta(f-nf_0)\quad f_0=\frac{1}{T_0}$$

$$\alpha_n=\frac{1}{T_0}\int_{-\frac{T}{2}}^{T_0-\frac{T}{2}}\tilde{h}(t)e^{-j2\pi nf_0t}dt=\frac{1}{T_0}\int_{-\frac{T_0}{2}}^{\frac{T_0}{2}}T_0\sum_{r=-\infty}^{\infty}\sum_{k=0}^{N-1}h(kT)\delta(t-kT-rT_0)e^{-\frac{j2\pi nt}{T_0}}dt\ ,n=0,\pm1,\pm2,\pm3...$$

$$=\int_{-\frac{T_0}{2}}^{\frac{T_0}{2}}\sum_{k=0}^{N-1}h(kT)\delta(t-kT)e^{-\frac{j2\pi nt}{T_0}}dt=\sum_{k=0}^{N-1}h(kT)\int_{-\frac{T_0}{2}}^{\frac{T_0}{2}}e^{-\frac{j2\pi nt}{T_0}}\delta(t-kT)dt\ ,n=0,\pm1,\pm2,\pm3...$$

$$=\sum_{k=0}^{N-1}h(kT)e^{-\frac{j2\pi nT}{T_0}},\quad n=0,\pm1,\pm2,\pm3...$$

$T_0=NT$이라 하면, $\alpha_n=\sum_{k=o}^{N-1}h(kT)e^{-\frac{j2\pi kn}{N}},\quad n=0,\pm1,\pm2,\pm3...$

따라서 $\tilde{h}(t)$에 대한 푸리에 변환은 다음과 같다.

$$\tilde{H}\left[\frac{n}{T_0}\right]=\sum_{n=-\infty}^{\infty}\alpha_n\delta(f-nf_0)\quad f_0=\frac{1}{T_0},\quad T_0=NT$$

$$\tilde{H}\left[\frac{n}{NT}\right]=\sum_{n=-\infty}^{\infty}\sum_{k=0}^{N-1}h(kT)e^{-\frac{j2\pi kn}{N}}\delta(f-nf_0)$$

$\tilde{H}\left(\frac{n}{NT}\right)=\tilde{H}\left(\frac{n+N}{NT}\right)$이므로, 아래의 최종적인 관계식을 얻을 수 있다.

$$G\left[\frac{n}{NT}\right]=\sum_{k=0}^{N-1}g(kT)e^{-\frac{j2\pi kn}{N}}\quad n=0,1,...,N-1$$

$$g(kT)=\frac{1}{N}\sum_{k=0}^{N-1}G\left[\frac{n}{NT}\right]e^{\frac{j2\pi kn}{N}}$$

㉣ 고속 푸리에 변환 알고리즘

다음은 푸리에 변화식의 계산을 효율적으로 수행하기 위한 고속 알고리즘의 유도에 대하여 살펴보기로 한다. 먼저 DFT 변환식으로 다음의 표기를 사용하기로 한다.

$$X(n)=\sum_{k=0}^{N-1}x_0(k)e^{-\frac{j2\pi kn}{N}} \quad n=0,\ldots,N-1:$$

$W=e^{-\frac{j2\pi nk}{N}}$이라 하면, 위의 식은 아래와 같이 쓸 수 있다.

$$\begin{aligned}
X(0)&=x_0(0)W^0+x_0(1)W^0+x_0(2)W^0+x_0(3)W^0\\
X(1)&=x_0(0)W^0+x_0(1)W^1+x_0(2)W^2+x_0(3)W^3\\
X(2)&=x_0(0)W^0+x_0(1)W^2+x_0(2)W^4+x_0(3)W^6\\
X(3)&=x_0(0)W^0+x_0(1)W^3+x_0(2)W^6+x_0(3)W^9
\end{aligned}$$

행렬 형태로 표현하면 다음과 같다.

$$\begin{bmatrix}X(0)\\X(1)\\X(2)\\X(3)\end{bmatrix}=\begin{bmatrix}W^0&W^0&W^0&W^0\\W^0&W^1&W^2&W^3\\W^0&W^2&W^4&W^6\\W^0&W^3&W^6&W^9\end{bmatrix}\begin{bmatrix}x_0(0)\\x_0(1)\\x_0(2)\\x_0(3)\end{bmatrix}\rightarrow \mathbf{X(n)=W^{nk}x_0(k)}$$

$N=2^\lambda$일 때, 아래의 관계식을 이용하면

$$\begin{aligned}
&W^{nk\bmod(N)}=W^{nk}\\
&W^{N+nk}=W^NW^{nk}=e^{\frac{-j2\pi N}{N}}e^{\frac{-j2\pi nk}{N}}=e^{\frac{-j2\pi nk}{N}}e^{\frac{-j2\pi}{1}}\\
&=e^{\frac{-j2\pi nk}{N}}\left(\cos(-2\pi)+j\sin(-2\pi)\right)=e^{\frac{-j2\pi nk}{N}}
\end{aligned}$$

즉 $N=4, n=2, k=3$일 경우 $W^{nk\bmod N}=W^{nk}$, $W^6=W^{6\bmod 4}=W^2$이다. 따라서 위의 식은 아래와 같이 간단하게 변형된다.

$$\begin{bmatrix}X(0)\\X(1)\\X(2)\\X(3)\end{bmatrix}=\begin{bmatrix}W^0\rightarrow1&W^0\rightarrow1&W^0\rightarrow1&W^0\rightarrow1\\W^0\rightarrow1&W^1\rightarrow W^1&W^2\rightarrow W^2&W^3\rightarrow W^3\\W^0\rightarrow1&W^2\rightarrow W^2&W^4\rightarrow W^0&W^6\rightarrow W^2\\W^0\rightarrow1&W^3\rightarrow W^3&W^6\rightarrow W^2&W^9\rightarrow W^1\end{bmatrix}\begin{bmatrix}x_0(0)\\x_0(1)\\x_0(2)\\x_0(3)\end{bmatrix}$$

$$\begin{bmatrix}X(0)\\X(1)\\X(2)\\X(3)\end{bmatrix}=\begin{bmatrix}1&1&1&1\\1&W^1&W^2&W^3\\1&W^2&W^0&W^2\\1&W^3&W^2&W^1\end{bmatrix}\begin{bmatrix}x_0(0)\\x_0(1)\\x_0(2)\\x_0(3)\end{bmatrix}$$

위의 행렬의 좌측 벡터의 순서를 바꾸면 아래의 관계가 유도된다. 아래의 식이 FFT 알

고리즘에서 사용하는 핵심적인 관계식이다.

$$\begin{bmatrix} X(0) \\ X(2) \\ X(1) \\ X(3) \end{bmatrix} = \begin{bmatrix} 1 & W^0 & 0 & 0 \\ 1 & W^2 & 0 & 0 \\ 0 & 0 & 1 & W^1 \\ 0 & 0 & 1 & W^3 \end{bmatrix} \begin{bmatrix} 1 & 0 & W^0 & 0 \\ 0 & 1 & 0 & W^0 \\ 1 & 0 & W^2 & 0 \\ 0 & 1 & 0 & W^2 \end{bmatrix} \begin{bmatrix} x_0(0) \\ x_0(1) \\ x_0(2) \\ x_0(3) \end{bmatrix}$$

위의 증명은 다음과 같다.

$$\begin{bmatrix} X(0) \\ X(2) \\ X(1) \\ X(3) \end{bmatrix} = \begin{bmatrix} 1 & W^0 & 0 & 0 \\ 1 & W^2 & 0 & 0 \\ 0 & 0 & 1 & W^1 \\ 0 & 0 & 1 & W^3 \end{bmatrix} \begin{bmatrix} x_0(0)+W^0x_0(2) \\ x_0(1)+W^0x_0(3) \\ x_0(0)+W^2x_0(2) \\ x_0(1)+W^2x_0(3) \end{bmatrix} = \begin{bmatrix} x_0(0)+W^0x_0(2)+W^0(x_0(1)+W^0x_0(3)) \\ x_0(0)+W^0x_0(2)+W^2(x_0(1)+W^0x_0(3)) \\ x_0(0)+W^2x_0(2)+W^1(x_0(1)+W^2x_0(3)) \\ x_0(0)+W^2x_0(2)+W^3(x_0(1)+W^2x_0(3)) \end{bmatrix}$$

$$\begin{bmatrix} X(0) \\ X(1) \\ X(2) \\ X(3) \end{bmatrix} = \begin{bmatrix} x_0(0)+W^0x_0(2)+W^0(x_0(1)+W^0x_0(3)) \\ x_0(0)+W^2x_0(2)+W^1(x_0(1)+W^2x_0(3)) \\ x_0(0)+W^0x_0(2)+W^2(x_0(1)+W^0x_0(3)) \\ x_0(0)+W^2x_0(2)+W^3(x_0(1)+W^2x_0(3)) \end{bmatrix} = \begin{bmatrix} x_0(0)+W^0x_0(1)+W^0x_0(2)+W^0W^0x_0(3) \\ x_0(0)+W^1x_0(1)+W^2x_0(2)+W^1W^2x_0(3) \\ x_0(0)+W^2x_0(1)+W^0x_0(2)+W^2W^0x_0(3) \\ x_0(0)+W^3x_0(1)+W^2x_0(2)+W^3W^2x_0(3) \end{bmatrix}$$

$$= \begin{bmatrix} x_0(0)+W^0x_0(1)+W^0x_0(2)+W^0x_0(3) \\ x_0(0)+W^1x_0(1)+W^2x_0(2)+W^3x_0(3) \\ x_0(0)+W^2x_0(1)+W^0x_0(2)+W^2x_0(3) \\ x_0(0)+W^3x_0(1)+W^2x_0(2)+W^1x_0(3) \end{bmatrix} = \begin{bmatrix} W^0 & W^0 & W^0 & W^0 \\ W^0 & W^1 & W^2 & W^3 \\ W^0 & W^2 & W^0 & W^2 \\ W^0 & W^3 & W^2 & W^1 \end{bmatrix} \begin{bmatrix} x_0(0) \\ x_0(1) \\ x_0(2) \\ x_0(3) \end{bmatrix}$$

위의 행렬식이 계산되는 과정을 도식적으로 표현하면 아래의 그림과 같다.

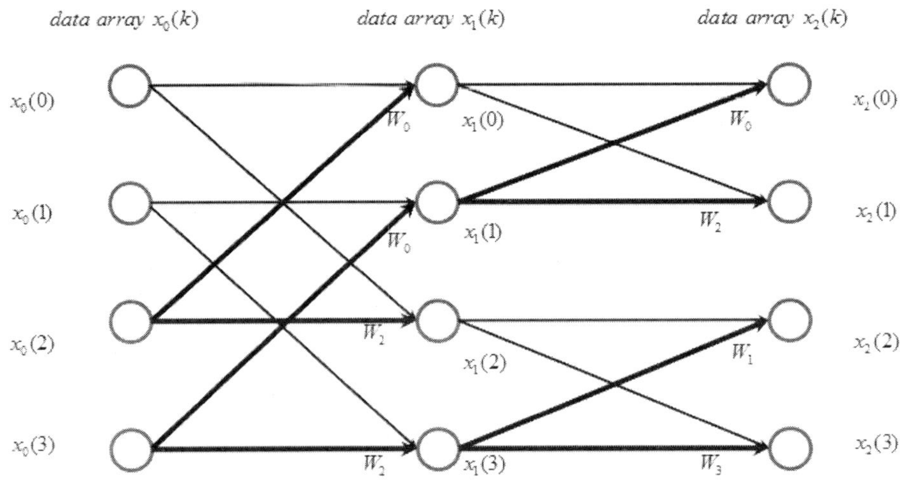

그림 1-18 행렬 계산에 대한 계산 흐름도

다음은 $N=16$인 경우에 대한 Signal Flow Graph이다.

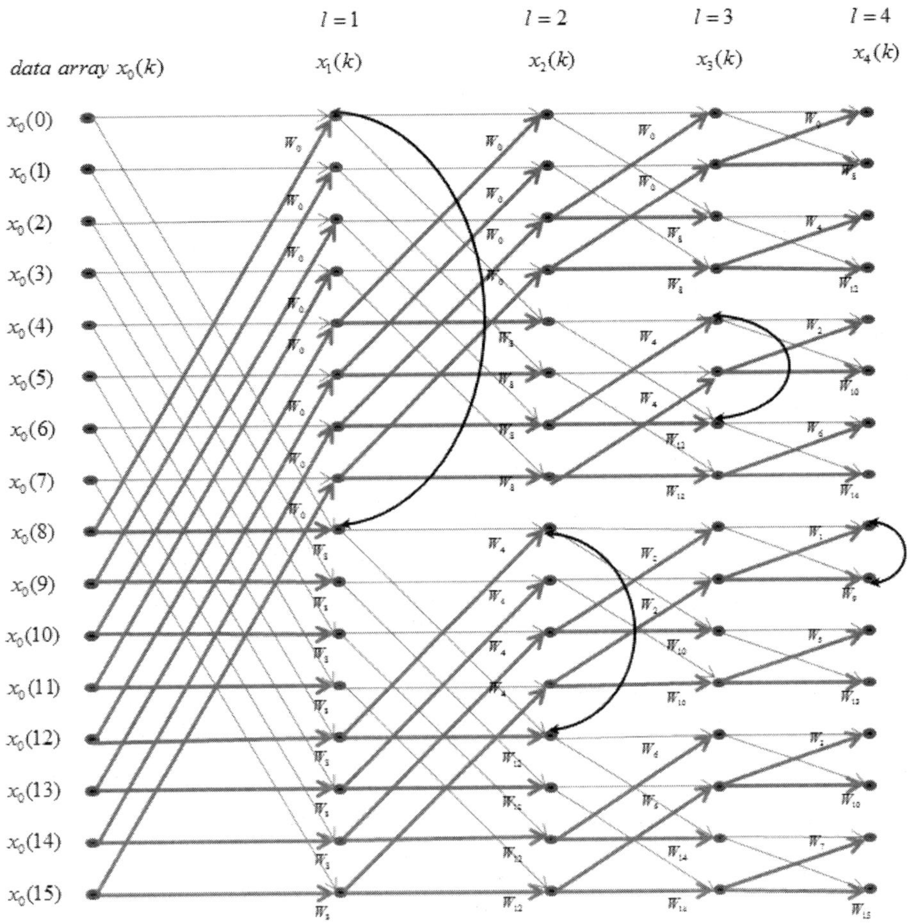

그림 1-19 N=16인 경우의 계산 흐름도

위의 그림에서 각 계산 단계에는 하나의 dual-node pair이 존재하는데, $x_1(1), x_8(1)$은 그 입력으로 $x_1(0), x_8(0)$을 공통으로 취하고 있다. 따라서 고속 계산을 위해 $x_1(1), x_8(1)$을 한꺼번에 계산을 수행하고, $x_1(0), x_8(0)$는 $x_1(1), x_8(1)$이외의 다른 계산에는 사용되지 않는다는 점을 이용하여 $x_1(0), x_8(0)$자리에 계산된 $x_1(0), x_8(0)$을 대체하게 된다. 각 계산 단계에서의 dual-node의 인덱스의 차이는 다음에 의해 구할 수 있다.

i : *array* 인덱스일 때, $\frac{N}{2^l} \Rightarrow$ *dual node* 인덱스차이, $x_l(k) \Leftrightarrow x_l(k+\frac{N}{2^l})$이다.

각 dual-node 쌍에서의 계산은 다음과 같다.

$$x_2(8) = x_1(8) + W^4 x_1(12)$$
$$x_2(12) = x_1(8) + W^{12} x_1(12)$$

Dual-node 중 하나의 weighting factor가 W^p이면, 다른 하나의 weighting factor는

$W^{p+\frac{N}{2}}$이다. $W^p = -W^{p+\frac{N}{2}}$이므로, dual-node에서의 계산은 다음과 같이 요약된다.

$$x_l(k) = x_{l-1}(k) + W^p x_{l-1}(k + \frac{N}{2^l})$$
$$x_l(k + \frac{N}{2^l}) = x_{l-1}(k) - W^p x_{l-1}(k + \frac{N}{2^l})$$

다음 단계로, 각 계산 단계에서의 W^p에 대한 p값을 구한다. 데이터의 개수를 $N = 2^{\gamma}$이라 할 때, $x_3(8)$은 $x_l(k)$의 인덱스 방식에서 $l = 3, k = 8$이다. 물론 $\gamma = 4$이다. 이때, 인덱스 k를 $k = a_3 a_2 a_1 a_0$와 같이 이진수로 나타낸다. $k = 8$인 경우 $k = a_3 a_2 a_1 a_0 = 1000$으로 표시된다. 이 이진수를 $\gamma - l$ 비트만큼 오른쪽으로 이동시키고 비워진 왼쪽 자리는 0으로 채운다. 이동된 이진수는 [$1000 \Rightarrow 0100$: $(\gamma = 4) - (l = 3)$ 비트이동]이다. 이렇게 구해진 이진수를 bit-reverse한다. 즉 0010이 구해지며, $p = 2$이다.

이상과 같이 각 array 단계별 연산을 취할 경우, 위의 연산 구조는 이전의 행렬 표현에서 알 수 있듯이 순서가 뒤섞인 결과가 얻어진다. 따라서 최종적으로 얻어진 결과를 정렬해 주어야 하는데 이는 최종 데이터 인덱스를 bit-reverse해주면 된다.

㉯ 화질 개선(Image Enhancement)

화질 개선은 입력 영상에 대한 처리를 수행하여, 처리된 영상이 특정한 측면에서 원래의 입력 영상보다 적합하도록 하는 과정이다. 화질 개선을 위한 대부분의 영상 처리 기법은 공간 영역 처리와 주파수 영역 처리로 분류될 수 있다. 공간 영역 처리 기법으로는 화소 처리 기법, 히스토그램 처리 기법, 영상 차감 기법, 영상 평균 기법, 공간 필터링 기법(smoothing 필터의 사용, sharpening 필터) 등이 있으며, 주파수 영역 처리 기법으로는 low-pass filtering, high-pass filtering 등이 있다. 본 절에서는 공간 영역 처리 기법 중에서 히스토그램 처리 기법과 주파수 영역에서의 필터 특성을 사용하여 공간 필디의 마스크를 생성하는 방법에 대하여 살펴보기로 한다.

㉠ 히스토그램 처리 기법

변수 r은 영상의 밝기를 표시한다. $r = 0$은 영상의 밝기값이 최소이며 디스플레이할 경우 검게 나오는 값이다. $r = 1$은 밝기값이 최대이며, 백색에 해당한다. 주어진 입력 영상에 대하여 아래의 변환은 입력 영상의 화소의 값이 r인 모든 화소를 새로운 화소값 s로 변경해 주는 변환이다.

$$s = T(r)$$

위의 변환이 다음의 조건을 만족한다고 가정한다.

- $T(r)$은 $0 \leq r \leq 1$에 대하여 단조 증가하며 하나의 입력에 대하여 하나의 결과를 매핑한다.
- $0 \leq T(r) \leq 1, \text{for}\, 0 \leq r \leq 1$

위의 변환 $T(r)$에 대한 역변환은 다음과 $r = T^{-1}(s), 0 \leq s \leq 1$이며, 위의 조건을 만족한다고 가정한다. $p_r(r), p_s(s)$을 각각 입력 영상과 변환 영상에서의 화소값의 분포를 나타내는 확률밀도함수라 한다. 이때 다음의 관계가 성립한다.

$$p_s(s) = \left[p_r(r) \frac{dr}{ds} \right]_{r = T^{-1}(s)}$$

이때 변환 $T(r)$을 다음과 같이 정할 경우 아래의 관계식이 유도된다.

$$s = T(r) = \int_0^r p_r(w) dw \quad 0 \leq r \leq 1$$

$\frac{dr}{ds} = p_r(r)$이므로 $p_s(s) = \left[p_r(r) \frac{1}{p_r(r)} \right]_{r = T^{-1}(s)} = [1]_{r = T^{-1}(s)} = 1$이다.

㉡ 공간 필터 마스크 생성 방법

주어진 주파수 영역에서의 필터에 해당하는 공간필터를 least square error에 기반하여 구해보기로 한다.

주파수 영역에서의 필터링은 다음과 같다.

$$G(u,v) = H(u,v) F(u,v)$$

Convolution 정리에 의하여, 위의 주파수 영역에서의 처리는 다음과 같은 공간상에서의 처리로 변환된다.

$$g(x,y) = \sum_{i=0}^{N-1} \sum_{k=0}^{N-1} h(x-i, y-k) f(i,k) \ : x,y = 0,1,2,\ldots N-1$$

위의 식에서 h는 $H(u,v)$에 대한 inverse Fourier Transform이다.

$$H(u,v) = \frac{1}{N} \sum_{x=0}^{N-1} \sum_{y=0}^{N-1} h(x,y) e^{\left[\frac{-j2\pi(ux+vy)}{N} \right]} \quad u,v = 0,1,\ldots,N-1$$

위에서 $h(x,y)$가 $n < N$에 대해서만 값을 갖고($n \times n$ convolution mask), 나머지 영역에 대해서는 정의되지 않을 경우 이에 대한 역방향 푸리에 변환은 다음과 같다.

$$\hat{H}(u,v)=\frac{1}{N}\sum_{x=0}^{n-1}\sum_{y=0}^{n-1}\hat{h}(x,y)e^{\left[\frac{-j2\pi(ux+vy)}{N}\right]}\quad u,v=0,1,\ldots,N-1$$

이때 다음의 오차를 최소로 하는 $\hat{h}(x,y)$를 구한다.

$$e^2=\sum_{u=0}^{N-1}\sum_{v=0}^{N-1}|\hat{H}(u,v)-H(u,v)|^2$$

먼저 위의 식을 행렬 형태로 표현하면 다음과 같다.

$$\hat{\boldsymbol{H}}=\boldsymbol{C}\hat{\boldsymbol{h}}$$

위에서 $\hat{\boldsymbol{H}}$는 $\hat{H}(u,v)$에 대해 stacking operator를 취하여 얻은 $N^2\times 1$ 크기의 column vector이고, $\hat{\boldsymbol{h}}$은 $\hat{h}(x,y)$에 대한 $n^2\times 1$ 크기의 컬럼 벡터이다. $\boldsymbol{C}$는 $N^2\times n^2$의 지수 항에 대한 행렬이다. 이들의 구성에 대한 구체적인 예는 생략한다. 최소화하고자 하는 오차에 대한 행렬 표현식은 다음과 같다.

$$e^2=(\hat{\boldsymbol{H}}-\boldsymbol{H})^*(\hat{\boldsymbol{H}}-\boldsymbol{H})=\|\hat{\boldsymbol{H}}-\boldsymbol{H}\|^2=\|\boldsymbol{C}\hat{\boldsymbol{h}}-\boldsymbol{H}\|^2$$

위의 식에 편미분을 취한 후 정리하면 다음과 같다.

$$\frac{\partial e^2}{\partial \hat{\boldsymbol{h}}}=2\boldsymbol{C}^*(\boldsymbol{C}\hat{\boldsymbol{h}}-\boldsymbol{H})=0$$
$$\hat{\boldsymbol{h}}=(\boldsymbol{C}^*\boldsymbol{C})^{-1}\boldsymbol{C}^*\boldsymbol{H}=\boldsymbol{C}^{\$}\boldsymbol{H}$$

위에서 $\boldsymbol{C}^{\$}=(\boldsymbol{C}^*\boldsymbol{C})^{-1}\boldsymbol{C}^*\boldsymbol{H}$를 Moore-Penrose generalized inverse라고 한다.

1.2 NI IMAQ 영상 처리 및 분석

IMAQ Vision에서의 디지털 영상 처리 및 Particle Analysis 관련 주제는 다음과 같이 분류할 수 있다. 4장에서 각 주제에 대한 예제를 살펴보기로 한다.

㉮ 영상 분석 관련

영상의 통계적 특성과 영상 내 특징에 대한 측정을 통하여 대상 영상의 특징을 이해할 수 있게 한다. 이러한 분석을 통하여 적절한 검사 도구를 용이하게 선택할 수 있다. 또한 본 카테고리에 있는 VI를 사용하여 기본적인 검사 기능을 수행할 수도 있다.

㉠ Histogram : 이는 입력 영상의 전체적인 화소값의 분포를 파악할 수 있게 한다. 즉

입력 받은 영상의 화소값의 크기가 검사를 수행할 수 있을 만큼 충분한 값을 가지는지 판단할 수 있게 한다. 또한 입력 영상에 특별히 두드러지는 영역이 있는지 알 수 있게 한다. 히스토그램을 사용하여 결정할 수 있는 요소는 다음의 두 가지이다.

- contrast 결여 : 히스토그램에 피크가 없을 경우 대상 물체와 배경의 구분이 모호하게 된다.
- saturation : 이미지 센서의 과다 노출 또는 불충분 노출 정도를 확인해준다.

히스토그램은 사용하는 density 함수에 따라 Linear Histogram과 Cumulative Histogram이 있다. 다음은 이들에 대한 예이다.

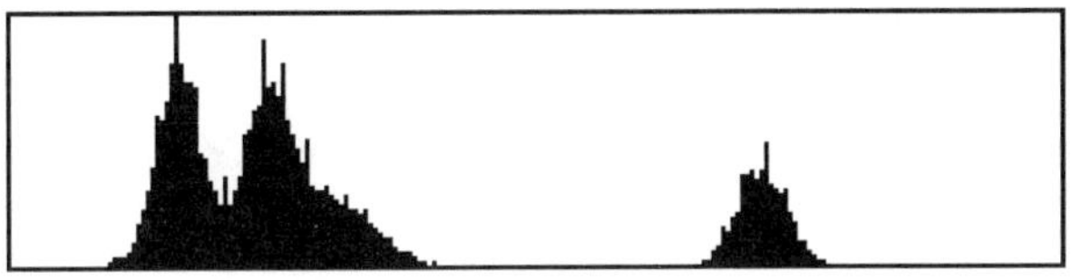

그림 1-20 Linear Histogram

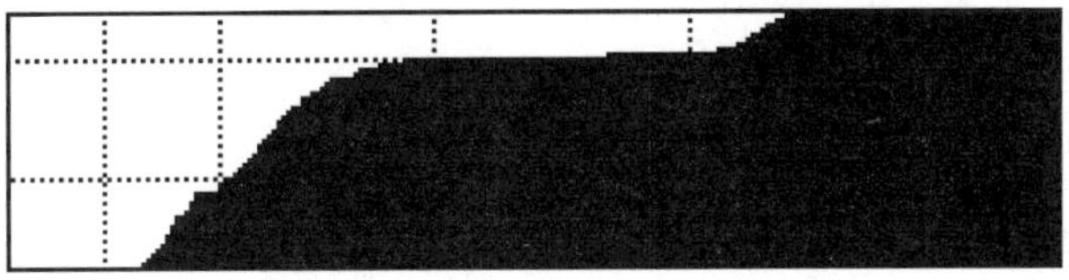

그림 1-21 Cumulative Histogram

컬러 영상에 대한 히스토그램을 수행할 경우에는 컬러 성분 각각에 대한 결과를 제공하여 준다. 사용 가능한 컬러 영상은 RGB와 HSL이다.

㉡ Line Profile : 이는 영상내의 지정된 라인(선)을 따라 화소값의 변화를 표시해준다. 이는 인접한 물체의 경계를 구분하는데 용이하게 사용될 수 있다. 다음은 Line Profile에 대한 예이다.

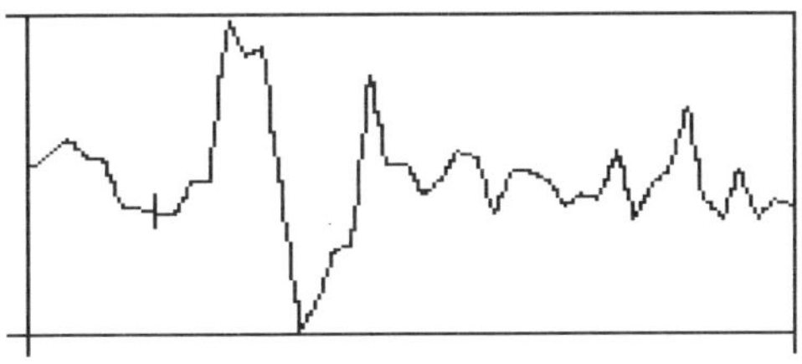

그림 1-22 Line profile

㉢ Intensity Measurements : 이는 영상 또는 영상내의 일정 영역에 대한 흑백 화소값

의 통계적인 측정을 해준다. 특정 영역의 화소값의 평균을 사용하여 검출하고자 하는 요소의 존재 유무를 판단할 수 있다. 제공하는 파라미터는 다음과 같다.

- Minimum Gray Value
- Maximum Gray Value
- Mean Gray Value
- Standard Deviation

㉯ 영상 처리 관련

본 카테고리는 입력 영상에 대한 적절한 처리와 관련한다. 영상에 대한 적절한 처리는 이후의 검사 및 측정에 보다 나은 결과를 제공할 수 있다.

㉠ LookUp Tables : 이는 영상의 특정 영역에 대한 특성을 좋게 하는 영상 변환이다. 이 경우 해당되지 않는 다른 영역에서는 손실이 발생하게 된다. 여기에 속하는 예는, 히스토그램 평활화, 감마 보정, logarithmic correction, exponential correction 등이 있다. 이는 영상의 대비(contrast)가 적절하지 않은 영역에 대해 대비를 향상시키는 역할을 한다.

LookUp Table 처리는 다음의 예를 통하여 쉽게 이해할 수 있다. 아래의 그림은 입력 영상과 히스토그램이다.

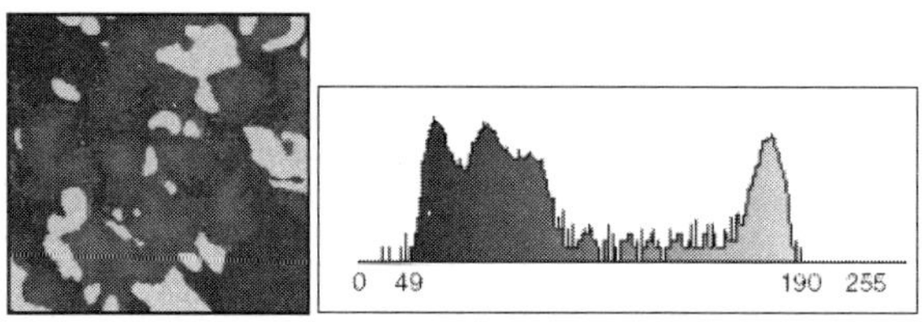

그림 1-23 입력 영상과 히스토그램

위의 입력 영상에 대하여 다음의 수식으로 표현되는 LookUp Table은 아래의 그림과 같은 변환 그래프로 설명되어 진다.

$$If\ x \in [0, 49], F(x) = 0$$

$$If\ x \in [191, 254], F(x) = 255$$

$$If\ x \in [50, 190], F(x) = 1.81 \times x - 89.5$$

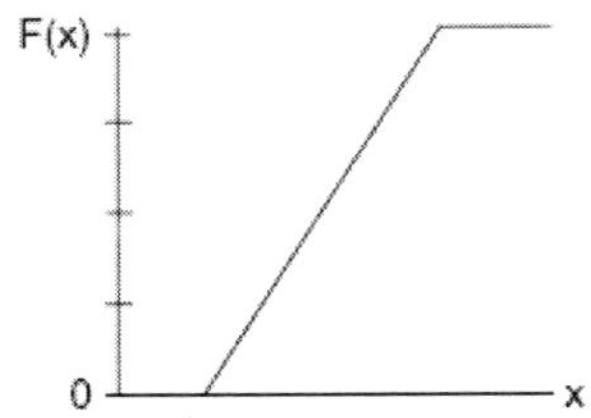

그림 1-24 Lookup Table

LookUp Table 변환을 수행한 결과는 다음과 같다.

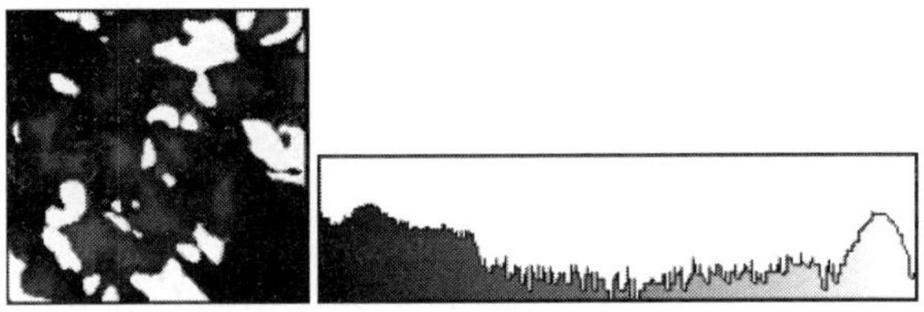

그림 1-25 Lookup table을 이용한 변환 결과

LabView에는 7개의 미리 정의된 LookUp Table이 있다. 이들은 다음과 같다.

- Linear, Logarithmic, Power $1/Y$(Inverse Gamma Correction), Square Root, Exponential, power Y(Gamma Correction), Square

다음은 이들에 대한 Transfer 함수의 개략적인 모양이다.

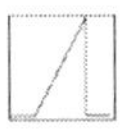 : Linear

 : Logarithmic, Power $1/Y$(Inverse Gamma Correction), Square Root

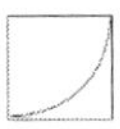 : Exponential, power Y(Gamma Correction), Square

이들 LookUp Table 변환에 대하여 살펴보면 다음과 같다.

- Logarithmic, Power $1/Y$(Inverse Gamma Correction)

다음 그림은 이들 변환에 대한 전달함수의 그래프이다.

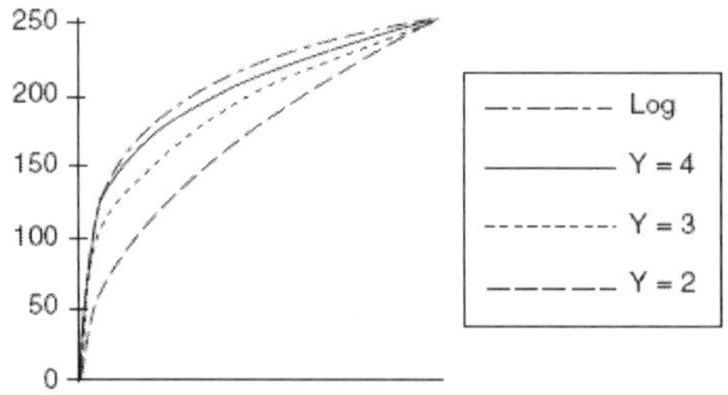

그림 1-26 Logarithmic, Power $1/Y$

- Exponential, power Y(Gamma Correction)

다음 그림은 이들 변환에 대한 전달함수의 그래프이다.

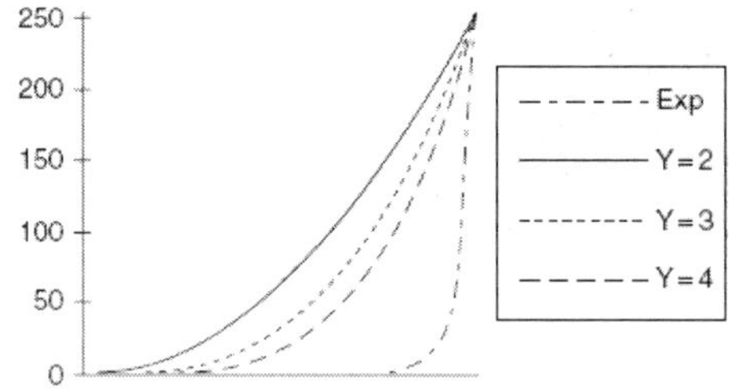

그림 1-27 Exponential, power Y

- Equalize : 이는 미리 정해진 테이블값을 이용하지 않고 영상내의 지정된 영역의 히스토그램을 사용하여 영상의 화소값을 변경해준다. 다음은 히스토그램 Equalize에 사용된 입력 영상과 결과 영상이다. 우 상단은 확률밀도이며, 우 하단은 누적 확률밀도이다.

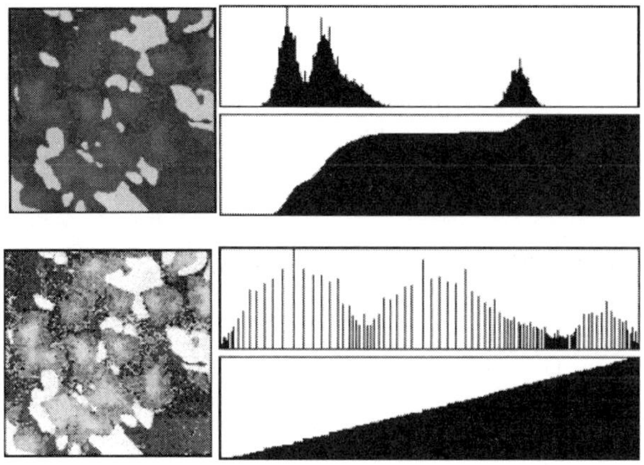

그림 1-28 Histogram Equalization

㉡ Spatial Filtering : Convolution Kernel은 제거 흑백 영상에 대한 필터링을 위해 사용된다. 영상의 smoothing, 노이즈 제거 또는 에지 강조 등과 같은 처리에 사용된다. 다음은 Kernel의 예이다. LabView는 사용자가 직접 kernel 값을 설정하여 사용할 수 있다.

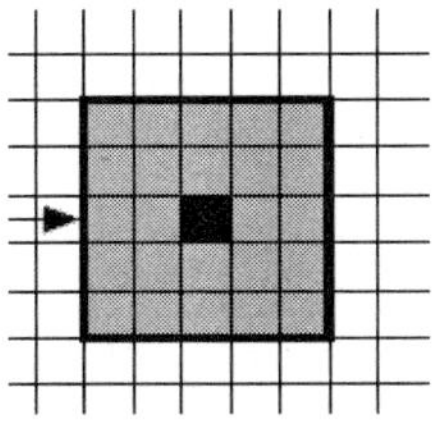

그림 1-29 Kernel

Spatial filter는 다음과 같이 분류된다.

- Linear Highpass Filter : Gradient, Laplacian
- Linear Lowpass Filter : Smoothing, Gaussian
- Nonlinear Highpass Filter : Gradiant, Roberts, Sobel, Prewitt, Differentiation, Sigma
- Nonlinear Lowpass Filter : Median, Nth-Order, Lowpass

① Linear Filter

- Gradient Filter : 특정 방향에 대한 화소값의 변화를 강조하여 표현해준다. Gradient convolution filter는 1차 미분을 수행하며 kernel은 다음과 같다.

$$\begin{matrix} a & -b & c \\ b & \boldsymbol{x} & -d \\ c & d & -a \end{matrix}$$

여기서 a,b,c는 정수이고, x는 0 또는 1이다.

다음은 위의 구조를 갖는 filter의 kernel과 이를 이용한 영상 처리 결과이다.

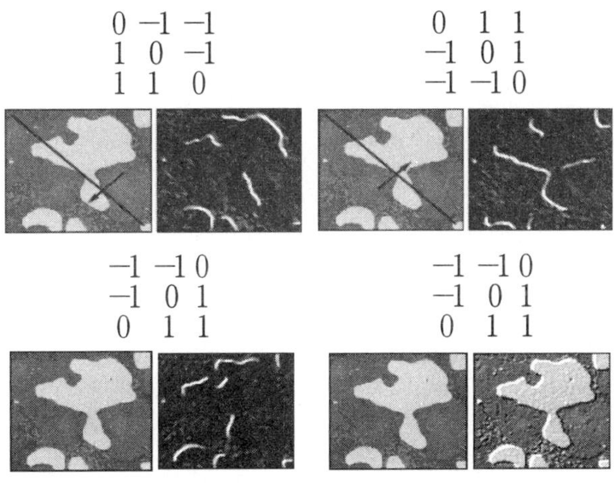

그림 1-30 Linear Filter의 예

- Laplacian Filter : Gradient filter와 다르게 모든 방향에 대하여 영상의 화소값의 변화를 검출해준다. Kernel은 다음과 같다.

$$\begin{matrix} a & b & c \\ b & x & d \\ c & d & a \end{matrix}$$

다음은 위의 구조를 갖는 filter의 kernel과 이를 이용한 영상 처리 결과이다.

$$\begin{matrix} -1 & -1 & -1 \\ -1 & 8 & -1 \\ -1 & -1 & -1 \end{matrix} \qquad \begin{matrix} -1 & -1 & -1 \\ -1 & 9 & -1 \\ -1 & -1 & -1 \end{matrix}$$

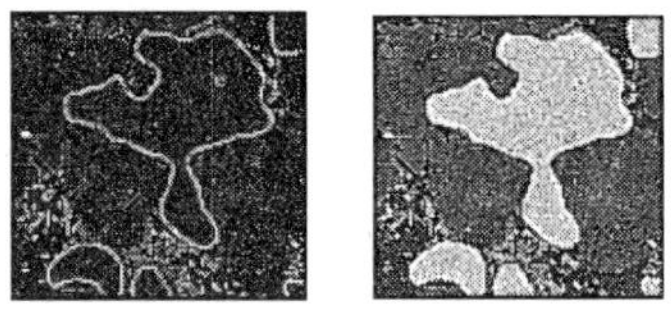

그림 1-31 Laplacian Filter

- Smoothing Filter : 다음과 같은 Kernel을 갖는다.

$$\begin{matrix} a & d & c \\ b & x & b \\ c & d & a \end{matrix}$$ 여기서 a,b,c는 양의 정수이고, x는 0 또는 1이다.

- Gaussian Filter : 다음과 같은 Kernel을 갖는다.

$$\begin{matrix} a & d & c \\ b & x & b \\ c & d & a \end{matrix}$$ 여기서 a,b,c는 양의 정수이고, $x > 1$이다

② Nonlinear Filter

- Nonlinear Prewitt Filter : 이는 아래의 두 kernel의 결과 중 큰 값을 사용하여 화소값으로 대체하여 준다.

$$\begin{matrix} -1 & 0 & 1 \\ -1 & 0 & 1 \\ -1 & 0 & 1 \end{matrix} \qquad \begin{matrix} -1 & -1 & -1 \\ 0 & 0 & 0 \\ 1 & 1 & 1 \end{matrix}$$

- Nonlinear Soble Filter : 이는 아래의 두 kernel의 결과 중 큰 값을 사용하여 화소값으로 대체하여 준다.

$$\begin{matrix} -1 & 0 & 1 \\ -2 & 0 & 2 \\ -1 & 0 & 1 \end{matrix} \qquad \begin{matrix} -1 & -2 & -1 \\ 0 & 0 & 0 \\ 1 & 2 & 1 \end{matrix}$$

- Nonlinear Gradient Filter : 이는 다음의 수식으로 표현된다.

$$P_{(i,j)} = \max [\, |P_{(i,j-1)} - P_{(i,j)}|, |P_{(i-1,j-1)} - P_{(i-1,j)}|]$$

- Roberts Filter : 이는 다음의 수식으로 표현된다.

$$P_{(i,j)} = \max [\, |P_{(i-1,j-1)} - P_{(i,j)}|, |P_{(i,j-1)} - P_{(i-1,j)}|]$$

- Differentiation Filter : 이는 다음의 수식으로 표현된다.

$$P_{(i,j)} = \max [\, |P_{(i-1,j)} - P_{(i,j)}|, |P_{(i-1,j-1)} - P_{(i,j)}|, |P_{(i,j-1)} - P_{(i,j)}|]$$

- Sigma Filter : $P_{(i,j)} - M > S$이면, $P_{(i,j)} = P_{(i,j)}$ 그렇지 않으면 $P_{(i,j)} = M$이다. 여기서 M은 $P_{(i,j)}$와 그 주변화소와의 평균값이며, S는 표준편차이다.
- Lowpass Filter : $P_{(i,j)} - M < S$이면, $P_{(i,j)} = P_{(i,j)}$ 그렇지 않으면 $P_{(i,j)} = M$이다. 여기서 M은 $P_{(i,j)}$와 그 주변화소와의 평균값이며, S는 표준편차이다.
- Median Filter : $P_{(i,j)}$ = 주변 화소의 중간값
- Nth Order Filter : $P_{(i,j)}$주변화소의 값 중 N번째 값으로 대체된다.

ⓒ Grayscale morphology : Binary Morphology와 Grayscale morphology가 있다.
- Erosion : 대상 화소의 주변에 있는 화소들의 밝기값이 작을 경우, 대상 화소의 밝기를 줄여준다. $P_0 = \min(P_i)$
- Dilation : 대상 화소의 주변에 있는 화소들의 밝기값이 클 경우, 대상 화소의 밝기를 증가시켜 준다. $P_0 = \max(P_i)$
- Opening : gray-level erosion을 수행한 후 gray-level dilation을 수행한다. 이 과정에서 작은 크기의 밝은 점이 제거될 수 있다.
- Closing : gray-level dilation을 수행한 후 gray-level erosion을 수행한다. 이 과정에서 작은 크기의 어두운 점이 제거될 수 있다.
- Proper-Opening : Opening과 Closing 처리를 쌍으로 적용한다.

$$proper-opening(I) = \min(I, Opening : Closing : Opening(I))$$

- Proper-Closing : Closing과 Opening을 처리를 쌍으로 적용한다.

$$proper-closing(I) = \max(I, Closing : Opening : Closing(I))$$

- Auto-median : Closing과 Opening을 처리를 쌍으로 적용한다.

$$proper-median(I) = \min(Openng : Closing : Opening(I), Closing : Opening : Closing(I))$$

㉣ Operators : 이는 기본적인 산술/논리 연산을 수행한다. 산술 연산자, 논리 연산자 그리고 비교 연산자가 있으며 이는 다음과 같다.

① 산술 연산자 : Multiply, Divide, Add, Subtract, Modulo, Absolute Difference

② 논리/비교 연산자 : AND, NAND, OR, NOR, XOR, Logic Difference, Mask, Mean, Max, Min

㉤ Frequency Domain Analysis : LabView에서는 FFT 결과의 표현에 두 가지 방식을 제공한다.

① Standard 표현 : 아래의 그림과 같이 FFT 결과를 표시한다.

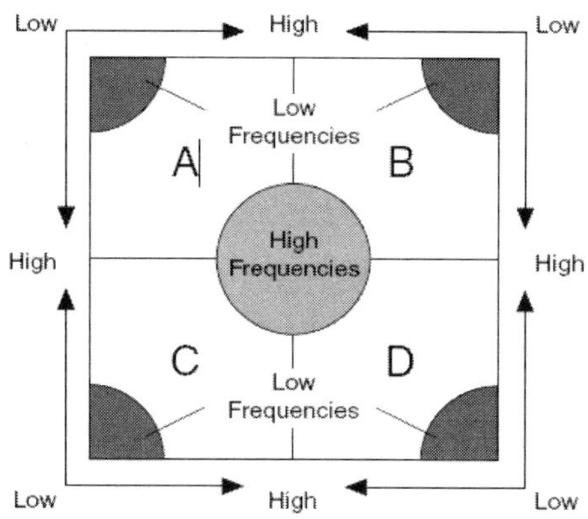

그림 1-32 FFT 표준 표현 방식

다음은 입력 영상과 FFT 변환 결과를 standard 표현 방법으로 표시한 것이다.

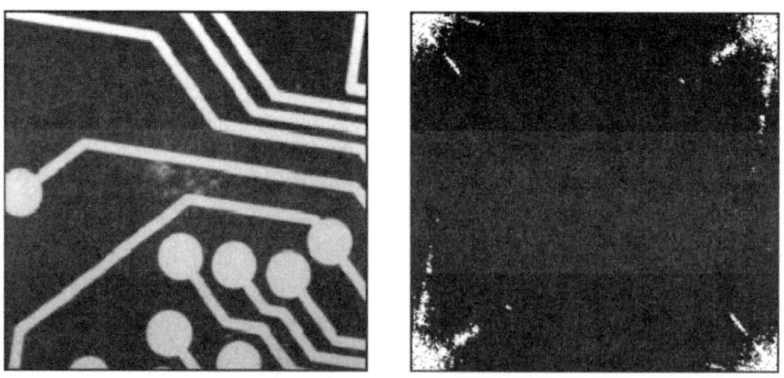

그림 1-33 FFT 변환 예

② Optical 표현 : 이는 저주파 성분을 중앙에 오게 하여 표시하는 것으로 아래의 그림과 같다.

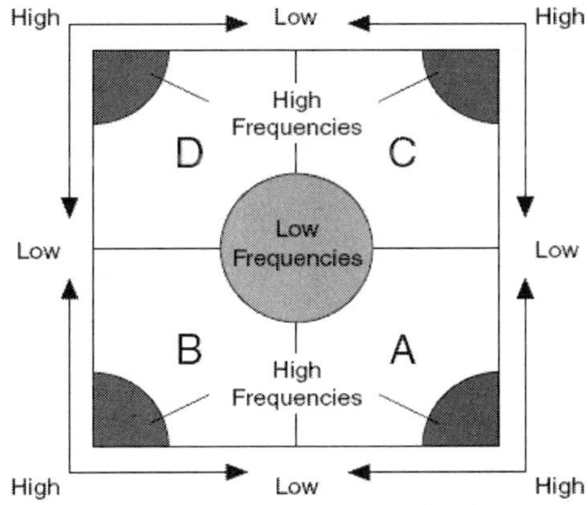

그림 1-34 Optical 표현

다음은 입력 영상과 FFT 변환 결과를 Optical 표현 방법으로 표시한 것이다.

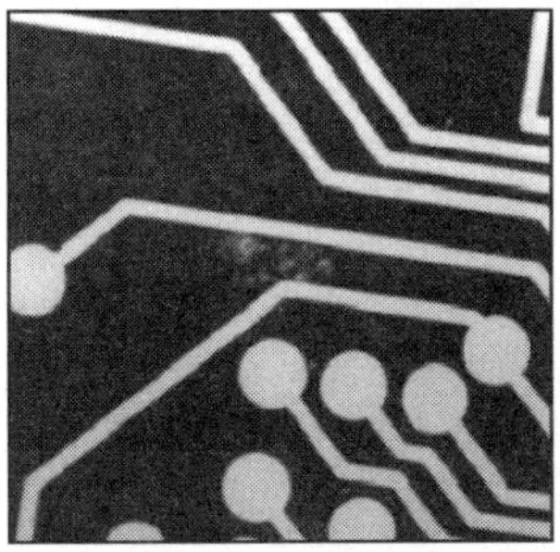

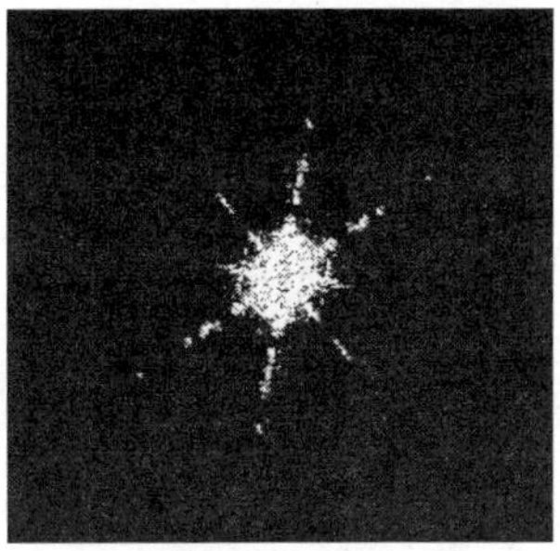

그림 1-35 FFT Optical 표현 예

③ Lowpass FFT Filters : 이는 고주파 성분을 약화시키거나 제거하는 역할을 한다.

- Lowpass Attenuation Filter : 입력 영상의 전 주파수 영역에 대해 아래의 식을 사용하여 linear attenuation을 수행한다.

$$C(f) = \frac{f_{\max} - f}{f_{\max} - f_0},\ C(f_0) = 1,\ C(f_{\max}) = 0$$

- Lowpass Truncation : 이는 주어진 cufoff 주파수를 기준으로 하여 이보다 높은 주파수 성분은 제거한다. $f > f_c$이며, $C(f) = 0$. 그렇지 않으면 $C(f) = 1$이다.

다음의 그림은 입력된 영상의 원래 주파수 분포와 Lowpass Attenuation Filter와 Lowpass Truncation Filter를 적용한 후의 주파수 분포를 나타낸다.

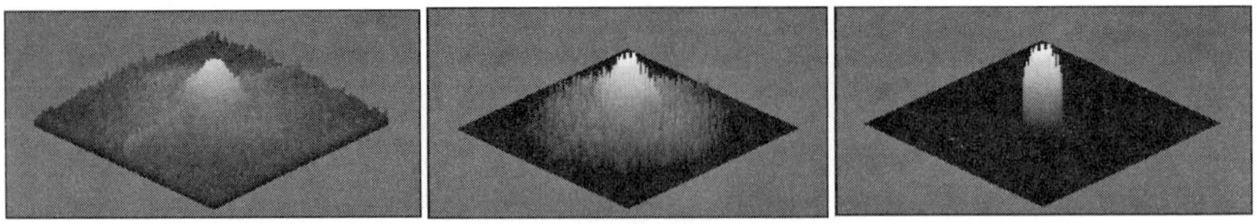

그림 1-36 입력 영상, Attenuation Filtering, Truncation Filtering

④ Highpass FFT Filters : 이는 저주파 성분을 약화시키거나 제거하는 역할을 한다.

- Highpass Attenuation Filter : 입력 영상의 전 주파수 영역에 대해 아래의 식을 사용하여 linear attenuation을 수행한다.

$$C(f) = \frac{f_{\max} - f}{f_{\max} - f_0},\ C(f_0) = 0,\ C(f_{\max}) = 1$$

- Highpass Truncation Filter : 이는 주어진 cufoff 주파수를 기준으로 하여 이보다 낮은 주파수 성분은 제거한다. $f < f_c$이며, $C(f) = 0$. 그렇지 않으면 $C(f) = 1$이다.

다음의 그림은 입력된 영상의 원래 주파수 분포와 Highpass Attenuation Filter와 Highpass Truncation Filter를 적용한 후의 주파수 분포를 나타낸다.

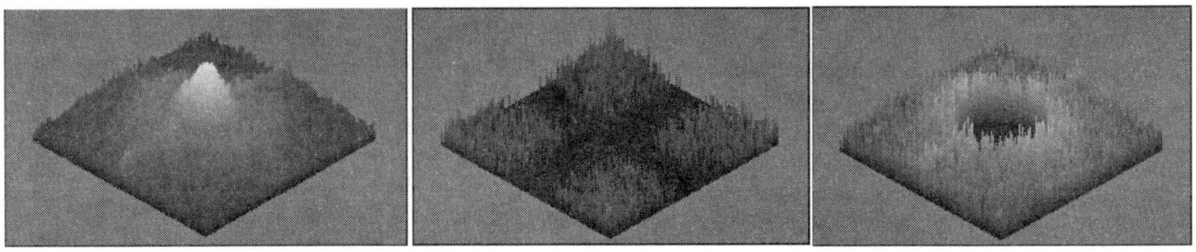

그림 1-37 입력된 영상, Highpass Attenuation Filter, Highpass Truncation Filter

⑤ Mask FFT Filters : 이는 사용자가 지정한 mask 내의 주파수 성분을 제거한다. 따라서 mask를 어떻게 지정하는가에 따라 저주파 통과, 고주파 통과 또는 대역 통과 필터로 사용될 수 있다.

㉰ 입자 분석(Particle Analysis) 관련 주제

본 카테고리는 입자 분석과 관련된 Image Segmentation, Binary Morphology, Particle Measurements를 다룬다. 입자 분석은 영상내의 특정 화소에 대한 그룹화 또는 영상 내의 연결된 영역을 검출할 수 있게 한다. 이렇게 연결된 영역이나 특정 화소의 그룹을 LabView에서는 입자(Particle)라 명명한다. 입자는 0이 아닌 화소들의 연속적인 영역이라 말할 수 있다.

㉠ Segmentation : 영상에 대한 segmentation은 global grayscale thresholding, global color thresholding, local thresholding, morphological segmentation을 사용하여 수행할 수 있다. Image Segmentation은 관심 물체에 대한 identification 및 해당 물체의 특징을 추출할 수 있도록 배경과 물체를 분리하는 과정이다. 결과 영상은 이진 영상이다.

① 전역 grayscale thresholding : 입자는 '영상의 밝기값의 범위'에 의해 특성 지워진다. 입자는 임계범위(Threshold interval)에 속하는 화소들로 구성된다. 전역 grayscale thresholding에서는 아래의 그림과 같이 임의의 threshold 범위에 속하는 모든 화소를 '1'로 표시하고 그렇지 않은 부분에 대해서는 '0'으로 표시함으로써 물체와 배경을 구분한다.

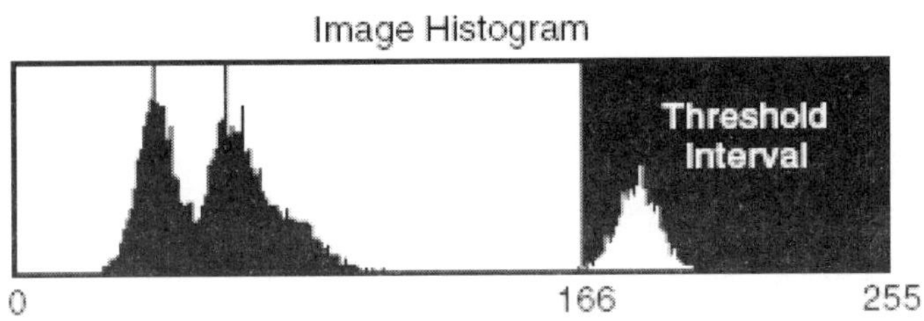

그림 1-38 전역 Thresholding

- Manual Threshold : 이는 lower threshold와 upper threshold값을 사용자가 지정한다. 다음의 그림은 구간 [166,255]를 사용하여 전역 grayscale thresholding을 취한 결과이다.

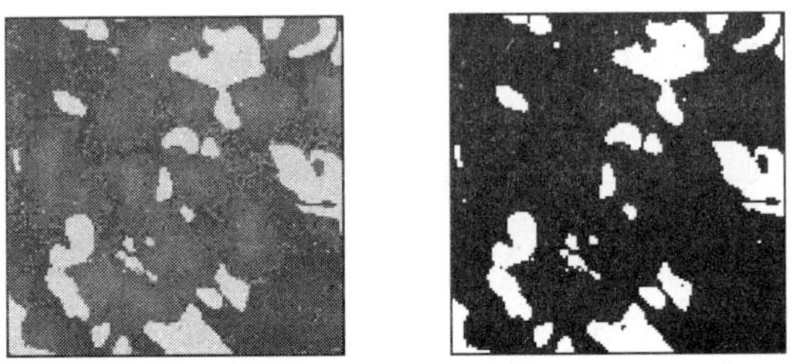

그림 1-39 전역 처리 결과

- Automatic Threshold : NI Vision에서 제공하는 automatic thresholding은 다음과 같다. Thresholding을 설명하기 위해 아래와 같은 히스토그램에서 다음을 정의한다.

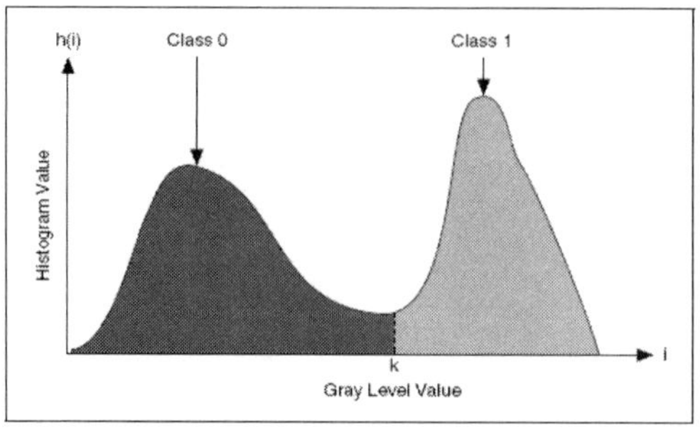

그림 1-40 Automatic Thresholding

i : gray level value

k : threshold를 결정하는 gray level value

N : 총 gary level의 수

n : 총 화소수

- Clustering : 이는 NI Vision에서 multi-class thresholding이 가능한 유일한 방법이다. 입력 영상의 히스토그램을 정렬한 후 원하는 개수만큼의 barycenter(center of mass)를 구한다. 다음은 동일한 입력 영상에 대하여 2 phase, 3 phase clustering을 취한 결과이다.

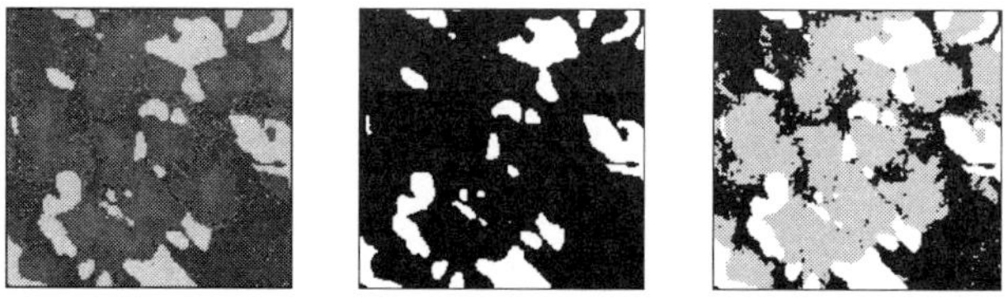

그림 1-41 Automatic(Clustering)

threshold value : $k = \frac{\mu_1 + \mu_2}{2}$

μ_1 : 화소값이 [0,k]인 모든 화소에 대한 화소값의 평균

μ_2 : 화소값이 [k,255]인 모든 화소에 대한 화소값의 평균

- Entrophy : 먼저 히스토그램에 대한 Entrophy를 구하기 위해 gray level i에 대한 확률을 아래와 같이 구한다.

$$p(i) = \frac{h(i)}{\sum_{i=0}^{N-1} h(i)}$$

이때, entrophy는 아래와 같이 주어진다.

$$H = -\sum_{i=0}^{N-1} p(i)\log_2 p(i)$$

영상을 두 개의 cluster로 구분하는 화소값을 k라 할 때, 이를 사용하여 구분된 두 영역의 엔트로피는 다음과 같다.

$$H_b = -\sum_{i=0}^{k} P_b(i)\log_2 P_b(i)$$

$$H_w = -\sum_{i=k+1}^{N-1} P_w(i)\log_2 P_w(i)$$

위에서 b는 thresholding을 취한 후 black으로 할당되는 영역을 의미한다. 즉 class 0이다.

이때 최적의 threshold 값은, threshold가 취해진 후의 영상에 대한 enthophy가 최대가 되도록 하는 값이다. 즉 $H_b + H_w$를 최대로 하는 k를 구하면 된다. 즉 다음의 값을 최대로 하는 k이다.

$$-\frac{1}{\sum_{i=0}^{k} h(i)}\sum_{i=0}^{k}\log_2[(h(i)+1)h(i)] - \frac{1}{\sum_{i=k+1}^{N-1} h(i)}\sum_{i=k+1}^{N-1}\log_2[(h(i)+1)h(i)] + \log_2\left(\sum_{i=0}^{k} h(i)\sum_{i=k+1}^{N-1} h(i)\right)$$

- Intervariance : 다음의 값을 최대로 하는 k를 threshold 값으로 결정한다.

$$\tau_B^2(k) = \frac{[\mu_T\omega(k) - \mu(k)]^2}{\omega(k)[1-\omega(k)]}$$

위에서, $\mu(k) = \sum_{i=0}^{k} ip(i)$, $\mu_T = \sum_{i=0}^{N-1} ip(i)$, $\omega(k) = \sum_{i=0}^{k} p(i)$이다.

- Metric : 다음의 값을 최소로 하는 k를 threshold 값으로 결정한다.

$$\sum_{i=0}^{i=k} h(i)|(i-\mu_1)| + \sum_{i=k+1}^{i=N-1} h(i)|(i-\mu_2)|$$

위에서, μ_1은 화소의 값이 $[0,k]$에 있는 화소들에 대한 평균값이다. μ_2는 $[k+1,255]$에 속한 화소들의 평균값이다.

• Moment : 이는 원래의 영상과 threshold 된 영상의 moment가 같도록 k를 구한다. 영상의 moment는 다음과 같다.

$$m_k = \frac{1}{n}\sum_{i=0}^{i=N-1} i^k h(i),\ n : \text{영상의총화소수}$$

② 전역 color thresholding : 이는 컬러 영상에 대한 전역 color thresholding의 결과는 이진 영상의 형태이다. 컬러 thresholding의 기본 원칙은 구분하고자 하는 입자에 대한 threshold 구간을 각 컬러 면에 대하여 정의한 후 이들 규정을 모두 만족하는 화소에 대하여 입자로 구분하는 것이다. 아래의 그림은 각 컬러 면에 정의된 threshold 구간을 보여준다.

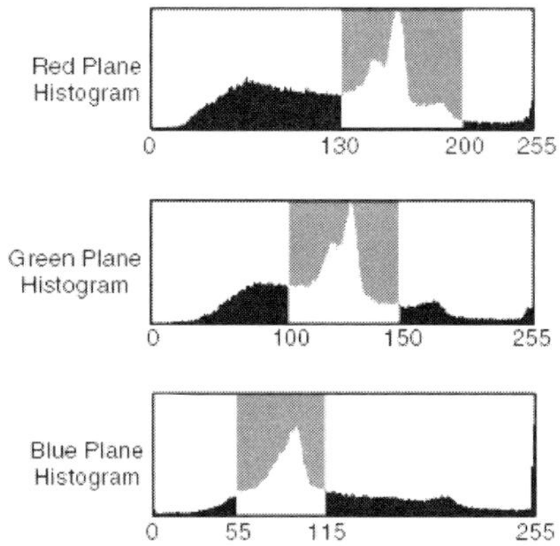

그림 1-42 컬러 면에 대한 threshold

위에서 회색소로 표시된 부분이 각 컬러 면에 대한 threshold 구간이다. 아래의 그림은 HSL 형식의 컬러 영상에 대한 컬러 면별 threshold 구간을 나타낸다. 특이한 점은 Luminance Plane에 대한 threshold 구간이 전역으로 설정되어 있다는 점이다. 이는 실제로 HSL 방식의 컬러 표현에서 luminance 값은 입자의 영역 결정에 영향을 미치지 않는다는 점을 반영한 것이다.

③ Local thresholding : 이는 전역 thresholding과 거의 유사한 방식으로 입력 영상을 입자와 비입자(배경)로 구분해준다. 다른 점은 전역 방식에서는 전체 영상에 대한 통계적 특성을 이용하는 반면, local thresholding에서는 관심 화소의 주변에 대한 특성을 이용한 다는 점이다. 대표적으로 사용되는 국지적 특성은, intensity range, variance, surface fitting parameters, logical combinations 등이다. 아래의 그림은 입력영상에 대하여 전역 방식과 국지적 방식을 적용하여 thresholding한 결과이다.

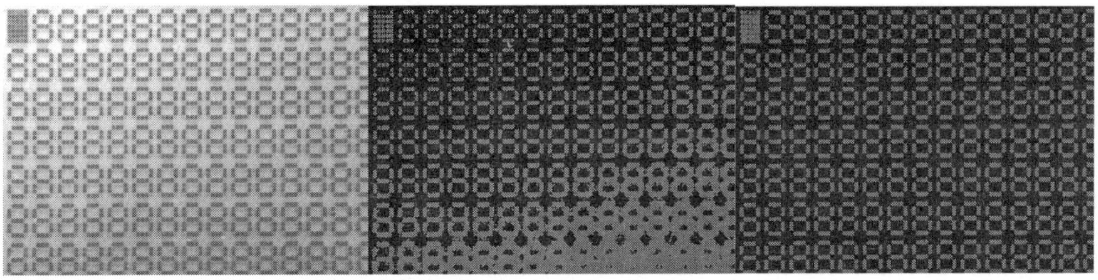

그림 1-43 Local Thresholding

위에서 살펴본 국지적 thresholding은 계산량이 많다는 단점이 있다. 이러한 문제를 효과적으로 대처한 NI Vision 알고리즘은 다음이 있다.

- Niblack algorithm : 이는 실험적으로 11개의 국지적 thresholding 알고리즘 중 가장 우수한 성능을 보인다. 그러나 이는 윈도우 크기에 민감하며 배경이 크고 균일할 경우 잡음이 발생한다는 단점이 있다. LabView의 국지적 thresholding에서는 이러한 문제를 해결하기 위해 deviation factor를 도입하였다. 이는 다음의 수식으로 설명된다.

$$local\ \ threshold\ \ value: T(i,j) = m(i,j) + k\sigma(i,j)$$

$$m(i,j)\ \text{: 국지적 윈도우에 대한 화소값의 평균}$$

$$k\ \text{: deviation factor,}\quad \sigma(i,j)\ \text{: variance}$$

$$I(i,j) > T(i,j),\ I(i,j)\text{는 입자. 그렇지 않으면 배경}$$

- Background correction algorithm : 이는 전역 및 국지적 thresholding 기법을 병행하는 기법이다. 먼저 구분하고자 하는 입자가 밝은 입자인지 아니면 어두운 입자인지를 결정한 후, 밝은 입자인 경우 윈도우 영상의 평균값을 뺀 화소값을 사용하여 전역 thresholding을 취한다. 다음은 background-corrected image를 구하는 식이다.

$$B(i,j) = I(i,j) - m(i,j)$$

④ Morphological Segmentation(Watershed Transform) : 입력 영상의 화질이 충분하지 않은 경우, morphological 세그멘테이션을 사용할 수 있다. Morphological 세그멘테이션은 영상의 topographic surface에 기반을 두어 영역을 나눈다. Thresholding 기법은 입자가 서로 겹치지 않고 배경과 확연히 다른 경우에 잘 적용이 된다. Binary morphology operator는 입자가 겹쳐 있는 경우에는 정확하지 않은 결과를 나타낸다. 겹쳐진 입자의 세그멘테이션을 위해서는 morphological 세그멘테이션을 사용하여야 한다. 지금 설명되는 Morphological 세그멘테이션은 입자가 convex일 때

최적으로 동작한다. Morphological 세그멘테이션은 여러 단계에 걸쳐 실행되는데 각 단계는 다음과 같다.

① 먼저 전역 및 국지적 thresholding 기법을 사용하여 이진 영상을 생성한다.
② 필요에 따라 이진 morphological operator를 사용하여 잡음 및 hole을 제거한다.
③ Danielsson 함수를 사용하여 이진 영상에 대한 grayscale distance map을 만든다.
④ Watershed 변환을 사용하여 grayscale distance map으로부터 watershed separation lines을 찾는다.
⑤ 위에서 구한 watershed separation line을 원래 영상에 겹쳐 놓는다.

다음 그림은 위의 각 단계별 해당 결과이다.

❶ 입력 영상과 위의 ① 단계 처리 결과

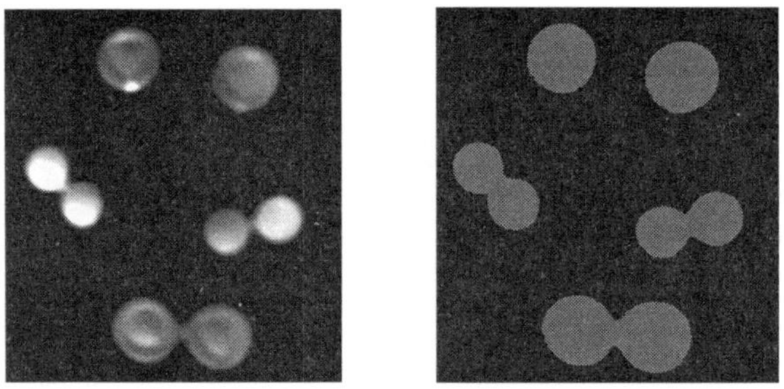

그림 1-44 이진 영상 생성

❷ 본 예에서는 이진 morphology 연산을 취하지 않는다.
❸ 다음은 ③ 단계의 Danielsson 함수를 적용한 결과이다.

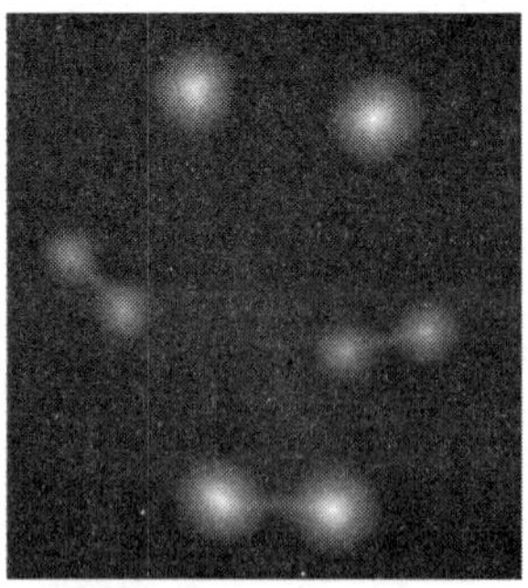

그림 1-45 Danielsson

❹ 다음은 ④ 단계의 Watershed 변환을 적용한 결과이다.

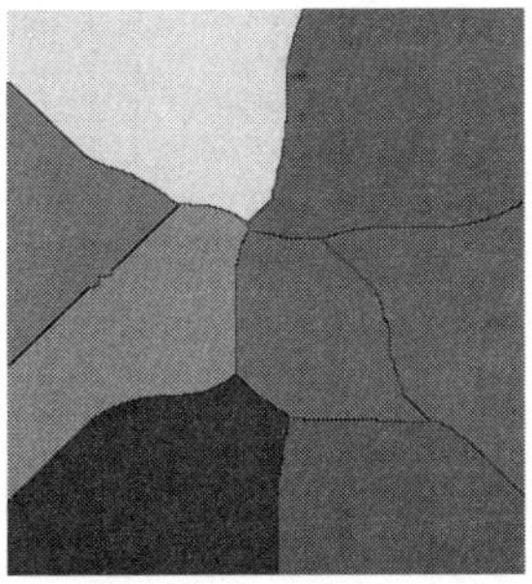

그림 1-46 Watershed

❺ 다음은 Image mask를 사용하여 위의 watershed line을 원래의 영상에 겹친 결과이다.

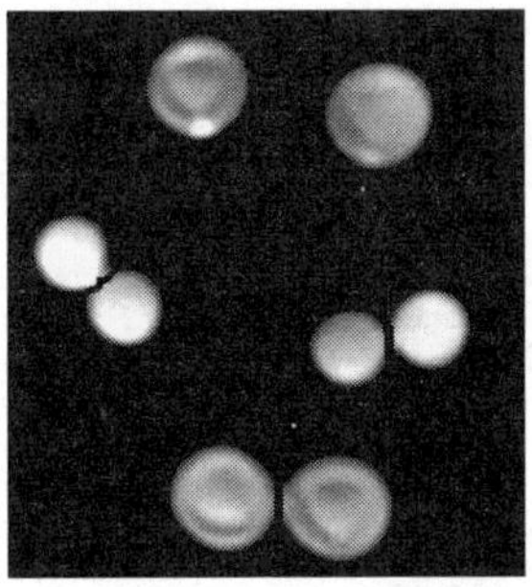

그림 1-47 결과

㉡ Binary Morphology : 이는 thresholding을 결과로써 제공되는 이진 영상을 입력으로 하여, 이들 이진 영상에 있는 입자를 추출하거나 추출한 입자의 구조를 변경하는 과정이다. 이러한 과정을 수행함으로써 이후에 예상되는 '입자에 대한 측정' 과정에서의 작업을 보다 효과적으로 수행할 수 있게 한다. 관련 주제어는 elementary structuring, connectivity, primary and advanced morphology operation 등이다.

- structuring elements : Morphological Operator은 주변화소값에 기반을 두어 입자의 형태를 변경한다. 주변화소에 대한 크기와 그들 주변화소값의 영향을 정의하는데 2차원 Structuring Elements를 사용한다.

① Structuring Element Size : 아래의 그림은 전형적인 structuring element에 대한 몇몇 size의 예이다. 가운데의 검은 화소가 처리하고자 하는 관심 화소의 위치이며 주변의 사각형은 주변화소에 대한 위치이다.

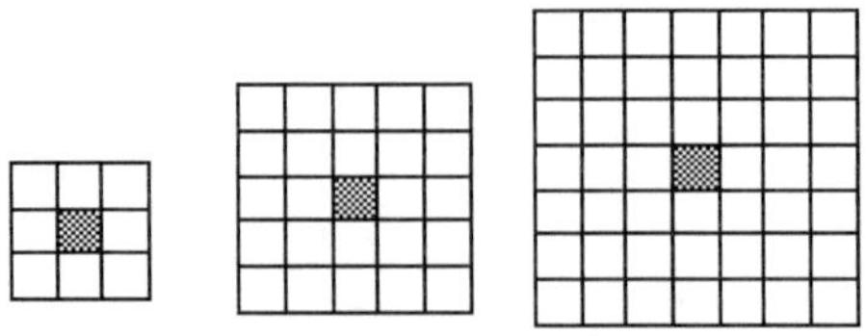

그림 1-48 Structuring Elements

② Structuring Element Values : 다음의 그림은 structuring element를 사용하여 변환된 화소의 값을 구하는 과정을 개략적으로 보인다.

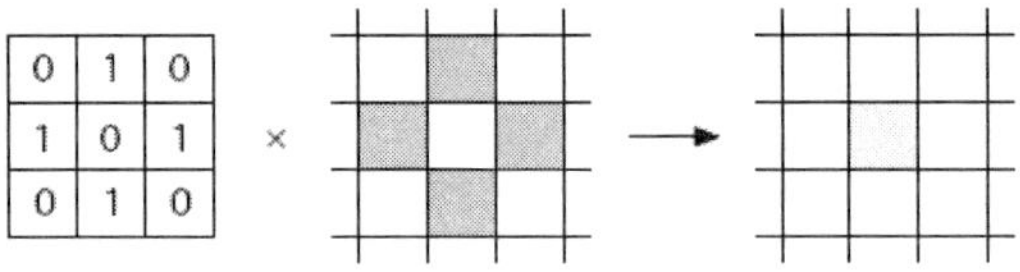

그림 1-49 Structuring Element 적용 예

③ Pixel Frame Shape : 관심 화소의 주변에 대한 structuring 방식에는 square 방식, hexagonal 방식이 있다. 다음의 그림은 각 pixel frame 형태에 따라 morphological operator가 작동하는 방식을 나타낸다.

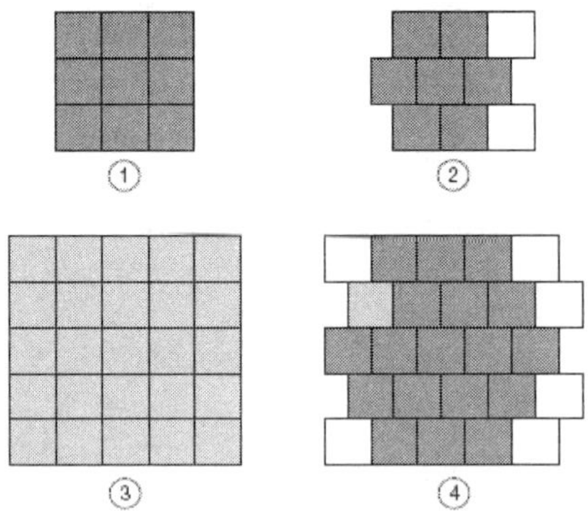

그림 1-50 Pixel Frame Shape

위 그림에서 ①은 3×3 square frame이며 ②는 3×3 hexagonal frame이다. ②의 3×3 hexagonal frame에 대한 그림에서 공백으로 표시되는 화소의 위치 2곳이 있는데 이의 의미는 다음의 그림과 같이 사용자가 입력한 3×3 structuring element value에 대해 공백에 해당하는 값은 사용하지 않고 음영 처리된 부분의 7개 값을 사용하여 morphological operator를 적용함을 의미한다.

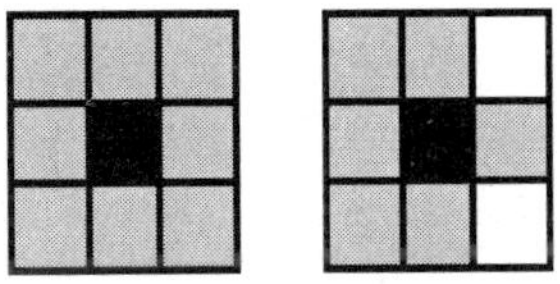

그림 1-51 적용 예

즉 사용자가 hexagonal frame mode를 사용하며 structuring element를 아래의 그림과 같이 설정한 경우, NI Vision은 사용자가 오른쪽의 structuring frame을 입력한 것으로 간주한다.

$$\begin{array}{ccc} a & b & c \\ d & e & f \\ g & h & i \end{array} \Rightarrow \begin{array}{ccc} & a & b \\ d & e & f \\ & g & h \end{array}$$

실제 계산을 할 경우, hexagonal structuring element 내의 각 element 값은 아래와 같이 적용된다.

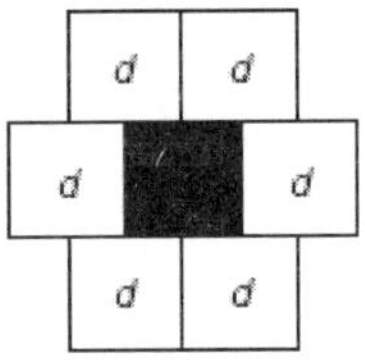

그림 1-52 값 할당

- Connectivity : 이는 특정 화소가 입자에 속하는지를 결정하는데 있어 사용되는 기준이다.

① Connectivity 종류 : connectivity-4, connectivity-8이 있다. 다음은 이들 각각을 보여준다.

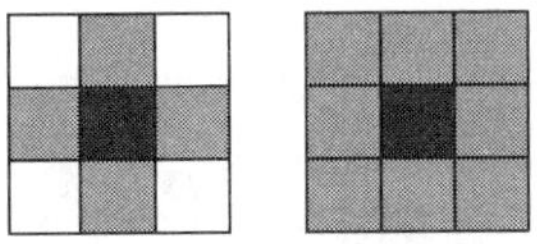

그림 1-53 Connectivity

② 적용 결과 : 특정 화소가 입자에 속해 있다고 가정하였을 때, connectivity-4는 그 화소의 수직, 수평 방향으로 1-화소 거리에 있는 화소 역시 입자라고 분류가 되어 있으면, 그 화소를 같은 입자에 속한 화소로 분류한다. 아래의 그림 왼쪽 및 오른쪽 그

림은 입력 영상으로 8개의 화소가 입자라고 판명된 영상이다. 왼쪽 그림의 경우 이러한 입력 영상에 connectivity-4를 적용한 결과 좌하단부와 우상단부의 입자들이 서로 다른 입자(particle)라는 결과를 보이는 반면, 오른쪽 그림의 경우 connectivity-8을 적용한 결과 8개의 화소가 같은 입자에 속하는 화소라는 결과를 보여준다.

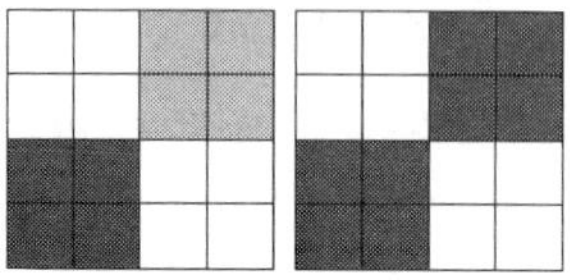

그림 1-54 적용 결과

- Primary Morphology Operations : 이는 위에서 설명된 structuring element를 사용하여 이진 영상의 각 화소에 대한 처리를 수행한다. 처리의 결과로서 각 화소는 '1' 또는 '0' 의 값을 할당받으며, 입력 영상의 입자의 크기 또는 형태에 대한 변화를 초래한다. 이들 연산은 입력 영상의 입자를 확대하거나 축소 또는 입자의 경계 부분을 부드럽게 하거나 입자의 외부 경계 또는 내부 경계를 검출하는 데 사용된다. 이들 연산은 입자에 대한 정량적인 분석의 전단계로서 사용될 수 있다. 또한 입자의 기하학적 특성을 관찰할 수 있다.

① Erosion/Dilation operations : Erosion은 고립된 입자를 제거하는 데 사용된다. Erosion 연산에서는 주어진 화소 P_0가 있을 경우 structuring element의 중심을 P_0에 위치시킨 후, structuring element 내의 값이 '1' 로 설정되어 있는 위치의 화소값 중 하나라도 '0' 일 경우 P_0 값을 '0' 으로 설정한다. Dilation 연산은 Erosion과 반대의 작용을 한다. Structuring Element에서 지정한 주변화소에서 하나라도 그 값이 '1' 로 표시되어 있으면 관심 화소 P_0를 '1' 로 설정한다. 아래의 그림은 입력 영상에 대하여 'Erosion' 과 'Dilation' 을 수행한 결과이다.

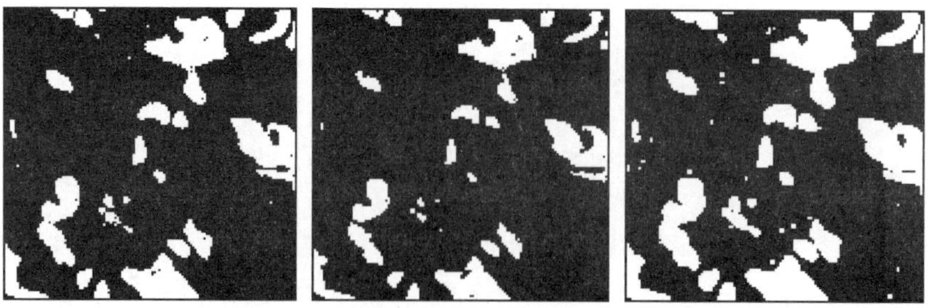

그림 1-55 Erosion/Dilation 연산 적용 결과

아래의 입력 영상에 대한 erosion/dilation 연산의 결과는 다음과 같다.

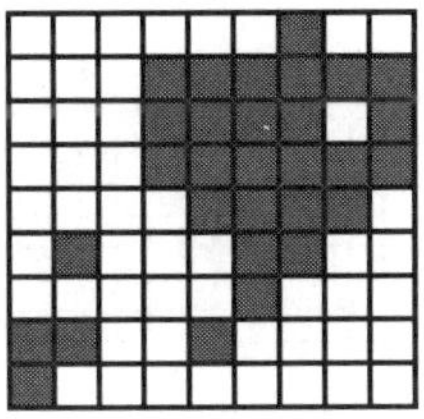

그림 1-56 입력

- Erosion 연산

case 1) 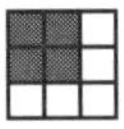 ⇔ 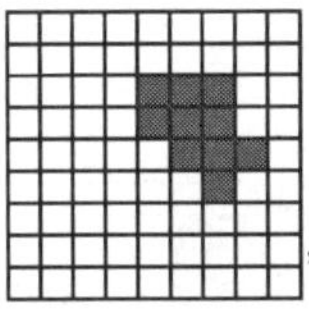, case 2) 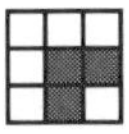 ⇔ 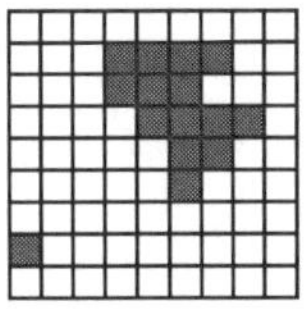

- Dilation 연산

case 1) 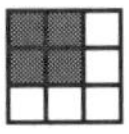 ⇔ 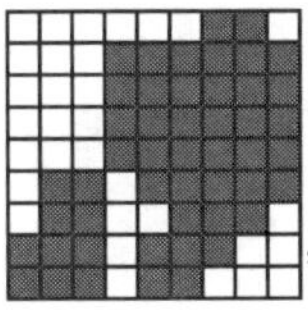, case 2) 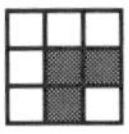 ⇔ 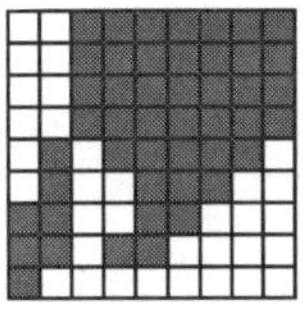

② Opening/Closing Operations : Opening 연산은 Erosion 후 Dilation을 취하는 것이다. 또한 Closing 연산은 Dilation 후 Erosion 연산을 취하는 것이다. 이들 연산은 입자의 전체적인 크기나 형태에 대해서는 큰 변화를 초래하지 않는다.

③ Inner Gradient Operation : 내부 $edge(I) = I - erosion(I) = \oplus(I, erosion(I))$

④ Outer Gradient Operation : 외부 $edge(I) = dilation(I) - I = \oplus(I, dilation(I))$

⑤ Hit-Miss Operation : 이는 입력 영상에서 structuring elements의 성분과 동일한 구조를 갖는 화소를 추출해준다. 아래의 그림은 위의 입력 영상에 대하여 structuring element에 따른 Hit-miss 연산의 결과를 보여준다.

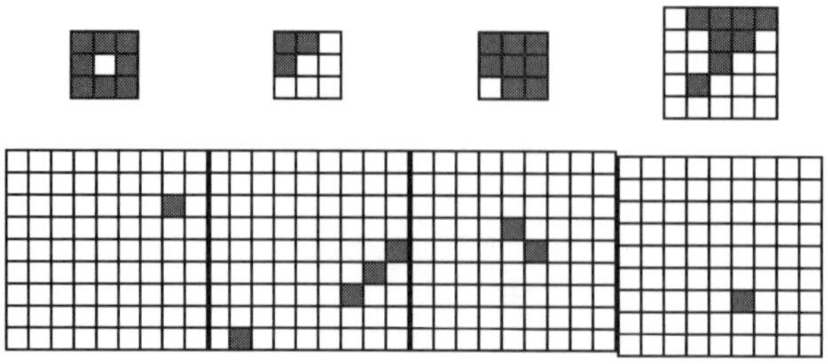

그림 1-57 Hit-mass 연산의 결과

⑥ Thinning Operation : 이는 structuring element와 같은 구조를 가지는 화소를 제거한다. 다음은 몇 개의 structuring element에 대한 Thinning 연산 결과이다.

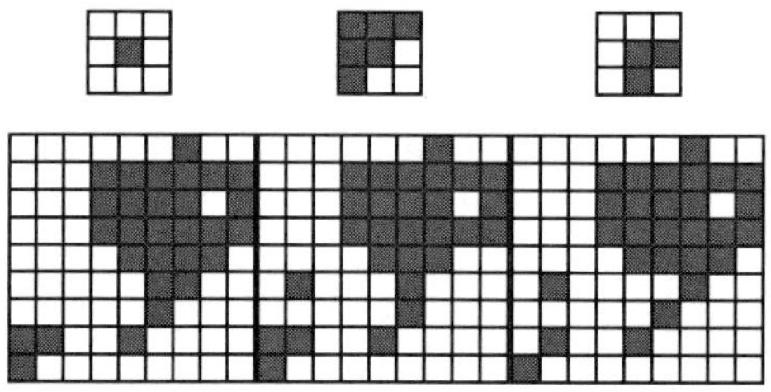

그림 1-58 Thinning 연산 결과

⑦ Thickening Operation : 이는 다음의 수식으로 설명된다.

$$thickening(I) = I + hit - miss(I) = OR(I, hit - miss(I))$$

다음은 몇 개의 structuring element에 대한 Thickening Operation 결과이다.

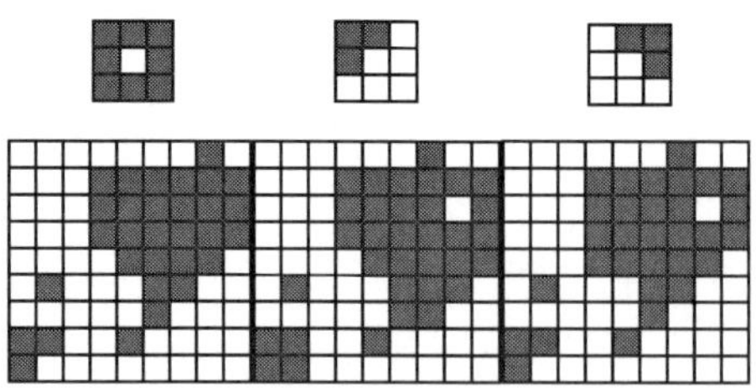

그림 1-59 THickening 연산 결과

⑧ Proper-Opening : Opening과 Closing 처리를 쌍으로 적용한다.

$$proper - opening(I) = \min(I, Opening : Closing : Opening(I))$$

⑨ Proper-Closing : Closing과 Opening을 처리를 쌍으로 적용한다.

$$proper-closing(I) = \max(I,\ Closing : Opening : Closing(I))$$

⑩ Auto-median : Closing과 Opening을 처리를 쌍으로 적용한다.

$$proper-median(I) = \min(Openng : Closing : Opening(I),\ Closing : Opening : Closing(I))$$

- Advanced Morphology Operations : 이는 화소에 대한 적용이 아니라 검출된 입자(particle)에 대하여 취하는 연산이다.

① Border function : 영상의 경계에 닿아있는 입자를 제거한다.

② Hole Filling function : 입자 내의 hole을 채운다.

③ Labeling function : 서로 다른 입자에 고유한 수를 할당한다.

④ Lowpass/Highpass Filter : Lowpass filter는 filter size에 의해 입력된 값보다 적은 폭을 갖는 입자를 제거하며, highpass filter는 주어진 입력보다 큰 폭을 갖는 입자를 제거한다.

⑤ Separation function : 이는 겹쳐 있는 두 입자를 분리하는 데 사용된다.

⑥ Skeleton functions : 이는 thinning 연산을 반복적으로 적용하여 각 입자의 폭이 1 화소가 되게 한다. 기본적으로 thinning과 opening연산을 반복하게 된다. 이에는 L-Skeleton, M-Skeleton, Skiz function이 있다.

• L-Skeleton : 다음의 structuring element를 사용한다.

0 ? 1
0 1 1
0 ? 1

다음은 L-Skeleton에 대한 입력과 결과이다.

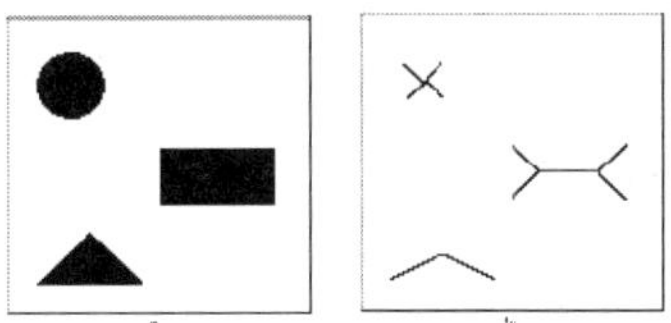

그림 1-60 L-Skeleton

• M-Skeleton : 다음의 structuring element를 사용한다.

? ? 1
0 1 1
? ? 17

다음은 M-Skeleton에 대한 입력과 결과이다.

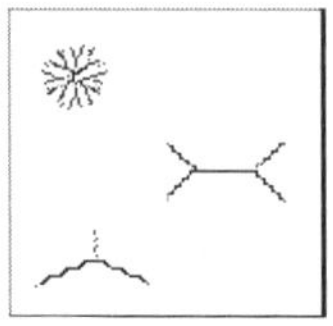

그림 1-61 M-Skeleton

- Skiz Function : 이는 배경 영역에 L-Skeleton 연산을 적용한 것이다. 이는 입자들 사이의 중간에 선을 생성해준다. 다음은 Skiz 연산의 결과이다.

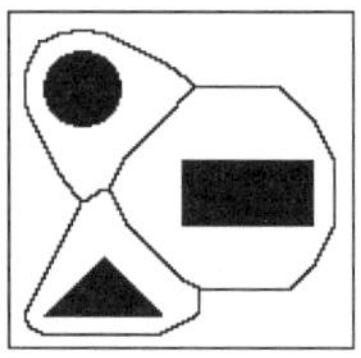

그림 1-62 Skiz

⑦ Danielsson function : 이는 distance map을 생성해 준다.

⑧ Circle function : 이는 서로 겹쳐 있는 원모양의 입자를 Danielsson 계수를 사용하여 분리해준다. 다음은 입력 영상에 Circle function을 사용한 결과이다.

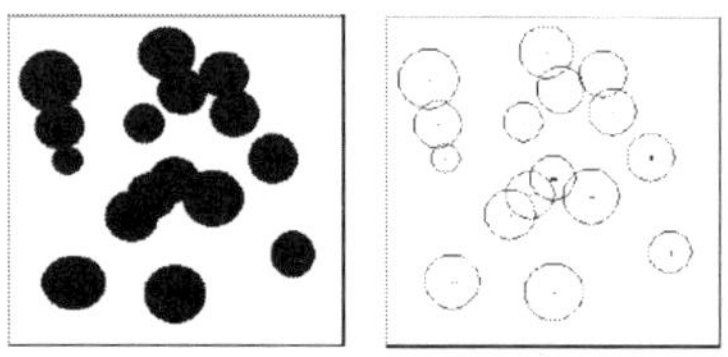

그림 1-63 Circle function

⑨ Convex Hull function : 이는 입자를 closing하는데 유용하게 사용된다. 아래의 그림은 처리 결과이다.

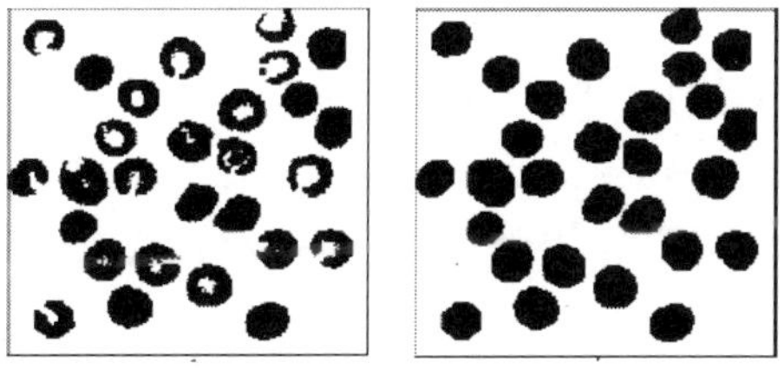

그림 1-64 Convex Hull function

㉢ Particle Measurements : 이는 검출된 입자에 대하여 다양한 측정값을 사용할 수 있게 한다. 다음은 NI Vision에서 사용 가능한 입자에 대한 측정이다.

다음은 입자에 대한 기본적인 측정이다.

- Bounding Rect : 입자를 둘러싸는 최소의 사각형을 의미한다. 이는 x-축, y-축에 평행하게 구한다.
- Perimeter : 입자의 경계 길이를 말한다.
- Particle hole : 입자 내에 있는 0값을 갖는 화소의 집합
- Angle : x-축으로부터 시작하여 시계 반대방향으로의 측정한 각도
- Equivalent Rect : 입자와 같은 perimeter와 면적을 갖는 Rectangle
- Equivalent Ellipse : 입자와 같은 면적과 perimeter를 갖는 타원
- Max Feret Diameter : 입자의 perimeter에서 가장 멀리 있는 두 점에 대한 line의 길이를 말한다. 이는 다음의 그림을 사용하여 설명할 수 있다.

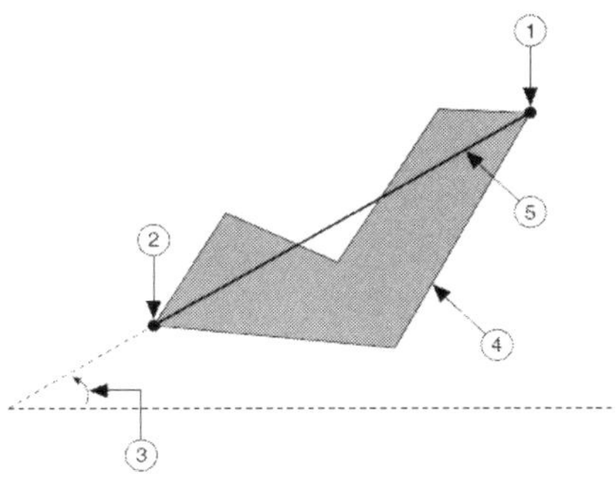

그림 1-65 측정과 관련된 정의

위의 그림에서 ①은 'Max Feret Diameter 시작점'이고 ②는 'Max Feret Diameter 끝점'이다. ③은 'Max Feret Diameter 방향'이며, ④는 입자의 perimeter이다. ⑤는 'Max Feret Diameter'이다.

- Convex Hull : 입자의 모든 요소를 포함하는 최소의 convex polygon을 말한다.
- Max Horz. Segment Length : 입자 내의 연속한 화소들에서 구한 가장 긴 가로 길이

이며, 이는 pixel measurement로 제공된다.

- Sum : x축과 y축에 대하여 다양한 차수에 대하여 구한 moments를 말한다.
- Moment of Inertia : 이는 shift-invariant값으로 입자의 무게중심에 대한 moment이다.
- Norm. Moment of Inertia : 입자의 면적에 대하여 정규화된 Moment of Inertia이다. 이는 shift/scale invariant하다.
- Hu Moment : 이는 Norm. Moment of Inertia로부터 유도된 값으로 shift/scale/rotation invariant한 성질을 갖는다.

아래의 그림은 Particle Hole과 측정의 관계를 보인다.

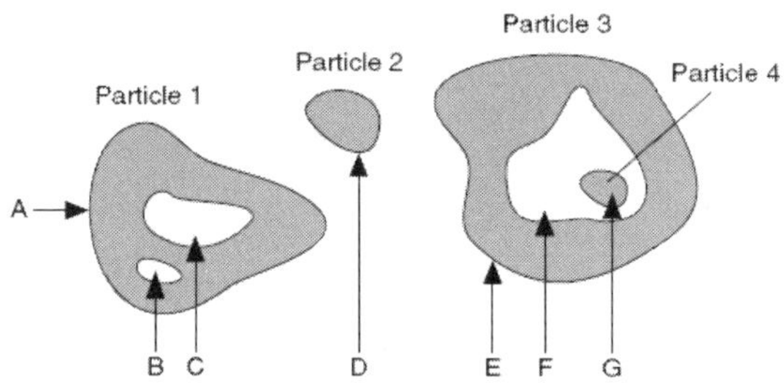

그림 1-66 Particle Hole

위의 그림에서 입자 1의 면적(Area)은 A이며 이 값은 내부의 B, C의 면적이 반영되지 않은 값이다. 입자 1의 Particle Hole의 면적은 $B+C$이다. 입자 3의 면적은 E이며, 입자 3에 대한 Particle Hole의 면적은 $F+G$이다. 입자 3에 대한(Particle&Hole's Area)는 $E+F+G$이다.

다음은 coordinatc 관련 입자 측정이다.

- Center of Mass : 입자 전체에 대한 평균적인 위치를 말한다. 입자가 convex하지 않을 경우 입자 외부의 위치를 나타낼 수 있다.
- First Pixel : 아래의 그림과 같이 입자 내의 화소 중 가장 위쪽의 가장 왼쪽 화소를 말한다. 이는 pixel measurement 형태로 반환된다. 아래의 그림은 이를 나타낸다.

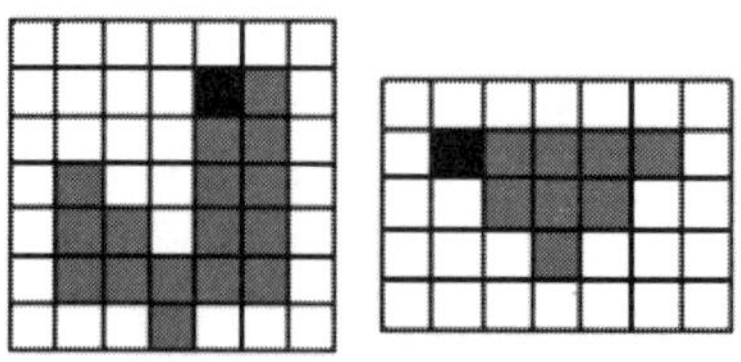

그림 1-67 First Pixel

- Center of Mass x : 입자의 Center of Mass에 대한 x-좌표(x)
- Center of Mass y : 입자의 Center of Mass에 대한 y-좌표(y)
- First Pixel x : first pixel의 x-좌표
- First Pixel y : first pixel의 y-좌표
- Bounding Rect Left : B_L
- Bounding Rect Top : B_T
- Bounding Rect Right : B_R
- Bounding Rect Bottom : B_B
- Max Feret Diameter Start x : F_{x1}
- Max Feret Diameter Start y : F_{y1}
- Max Feret Diameter End x : F_{x2}
- Max Feret Diameter End y : F_{y2}
- Max Horiz. Segment Length Left
- Max Horiz. Segment Length Row

다음은 길이 관련 입자 측정이다.

- Bounding Rect Width : $W = B_R - B_L$
- Bounding Rect Height : $H = B_B - B_T$
- Bounding Rect Diagonal : $no\,symbol = \sqrt{W^2 - H^2}$
- Perimeter : P
- Convex Hull perimeter : Convex Hull에 대한 perimeter P_{CH}
- Hole's perimeter : 입자 내의 모든 hole에 대한 perimeter의 합
- Max Feret Diameter : $F = \sqrt{(F_{y2} - F_{y1})^2 + (F_{x2} - F_{x1})^2}$
- Equivalent Ellipse Major Axis : $E_{2a} = \sqrt{\frac{p^2}{2\pi^2} + \frac{2A}{\pi}} + \sqrt{\frac{p^2}{2\pi^2} - \frac{2A}{\pi}}$
- Equivalent Ellipse Minor Axis : $E_{2b} = \sqrt{\frac{p^2}{2\pi^2} + \frac{2A}{\pi}} - \sqrt{\frac{p^2}{2\pi^2} - \frac{2A}{\pi}}$
- Equivalnet Ellipse Minor Axis(Feret) : 이는 입자와 같은 면적을 가지고, 주축이 입자의 Max Feret Diameter와 같은 타원에서의 minor axis의 길이를 말한다. $EF_{2b} = \frac{4A_{CH}}{\pi F}$
- Equivalent Rect Long Side : $R_a = \frac{1}{4}\left(P + \sqrt{P^2 - 16A}\right)$

- Equivalent Rect Short Side : $R_b = \frac{1}{4}\left(P - \sqrt{P^2 - 16A}\right)$
- Equivalent Rect Diagonal : $R_d = \sqrt{R_a^2 + R_b^2}$
- Equivalent Rect Short Side(Feret) : $RF_b = \frac{A_{CH}}{F}$
- Average Horiz. Segment Length : $\frac{A}{S_H}$
- Average Vert. Segment Length : $\frac{A}{S_V}$
- Hydraulic Radius : $\frac{A}{P}$
- Waddel Disk Diameter : $2\sqrt{\frac{A}{\pi}}$

다음은 면적(Area)관련 측정이다.

- Area : 입자의 면적 A
- Hole's Area : 입자 내의 각 hole에 대한 면적의 합 A_H
- Particle&Hole's Area : $A_T = A + A_H$
- Convex Hull Area : 입자의 convex hull에 대한 면적 A_{CH}
- Image Area : 전체 영상의 면적 A_I

다음은 개수와 관련된 입자 측정이다.

- Number of Holes:
- Number of Horiz. Segments : S_H
- Number of Vert. Segments : S_V

다음은 각(Angel)에 관련된 입자 측정이다.

- Orientation : 입자의 무게중심을 지나는 직선에 대한 시계 반대방향으로의 x-축과의 각도를 말한다. 이때 무게중심을 지나는 직선은 입자에 대해 가장 적은 moment of inertia를 제공하는 직선이어야 한다. $\frac{1}{2}atan\left(\frac{2\sum_{xy}}{2\sum_{yy} - 2\sum_{xx}}\right)$
- Max Feret Diameter Orientation : $atan\left(\frac{F_{y1} - F_{y2}}{F_{x2} - F_{x1}}\right)$

다음은 비율(Ratio) 관련 입자 측정이다.

- $\%Area/Image\ Area = \frac{A}{A_I}100\%$
- $\%Area/(Particle\ Hole's\ Area) = \frac{A}{A_T}100\%$
- Ratio of Equivalent Ellipse Axes : $\frac{E_{2a}}{E_{2b}}$
- Ratio of Equivalent Rect Sides : $\frac{R_a}{R_b}$

다음은 Factor 관련 입자 측정이다.

- Elongation Factor : $\frac{F}{RF_b}$
- Compactness Factor : $\frac{A}{WH}$
- Heywood Circularity Factor : $\frac{P}{2\sqrt{\pi A}}$
- Type Factor : $\frac{A^2}{4\pi\sqrt{I_{xx}I_{yy}}}$

다음은 합(Sun) 관련 입자 측정이다.

- Sum x : $\sum_x$
- Sum y : $\sum_y$
- Sum xx : $\sum_{xx}$
- Sum xy : $\sum_{xy}$
- Sum yy : $\sum_{yy}$
- Sum xxx : $\sum_{xxx}$
- Sum xxy : $\sum_{xxy}$
- Sum xyy : $\sum_{xyy}$
- Sum yyy : $\sum_{yyy}$

다음은 Moment 관련 입자 측정이다.

- Moment of Inertia xx : $I_{xx} = \left(\sum\right)_{xx} - \frac{\left(\sum\right)_x^2}{A}$
- Moment of Inertia xy : $I_{xy} = \left(\sum\right)_{xy} - \frac{\left(\sum\right)_x \left(\sum\right)_y}{A}$
- Moment of Inertia yy : $I_{yy} = \left(\sum\right)_{yy} - \frac{\left(\sum\right)_y^2}{A}$
- Moment of Inertia xxx : $I_{xxx} = \left(\sum\right)_{xxx} - 3\bar{x}\left(\sum\right)_{xx} + 2(\bar{x})^2\left(\sum\right)_x$
- Moment of Inertia xxy : $I_{xxy} = \left(\sum\right)_{xxy} - 2\bar{x}\left(\sum\right)_{xy} - \bar{y}\left(\sum\right)_{xx} + 2(\bar{x})^2\left(\sum\right)_y$
- Moment of Inertia xyy : $I_{xyy} = \left(\sum\right)_{xyy} - 2\bar{y}\left(\sum\right)_{xy} - \bar{x}\left(\sum\right)_{yy} + 2(\bar{y})^2\left(\sum\right)_x$
- Moment of Inertia yyy : $I_{yyy} = \left(\sum\right)_{yyy} - 3\bar{y}\left(\sum\right)_{yy} + 2(\bar{y})^2\left(\sum\right)_y$
- Norm. Moment of Inertia xx : $N_{xx} = \frac{I_{xx}}{A^2}$
- Norm. Moment of Inertia xy : $N_{xy} = \frac{I_{xy}}{A^2}$
- Norm. Moment of Inertia yy : $N_{yy} = \frac{I_{yy}}{A^2}$
- Norm. Moment of Inertia xxx : $N_{xxx} = \frac{I_{xxx}}{A^{\frac{5}{2}}}$
- Norm. Moment of Inertia xxy : $N_{xxy} = \frac{I_{xxy}}{A^{\frac{5}{2}}}$
- Norm. Moment of Inertia xyy : $N_{xyy} = \frac{I_{xyy}}{A^{\frac{5}{2}}}$
- Norm. Moment of Inertia yyy : $N_{yyy} = \frac{I_{yyy}}{A^{\frac{5}{2}}}$
- Hu Moment 1 : $H_1 = N_{xx} + N_{yy}$

2 컴퓨터 비전

2.1 전통적 비전 주제

컴퓨터 비전의 대표적 주제인 패턴 인식은 디지털 영상을 사용하여 objects를 분류하거나 인식하는 분야이다. 분류하거나 인식하고자 하는 물체(오브젝트)는 2차원 또는 3차원이 될 수 있다. 이러한 목적을 달성하기 위한 세부 주제는 다음과 같다.

- Image feature detection
- 윤곽선 표현
- 특징 기반 세그멘테이션
- range image 분석
- 형태 모델링 및 표현
- 단일 영상을 사용한 형태 복원
- 스테레오 비전
- 움직임 분석
- 컬러 비전
- active 비전
- 물체 검출

위와 같은 기법을 사용한 주요 응용분야는 다음과 같다.

- 산업용 검사
- 리버스 엔지니어링
- 감시 및 보안 시스템
- 얼굴 인식
- 표정 인식
- 도로 모니터링
- 자동 항법 장치
- 군사 분야
- 의료 장비
- 영상 데이터베이스
- 가상 현실 시스템

2.2 IMAQ 비전 주제

LabView의 machine vision 주제는 구성된 VI를 통하여 살펴볼 수 있다.

❶ Edge Detection : 이는 Gauging 응용분야, Detection 응용분야, Alignment 응용분야에 효과적으로 적용할 수 있다. 각 응용분야별로 Edge Detection이 사용되는 예를 살펴보면 다음과 같다.

- Gauging 응용분야 : 실제 현장에서 이루어지는 측정을 통한 검사 분야는 조립 라인에서의 검증, 전자 부품 패키징 검사, 컨테이너 검사, glass vial 검사 등을 들 수 있다. 아래의 그림은 Edge 검출을 사용하여 스파크 프러그 사이의 간극이 일정한 범위에 해당하는지 판별하는 예를 보인다.

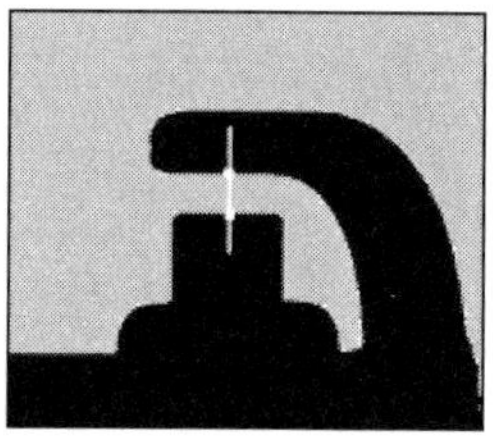

그림 1-68 Gauging

- Detection 응용분야 : 에지를 사용하여 부품의 존재/부재를 검사할 수 있다.

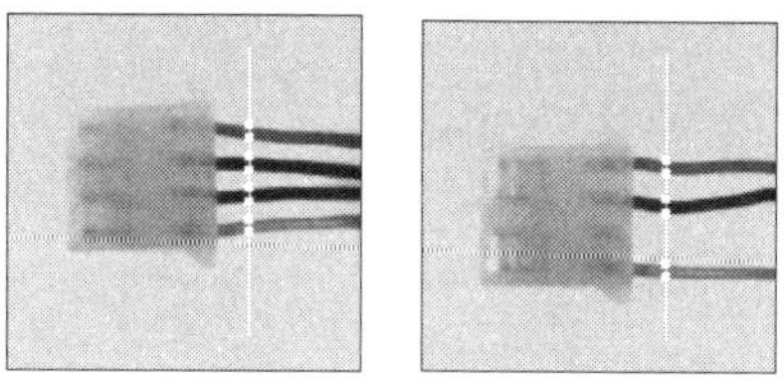

그림 1-69 Detection

- Alignment 응용분야 : 대부분의 검사 응용분야에서는 검사하고자 하는 부품의 위치가 일정하지 않을 수 있다. 이럴 경우 Edge를 검출하여 검사하고자 하는 부품의 위치를 올바르게 정렬시킬 수 있다. 아래의 그림에서 디스켓 내의 특정 부분을 검사하고자 하는데 입력되어진 영상에서 디스켓의 위치가 일정하지 않음을 알 수 있다. 이럴 경우 디스켓 왼쪽 경계에 대한 에지를 검출하여 검출된 에지를 기반으로 검사를 수행할 수 있다.

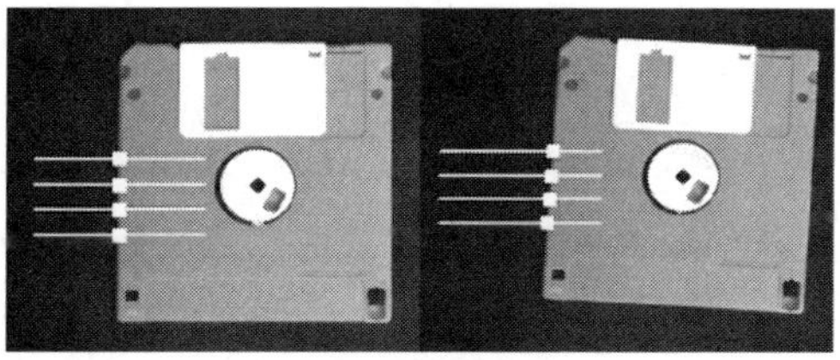

그림 1-70 Alignment

- Edge(에지)의 정의 : 인접한 화소 사이의 화소값의 현저한 변화를 edge라 한다. NI Vision에서는 에지 검출을 위해 화소값의 1-D profile을 이용한다.

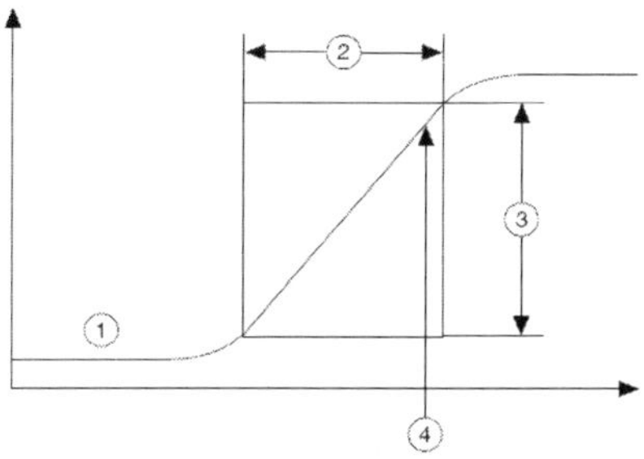

그림 1-71 Edge 정의

위의 그림에서 ①은 화소의 grayscale profile이며, ②는 에지의 길이이다. ③은 에지의 강도이며 ④는 에지의 위치이다. 에지의 강도는 배경과 에지 사이의 화소값의 최소 변화이다. 에지의 길이는 에지의 검출을 위해 배경과 에지 사이의 화소값의 변화를 찾는 데 있어 사용할 수 있는 최대 길이를 의미한다. 완만한 영상에서는 이 길이를 길게 함으로써 에지를 쉽게 찾을 수 있다.

- 에지 검출 방법 : NI Vision에서는 각 화소의 위치에서 1-D profile을 따라 edge 강도를 측정한 후, 측정된 값이 주어진 '최소 강도' 값보다 클 경우 에지를 검출한다. 에지 검출 방법으로는 simple edge detection과 advanced edge detection의 두 가지 방법이 있다.

㉠ Simple Edge Detection : 한 줄의 화소값을 입력 받아 각 화소의 위치에서 에지의 유무를 결정한다. 상승 에지는 화소값이 $threshold + hysteresis$ 보다 큰 첫 번째 화소에서 결정된다. 이 threshold 값을 사용하여 에지로서 검출되어질 최소의 'edge strength'를 결정한다. Hysteresis 값은 상승 에지와 하강 에지의 검출에 대해 서로 다른 edge strength 값 할당의 역할을 수행할 수 있다. 일단 상승 에지가 검출되면 simple edge detector는 하강 에지를 찾게 된다. 아래의 그림은 threshold, hysteresis와

관련된 simple edge detection의 결과이다. 상승 에지에서는 $threshold + hysteresis$의 화소값을 검출하고 하강 에지에서는 $threshold - hysteresis$의 화소값을 검출한다.

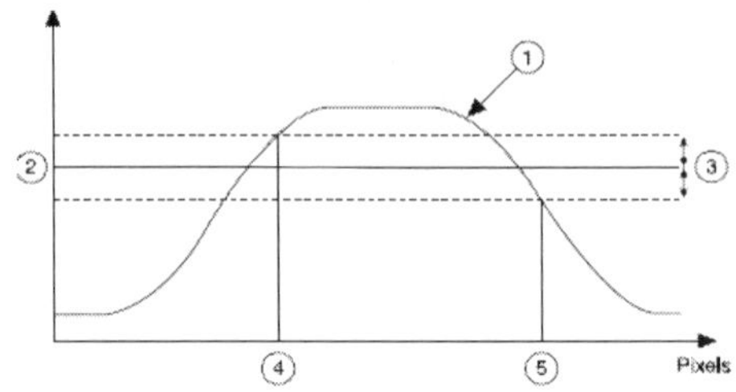

그림 1-72 Simple Edge detection

위의 그림에서 ①은 화소값의 프로필, ②는 Threshold 값, ③은 Hysteresis, ④는 상승 에지 검출 위치, ⑤는 하강 에지 검출 위치이다.

ⓛ Advanced Edge Detection : 각 화소에서의 에지 강도를 결정하기 위해 해당 화소 이전과 이후의 값들을 평균한다. 해당 화소 이후의 값에 대한 평균은 지정된 'Steepness'값 만큼 떨어진 곳의 화소들에 대하여 구한다. 'Steepness' 값은 에지에 대해 예상되는 변경 구간으로 해석할 수 있다. 즉 이 값을 5로 하고 Contrast를 100이라 하면 구하고자 하는 에지는 화소 5개의 거리 사이에 화소값이 최소 100 이상 변화됨을 의미한다. 이렇게 이전과 이후의 값들에 대해 평균을 취하는 화소의 수를 'Width'로 정의한다. 이렇게 구해진 두 평균값의 차이를 계산하면 아래 그림의 구간 ④의 첫 번째 화소에 대한 Contrast가 구해진다. 이렇게 모든 화소에 대한 edge strength를 구한다. 이렇게 계산된 edge strength 값이 지정된 '에지에 대한 minimum contrast' 값보다 큰 화소들을 따로 지정한다. 이렇게 따로 시정된 화소 값을 비교하여 최대값이 나올 때 까지 검색하여 최대값을 가지는 화소를 'start edge location'이라 지정한다. Start edge location에 Steepness값을 더하면 end edge location이 구해진다. 이제 이 구간 사이의 화소 중에 최종적인 edge location을 확정하면 된다. 먼저 start edge value(화소값)와 end edge value(화소값)의 차이를 α라 하자. Start edge location과 End edge location사이의 화소에 대한 (이들 화소의 개수는 Steepness와 같다) 화소값을 P_i라 할 때, 처음으로 다음의 식을 만족하는 화소를 edge에 대한 화소로 결정한다.

$$(P_i - P_{st\,edge\ location}) \geq 0.9|P_{st\ edge\ location} - P_{end\ edge\ loccation}|$$

아래의 그림은 위의 설명에 나온 파라미터를 보여준다.

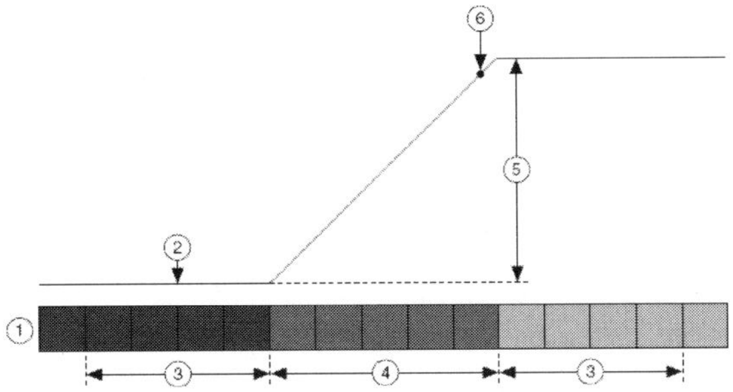

그림 1-73 Advanced Edge Detection

위의 그림에서 ①은 화소, ②는 각 화소에 대한 화소값, ③은 Width, ④는 Steepness, ⑤는 Contrast ⑥은 최종적으로 구해진 edge location이다.

㉢ Subpixel Accuracy : 입력 영상의 해상도가 충분하지 않을 경우, interpolation을 사용하여 subpixel 해상도의 영상을 구한 후 edge를 검출할 수 있다. 사용되는 interpolation 함수는 quadratic 또는 cubic 함수이다.

- 1차원 에지 검출의 2차원 탐색 영역으로 확장 : Rake, Spoke, Concentric Rake와 같은 툴을 사용하여 기본적으로 1차원 데이터에 적용하였던 에지 검출을 2차원으로 확장할 수 있다.

㉠ Rake : 다음의 그림은 Rake 툴의 사용을 보인다.

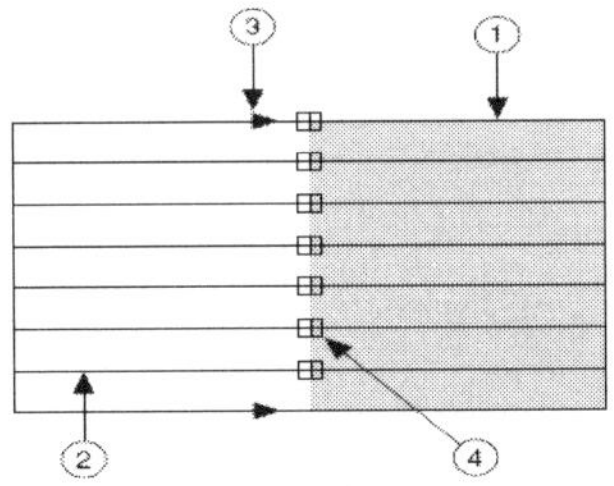

그림 1-74 Rake 함수

위의 그림에서 ①은 탐색영역, ②는 탐색 라인, ③은 탐색 방향, ④는 검출된 edge point이다.

㉡ Spoke : 아래의 그림은 Spoke 툴의 사용을 보이다.

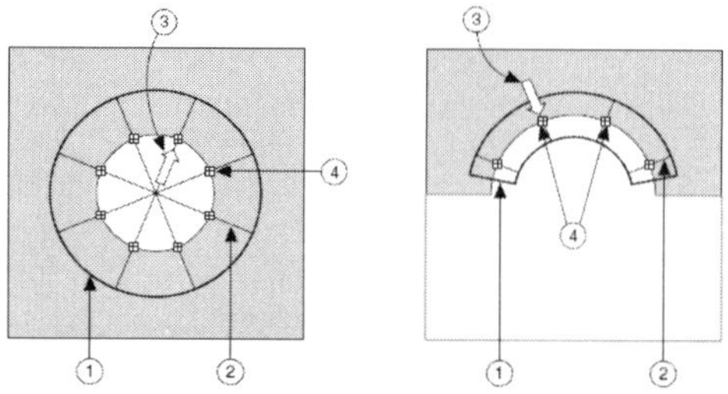

그림 1-75 Spoke 함수

위의 그림에서 ①은 탐색영역, ②는 탐색 라인, ③은 탐색 방향, ④는 검출 edge point 이다.

㉢ Concentric Rake : 다음 그림은 Concentric Rake의 사용 예이다.

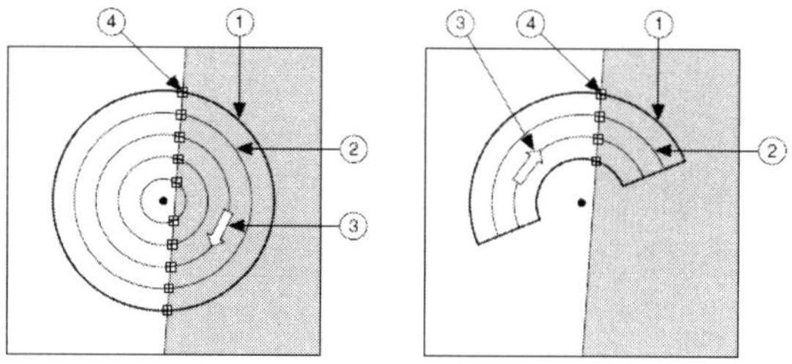

그림 1-76 Concentric Rake

위의 그림에서 ①은 탐색 영역, ②는 탐색 라인, ③은 탐색 방향, ④는 검출 edge point이다.

❷ Pattern Matching : 템플릿 또는 모델이라고 일컫는 기준 패턴과 일치하는 영역을 대상영상에서 찾아주는 것을 목적으로 한다. 패턴 매칭 기법은 다음과 같은 응용분야에서 널리 사용되는 매우 기본적인 기능이다.

- Gauging 응용분야 : 측정하고자 하는 부분을 찾는 데 사용할 수 있다.
- Inspection 응용분야 : 부품의 부재와 같은 간단한 검사는 패턴 매칭 기법만으로 가능하다.
- Alignment 응용분야 : 기준 영상에 대한 매칭을 수행함으로써, 검색된 부분을 이후 처리의 기준점으로 삼을 수 있다.
  - 패턴 매칭 툴의 기본 요구 조건 : 일반적으로 machine vision 시스템의 경우 입력되는 영상이 일정하지 않은데, 이는 영상 내 부품의 위치에 대한 변화, 크기의 변

화, 조명의 변화와 같은 원인에 기인한다. 다음은 패턴 매칭 툴이 기본적으로 만족시켜야하는 사항들이다.

㉠ 방향성 및 multiple instance

㉡ 조명의 변화 : 아래의 그림은 NI Vision의 패턴 매칭 툴의 조명의 변화에 대한 대처를 보여준다. 좌측은 기준 template이며, 오른쪽 두 그림은 각기 서로 다른 조명에서 취득한 영상에 대한 검출 결과이다.

그림 1-77 조명의 변화

㉢ blur와 잡음에 대한 대처 : 아래의 그림은 패턴 매칭 툴이 대처할 수 있는 blur와 잡음 환경을 보여준다.

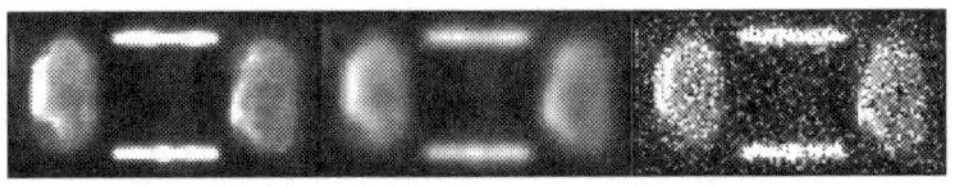

그림 1-78 Blur와 잡은

- 패턴 매칭 기법 : 패턴 매칭 기법은 Normalized Cross-correlation, Scale and Rotation invariant matching, Pyramidal matching, Image understanding을 포함한다.

㉠ Normalized Cross-correlation : 이는 rotation이나 scaling이 없는 영상에 대하여 좋은 결과를 제공하는 방법으로 기본적으로 correlation 기법을 사용한다. Correlation은 매우 많은 계산을 수행함으로 시간을 절약하기 위해서는, 템플릿으로 사용하는 영상의 크기와 검색을 수행할 영상의 크기를 줄여야 한다. Pyramidal matching과 Image understanding은 검색 시간을 줄일 수 있는 효과적인 방법이다.

㉡ Scale and Rotation invariant matching : 위의 Normalized Cross-correlation은 일반적으로 $5^o - 10^o$ 정도의 회전의 경우에는 유의한 결과를 제공하지만 그 이상의 회전의 경우에는 적합하지 않다. 이러한 회전 및 scale에 무관한 매칭을 수행하기 위해서는 크기와 무관한 매칭의 경우 템플릿의 크기를 변화시켜 매칭을 수행할 수 있다. 회전의 경우 회전된 양에 대한 예측이 불가능할 경우 매우 많은 시도를 해야 한다. 주파수 영역에서 correlation을 사용할 수도 있다.

ⓒ Pyramidal matching : 입력 영상과 템플릿 영상을 subsampling하여 패턴 매칭을 수행할 경우 계산량을 줄일 수 있다.

ⓓ Image understanding : NI Vision의 패턴 매칭 툴은 template에 대한 intelligent sampling을 수행함으로써 ±5%의 크기 변화와 $0^o \sim 360^o$ 사이의 방향성 변화에 대한 매칭을 성공적으로 수행한다.

❸ Geometric matching : 이는 패턴 매칭과 유사하나 사용하는 template에 대한 지정된 기하학적 특징을 매칭의 기준으로 삼는다. 따라서 빛의 변화에 영향을 덜 받는 매칭이라 할 수 있다. 기하학적 매칭은 크기나 회전 또는 빛의 변화에 영향을 덜 받는 매칭 기법이지만 검사 대상의 영상에 에지 성분이 너무 많거나 템플릿 영상이 texture 성분을 갖는 경우에는 pattern matching을 수행하는 것이 보다 바람직하다. 템플릿 영상이 텍스처 성분일 경우에는 템플릿 영상으로부터 좋은 geometric feature를 추출하기가 어렵다는 단점이 있으며, 검사 대상의 영상에 에지 성분이 많을 경우에는 시간이 오래 걸린다는 단점이 있다.

- Geometric matching 기대 사항 : Machine Vision 시스템에서 geometric matching을 사용하는 경우는 매칭 수행 결과로써 다음을 기대할 수 있다.

ⓐ 부품 개수, 부품의 방향, 부품의 크기 : NI Vision의 Geometric Matching 툴은 하나 또는 그 이상의 template matching이 가능하며, 검출된 template의 위치 검출이 가능하다. 또한 회전된 부분에 대한 검출이 가능하며, 크기의 변화에도 대응이 가능하다.

ⓑ 비선형 또는 비균일 조명 상황에서의 성공 : 아래의 그림은 Geometric matching이 비선형 또는 비균일 조명 상황에서 성공하는 예를 보인다.

그림 1-79 비선형/비균일 조명에서의 패턴 매칭

ⓒ Contrast 반전 : 템플릿 영상과 반전된 영상이 입력되어도 Geometric matching은 성공적인 결과를 보인다.

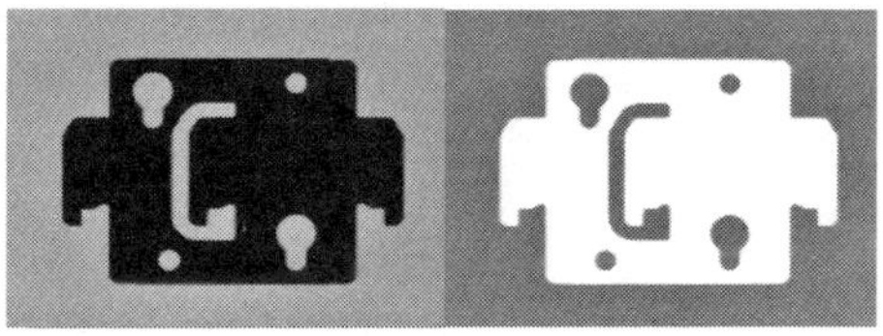

그림 1-80 Contrast 반전

㉣ 부분적 겹침 : Geometric matching을 이용하여 부분적으로 겹쳐 있는 대상에 대한 매칭이 가능하다. 겹쳐져 있는 부분에 대한 매칭의 결과로써 겹쳐진 부분의 비율을 제공한다.

㉤ 상이한 배경에서의 매칭 : 아래의 그림과 같이 서로 다른 배경 위에 있는 경우에도 매칭이 성공적으로 수행된다.

그림 1-81 상이한 배경

- Geometric Matching 기법 : 패턴 매칭의 경우, 템플릿 영상 내의 화소값을 특징으로 하여 매칭을 수행하는 반면, geometric 매칭의 경우 에지, 커브, 커브를 사용한 기하학적 형태와 같은 특징을 사용하여 매칭을 수행한다. 아래의 그림은 geometric 매칭에서 사용하는 기하학적 특징을 보여준다.

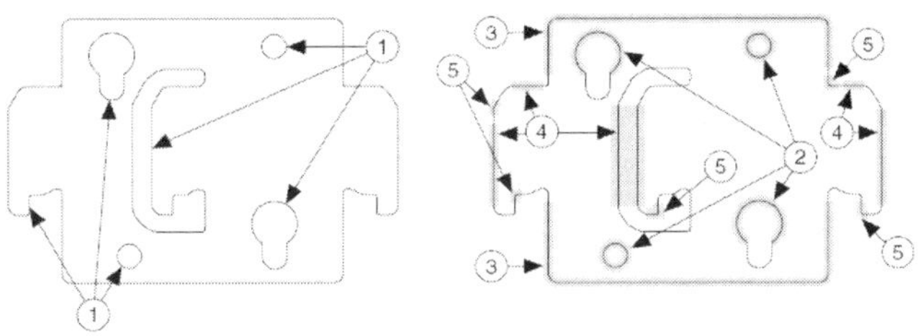

그림 1-82 Geometric 매칭에서의 Features

위에서 ①은 curve(곡선)이며, ②는 원형 특징, ③은 사각형 특징, ④는 선형 특징 그리고 ⑤는 corner 특징이다. Geometric 매칭은 학습(learning) 단계와 매칭 단계의 두 단계로 실행된다. 학습 단계에서는 템플릿 영상에서 기하학적 특징을 추출한 후 이들의 공간적 관계에 대한 정보를 저장한다. 이러한 정보는 템플릿 영상과 함께 저장된다. 매칭 단계에서는 검사 대상 영상에서 템플릿 영상에 해당하는 기하학적 특징을 추출하여 비교를 수행한다.

㉠ Learning : 이 단계는 curve 추출, 특징 추출, 특징의 공간적 관계 표현의 세 단계로 이루어진다.

- Curve Extraction : 커브(곡선)는 연속적인 윤곽선을 구성하는 연결된 에지의 집합으로 정의된다. 이는 부품의 경계를 나타낸다. 위 그림의 좌측에서 보면 6개의 curve가 검출됨을 알 수 있다. 커브의 검출은 다음의 세 단계로 이루어진다.

㉮ Curve Seed 점 찾기 : Seed 점은 커브 위에서 트레이싱을 시작하는 점이다. 특정 점이 seed 점이기 위해서는 기존의 커브 위에 있지 않으면서 사용자가 정의한 Edge Threshold값보다 큰 에지 contrast를 가져야 한다. 에지 contrast는 다음과 같이 구한다.

$$\sqrt{(P_{(i-1,j)} - P_{(i+1,j)})^2 + (P_{(i,j-1)} - P_{(i,j+1)})^2}$$

모든 화소에 대하여 위의 값을 사용하여 seed 점 여부를 확인하는 것이 아니라, 사용자가 제공하는 Row Step/Column Step 파라미터를 사용하여 제한된 화소에 대한 검사를 수행한다. Seed 점의 성공적 검출을 위해서는 사용자는 예상되는 최소 커브의 y방향의 크기 값보다 Row Step을 작게 설정하고 Column Step 역시 유사하게 설정하여야 한다.

㉯ Curve tracing : 커브에 추가된 화소의 인접 화소 중에서 가장 큰 에지 contrast를 갖는 화소가 사용자가 지정한 커브에 대한 에지 contrast보다 크면 커브에 포함시킨다. 더 이상 현재의 커브에 추가되는 화소가 없을 경우에는 원래의 Seed 점에서 반대방향으로 트레이싱을 다시 수행한다.

㉰ Curve 수정 : 위에서 검출한 커브에 대하여 다음을 수행한다.

- 커브의 끝 점이 사용자가 지정한 특정 값 이내의 거리에 있으면 커브를 'Close'
- 두 커브의 끝 점이 가까우면 두 커브를 합쳐 하나의 큰 커브를 형성.
- 사용자가 지정한 크기보다 작은 커브는 제거한다.

- Feature Extraction : 이는 커브로부터 선분, 사각형, 코너, 원과 같은 가하학적 특징을 추출하는 단계이다. 먼저 검출된 커브를 다각형을 사용하여 근사화 한다. 이렇게 근사화된 다각형에 대하여 선분을 사용하여 rectangular 특징을 추출한다. 다각형이나 선분으로 근사화되지 않는 커브는 circular 특징으로 분류된다. 추출된 특징은 다음과 같이 분류된다.

㉮ 유형 : 선분, 사각형, 코너, 원

㉯ 강도 : 어느 정도로 정확하게 해당 유형에 부합하는지에 대한 정도

㉰ Saliency : 해당 특징이 템플릿을 어느 정도 특징짓는지에 대한 정도

위와 같이 정렬된 후 가장 최상의 것을 특징으로 선정한다.

- 특징의 공간적 관계 표현 : 두 개의 특징이 있을 경우 이들의 관계를 벡터 형태로 표시한다.

ⓛ 매칭 : 이 단계는 검색 영상에 대한 커브 추출, 특징 추출, 특징 대응 매칭, 템플릿 모델 매칭, 매칭 수정으로 구성된다. 커브 추출 및 특징 추출은 템플릿 영상에서와 유사하게 수행된다.

- 특징 대응 매칭 : 이는 잠재적 매칭 집합을 구성한 후 이들 매칭을 수정하는 단계로 구성된다.
- 템플릿 모델 매칭 : 이는 검사 영상의 잠재적 매칭 위에 템플릿 모델을 겹쳐봄으로써 잠재적 매칭이 존재하는지 확인하는 단계이다.
- 매칭 수정 : 이는 최종적으로 템플릿의 커브와 검사 영상의 커브를 사용하여 매칭이 정확한지 확인하는 단계이다.

- 보정 영상을 이용한 Geometric matching : 매칭 단계에서 검사 영상에 부가된 보정 정보를 이용하여 매칭 영역에 대한 위치, 각도, 외곽 사각형에 대한 정보를 화소 단위 또는 real-world 단위로 제공할 수 있다. 또한 검사 영상이 perspective 또는 비선형 왜곡에 대하여 보정된 영상이라면 영상 보정 없이 곧바로 보정 정보를 사용하여 특징에 대한 매칭을 수행할 수 있다.

  ㉠ 단순 보정 또는 이전에 보정된 영상 사용

  ⓛ perspective 또는 비선형 왜곡 보정 : 검사 영상에서 추출된 커브를 직접 사용하지 않고 보정 정보를 사용하여 보정한 후 위의 매칭의 다섯 단계를 실행한다. 매칭의 결과는 화소 단위와 real-world 단위 모두 가능하다. 화소 단위를 사용하는 매칭 결과는 검사 영상과 일관되게 표현된다. 즉 템플릿 영상이 사각형일 경우 매칭 결과는 검사영상에 표시될 때 반드시 사각형으로 표시되는 것이 아니라 아래의 그림과 같이 보정 정보를 이용하여 사각형이 검사 영상에 표시될 경우의 형태로 표현된다.

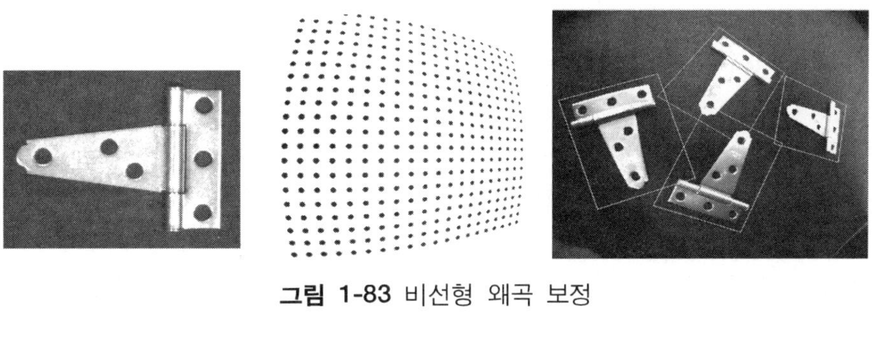

그림 1-83 비선형 왜곡 보정

- Geometric Matching의 결과 : 매칭이 완료되면, 매칭 결과의 location, angle, scale, occlusion percentage, accuracy score와 같은 정보를 제공한다.
  ㉠ 일반 스코어 : 매칭의 결과를 [0..1000]의 값으로 표시한다. 0은 no match이며, 1000은 perfect match이다. 이러한 스코어를 결정하는 요소는 다음과 같다.
  • 템플릿 영상 내의 기하학적 특징 중 타깃 영상과 매치된 특징의 개수
  • 템플릿 영상 내의 각각의 기하학적 특징이 타깃 영상의 기하학적 특징과 매칭 여부를 판별할 때 구해진 스코어
  • 템플릿 영상 내의 커브와 이에 해당하는 타깃 영상 내의 커브의 에지 강도를 비교하여 얻은 스코어
  기하학적 매칭을 특정 물체의 유무를 판단하는 데 사용할 경우 스코어는 템플릿 영상 내의 특징 중 타깃 영상 내의 특징과 매칭된 것만을 사용하여 계산한다. 따라서 타깃 영상의 물체가 겹쳐있을 경우 스코어가 1000으로 나오는 경우는 겹치지 않은 부분에 대한 특징들의 매칭에 대한 스코어가 1000인 경우이다.
  ㉡ 템플릿 타깃 커브 스코어 : 이는 템플릿 영상에 있는 커브가 얼마나 정확하게 검사 영역의 커브와 일치하는지를 나타낸다. 이 값은 템플릿 영상 내의 모든 커브에 대하여 계산된다. 이 스코어가 낮은 경우는 템플릿 영상 내에 타깃 영상과 매치되지 않는 커브가 있는 경우와, 타깃 영상 내의 커브가 왜곡되어 완전하게 매치되지 않는 경우이다. 타깃 영상에 부품의 흠을 검출하는 응용분야에서는 템플릿 타깃 커브 스코어를 이용하여야 한다.
  ㉢ 타깃 템플릿 커브 스코어 : 이는 위의 템플릿 타깃 커브 스코어를 순서를 바꾸어 적용한 결과이다. 즉 위에서는 템플릿에 있는 5개의 커브가 정확하게 타깃에 있을 경우(설령 더 많은 커브가 있다하더라도) 1000점을 반환해주는 반면, 타깃 템플릿 커브 스코어를 적용할 경우 타깃에 있는 커브 중 템플릿에서 찾지 못하는 커브가 있기에 낮은 스코어를 나타낸다.
  ㉣ correlation 스코어 : 이는 템플릿 영상과 타깃 영상의 화소값에 대한 correlation 값을 반환한다.

❹ Dimensional measurement : 이는 대상 영상의 물체에 대한 거리, 각도, 면적, 라인 부합, 원형 부합 등을 수행한다.
- 측정 과정 : 이는 다음의 4단계로 이루어진다.
  ㉠ 측정하고자 하는 대상의 위치 찾기 : reference coordinate system을 사용하여 측정을 수행하고자 하는 대상에 대한 위치 및 방향을 설정해 주어야 한다. Reference Coordinate System은 에지 검출이나 패턴 매칭을 통해 수행할 수 있다.
  ㉡ 측정 수행을 위한 특징 찾기 : 측정을 하기 위해서는 측정을 시작하는 기준점을

설정하여야 한다. 통산 다음의 특징을 사용하여 기준점을 설정한다.

- 물체의 경계를 따라 에지 검출기를 적용하여 얻은 에지 점
- 패턴 매칭을 통하여 얻은 물체 내의 특정 형태 또는 패턴

ⓒ 측정 실행 : 측정 가능한 단위는 점을 사용한 거리 측정, 3개 또는 4개의 점에 의해 표현되는 직선의 각도, 검출된 점들에 가장 잘 부합하는 직선, 원, 타원, 이들의 면적이다.

ⓔ 측정에 대한 검증

- 좌표계 : 좌표계를 사용한 측정은 다음과 같이 이루어진다.

ⓐ Reference coordinate system을 정의한다.

- 좌표계 설정을 위해 기준으로 삼을 참조 특징을 포함하는 영역을 정의한다.
- 찾기 쉬운 참조 특징을 찾는다. 이렇게 찾아진 참조 특징을 사용하여 참조 좌표계를 형성한다. 특징을 찾기 위해 에지 검출기와 패턴 매칭 함수를 이용한다.

ⓑ 측정 영역을 설정한다.

ⓒ 측정을 수행할 영상을 획득한다.

ⓔ 수행할 영상에 대하여 coordinate system을 결정한다.

ⓜ 측정을 수행한다.

좌표계를 설정과 관련된 함수는 다음과 같다.

ⓐ 에지 기반 좌표계 설정 함수

- 단일 탐색 영역 : 이는 아래의 그림과 같이 하나의 설정된 영역에서 가로방향과 세로방향으로 에지 탐색을 한 후 검출된 에지 점들을 사용하여 두 개의 직선을 유도한다. 이렇게 유도된 직선을 사용하여 좌표계를 설정한다. 아래의 그림에서 ①은 좌표계 설정을 위한 사용자가 지정한 탐색 영역이다. ②는 탐색 라인이며, ③은 검출된 에지를 사용한 좌표계의 주축이고, ④는 보조축이다. ⑤는 좌표계의 원점이다.

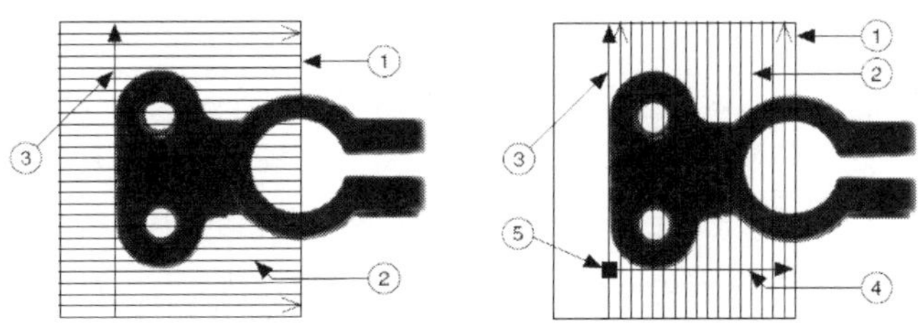

그림 1-84 단일 영역을 통한 좌표축 설정

• 두 탐색 영역 : 이는 좌표축 결정에 사용되는 직선 검출을 위해 서로 다른 영역을 지정할 수 있다. 아래의 그림에서 ①은 주 탐색 영역, ②는 보조 탐색 영역, ③은 좌표계의 원점, ④는 측정을 수행한 영역이다. 이는 아래의 그림과 같이 하나의 영역을 설정할 경우 직선 성분이 너무 많이 검출되어 정확한 좌표계의 형성이 보장되지 않는 경우에 적용하는 방법이다.

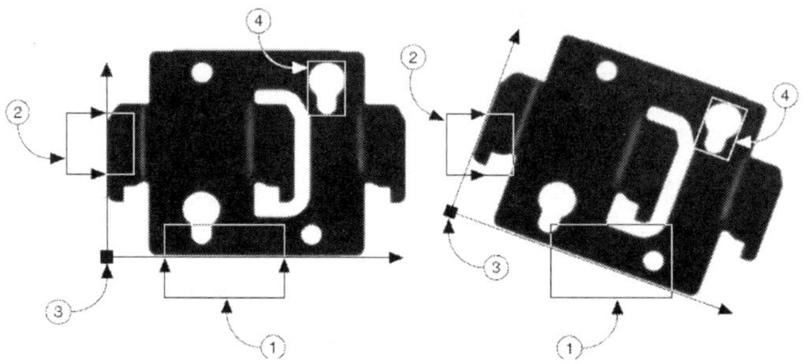

그림 1-85 두 탐색 영역을 통한 좌표축 설정

ⓛ 패턴 매칭 기반 좌표계 설정 함수 : 패턴 매칭 함수는 scale, shift, orientation에 대하여 invariant한 특성을 갖는다. 따라서 아래의 그림과 같이 뒤집어진 검사 영상이 입력될 경우에도 적합한 좌표계를 설정할 수 있다. ①은 패턴 매칭을 통하여 검출하는 특징이며, ②는 패턴 매칭 결과에 기반을 두어 설정된 좌표계이다. ③은 좌표계의 원점이며, ④는 측정을 수행할 영역이다.

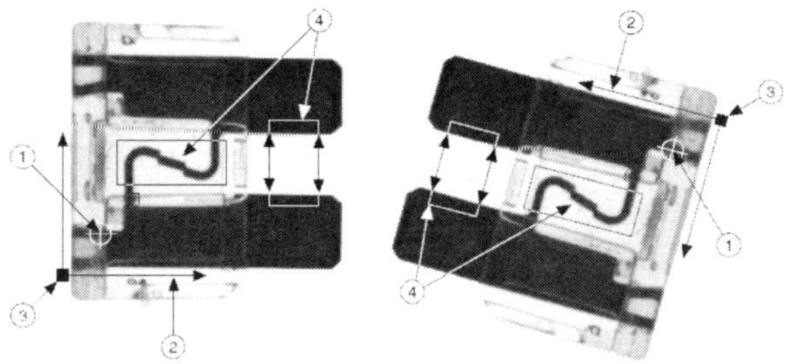

그림 1-86 좌표계 설정

- 측정을 수행할 측정점 또는 특징 찾기 : 두 점 사이의 거리 측정에서도 알 수 있듯이 측정영역에 대한 설정이 끝나면 실제 측정을 수행한 측정점을 찾아야 한다. 이들 측정점은 다음과 같다.

㉠ 에지 기반 특징 : 하나의 탐색 라인 또는 여러 개의 탐색 라인에 대해 에지 검출기를 사용하여 에지를 구한 후 이를 측정점으로 사용한다.

ⓒ 라인/원 특징 : NI Vision의 line 검출 함수를 사용하여 수직 또는 수평 선분을 찾는다. 원 특징은 Spoke 검출기를 사용하여 구할 수 있다.

ⓓ 형태 기반 특징 : 패턴 매칭이나 컬러 패턴 매칭 함수를 사용하여 특정 형태를 찾아 이를 이용할 수 있다.

- 측정하기

㉠ 거리 측정

- 위에서 구한 측정점에 대해 Feature detection 방법을 사용하여 거리를 측정한다.
- 설정된 탐색 영역에 Clamp 함수를 사용할 경우 Clamp 함수는 설정된 영역 내의 두 개의 에지 점을 따라 Rake 함수를 실행하여 점들을 추출한다. 이들 점들 사이의 거리를 측정하여 최소값과 최대값을 반환하여 준다.

㉡ 해석 기하학적 측정

- 주어진 점을 꼭지점으로 하는 다각형에 대한 면적
- 주어진 점에 해당하는 직선 및 그 직선에 대한 방정식
- 주어진 점에 해당하는 원과 그 원의 면적, 둘레, 반지름
- 주어진 점에 해당하는 타원과 그 타원의 면적, 둘레, 장축과 단축의 길이
- 시작점과 끝점에 의해 결정되는 두 직선의 교차점
- 두 라인에 의해 형성되는 직선 사이의 각도
- 한 점과 하나의 직선이 주어질 경우 그 점과 직선의 중간점을 지나는 원래의 직선과 평행한 직선
- 한 점과 하나의 직선이 주어질 경우 그 점과 직선과의 법선 그리고 그 거리

❺ Color Inspection : 관련된 세부 주제는 다음과 같다.

- 컬러 스페이스

컬러 영상 : 컬러 정보는 일반적으로 R, G, B로 나타낸다. 다음과 같은 컬러 영상에 대한 model이 있다.

㉠ XYZ model

CIE Primaries를 이용한다. 3-D Vectors 형태로 색을 표현하며 아래의 식을 통하여 XYZ 공간에서의 색을 표현한다.

$$x=\frac{X}{X+Y+Z} \quad y=\frac{Y}{X+Y+Z} \quad z=\frac{Z}{X+Y+Z}$$

㉡ RGB color model

망막에 있는 세 개의 시각 pigment는 각각 630nm(Red), 530nm(Green), 450nm(Blue)

에 대해 peak sensitivity를 제공한다. RGB color model에서는 3-pigment를 통한 자극의 크기를 비교하여 색을 결정한다.

㉢ HSL color model : 이는 사람이 색에 대해 느끼는 것과 유사한 체계를 갖는다. RGB 색 모델을 HSL로 변환하는 방법은 직각 좌표계를 구 좌표계로 변환하는 다음의 관계식을 적용하면 된다.

$$L = \sqrt{R^2 + G^2 + B^2}, \angle A = \cos^{-1}\left[\frac{B}{L}\right], \angle B = \cos^{-1}\left[\frac{R}{L\sin(\angle A)}\right]$$

㉣ CMY 컬러 모델

CMY 컬러 모델은cyan, magenta, yellow를 사용하여 색을 표현한다. 이는 출력장치에 대한 색 표현에 유용하게 사용된다.

$$\begin{bmatrix} C \\ M \\ Y \end{bmatrix} = \begin{bmatrix} 1 \\ 1 \\ 1 \end{bmatrix} - \begin{bmatrix} R \\ G \\ B \end{bmatrix} \begin{bmatrix} R \\ G \\ B \end{bmatrix} = \begin{bmatrix} 1 \\ 1 \\ 1 \end{bmatrix} - \begin{bmatrix} C \\ M \\ Y \end{bmatrix}$$

㉤ ITU-R 601에서는 다음과 같은 변환을 사용한다.

$$Y = 0.299R + 0.587G + 0.114B$$
$$C_b = -0.1697R - 0.3313G + 0.5B + 128$$
$$C_r = 0.5R - 0.4187G - 0.0813B + 128$$

- 컬러 매칭 : 컬러 매칭 함수는 컬러 정보에 대한 1차원 컬러 스펙트럼을 생성한 후 이 값을 사용하여 검사 대상 영상에 매칭을 실시한다. 이는 컬러 확인, 컬러 검사, 컬러 물체 찾기와 같은 분야에 사용된다.
  ㉠ 컬러 확인 : 이는 미리 지정된 컬러와 대상 영상의 컬러를 비교하는 경우이다.
  ㉡ 컬러 검사 : 이는 컬러 물체의 컬러에 있어서의 결함을 찾아내는 응용분야이다.
  ㉢ 컬러 물체 찾기 : 이는 주어진 컬러에 해당하는 물체를 찾아내는 응용분야이다.

- 컬러 스펙트럼 : NI Vision에서는 컬러 매칭을 위해 1차원 컬러 스펙트럼을 사용한다. 컬러 스펙트럼의 각 요소는 HSL 컬러 스페이스에 대한 [bin]에 해당한다. 이 일차원 컬러 스펙트럼의 마지막 두 개의 요소는 black과 white성분을 나타낸다. 아래의 그림은 HSL 컬러 스페이스를 bin으로 나누는 과정을 나타낸다. HSL 컬러 스페이스의 Hue space를 동일한 크기의 몇 개의 섹터로 나눈다. 각 섹터는 high saturation에 해당하는 부분과 low saturation에 해당하는 부분으로 나눈다.

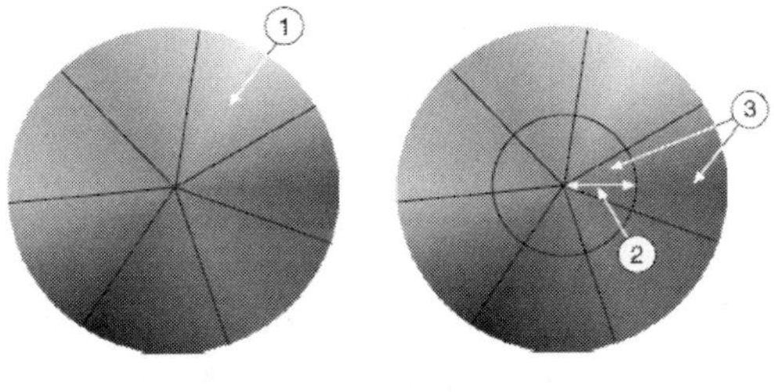

그림 1-87 컬러 섹터(HSL)

위의 그림에서 ①은 섹터를 나타내며, ②는 각 섹터를 두 개의 saturation 영역으로 나누는 경계를 나타낸다. 아래의 그림은 이렇게 나눈 섹터를 1차원 배열로 구성하는 과정을 보인다.

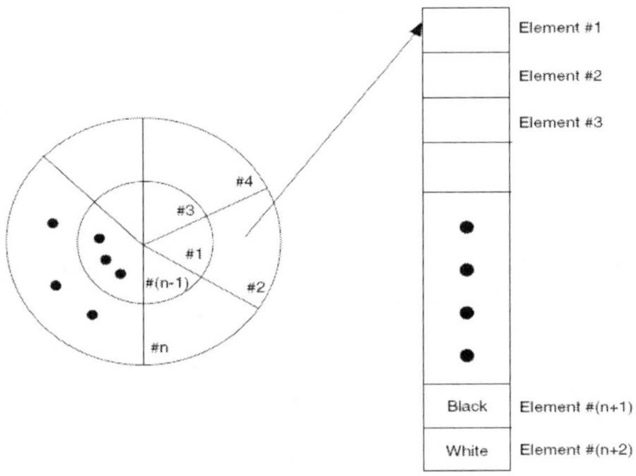

그림 1-88 컬러 스펙트럼 구성

위의 그림에서 bin의 수를 많이 할수록 대상 영상에 대한 컬러 정보를 보다 자세히 표현할 수 있다, 사용자는 관련 함수의 사용 시[color sensitivity] 파라미터를 조절함으로써 이를 제어할 수 있다. Color sensitivity는 low, medium, high의 세 가지 선택이 가능하다. Low의 경우 hue space를 7개의 섹터로 구분한다, 이 경우 $7 \times 2 + 2 = 16$개의 bin을 사용하게 된다. Medium의 경우에는 14개의 섹터를 사용하며, high의 경우에는 28개의 섹터를 사용한다.

각 bin에는 해당 hue space에 속하는 화소의 전체 영상에 대한 비율을 기록한다. 또한 컬러 스페이스를 bin에 할당하기 전에 화소가 black또는 white에 해당하는지를 검사하여 이를 1차원 배열의 맨 끝에 할당한다.

컬러 매칭은 참조 영상에 대한 컬러 스펙트럼과 대상 영상의 컬러 스펙트럼에 fuzzy membership weighting function을 적용한 후 Manhattan distance를 사용하여 이루어진다. 매칭 결과는 [0..1000]사이의 스코어로 나타낸다.

- 컬러 로케이션 : 이는 컬러 패턴 매칭과 같은 작업에서 관심 대상에 대한 접근을 손쉽게 하기 위해 사용될 수 있다. 컬러 매칭과 대부분 유사하지만 매칭 영역에 대한 지정이 없기 때문에 전체 대상 영상에 대하여 검색을 수행한다는 점이 다르다. 효율적인 검색을 위하여 coarse-to-fine 탐색 기법을 사용하여 가능한 매치 리스트를 생성한다. 이후 생성된 매치 리스트에 대해 hill-climbing 방법을 사용하여 매칭을 세분화한다.
- 컬러 패턴 매칭 : 기존의 패턴 매칭은 grayscale 영상에 적용되는 반면 컬러 패턴 매칭은 컬러 영상에 적용된다. 컬러 패턴 매칭을 사용하는 경우는 다음과 같다. 컬러 패턴 매칭은 기본적으로 컬러 로케이션 gray scale 패턴 매칭을 결합한 형태이다.

• 대상 물체가 배경과 매우 다른 컬러 정보를 가지고 있을 경우, 대상 영상에서 관심 물체의 위치를 정확하게 찾고자 하는 경우에는 컬러 패턴 매칭을 사용한다. 컬러 로케이션은 형태에 대한 정보를 사용하지 않기 때문에 화소 단위의 정확성을 제공하지는 않는다. 컬러 패턴 매칭은 패턴 매칭과 같이 형태 정보를 사용한다.
• 템플릿 영상의 gray scale 특성이 양호하지 않은 경우 컬러 정보가 유용할 수 있다.

아래의 그림은 컬러 로케이션과 컬러 패턴 매칭의 차이를 보여준다.

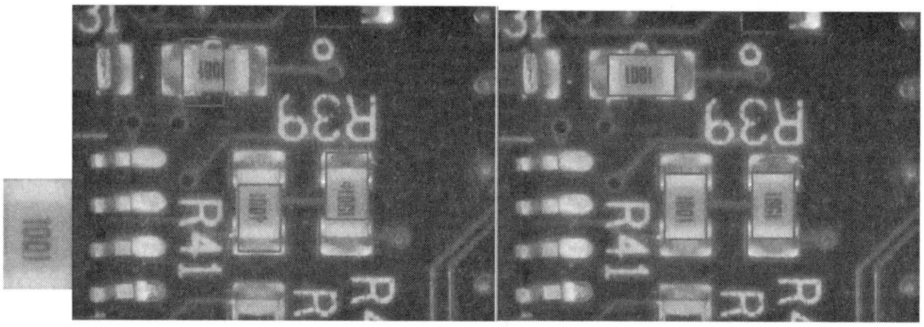

그림 1-89 컬러 로케이션과 컬러 패턴 매칭 결과

아래의 그림은 컬러 패턴 매칭에는 유용한 영상이 패턴 매칭을 위한 gray scale 영상으로의 변환을 통해 그 특성이 사라질 수 있음을 보여준다.

그림 1-90 컬러 패턴 매칭의 유용한 사례

❻ Binary particle classification : 이는 이진 입자 샘플의 특징을 사용하여, 샘플 클래스를 나타내는 일단의 특징들과 비교함으로써 해당하는 이진 입자를 분류하는 과정이다. 이는 training과 classifying의 두 단계로 구성된다.

- training : 이는 classifying 단계를 위해 샘플에 대한 유형을 학습시키는 과정이다.
- classifying : 이는 분류되지 않은 샘플을 기존 샘플 class 중 하나로 분류하는 과정이다.

분류에 적합한 영상은 배경이 하얗게 되어 있는 이진 영상이다. 이들 이진 영상은 하나의 연결된 구조일 수 있고 연결되지 않은 몇 개의 물체로 구성될 수도 있다. 또는 동전과 같은 영상일 수도 있다.

일반적인 분류 절차 : 입력된 영상에서 볼트와 너트를 분류하는 예에서의 training 대상 클래스를 Bolt, Nut라 가정한다.

- feature vector를 결정한다. 각 feature는 미지의 sample을 해당 클래스로 유일하게 분류할 수 있어야 한다.
- 샘플을 사용하여 classifier를 training한다.

다음은 NI Particle Classifier가 사용하는 scale-invariant, rotation-invariant, reflection-invariant shape descriptor이다,

- Feature 1 : sample의 circularity
- Feature 2 : sample의 degree of elongation
- Feature 3 : sample 형태의 convexity
- Feature 4 : sample 형태에 대한 자세한 convexity
- Feature 5 : hole이 있는 sample의 구분을 위한 것
- Feature 6 : hole이 있는 sample에 대하 더욱 자세한 구분 내용
- Feature 7 : sample의 spread
- Feature 8 : sample의 slenderness

- Classification 방법

㉠ Instance-based learning : 이는 Nearest neighbor, K-Nearest neighbor, Minimum Mean Distance 알고리즘이 이에 해당한다. 이들 알고리즘을 적용하기 위해서는 distance measure가 정의되어야 한다. NI particle Classifier는 다음의 세 가지 distance metirics를 제공한다. $X=[x_1,x_2,...x_n]$, $Y=[y_1,y_2,...,y_n]$이 두 개의 feature vector라 한다.

- Euclidean distance : $L2 : d(X, Y) = \sqrt{\sum_{i=1}^{n}(x_i - y_i)^2}$
- Sum distance(City-Block metric/Manhattan metric(L1): $d(X, Y) = \sum_{i=1}^{n}|x_i - y_i|$
- Maximum distance : $d(X, Y) = \max_i |x_i - y_i|$

Nearest neighbor classifier : 입력 feature vector X에 대하여 class C_j와의 distance는 class C_j를 나타내는 데 사용된 sample 중 가장 가까운 샘플과의 distance로 정의된다. $d(X, C_j) = \min_i d(X, X_i^j)$. 입력 feature X는 다음의 식에 의해 분류된다.

$$X \in Class\ C_j,\ \text{if}\ \ d(X, C_j) = \min_i d(X, C_i)$$

특정 클래스에 대한 샘플이 하나의 클러스터를 이루지 않고 여러 개의 클러스터를 이룰 수 있는데, 이럴 경우 Nearest Neighbor Clsssifier는 Minimum Mean Distance classifier 보다 효과적이다.

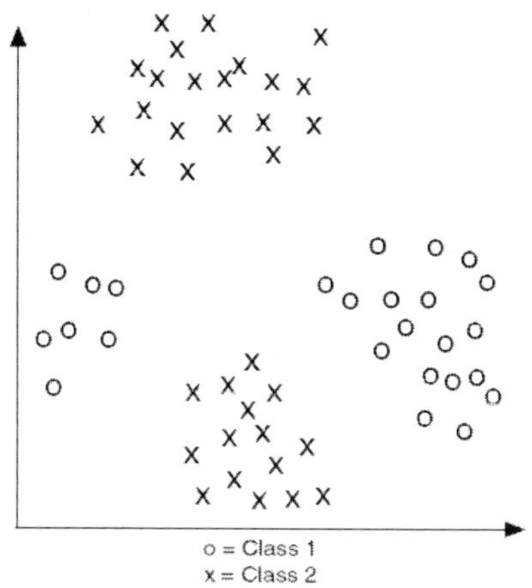

그림 1-91 다중 클러스터의 예

- K-Nearest neighbor : 이는 입력 feature vector X에 대하여, 전체 sample에 대하여 distance를 구한 후 가장 가까운 K개의 sample을 선택한다. 이렇게 선택된 K개의 sample을 가장 많이 가지고 있는 class로 X를 분류한다. 이 방법은 class를 구성하는 sample에 잡음이 있는 경우 효과적으로 사용할 수 있다. 아래의 그림은 K=1일 경우에는 X가 Label 1로 분류되지만 K=3으로 하였을 경우에는 Label 2로 분류되는

예이다.

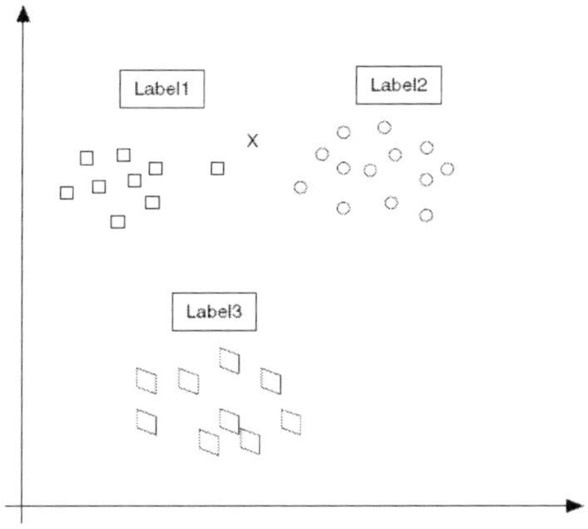

그림 1-92 K-Nearest neighbor

- Minimum Mean Distance : $\left\{X_1^j, X_2^j, \ldots, X_{n_j}^j\right\}$를 C_j를 표현하는 n_j개의 feature vector라 하자. Class j에 대한 무게중심은 $M_j = \frac{1}{n_j}\sum_{i=1}^{n_j} X_i^j$이다. 이 때, 입력 feature vector X는 다음의 식으로 분류된다. 이는 잡음이 많거나 클래스가 밀집된 클러스터를 형성하고 있을 때 유용하게 사용된다.

$$X \in Class\ C_j,\ \text{if}\ d(X, M_j) = \min_i d(X, M_i)$$

ⓛ Multiple Classifier System : 이는 기본적인 classifier를 cascade 방식 또는 parallel 방식으로 연결하여 사용하는 경우이다.

- Feature Training에 대한 data evaluation

㉠ Intraclass deviation array: $[Q_j, N_j], j = 1, 2, ..L$, 여기서 N_j는 class j의 샘플의 개수이며, L은 class의 개수이다. Class C_j에 대한 N_j개의 n-차원 feature vector를 $\left\{X_1^j, X_2^j, X_3^j, \ldots, X_{N_j}^j\right\}$라 하자. 이 때, $X_i^j = \left[x_{i1}^j, x_{i2}^j, \ldots, x_{in}^j\right]^T$이다. Class j의 평균 벡터 $M^j = \left[m_1^j, m_2^j, \ldots, m_n^j\right]^T$는 다음과 같다.

$$M^j = \frac{1}{N_j}\sum_{i=1}^{N_j} X_i^j,\ \ M_k^j = \frac{1}{N_j}\sum_{i=1}^{N_j} x_{ik}^j$$

이 때, class j의 feature element k의 standard deviation은 다음과 같다.

$$\sigma_k^j = \frac{1}{N_j}\sum_{i=1}^{N_j}\left(x_{ik}^j - m_k^j\right)^2$$

Class j의 feature data에 대한 quality는 다음과 같이 정의된다.

$$Q_j = \max_k \sigma_k^j$$

ⓛ Class Distance Table : Class i와 Class j의 distance는 다음과 같이 정의된다.

$$d_{ij} = D(M^i, M^j)$$

- Trained Classifier에 대한 Quality

㉠ Classifier predictability : $\dfrac{Num\ of\ Samples\ Classified\ Correctly}{Total\ Num\ of\ Samples\ Classified\ into\ the\ Class}$

ⓛ Classifier Accuracy: $\dfrac{Num\ of\ Samples\ Classified\ Correctly}{Total\ Num\ of\ Samples\ Known}$

- Identification and Classification Score : NI Particle Classifier는 다음을 제공한다.

㉠ Classification Confidence : 이는 정렬 및 검사 응용분야에 유용한 정보이다. 이는 할당된 클래스가 다른 클래스에 비해 어느 정도 입력을 잘 대표하는지에 관한 척도이다.

$$Classification\ Confidence = \left(1 - \frac{d_1}{d_2}\right) \times 1000$$

위에서 d_1은 가장 가까운 Class를 의미하며 입력 샘플이 할당된 class이다. d_2는 두 번째 가까운 class를 의미한다.

ⓛ Identification Confidence : 이는 위의 classification confidence를 사용하여 판단을 하기 어려울 때만 사용한다. 이는 입력과 할당된 class사이의 유사함을 나타내는 척도이다.

$$Identification\ Confidence = (1 - d) \times 1000$$
$$d = \frac{Distance\ Between\ Input\ Sample\ \text{and}s\ Assigned\ Class}{Normalization\ Factor \doteq Maximum \bigcap class\ distance}$$

❼ Optical character recognition

OCR은 다음의 두 부분으로 구성된다.

- Character를 training하는 부분
- NI Vision Builder for Aumated Inspection, LabView VI library, LabWindows/CVI functions과 같은 툴
  - Character Segmentation : 이는 training 단계와 reading 단계에 모두 적용된다. 이는 배경으로부터 각각의 character를 분리하는 과정이다. 아래의 그림은 character segmentation과 관련된 용어를 설명한다.

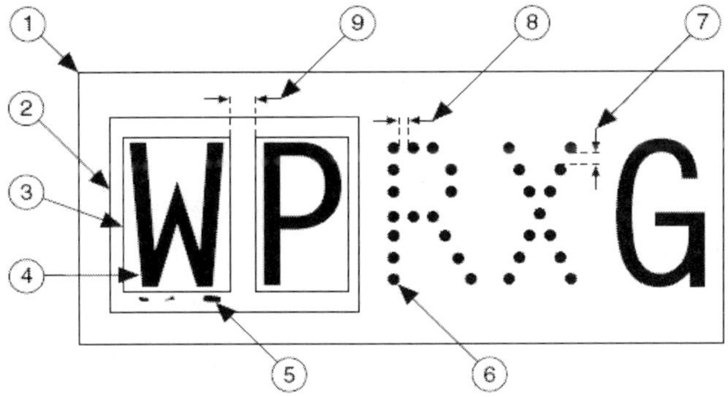

그림 1-93 OCR을 위한 정의

위의 그림에서 ①은 획득한 영상, ②는 ROI, ③은 Character bounding rectangle, ④는 문자, ⑤는 잡음, ⑥은 element, ⑦은 수직방향 element 간격, ⑧은 수평방향 element 간격, ⑨는 문자 간격이다.

위와 같이 문자와 관련된 부분을 추출하기 위해서는 배경과 문자를 구분할 수 있는 thresholding이 수행되어야 한다. Thresholding value는 구간으로 표현되며, 화소값이 이 구간이 있는 화소는 foreground로 간주되고, 그렇지 않으면 배경으로 간주된다. 이러한 thresholding 구간을 결정하는 방법은 다음과 같다.

- Fixed Range; 이는 손쉽게 사용할 수 있으나 주변 조명이 일정해야 된다는 제약이 있다. 이는 사용자가 입력함으로써 그 값을 결정하는 수동 방식이다,
- Uniform : 이는 OCR이 자동으로 threshold value를 설정한다. ROI에 대해 조명이 균일할 경우에 빠르게 동작하는 효율적인 방법이다.
- Linear : 이는 ROI를 좌우 블록으로 나누어 각각의 블록에 대해 threshold value를 결정한 후 이들 값을 보간하여 각 화소에 대한 threshold value로 사용한다.
- Non linear : 이는 ROI를 블록으로 나누어 각각의 threshold value를 독립적으로 사용한다.

자동으로 threshold value를 설정할 경우에는 필요에 의해 다음의 파라미터를 설정할 수 있다.

- Optimize of speed : 이 값이 enable 된 경우는 threshold value의 계산 시, 정확도보다 속도를 우선하여 계산하도록 한다. 이 값이 disable 된 경우는 보다 빠르게 threshold value를 계산하도록 한다. Optimize of speed 파라미터를 enable한 경우에는 Bi modal calculation 파라미터를 enable함으로써 OCR로 하여금 threshold value의 하한과 상한 값을 영상 내의 가장 많이 발생한 화소값으로 설정하게 할 수 있다.

Threshold Limits : 이는 자동으로 threshold value를 계산하는 경우, OCR이 결정하는 threshold value에 대해 사용자가 제약을 줄 수 있게 한다. 이는 자동으로 계산되는 값이 특정 범위를 벗어나지 않도록 할 수 있게 한다.

- Acceptance level : 검사 대상의 문자가 trained character와 매칭되기 위해 필요한 최소의 classification score이다.
- Read strategy : 가능한 모드는 aggressive와 conservative이다. Aggressive mode에서는 그 반대에 비해 적은 feature를 사용하여 매칭을 수행한다.
- Read Resolution : OCR은 기본적으로 low read resolution을 사용하는데 이는 match를 위해 적은 feature를 사용하도록 한다. High read resolution을 사용할 경우 matching이 실패할 가능성이 높다.
- Valid Character : 이는 계산 속도를 향상시키기 위해 사용할 수 있는데, 첫 번째 문자가 숫자임을 알고 있을 경우, 이를 반영할 수 있게 한다.
- Aspect ratio independence; ±50%가 권장된다.

❽ Instrument reader : 이는 meter, seven segment displays, barcode에 대한 reading과 관련된 응용 프로그램을 손쉽게 개발할 수 있게 한다.

- Meter functions : 이는 meter 또는 gauges로부터의 reading을 필요로 하는 응용 프로그램의 개발을 손쉽게 한다. 이들 function들은 meter 또는 gauge의 바늘의 위치를 추출해주는 high-level vision process를 제공한다. 이들 함수의 기능을 분석하여 다른 응용분야에 적용할 수 있다.

3 IMAQ 디지털 영상 및 디스플레이

3.1 디지털 영상 취득

영상을 취득하고자 하는 장면 내에 있는 모든 단일 점은 매우 많은 방향으로부터 입사되어지는 빛들을 반사하게 된다. 카메라 앞에 위치한 동그란 구멍(angular aperture)이 단지 하나의 빛만을 통과시키지 않는 한 영상을 취득하고자 하는 장면 내의 한 점으로부터 반사되는 여러 개의 빛이 카메라의 image plane에 도착하게 된다. 선명한 영상을 얻기 위해서는 이러한 여러 개의 빛이 한 점에 모이도록 해야 한다. 모든 점에 대하여 초점이 맞은 영상을 얻는 방법은 다음과 같다.

- 카메라의 구멍을 단지 하나의 빛만이 통과할 수 있도록 작게 만든다(pinhole camera). 이는 가장 간단히 구현할 수 있는 방법이지만 유효한 영상을 취득하기 위해서는 장시간의 노출이 필요하게 된다.
- 3차원 상의 모든 위치에 대한 빛을 한 곳으로 모아주는 광학 시스템을 사용한다.

- 영상 취득 과정

다음의 그림은 perspective 카메라 model득 사용하여 영상을 취득하는 과정을 보인다.

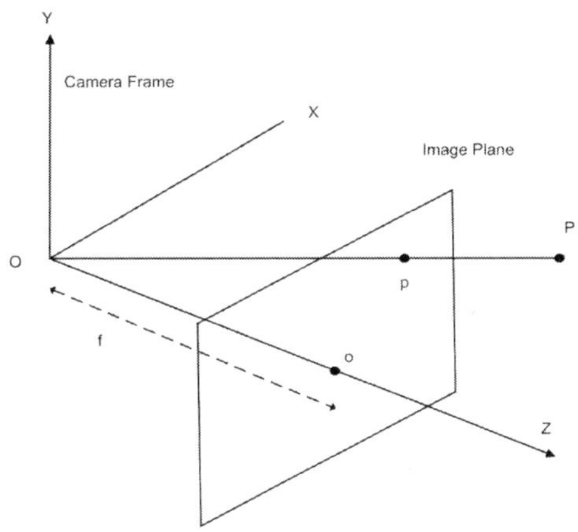

그림 1-94 Perspective Camera

실세계의 좌표를 P라하고 image plane에서의 좌표를 p라 하면 다음과 같은 관계를 얻을 수 있다.

$$P=\begin{bmatrix}X\\Y\\Z\end{bmatrix},\quad p=\begin{bmatrix}x\\y\\z\end{bmatrix} \text{ 라 할때 } x=f\frac{X}{Z},\ y=f\frac{Y}{Z} \text{ 이다.}$$

- Thin lenses

Thin lenses를 해석하는데 사용되는 파라미터는 광축(optical axis)과 초점(left focus, right focus)이 있다. Thin 렌즈의 기본 특성은 다음과 같다.

- 광축과 평행한 방향으로 렌즈에 들어오는 빛은 다른 쪽의 focus를 통과한다.
- focus를 통과하여 들어오는 빛은 반대쪽으로 광축과 평행하게 진행한다.

Thin lenses 기본 방정식 : 다음 그림은 thin lenses에서 영상을 구성하는 과정을 보인다.

아래의 그림으로부터 다음의 관계식을 구할 수 있다.

$Zz = f^2$ 여기서 $\hat{Z} = Z + f$, $\hat{z} = z + f$를 이용하면 아래와 같은 thin lenses에 대한 기본 방정식이 구해진다.

$$\frac{1}{\hat{Z}} + \frac{1}{\hat{z}} = \frac{1}{f}$$

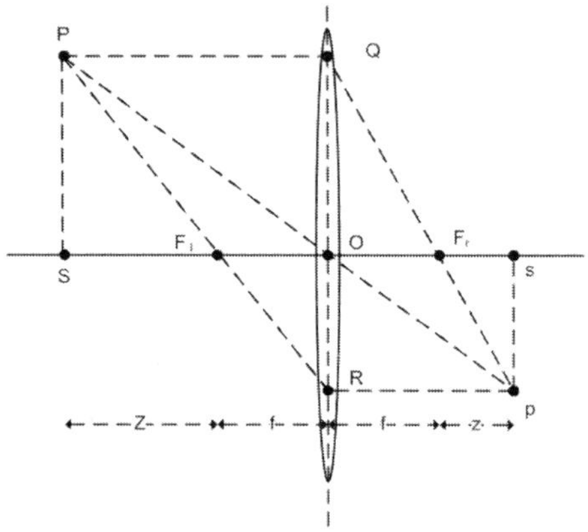

그림 1-95 Thin lens

- Field of View

이는 카메라를 통해 볼 수 있는 3차원 공간에 대한 각도의 양으로서 다음과 같이 정의된다.

$$\omega = \tan^{-1}\left(\frac{d}{2f}\right)$$

3.2 디지털 영상 정의

- Digital Image 속성 : 디지털 영상은 resolution, definition 그리고 number of plane의 세 가지 속성을 갖는다.

㉠ Image resolution : 하나의 영상을 구성하는 데 필요한 화소들에 대한 행과 열의 수를 말한다. Image가 m개의 행(row)과 n개의 열(column)로 구성되어 있을 경우 이 영상의 해상도는 $m \times n$이다.

㉡ Image Definition : 영상 내의 하나의 화소를 표현하는 데 n bits가 필요할 경우 이 영상의 bit depth는 n이다. 이 경우, 하나의 화소의 값에 대한 표현은 2^n개의 값이 가능하다. 이 때, 이 영상의 Image Definition은 2^n이다.

㉢ Number of planes : 하나의 영상을 구성하는 데 필요한 화소에 대한 array의 수를

말한다. Gray scale 영상은 하나의 plane(array)만 필요하며, 컬러 영상의 경우 3개의 array가 필요하게 된다.

- Image Types : IMAQ Vision에서 사용하는 영상은 gray scale 영상, 컬러 영상, complex 영상이다.

㉠ Gray scale 영상 : 이는 단일 화소 plane으로 구성된다. Plane 내의 각 화소는 하나의 숫자로 부호화된다. 각 화소를 표현하는 숫자는 다음과 같다.

- 8-bit unsigned integer : 아래의 그림과 같이 4-bytes 단위의 데이터에서 오른쪽 1바이트를 차지한다. 화소의 값은 0～255 범위의 값이다.

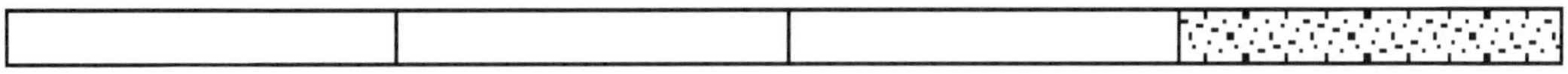

- 16-bit signed integer : 아래의 그림과 같이 4-bytes 단위의 데이터에서 오른쪽 2바이트를 차지한다. 화소의 값은 －32, 768～32, 767 범위의 값이다.

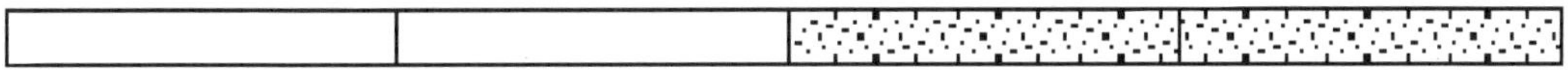

- 32-bit single precision floating point : 아래의 그림과 같이 4-bytes를 차지한다. 화소의 값은 －∞～∞ 범위의 값이다.

㉡ 컬러 영상 : Image 컬러 영상은 RGB, HSL의 두 가지 형태가 있다. RGBU64 형식의 경우 컬러 영상 각 plane에 16bits를 사용한다.

- 32-bit RGB : 아래의 4-bytes 구조에서 맨 앞의 1바이트는 사용되지 않는다. 2번째 바이트는 R, 세 번째 바이트는 G, 마지막은 B이다.

- 32-bit HSL : 아래의 4-bytes 구조에서 맨 앞의 1바이트는 사용되지 않는다. 2번째 바이트는 H, 세 번째 바이트는 S, 마지막은 L이다.

㉢ complex 영상 : 이는 gray scale 영상에 대한 주파수 정보로 구성된다. 두 개의 32-bit single precision floating point number로 구성된다. 앞의 4바이트는 실수 부분이며, 뒤의 4바이트는 허수 부분이다.

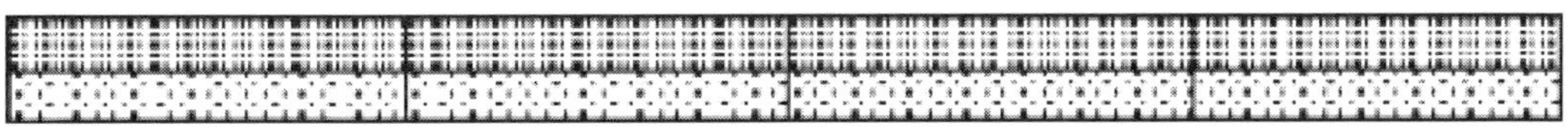

- Image File : 디지털 영상의 파일은 일반적인 파일 구조와 같이, 파일의 첫 부분은 파일 헤더이다. 파일 헤더 다음에 화소에 대한 정보가 위치한다. 다음은 일반적인 파일 포맷에 대한 설명이다.

㉠ Bitmap(BMP) : 이는 8-bit gray scale, RGB color image에 대한 표준 형식이다.

㉡ Tagged image file format(TIFF) : 이는 8-bit gray scale, RGB color image에 대한 표준 형식이다.

㉢ Protable networ graphics(PNG) : 이는 화소의 값뿐만 아니라, spatial calibration, pattern matching template, overlay와 같은 부가 정보를 포함한다. 이는 8-bit gray scale, RGB color image에 대한 표준 형식이다. 이는 16-bits grayscale, 64-bit RGB, complex image에 대한 표준 형식이다.

㉣ Joint Photographic Experts Group format(JPEG) : 이는 8-bit gray scale, RGB color image에 대한 표준 형식이다.

㉤ National Instruments internal image file format(AIPD) : floating-point, complex, HSL 영상을 저장하기 위해 NI사에서 정한 파일 규격이다. 이는 16-bits grayscale, 64-bit RGB, complex image에 대한 표준 형식이다.

- IMAQ Image의 내부적 표현

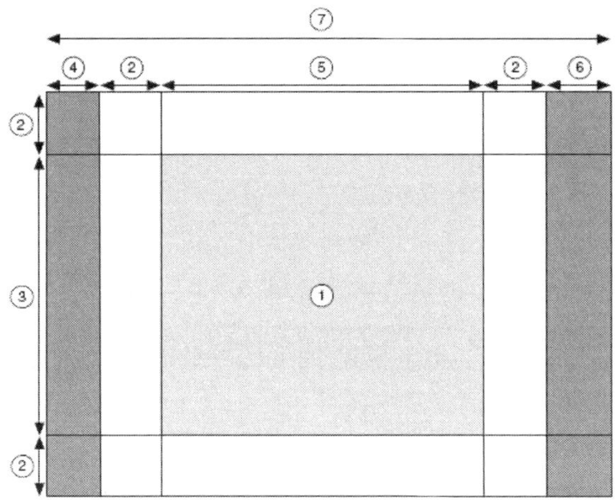

그림 1-96 IMAQ Image 내부 표현

① 해상도와 관련된 실제 image

② Image border : 관심 화소의 neighbor를 사용하는 경우 설정한다.

③ 수직 해상도

④ 왼쪽 정렬 : 한 line 내의 byte의 수가 8의 배수가 되게 하기 위해 사용한다.

⑤ 수평 해상도

⑥ 오른쪽 정렬 : 한 line 내의 byte의 수가 8의 배수가 되게 하기 위해 사용한다.

⑦ line 폭

- Image Border : 많은 영상 처리 기법은 관심 대상 화소의 주변 화소를 이용한다. 영상의 경계 부분에 대한 처리를 원활히 하기 위해서는 image border를 지정해주어야 한다. Image Border의 지정은 border size와 border pixel에 대한 화소값 지정을 통해 이루어진다. IMAQ Vision에서 사용하는 기본 border size는 5이다. Border 화소값 지정 방식은 다음과 같다.
  - 기본 지정 방식 : Border 내의 화소값을 0으로 지정한다. 대부분의 주변 화소를 사용하는 경우 이를 사용한다. 대표적인 예는 correlate, circles, rejet border, remove particles, skeleton, lebel function이다.

0	0	0	0	0	0	0	0	0	0	0	0	0	0
0	0	0	0	0	0	0	0	0	0	0	0	0	0
0	0	10	9	15	11	12	20	16	12	11	8	0	0
0	0	11	13	11	12	9	16	17	11	13	14	0	0
0	0	12	8	12	14	12	13	12	14	11	13	0	0
0	0	10	9	13	31	30	32	33	12	13	11	0	0
0	0	15	11	10	30	42	45	31	15	12	10	0	0
0	0	13	12	14	29	40	41	33	13	12	13	0	0
0	0	14	15	12	33	34	36	32	12	14	11	0	0
0	0	10	12	13	14	12	16	12	15	10	9	0	0
0	0	10	8	11	13	15	17	13	14	12	10	0	0
0	0	9	10	12	11	8	15	14	12	11	7	0	0
0	0	0	0	0	0	0	0	0	0	0	0	0	0
0	0	0	0	0	0	0	0	0	0	0	0	0	0

그림 1-97 기본 Border 지정

  - 경계 화소값을 복사하는 방법 : Binary Morphology, grayscale morphology, segmentation 함수들은 아래의 그림과 같이 맨 바깥쪽의 화소값을 border 내에 복사하여 사용한다.

10	10	10	9	15	11	12	20	16	22	11	8	8	8
10	10	10	9	15	11	12	20	16	22	11	8	8	8
10	10	10	9	15	11	12	20	16	12	11	8	8	8
11	11	11	13	11	12	9	16	17	11	13	14	14	14
12	12	12	8	12	14	12	13	12	14	11	13	13	13
10	10	10	9	13	31	30	32	33	12	13	11	11	11
15	15	15	11	10	30	42	45	31	15	12	10	10	10
13	13	13	12	14	29	40	41	33	13	12	13	13	13
14	14	14	15	12	33	34	36	32	12	14	11	11	11
10	10	10	12	13	14	12	16	12	15	10	9	9	9
10	10	10	8	11	13	15	17	13	14	12	10	10	10
9	9	9	10	12	11	8	15	14	12	11	7	7	7
9	9	9	10	12	11	8	15	14	12	11	7	7	7
9	9	9	10	12	11	8	15	14	12	11	7	7	7

그림 1-98 복사하는 방법

  - 경계를 기준으로 하여 대칭되게 결정하는 방법 : Low pass, Nth order, edge

detection과 같은 함수는 아래와 같이 영상의 바깥을 기준으로 하여 border 내의 화소값이 영상의 화소값과 대칭이 되게 결정하여 사용한다.

13	11	11	13	11	12	9	16	17	11	13	14	14	13
9	10	10	9	15	11	12	20	16	12	11	8	8	11
9	10	10	9	15	11	12	20	16	12	11	8	8	11
13	11	11	13	11	12	9	16	17	11	13	14	14	13
8	12	12	8	12	14	12	13	12	14	11	13	13	11
9	10	10	9	13	31	30	32	33	12	13	11	11	13
11	15	15	11	10	30	42	45	31	15	12	10	10	12
12	13	13	12	14	29	40	41	33	13	12	13	13	12
15	14	14	15	12	33	34	36	32	12	14	11	11	14
12	10	10	12	13	14	12	16	12	15	10	9	9	10
8	10	10	8	11	13	15	17	13	14	12	10	10	12
10	9	9	10	12	11	8	15	14	12	11	7	7	11
10	9	9	10	12	11	8	15	14	12	11	7	7	11
8	10	10	8	11	13	15	17	13	14	12	10	10	12

그림 1-99 대칭되게 결정

- Image Mask

이는 영상의 특정 부분을 분리해내는 역할을 한다. IMAQ Vision 함수가 mask 파라미터를 가지고 있을 경우, 이는 원래의 입력 영상과 Image mask로 지정되는 부분 영상을 사용하여 처리를 수행함을 의미하다. Image Mask는 8-bit 이진 영상이다. 해당 함수는 Image Mask 내의 화소값이 0이 아닌 값에 해당하는 화소에 대해서는 처리를 수행하는 반면, Image Mask 내의 화소값이 0으로 되어 있는 부분에 대한 화소에 대해서는 처리를 수행하지 않는다.

아래의 그림은 Image Mask를 사용한 함수(반전_화소값을 반대로 하는 것) 사용에 대한 예이다. 맨 왼쪽이 입력 영상이고, 두 번째는 마스크 영상이다. 세 번째 그림은 입력 영상에 마스크를 적용한 후 반전 함수를 실행한 결과이며, 마지막은 마스크 없이 반전 함수를 적용한 결과이다.

그림 1-100 Mask 및 그 적용 결과

Mask 적용을 보다 효율적으로 하기 위해 offset을 지정할 수 있다. 아래의 그림은 offset을 이용하여 Mask를 적용한 예이다. 아래 그림의 맨 왼쪽은 입력 영상이다. 두 번째 그림은 mask 영상이며, 검정으로 표시된 부분은 이후 적용되는 영상 처리 함수가 적용되지 않는 부분을 나타낸다. 세 번째 그림은 offset 지정 없이 mask를 적용한 경우이고, 마지막 그림은 [3.1]의 offset을 적용한 후 mask 영상을 활용한 경우이다.

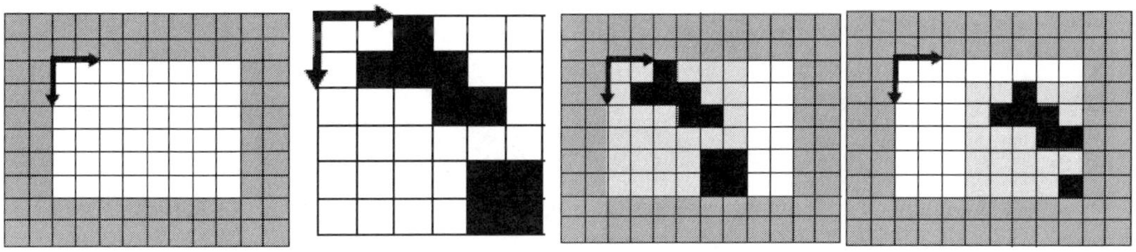

그림 1-101 Offset을 적용한 Mask 및 기본 Mask

3.3 디스플레이

디스플레이 : 내부 영상의 외부 모니터에 대한 display에는 video adaptor의 display mode가 영향을 미친다. 디스플레이 모드는 화면의 한 화소에 대한 컬러를 결정하는 데 몇 비트를 사용할 것인지에 대한 결정이다.

㉠ video adaptor의 디스플레이 모드 : 일반적으로 화면상의 한 화소는 8~32bits에 의해 결정된다. IMAQ Vision에서 처리한 디지털 영상이 Gray scale 영상이었을 경우, 이에 대한 화면으로의 직접적인 디스플레이는 불가능하다. 디스플레이 화면은 R,G,B의 세 가지 값을 받아야 된다. 다음은 디스플레이 어댑터의 디스플레이 모드이다.

- 8-비트 모드 : 256컬러.
- 16-비트 모드 : 65,536컬러
- 24-비트 모드 : 3바이트로 화면의 한 점에 대한 컬러 결정
- 32-비트 모드 : 4바이트로 화면의 한 점에 대한 컬러 결정

위와 같은 경우 IMAQ Vision에서 사용 중인 영상이 8-bit gray scale 영상이라 하고, 디스플레이 어댑터의 모드가 24 또는 32-비트 모드라 가정하자. 이때 디스플레이 어댑터는 8-비트 흑백 영상의 값을 받아들여 256개의 음영에 대한 컬러를 만들어 디스플레이해준다. 그러나 16-비트 흑백 영상이 들어올 경우에는, 16비트 중 상위 8비트를 제거하거나 하위 8비트를 제거하여 8-비트 영상으로 변환한 후에 위와 같이 디스플레이하거나 다음에 설명하는 방법에 의해 16비트 흑백 값을 8비트 흑백 값으로 변환하여 디스플레이해준다.

㉡ 16-bit Image display를 위한 mapping 방법 : 이는 기본적으로 다음의 식을 사용하

여 16비트 정보를 8비트 정보로 변환하여 준다. 아래에서 x는 16-비트값이고, y는 영상 내의 최소 화소값이며, v는 영상내의 최대 화소값이다. z는 결과로써 제공되는 8-비트값이다.

$$z = \frac{x-y}{v-y} \times 255$$

위의 변환 식을 적용하는 방식에는 다음과 같은 몇 가지가 있다.

- Full Dynamic : 16-비트 영상의 모든 화소에 대하여 위의 식을 적용한다.
- 90% Dynamic : 16-비트 영상의 하위 0 ~ 5%까지의 값은 0으로 할당되고, 상위 95 ~ 100%까지의 값은 255의 값으로 할당된다. 나머지는 위의 값으로 변환된다.
- Given Percent Range : 기본적으로 위의 방법과 동일하나, 최소 및 최대와 관련된 Percentage 값을 사용자가 결정하는 방식이다.
- Given Range : 이는 Full Dynamic 방식과 유사하나. 최소값과 최대값을 사용자가 결정하는 방법이다.
- Downshifts : 이는 16-bit 영상에서의 화소값을 표현하는 값을 비트 단위로 shift한다. 즉 입력된 16-bit 데이터를 사용자가 지정한 비트만큼 오른쪽으로 시프트한 후 하위 8-비트를 사용하여 256값을 구성한다. 사용하는 카메라가 12-비트 단위로 화소값을 제공할 경우 NI-IMAQ Vision에서는 16-비트 Gray scale 이미지를 사용하여 처리한 후 디스플레이 할 경우에는 4비트 오른쪽으로 시프트한 후 나머지에 대한 LSB를 출력한다. 실제로 MAX를 통하여 이러한 카메라를 디스플레이하는 경우는 이와 같은 방법을 사용한다.

- 팔레트 : Gray scale 영상을 스크린에 디스플레이하는 경우에는 디지털 영상의 화소값을 컬러로 변환하여주는 컬러 테이블이 필요하게 된다. 이를 Pallette(팔레트)라 한다. 다음은 IMAQ Vision에서 사용하는 팔레트와 해당 팔레트의 gray scale 값의 RGB 변환에 대한 그래프이다.

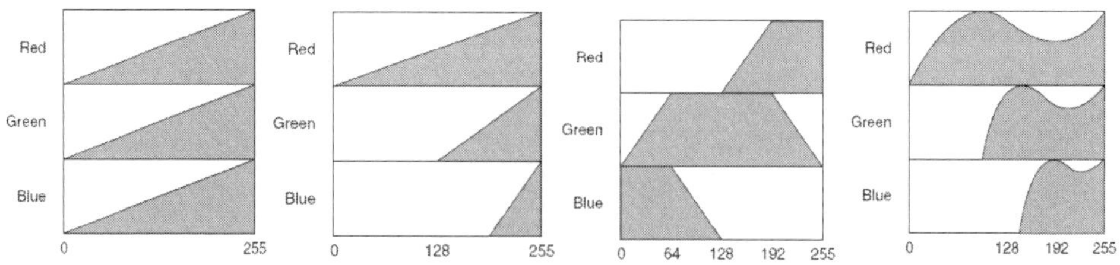

그림 1-102 팔레트의 예

- 위 그림의 좌측부터, Gray Palette, Temperature Palette, Rainbow Palette, Gradient

Palette이다.

- Binary Palette : 이는 15개의 컬러값을 반복적으로 사용한다. Gray scale 0은 black, gray scale 255는 white로 표시한다. 아래의 그림은 반복적으로 사용되는 15개의 gray scale에 대한 컬러 변환에 관한 표이다.

g	R	G	B	컬러
1	255	0	0	Red
2	0	255	0	Green
3	0	0	255	Blue
4	255	255	0	Yellow
5	255	0	255	Purple
6	0	255	255	Aqua
7	255	127	0	Orange
8	255	0	127	Magenta
9	127	255	0	Bright green
10	127	0	255	Violet
11	0	127	255	Sky blue
12	0	255	127	Sea green
13	255	127	127	Rose
14	127	255	127	Spring green
15	127	127	255	Periwinkle

- ROI : 이는 특정 영상 처리를 수행하고자 하는 영상의 일정 영역을 말한다. ROI는 특정 영상에서 하나 또는 그 이상 정의될 수 있으며, 이는 ROI에 대한 contour로 정의된다. ROI와 관련된 내용은 다음과 같다.
  - oval, rectangle, freehand contour와 같은 표준 contours tools을 사용하여 ROI 설정이 가능하다.
  - Image 디스플레이 환경에 대해서도 ROI를 설정할 수 있다.
  - Image 디스플레이에 ROI를 적용할 수 있다.
  - 디스플레이 되는 영상으로부터 ROI를 추출할 수 있다.
  - ROI를 image mask로 변환할 수 있다.
  - Image mask를 ROI로 변환할 수 있다.

다음은 ROI에 포함될 수 있는 contour의 예이다.

- Point
- Line
- Rectangle
- Oval

- Polygon
- Freehand Region
- Annulus
- Broken Line
- Freehand Line
- Rotated Rectangle

- Overlays : Image를 디스플레이할 때, 디스플레이되는 영상 위에 특정 정보(텍스트, 라인, 포인트, 비트맵, 를 overlay할 수 있다.

4 영상 획득 시스템 설정 및 보정

본 절에서는 영상 획득 시스템 설정 시 고려해야할 사항과 여러 가지 측정을 위해 화소 좌표를 real-world 좌표로 변환하는 보정에 관하여 설명한다.

- 영상 획득 시스템 설정 : 이와 관련된 항목은 field of view, working distance, resolution, pixel resolution, depth of filed, sensor size이다.
- Field of View : 카메라가 획득할 수 있는 검사 대상 물체의 영역을 말한다.
- Working distance : 카메라 렌즈로부터 검사 대상 물체까지의 거리를 말한다.
- Sensor Size : 카메라 센서의 크기를 말하며, 이는 센서의 수평방향 dimension으로 표시
- Depth of filed : 카메라의 초점 설정이 가능한 대상 물체의 두께를 말한다.
- Resolution : 특정 작업을 수행하기 위해 카메라가 분해 가능해야 할 대상 물체상의 가장 작은 물체의 크기(예를 들면 글자 인식의 경우 글자를 구성하는 선의 두께를 말한다).
- Pixel Resolution : 위의 Resolution에 의해 결정되는 값으로, 검사 대상 물체에 대한 카메라의 최소 화소수를 말한다.

  검사 수행에 충분한 화질의 영상 : 특정 검사를 수행하기에 충분한 화질을 갖는 영상을 획득하기 위해서는 다음과 같은 요소를 고려해야 한다.

- Resolution : 검사 대상의 물체에 있는 가장 작은 크기의 feature를 2화소로 표현한다고 가정할 때, pixel resolution은 다음과 같이 결정된다.

$$\frac{\text{검사 대상 물체의 가장 긴 길이}}{\text{물체상의 가장 작은 } feature \text{의 크기}} \times \text{가장 작은 } feature \text{를 표시하기 위한 화소수}$$

- Field of View : 위의 식은 카메라에 획득된 영상이 오로지 대상 물체만을 최대한의 크기로 획득한 경우이다. 아래의 그림과 같이 카메라가 대상 물체의 주변의 배경까지 획득하도록 설정되어 있을 경우에는 아래의 수식과 같이 변경되어야 한다.

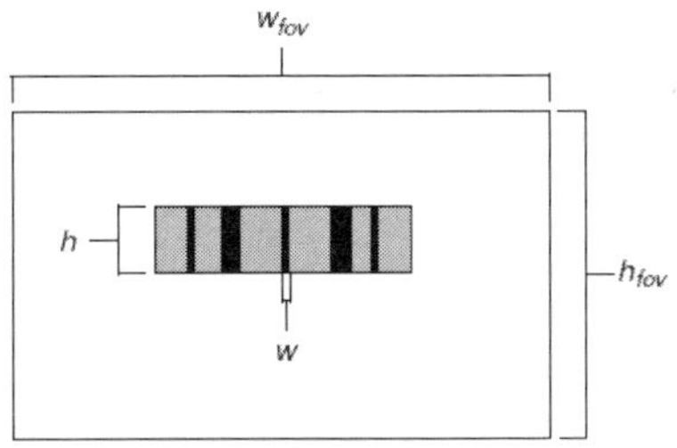

그림 1-103 FOV에 따른 해상도

$$x \text{ 화소 } resolution : \frac{w_{fov}}{w} \times \text{가장 작은 } feature \text{를 표시하기 위한 화소수}$$

$$y \text{ 화소 } resolution : \frac{h_{fov}}{h} \times \text{가장 작은 } feature \text{를 표시하기 위한 화소수}$$

- Lens Focal length : 렌즈의 focal length는 다음과 같이 결정된다.

$$focal\ length = \frac{(sensor\ size \times working\ distance)}{field\ of\ view}$$

- Perspective : 이는 카메라가 검사 대상 물체와 수직으로 놓여 있지 않은 경우 취득 영상에 왜곡을 초래할 수 있다.

- Spatial 보정 : 이는 취득한 영상의 pixel 단위를 real-world 단위로 변환하여 주는 과정이다. Spatial 보정을 사용하는 경우는 대부분 측정에 관련된 응용분야이다. Spatial 보정과 관련된 사항은 다음과 같다.
  - 표준 패턴과 참조점을 사용하여 자동으로 Spatial 보정을 취하는 경우
  - 기존의 측정에 대한 단위의 변환
  - Calibrated setup된 시스템을 통해 획득한 영상에 대하여 calibration mapping을 통해 수정을 취하는 경우
  - Coordinate system을 적용하는 경우
  - 이진 영상에 real-world 측정을 수행하는 경우

5 IMAQ Vision VI

LabView에서 제공하는 디지털 영상 처리 또는 컴퓨터 비전 관련 VI의 구조는 다음과 같다.

① Vision Utilities VI : 이는 NI Vision에서 영상을 디스플레이하고 다루는 데 관련된 VI들로 구성되어 있다. 이는 Image Management, Files, External Display라는 세부 그룹으로 구성되어 있다.

❶ Image Management VIs : 이 그룹에 속하는 VI는 주로 image 관리에 관련한다.

ⓐ IMAQ Create
ⓑ IMAQ Dispose
ⓒ IMAQ Image Bit Depth
ⓓ IMAQ GetImageSize
ⓔ IMAQ SetImageSize
ⓕ IMAQ Copy
ⓖ IMAQ ImageToImage 2
ⓗ IMAQ GetOffset
ⓘ IMAQ SetOffset
ⓙ IMAQ Cast Image
ⓚ IMAQ Is Vision Info Present 2
ⓛ IMAQ Remove Vision Info 2
ⓜ IMAQ Read Custom Data
ⓝ IMAQ Write Custom Data
ⓞ IMAQ Get Custom Keys
ⓟ IMAQ Remove Custom Data
ⓠ IMAQ Remove Display Options
ⓡ IMAQ Flatten Image Options
ⓢ IMAQ Flatten Image to String
ⓣ External Library Support VIs
　㉠ IMAQ GetImagePixelPtr
　㉡ IMAQ CharPtrToString
　㉢ IMAQ MemPeek
　㉣ IMAQ GetWindow Handle

ⓜ IMAQ ImageBorderOperation

ⓑ IMAQImageBorderSize

❷ Files VIs :

ⓐ IMAQ ReadFile

ⓑ IMAQ Write File 2

ⓒ IMAQ Read Image And Vision Info

ⓓ IMAQ Write String

ⓔ IMAQ GetFileInfo

ⓕ IMAQ LoadImageDialog

ⓖ AVI VIs

㉠ IMAQ AVI Create

㉡ IMAQ AVI Write Frame

㉢ IMAQ AVI Close

㉣ IMAQ AVI Open

㉤ IMAQ AVI Read Frame

㉥ IMAQ AVI Get Info

㉦ IMAQ AVI Get Filter Names

❸ External Display VIs

ⓐ IMAQ WindDraw

ⓑ IMAQ WindClose

ⓒ IMAQ WindShow

ⓓ IMAQ WindMove

ⓔ IMAQ WindSize

ⓕ IMAQ WindZoom

ⓖ IMAQ WindSetup

ⓗ IMAQ WindDisplayMapping

ⓘ IMAQ WindGetPallette

ⓙ IMAQ WindConstructROI

ⓚ IMAQ WindGetROI

ⓛ IMAQ WindSetROI

ⓜ IMAQ WindEraseROI

ⓝ IMAQ WindROIColor

ⓞ IMAQ WindLastEvent

ⓟ IMAQ WindGrid

ⓠ IMAQ WindBackground

ⓡ IMAQ WindNonTearing

ⓢ IMAQ WindToolsSetup

ⓣ IMAQ WindToolsSelect

ⓤ IMAQ WindToolsShow

ⓥ IMAQ WindToolsMove

ⓦ IMAQ WindToolsClose

ⓧ Browser VIs

㉠ IMAQ Browser Setup

㉡ IMAQ Browser Insert

㉢ IMAQ Browser Replace

㉣ IMAQ Browser Delete

㉤ IMAQ Browser Focus Setup

㉥ IMAQ Browser Focus

❹ Region of Interest VIS

ⓐ IMAQ ROIToMask

ⓑ IMAQ MaskToROI

ⓒ IMAQ GroupROIs

ⓓ IMAQ UngroupROIs

ⓔ IMAQ TrnasformROI

ⓕ ROI Conversion VIs

㉠ IMAQ Convert Point to ROI

㉡ IMAQ Convert Line to ROI

㉢ IMAQ Convert Rectangle to ROI

㉣ IMAQ Convert Rectangle to ROI(Polygon)

㉤ IMAQ Convert Annulus to ROI

㉥ IMAQ Convert ROI to Point

㉦ IMAQ Convert ROI to Line

㉧ IMAQ Convert ROI to Rectangle

㉨ IMAQ Convert ROI to Annulus

❺ Image Manipulation VIs

ⓐ IMAQ Resample

ⓑ IMAQ Expand

ⓒ IMAQ Extract

ⓓ IMAQ Interlace

ⓔ IMAQ Symmetry

ⓕ IMAQ Rotate

ⓖ IMAQ Shift

ⓗ IMAQ Unwrap

ⓘ IMAQ ClipboardToImage

ⓙ IMAQ ImageToClipboard

ⓚ IMAQ 3DView

❻ Pixel Manipulation VIs

ⓐ IMAQ GetPixelValue

ⓑ IMAQ GetRowCol

ⓒ IMAQ GetPixelLine

ⓓ IMAQ ImageToImage

ⓔ IMAQ SetPixelLine

ⓕ IMAQ SetRowCol

ⓖ IMAQ SetPixelLine

ⓗ IMAQ ArrayToImage

ⓘ IMAQ FillImage

ⓙ IMAQ Draw

ⓚ IMAQ Draw Text

❼ Overlay VIs

ⓐ IMAQ Overlay Points

ⓑ IMAQ Overlay Line

ⓒ IMAQ Overlay Multiple Lines

ⓓ IMAQ Overlay Rectangle

ⓔ IMAQ Overlay Oval

ⓕ IMAQ Overlay Arc

ⓖ IMAQ Overlay Bitmap

ⓗ IMAQ Overlay Text

ⓘ IMAQ Clear Overlay

ⓙ IMAQ Copy Overlay

ⓚ IMAQ Overlay ROI

ⓛ IMAQ Merge Overlay

ⓜ IMAQ Read Image And Vision Info

ⓝ IMAQ Write Image And Vision Info

❽ Calibration VIs

ⓐ IMAQ Learn Calibration Template

ⓑ IMAQ Set Simple Calibration

ⓒ IMAQ Set Calibration Info

ⓓ IMAQ Get Calibration Info

ⓔ IMAQ Convert Real World To Pixel

ⓕ IMAQ Convert Pixel To Real World

ⓖ IMAQ Correct Calibrated Image

ⓗ IMAQ Read Image And Vision Info

ⓘ IMAQ Write Image And Vision Info

❾ Color Utilities VIs

ⓐ IMAQ ExtractColorPlanes

ⓑ IMAQ ExtractSingleColorPlane

ⓒ IMAQ ReplaceColorPlane

ⓓ IMAQ GetColorPixelValue

ⓔ IMAQ SetColorPixelValue

ⓕ IMAQ GetColorPixelLine

ⓖ IMAQ SetColorPixelLine 2

ⓗ IMAQ ColorImageToArray

ⓘ IMAQ ArrayToColorImage

ⓙ IMAQ RGBToColor 2

ⓚ IMAQ ColorToRGB

ⓛ IMAQ ColorValueToInteger

ⓜ IMAQ IntegerToColorValue

❿ Vision RT VIs

ⓐ IMAQ RT Video Out

ⓑ IMAQ Video Out Display Mode

ⓒ IMAQ Remote Display Options

ⓓ IMAQ Initialize Timed Execution

ⓔ IMAQ Start Timed Execution

ⓕ IMAQ Stop Timed Execution

ⓖ IMAQ Uninitialize Timed Execution

ⓗ IMAQ Check Timed Execution

② Image Processing VI's

❶ Processing VIs

ⓐ IMAQ UserLookup

ⓑ IMAQ MathLookup

ⓒ IMAQ Equalize

ⓓ IMAQ BCGLookup

ⓔ IMAQ Threshold

ⓕ IMAQ MultiThreshold

ⓖ IMAQ Label

ⓗ IMAQ Watershed Transform

ⓘ IMAQ Inverse

ⓙ IMAQ AutoBThreshold 2

ⓚ IMAQ AutoMThreshod

ⓛ IMAQ Local Threshold

ⓜ IMAQ MagicWand

❷ Filter VIs

ⓐ IMAQ GetKernel

ⓑ IMAQ BuildKernel

ⓒ IMAQ Convolute

ⓓ IMAQ Correlate

ⓔ IMAQ LowPass

ⓕ IMAQ NthOrder

ⓖ IMAQ EdgeDetection

ⓗ IMAQ CannyEdgeDetection

❸ Morphology VIs

ⓐ IMAQ Distance

ⓑ IMAQ FillHole

ⓒ IMAQ RejectBorder

ⓓ IMAQ Removeparticle

ⓔ IMAQ Morphology

ⓕ IMAQ GrayMorphology

ⓖ IMAQ Segmentation

ⓗ IMAQ Danielsson

ⓘ IMAQ FindCircles

ⓙ IMAQ Convex Hull
ⓚ IMAQ Skeleton
ⓛ IMAQ Separation
ⓜ IMAQ Particle Filter 2

❹ Analysis VIs
ⓐ IMAQ Histograph
ⓑ IMAQ Histogram
ⓒ IMAQ Quantity
ⓓ IMAQ Centroid
ⓔ IMAQ LineProfile
ⓕ IMAQ ROIProfile
ⓖ IMAQ LinearAverages
ⓗ IMAQ Extract Curves
ⓘ IMAQ Particle Analysis Report
ⓙ IMAQ Particle Analysis

❺ Color Processing VIs
ⓐ IMAQ ColorUserLookup
ⓑ IMAQ ColorBCGLookup
ⓒ IMAQ ColorEqualize
ⓓ IMAQ ColorThreshold
ⓔ IMAQ ColorHistogram
ⓕ IMAQ ColorHistograph
ⓖ IMAQ ColorLearn
ⓗ IMAQ ColorMatch

❻ Operator VIs
ⓐ IMAQ Add
ⓑ IMAQ Subtract
ⓒ IMAQ Absolute Difference
ⓓ IMAQ And
ⓔ IMAQ Or
ⓕ IMAQ Multiply
ⓖ IMAQ Divide
ⓗ IMAQ LogDiff
ⓘ IMAQ Xor

ⓙ IMAQ MulDiv

ⓚ IMAQ Modulo

ⓛ IMAQ Mask

ⓜ IMAQ Compare

❼ Frequency Domain VIs

ⓐ IMAQ FFT

ⓑ IMAQ InverseFFT

ⓒ IMAQ ArrayToComplexImage

ⓓ IMAQ ArrayToComplexPlane

ⓔ IMAQ ImageToComplexPlane

ⓕ IMAQ ComplexImageToArray

ⓖ IMAQ ComplexPlaneToArray

ⓗ IMAQ ComplexPlaneToImage

ⓘ IMAQ ComplexConjugate

ⓙ IMAQ ComplexAttenuate

ⓚ IMAQ ComplexAdd

ⓛ IMAQ ComplexSubtract

ⓜ IMAQ ComplexFlipFrequency

ⓝ IMAQ ComplexTruncate

ⓞ IMAQ ComplexMultiply

ⓟ IMAQ ComplexDivede

③ Machine Vision VI's

❶ Select Region of Interest VIs

ⓐ IMAQ Select Point

ⓑ IMAQ Select Line

ⓒ IMAQ Select Rectangle

ⓓ IMAQ Select Annulus

❷ Coordinate System VIs

ⓐ IMAQ Find CoordSys(Rect)

ⓑ IMAQ Find CoordSys(2 Rect)

ⓒ IMAQ Find CoordSys(Pattern)

❸ Count and Measure Objects VIs

ⓐ IMAQ Count Object 2

❹ Measure Intensities VIs

ⓐ IMAQ Light Meter(Point)

ⓑ IMAQ Light Meter(Line)

ⓒ IMAQ Light Meter(Rectangle)

❺ Measure Distance VIs

ⓐ IMAQ Clamp Horizontal Max

ⓑ IMAQ Clamp Horizontal Min

ⓒ IMAQ Clamp Vertical Max

ⓓ IMAQ Clamp Vertical Min

❻ Locate Edges VIs

ⓐ IMAQ Find Vertical Edge

ⓑ IMAQ Find Horizontal Edge

ⓒ IMAQ Find Circular Edge

ⓓ IMAQ Find Concentric Edge

❼ Find Patterns VIs

ⓐ IMAQ Find Pattern 2

❽ Searching and Matching VIs

ⓐ IMAQ Setup Learn Pattern 2

ⓑ IMAQ Learn Pattern 2

ⓒ IMAQ Setup Match Pattern 2

ⓓ IMAQ Match Pattern 2

ⓔ IMAQ Setup Learn Geometric Pattern

ⓕ IMAQ Learn Geometric Pattern

ⓖ IMAQ Setup Match Geometric Pattern

ⓗ IMAQ Match Geometric Pattern

ⓘ IMAQ Learn Multiple Geometric Patterns

ⓙ IMAQ Match Multiple Geometric Patterns

ⓚ IMAQ Read Multiple Geometric Patterns

ⓛ IMAQ Write Multiple Geometric Patterns

ⓜ IMAQ Dispose Multiple Geometric Patterns

ⓝ IMAQ Setup Learn Color Pattern

ⓞ IMAQ Learn Color Pattern

ⓟ IMAQ Setup Match Color Pattern

ⓠ IMAQ Match Color Pattern

ⓡ IMAQ Read Image And Vision Info

ⓢ IMAQ Write Image And Vision Info

ⓣ IMAQ Detect Shapes

ⓤ IMAQ Shape Match Toos

ⓥ Pattern Matching Advanced

㉠ IMAQ Advanced Setup Learn Pattern 2

㉡ IMAQ Advanced Setup Match Pattern 2

㉢ IMAQ Refine Matches

㉣ IMAQ Advanced Setup Learn Geometric Pattern

㉤ IMAQ Advanced Setup Match Geometric Pattern

㉥ IMAQ Advanced Match Geometric Pattern

㉦ IMAQ Get Geometric Template Features

㉧ IMAQ Get Geometric Features From Curves

❾ Caliper VIs

ⓐ IMAQ Simple Edge

ⓑ IMAQ Edge Tool2

ⓒ IMAQ Peak-Valley Detector

ⓓ IMAQ Caliper Tool

ⓔ IMAQ Line Gauge

ⓕ IMAQ Rake

ⓖ IMAQ Spoke

ⓗ IMAQ Concentric Rake

ⓘ IMAQ Interpolate 1D

ⓙ IMAQ Rotation Detect

ⓚ IMAQ Find Straight Edges

❿ Analytic Geometry VIs

ⓐ IMAQ Point Distance

ⓑ IMAQ Get Angles

ⓒ IMAQ Fit Line

ⓓ IMAQ Llines Intersection

ⓔ IMAQ Perpendicular Line

ⓕ IMAQ Bisection Line

ⓖ IMAQ Mid Line

ⓗ IMAQ Polygon Area

ⓘ IMAQ Fit Circle 2

ⓙ IMAQ Fit Ellipse 2

ⓚ IMAQ GetPointsOnLine

ⓛ IMAQ GetPointsOnContour

ⓜ IMAQ Build CoordSys(Points)

⓫ Classification VI

ⓐ IMAQ Read Classifier File

ⓑ IMAQ Classify

ⓒ IMAQ Dispoe Classifier

ⓓ IMAQ Add Classifier Sample

ⓔ IMAQ Get Classifier Sample Info

ⓕ IMAQ Change Sample Class

ⓖ IMAQ Delete Classifier Sample

ⓗ IMAQ Write Classifier File

ⓘ IMAQ Classifier Accuracy

ⓙ Classifier Types VIs

㉠ IMAQ Create Particle Classifier

㉡ IMAQ Particle Classifier Options

㉢ IMAQ Create Custom Classifier

㉣ IMAQ Add Custom Sample

㉤ IMAQ Classify Custom

ⓚ Classifier Engines VIs

㉠ IMAQ Train Nearest Neighbor

㉡ IMAQ Get Nearest Neighbor options

⓬ OCR VIs

ⓐ IMAQ OCR Create Session

ⓑ IMAQ OCR Dispose Session

ⓒ IMAQ OCR Property

ⓓ IMAQ OCR Threshold Data

ⓔ IMAQ OCR Train

ⓕ IMAQ OCR Character Info

ⓖ IMAQ OCR Rename Character

ⓗ IMAQ OCR Delete Character

ⓘ IMAQ OCR Read Text 3

ⓙ IMAQ OCR Set Valid Characters

ⓚ IMAQ OCR Read Character Set File

ⓛ IMAQ OCR Write Character Set File

ⓜ IMAQ OCR Verify Text

ⓝ IMAQ OCR Set Reference Character

⓭ Instrument Reader VIs

ⓐ IMAQ Get LCD ROI

ⓑ IMAQ Read ROI

ⓒ IMAQ Read Single Digit

ⓓ IMAQ Get Meter

ⓔ IMAQ Read Meter

ⓕ IMAQ Get Meter 2

ⓖ IMAQ Read QR Code

ⓗ IMAQ Read Barcode

ⓘ IMAQ Read Data Matrix Barcode 2

ⓙ IMAQ Read Data Matrix Barcode AIM

ⓚ IMAQ Read PDF417 Barcode

⓮ Inspection VIs

ⓐ IMAQ Learn Golden Template

ⓑ IMAQ Compare Golden Template

제 2 장

IMAQ VI를 이용한 프로그래밍

NI IMAQ VI를 이용하여 영상 처리 응용 프로그램을 작성하기 위해서는 다음과 같은 항목에 대한 이해가 필수적이다.

1 예제 및 VI 공통 사항

- 예제의 위치 : 이는 *labviw**example**imaq* 디렉터리에 있으며, 아래와 같이 NI Example Finder를 통하여 검색할 수 있다.

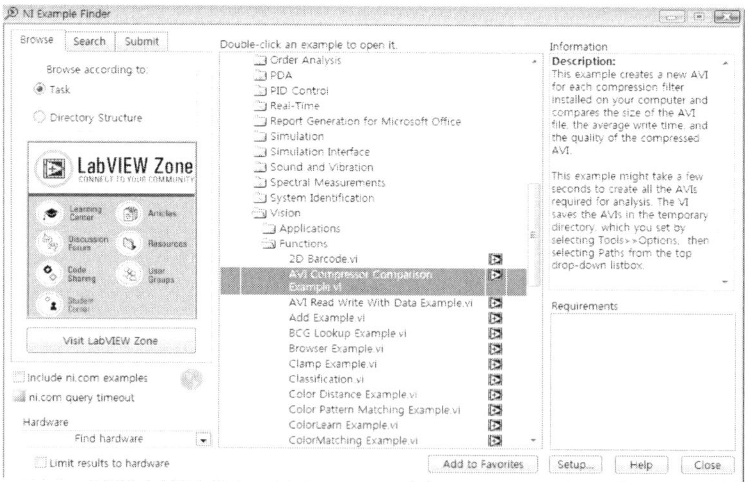

그림 2-1 예제 검색기 사용 예

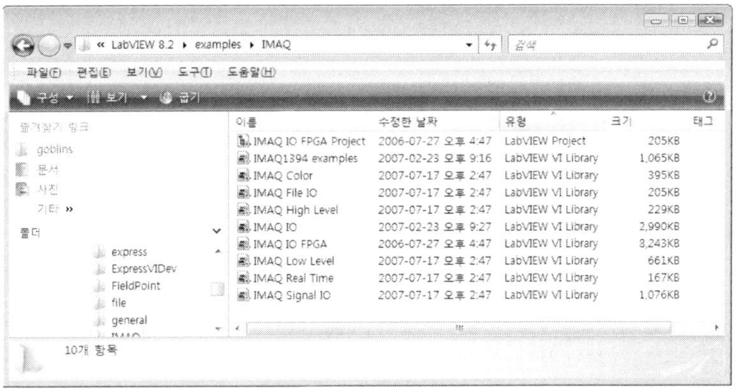

그림 2-2 예제의 위치

- IMAQ VI의 위치 : 이는 블록다이어그램에서 우측 마우스 버튼을 클릭하여 아래와 같이 검색할 수 있다.

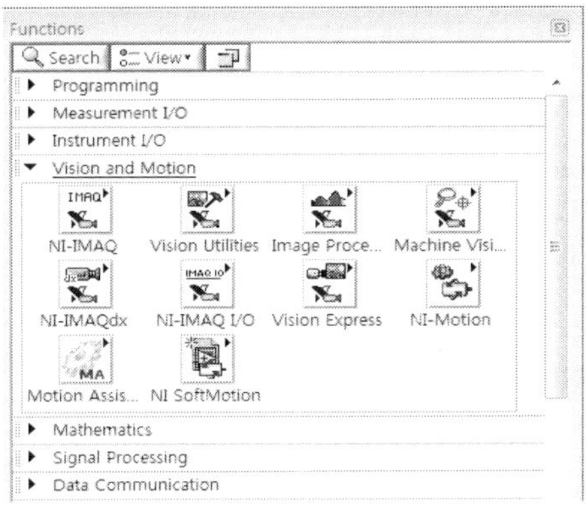

그림 2-3 IMAQ VI의 Function Palette

- IMAQ VI의 공통적인 파라미터

IMAQ Session은 카메라를 통해 영상 획득을 하는 데 있어 Interface File을 지정하는 것으로 블록다이어그램 내에 유일하여야 한다. 이는 IMAQ Init VI를 통해 생성된다. NI IMAQ VI는 이렇게 생성된 IMAQ Session Out을 공통으로 사용한다. IMAQ Session In은 Interface를 위해 기본값인 *img0*을 사용하지 않거나, 카메라 캡처 보드를 여러 개 사용할 경우 또는 획득 이전에 IMAQ properties를 설정하고자 하는 경우에는 연결을 사용해야 한다. 외부 장치를 통하여 영상을 획득한 경우에는 획득한 영상을 내부적으로 사용할 수 있도록 image buffer를 사용해야 한다. 또한 획득 VI는 ROI 설정이 가능하다. 획득 VI에서 ROI를 설정하지 않을 경우는 전체 영상을 획득함을 의미하며, MAX를 통하여 기본 획득 윈도우(ROI)를 설정할 수 있다. 또한 획득 시 Step x, Step y를 통하여 카메라로부터의 영상에 대한 subsampling이 가능하다.

버퍼 관리 : 버퍼를 생성하고 제거하는 방법은 다음과 같다.

- 버퍼 생성

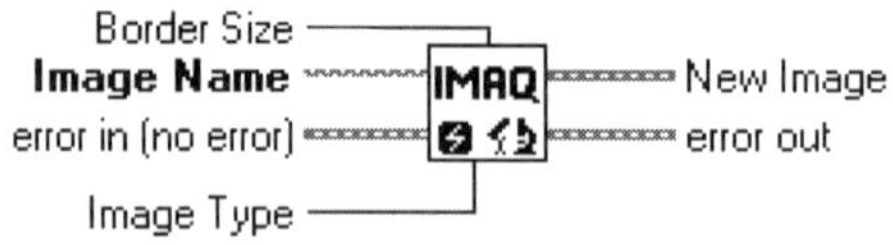

- 버퍼 제거:

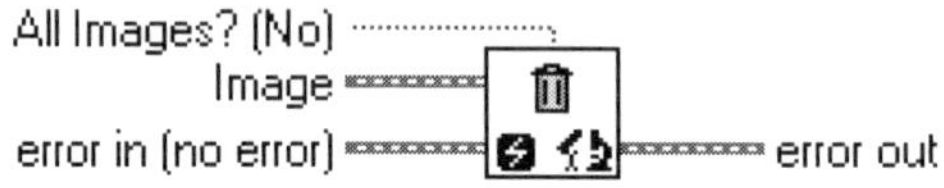

- 영상 획득 유형, 영상 획득 VI
- 트리거링
- 영상 디스플레이
- 카메라 attributes
- 에러 처리, 에러 코드 형식

위에서 영상 획득 유형, 영상 획득 VI, 트리거링, 영상 디스플레이, 카메라 attributes, 에러 처리, 에러 코드 형식에 대해서는 다음 절에서부터 자세히 설명한다.

2 영상 획득 유형 및 영상 획득 VI

영상 획득 유형 : 파일로부터 획득, 카메라를 통한 획득으로 크게 나뉜다.

- 파일 영상 획득 : 이는 컴퓨터에 저장되어 있는 파일을 읽어 영상 처리를 수행하는 경우이다. 이는 파일 경로를 상수로 지정하여 사용하는 경우와 File path를 지정할 수 있는 다이얼로그 박스를 사용하는 경우로 구분할 수 있다.

㉠ 파일 경로를 상수로 설정하는 경우 :

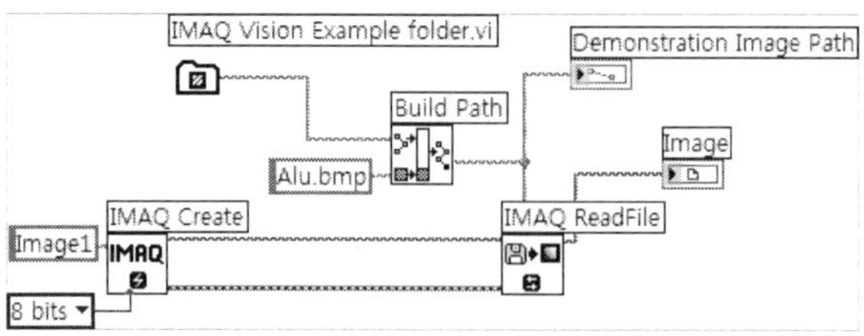

그림 2-4 파일로부터 영상 획득을 위한 설정

위에서 사용한 VI는 다음과 같다.

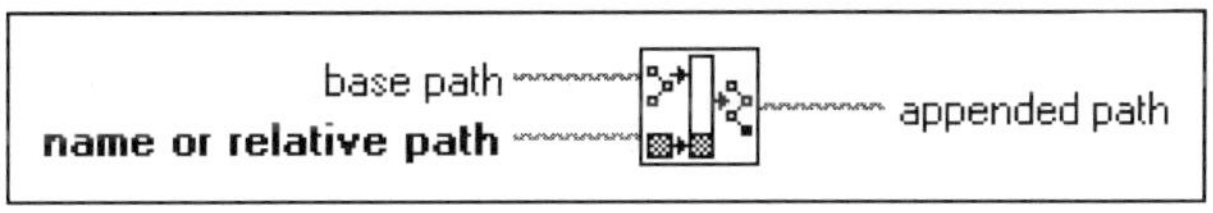

위 VI는 상단으로 입력된 path에 하단의 path를 연결하여 새로운 path를 생성해준다.

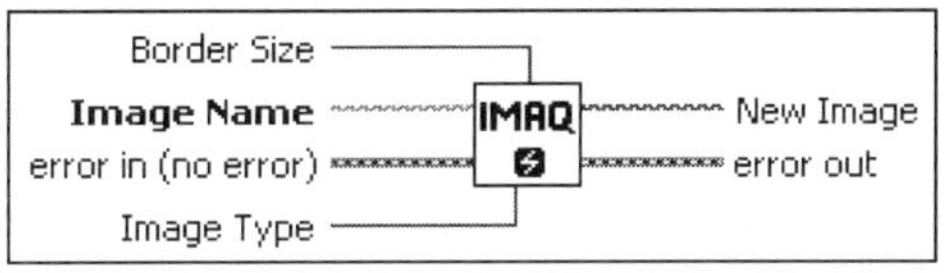

위 VI는 IMAQ Create 함수로써, Image Buffer를 생성하는 VI이다.

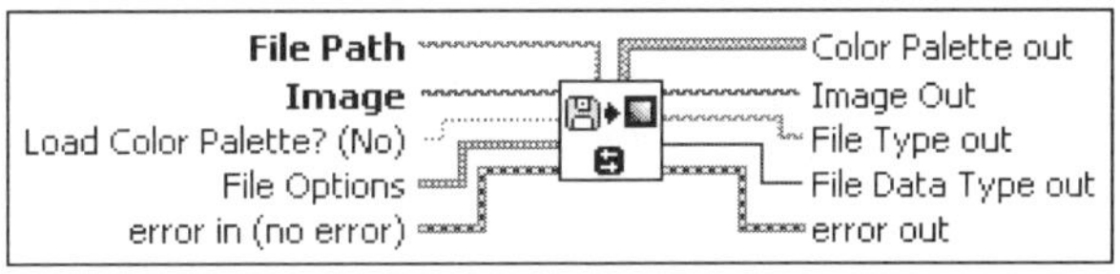

위의 VI는 IMAQ ReadFile이며, 입력으로 File Path를 사용한다. 위의 예에서 File Path를 구성하는 방법에 대하여 자세히 살펴보기로 한다. File Path를 제공하기 위해 IMAQ Vision Example folder.vi라는 Sub VI를 사용하고 있는데, 현재 이 Sub VI(IMAQ Vision Example folder.vi)가 위치한 디렉터리는 C:\Program Files\National Instruments\LabView 8.2\examples\Vision이다. 따라서 이 VI는 실행되면 아래의 블록다이어그램에서 알 수 있듯이, [C:\Program Files\National Instruments\LabView 8.2\examples\Vision\Images]라는 path를 출력하게 된다. 물론 아래 블록다이어그램에서 (Default IMAQ Vision Example folder) 값으로 Images를 사용하였다. 따라서 원래의 블록다이어그램은 [C:\Program Files\National Instruments\LabView 8.2\examples\Vision\Images\Au.bmp]라는 File Path를 생성하게 된다.

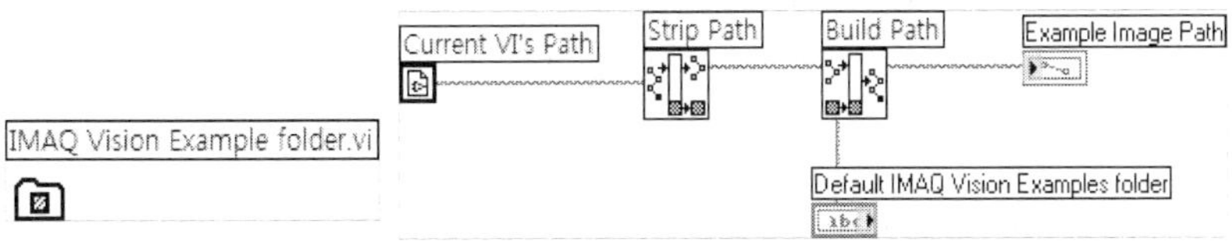

그림 2-5 파일 Path 결정하는 부분

그림 2-6 IMAQ Vision Example folder.vi의 위치

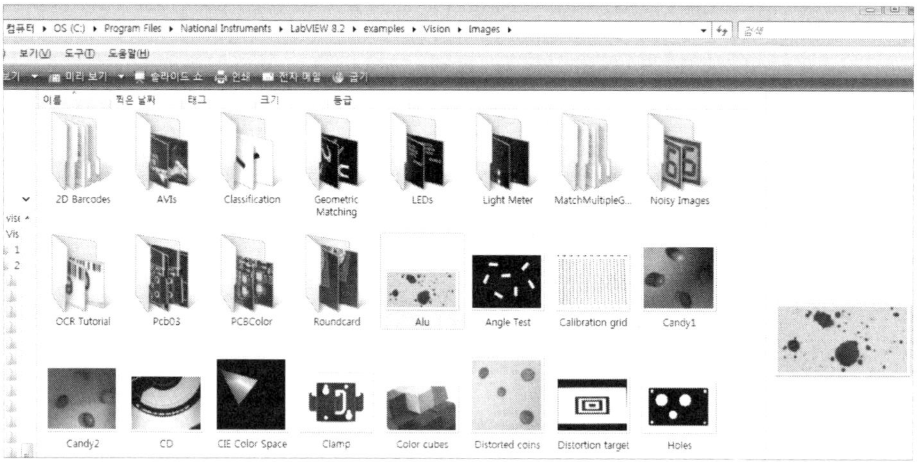

그림 2-7 Au.bmp 파일의 위치

위의 그림은 Au.bmp 파일이 놓여 있는 실제 File Path이다. 실행한 결과는 다음과 같다.

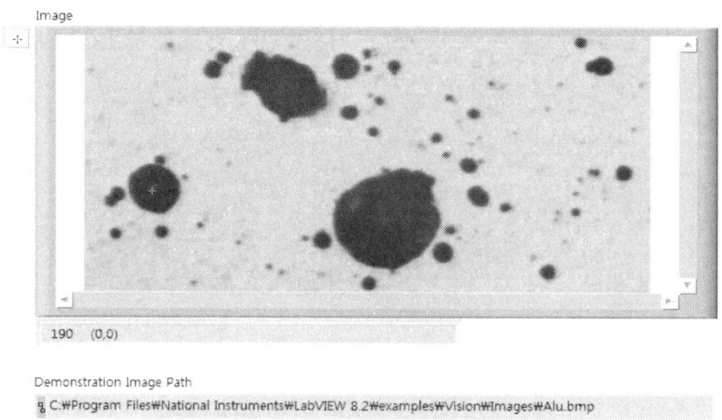

그림 2-8 Au.bmp 파일의 로드

㉡ 파일 다이얼로그 박스를 사용하는 경우 : 아래의 블록다이어그램을 통하여 파일 다이얼로그 박스의 사용을 살펴보기로 한다.

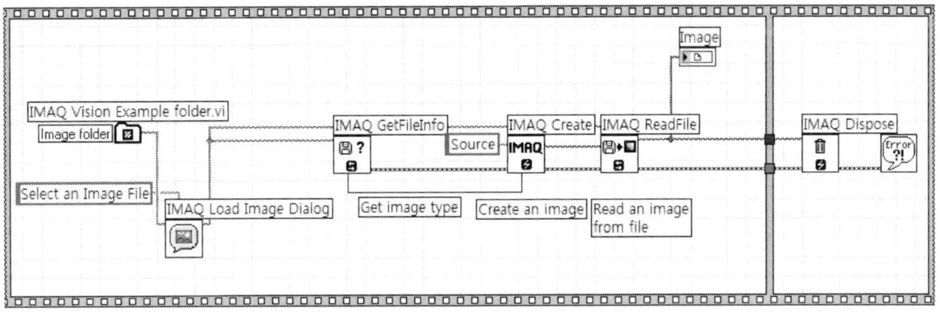

그림 2-9 File Dialog 박스를 통한 영상 획득

사용된 주요 VI는 다음과 같다.

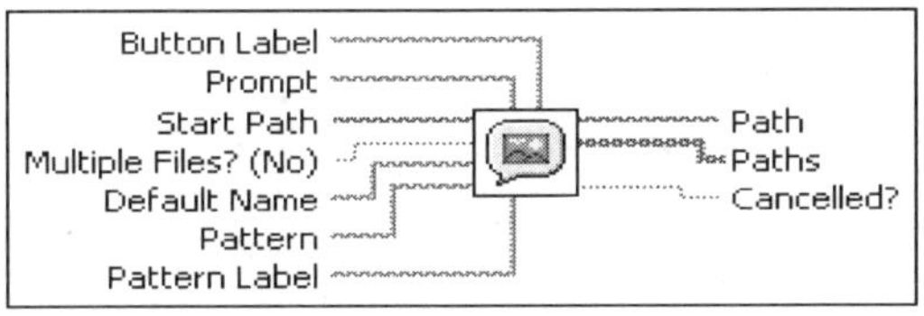

위는 IMAQ Load Image Dialog 함수로써, 위의 예에서 start path를 IMAQ Vision Example folder.vi를 실행함으로써 [C:\Program Files\National Instruments\LabView 8.2\examples\Vision\Images]의 값으로 입력하고 있다. 이 경우, IMAQ Load Image Dialog 함수는 해당 path의 내용을 다이얼로그 박스를 통하여 표시해준다. 아래의 그림은 이렇게 표시된 다이얼로그에서 [Color cubes]라는 파일을 선택한 경우이다. 확인 버튼을 누를 경우, 선택된 파일에 대한 path를 출력으로 내보낸다.

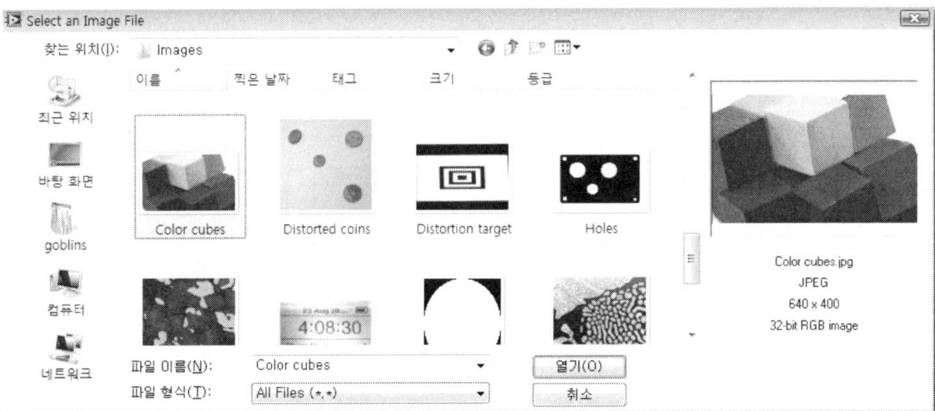

그림 2-10 File Dialog 박스의 실행 예

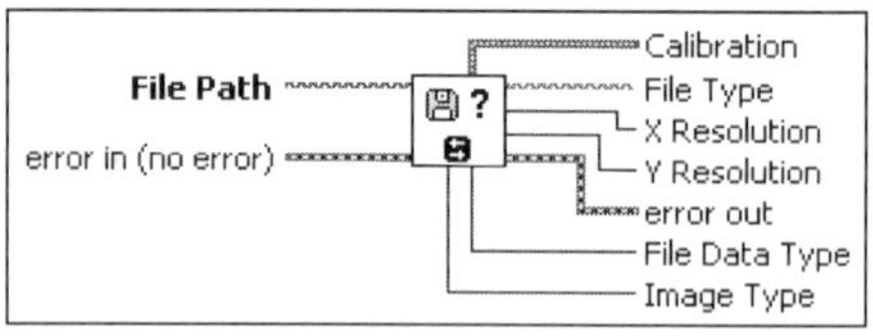

위 함수는 File path를 입력받아 해당하는 파일이 그림 파일일 경우 Image Type 및 여러 가지 정보를 출력해주는 함수이다. 이는 이후 IMAQ Create를 구동하는 데 있어 Image Type을 설정하는 데 사용된다. 파일 다이얼로그를 통한 영상 획득에 대한 결과는 다음과 같다.

그림 2-11 파일 로드 실행 결과

- 카메라 획득 : 카메라를 통한 영상 획득은 Snap, Sequence, Grab, Ring의 형태가 있다. 이들 각각에 대하여 NI Vision의 캡처 보드를 통한 경우와 IEEE 1394 카메라를 통한 경우에 대하여 살펴보기로 한다.

2.1 Snap

이는 하나의 image를 메모리 버퍼로 획득하는 방식이다.

- NI Vision 캡처 보드 경우
  - High-level Snap

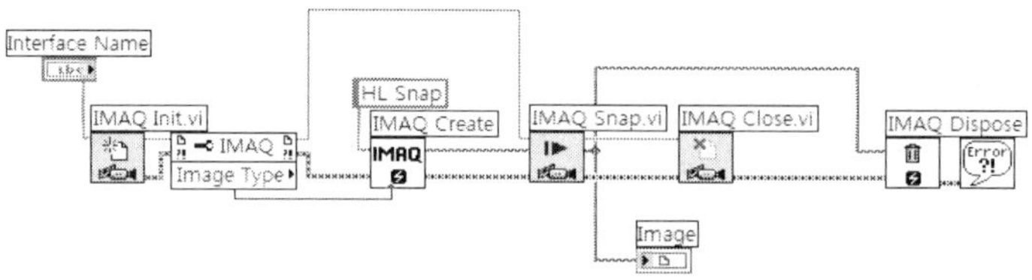

그림 2-12 High-level Snap

- Low-level Snap

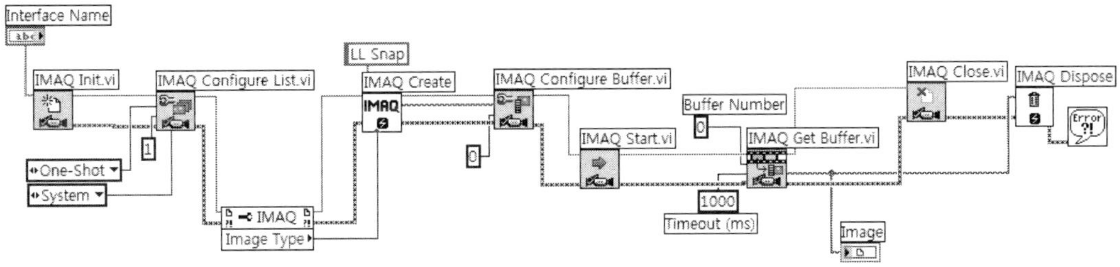

그림 2-13 Low-level Snap

- IEEE 1394 카메라 경우
  - High-level Snap

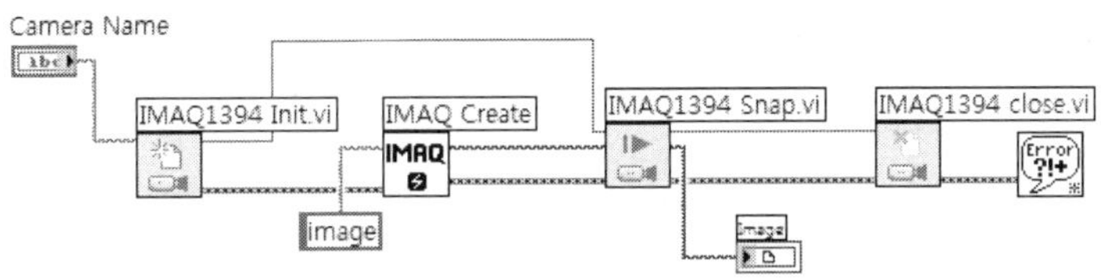

그림 2-14 High-level Snap(1394)

  - Low-level Snap

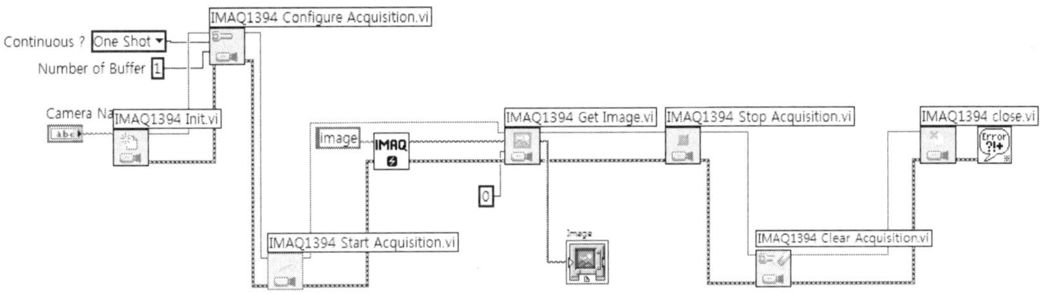

그림 2-15 Low-level Snap(1394)

2.2 Sequence

이는 여러 개의 image buffer에 영상을 획득하는 경우이다. 획득하고자 하는 영상의 수를 결정할 수 있고, 획득되는 영상 사이에 시간 지연을 줄 수 있다. Sequence 획득은 미리 지정된 개수의 영상 획득을 가능하게 하는 multi-buffer acquisition mode이다. 획득의 단계는 다음과 같다.

- Interface를 초기화한다.
- 일련의 버퍼를 할당하고 설정한다.
- 원하는 영상 처리를 수행하고 그 결과를 출력한다.
- Image acquisition session을 close하고 메모리를 해제한다.
- 이는 단일 event에 대한 capture를 필요로 하는 응용에 적합하다.

NI Vision 캡처 보드 경우

- High-level Sequence

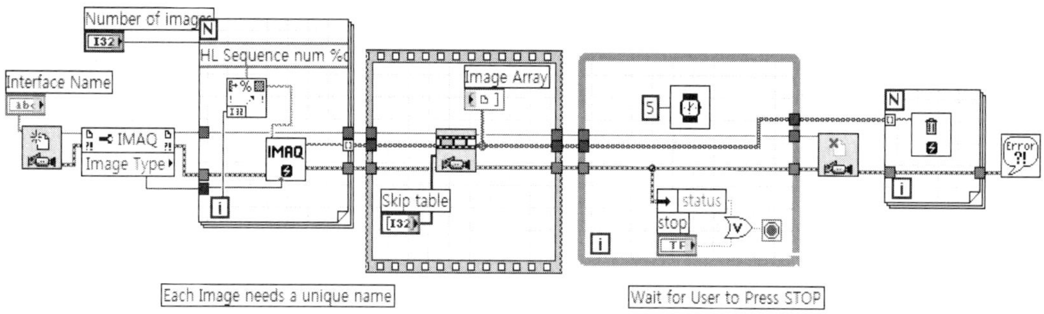

그림 2-16 High-level Sequence

- Low-level Sequence

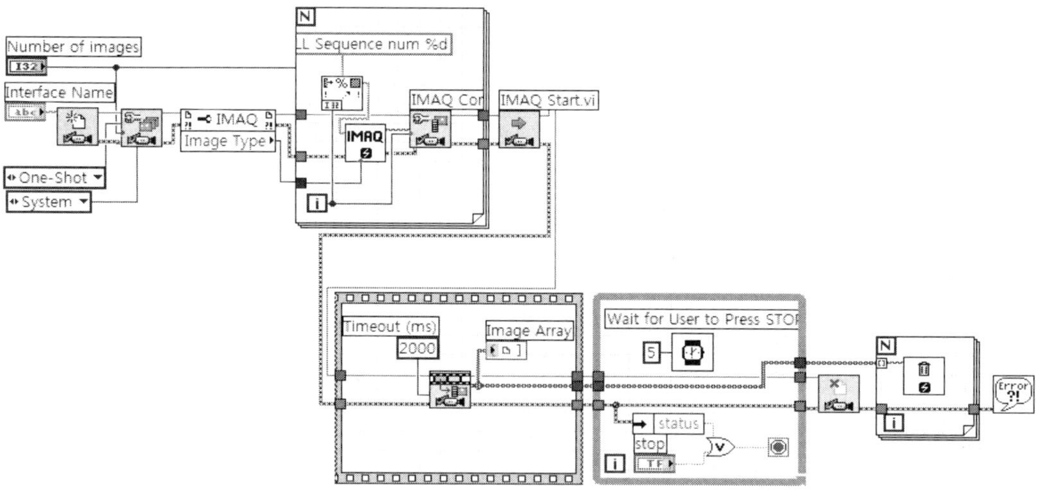

그림 2-17 Low-level Sequence

IEEE 1394 카메라 경우

- High-level Sequence : 아래의 블록다이어그램은 연속적으로 10장의 영상을 획득한 후 이를 Browser를 통하여 출력한다.

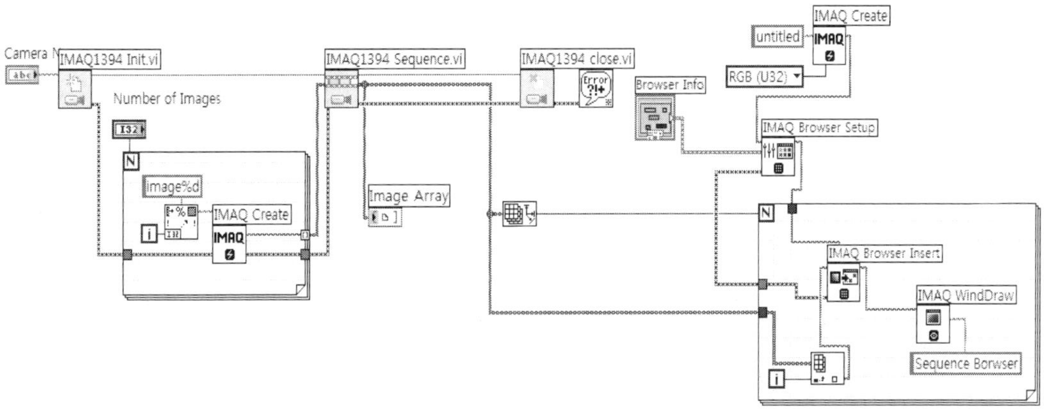

그림 2-18 High-level Sequence

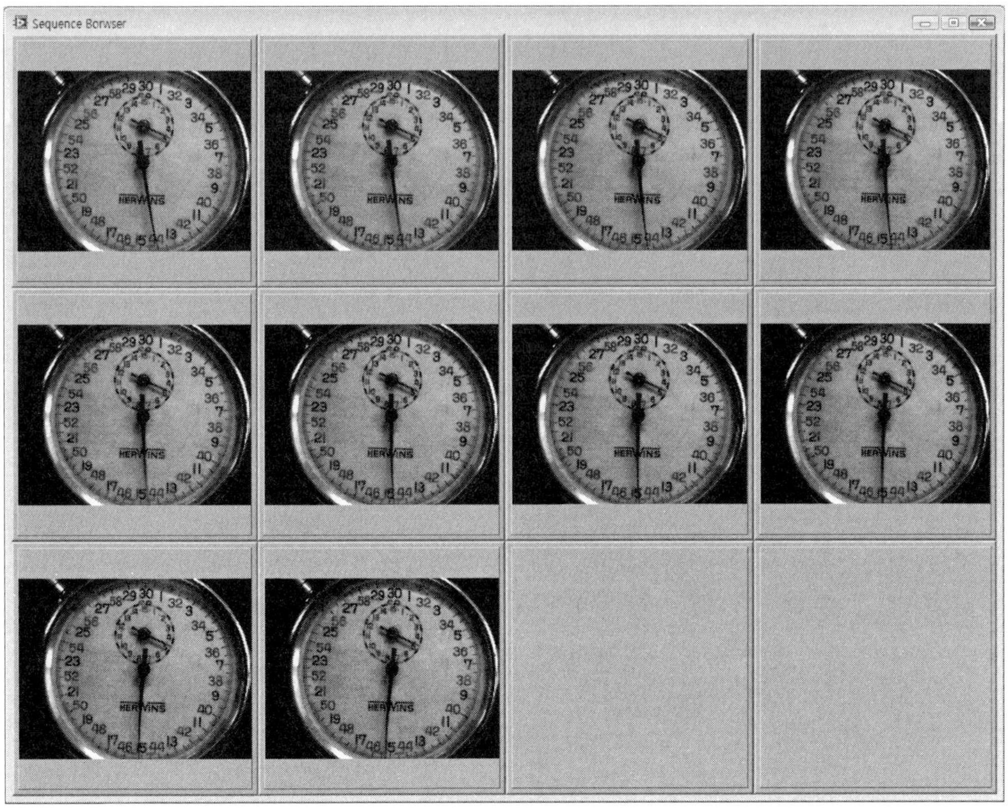

그림 2-19 High-level Sequence 실행 예

- Low-level Sequence : 아래의 블록다이어그램에서 사용하는 VI는 다음과 같다.

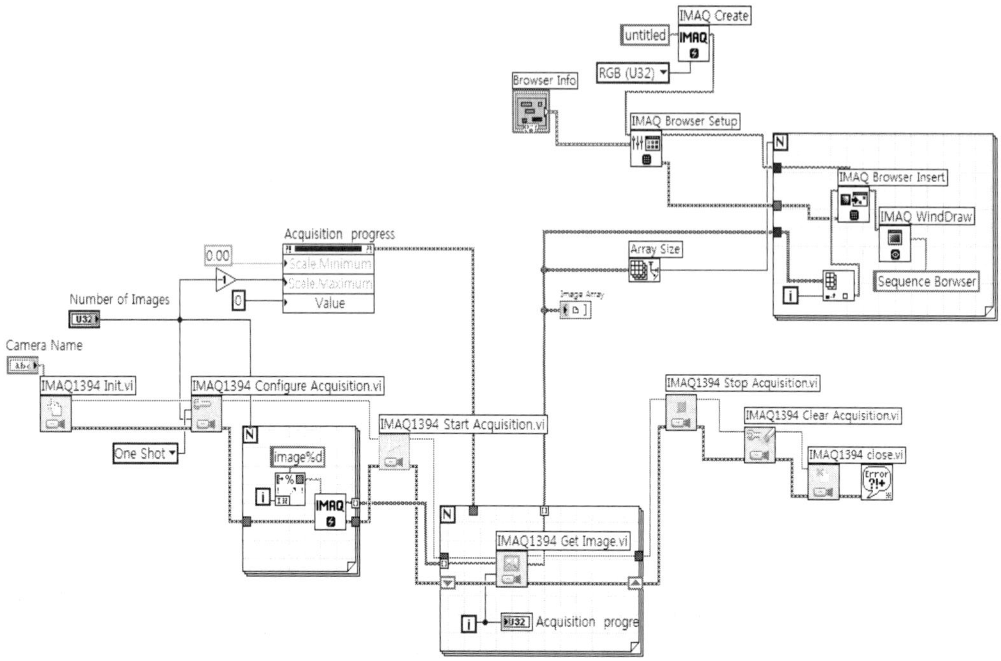

그림 2-20 Low-level Sequence(1394)

2.3 Grab

이는 연속적으로 호스트 메모리에 있는 하나의 버퍼에 영상을 획득하여 주는 방식이다.

- NI Vision 캡처 보드 경우
  - High-level Grab

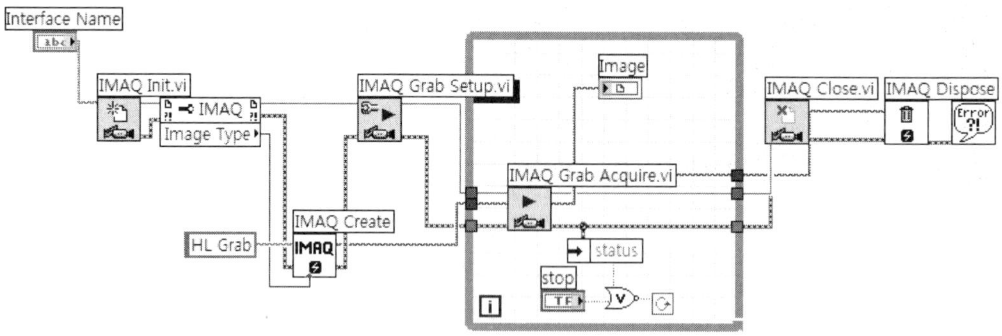

그림 2-21 High-level Grab

- Low-level Grab

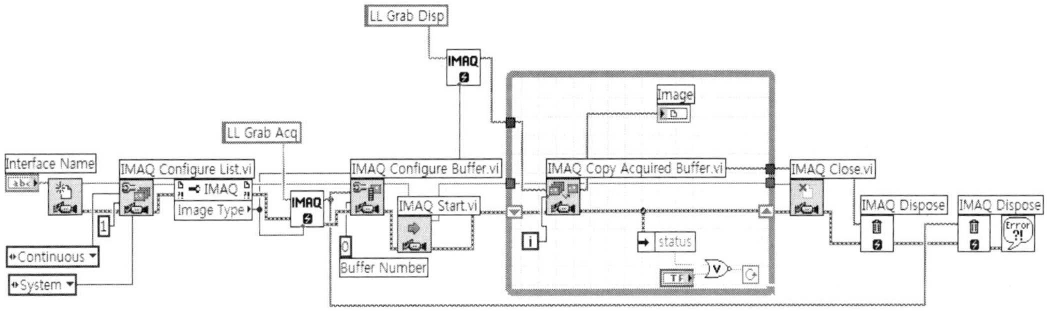

그림 2-22 Low-level Grab

- IEEE 1394 카메라 경우
  - High-level Grab

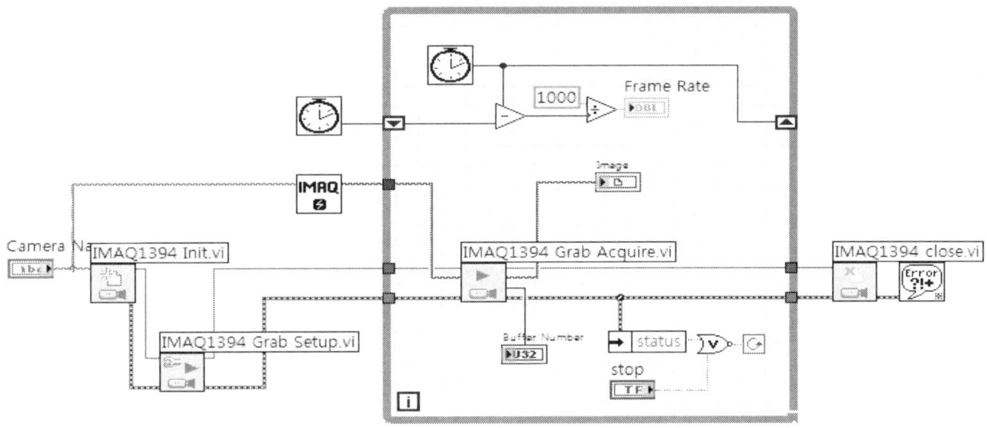

그림 2-23 High-level Grab(1394)

▪ Low-level Grab

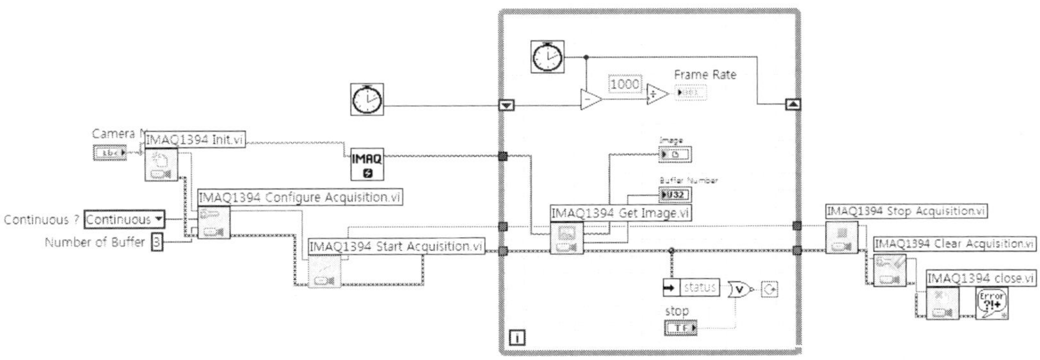

그림 2-24 Low-level Grab(1394)

2.4 Ring

Ring 획득은 연속적으로 여러 버퍼에 영상을 획득할 때 사용한다. 버퍼 리스트에 있는 모든 버퍼에 영상이 획득되어졌을 경우, 영상 획득은 버퍼리스트의 처음 버퍼에 획득한 영상을 저장한다. 이는 순환 버퍼 또는 ring 버퍼의 동작과 동일하며 이러한 연유로 ring 획득이라 명칭한다. Ring 획득의 단계는 다음과 같다.

- Interface를 초기화한다.
- 최악의 상황에서도 frame에 대한 손실이 없도록 buffer를 할당한다.
- acquisition loop를 생성한다.
- 원하는 영상 처리를 수행한다.
- image acquisition session을 close하고 memory를 해제한다.

- 버퍼 리스트

Ring 획득은 획득한 영상을 저장하기 위한 버퍼 리스트를 구성한다. 사용자가 5개의 버퍼 리스트를 설정하였을 경우 생성되는 버퍼 리스트는 아래의 구조와 같다. 영상 획득이 시작되면 image 0, image 1, image 2, image 3, image 4가 순서대로 버퍼를 채워나간다. image 5가 획득되어질 경우 이는 버퍼 리스트에 있는 이전의 영상을 덮어 쓰게 된다. 다음 그림은 5개의 버퍼를 설정한 후 영상 획득에 따른 버퍼의 상태를 보여준다.

그림 2-25 Ring 획득의 버퍼 상태

- NI Vision 캡처 보드 경우

IMAQ Vision의 경우 모든 영상 획득은 IMAQ Init를 사용함으로써 시작된다. 이에 상응하는 C함수는 imgInterfaceOpen과 imgSessionOpen이다. IMAQ Init를 사용하여 interface를 초기화한 후 사용하고자 하는 buffer list를 설정하게 되는데 이때 설정하는 버퍼의 수를 크게 할 경우, 버퍼를 채우는 데 소요되는 시간이 많아진다. 영상 획득 속도가 영상 처리 속도보다 빠른 경우 버퍼의 수와 관계없이 영상 획득이 지연되게 된다. 이 경우 너무 많은 버퍼를 할당할 필요 없이 서너 개의 버퍼만을 할당하면 된다. 버퍼의 주된 역할은 운영 체제의 작업으로 인해 발생하는 과부하에 대한 완충 역할이다. 응용 프로그램 자체의 속도 문제를 해결해주지는 못한다. 이와 반대로 영상 처리의 속도가 영상 획득의 속도보다 빠른 경우 하나 이상의 추가적인 버퍼의 사용은 영상 획득이 영상 처리 부분을 따라잡지 못하게 해준다. 다음의 그림은 전형적인 IMAQ Vision에서의 ring 획득을 나타낸다.

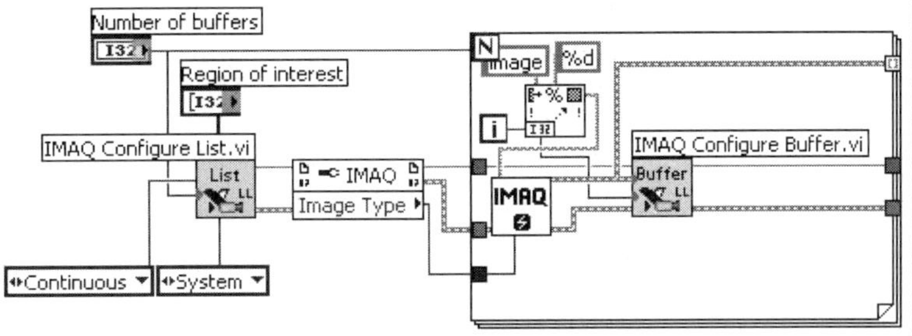

그림 2-26 Ring 획득 블록다이어그램

다음은 C-code 형태의 IMAQ 함수를 사용하여 ring 획득을 구현하는 예이다.

```
static BUFLIST_ID Bid;
static SESSION_ID Sid;
static INTERFACE_ID Iid;
static Int8* ImaqBuffers[NUM_RING_BUFFERS];

// n개의 버퍼 리스트를 생성한다.
imgCreateBufList(NUM_RING_BUFFERS, &Bid);

// 필요한 버퍼에 대한 크기를 계산한다.
imgGetAttribute (Sid, IMG_ATTR_BYTESPERPIXEL, &bytesPerPixel);
bufSize = AcqWinWidth * AcqWinHeight * bytesPerPixel;

for (i = 0; i < NUM_RING_BUFFERS; i++)
{
imgCreateBuffer(Sid, IMG_HOST_FRAME, bufSize, &ImaqBuffers[i]);
imgSetBufferElement(Bid, i, IMG_BUFF_ADDRESS, (uInt32)ImaqBuffers[i]);
imgSetBufferElement(Bid, i, IMG_BUFF_SIZE, bufSize);
bufCmd = (i == (NUM_RING_BUFFERS - 1)) ? IMG_CMD_LOOP : IMG_CMD_NEXT;
imgSetBufferElement(Bid, i, IMG_BUFF_COMMAND, bufCmd);
}

imgMemLock(Bid);
imgSessionConfigure(Sid, Bid);
```

㉠ 시스템 메모리/온-보드 메모리

버퍼 리스트가 컴퓨터 메모리에 할당될 경우 시스템 메모리 사용이라 하고 버퍼 리스트가 IMAQ 1409와 같은 영상 캡처 보드 내의 메모리에 할당될 경우 온-보드 메모리 사용이라 한다. 시스템 메모리의 경우 획득된 영상에 대한 사용은 IMAQ Extract와 IMAQ Copy를 사용해야 한다.

㉡ IMAQ Extract

이에 대응하는 c함수는 imgSessionExamineBuffer이다. IMAQ Extract 함수(VI)는 버퍼 리스트에 있는 버퍼를 사용할 수 있게 하며 사용하는 중에 현재 사용하고 있는 버퍼에 대한 덮어씀을 방지하기 위해 해당 버퍼를 획득 루프로부터 보호한다. 하나의 버퍼에 대한 Extract가 진행 중일 경우 영상 획득은 버퍼 리스트에 있는 다른 버퍼를 채운 후 순환하여 현재 Extract된 버퍼가 사용가능해질 때 까지 기다리게 된다. 사용 중인 버퍼는 IMAQ Extract가 다른 버퍼를 Extract할 경우 원래의 버퍼 리스트에 삽입되어진다. IMAQ Extract를 사용할 경우 Extract되는 버퍼는 한 순간에 단지 하나뿐이다. IMAQ Extract를 사용하여 영상을 Extract할 경우 버퍼에 대한 index를 사용할 수 있다. 현재 획득된 영상보다 큰 인덱스를 사용하여 Extract할 경우 해당 영상이 획득되어질 때까지 extract가 지연되게 된다. 현재 버퍼 리스트에 있는 영상을 extract할 경우 해당 image는 덮어쓰기 방지되어 진다. 다음 그림은 IMAQ Extract를 사용하여 버퍼 리스트 내에 있는 image의 사용을 보여준다.

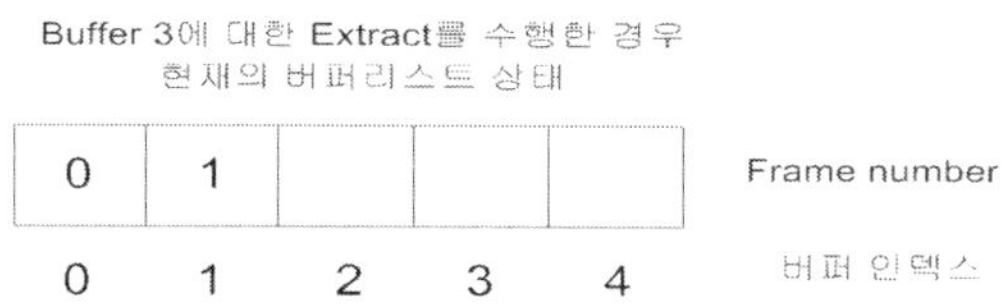

그림 2-27 버퍼 상태(1)

그림 2-28 쓰기 방지의 예

다음은 IMAQ Extract를 사용하여 추출하고자 하는 영상이 이미 버퍼 리스트 내에 존재하지 않을 경우 버퍼의 사용에 대한 설명이다.

그림 2-29 Ring 획득 버퍼 사용(1)

그림 2-30 Ring 획득 버퍼 사용(2)

ⓒ IMAQ Copy

버퍼 리스트에 있는 원하는 영상을 사용자 영역의 메모리로 복사하기 위해서는 IMAQ Copy와 imgSessionCopyBuffer를 사용하면 된다. IMAQ Copy 역시 원하는 버퍼에 대한 인덱스를 제공하여 사용한다. IMAQ Extract와 다른 점은 복사한 영상을 위한 또 다른 buffer를 설정해주어야 한다는 점이다. 그러나 복사한 영상을 처리하는 동안 외부 장치를 통한 영상 획득이 중단되지 않는다는 점이 특징이다. 영상을 사용자 메모리에 복사해야 하기 때문에 IMAQ Extract보다 느리게 동작한다는 단점이 있다. 영상 획득 자체가 온-보드에서 이루어질 경우 사용할 수 있는 함수는 IMAQ Copy 뿐이다. 온-보드 메모리를 사용하기 위해서는 IMAQ Configure List의 사용 시 memory location을 on-board로 설정하고, IMAQ Copy를 사용하면 된다. 다음은 IMAQ Copy를 사용하는 전형적인 예이다.

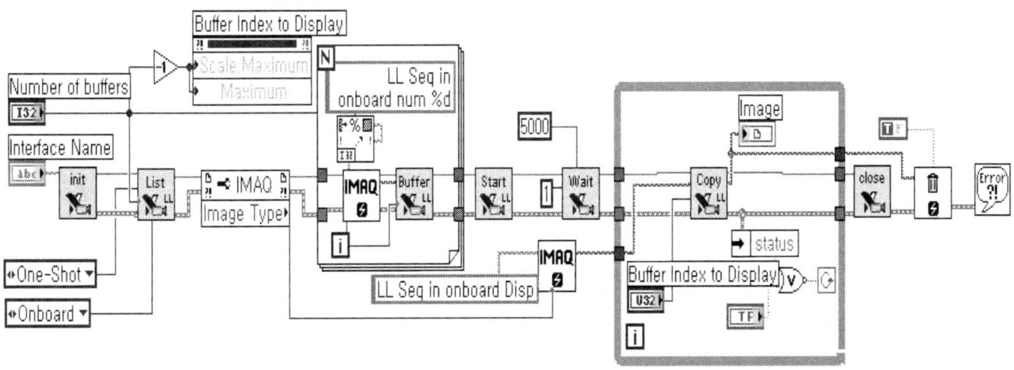

그림 2-31 Copy를 사용하는 Ring 구현

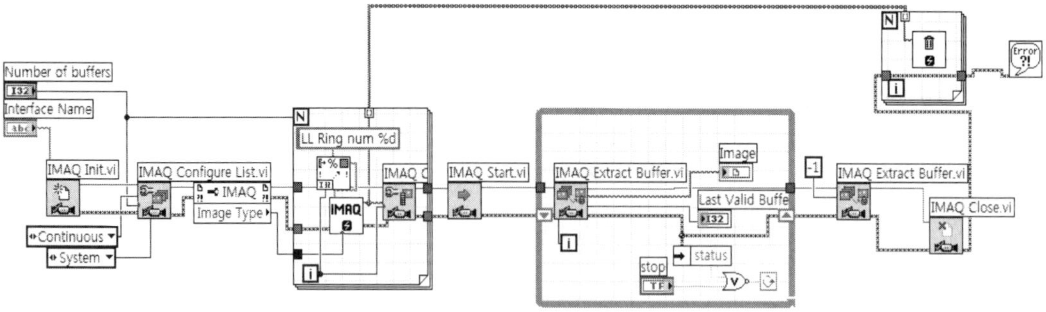

그림 2-32 Extract를 사용하는 Ring 구현

- IEEE 1394 카메라 경우

아래의 블록다이어그램은 IEEE 1394 카메라에 대한 Ring 획득을 보여준다.

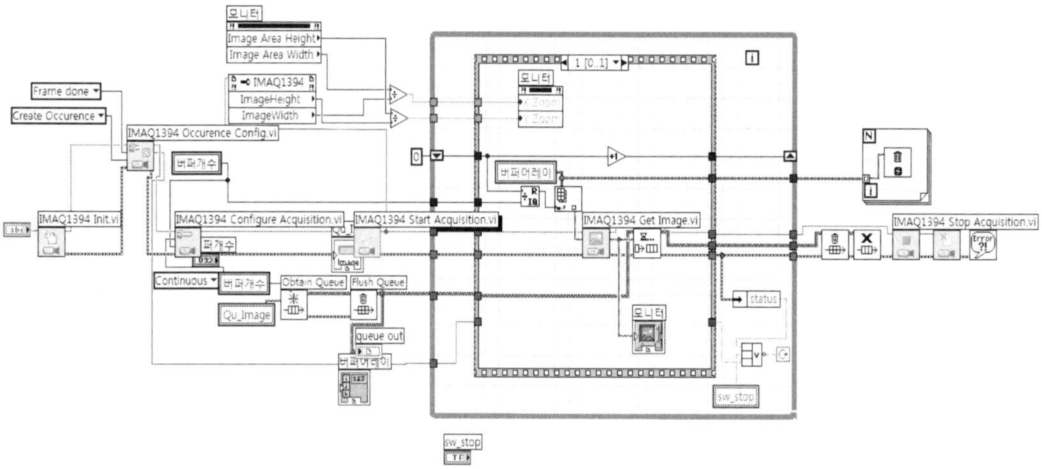

그림 2-33 IEEE 1394 카메라에 대한 Ring 획득

위의 블록다이어그램에서는 Ring 획득을 위해 Queue를 사용하였다. 획득된 영상을 Queue에 입력한다. 처리 부분에서는 Dequeue 함수를 사용하여 영상을 추출한다.

2.5 StillColor 획득

이는 IMAQ PCI/PXI-1408 또는 IMAQ PCI/PXI-1409를 사용하여 컬러 composite 카메라 또는 컬러 RGB 카메라로부터 영상을 획득하는 경우이다. 이는 IMAQ Property Node를 사용하여 아래의 그림과 같이 선택한다. 아래의 그림은 컬러 composite 카메라에 대한 still color 획득이다.

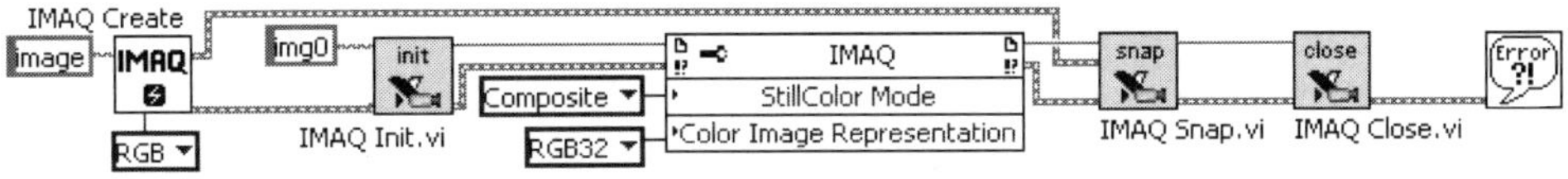

그림 2-34 컬러 composite 카메라에 대한 still color 획득

아래의 그림은 RGB 카메라에 대한 still color 획득이다.

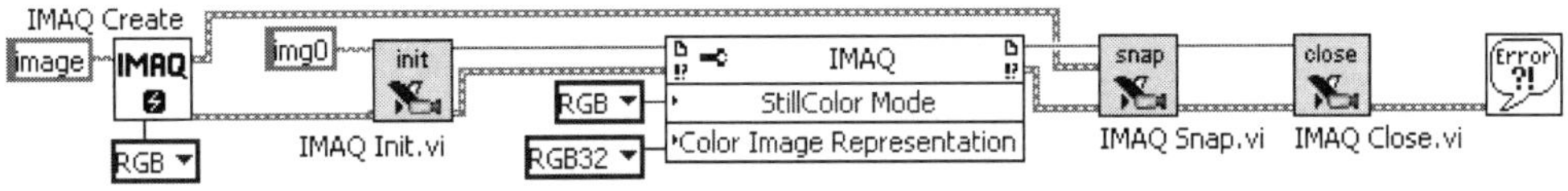

그림 2-35 RGB 카메라에 대한 still color 획득

2.6 Triggering

다음은 Triggering을 사용하는 블록다이어그램이다.

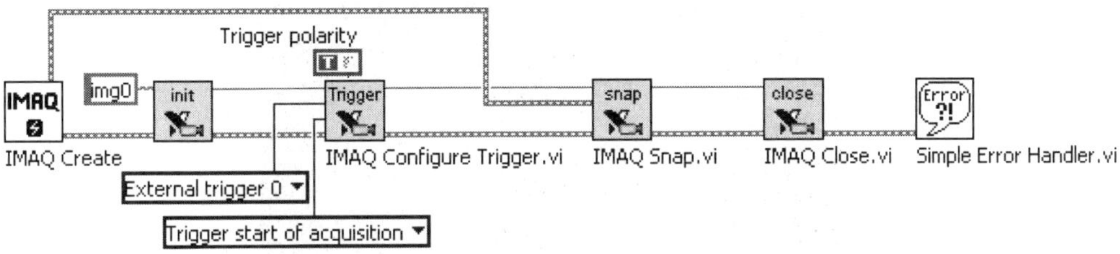

그림 2-36 Triggering을 사용하는 블록다이어그램

3 영상 디스플레이용

획득한 영상 또는 처리한 영상을 외부 화면을 통하여 디스플레이하는 방법은 크게 프론트 패널에 표시하는 방법과 윈도우를 사용하여 표시하는 방법이 있다.

- 프론트 패널에 표시하는 방법 : 이와 관련된 함수는 다음과 같다. 이는 프론트 패널에서 마우스 우측 클릭한 후 표시되는 팝업 윈도우의 Vision 카테고리에 있다.

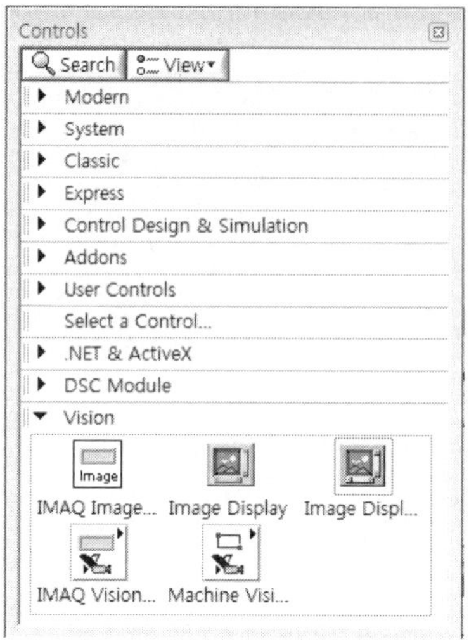

그림 2-37 디스플레이 컨트롤

이를 이용한 영상 출력의 예는 다음과 같다.

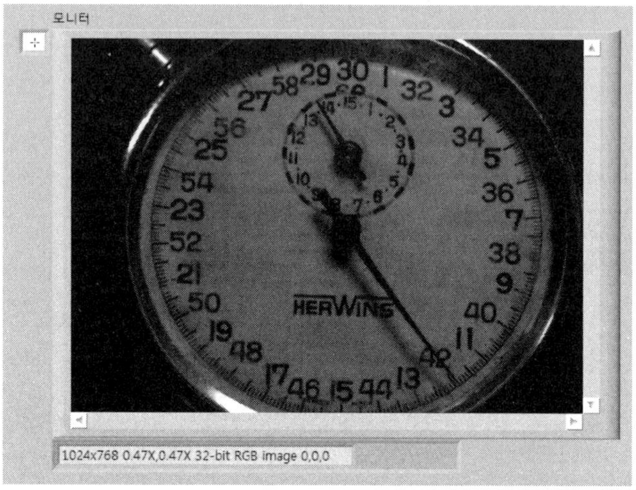

그림 2-38 프론트 패널 디스플레이 예

- 윈도우를 사용하는 방법 : 단일 윈도우를 사용하는 방법과 브라우서를 사용하는 방법이 있다.

㉠ 단일 윈도우 : 이는 단일 영상의 표현에 사용된다. 이는 Function Palette/Vision and Motion/Vision Utilities/External Display에 위치한다.

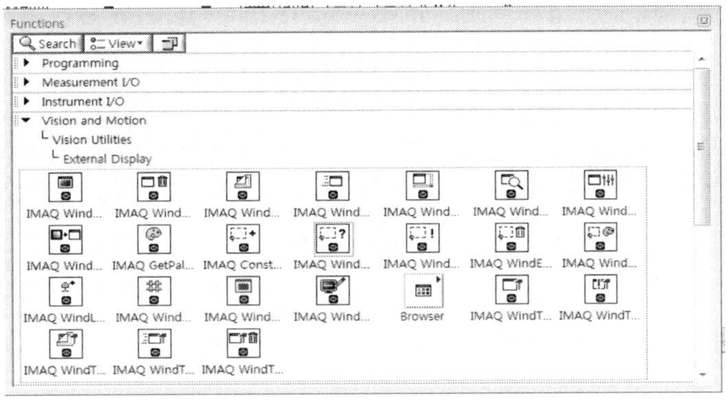

그림 2-39 윈도우 관련 Function Palette

단일 윈도우를 사용한 영상의 출력은 다음과 같다.

그림 2-40 윈도우 영상 디스플레이

㉡ 브라우서 사용 : 이는 여러 개의 영상을 하나의 윈도우에 표시할 때 사용된다. 브라우서를 사용하는 기본적인 구조는 다음과 같다.

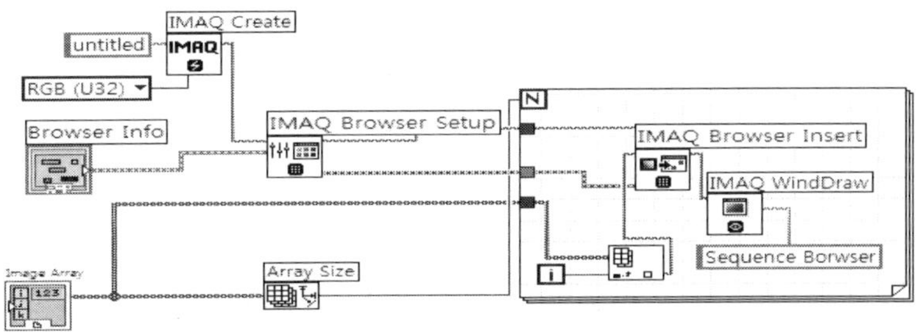

그림 2-41 브라우서 사용 예

브라우서를 통한 출력은 영상 획득 방식의 Sequence 부분의 그림 2-19와 같다.

4 본 교재의 기본 영상 획득 구조

다음의 블록다이어그램과 프론트 패널은 IEEE 1394 카메라를 통하여 Ring 획득을 실행한다. 메뉴를 통하여 영상 처리 항목을 선택하면, 처리 부분에서는 입력 영상에 대한 Queue로부터 영상을 추출하여 원하는 영상 처리를 수행한다.

- 프론트 패널 : 대략적인 프론트 패널의 구성은 아래와 같다.

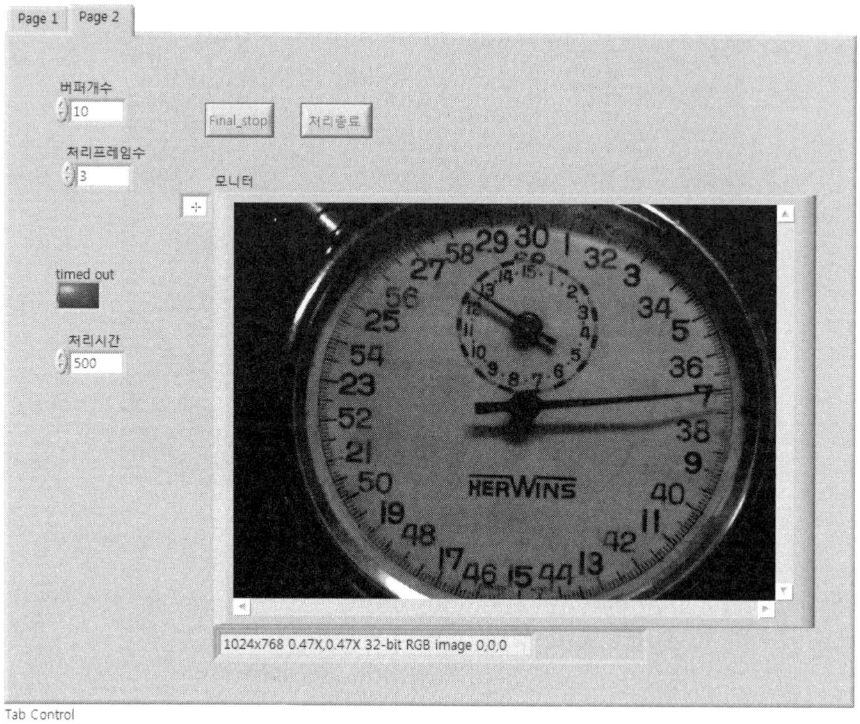

그림 2-42 프론트 패널의 구성

- 블록다이어그램 : 이는 Stacked Sequence로 구성되어 있다. 각 sequence를 살펴보면 다음과 같다.

㉠ 첫 번째 Sequence : 이 부분은 처리에 사용되는 각종 Image Buffer에 대한 선언과 Local 변수의 선언, Queue에 대한 선언이 이루어지는 부분이다.

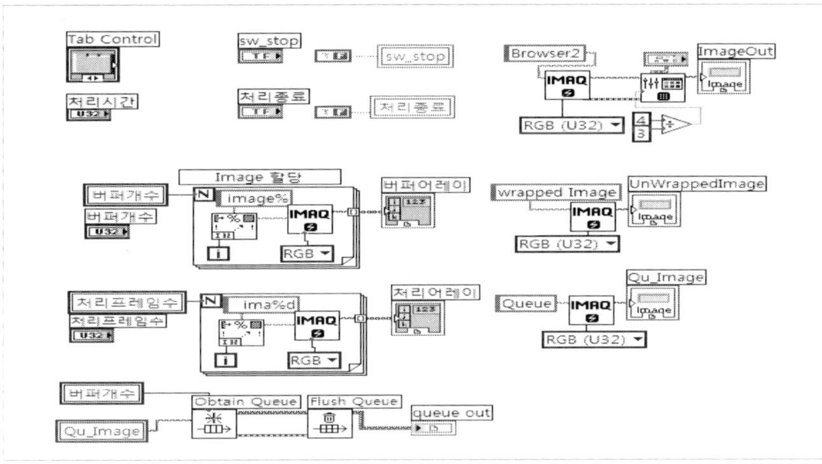

그림 2-43 블록다이어그램의 첫 번째 시퀀스

- Image Buffer : 사용된 Image Buffer는 [버퍼 어레이], [처리 어레이], [Queue의 element를 정의하기 위한 buffer], 영상 처리의 결과를 저장하기 위하여 [wrapped Image], Browser 사용을 위하 [Browser2]이다.
- Queue : Queue는 입력 받는 [버퍼 개수]만큼 [RGB(U32)]의 형식으로 획득한다.
- 컨트롤 : 사용된 컨트롤은 [sw_stop], [처리 종료] 등이다.

㉡ 두 번째 Sequence : 이는 영상을 획득하고 처리하는 부분이다. 획득 부분과 처리 부분으로 나누어 설명한다.

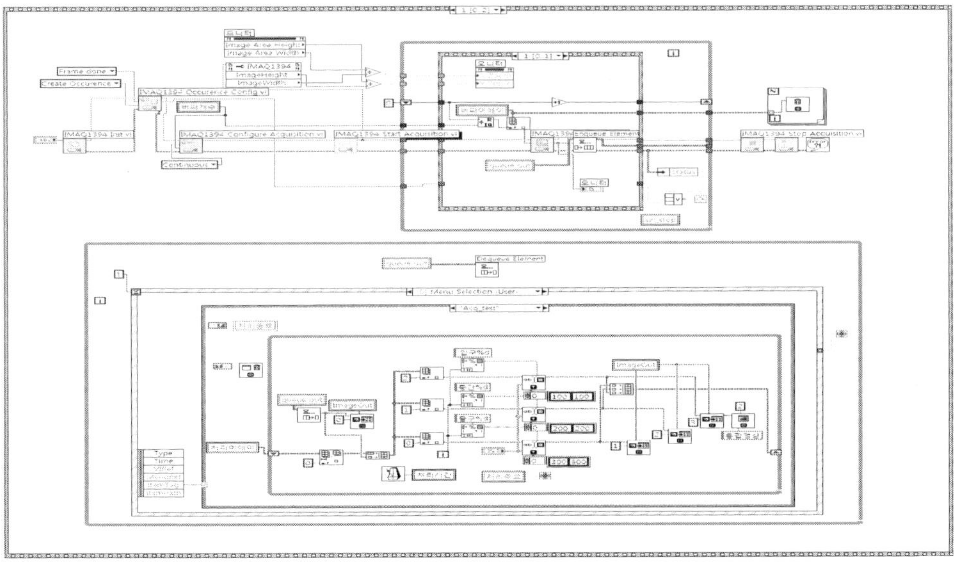

그림 2-44 두 번째 시퀀스

• 획득 부분 : 이곳에서는 획득한 영상을 Queue에 Enqueue하는 부분이다.

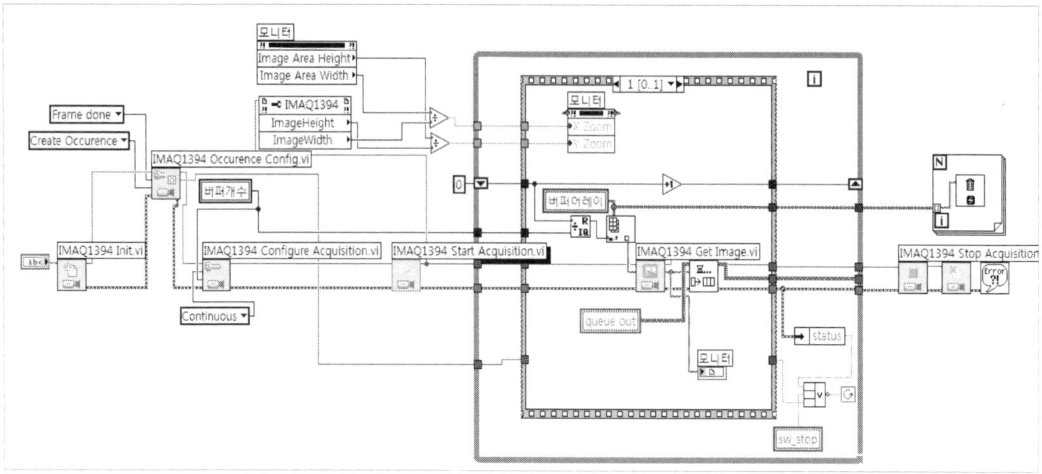

그림 2-45 영상 획득 부분(첫 번째 시퀀스 상단부)

• 처리 부분 : 이는 메뉴의 입력에 대해 Event Structure로 구성된 실제로 영상 처리를 수행하는 부분이다.

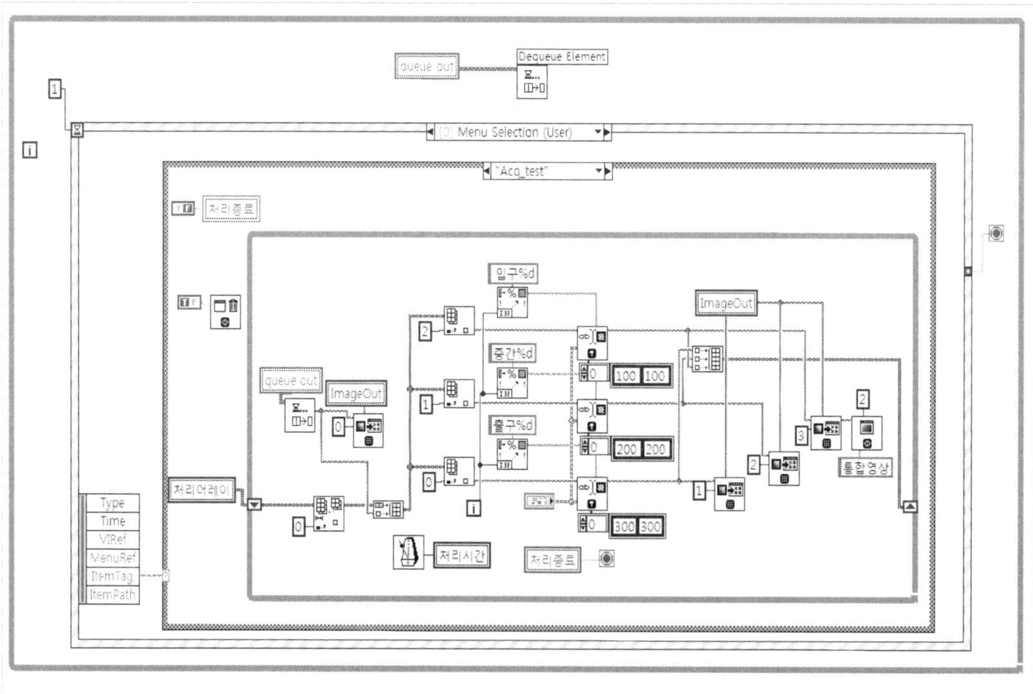

그림 2-46 영상 처리 부분(첫 번째 시퀀스 하단부)

㉢ 세 번째 Sequence : 이는 Queue를 해제하고 할당받은 Image Buffer를 해제하는 부분이다.

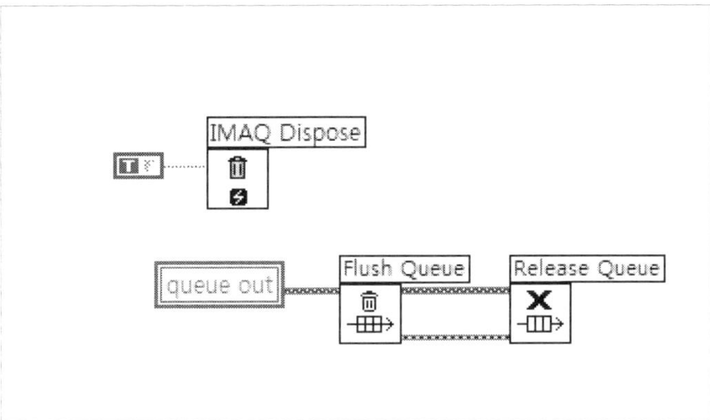

그림 2-47 세 번째 시퀀스

- 메뉴의 구성 : 구성된 메뉴는 다음과 같다.

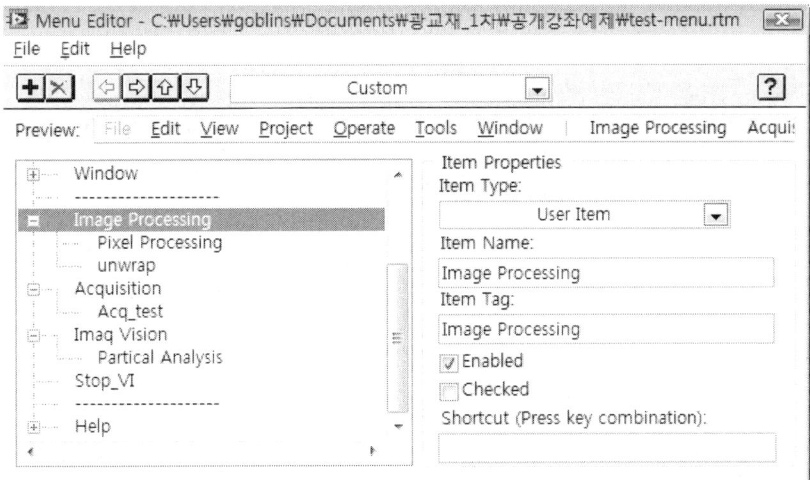

그림 2-48 사용자 메뉴 구성

- Pixel Processing : 이는 Queue에서 하나의 영상을 추출하여 Edge를 검출한 후 이를 윈도우를 통해 출력해주는 부분이다.

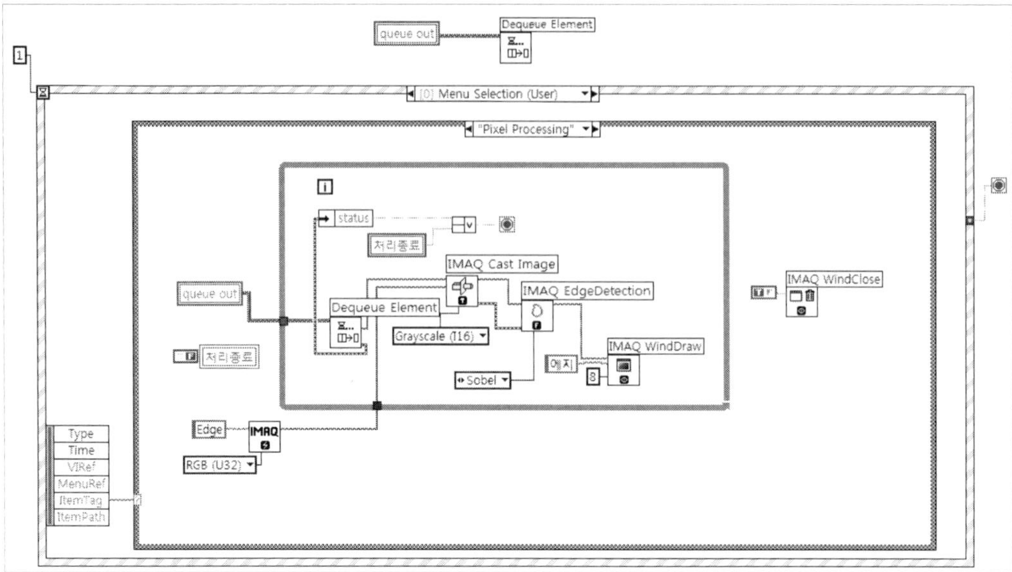

그림 2-49 Pixle Processing(에지 검출)

결과는 아래의 그림과 같다.

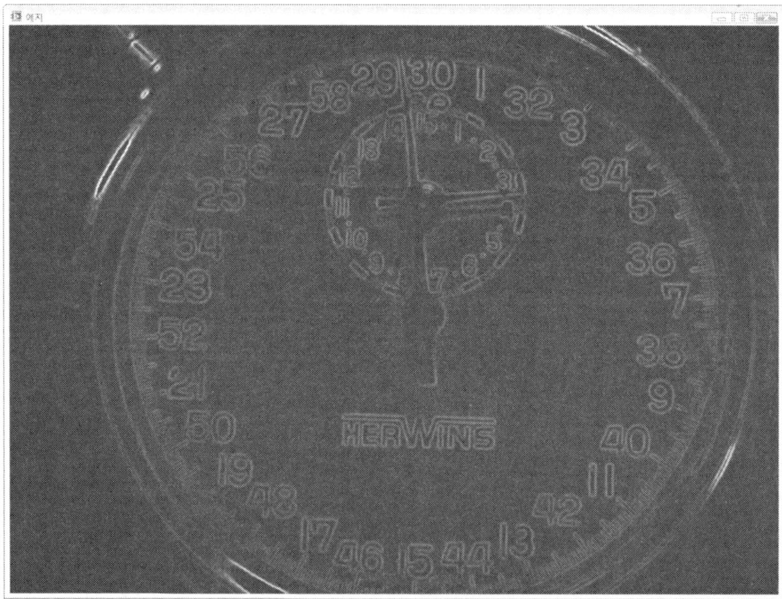

그림 2-50 에지 검출 예

- Unwrap : 아래의 그림은 IMAQ Unwrap 함수를 사용하는 부분이다.

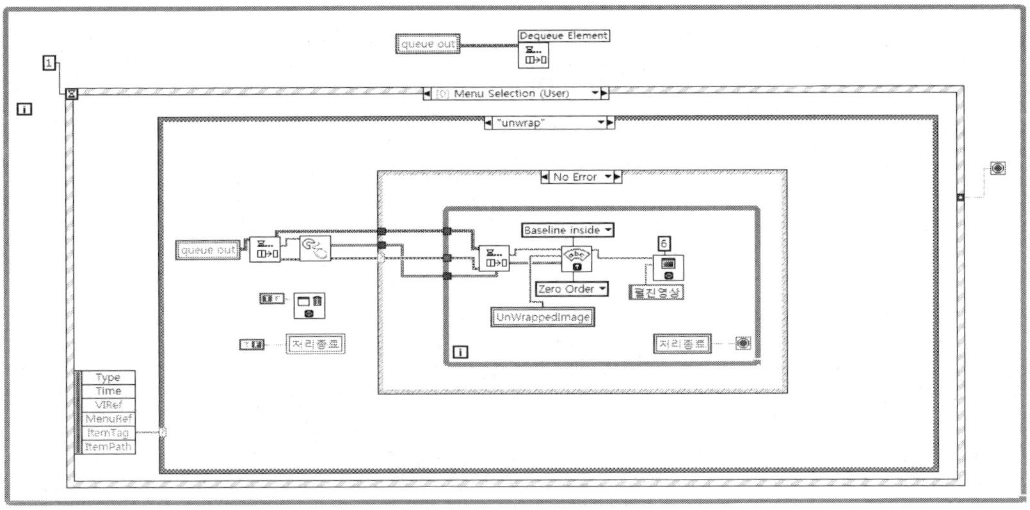

그림 2-51 Unwrap 구성 부분

결과는 다음과 같다.

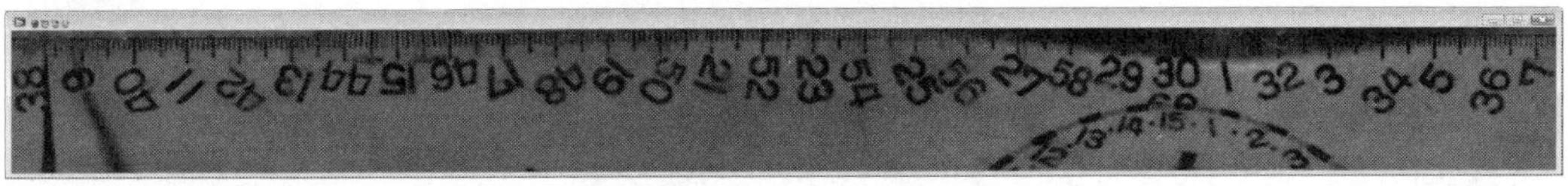

그림 2-52 Unwrap 실행 예

- 연속 영상 처리 : 아래의 부분은 연속적으로 3장의 영상을 처리하는 구조이다.

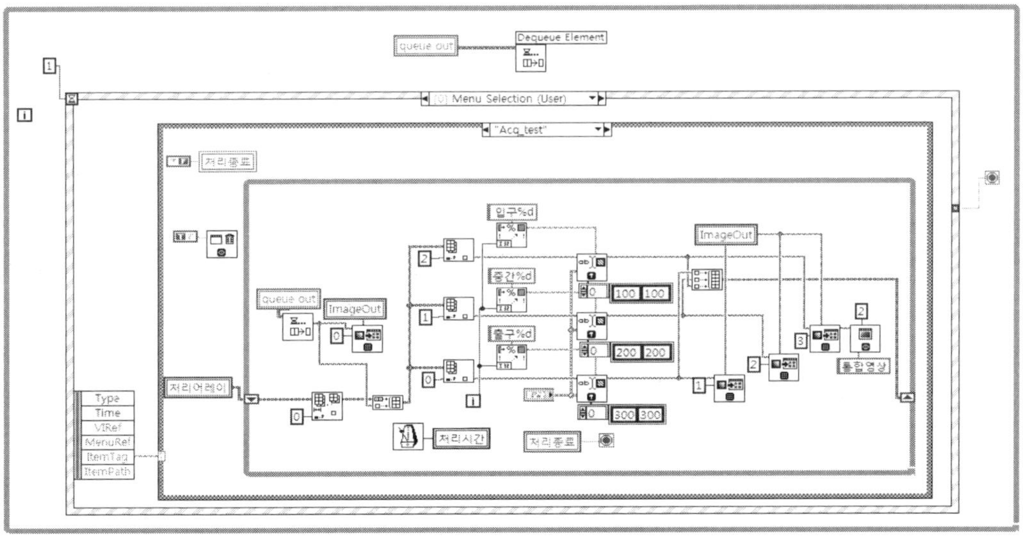

그림 2-53 연속 영상 처리 부분

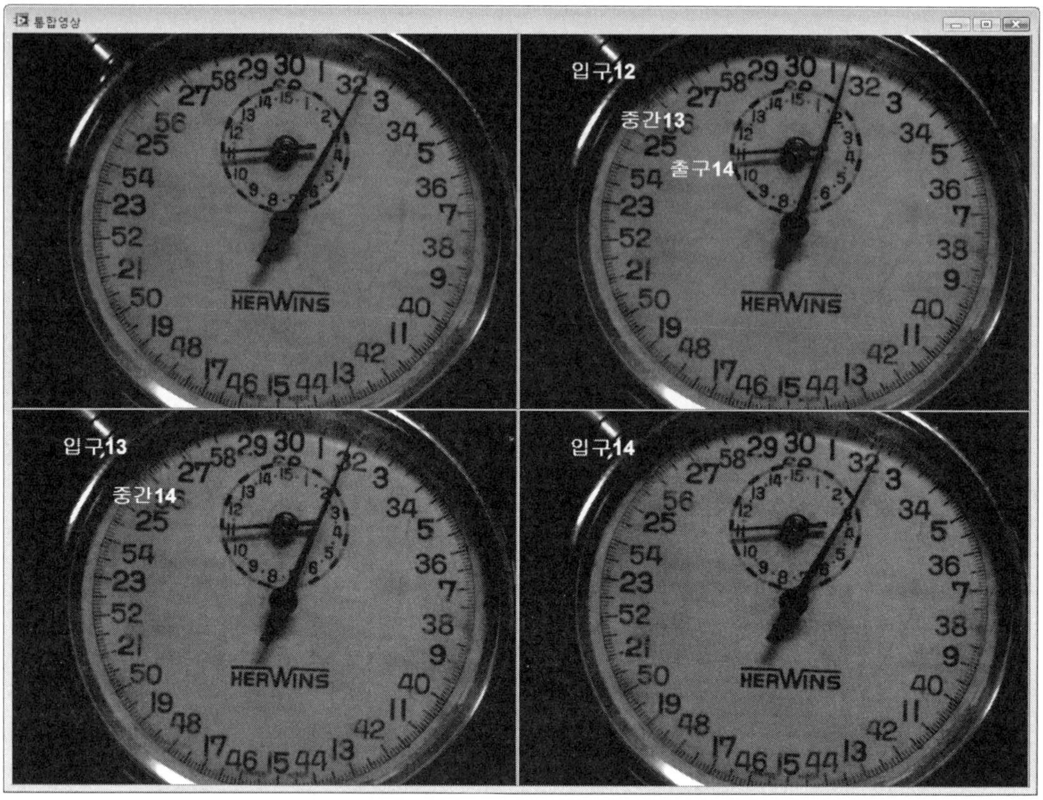

그림 2-54 연속 영상 처리 결과

결과는 다음과 같다. 아래 그림에서 입구, 중간, 출구의 문자 뒤에 있는 숫자는 블록다이어그램의 루프 인덱스이다. 즉 하단 우측의 그림은 14번째 루프에 처리되고 있는 영상이다. 블록다이어그램의 구조는 처리 루프에서 처음 영상을 획득한 후 이를 Shift Register를 사용하여 다시 처리 루프로 피드백시키는 구조이다. 하단 좌측의 영상은 13번째 루프에 입구 영상으로 처리되었던 영상이 14번째 루프에 중간 영상으로 처리되고 있음을 보여준다. 현재 루프에는 3개의 영상이 존재하는 데 가장 먼저 들어온 영상은 출구부분에 있는 영상으로 들어온 시간이 루프 횟수로 볼 때 12번째인 영상이다. 각 영상에서의 초침의 위치를 비교하여 보면 이를 확인할 수 있다. 이 예제의 목적은 카메라를 통한 연속 영상 처리 시 앞의 예와 같이 단일 영상에 대한 처리가 아닌 연속 영상 처리를 위한 획득 구조의 설명에 있다.

5 CLFN 및 CIN을 이용한 영상 처리

5.1 CLFN

㉮ CLFN에서의 Array 및 String - Labview string을 C string으로 변환하기

Flatten to String Function : Labview data를 Labview string으로 변환하여 여러 가지 communication function이나 file 저장, database 저장 등에 사용할 수 있다.

Labview string : [4-byte number(string의 길이를 나타내는 signed number) + string] 이는 string의 전체 길이를 지정함으로써 string 내부에 NULL 문자를 포함시킬 수 있게 한다.

위의 함수 Flatten to string 함수를 사용하여 flatten 된 Labview string을 C code로 전달하기 위해서는 flattened Labview data를 alphanumeric string format으로 변환해주어야 한다.

- character 35 (#)
- character 65 (A)
- character 0 (NULL)
- character 50 (2)
- character 107(??)

위의 5개의 binary string format을 alphanumeric string format으로 아래와 같이 전환한다.

다섯 문자의 십진수 값을 16진수 값으로 변환한다.

- 35d = 0x23
- 65d = 0x41
- 0d = 0x00
- 50d = 0x32
- 107d = 0x6B

16진수 값에 대한 실제 alphanumeric 문자를 쓰고 마지막에 NULL을 하나 추가한다.

- character 50 (2)
- character 51 (3)
- character 52 (4)

- character 49 (1)
- character 48 (0)
- character 48 (0)
- character 51 (3)
- character 50 (2)
- character 54 (6)
- character 66 (B)
- character 0 (NULL)

㉯ Call Library Fuction Node를 사용한 Shared Library 호출

본 절에서는 Labview에서 DLL(Shared Library)을 호출하는 방법에 대하여 살펴본다. 32-bit Windows DLL, Mac OS Code fragment, UNIX Shared Library function을 직접 호출하기 위하여 Call Library Function Node를 사용한다.

㉠ Call Library Function Node를 사용하여 DLL 직접 호출하기

다음은 Function 팔레트에서 Call Library Function Node와 Code Interface Node의 위치는 다음과 같다.

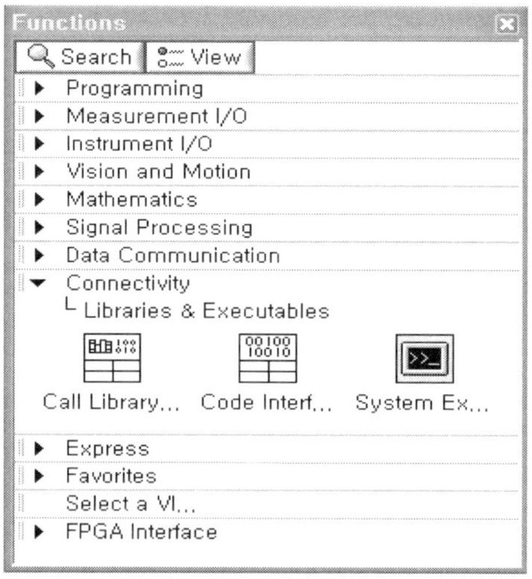

그림 2-55 Connectivity

Call Library Function Node를 블록다이어그램에 위치시킨 후 마우스 오른쪽 버튼을 눌러 아래의 그림과 같이 configure를 선택하면 그림 4-99와 같이 Call Library Function 다이얼로그 박스가 나타난다.

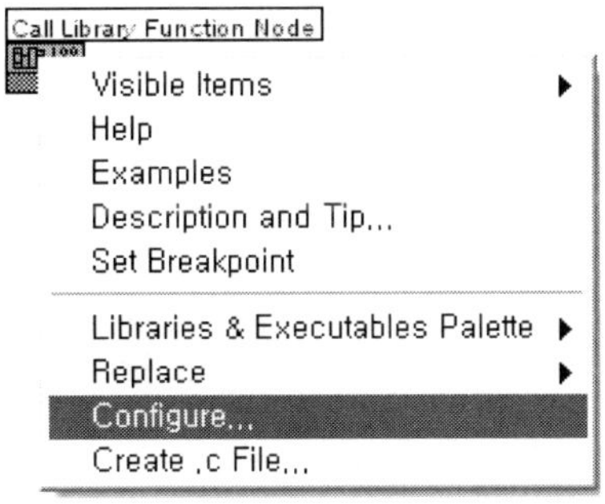

그림 2-56 CLFN

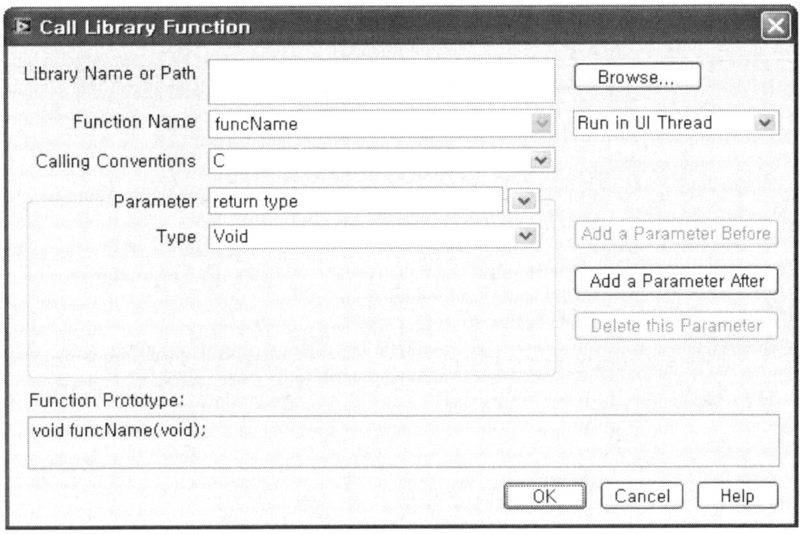

그림 2-57 CLFN 다이얼로그 박스

블록다이어그램 내의 Call Library Function Node는 위의 Call Library Function 다이얼로그 박스에서 설정하는 파라미터 값으로 갱신되어진다.

ⓛ 다이얼로그 박스 내의 파라미터 설정

Multiple Thread Operation

- Run in UI Thread : 이는 기본으로 설정된 값이다.
- Reentrant : 이 파라미터로 설정하기 위해서는 해당 function을 multiple threads가 호출할 수 있어야 한다. 이러한 성질을 thread safe 속성이라 하며 이는 다음과 같은 조건을 만족해야 한다.
- 해당 function이 global data(전역 변수, 디스크로의 파일 저장)를 저장하지 않을 경

우 thread safe이다.

- 해당 function이 hardware를 access를 하지 않아야 한다. 이는 function의 code가 register-level programming을 포함하지 않음을 의미한다.
- 해당 function이 thread unsafe한 그 어떤 function, shared library, 그리고 drivers를 호출하지 않아야 한다.

function 내의 code가 전역 자원 access를 보호하기 위해 semaphore 또는 mutexes를 사용할 경우 thread safe하다고 말할 수 있다.

해당 code가 단지 하나의 non-reentrant VI에 의해서만 호출되어질 경우 thread safe하다고 말할 수 있다.

다음은 Call Library Function Node의 parameter type은 다음과 같다.

- Numeric : 이 경우 [Data Type] pull down menu를 사용하여 정확한 type을 지정해 주어야 한다. 사용할 수 있는 data type은 다음과 같다.
  - 8-, 16, 32, 64-bit signed/unsigned integer
  - 4-byte single precision number
  - 8-byte double precision number
  - 이 경우 실제 넘겨주는 값이 value인지 아니면 value에 대한 pointer인지는 그 아래에 있는 Pass Pull-down Menu를 사용하여 선택한다.
- Array

  배열의 구성 요소에 대한 type은 Numeric에서와 같다.
  - dimension을 설정할 수 있다.
  - Array Format pull-down menu를 사용하여 아래 중 하나를 선택한다.
  - Array Data pointer : 이는 array data에 대한 1차원 pointer를 넘겨준다.
  - Array Handle : 이 경우 Array에 설정된 dimension에 따라, 각 dimension에 대한 4-byte 값을 가리키는 pointer를 가리키는 pointer를 넘겨준다. 4-byte로 구성된 dimension에 대한 pointer 뒤에는 각 dimension의 data가 뒤따른다.
  - Array Handle Pointer : 이는 array handle에 대한 pointer를 넘긴다.
- String
  - C string Pointer : 이는 null 문자로 끝나는 string이다.
  - Pascal String Pointer : length byte로 시작하는 string이다.
  - String Handle : [4-byte의 길이 정보 + string data]를 가리키는 pointer에 대한 pointer를 넘겨준다.
  - Waveform : 이를 사용할 경우 Data type pull-down 메뉴의 값을 변경할 필요가

없다. 지정값은 8-byte Double이다. 사용할 수 있는 Dimension은 0 또는 1이다. Dimension 0는 singel waveform일 경우이며, waveform의 array일 경우 Dimension 1이 된다.

- Digital Waveform :

  Dimension 0 : a single digital waveform

  Dimension 1 : an array of digital waveform

  Digital Table

  Dimension 0 : a single digital Table

  Dimension 1 : an array of digital Table

• Active X
  - Active X Variant Pointer : 이는 Active X data에 대한 pointer를 넘겨준다.
  - IDispatch* Pointer : Active X Automation server의 IDispatch interface에 대한 pointer를 넘겨준다.
  - IUnknown Pointer : Active X Automation server의 IUnknown interface에 대한 pointer를 넘겨준다.
  - Adapt to Type : 이는 CIN에서와 같이 임의의 Labview Data type을 DLL에 pass하는 데 사용된다. 일반적으로 Labview data type은 아래와 같이 DLL에 넘겨진다.
  - scalar : passed by reference. 즉 scalar에 대한 pointer가 넘겨진다.
  - Array와 string : 이는 data format setting에 따라 넘겨지는 형태가 달라진다.
  - Handel by Value : DLL에 handle을 넘겨준다.
  - Pointer to Handles : DLL에 Handle에 대한 pointer를 넘긴다.
  - Cluster : passed by reference.
  - Array 또는 cluster내의 scalar element : in line. 이는 numeric을 포함하는 cluster의 경우 numeric을 포함하는 structure에 대한 pointer로서 전달된다.
  - Array내의 cluster : in line
  - Cluster내의 string 또는 Array : handle에 의해 참조된다.

5.2 DLL 작성하기

Labvew가 호출할 수 있는 외부 code를 작성하는 과정은 아래와 같다

• Step 1 : Labview에서 Function Prototype 구성하기
• Step 2 : .c 파일 완성하기
• Stpe 3 : 외부의 IDE에서 Library Project Build하기

㉮ Labview에서 Function Prototype 구성하기

다음은 각 단계별로 Function prototype 구성하는 과정을 보인다. 작성하고자 하는 외부 code의 이름은 shared.c를 사용한다.

- {Array Average}라는 이름으로 새로운 VI를 생성한다.
- Call Library Function Node를 block diagram에 위치시킨다.
- Call Library Function Node위에서 마우스 오른쪽 버튼을 클릭하여 Configure를 선택한 후 Call Library Function 다이얼로그 박스를 연다.
- Library Name or Path를 비워둔다.

다음과 같이 설정한다.

- Function Name Field → avg_num
- Calling Convention → C
- return 값을 아래와 같이 설정한다.
- Parameter 항목의 return을 error로 변경한다.
- Numeric을 선택한다.
- Data type으로 Signed 32-bit Integer를 선택한다.

지금까지의 과정은 다음과 같다.

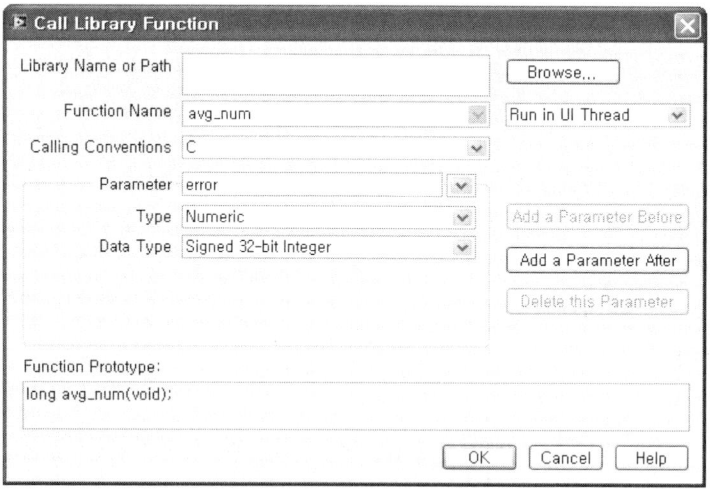

그림 2-58 CLFN 파라미터

- code내에서 사용할 parameter a를 아래와 같이 결정한다.
- Add Parameter After 버튼을 누른다.

- arg1을 a로 변경한다.
- Array를 선택한다.
- 4-byte Single을 선택한다.
- Array Data Pointer를 선택한다.
- size parameter를 아래와 같이 설정한다.
- Add parameter After 버튼을 누른다.
- arg2를 size로 변경한다.
- Numeric을 선택한다.
- Signed 32-bit Integer를 선택한다.
- Value를 선택한다.
- avg parameter를 아래와 같이 설정한다.
- Add parameter After 버튼을 누른다.
- arg3을 avg로 변경한다.
- Numeric을 선택한다.
- 4-byte single을 선택한다.
- Pointer to Value를 선택한다.

위의 과정을 마친 후 Call Library Function dialog box의 모습은 다음과 같다.

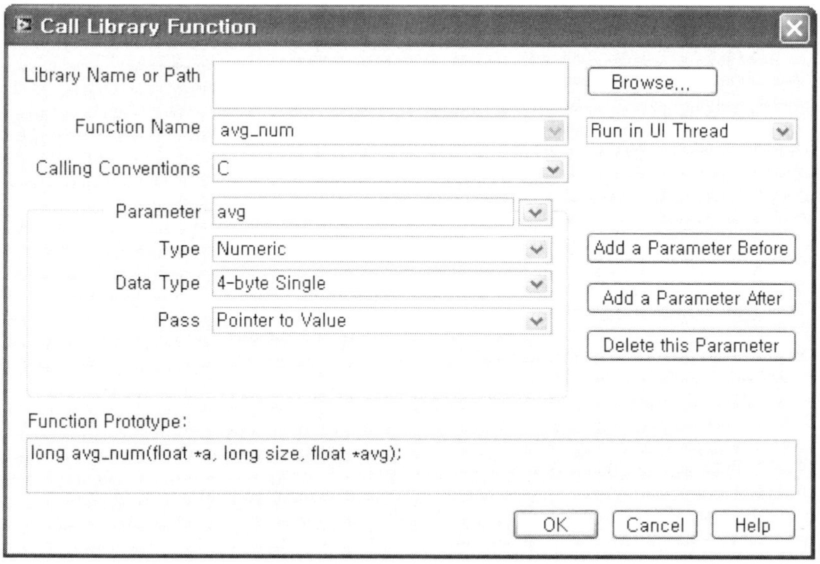

그림 2-59 CLFN 파라미터 설정

- OK 버튼을 눌러 저장한다.

• Call Library Function Node 위에서 마우스 오른쪽 버튼을 클릭하여 Create .c file을 선택한다.
• 파일 이름을 shared.c로 설정한 후 아래의 그림과 같이 저장한다.

그림 2-60 저장 단계

㉯ .c 파일 완성하기

위의 과정을 통하여 생성된 c-file의 내용은 다음과 같다. 해당 디렉터리를 찾아가 편집기를 사용하여 파일을 열면 이를 확인할 수 있다.

```
/* Call Library source file */

#include "extcode.h"
long avg_num(float a[], long size, float *avg);
long avg_num(float a[], long size, float *avg)
	{
	/* Insert code here */
	}
```

위의 코드를 아래와 같이 변경한다.

```
/* Call Library source file */

#include "extcode.h"
long avg_num(float a[], long size, float *avg);
```

```
long avg_num(float a[], long size, float *avg)
	{
	int i;
	float sum = 0;
	if( a != NULL)
	{
		for(i=0; i<size; i++)
		sum = sum + a[i];
	}
	else
		return(1);
	*avg = sum / size;
	return(0);
	}
```

- Library

위의 프로그램에서는 특별히 Labview 함수를 사용하고 있지 않다. 그러나 Labview Manager function을 DLL에서 사용하고자 할 경우 다음과 같이 Labview library file을 포함해야 하며 이들 library는 cintools 디렉터리에 있다.

- Visual C++ : labview.lib
- Symantec : labview.sym.lib
- Metrowerks CodeWarrior : labview.export.stub

다음은 Labview Manager function을 필요로 하는 경우이다.

- Labview로부터 넘겨진 array, string 그 외의 자료 구조에 대한 allocate, free, resizing의 작업이 필요한 경우 또는 Library 내에서 array, string 또는 그 외의 자료 구조에 대한 allocate, free, resizing을 수행한 후 Labview로 전달할 경우
- Library가 Labview Path data type에 대한 처리를 할 경우
- Library내에서 file refnums에 대한 처리를 할 경우
- Library내에서 Support Manager functions을 사용할 경우

㉰ 외부의 IDE에서 Library Project Build하기

다음은 Microsoft Visual C++ 6.0에서 project를 set up하는 것과 shared.c를 컴파일하

여 MyDll.dll로 만드는 과정을 보여준다.

DLL export 키워드 추가

avg_num 함수를 export하기 위해서는 _declspec(dllexport)를 사용해야 한다. 이럴 경우 module definition file을 사용할 필요가 없다. 먼저 shared.c 파일을 오픈하여 avg_num에 대한 code 앞에 _declspec(dllexport)를 추가한다. 추가한 내용은 다음과 같다.

```
/* Call Library source file */
#include "extcode.h"

_declspec(dllexport) long avg_num(float a[], long size, float *avg);
_declspec(dllexport) long avg_num(float a[], long size, float *avg)
        {
        int i;
        float sum = 0;

        if( a != NULL)
        {
                for(i=0; i<size; i++)
                sum = sum + a[i];
        }
        else
                return(1);
        *avg = sum / size;
        return(0);
        }
```

Microsoft Visual C++ 6.0을 다음의 과정을 수행한다.

- File → New에서 Win32 Dynamic Link Library(DLL)을 선택한다.
- OK를 누른다.
- An Empty DLL project를 선택한다.
- Finish를 눌러 아래와 같은 workspace를 만든다.
- Add to Project → Files를 선택하여 이전에 작성한 shared.c 소스 파일을 추가한다.
- Labview manager function을 사용하기 위해서는 cintools 디렉터리에 있는 labview.lib 파일을 프로젝트에 추가하여야 한다.

- Project→setting을 선택한 후 C++ tab을 클릭하여 Project setting dialog box를 연 후 아래와 같이 설정한다.

Build → Shared.dll을 수행한다. 생성된 DLL은 아래의 그림과 같다.

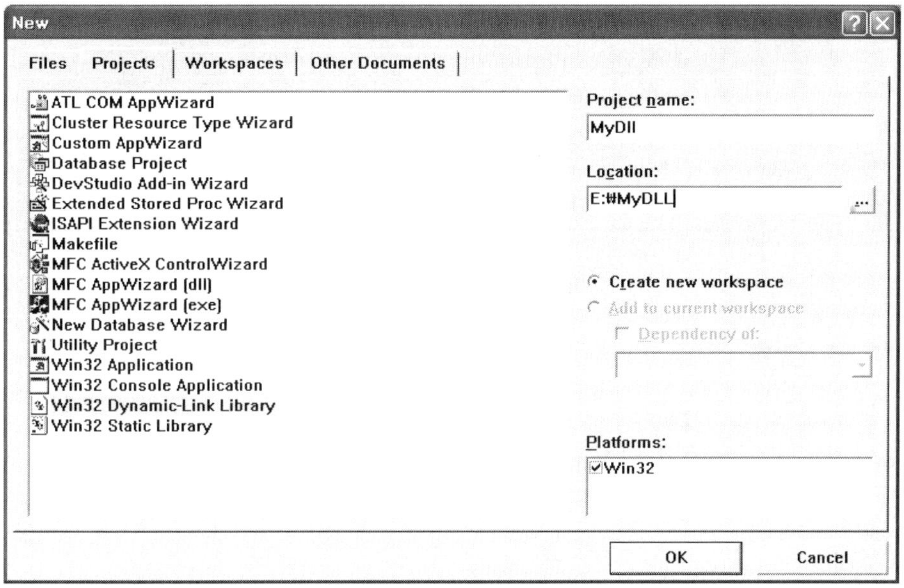

그림 2-61 New Project 대화 상자

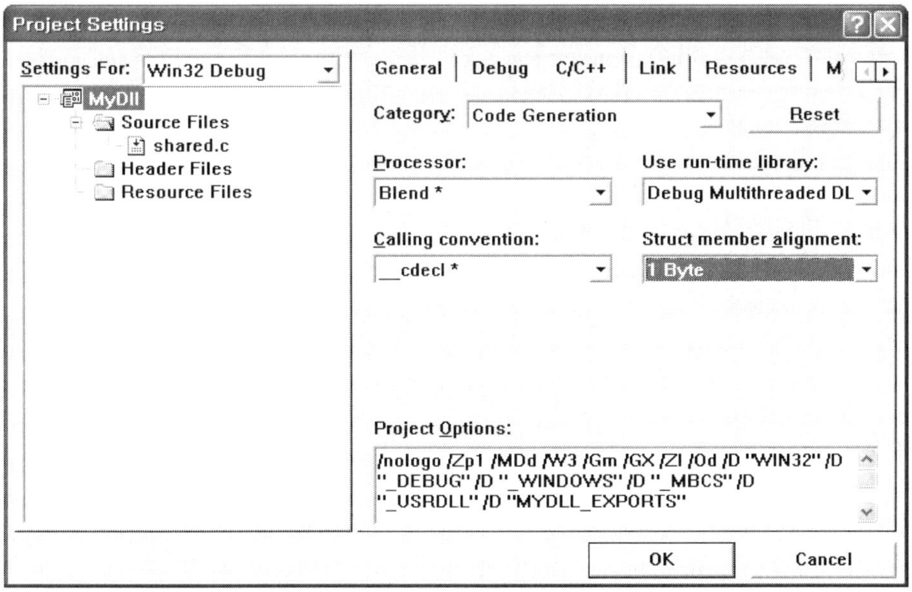

그림 2-62 Project 설정 대화상자

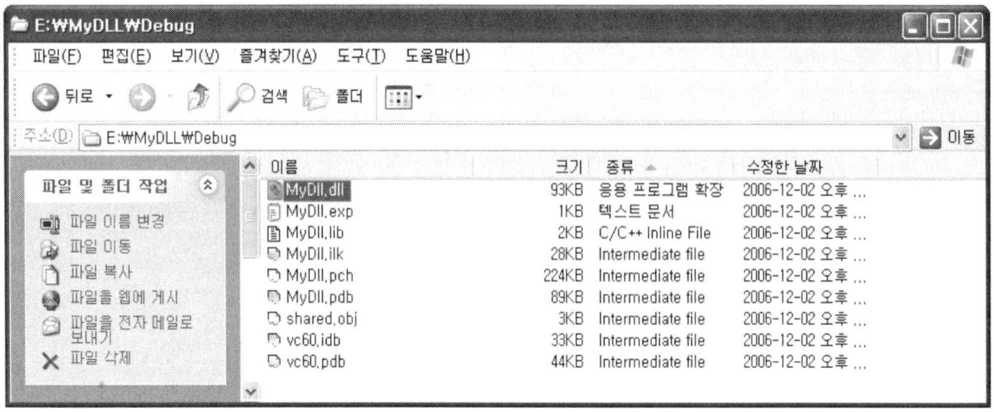

그림 2-63 생성된 DLL

5.3 외부 API 호출

Labview의 Call Library Function Node를 사용하여 외부의 API를 호출할 수 있다. 이와 같은 경우 Labview 내의 Call Library Function Node는 다음과 같은 정보를 제공받아야 한다.

- library 내에서의 function 이름
- function prototype
- function이 위치하고 있는 library 또는 module 이름
- function에 대한 calling convention
- function의 thread-safe 상태

다음은 위에서 완성한 MyDll.dll에 있는 avg_num 함수를 Labview에서 호출하여 사용하는 과정을 나타낸다. 이를 위해 다음과 같은 작업이 선행되어야 한다.

- Call Library Function Node에 대한 configuration 수행
- Front panel 형성
- Block diagram 완성

㉮ Call Library Function Node에 대한 configuration

- Array Average VI 블록다이어그램을 연다.
- Call Library Function 다이얼로그 박스를 연다.
- Browse 버튼을 눌러 Select a library 다이얼로그 박스를 연다.
- MyDll.dll 파일을 찾는다.
- OK를 누른다.

㉯ Front panel 형성

- Front panel에 Array control을 위치시키고 이름을 Array라고 붙인다.
- Numeric control을 Array Cell에 위치시키고 array size를 4-element로 설정
- Array control을 우측 클릭하여 Representation→Single Precision을 선택한다.
- Avg Value라는 이름으로 Numeric Indicator를 위치시킨다.
- Avg Value Numeric Indicator를 우측 클릭하여 Representation→Single Precision을 선택한다.
- Error이라는 이름으로 Numeric Indicator를 위치시킨다.
- Error Numeric Indicator를 우측 클릭하여 Representation→Long을 선택한다.

다음은 완성된 front panel의 모습이다.

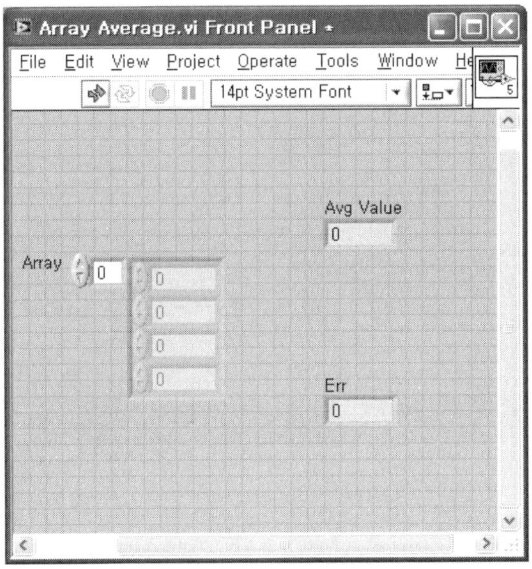

그림 2-64 프론트 패널

㉰ Block diagram 완성

- Array를 Call Library Function Node의 a 입력에 연결한다.
- Array size function을 위치시킨다.
- Array를 Array size function과 연결한다.
- Array size function 출력을 CLFN의 size 입력에 연결한다.
- CLFN의 avg 입력을 우측 클릭하여 Create→Constant를 선택한 후 '0'으로 설정한다.
- CLFN의 avg 출력을 Avg value에 연결한다.

• CLFN error 출력을 Error에 연결한다.

완성된 block diagram은 다음과 같다.

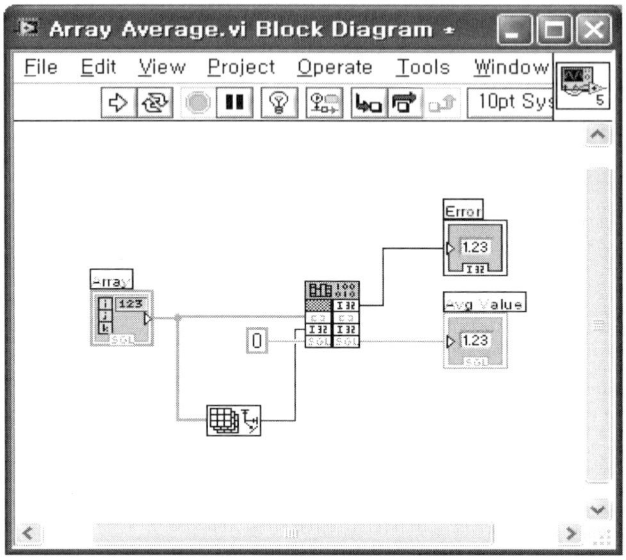

그림 2-65 블록다이어그램

㉣ 실행하기

Front panel에서 array에 값을 설정한 후 실행한 결과는 다음과 같다.

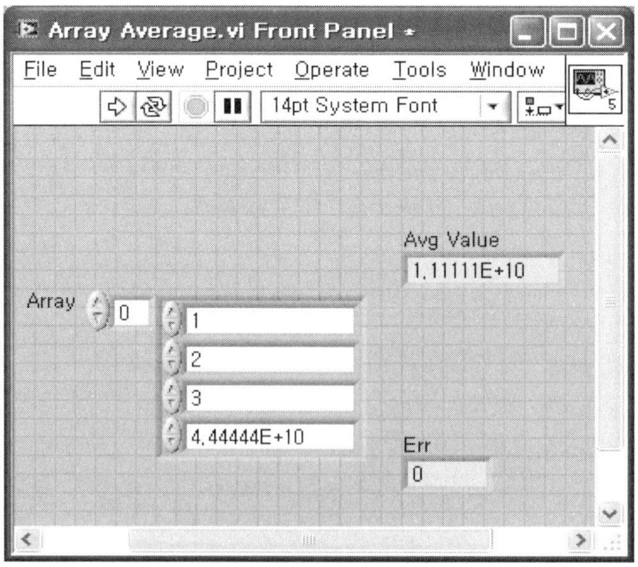

그림 2-66 실행 화면

5.4 Hardware Driver API 호출하기

본 절에서는 가상의 하드웨어 드라이버인 H-bus 라는 이름의 interface card를 호출하는 과정을 보임으로써 사용자가 하드웨어 드라이버를 Labview에서 호출하는 방법을 설명한다.

㉮ Call library function Node 환경설정

일반적으로 사용자가 구입하게 되는 interface card의 경우 다음과 같이 파일이 첨부되어진다.

- hardware를 액세스할 수 있는 모든 함수에 대한 리스트
- 위의 함수를 포함하는 hbus.dll
- hbus.h에 포함된 instructions
- standard calling convention에 대한 설명

Hbus interface card의 HBusRead16이라는 함수를 Labview에서 구동하고자 한다. 이는 특정 address에서 16-bit 정수를 읽어 들이는 함수이다. 이때 Hbus와 관련된 문서에 다음과 같은 설명이 있다고 하자.

long XBusRead16(unsinged long offset, short* data);

'offset'에 해당하는 register로부터 16비트 정수를 'data'에 의해 지정되는 메모리 장소에 놓는다. 성공할 경우 1을 반환하여 실패할 경우 0을 반환한다.

위와 같은 경우 다음의 과정을 통하여 Call Library Function Node를 설정한다.

- Read Data라는 새로운 VI를 만든다.
- Block Diagram에 CLFN(Call Library Fuction Node)를 위치시킨다.
- CLFN을 우측 클릭하여 Configure를 선택한다.
- 나타나는 대화상자에 다음의 과정을 수행한다.
- 함수 이름에 HbusRead16을 입력한다.
- stdcall(WINAPI)를 선택한다.
- Numeric을 선택한다.
- Signed 32-bit Integer를 선택한다.
- offset이라는 parameter를 추가한다.
- Numeric을 선택한다.
- Unsigned 32-nit Integer를 선택한다.

- data라는 parameter를 추가한다.
- Numeric을 선택한다.
- Signed 16-bit Integer를 선택한다.
- Point to Value를 선택한다.
- 위의 CLFN을 구동하는 control과 indicator를 적절히 배치한다.
- 구동한다.

5.5 Win32 API 호출하기

다음은 window API인 MessageBox 함수를 호출하는 과정을 보임으로써 Win32 API를 Labview에서 호출하는 방법을 설명한다.

먼저 MessageBox의 형태는 다음과 같다.
int MessageBox(HWND hWnd, LPCTSTR lpText, LPCTSRT lpCaption, UINT uType);
위에서 나타낸 data type은 아래의 표를 사용하여 standard data type과 비교할 수 있다.

WIN32 SDK data type	C Data type
HWND	int **
LPCTSTR	const char *
UINT	unsigned int

Labview에서 MessageBox를 호출하기 위해서는 위의 parameter에 대한 Labview로의 매핑이 필요하다. 다음의 표는 이러한 관계를 보인다.

WIN32 SDK data type	Labview data type
HWND	uInt 32
LPCTSTR	CStr (C string pointer)
UINT	uInt32

Win32 API의 data type에 대한 list는 example\dll\data passing\Call Native Code.lib에 있다.

Win32 API에서는 사용하는 상수에 대하여 macro를 사용한다. MessageBox와 관련된 상수는 다음과 같다.

상　수
MB_ABORTRETRYIGNORE
MB_CANCELTRYCONTINUE
MB_HELP
MB_OK

MessageBox에 대한 documentation에서는 위의 상수에 대한 정의가 이루어진 header 파일을 나타내주는데 실제 살펴보면 Header : Declared in winuser.h라는 문장이 있다. winuser.h를 오픈하여 위의 상수에 대한 부분을 찾아가면 다음과 같이 위의 상수에 대한 정의를 찾을 수 있다.

```
#define MB_OK 0x00000000L
#define MB_ABORTRETRYIGNORE 0x00000002L
#define MB_ICONWARNING MB_ICONEXCLAMATION
#define MB_ICONEXCLAMATION 0x00000030L
```

따라서 MB_OK는 십진수로 0이며, MB_ABORTRETRYIGNORE는 십진수로 2이다. 역시 MB_ICONWARNING, MB_ICONEXCLAMATION는 십진수로 48임을 알 수 있다.

일반적으로 window에서는 위와 같은 상수를 bitfield 형태로 사용하는데 이는 각 상수를 bit 단위로 OR 연산을 하여 parameter로 사용할 경우 두 상수를 모두 사용하는 것으로 처리해 줌을 의미한다. 예를 들면 MB_ABORTRETRYIGNORE는 16진수로 2이며, MB_ICONEXCLAMATION는 16진수로 30이다. 두 상수를 bit 단위로 or 연산을 취하면 16진수로 32가 된다. Message Box에 16진수로 32를 넘겨줄 경우 생성되는 messagebox는 warning icon과 Abort, Retry, Ignore 버튼이 동시에 생성되게 된다. Labview에서 이와 같은 bitfield OR 연산은 아래와 같이 구성된다. 아래의 예는 십진수로 50(16진수 32)과 십진수 2(16진수 2)를 OR 연산을 할 경우 결과가 십진수로 50이 나오는 예이다. 이는 아래와 같이 설명된다.

```
50     : 0011 0010
2      : 0000 0010
bit or : 0011 0010
```

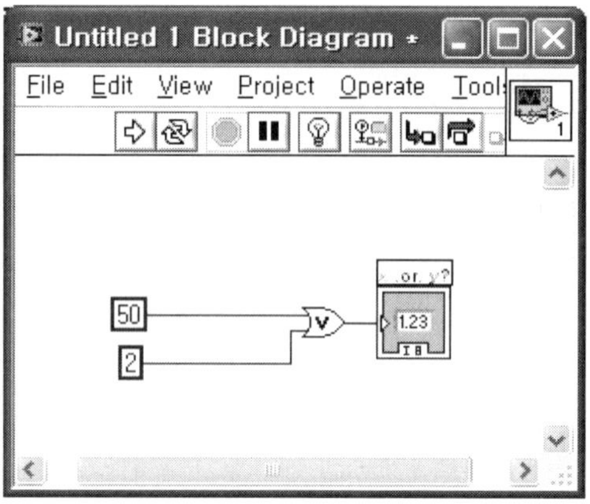

그림 2-67 블록다이어그램

㉮ 적절한 Library/function 이름 결정하기

MessageBox를 호출하기 전에 MessageBox 함수를 포함하는 DLL을 알아야 하며, DLL 내에서의 MessageBox의 정확한 이름을 알아야 한다. 먼저 windows web site에서 MessageBox에 대한 documentation을 살펴보면 다음과 같은 설명이 있다.

" "Requirements:

Windows NT : Requires version 3.1 or later.

Windows : Requires Windows 98 or later.

Windows CE : Requires version 1.0 or later.

Header : Declared in winuser.h.

Import Library : Use user32.lib.

Unicode : Implemented as Unicode and ANSI versions on Windows and Windows NT." "

Import Library에서 설명되는 부분은 C-언어를 사용하여 MessageBox를 사용할 경우 link해주어야 할 static library를 나타내준다. SDK의 모든 static library는 파일 확장자만 .dll로 다르게 되어 있는 dynamic library가 반드시 존재한다. 위의 경우 user32.dll에 MessageBox가 있음을 알 수 있다.

㉯ Unicode 버전과 ANSI 버전의 차이

MessageBox에는 두 개의 parameter가 있다. 이 parameter에 사용하는 code의 버전에 따라 Unicode 버전과 ANSI 버전이 존재할 수 있다. 실제로 이와 같이 두 개의 버전으로 구현된 library의 경우 이름 뒷부분이 Unicode일 경우 W로 끝나며 ANSI일 경우 A로 끝나게 설정되어 있다. winuser.h을 보면 아래와 같은 code가 있다.

```
#ifdef UNICODE
#define MessageBox MessageBoxW
#else
#define MessageBox MessageBoxA
#endif // !UNICODE
```

위의 code에서 보는 바와 같이 실제 user32.dll에는 MessageBox라는 함수는 없으며 MessageBoxW, MessageBoxA라는 함수 이름만 존재하게 된다. Labview의 경우 ANSI 버전을 사용하고 있으므로 MessageBoxA를 지정해주어야 한다.

㉰ Win32 API 호출을 위한 환경설정

다음은 위에서 설명한 내용대로 MessageBox를 호출하기 위해 CLFN를 설정한 결과이다.

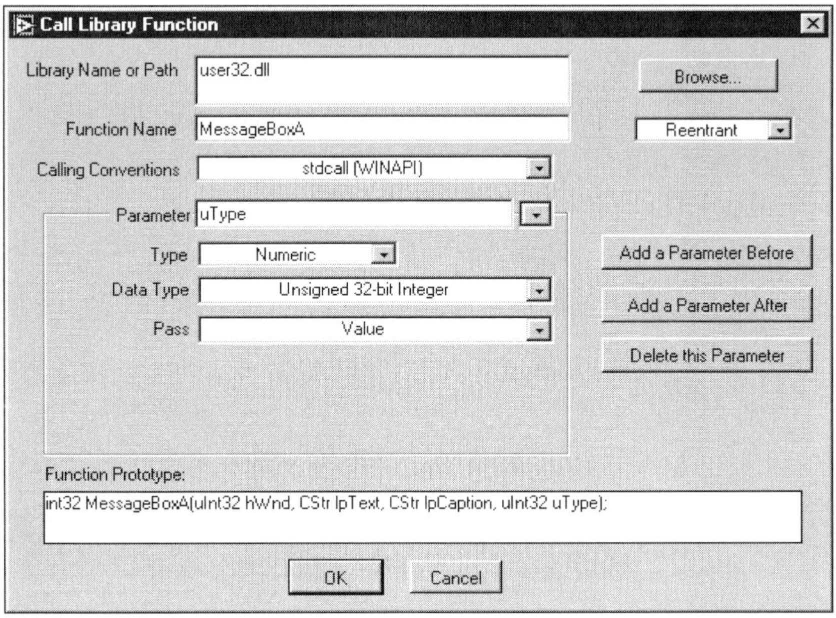

그림 2-68 CLFN 설정

아래의 그림은 최종적인 VI와 실행한 결과를 보인다.

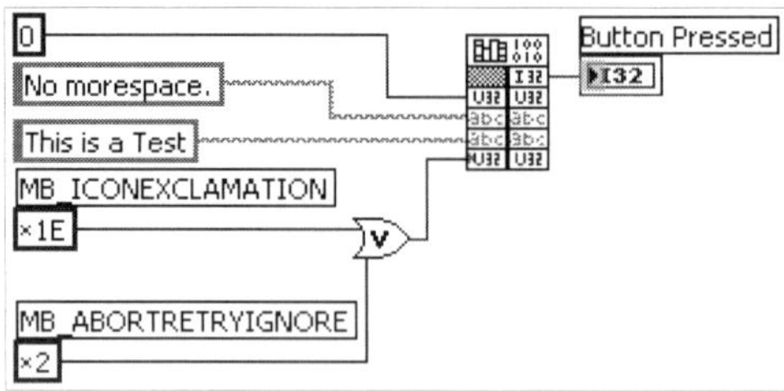

그림 2-69 최종 VI

그림 2-70 실행 결과

5.6 DLL 호출에 대한 디버깅

DLL에 대한 호출에서 문제가 발생할 경우 다음과 같은 사항을 점검해보아야 한다.

- DLL 파일에 대한 path의 정확한 지정
- Labview 버전과 DLL버전의 일치성 여부
- 호출하는 함수의 이름은 대소문자를 구분한다.
- 호출하는 DLL이 다른 DLL을 사용할 경우 해당 DLL의 작업공간 내 존재 여부
- 전달하는 parameter의 data type의 정확한 사용
- DLL 내에서의 메모리 사용의 적절성 여부

DLL 함수 내에서 2-D array를 parameter로 사용하는 Labview DLL을 호출할 경우 아래와 같이 handler 변수를 선언하고 이를 NULL로 초기화해주어야 한다.

```
main ()
{
        /* Labview data handler variable for the array */
        TD1Hd1 myArray = NULL;
        .
        .
        /* Call to the Labview DLL function */
        DLLFunctionalCall (&myAray) ;
        .
}
```

㉮ 문제 발생 시 점검해보아야 할 사항은 다음과 같다.

- Call Library Function Node에서의 calling convention이 적절성 (C or __stdcall).
- DLL 버전과 LabVIEW 버전의 적절성
- DLL path에 대한 정확한 사용
- array와 문자열에 대한 resizing 그리고 연결은 다음의 조건을 모두 만족하는 경우에만 사용할 수 있다.
- Call Library Function Node가 LabVIEW Array Handle 또는 LabVIEW String Handle을 넘겨주는 경우
- Visual C++ project에 labview.lib를 추가한 경우

5.7 CIN(Code Interface Node)

CIN은 block diagram에서의 node로서 C/C++ code를 Labview와 link하여 준다. C/C++를 사용하는 경우를 제외하고는 DLL 사용하는 것이 유용하다. CIN node는 block diagram에서 thread-safe할 경우 노란색으로 표시되며 그렇지 않을 경우 orange색으로 표현된다. Thread-safe한 성질은 다음과 같은 작업을 통해 보장될 수 있다.

1. .c 파일의 prototype 부분에 CINProperties 함수를 아래와 같이 추가한다.

```
CIN MgErr CINProperties(int32 prop, void *data);
```

2. .c 파일의 함수 부분에 아래의 문장을 추가한다.

```
CIN MgErr CINProperties(int32 prop, void *data)
{
        switch (prop) {
                case kCINIsReentrant:
                        *(Bool32*) data = TRUE;
                        return noErr;
                }
        return mgNotSupported;
}
```

㉮ CIN 생성하기

CIN을 생성하는 일반적인 방법은 다음과 같다.

- Labview에서 CIN으로 넘겨줄 data를 설정한다.
- CIN에 대한 code를 작성하고 컴파일한다.
- 컴파일된 code를 Labview에서 사용할 수 있는 format으로 변환하여 주는 유틸리티를 사용한다.
- Labview에서 CIN을 load한다.

위의 절차에 따라 CIN을 작성하고 VI를 실행하면 Labview는 CIN object code를 호출한 후 데이터를 넘겨준다. CIN code를 load한 후 VI를 저장하면 CIN은 VI와 함께 저장된다.

CIN 사용과 관련된 예제는 examples/CIN 디렉터리에 있다. CIN code를 작성하는 방법은 다음과 같다.

- CIN에 대한 입출력 터미널을 설정한다.
- 입력과 출력을 CIN과 연결한다.
- .c 파일을 생성한다.
- CIN code를 컴파일한다.
- CIN object code를 load한다.

위의 각 단계에 대하여 살펴보면 다음과 같다.

① CIN에 대한 입출력 터미널 설정

다음은 function pallette에서 CIN을 block diagram에 위치시킨 후 우측 클릭하여 입출력 터미널의 개수를 추가하는 과정을 보인다. 이는 CIN 위에서 마우스 드래그 기능으로도 같은 작용을 얻을 수 있다.

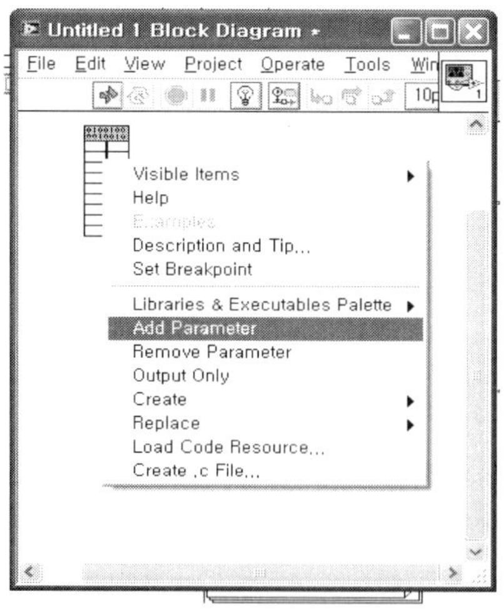

그림 2-71 입출력 터미널

아래의 그림은 32-bit signed integer control을 input terminal에 연결하고 32-bit signed integer dedicator를 output terminal에 연결한 경우이다.

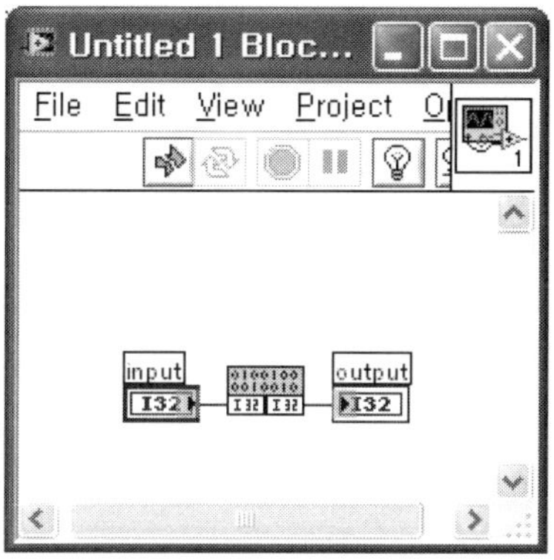

그림 2-72 터미널 연결

VI가 CIN을 호출할 경우 Labview로부터 CIN object code로 전달되는 argument는 32-bit signed integer 입력의 값에 대한 pointer뿐이다. CIN이 마칠 때 Labview는 32-bit signed integer indicator를 가리키는 pointer에 의해 참조되는 값이다. 입력이 control에 연결되고 출력이 indicator에 연결될 경우 Labview는 CIN이 전달되는 data를 수정할 수 있을 거라 가정한다. 이럴 경우 블록다이어그램의 다른 노드가 입력 값을 사용할 경우 Labview는 CIN에 값을 전달하기 전에 그 값을 복사해놓아야 한다. 아래의 그림과 같이 출력 터미널에 indicator를 연결하지 않은 경우 Labview는 CIN이 전달되는 값을 변경하지 않을 것으로 간주한다. 이 경우에는 블록다이어그램의 다른 노드가 입력값을 사용할 지라도 그 값을 복사해놓지 않는다. 이 경우 소스 코드에서는 입력값을 변경하지 않아야 한다. 소스 코드에서 입력값을 변경할 경우 그 값을 사용하는 다른 노드에서 원하지 않는 상황이 발생할 수 있다.

CIN으로부터 반환되는 값만을 사용할 경우 CIN 위에서 우측 클릭하여 [output only] 항목을 선택함으로써 아래의 그림과 같이 입력 터미널을 비활성화하게 하면 된다. 이 경우 Labview는 반환값에 대한 저장 공간을 생성하고 CIN에 reference 형태로 값을 전달하는데 이는 입력/출력 터미널 모두를 사용하는 경우와 동일하다. 출력 터미널만 존재하는 CIN의 경우 입력 부분에 입력 control을 연결하지 않으면 Labview는 출력 파라미터의 type을 출력 터미널에 연결된 indicator를 참조하여 결정하게 된다. 이 경우 출력 터미널의 여러 곳에 연결할 경우 결정할 데이터 형에 대한 결정을 위해 입력 터미널에 control을 연결할 수 있다.

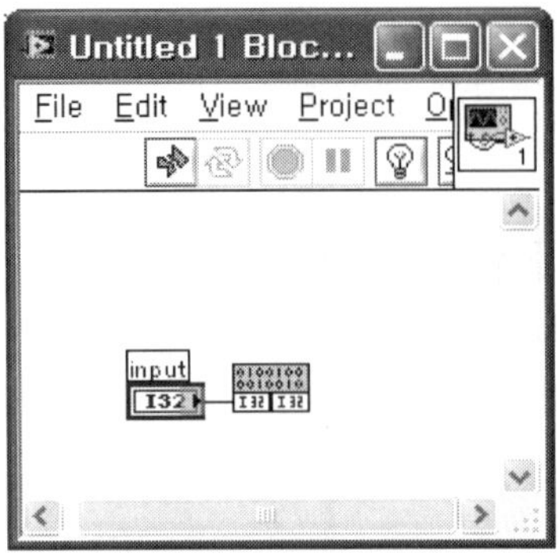

그림 2-73 입력 연결

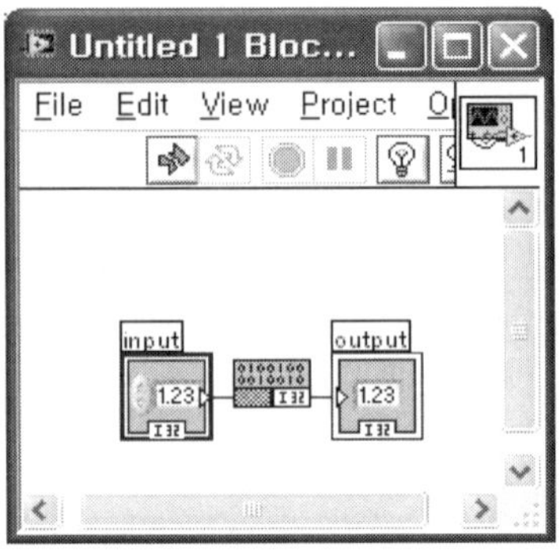

그림 2-74 출력 연결

② CIN에 입력과 출력 연결하기

모든 터미널에 원하는 데이터를 CIN에 연결한다. 사용할 수 있는 데이터 형은 Labview의 모든 형이다.

③ .c 파일 생성하기

CIN 위에서 우측 클릭하여 코드를 생성하면 아래와 같이 code가 생성된다.

```
/* CIN source file */
#include "extcode.h"

MgErr CINRun(int32 *input, int32 *output);
MgErr CINRun(int32 *input, int32 *output)
{
        /* Insert code here */
        return noErr;
}
```

만일 system 호출이 발생할 경우에는 #include "hosttype.h"를 해주어야 한다. 순서는 #include "extcode.h" 다음이다.

CIN과 관련된 routine은 다음과 같다.

CINRun : 프로그래머가 사용할 수 있는 부분

CINLoad, CINSave, CINUnload, CINAbort, CINInit, CINDispose : 부가적 작업을 위해 사용되는 부분

위의 그림과 같은 CIN에서 입력을 두 배하여 출력으로 제공하게 하는 code는 다음과 같다.

```
/* CIN source file */
#include "extcode.h"
MgErr CINRun(int32 *input, int32 *output);
MgErr CINRun(int32 *input, int32 *output)
{
        *output = *input * 2;
        return noErr;
}
```

④ CIN 코드 컴파일하기

CIN 코드를 컴파일하여 Labview 서브루틴 형태(.lsb)로 변환하여야 한다. 다음은 Visual C^{++} IDE를 사용하여 CIN을 build하는 과정을 설명한다.

- File→New를 선택하여 새로운 DLL project를 생성한다.
- 프로젝트 형태로 Win32 Dynamic-Link Library를 선택한다.
- An Empty DLL project를 선택하고 Finish를 선택한다.
- Project→Add to Project→Files를 선택하여 이전에 작성한 .c 파일을 프로젝트에 추가한다.
- Project→Add to Projcet→Files를 선택하여 다음과 같은 파일을 프로젝트에 추가한다. 이들은 Cintools 디렉토리에 존재한다.
  - cin.obj
  - labview.lib
  - lvsb.lib
  - lvsbmain.def
- Project→Setting을 선택한 후 Setting For를 All Configuration으로 변경한다. C/C++ 탭을 클릭하여 카테고리를 Preprocessor로 설정한다. Additional include directories 필드에 Cintools 디렉토리를 추가한다.
- Project→Setting을 선택한 후 Setting For를 All Configuration으로 변경한다. C/C^{++} 탭을 클릭하여 카테고리를 Code generation으로 설정한다. Struct member alignment 탭을 선택한 후 1-byte를 선택한다.
- Project→Setting을 선택한 후 Setting For를 All Configuration으로 변경한다. C/C^{++} 탭을 클릭하여 카테고리를 Code generation으로 설정한다. Multithreaded DLL을 선택한다.

lvsbutil을 실행하기 위해 다음을 수행한다.

- Project → Setting을 선택한 후 Setting For를 All Configuration으로 변경한다. Custom Build 탭을 선택한 후 Command 필드를 아래와 같이 입력한다.
  〈your path to cintools〉\lvsbutil “"$(TargetName)” "-d "$(WkspDir)\$(OutDir)"
- Output 필드를 $(OutDir)$(TargetName).lsb로 변경한다.
- File View를 탭을 클릭한다.
- .c 파일을 open하여 /* Insert code here*/ 부분에 원하는 프로그램을 작성한다.
- Build→Build projectname.dll을 선택한다.

제 3 장
계측 및 자동화 분야에서 LabVIEW 중요성

1 전형적 디지털 영상 처리 주제 및 구현

㉮ 영상의 행렬 표현식

입력 영상을 impulse function의 합으로 표현하면 다음과 같다.

$$\begin{aligned} f(x,y) = \ & f(0,0)\delta(x-0,y-0) + \dots\dots + f(0,N-1)\delta(x-0,y-(N-1)) \\ & + f(1,0)\delta(x-1,y-0) + \dots\dots + f(1,N-1)\delta(x-1,y-(N-1)) \\ & + \dots\dots \\ & + f(N-1,0)\delta(x-(N-1),y-0) + \dots + f(N-1,N-1)\delta(x-(N-1),y-(N-1)) \\ & = \sum_{k_1=0}^{N-1}\sum_{k_2=0}^{N-1}\left[f(k_1,k_2)\delta(x-k_1,y-k_2)\right] \end{aligned}$$

위의 입력에 다음과 같은 Linear Operator을 취한 후 얻어지는 결과 영상은 다음과 같다.

$$O[a\delta(x-\alpha,\ y-\beta)] = ah(x,\alpha,y,\beta)$$

다음은 변환 결과 함수를 입력에 대한 convolution 형태의 유도식이다.

$$\begin{aligned} g(x,y) = O[f(x,y)] &= O\left[\sum_{k_1=0}^{N-1}\sum_{k_2=0}^{N-1} f(k_1,k_2)\delta(x-k_1,y-k_2)\right] \\ &= \sum_{k_1=0}^{N-1}\sum_{k_2=0}^{N-1} f(k_1,k_2)\,O[\delta(x-k_1,y-k_2)] = \sum_{k_1=0}^{N-1}\sum_{k_2=0}^{N-1} f(k_1,k_2)h(x-k_1,y-k_2) \\ &= \sum_{k_1=0}^{N-1}\sum_{k_2=0}^{N-1} f(k_1,k_2)h(x,k_1,y,k_2) \end{aligned}$$

위의 Linear Operator가 separable하다면, 즉 다음을 만족할 경우

$$h(x,k_1,y,k_2) = h_c(x,k_1)h_r(y,k_2)$$

다음과 같은 1차원 convolutional 형태로 표현될 수 있다.

$$g(x,y) = \sum_{k_1=0}^{N-1} h_c(x-k_1) \sum_{k_2=0}^{N-1} f(k_1,k_2)h_r(y-k_2)$$

위의 식을 전개하면 다음과 같다. 이는 N^2개 항의 합으로 구해진다.

$$\begin{aligned} g(x,y) = & f(0,0)h(x,0,y,0) + f(1,0)h(x,1,y,0) + f(2,0)h(x,2,y,0) + .. + f(N-1,0)h(x,N-1,y,0) \\ & + f(0,1)h(x,0,y,1) + f(1,1)h(x,1,y,1) + f(2,1)h(x,2,y,1) + .. + f(N-1,1)h(x,N-1,y,1) \\ & + ... \\ & + f(0,N-1)h(x,0,y,N-1) + f(1,N-1)h(x,1,y,N-1) + .. \\ & + f(N-1,N-1)h(x,N-1,y,N-1) \end{aligned}$$

$$\begin{aligned} g(x,y) = & f(0,0)h_c(x,0)h_r(y,0) + f(1,0)h_c(x,1)h_r(y,0) + f(2,0)h_c(x,2)h_r(y,0) + .. \\ & + f(N-1,0)h_c(x,N-1)h_r(y,0) \\ & + f(0,1)h_c(x,0)h_r(y,1) + f(1,1)h_c(x,1)h_r(y,1) + f(2,1)h_c(x,2)h_r(y,1) + .. \\ & + f(N-1,1)h_c(x,N-1)h_r(y,1) \\ & + ... \\ & + f(0,N-1)h_c(x,0)h_r(y,N-1) + f(1,N-1)h_c(x,1)h_r(y,N-1) + .. \\ & + f(N-1,N-1)h_c(x,N-1)h_r(y,N-1) \end{aligned}$$

위의 $g(x,y)$함수의 x, y 값을 할당하여 정리하면 다음과 같다.

$$\begin{aligned} g(0,0) = & f(0,0)h_c(0,0)h_r(0,0) + f(1,0)h_c(0,1)h_r(0,0) + f(2,0)h_c(0,2)h_r(0,0) + ... \\ & + f(N-1,0)h_c(0,N-1)h_r(0,0) \\ & + f(0,1)h_c(0,0)h_r(0,1) + f(1,1)h_c(0,1)h_r(0,1) + f(2,0)h_c(0,2)h_r(0,1) + ... \\ & + f(N-1,1)h_c(0,N-1)h_r(0,1) \\ & + ... \\ & + f(0,N-1)h_c(0,0)h_r(0,N-1) + f(1,N-1)h_c(0,1)h_r(0,N-1) + ... \\ & + f(N-1,N-1)h_c(0,N-1)h_r(0,N-1) \end{aligned}$$

위의 식을 행렬 형태로 표현하면 다음과 같다.

위의 관계를 정리하기 위해 다음과 같이 $\boldsymbol{g}$, $\boldsymbol{f}$벡터를 정의한다.

$$\boldsymbol{g}=\begin{bmatrix} g(0,0) \\ g(1,0) \\ . \\ g(N-1,0) \\ . \\ . \\ g(0,N-1) \\ . \\ g(N-1,N-1) \end{bmatrix} \boldsymbol{f}=\begin{bmatrix} f(0,0) \\ f(1,0) \\ . \\ f(N-1,0) \\ . \\ . \\ f(0,N-1) \\ . \\ f(N-1,N-1) \end{bmatrix}$$

$[g(0,0)]$

$$=[h_c(\mathbf{0},0)h_r(\mathbf{0},0)\ldots h_c(\mathbf{0},N-1)h_r(\mathbf{0},0) \vdots h_c(\mathbf{0},0)h_r(\mathbf{0},1)\ldots h_c(\mathbf{0},N-1)h_r(\mathbf{0},1) \vdots h_c(\mathbf{0},0)h_r(\mathbf{0},N-1).h_c(\mathbf{0},N-1)h_r(\mathbf{0},N-1)]\boldsymbol{f}$$

$[g(1,0)]$

$$=[h_c(\mathbf{1},0)h_r(\mathbf{0},0)\ldots h_c(\mathbf{1},N-1)h_r(\mathbf{0},0) \vdots h_c(\mathbf{1},0)h_r(\mathbf{0},1)\ldots h_c(\mathbf{1},N-1)h_r(\mathbf{0},1) \vdots h_c(\mathbf{1},0)h_r(\mathbf{0},N-1).h_c(\mathbf{1},N-1)h_r(\mathbf{0},N-1)]\boldsymbol{f}$$

$[g(N-1,0)]$

$$=[h_c(\boldsymbol{N-1},0)h_r(\mathbf{0},0)\ldots h_c(\boldsymbol{N-1},N-1)h_r(\mathbf{0},0) \vdots \ldots . h_c(\boldsymbol{N-1},N-1)h_r(\mathbf{0},1) \vdots h_c(\boldsymbol{N-1},0)h_r(\mathbf{0},N-1).h_c(\boldsymbol{N-1},N-1)h_r(\mathbf{0},N-1)]\boldsymbol{f}$$

$[g(0,N-1)]$

$$=[h_c(\mathbf{0},0)h_r(\boldsymbol{N-1},0)\ldots h_c(\mathbf{0},N-1)h_r(\boldsymbol{N-1},0) \vdots \ldots .. \vdots h_c(\mathbf{0},0)h_r(\boldsymbol{N-1},N-1).h_c(\mathbf{0},N-1)h_r(\boldsymbol{N-1},N-1)]\boldsymbol{f}$$

$[g(N-1,N-1)]$

$$=[h_c(\boldsymbol{N-1},0)h_r(\boldsymbol{N-1},0)\ldots h_c(\boldsymbol{N-1},N-1)h_r(\boldsymbol{N-1},0) \vdots .. \vdots h_c(\boldsymbol{N-1},0)h_r(\boldsymbol{N-1},N-1).h_c(\boldsymbol{N-1},N-1)h_r(\boldsymbol{N-1},N-1)]\boldsymbol{f}$$

위의 식을 $\boldsymbol{g}=\mathbb{H}\boldsymbol{f}$의 형태로 나타낼 경우 $\boldsymbol{g}$와 $\boldsymbol{f}$는 $1\times N^2$ vector이며, $\mathbb{H}$는 $N^2\times N^2$ 행렬이다.

$$\mathbb{H}=\begin{bmatrix} h_c(\mathbf{0},0)h_r(\mathbf{0},0) & . & h_c(\mathbf{0},N-1)h_r(\mathbf{0},0) & .. & h_c(\mathbf{0},N-1)h_r(\mathbf{0},N-1) \\ . & . & . & .. & . \\ h_c(\boldsymbol{N-1},0)h_r(\mathbf{0},0) & . & h_c(\boldsymbol{N-1},N-1)h_r(\mathbf{0},0) & .. & h_c(\boldsymbol{N-1},N-1)h_r(\mathbf{0},N-1) \\ . & . & . & .. & . \\ h_c(\mathbf{0},0)h_r(\boldsymbol{N-1},0) & . & . & .. & h_c(\mathbf{0},N-1)h_r(\boldsymbol{N-1},N-1) \\ . & . & . & .. & . \\ h_c(\boldsymbol{N-1},0)h_r(\boldsymbol{N-1},0) & . & . & .. & h_c(\boldsymbol{N-1},N-1)h_r(\boldsymbol{N-1},N-1) \end{bmatrix}$$

$$= \begin{pmatrix} h_r(0,0)\begin{pmatrix} h_c(0,0) & . & h_c(0,N-1) \\ h_c(1,0) & . & h_c(1,N-1) \\ . & . & . \\ h_c(N-1,0) & . & h_c(N-1,N-1) \end{pmatrix} & .. & h_r(0,N-1)\begin{pmatrix} h_c(0,0) & . & h_c(0,N-1) \\ h_c(1,0) & . & h_c(1,N-1) \\ . & . & . \\ h_c(N-1,0) & . & h_c(N-1,N-1) \end{pmatrix} \\ . & .. & . \\ h_r(N-1,0)\begin{pmatrix} h_c(0,0) & . & h_c(0,N-1) \\ h_c(1,0) & . & h_c(1,N-1) \\ . & . & . \\ h_c(N-1,0) & . & h_c(N-1,N-1) \end{pmatrix} & .. & h_r(N-1,N-1)\begin{pmatrix} h_c(0,0) & . & h_c(0,N-1) \\ h_c(1,0) & . & h_c(1,N-1) \\ . & . & . \\ h_c(N-1,0) & . & h_c(N-1,N-1) \end{pmatrix} \end{pmatrix}$$

다음은 right direct product(Kronecker product)의 정의이다.

$$\mathbb{A}\otimes\mathbb{B} = \begin{vmatrix} a_{00} & a_{01} .. & a_{0N-1} \\ a_{10} & a_{01} .. & a_{1N-1} \\ . & ... & . \\ . & ... & . \\ a_{M-10} & .. & a_{M-1N-1} \end{vmatrix} \otimes \begin{vmatrix} b_{00} & b_{01} .. & b_{0q-1} \\ b_{10} & b_{01} .. & b_{1q-1} \\ . & ... & . \\ . & ... & . \\ b_{p-10} & .. & b_{p-1q-1} \end{vmatrix} = \begin{pmatrix} a_{00}\mathbb{B} & ... & a_{0N-1}\mathbb{B} \\ a_{10}\mathbb{B} & ... & a_{1N-1}\mathbb{B} \\ . & ... & . \\ . & ... & . \\ a_{M-10}\mathbb{B} & ... & a_{M-1N-1}\mathbb{B} \end{pmatrix}$$

$$\Rightarrow (Mp)\times(Nq)\, size$$

다음은 left direct product는 다음과 같이 정의된다.

$$\mathbb{A}\otimes\mathbb{B} = \begin{vmatrix} a_{00} & a_{01} .. & a_{0N-1} \\ a_{10} & a_{01} .. & a_{1N-1} \\ . & ... & . \\ . & ... & . \\ a_{M-10} & .. & a_{M-1N-1} \end{vmatrix} \otimes \begin{vmatrix} b_{00} & b_{01} .. & b_{0q-1} \\ b_{10} & b_{01} .. & b_{1q-1} \\ . & ... & . \\ . & ... & . \\ b_{p-10} & .. & b_{p-1q-1} \end{vmatrix} = \begin{pmatrix} b_{00}\mathbb{A} & ... & b_{0q-1}\mathbb{A} \\ b_{10}\mathbb{A} & ... & b_{1q-1}\mathbb{A} \\ . & ... & . \\ . & ... & . \\ b_{p-10}\mathbb{A} & ... & b_{p-1q-1}\mathbb{A} \end{pmatrix}$$

$$\Rightarrow (Mp)\times(Nq)\, size$$

Left direct product를 이용하여 정리하면 다음과 같다.

$$\mathbb{H} = \begin{vmatrix} h_r(0,0) & ... & h_r(0,N-1) \\ h_r(0,1) & ... & h_r(1,N-1) \\ . & ... & . \\ . & ... & . \\ h_r(N-1,0) & ... & h_r(N-1,N-1) \end{vmatrix} \otimes \begin{vmatrix} h_c(0,0) & ... & h_c(0,N-1) \\ . & ... & . \\ . & ... & . \\ . & ... & . \\ h_c(N-1,0) & ... & h_c(N-1,N-1) \end{vmatrix}$$

$$\mathbb{H} = h_c \otimes h_r$$

즉 2차원 디지털 영상의 linear operator에 대한 결과는 입력과 출력을 vector 형태로 변화하여 표현하면 다음과 같다.

$$\boldsymbol{g} = \mathbb{H}\boldsymbol{f} = (h_c \otimes h_r)\boldsymbol{f} = h_c \boldsymbol{f} h_r^T$$

㉯ Stacking Operator

Stacking 연산자는 $N\times N$ 영상의 array를 $N^2\times 1$ 벡터로 변환할 수 있게 하고 반대로 $N^2\times 1$ 벡터를 $N\times N$의 정방행렬로 변환할 수 있게 한다. 먼저 벡터 $(N\times 1)$ $\boldsymbol{V}_n$과 $(N^2\times N)$의 dimension을 갖는 행렬 $\mathbb{N}_n$을 가정하자. 이때 $\boldsymbol{V}_n$과 $\mathbb{N}_n$을 아래와 같이 표현한다.

$$\boldsymbol{V}_n=\begin{bmatrix}0\\ .\\ 0\\ 1\\ 0\\ .\\ .\\ 0\end{bmatrix}\leftarrow n^{th}\ row,\ \boldsymbol{V}_1=\begin{bmatrix}1\\ 0\\ 0\\ 0\\ 0\\ .\\ .\\ 0\end{bmatrix},\ldots,\boldsymbol{V}_n=\begin{bmatrix}0\\ 0\\ 0\\ 0\\ 0\\ .\\ .\\ 1\end{bmatrix}\ \mathbb{N}_n=\begin{bmatrix}\begin{bmatrix}0\,.\,0\\ .\,.\,.\\ 0\,.\,0\end{bmatrix}\\ .\\ \begin{bmatrix}1\,0\,.\,0\\ 0\,1\,.\,0\\ .\,.\,.\,.\\ 0\,0\,.\,1\end{bmatrix}\\ .\\ \begin{bmatrix}0\,.\,0\\ .\,.\,.\\ 0\,.\,0\end{bmatrix}\end{bmatrix}\rightarrow n\text{번째의 }N\times N\text{ 행렬 : 단위행렬}$$

$$\mathbb{N}_1=\begin{bmatrix}1\,0\,0\\ 0\,1\,0\\ 0\,0\,1\\ 0\,0\,0\\ 0\,0\,0\\ 0\,0\,0\\ 0\,0\,0\\ 0\,0\,0\\ 0\,0\,0\end{bmatrix}\ \mathbb{N}_2=\begin{bmatrix}0\,0\,0\\ 0\,0\,0\\ 0\,0\,0\\ 1\,0\,0\\ 0\,1\,0\\ 0\,0\,1\\ 0\,0\,0\\ 0\,0\,0\\ 0\,0\,0\end{bmatrix}\ \mathbb{N}_3=\begin{bmatrix}0\,0\,0\\ 0\,0\,0\\ 0\,0\,0\\ 0\,0\,0\\ 0\,0\,0\\ 0\,0\,0\\ 1\,0\,0\\ 0\,1\,0\\ 0\,0\,1\end{bmatrix}\ N=3\text{인 경우에 대한 예}$$

$\boldsymbol{V}_n$ 벡터는 row 0에서 row n-1까지는 0이며, row n 값만 1이다. 또한 $\mathbb{N}_n$은 (n-1)개의 $N\times N$ 차원의 0 행렬이 위에서부터 자리하며, 위에서부터 n번째 행렬은 단위행렬이다. 이후의 나머지 행렬 역시 0 행렬로 구성된다.

이때 $N\times N$ 2차원 행렬 f에 대하여 1차원 벡터 f를 얻는 방법은 다음과 같다.

$$\boldsymbol{f}=\sum_{n=1}^{N}\mathbb{N}_n f\,\boldsymbol{V}_n,\quad f=\sum_{n=1}^{N}(\mathbb{N}_n)^T\boldsymbol{f}(V_n)^T$$

위의 식을 3x3 2차원 행렬에 대하여 적용하면 다음과 같다. 먼저 가로 세로의 크기가 3인 영상에 대하여 위에서 언급한 Stacking 연산자를 적용하여 vector형태로 변환하면 다음과 같다. 2차원 영상에 대해 앞에서 언급한 바와 같이 행렬의 형태로 표현하는 것이 가능하다. 이는 다음과 같다.

$$f=\begin{bmatrix}f_{11}\ f_{12}\ f_{13}\\ f_{21}\ f_{22}\ f_{23}\\ f_{31}\ f_{32}\ f_{33}\end{bmatrix}$$

이때 V_n과 $\mathbb{N}_n$을 아래와 같이 정의한다.

$$V_1=\begin{bmatrix}1\\0\\0\end{bmatrix}, V_2=\begin{bmatrix}0\\1\\0\end{bmatrix}, V_3=\begin{bmatrix}0\\0\\1\end{bmatrix}$$

이때 위의 식에 의해 다음의 관계식을 구할 수 있다.

$$f=\mathbb{N}_1 f V_1+\mathbb{N}_2 f V_2+\mathbb{N}_3 f V_3$$

각각의 항을 분리하여 따로 계산하면 다음과 같다.

$$\mathbf{N}_1 f \mathbf{V}_1=\begin{bmatrix}1\,0\,0\\0\,1\,0\\0\,0\,1\\0\,0\,0\\0\,0\,0\\0\,0\,0\\0\,0\,0\\0\,0\,0\\0\,0\,0\end{bmatrix}\begin{bmatrix}f_{11} & f_{12} & f_{13}\\f_{21} & f_{22} & f_{23}\\f_{31} & f_{32} & f_{33}\end{bmatrix}\begin{bmatrix}1\\0\\0\end{bmatrix}=\begin{bmatrix}1\,0\,0\\0\,1\,0\\0\,0\,1\\0\,0\,0\\0\,0\,0\\0\,0\,0\\0\,0\,0\\0\,0\,0\\0\,0\,0\end{bmatrix}\begin{bmatrix}f_{11}\\f_{21}\\f_{31}\end{bmatrix}=\begin{bmatrix}f_{11}\\f_{21}\\f_{31}\\0\\0\\0\\0\\0\\0\end{bmatrix}$$

위와 같은 방법을 적용하여 아래의 관계를 구할 수 있다.

$$\mathbf{N}_2 f \mathbf{V}_2=\begin{bmatrix}0\\0\\0\\f_{12}\\f_{22}\\f_{32}\\0\\0\\0\end{bmatrix},\ \mathbf{N}_3 f \mathbf{V}_3=\begin{bmatrix}0\\0\\0\\0\\0\\0\\f_{13}\\f_{23}\\f_{33}\end{bmatrix}\Rightarrow f=\begin{bmatrix}f_{11}\\f_{21}\\f_{31}\\f_{12}\\f_{22}\\f_{32}\\f_{13}\\f_{23}\\f_{33}\end{bmatrix}$$

즉 2차원 배열 형태의 영상 데이터에 대해 각 column 별로 영상 데이터를 추출하여 한 줄로 배치한 것이 Stacking 연산자라 할 수 있다. 이제 반대로 9×1 vector f가 주어졌을 때, 이를 3×3 2차원 행렬로 변환하면 다음과 같다.

$$\mathrm{f}=\begin{bmatrix}f_{11}\\f_{21}\\f_{31}\\f_{12}\\f_{22}\\f_{32}\\f_{13}\\f_{23}\\f_{33}\end{bmatrix}\ \text{또는}\ \mathrm{f}=[f_{11}\ f_{21}\ f_{31}\ f_{12}\ f_{22}\ f_{32}\ f_{13}\ f_{23}\ f_{33}]^T\text{이다.}$$

$f = \mathbf{N^T}_1 \mathrm{f} \mathbf{V^T}_1 + \mathbf{N^T}_2 \mathrm{f} \mathbf{V^T}_2 + \mathbf{N^T}_3 \mathrm{f} \mathbf{V^T}_3$를 사용하여 계산할 수 있다.

$$\mathbf{N^T}_1 \mathrm{f} \mathbf{V^T}_1 = \begin{bmatrix} 100000000 \\ 010000000 \\ 001000000 \end{bmatrix} \begin{bmatrix} f_{11} \\ f_{21} \\ f_{31} \\ . \\ f_{33} \end{bmatrix} [100] = \begin{bmatrix} 100000000 \\ 010000000 \\ 001000000 \end{bmatrix} \begin{bmatrix} f_{11}\,0\,0 \\ f_{21}\,0\,0 \\ f_{31}\,0\,0 \\ f_{31}\,0\,0 \\ f_{12}\,0\,0 \\ f_{22}\,0\,0 \\ f_{32}\,0\,0 \\ f_{13}\,0\,0 \\ f_{23}\,0\,0 \\ f_{33}\,0\,0 \end{bmatrix} = \begin{bmatrix} f_{11}\,0\,0 \\ f_{21}\,0\,0 \\ f_{31}\,0\,0 \end{bmatrix}$$

위와 유사하게 계산하면, 아래와 같은 관계를 얻을 수 있다.

$$\mathbf{N^T}_2 \mathrm{f} \mathbf{V^T}_2 = \begin{bmatrix} 0\ f_{12}\ 0 \\ 0\ f_{22}\ 0 \\ 0\ f_{32}\ 0 \end{bmatrix},\ \ \mathbf{N^T}_3 \mathrm{f} \mathbf{V^T}_3 = \begin{bmatrix} 0\,0\ f_{13} \\ 0\,0\ f_{23} \\ 0\,0\ f_{33} \end{bmatrix} \Rightarrow \mathrm{f} = \begin{bmatrix} f_{11}\ f_{12}\ f_{13} \\ f_{21}\ f_{22}\ f_{23} \\ f_{31}\ f_{32}\ f_{33} \end{bmatrix}$$

분리 가능한 선형 변환을 행렬 형태로 변환하면 다음과 같다.

$$\begin{aligned}
&\boldsymbol{f} = \sum_{n=1}^{N} \mathbb{N}_n f\, \boldsymbol{V_n}, \quad f = \sum_{n=1}^{N} \mathbb{N}_n^T \boldsymbol{f}\, \boldsymbol{V_n^T},\ g = \sum_{m=1}^{N} \mathbb{N}_m^T \boldsymbol{g}\, \boldsymbol{V_m^T} \\
&\boldsymbol{g} = \mathbb{H}\boldsymbol{f} \\
&\boldsymbol{g} = \mathbb{H}\sum_{n=1}^{N} \mathbb{N}_n f\, \boldsymbol{V_n} \\
&g = \sum_{m=1}^{N} \mathbb{N}_m^T \boldsymbol{g}\, \boldsymbol{V_m^T} = \sum_{m=1}^{N} \mathbb{N}_m^T \left(\mathbb{H}\sum_{n=1}^{N} \mathbb{N}_n f\, \boldsymbol{V_n} \right) \boldsymbol{V_m^T} \\
&= \sum_{m=1}^{N}\sum_{n=1}^{N} \left(\mathbb{N}_m^T \mathbb{H} \mathbb{N}_n \right) f \left(\boldsymbol{V_n}\, \boldsymbol{V_m^T} \right)
\end{aligned}$$

$$g = \sum_{m=1}^{N} \mathbb{N}_m^T \boldsymbol{g}\, \boldsymbol{V_m^T} = \sum_{m=1}^{N} \mathbb{N}_m^T \left(\mathbb{H}\sum_{n=1}^{N} \mathbb{N}_n f\, \boldsymbol{V_n} \right) \boldsymbol{V_m^T}$$

$$= \sum_{m=1}^{N}\sum_{n=1}^{N} \left(\mathbb{N}_m^T \mathbb{H} \mathbb{N}_n \right) f \left(\boldsymbol{V_n}\, \boldsymbol{V_m^T} \right)$$

$$\Rightarrow \mathbb{N}_m^T \mathbb{H} \mathbb{N}_n : \mathbb{H}_{mn} = h_r(m-1, n-1) \begin{bmatrix} h_c(0,0) & \\ & \\ h_c(N-1,0) & h_c(N-1,N-1) \end{bmatrix}$$

$$g = \begin{bmatrix} h_c(0,0) & \\ & \\ h_c(N-1,0) & h_c(N-1,N-1) \end{bmatrix} \sum_{m=1}^{N}\sum_{n=1}^{N} h_r(m-1,n-1) f \left(\boldsymbol{V_n}\, \boldsymbol{V_m^T} \right)$$

$$=$$

$$\left(\boldsymbol{V_n}\, \boldsymbol{V_m^T} \right) \rightarrow (N \times N)\, square\, mtx \begin{bmatrix} .\ .\ . \\ .\ 1\ . \\ .\ .\ . \end{bmatrix} \Leftarrow position\, of\, (n,m)$$

$$g = h_c f h_r^T$$

(예제 : Partition of H Matrix)

9×9 H matrix가 있을 때, $(\mathbb{N}_3)^T\mathbb{H}\mathbb{N}_2$는 $\mathbb{H}$의 partition $\mathbb{H}_{32}$이다.

먼저 9×9 $\mathbb{H}$과 $\mathbb{H}_{32}$행렬은 다음과 같다.

$$\mathbb{H}=\begin{pmatrix} h_{11} & h_{12} & h_{13} & \vdots & & & & \vdots & & & \\ h_{21} & h_{22} & h_{23} & \vdots & & & & \vdots & & & \\ h_{31} & h_{32} & h_{33} & \vdots & & & & \vdots & & & \\ \cdots & \cdots & \cdots & \vdots & \cdots & \cdots & \cdots & \vdots & \cdots & \cdots & \cdots \\ & & & & & & & & h_{47} & h_{48} & h_{49} \\ & & & & & & & & h_{57} & h_{58} & h_{59} \\ & & & \vdots & & & & \vdots & h_{67} & h_{68} & h_{69} \\ \cdots & \cdots & \cdots & \vdots & \cdots & \cdots & \cdots & \vdots & \cdots & \cdots & \cdots \\ & & & \vdots & h_{74} & h_{75} & h_{76} & \vdots & & & \\ & & & \vdots & h_{84} & h_{85} & h_{86} & \vdots & & & \\ h_{91} & & & & h_{94} & h_{95} & h_{96} & & & & \end{pmatrix} \mathbb{H}_{32}=\begin{pmatrix} h_{74} & h_{75} & h_{76} \\ h_{84} & h_{85} & h_{86} \\ h_{94} & h_{95} & h_{96} \end{pmatrix}$$

$$\mathbb{N}_3=\begin{bmatrix} & & \\ & & \\ & & \\ & & \\ & & \\ & & \\ 1 & & \\ & 1 & \\ & & 1 \end{bmatrix}, \mathbb{N}_3^T=\begin{bmatrix} & & & & & & 1 & & \\ & & & & & & & 1 & \\ & & & & & & & & 1 \end{bmatrix}, \mathbb{N}_2=\begin{bmatrix} & & \\ & & \\ & & \\ 1 & & \\ & 1 & \\ & & 1 \\ & & \\ & & \\ & & \end{bmatrix}$$

4×4 H matrix가 있을 경우, 이 matrix는 4개의 2×2 sub-matrix로 분할될 수 있다. 이렇게 분할된 matrix를 표현해보면 다음과 같다.

$$H=\begin{bmatrix} h_{00} & h_{01} & \vdots & h_{02} & h_{03} \\ h_{10} & h_{11} & \vdots & h_{12} & h_{13} \\ \cdots & \cdots & \cdots & \cdots & \cdots \\ h_{20} & h_{21} & \vdots & h_{22} & h_{23} \\ h_{30} & h_{31} & \vdots & h_{32} & h_{33} \end{bmatrix} \begin{bmatrix} H_{00} & H_{01} \\ H_{10} & H_{10} \end{bmatrix} \rightarrow 4\times 4 \text{ Matrix}$$

$N^2\times N^2=4\times 4$에서 $N=2$

Stacking 연산을 위한 행렬을 다음과 같이 결정한다.

$$(N^2\times N)\text{크기의 } \mathbb{N}_1=\begin{bmatrix} 1 & 0 \\ 0 & 1 \\ 0 & 0 \\ 0 & 0 \end{bmatrix} N=2\text{일 때}$$

Sub-matrix $\mathbb{H}_{12}$는 아래와 같이 구할 수 있다.

$$\mathbb{N}_1^T \mathbb{H}\, \mathbb{N}_2 = \begin{bmatrix} 1\,0\,0\,0 \\ 0\,1\,0\,0 \end{bmatrix} \begin{bmatrix} h_{00}\, h_{01} & \vdots & h_{02}\, h_{03} \\ h_{10}\, h_{11} & \vdots & h_{12}\, h_{13} \\ \cdots\ \cdots & \cdots & \cdots\ \cdots \\ h_{20}\, h_{21} & \vdots & h_{22}\, h_{23} \\ h_{30}\, h_{31} & \vdots & h_{32}\, h_{33} \end{bmatrix} \begin{bmatrix} 0\,0 \\ 0\,0 \\ 1\,0 \\ 0\,1 \end{bmatrix}$$

$$\mathbb{N}_1^T \mathbb{H}\, \mathbb{N}_2 = \begin{bmatrix} 1\,0\,0\,0 \\ 0\,1\,0\,0 \end{bmatrix} \begin{bmatrix} h_{02}\, h_{03} \\ h_{12}\, h_{13} \\ h_{22}\, h_{23} \\ h_{32}\, h_{33} \end{bmatrix} = \begin{bmatrix} h_{02}\, h_{03} \\ h_{12}\, h_{13} \end{bmatrix} = \mathbb{H}_{12}$$

(예제 끝)

㉰ 행렬에 대한 스펙트럴 이론

Vector Space에 대한 basis는 다양하게 선택할 수 있다. 아래의 식과 같은 선형 변환의 경우 행렬 $\mathbb{A}$에 대한 basis를 적절하게 선택할 경우 행렬 $\mathbb{A}$는 대각화(diagonalize)가 가능하게 된다. 다음과 같은 행렬 문제를 고려하자.

$$\mathbb{A}\,\boldsymbol{x} = \boldsymbol{y}$$

$$\mathbb{A} = \begin{bmatrix} a_{11} & . & a_{1n} \\ . & . & . \\ a_{n1} & . & a_{nn} \end{bmatrix}, \boldsymbol{x} = \begin{bmatrix} x_1 \\ \\ x_n \end{bmatrix}, \boldsymbol{y} = \begin{bmatrix} y_1 \\ \\ y_n \end{bmatrix}$$

위의 벡터 $\boldsymbol{x}$, $\boldsymbol{y}$의 각 성분은 특정 basis에 대한 좌표(coordinates)이다. 위의 문제에서 가정한 임의의 basis가 $\{\Psi_1, \Psi_2, \ldots, \Psi_n\}$일 때, 위의 문제를 새로운 basis $\{\phi_1, \phi_2, \ldots, \phi_n\}$로 바꾸어 표현해보자.

$\{\Psi_j\}$는 basis이므로 새로운 basis $\{\phi_i\}$의 각각은 이전 basis를 사용하여 완전하게 표현되어진다. 즉 다음의 관계가 성립한다.

$$\phi_1 = \sum_{j=1}^{n} c_{j1}\Psi_j,\ \phi_2 = \sum_{j=1}^{n} c_{j2}\Psi_j \ \Rightarrow\ \phi_i = \sum_{j=1}^{n} c_{ji}\Psi_j$$

벡터 $\boldsymbol{x}$의 basis $\{\Psi_i\}$에 대한 좌표(coordinates)를 $\hat{x}_i$, basis $\{\phi_i\}$에 대한 좌표(coordinates)를 x'_i이라 정의한다. 이때 벡터 $\boldsymbol{x}$에 대한 표현은 다음과 같다.

$$\boldsymbol{x} = \sum_{j=1}^{n} \hat{x}_j \Psi_j = \sum_{i=1}^{n} x'_i \phi_i = \sum_{i=1}^{n} \left(x'_i \left(\sum_{j=1}^{n} c_{ji}\Psi_j \right) \right) = \sum_{i=1}^{n}\sum_{j=1}^{n} x'_i c_{ji} \Psi_j$$

$$\hat{x}_j = \sum_{i=1}^{n} x'_i c_{ji}$$

위의 식을 행렬 형태 변환하기 위하여 다음의 과정을 살펴본다.

$$\boldsymbol{x} = \sum_{j=1}^{n} \hat{x}_j \Psi_j = \hat{x}_1 \Psi_1 + \hat{x}_2 \Psi_2 .. + \hat{x}_n \Psi_n$$

$$\begin{aligned}
\boldsymbol{x} &= \sum_{i=1}^{n} x'_i \phi_i = x'_1 \phi_1 + x'_2 \phi_2 .. + x'_n \phi_n \\
&= x'_1 \left[\sum_{j=1}^{n} c_{j1} \Psi_j \right] + x'_2 \left[\sum_{j=1}^{n} c_{j2} \Psi_j \right] + .. x'_n \left[\sum_{j=1}^{n} c_{jn} \Psi_j \right] \\
&= x'_1 \left[c_{11}\Psi_1 + c_{21}\Psi_2 + .. + c_{n1}\Psi_n \right] + x'_2 \left[c_{12}\Psi_1 + c_{22}\Psi_2 + .. + c_{n2}\Psi_n \right] + .. + x'_n \left[c_{1n}\Psi_1 + c_{2n}\Psi_2 + .. + c_{nn}\Psi_n \right] \\
&= \Psi_1 \left[c_{11} x'_1 + c_{12} x'_2 + .. + c_{1n} x'_n \right] + .. + \Psi_n \left[c_{n1} x'_1 + c_{n2} x'_2 + .. + c_{nn} x'
\end{aligned}$$

즉 다음의 관계식을 얻을 수 있다.

$$\begin{aligned}
\hat{x}_1 &= c_{11} x'_1 + c_{12} x'_2 + .. + c_{1n} x'_n \\
\hat{x}_2 &= c_{21} x'_1 + c_{22} x'_2 + .. + c_{2n} x'_n \\
&\cdot \\
\hat{x}_n &= c_{n1} x'_1 + c_{n2} x'_2 + .. + c_{nn} x'_n
\end{aligned}$$

$$\begin{bmatrix} \hat{x}_1 \\ \hat{x}_2 \\ \\ \hat{x}_n \end{bmatrix} = \begin{bmatrix} c_{11} \; c_{12} & & c_{1n} \\ & & \\ & & \\ c_{n1} & & c_{nn} \end{bmatrix} \begin{bmatrix} x'_1 \\ x'_2 \\ \\ x'_n \end{bmatrix} \quad \Rightarrow \quad \hat{\boldsymbol{x}} = \mathbb{C}\, \boldsymbol{x}'$$

$\mathbb{A}\,\boldsymbol{x} = \boldsymbol{y}$의 행렬식의 $\boldsymbol{x}$, $\boldsymbol{y}$가 $\{\Psi_1, \Psi_2, ..., \Psi_n\}$의 basis를 사용한 좌표일 경우 이들 벡터를 새로운 basis $\{\phi_1, \phi_2, ..., \phi_n\}$를 사용한 좌표로 변환하여 표현할 수 있다.

$\mathbb{A}\,\hat{\boldsymbol{x}} = \hat{\boldsymbol{y}}$

$\mathbb{A}\,\mathbb{C}\,\boldsymbol{x}' = \mathbb{C}\,\boldsymbol{y}'$ 양변에 $\mathbb{C}^{-1}$을 곱하면

$\mathbb{C}^{-1}\mathbb{A}\,\mathbb{C}\,\boldsymbol{x}' = \mathbb{C}^{-1}\mathbb{C}\,\boldsymbol{y}'$

$\mathbb{C}^{-1}\mathbb{A}\,\mathbb{C}\,\boldsymbol{x}' = \boldsymbol{y}'$

즉 새로운 basis $\{\varphi_1, \varphi_2, \ldots, \varphi_n\}$에 대한 좌표로 구성된 벡터의 변환 문제로 변경된다. 새로운 좌표계에서 변환 행렬은 $\mathbb{A}' = \mathbb{C}^{-1}\mathbb{A}\,\mathbb{C}$로 바뀌게 된다.

초기의 basis가 natural basis이고, 새로운 basis가 $\{\phi_1, \phi_2, ..., \phi_n\}$일 경우를 살펴보자.

$$\phi_1 = \sum_{j=1}^{n} c_{j1} e_j,\ \phi_2 = \sum_{j=1}^{n} c_{j2} e_j \qquad :: \ \phi_i = \sum_{j=1}^{n} c_{ji} e_j$$

벡터 $\boldsymbol{x}$의 basis $\{e_i\}$에 대한 좌표(coordinates)를 $\hat{x}_i$, basis $\{\phi_i\}$에 대한 좌표(coordinates)를 x'_i이라 정의한다. 이때 벡터 $\boldsymbol{x}$에 대한 표현은 다음과 같다.

$$\boldsymbol{x} = \sum_{j=1}^{n} \hat{x}_j e_j = \sum_{i=1}^{n} x'_i \phi_i = \sum_{i=1}^{n} \left(x'_i \left(\sum_{j=1}^{n} c_{ji} e_j \right) \right) = \sum_{i=1}^{n} \sum_{j=1}^{n} x'_i c_{ji} e_j$$

$$\hat{x}_j = \sum_{i=1}^{n} x'_i c_{ji}$$

위의 식을 행렬 형태 변환하기 위하여 다음의 과정을 살펴본다.

$$\boldsymbol{x} = \sum_{j=1}^{n} \hat{x}_j e_j = \hat{x}_1 e_1 + \hat{x}_2 e_2 .. + \hat{x}_n e_n$$

$$\begin{aligned}
\boldsymbol{x} &= \sum_{i=1}^{n} x'_i \phi_i = x'_1 \phi_1 + x'_2 \phi_2 .. + x'_n \phi_n \\
&= x'_1 \left[\sum_{j=1}^{n} c_{j1} e_j \right] + x'_2 \left[\sum_{j=1}^{n} c_{j2} e_j \right] + .. x'_n \left[\sum_{j=1}^{n} c_{jn} e_j \right] \\
&= x'_1 \left[c_{11} e_1 + c_{21} e_2 + .. + c_{n1} e_n \right] + x'_2 \left[c_{12} e_1 + c_{22} e_2 + .. + c_{n2} e_n \right] + .. + x'_n \left[c_{1n} e_1 + c_{2n} e_2 + .. + c_{nn} e_n \right] \\
&= e_1 \left[c_{11} x'_1 + c_{12} x'_2 + .. + c_{1n} x'_n \right] + .. + e_n \left[c_{n1} x'_1 + c_{n2} x'_2 + .. + c_{nn} x'_n \right.
\end{aligned}$$

즉 다음의 관계식을 얻을 수 있다.

$$\begin{aligned}
\hat{x}_1 &= c_{11} x'_1 + c_{12} x'_2 + .. + c_{1n} x'_n \\
\hat{x}_2 &= c_{21} x'_1 + c_{22} x'_2 + .. + c_{2n} x'_n \\
&. \\
\hat{x}_n &= c_{n1} x'_1 + c_{n2} x'_2 + .. + c_{nn} x'_n
\end{aligned}$$

$$\begin{bmatrix} \hat{x}_1 \\ \hat{x}_2 \\ \\ \hat{x}_n \end{bmatrix} = \begin{bmatrix} c_{11}\ c_{12} & c_{1n} \\ & \\ & \\ c_{n1} & c_{nn} \end{bmatrix} \begin{bmatrix} x'_1 \\ x'_2 \\ \\ x'_n \end{bmatrix} \quad \Rightarrow \quad \hat{\boldsymbol{x}} = \mathbb{C}_1 \boldsymbol{x}'$$

$$\begin{aligned}
\phi_1 &= c_{11} e_1 + c_{21} e_2 + .. + c_{n1} e_n \\
&. \\
\phi_n &= c_{1n} e_1 + c_{2n} e_2 + .. + c_{nn} e_n
\end{aligned}$$

위의 관계식을 이용하면 새롭게 구해진 $\mathbb{C}_1$는 basis $\{\phi_1, \phi_2, \dots, \phi_n\}$의 각각의 성분을 column에 열거한 것으로 볼 수 있다.

$\mathbb{A}_E \boldsymbol{x} = \boldsymbol{y}$의 행렬식의 $\boldsymbol{x}$, $\boldsymbol{y}$가 $\{e_1, e_2, \dots, e_n\}$의 natural basis를 사용한 좌표일 경우 이들 벡터를 새로운 basis $\{\phi_1, \phi_2, \dots, \phi_n\}$를 사용한 좌표로 변환하여 표현할 수 있다.

$$\mathbb{A}_E \hat{\boldsymbol{x}} = \hat{\boldsymbol{y}}$$

$$\mathbb{A}_E \mathbb{C}_1 \acute{\boldsymbol{x}} = \mathbb{C}_1 \acute{\boldsymbol{y}} \quad \text{양변에 } \mathbb{C}_1^{-1}\text{을 곱하면}$$

$$\mathbb{C}_1^{-1} \mathbb{A}_E \mathbb{C}_1 \acute{\boldsymbol{x}} = \mathbb{C}_1^{-1} \mathbb{C}_1 \acute{\boldsymbol{y}}$$

$$\mathbb{C}_1^{-1} \mathbb{A}_E \mathbb{C}_1 \acute{\boldsymbol{x}} = \acute{\boldsymbol{y}}$$

즉 새로운 basis $\{\phi_1, \phi_2, \dots, \phi_n\}$에 대한 좌표로 구성된 벡터의 변환 문제로 변경된다.

새로운 좌표계에서 변환 행렬은 $\mathbb{A}_1 = \mathbb{C}_1^{-1} \mathbb{A}_E \mathbb{C}_1$로 바뀌게 된다.

이와 유사하게 새로운 basis $\{\Psi_1, \Psi_2, \dots, \Psi_n\}$에 대하여 $\mathbb{C}_2$를 $\{\Psi_1, \Psi_2, \dots, \Psi_n\}$의 각각의 성분을 column에 열거함으로써 구할 수 있다. 이 때 다음이 성립한다.

$$\mathbb{A}_2 = \mathbb{C}_2^{-1} \mathbb{A}_E \mathbb{C}_2$$

이때 $\mathbb{A}_2$가 주어질 경우 $\mathbb{A}_1$을 다음과 같이 구할 수 있다.

$$\mathbb{A}_1 = \mathbb{C}_1^{-1} \mathbb{A}_E \mathbb{C}_1$$

$$\mathbb{A}_2 = \mathbb{C}_2^{-1} \mathbb{A}_E \mathbb{C}_2 \rightarrow \mathbb{C}_2 \mathbb{A}_2 \mathbb{C}_2^{-1} = \mathbb{A}_E$$

$$\mathbb{A}_1 = \mathbb{C}_1^{-1} \mathbb{A}_E \mathbb{C}_1 = \mathbb{C}_1^{-1} \mathbb{C}_2 \mathbb{A}_2 \mathbb{C}_2^{-1} \mathbb{C}_1 = \left(\mathbb{C}_1^{-1} \mathbb{C}_2\right) \mathbb{A}_2 \left(\mathbb{C}_2^{-1} \mathbb{C}_1\right)$$

$$\mathbb{A}_1 = \left(\mathbb{C}_2^{-1} \mathbb{C}_1\right)^{-1} \mathbb{A}_2 \left(\mathbb{C}_2^{-1} \mathbb{C}_1\right)$$

$\acute{\mathbb{A}} = \mathbb{C}^{-1} \mathbb{A} \mathbb{C}$의 관계식을 살펴보면, 주어진 행렬 $\mathbb{A}$에 대하여 적절한 행렬 $\mathbb{C}$를 구할 경우 $\acute{\mathbb{A}} = \mathbb{C}^{-1} \mathbb{A} \mathbb{C}$을 통하여 새로운 변환 행렬 $\acute{\mathbb{A}}$를 얻을 수 있다는 점이다. 이렇게 얻어진 새로운 변환 행렬 $\acute{\mathbb{A}}$이 diagonal 행렬이 될 경우 다음과 같이 표현할 수 있다.

$$\Lambda = \mathbb{C}^{-1} \mathbb{A} \mathbb{C}$$

즉 변환 결과가 diagonal 행렬이 되기 위한 $\mathbb{C}$는 $\mathbb{C}\Lambda = \mathbb{A}\mathbb{C}$인 관계를 만족한다.

$$\mathbb{C} = [\boldsymbol{y}_1 \boldsymbol{y}_2 \quad \boldsymbol{y}_n]$$

$$\mathbb{A}\mathbb{C} = \mathbb{C} \begin{bmatrix} \lambda_1 & & \\ & & \\ & & \lambda_n \end{bmatrix} = [\lambda_2 \boldsymbol{y}_1 \lambda_2 \boldsymbol{y}_2 \, . \, . \lambda_n \boldsymbol{y}_n]$$

$$\mathbb{A}\boldsymbol{y}_i = \lambda_i \boldsymbol{y}_i$$

즉 행렬 $\mathbb{A}$가 n개의 linearly independent eigenvector를 가지면 이를 column vector로 구성한 $\mathbb{C}$는 $\mathbb{C}^{-1}\mathbb{A}\mathbb{C}$를 diagonal 행렬이 되게 한다.

정리 1) 행렬 $\mathbb{A}$가 n distinct eigenvalues를 가지면, 이 행렬은 n개의 linearly independent eigenvectors를 갖는다.

정의 1)

행렬 $\mathbb{A}$에 대한 Adjoint 행렬 $\mathbb{A}^*$는 다음과 같이 정의된다.

$\langle \mathbb{A}\boldsymbol{x},\boldsymbol{y}\rangle = \langle \boldsymbol{x},\mathbb{A}^*\boldsymbol{y}\rangle \text{ for } all\ \boldsymbol{x},\boldsymbol{y} \in \mathbb{C}^n$

정의 2)

$\mathbb{A}=\mathbb{A}^*$이면, $\mathbb{A}$는 self-adjoint 행렬이다.

실제로 임의의 행렬 $\mathbb{A}$에 대한 adjoint 행렬을 구하면 다음과 같다.

$$\langle \mathbb{A}\boldsymbol{x},\boldsymbol{y}\rangle = \sum_{i=1}^{n}\sum_{j=1}^{n} a_{ij}x_j\overline{y_i} = \sum_{j=1}^{n} x_j\left(\sum_{i=1}^{n} a_{ij}\overline{y_i}\right) \text{ 정의에 의해}$$

$$\langle \boldsymbol{x},\mathbb{A}^*\boldsymbol{y}\rangle = \sum_{i=1}^{n}\sum_{j=1}^{n} x_i\overline{a_{ij}^*}\,\overline{y_j} = \sum_{i=1}^{n} x_i\sum_{j=1}^{n}\overline{a_{ij}^*}\,\overline{y_j} = \sum_{j=1}^{n} x_j\sum_{i=1}^{n}\overline{a_{ji}^*}\,\overline{y_i}$$

$$\overline{a_{ji}^*} = a_{ij} \Rightarrow \mathbb{A}^* = \overline{\mathbb{A}}^T$$

행렬 $\mathbb{A}$가 real-symmetric 행렬일 경우($\mathbb{A}=\mathbb{A}^T$), 다음이 성립한다.

- $\mathbb{A}=\mathbb{A}^*$: self-adjoint matrix
- 행렬 $\mathbb{A}$가 Hermitian 행렬일 경우($\mathbb{A}=\overline{\mathbb{A}}^T$), $\mathbb{A}=\mathbb{A}^*$이다.

정리 : Self-adjoint 행렬 $\mathbb{A}$는 다음을 만족한다.

① 모든 벡터 $\boldsymbol{x}$에 대하여 $\langle \mathbb{A}\boldsymbol{x},\boldsymbol{x}\rangle$는 실수(real)이다.

② 모든 eigenvalue는 실수(real)이다.

③ 서로 다른 eigenvalue에 대한 eigenvector는 서로 직교(orthogonal)한다.

④ eigenvector는 n-dimensional basis를 구성한다.

⑤ 행렬 $\mathbb{A}$는 대각화가 가능하다.

(증명)

① $\langle \mathbb{A}\boldsymbol{x},\boldsymbol{x}\rangle = \langle \boldsymbol{x},\mathbb{A}^*\boldsymbol{x}\rangle$

$\langle x,y\rangle = \overline{\langle y,x\rangle}$를 이용하면, $\langle \boldsymbol{x},\mathbb{A}^*\boldsymbol{x}\rangle = \overline{\langle \mathbb{A}^*\boldsymbol{x},\boldsymbol{x}\rangle} = \overline{\langle \mathbb{A}\boldsymbol{x},\boldsymbol{x}\rangle}$

$\langle \mathbb{A}\boldsymbol{x}, \boldsymbol{x}\rangle = \overline{\langle \mathbb{A}\boldsymbol{x}, \boldsymbol{x}\rangle}$ 이므로 $\langle \mathbb{A}\boldsymbol{x}, \boldsymbol{x}\rangle$는 실수(real)이다.

② $\mathbb{A}\boldsymbol{x} = \lambda\boldsymbol{x}$

$\langle \mathbb{A}\boldsymbol{x}, \boldsymbol{x}\rangle = \langle \lambda\boldsymbol{x}, \boldsymbol{x}\rangle = \lambda\langle \boldsymbol{x}, \boldsymbol{x}\rangle$

$\langle \mathbb{A}\boldsymbol{x}, \boldsymbol{x}\rangle$: *real*

$\langle \boldsymbol{x}, \boldsymbol{x}\rangle = \overline{\langle \boldsymbol{x}, \boldsymbol{x}\rangle}$ 이므로, $\langle \boldsymbol{x}, \boldsymbol{x}\rangle : real$

$\lambda : real$

③ $(\lambda, \boldsymbol{x}), (\mu, \boldsymbol{y})\ with\ \lambda \neq \mu$

$\lambda\langle \boldsymbol{x}, \boldsymbol{y}\rangle = \langle \lambda\boldsymbol{x}, \boldsymbol{y}\rangle = \langle \mathbb{A}\boldsymbol{x}, \boldsymbol{y}\rangle = \langle \boldsymbol{x}, \mathbb{A}\boldsymbol{y}\rangle = \langle \boldsymbol{x}, \mu\boldsymbol{y}\rangle = \mu\langle \boldsymbol{x}, \boldsymbol{y}\rangle$

$(\lambda - \mu)\langle \boldsymbol{x}, \boldsymbol{y}\rangle = 0$

$\langle \boldsymbol{x}, \boldsymbol{y}\rangle = 0$

④ $\mathbb{A}$에 대하여 complex scalar field에 대한 invariant manifold M에 대해, 다음을 만족하는 벡터가 최소한 하나 이상 존재한다. $\mathbb{A}x = \lambda x$ for *some* $\lambda \in \mathbb{C}$. M에 대한 basis를 $\{x_1, x_2, \ldots, x_k\}$라 하면, $x \in M, \mathbb{A}x \in M$ 모두 basis $\{x_1, x_2, \ldots, x_k\}$를 사용하여 표현할 수 있다. $\boldsymbol{x} = \sum_{i=1}^{k}\alpha_i x_i$, $\mathbb{A}x_i = \sum_{j=1}^{k}\beta_{ji}x_j$ 앞의 관계를 이용하여 $\mathbb{A}x - \lambda x = 0$을 표현하면 다음과 같다.

$$\mathbb{A}x = \sum_{i=1}^{k}\alpha_i(\mathbb{A}x_i) = \lambda\sum_{i=1}^{k}\alpha_i x_i$$

$$\sum_{i=1}^{k}\alpha_i\left(\sum_{j=1}^{k}\beta_{ji}x_j\right) = \lambda\sum_{i=1}^{k}\alpha_i x_i$$

$$\sum_{i=1}^{k}\alpha_i\left(\sum_{j=1}^{k}\beta_{ji}x_j - \lambda x_i\right) = 0$$

$$\sum_{i=1}^{k}\alpha_i\left(\sum_{j=1}^{k}(\beta_{ji} - \lambda\delta_{ij})x_j\right) = 0$$

$$\sum_{i=1}^{k}\alpha_i\left(\sum_{j=1}^{k}(\beta_{ji} - \lambda\delta_{ij})x_j\right) = 0$$

$$\sum_{j=1}^{k}\sum_{i=1}^{k}\alpha_i(\beta_{ji} - \lambda\delta_{ij})x_j = 0$$

$$\sum_{i=1}^{k}\alpha_i(\beta_{ji} - \lambda\delta_{ij}) = 0 \text{ for } j = 1, 2, \ldots, k \,..\, \{x_i\}\text{는 } basis\text{이다}$$

위의 식을 전개하면 다음과 같다.

$$\sum_{i=1}^{k}\alpha_i(\beta_{ji}-\lambda\delta_{ij})=0 \text{ for } j=1,2,...,k$$

$$j=1:\alpha_1(\beta_{11}-\lambda\delta_{11})+\alpha_2(\beta_{12}-\lambda\delta_{21})+...+\alpha_k(\beta_{1k}-\lambda\delta_{k1})=0$$

$$j=2:\alpha_1(\beta_{21}-\lambda\delta_{12})+\alpha_2(\beta_{22}-\lambda\delta_{22})+...+\alpha_k(\beta_{2k}-\lambda\delta_{k2})=0$$

$$\vdots$$

$$j=k:\alpha_1(\beta_{k1}-\lambda\delta_{1k})+\alpha_2(\beta_{k2}-\lambda\delta_{2k})+...+\alpha_k(\beta_{kk}-\lambda\delta_{kk})=0$$

위의 관계식을 행렬 형태로 표시하면 다음과 같다.

$$\left(\begin{bmatrix}\beta_{11}\,\beta_{12}\,.\,\beta_{1k}\\ .\quad .\quad .\quad .\\ .\quad .\quad .\quad .\\ \beta_{k1}\quad .\quad .\,\beta_{kk}\end{bmatrix}-\lambda\begin{bmatrix}1\,0\,.\,0\\0\,1\,.\,0\\.\,.\,.\,.\\0\,0\,0\,1\end{bmatrix}\right)\begin{bmatrix}\alpha_1\\ \alpha_2\\ \\ \\ \alpha_k\end{bmatrix}=\begin{bmatrix}0\\0\\.\\.\\0\end{bmatrix}$$

위에서 $\mathbb{B}=(\beta_{ij})$는 $k\times k$ 정방행렬이다. 모든 정방행렬은 최소한 하나의 eigenpair를 갖는다. 이상과 같이 [$\mathbb{A}$에 대하여 complex scalar field에 대한 invariant manifold M에 대해, 다음을 만족하는 벡터가 최소한 하나 이상 존재한다. $\mathbb{A}x=\lambda x$ for *some* $\lambda\in\mathbb{C}$.]에 대한 증명이 가능하다. 이제 ④의 [$n\times n$ self-adjoint matrix의 eigenvectors는 n-dimensional orthogonal basis를 형성한다]를 증명하기로 한다.

역시 정방행렬이므로 $\mathbb{A}$는 최소한 하나의 eigenpair $(\lambda_1,x_1)\,\lambda_1:real$를 갖는다. 먼저 $(k-1)$개의 직교하는 eigenvector x_i를 찾았다고 가정하자.

$$\mathbb{A}x_i=\lambda_i x_i$$

$$\lambda_i : real \text{ for } i=1,2,...,k-1$$

이때 $(k-1)$ orthogonal eigenvector에 대한 orthogonal complement인 linear manifold를 다음과 같이 정의한다.

$$M_k=\{x|\langle x,x_i\rangle=0,\ j=1,2,...,k-1\}$$

위의 manifold는 다음의 관계식에 의해 행렬 $\mathbb{A}$에 대하여 invariant manifold이다.

$$\langle\mathbb{A}x,x_j\rangle=\langle x,\mathbb{A}x_j\rangle=\lambda_j\langle x,x_j\rangle=0$$

따라서 M_k는 최소한 하나의 실수인 λ_k에 대응하는 eigenvector x_k가 존재한다. x_k는 manifold에 속하기 때문에 $\langle x_k,x_i\rangle=0,\ j=1,2,...,k-1$이다. 이는 기존의 벡터와 orthogonal한 벡터임을 의미하며, λ_k는 self-adjoint matrix의 eigenvalue는 실수라는 조건에 의하여 실수이다. 이와 같이 n개의 basis를 구할 수 있다.

정리 : **Self-adjoint matrices에 대한 Spectral decomposition**

Self-adjoint 행렬 $\mathbb{A}$는 orthogonal basis $\{x_1, x_2, ..., x_n\}$이 있으며, 이는 다음의 성질을 갖는다.

① $\mathbb{A}x_i = \lambda_i x_i$ *with* λ_i *real*

② $\langle x_i, x_j \rangle = \delta_{ij}$

③ x_j를 j번째 column으로 하는 행렬 $\mathbb{Q}$는 unitary 행렬이다.

즉 $\mathbb{Q}^{-1} = \overline{\mathbb{Q}}^T$ conjugate transpose

$$\mathbb{Q} = \begin{bmatrix} c_{11} & & c_{n1} \\ c_{12} & & \\ & & \\ c_{1n} & & c_{nn} \end{bmatrix}, x_1 = \begin{bmatrix} c_{11} \\ c_{12} \\ \\ c_{1n} \end{bmatrix}, \overline{\mathbb{Q}}^T = \begin{bmatrix} \overline{c_{11}} & & \overline{c_{1n}} \\ & & \\ & & \\ \overline{c_{n1}} & & \overline{c_{nn}} \end{bmatrix}$$

$$\mathbb{Q}\overline{\mathbb{Q}}^T = \begin{bmatrix} c_{11} & & c_{n1} \\ c_{12} & & \\ & & \\ c_{1n} & & c_{nn} \end{bmatrix} \begin{bmatrix} \overline{c_{11}} & & \overline{c_{1n}} \\ & & \\ & & \\ \overline{c_{n1}} & & \overline{c_{nn}} \end{bmatrix} = \begin{bmatrix} 1 & & & \\ & 1 & & \\ & & . & \\ & & & 1 \end{bmatrix}$$

④ $\overline{\mathbb{Q}^T}\mathbb{A}\mathbb{Q} = \mathbb{Q}^{-1}\mathbb{A}\mathbb{Q} = \Lambda$는 대각의 값이 λ_i인 diagonal 행렬이다. 이는 다음의 정리에 의한다.

정리 : 행렬 $\mathbb{C}$의 column이 행렬 $\mathbb{A}$의 eigenvector로 구성될 경우 $\mathbb{C}^{-1}\mathbb{A}\mathbb{C} = \Lambda$은 대각 행렬이다.

증명 : $x_{1.}x_2,..,x_n$를 linearly independent eigenvectors of $\mathbb{A}$라 하자.

$$\mathbb{C} = [x_1, x_2, .\,., x_n]$$

$$\mathbb{A}\,\mathbb{C} = [\mathbb{A}x_1, \mathbb{A}\,x_2, .\,.\,\mathbb{A}x_n] = [\lambda_1 x_1, \lambda_2 x_2, .\,.\,\lambda_2 x_n]$$

$$= [x_1, x_2, .\,.\,x_n] \begin{bmatrix} \lambda_1 & & \\ & . & \\ & & \lambda_n \end{bmatrix} = \mathbb{C}\Lambda$$

이상과 같은 spectral decomposition의 사용은 다음과 같다.

먼저 다음의 행렬 문제를 고려하자. 이는 아래의 두 과정으로 설명되어진다.

$$\mathbb{A}x = y : \mathbb{A} = \mathbb{A}^* \ (self-adjoint)$$

$$x = \mathbb{Q}x', y = \mathbb{Q}y' \quad \text{을 이용하면}$$

$$\mathbb{Q}^{-1}\mathbb{A}\mathbb{Q}x' = y'$$

$$\overline{\mathbb{Q}}^T\mathbb{A}\mathbb{Q}x' = y'$$

$$\Lambda x' = y'$$

위는 전형적인 transform 과정이다.

$$\Lambda x' = y'$$

$$x' = \Lambda^{-1}y'$$

$$x' = \mathbb{Q}^{-1}x = \overline{\mathbb{Q}}^Tx$$

$$y' = \mathbb{Q}^{-1}y = \overline{\mathbb{Q}}^Ty$$

$$\overline{\mathbb{Q}}^Tx = \Lambda^{-1}\overline{\mathbb{Q}}^Ty$$

$$x = \mathbb{Q}\Lambda^{-1}\overline{\mathbb{Q}}^Ty$$

위는 inverse transform 과정이다.

위의 과정에 대한 예제는 다음과 같다.

(예제) 다음의 행렬 $\mathbb{A}$에 대하여 $\mathbb{A}x = b$ 문제를 해결한다(이 문제에서의 $\mathbb{A}$는 self-adjoint 행렬이 아님에 주의한다).

먼저 $\mathbb{A} = \begin{bmatrix} 4 & -1 \\ 2 & 1 \end{bmatrix}$에 eigenpair는 $\lambda_1 = 2, y_1 = \begin{pmatrix} 1 \\ 2 \end{pmatrix}$ $, \lambda_2 = 3, y_2 = \begin{pmatrix} 1 \\ 1 \end{pmatrix}$ 이다.

$b = \begin{bmatrix} 4 \\ 2 \end{bmatrix}$이다.

$$\mathbb{Q} = \begin{bmatrix} 1 & 1 \\ 2 & 1 \end{bmatrix}, \mathbb{Q}^{-1} = \begin{bmatrix} -1 & 1 \\ 2 & -1 \end{bmatrix}, \overline{\mathbb{Q}}^T = \begin{bmatrix} 1 & 2 \\ 1 & 1 \end{bmatrix}, \mathbb{Q}^{-1} \neq \overline{\mathbb{Q}}^T \ \mathbb{A}\, is\ not\ self-adjoint$$

$x = \mathbb{Q}x'$ 의 의미는 x'이 y_1, y_2를 basis로 하는 좌표축에 대한 좌표일 경우 이들 y_1, y_2를 column vector로 하여 구성된 $\mathbb{Q}$를 x'와 행렬 곱을 할 경우 x를 구할 수 있음을 나타낸다. 마찬가지로 $b = \mathbb{Q}b'$ 의 의미는 b'이 y_1, y_2를 basis로 하는 좌표축에 대한 좌표일 경우

이들 y_1, y_2를 column vector로 하여 구성된 $\mathbb{Q}$를 $\acute{b}$와 행렬 곱을 할 경우 b를 구할 수 있음을 나타낸다. 문제에서는 b의 좌표를 주었다. $\acute{b}$은 $\acute{b}=\mathbb{Q}^{-1}b$ 을 통하여 구할 수 있다. 이를 확인해 보면 다음과 같다.

$$\mathbb{Q}^{-1}b=\begin{bmatrix}-1 & 1\\ 2 & -1\end{bmatrix}\begin{bmatrix}4\\2\end{bmatrix}=\begin{bmatrix}-2\\6\end{bmatrix}=\acute{b}$$

$$b=\mathbb{Q}\acute{b}=\begin{bmatrix}1 & 1\\ 2 & 1\end{bmatrix}\begin{bmatrix}-2\\6\end{bmatrix}=\begin{bmatrix}4\\2\end{bmatrix}$$

이렇게 새로운 좌표축에서의 좌표를 가지고 아래의 식을 통해 $\acute{y}$좌표를 구한다.

$\acute{x}=\Lambda^{-1}\acute{b}$

$$\acute{x}=\begin{bmatrix}2 & 0\\ 0 & 3\end{bmatrix}\begin{bmatrix}-2\\6\end{bmatrix}=\frac{1}{6}\begin{bmatrix}3 & 0\\ 0 & 2\end{bmatrix}\begin{bmatrix}-2\\6\end{bmatrix}=\frac{1}{6}\begin{bmatrix}-6\\12\end{bmatrix}=\begin{bmatrix}-1\\2\end{bmatrix}$$

$x=\mathbb{Q}\acute{x}$ 을 이용하여 원래의 좌표축에 대한 좌표를 구하면 다음과 같다.

$$x=\begin{bmatrix}1 & 1\\ 2 & 1\end{bmatrix}\begin{bmatrix}-1\\2\end{bmatrix}=\begin{bmatrix}1\\0\end{bmatrix}$$

이를 확인하면 다음과 같다.

$$\begin{bmatrix}4 & -1\\ 2 & 1\end{bmatrix}\begin{bmatrix}1\\0\end{bmatrix}=\begin{bmatrix}4\\2\end{bmatrix}$$

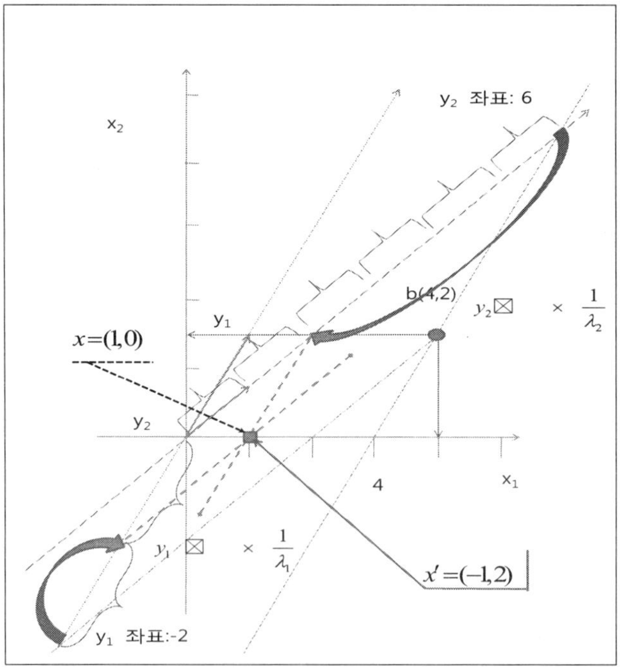

그림 3-1 Spectral Decomposition에 대한 도식적 고찰

㉣ Fredholm Alternative Theorem

이는 linear system이 어느 조건에서 해가 존재하는지에 관계하는 중요한 정리이다. 이는 $n \times m$ 크기의 행렬 $\mathbb{A}$에 대해 $\mathbb{A}x = b$라는 행렬식에 대해 해가 존재하는지, 존재하면 몇 개나 있는지를 나타낸다.

정리(Uniqueness)

$\mathbb{A}x = b$ 의 해는 $\mathbb{A}x = 0$ 의 해가 오로지 $x = 0$일 경우에만 유일하다.

증명 : $x \neq 0$인 x에 대하여 $\mathbb{A}x = 0$라 가정하자. 이럴 경우 만약 $\mathbb{A}y_0 = b$일 경우, $y_1 = y_0 + \alpha x$에 대하여 $\mathbb{A}y_1 = \mathbb{A}(y_0 + \alpha x) = \mathbb{A}y_0 + \mathbb{A}\alpha x = b$가 모든 α에 대하여 성립한다. 즉 $y_1 = y_0 + \alpha x$는 무수히 많게 된다. 따라서 유일한 해를 갖지 않게 된다. 역을 증명하면 다음과 같다. 만약 $\mathbb{A}x = b$가 유일하지 않을 경우에는 $\mathbb{A}y_1 = \mathbb{A}y_2 = b$를 만족하는 서로 같지 않은 y_1, y_2가 존재함을 의미한다. $x = y_1 - y_2 \neq 0$라 하면, $\mathbb{A}x = \mathbb{A}(y_1 - y_2) = \mathbb{A}y_1 - \mathbb{A}y_2 = 0$이 성립하여 $\mathbb{A}x = 0$ 를 만족하는 해는 오로지 $x = 0$이라는 내용에 위반한다.

정리(존재)

$\mathbb{A}x = b$는 해를 갖는다면, $\mathbb{A}^* v = 0$를 만족하는 모든 v에 대하여 $\langle b, v \rangle = 0$일 경우이다.

(증명) : $\mathbb{A}^* v = 0$를 만족하는 v에 대해서는 $\langle v, b \rangle = \langle v, \mathbb{A}x \rangle = \langle \mathbb{A}^* v, x \rangle = \langle 0, x \rangle = 0$이 성립한다. 역에 대한 모순을 고려하자. 즉, $\mathbb{A}^* v = 0$를 만족하는 모든 v에 대하여 $\langle b, v \rangle = 0$일 경우 $\mathbb{A}x = b$가 해를 갖지 않는다고 가정하자. 이때 b는 $\mathbb{A}$의 range에 포함되지 않는다. 따라서 b를 다음과 같이 쓸 수 있다. $b = b_r + b_o$에서 b_r은 b의 range($\mathbb{A}$)에 속하는 성분이고, b_o는 b의 range($\mathbb{A}$)에 orthogonal한 성분이다. 이럴 경우, $\langle b_o, \mathbb{A}x \rangle = 0$, for $all\ x$이다. $\langle \mathbb{A}^* b_o, x \rangle = 0$, for $all\ x$이므로, $\mathbb{A}^* b_o = 0$이다. $\langle b_o, b \rangle$를 전개하면 다음과 같다. 문제의 조건 $\langle b, v \rangle = 0$을 충족하는지 살펴본다. 문제의 조건을 충족하기 위해서는 다음의 inner product $\langle b_o, b \rangle = \langle b_o, b_r + b_o \rangle = \langle b_o, b \rangle = \langle b_o, b_r \rangle + \langle b_o, b_o \rangle$가 0이어야 한다. 따라서 $b_0 = 0$을 얻을 수 있다. 결국 $b = b_r$은 $\mathbb{A}$의 range에 포함되어 있다.

㉤ Least Square solutions - Pseudo Inverse

행렬 $\mathbb{A}$의 Least Square Pseudo Inverse를 $\mathbb{A}'$이라 할 때, $x = \mathbb{A}'b$은 다음을 만족한다.

- $\mathbb{A}^* \mathbb{A}x = \mathbb{A}^* b$
- $\langle x, w \rangle = 0$ for $all\ \ w\ \ satisfying\ \ \mathbb{A}w = 0$

㉥ Singular Value Decomposition(SVD)

Least Square Solution을 구하는 방법으로, 이는 matrix에 대한 spectral decomposion

개념을 non-square 행렬로 확장한 방법이다. Self-adjoint인 정방 행렬에 대한 spectral decomposition은 이미 살펴본 바와 같이 다음과 같이 나타낼 수 있다.

$$\mathbb{A} = \mathbb{Q}\Lambda\mathbb{Q}^{-1},\ \mathbb{Q} : Orthogonal\,Matrix$$

위의 사실을 이용하면, 특정 행렬이 Self-adjoint(Real Symmetric, Hermitan Matrix)일 경우, 행렬 $\mathbb{A}$에 대한 pseudo-inverse $\mathbb{A}'$은 다음과 같이 구해질 수 있다.

$$\mathbb{A}' = \mathbb{Q}\Lambda'\mathbb{Q}^{-1} : where\ \Lambda'\,is\,Pseudo-Inverse\ of\,\Lambda$$

위와 같은 내용을 비 정방행렬로 그 의미를 확장한다.

정리

행렬 $\mathbb{A}$가 $m \times n$ 크기일 때

- $\mathbb{A}$는 $\mathbb{A} = \mathbb{Q}_1\Sigma\mathbb{Q}_2^*$로 변환된다. 이때 $\mathbb{Q}_1(m \times m)$은 $\mathbb{A}\mathbb{A}^*$을 대각화(diagonalize)하는 unitary matrix이고, $\mathbb{Q}_2(n \times n)$은 $\mathbb{A}^*\mathbb{A}$를 대각화하는 unitary matrix이다. 즉 $\mathbb{A}\mathbb{A}^* = \mathbb{Q}_1\Lambda_0\mathbb{Q}_1^*$, $\mathbb{A}^*\mathbb{A} = \mathbb{Q}_2\Lambda\mathbb{Q}_2^*$ 이다. 또한 Σ는 $(m \times n)$ diagonal 행렬이며, 그 구성 요소 σ_{ij}는 다음과 같다. $\sigma_{ij} = \sqrt{\lambda_i}$,: λ_i는 $\mathbb{A}\mathbb{A}^*$의 eigenvalues이다. $i = 1,2,...,\min(m,n)$.
- 행렬 $\mathbb{A}$의 pseudo-inverse는 $\mathbb{A}' = \mathbb{Q}_2\Sigma'\mathbb{Q}_1^* : \Sigma'$ 은 Σ의 $pseudo-inverse$ 이다. 행렬 Σ'은 $(n \times m)$이며, 그 구성 요소는 $\sigma'_{ij} = \dfrac{1}{\sigma_{ij}} = \dfrac{1}{\sqrt{\lambda_i}}$ 이다.
- 위에서 $\mathbb{A} = \mathbb{Q}_1\Sigma\mathbb{Q}_2^*$를 행렬 $\mathbb{A}$에 대한 Singular Value Decomposition(SVD)이라 한다. 이러한 SVD가 항상 존재하는 것을 보이기 위해 먼저 $\mathbb{A}^*\mathbb{A}$은 $(n \times n)$ symmetric matrix이며, 이는 non-negative eigenvalues $\lambda_1, \lambda_2, ..., \lambda_n$ 을 갖는다. 행렬 $\mathbb{Q}_2$의 column은 그 크기가 '1' 이 되도록 정규화한 $\mathbb{A}^*\mathbb{A}$의 orthogonal eigenvectors $x_1, x_2, ..., x_n$로 구성된다. 따라서 다음과 같은 관계식을 얻을 수 있다. $\mathbb{A}^*\mathbb{A} = \mathbb{Q}_2\Lambda\mathbb{Q}_2^*$. 행렬 $\mathbb{A}^*\mathbb{A}$이 k개의 positive eigenvalues를 갖는다고 가정하자.

$$\lambda_1, \lambda_2, ..., \lambda_k > 0, \lambda_{k+1} = \lambda_{k+2} = ..\lambda_n = 0$$

$y_i = \dfrac{\mathbb{A}x_i}{\sqrt{\lambda_i}}$, $i = 1,2,...,k$라 하면, 다음의 관계식을 유도할 수 있다.

$$\begin{aligned}\langle y_i, y_j \rangle &= \frac{1}{\sqrt{\lambda_i}\sqrt{\lambda_j}}\langle \mathbb{A}x_i, \mathbb{A}x_j \rangle = \frac{1}{\sqrt{\lambda_i}\sqrt{\lambda_j}}\langle x_i, \mathbb{A}^*\mathbb{A}x_j \rangle = \frac{1}{\sqrt{\lambda_i}\sqrt{\lambda_j}}\langle x_i, \lambda_j x_j \rangle \\ &= \frac{\lambda_j}{\sqrt{\lambda_i}\sqrt{\lambda_j}}\langle x_i, x_j \rangle = \frac{\lambda_j\sqrt{\lambda_j}}{\sqrt{\lambda_i}\sqrt{\lambda_j}\sqrt{\lambda_j}}\langle x_i, x_j \rangle = \frac{\lambda_j\sqrt{\lambda_j}}{\sqrt{\lambda_i}\lambda_j}\langle x_i, x_j \rangle = \frac{\sqrt{\lambda_j}}{\sqrt{\lambda_i}}\langle x_i, x_j \rangle = \delta_{ij}\end{aligned}$$

Gram-Schmidt Orthogonalization 방법으로 y_i를 확장하여 $\mathbb{R}^m$에 대한 orthonormal basis $\{y_i\}_{i=1}^m$을 구할 수 있다. $\mathbb{Q}_1 = [y_1, y_2, \ldots y_m]$이라 하자. 이때 벡터 y_i는 $\mathbb{A}\mathbb{A}^*$의 orthonormal eigenvector이다. 아래의 관계식을 이용하면, $\mathbb{A}\mathbb{A}^*$의 eigenvector는 $\mathbb{A}\mathbb{A}^*$의 eigenvector(x_i)를 사용하여 $\mathbb{A}x_i$를 통해 구한 벡터이다. 즉 위의 y_i는 $\mathbb{A}\mathbb{A}^*$의 eigenvector이며, 그 크기를 eigenvalue를 사용하여 정규화한 것이다. 따라서 이는 orthonormal basis이다.

$$(\mathbb{A}^*\mathbb{A})x_i = \lambda_i x_i, \quad \mathbb{A}(\mathbb{A}^*\mathbb{A})x_i = \mathbb{A}\lambda_i x_i, \quad (\mathbb{A}\mathbb{A}^*)(\mathbb{A}x_i) = \lambda_i(\mathbb{A}x_i)$$

$\mathbb{Q}_1^*\mathbb{A}\mathbb{Q}_2$의 결과에 대한 행렬 구성성분을 살펴보면 다음과 같다.

for $i \le k$, $\mathbb{Q}_1^*\mathbb{A}\mathbb{Q}_2$의 $ij^{th}\, entry \;\; is$

$$\langle y_i, \mathbb{A}x_j \rangle = \frac{1}{\sqrt{\lambda_i}}\langle \mathbb{A}x_i, \mathbb{A}x_j \rangle = \frac{1}{\sqrt{\lambda_i}}\langle x_i, \mathbb{A}^*\mathbb{A}x_j \rangle = \frac{\lambda_j}{\sqrt{\lambda_i}}\langle x_i, x_j \rangle = \sqrt{\lambda_j}\,\delta_{ij}$$

$i > k$인 경우, $\mathbb{A}\mathbb{A}^*y_i = 0$ 이므로, $\mathbb{A}^*y_i$는 $\mathbb{A}$의 null space 상에 있으면서 $\mathbb{A}^*$의 range에 존재한다. 따라서 $\mathbb{A}^*y_i = 0$이고, $\langle y_i, \mathbb{A}x_j \rangle = \langle \mathbb{A}^*y_i, x_j \rangle = 0$이다. 따라서 다음과 같이 요약될 수 있다.

$$\mathbb{Q}_1^*\mathbb{A}\mathbb{Q}_2 = \Sigma,\ \Sigma = (\sigma_{ij}),\ \sigma_{ij} = \sqrt{\lambda_j}\,\delta_{ij},\ i = 1,2,\ldots,m,\ j = 1,2,\ldots,n$$

위는 SVD 정리의 첫 번째에 대한 유도이다. SVD 정리의 두 번째 항목을 살펴보기로 한다.

$\{x_1, x_2, \ldots, x_k\}$는 $\mathbb{A}^*\mathbb{A}$의 eigenvector이므로, $(\mathbb{A}^*\mathbb{A})x_i = \lambda_i x_i$, $\mathbb{A}^*(\mathbb{A}x_i) = \lambda_i x_i$ 이다. 따라서 $\{x_1, x_2, \ldots, x_k\}$은 $\mathbb{A}^*$의 range를 span한다. $\{x_{k+1}, x_{k+2}, \ldots, x_n\}$에 대해서는 $(\mathbb{A}^*\mathbb{A})x_i = 0$. $\mathbb{A}x_i$는 $\mathbb{A}^*$의 null space와 $\mathbb{A}$의 range에 동시에 존재하게 된다. $\mathbb{A}x_i = 0$ 이기에 $\{x_{k+1}, x_{k+2}, \ldots, x_n\}$는 $\mathbb{A}$의 null space를 span한다. 이와 유사하게 $\{y_1, y_2, \ldots, y_k\}$는 $\mathbb{A}$의 range를 span하고, $\{y_{k+1}, y_{k+2}, \ldots, y_n\}$는 $\mathbb{A}^*$의 null space를 span한다. Orthogonal matrix $\mathbb{Q}_1 = [y_1, y_2, \ldots y_m]$은 $\mathbb{R}^m$을 $\mathbb{R}(\mathbb{A}) \oplus \mathbb{N}(\mathbb{A}^*)$로 orthogonal decomposition하고, Orthogonal matrix $\mathbb{Q}_2 = [x_1, x_2, \ldots x_n]$은 $\mathbb{R}^n$을 $\mathbb{R}(\mathbb{A}^*) \oplus \mathbb{N}(\mathbb{A})$로 orthogonal decomposition한다. $\mathbb{A}x = b$ 문제에 대한 $\mathbb{A}$의 pseudo-inverse $\mathbb{A}'$은 다음의 식을 최소화(Least square solution)한다.

$$\| \mathbb{A}x - b \|^2 = \| \mathbb{Q}_1 \Sigma \mathbb{Q}_2^* x - b \|^2$$

위의 최소화는 아래의 조건을 유도하며, x는 위의 문제에 대한 Least square solution이다.

$$x = \mathbb{Q}_2 \Sigma' \mathbb{Q}_1^* b,$$
$$\Sigma' : \textit{Pseudo Inverse of } (m \times n) \textit{ diagonal } D \textit{ with entrys } d_{ij} = \sigma_i \delta_{ij}$$
$$: (n \times m) \textit{ diagonal with entrys } d'_{ij} = \frac{1}{\sigma_i} \delta_{ij} \textit{ whenever } \sigma_i \neq 0$$

따라서 least square pseudo-inverse는 $\mathbb{A}' = \mathbb{Q}_2 \Sigma' \mathbb{Q}_1^*$ 이다.

2 Image Transforms

본 단원에서는 입력 영상을 기본 영상의 linear combination으로 표현하는 것을 다룬다. 먼저 기본 영상에 대한 행렬 표현식은 다음을 사용하기로 한다.

$$\boldsymbol{u_i} = \begin{bmatrix} u_{i1} \\ u_{i2} \\ \\ \\ u_{iN} \end{bmatrix}, \boldsymbol{v_j} = \begin{bmatrix} v_{j1} \\ v_{j2} \\ \\ \\ v_{jN} \end{bmatrix}, \boldsymbol{u_i v_j^T} = \begin{bmatrix} u_{i1} \\ u_{i2} \\ \\ \\ u_{iN} \end{bmatrix}$$

$$\begin{bmatrix} v_{j1} \, v_{j2} & & v_{jN} \end{bmatrix} = \begin{bmatrix} u_{i1}v_{j1} & u_{i1}v_{j1} & .. & u_{i1}v_{j1} \\ u_{i2}v_{j1} & u_{i2}v_{j2} & .. & u_{i2}v_{j2} \\ . & . & .. & . \\ . & . & .. & . \\ u_{iN}v_{j1} & u_{iN}v_{jN} & .. & u_{iN}v_{jN} \end{bmatrix}$$

이전에 $\boldsymbol{g} = \mathbb{H}\boldsymbol{f} = (h_c \otimes h_r)\boldsymbol{f} = h_c \boldsymbol{f} h_r^T$의 관계식을 유도하였다.

$$\boldsymbol{g} = h_c \boldsymbol{f} h_r^T \Rightarrow h_c^{-1} \boldsymbol{g} = \boldsymbol{f} h_r^T \Rightarrow \; h_c^{-1} \boldsymbol{g} \left(h_r^T\right)^{-1} = \boldsymbol{f}$$

$$\boldsymbol{f} = h_c^{-1} \boldsymbol{g} \left(h_r^T\right)^{-1}$$

$$\textit{Let } h_c^T = h_{cc}, h_r^T = h_{rr}, \textit{then } \boldsymbol{f} = (h_{cc}^T)^{-1} \boldsymbol{g} \left(h_{rr}\right)^{-1}$$

$$(h_{cc}^T)^{-1} = \left[\boldsymbol{u}_1 \, \boldsymbol{u}_2 \, .. \, \boldsymbol{u_N}\right], \; \left(h_{rr}\right)^{-1} = \begin{bmatrix} \boldsymbol{v_1^T} \\ \boldsymbol{v_2^T} \\ . \\ . \\ \boldsymbol{v_N^T} \end{bmatrix}$$

$$\boldsymbol{f} = \left[\boldsymbol{u}_1 \, \boldsymbol{u}_2 \, ... \, \boldsymbol{u_N}\right] \boldsymbol{g} \begin{bmatrix} \boldsymbol{v_1^T} \\ \boldsymbol{v_1^T} \\ . \\ . \\ . \\ \boldsymbol{v_1^T} \end{bmatrix}$$

출력 영상을 다음과 같이 N^2개의 $N\times N$ 행렬로 나타낸다.

$$g=\begin{bmatrix} g_{11}\,0\,.\,0 \\ 0\;\;0\,.\,0 \\ .\;\;.\,.\,. \\ 0\;\;0\,.\,0 \end{bmatrix}+\begin{bmatrix} 0\;g_{11}\,.\,0 \\ 0\;\;0\;\;.\,0 \\ .\;\;.\;\;.\;. \\ 0\;\;0\;\;.\,0 \end{bmatrix}+....+\begin{bmatrix} 0\,0\,.\;\;0 \\ 0\,0\,.\;\;0 \\ .\;.\;.\;\;. \\ 0\,0\,.\,g_{NN} \end{bmatrix}$$

이때 다음의 관계식을 얻을 수 있다. 여기서 주의할 점은 지금 표현되는 $\boldsymbol{f}$, $\boldsymbol{g}$는 이전에 살펴본 stacking operator를 사용한 구성한 1차원 vector가 아니라는 점이다.

$$f=\sum_{i=1}^{N}\sum_{j=1}^{N}g_{ij}\boldsymbol{u_i}\boldsymbol{v_j^T}$$

다음 조건을 만족시킬 경우 unitary matrix라고 한다.

$$\mathbb{U}(\mathbb{U}^T)^*=\mathbb{U}\mathbb{U}^H=\mathbb{I}$$

Unitary matrix는 역행렬이 원래 행렬에 대한 transpose matrix에 대한 complex conjugate일 경우를 의미하며, real matrix일 경우 orthogonal matrix라 한다.

$\boldsymbol{f}=(h_{cc}^T)^{-1}\boldsymbol{g}\,h_{rr}^{-1}$에서 h_{cc}와 h_{rr}이 unitary 행렬일 경우 아래의 관계가 성립한다.

$$\boldsymbol{f}=h_{cc}\boldsymbol{g}\left(h_{rr}^T\right)^*$$

$$let\,h_{cc}=\mathbb{U},h_{rr}=\mathbb{V}\text{ and}\left(h_{rr}^T\right)^*=h_{rr}^* \qquad \Rightarrow \quad \boldsymbol{f}=\mathbb{U}\boldsymbol{g}\mathbb{V}^*$$

위의 식은 아래의 SVD 문제와 같다.

$$\mathbb{A}=\mathbb{Q}_1\Sigma\mathbb{Q}_2^*$$

위 식에서 g가 대각화(diagonalization)될 수 있으면, 입력 영상보다 더 적은 양의 정보를 사용하여 영상을 표현할 수 있다(g의 형태로). 변환을 위해서는 위에서 $\mathbb{U}$, $\mathbb{V}$는 $\boldsymbol{f}$의 eigenvector를 column vector로 하여 구성하면 된다. 여기서 문제는 $\boldsymbol{f}$가 언제나 self-adjoint 성질을 만족하는가이다. 다음은 $\boldsymbol{f}$가 어떻게 구성되는지 관계없이 $\boldsymbol{ff^T}$는 real-symmetric이므로 대각화가 가능하다는 사실에 근거하여 $\boldsymbol{f}$ 역시 대각화가 가능하다는 사실을 보이고 있다.

영상에 대한 행렬을 g라 하자. 이때 $\boldsymbol{ff^T}$는 real and symmetric matirx이다.

이에 대한 증명은 다음과 같다.

$$(\boldsymbol{ff^T})^T=(\boldsymbol{f^T})^T(\boldsymbol{f^T})=\boldsymbol{ff^T}: symmetric$$

λ_i가 $\boldsymbol{ff^T}$의 eigenvalue이고, $\boldsymbol{u_i}$가 그에 해당하는 eigenvector일 때, $\boldsymbol{f^Tf}$의 eigenvalue

는 $\boldsymbol{ff^T}$의 eigenvalue와 같고, 그에 해당하는 eigenvector는 $v_i = \boldsymbol{g}^T\boldsymbol{u}_i$이다.
영상에 대한 singular value decomposition은 다음과 같이 표현된다.

$$\boldsymbol{g} = \sum_{i=1}^{r} \sqrt{\lambda_i}\,\boldsymbol{u}_i\boldsymbol{v}_i^T$$

1. $\mathbb{A}$는 $\mathbb{A} = \mathbb{Q}_1\Sigma\mathbb{Q}_2^*$로 변환된다. 이때 $\mathbb{Q}_1(m\times m)$은 $\mathbb{A}\mathbb{A}^*$을 대각화(diagonalize)하는 unitary matrix이고, $\mathbb{Q}_2(n\times n)$은 $\mathbb{A}^*\mathbb{A}$를 대각화하는 unitary matrix이다. 즉 $\mathbb{A}\mathbb{A}^* = \mathbb{Q}_1\Lambda_0\mathbb{Q}_1^*$, $\mathbb{A}^*\mathbb{A} = \mathbb{Q}_2\Lambda\mathbb{Q}_2^*$이다. 또한 Σ는 $(m\times n)$ diagonal 행렬이며, 그 구성요소 σ_{ij}는 다음과 같다. $\sigma_{ij} = \sqrt{\lambda_i}$,: λ_i는 $\mathbb{A}\mathbb{A}^*$의 $eigenvalues$이다. $i = 1,2,\ldots,\min(m,n)$

㉮ EigenImage 구하기

다음은 아래 image에 대해 SVD를 수행하고, eigenimage를 구하는 과정이다. 이전에 소개한 SVD의 정리에 따라 구한다.

$$\boldsymbol{f} = \begin{bmatrix}0&1&0\\1&0&1\\0&1&0\end{bmatrix}\ \boldsymbol{ff^T} = \begin{bmatrix}&1&\\1&&1\\&1&\end{bmatrix}\begin{bmatrix}&1&\\1&&1\\&1&\end{bmatrix} = \begin{bmatrix}1&&1\\&2&\\1&&1\end{bmatrix},\ \boldsymbol{f^Tf} = \begin{bmatrix}&1&\\1&&1\\&1&\end{bmatrix}\begin{bmatrix}&1&\\1&&1\\&1&\end{bmatrix} = \begin{bmatrix}1&&1\\&2&\\1&&1\end{bmatrix}$$

위 행렬 $\boldsymbol{ff^T}$에 대한 eigenvalue는 다음과 같이 구해진다.

$$\begin{vmatrix}1-\lambda&0&1\\0&2-\lambda&0\\1&0&1-\lambda\end{vmatrix} = 0$$

$$(1-\lambda)^2(2-\lambda)-(2-\lambda)=0$$

$$(2-\lambda)\left[(1-\lambda)^2-1\right]=0$$

$$(2-\lambda)(1-\lambda-1)(1-\lambda+1)=(2-\lambda)^2(-\lambda)$$

$$\lambda_1 = 2,\ \lambda_2 = 2,\ \lambda_3 = 0$$

위의 각각의 eigenvalue에 대하여 eigenvector를 구하면 다음과 같다. 두 번째 eigenvector는 첫 번째 eigenvector와 orthogonal하고 크기가 '1' 이라는 점을 고려하여 아래와 같이 결정한다.

$$\begin{bmatrix}1&0&1\\0&2&0\\1&0&1\end{bmatrix}\begin{bmatrix}x_1\\x_2\\x_3\end{bmatrix} = 2\begin{bmatrix}x_1\\x_2\\x_3\end{bmatrix}\quad \begin{matrix}x_1+x_3=2x_1\\2x_2=2x_2\\x_1+x_3=2x_3\end{matrix}$$

$$x_1 = x_3,\ x_2 = \text{임의의 값} \Rightarrow x_1 = x_3 = \frac{1}{\sqrt{2}},\ x_2 = 0$$

$$u_1=\begin{bmatrix}\frac{1}{\sqrt{2}}\\0\\\frac{1}{\sqrt{2}}\end{bmatrix},\ u_2=\begin{bmatrix}0\\1\\0\end{bmatrix},\lambda_1=2,\lambda_2=2$$

$\mathbb{AA}^*=\mathbb{Q}_1\Lambda_0\mathbb{Q}_1^*$의 식을 본 예제에 맞게 수정하면 다음과 같다.

$$ff^*=\mathbb{Q}_1\Lambda_0\mathbb{Q}_1^*$$

$$\mathbb{Q}_1=\begin{bmatrix}\frac{1}{\sqrt{2}}&0&0\\0&1&0\\\frac{1}{\sqrt{2}}&0&0\end{bmatrix},\mathbb{Q}_1^T=\begin{bmatrix}\frac{1}{\sqrt{2}}&0&\frac{1}{\sqrt{2}}\\0&1&0\\0&0&0\end{bmatrix},\Lambda_0=\begin{bmatrix}2&0&0\\0&2&0\\0&0&0\end{bmatrix}$$

$$\begin{bmatrix}1&0&1\\0&2&0\\1&0&1\end{bmatrix}=ff^*,$$
$$\begin{bmatrix}\frac{1}{\sqrt{2}}&0&0\\0&1&0\\\frac{1}{\sqrt{2}}&0&0\end{bmatrix}\begin{bmatrix}2&0&0\\0&2&0\\0&0&0\end{bmatrix}\begin{bmatrix}\frac{1}{\sqrt{2}}&0&\frac{1}{\sqrt{2}}\\0&1&0\\0&0&0\end{bmatrix}=\begin{bmatrix}\frac{1}{\sqrt{2}}&0&0\\0&1&0\\\frac{1}{\sqrt{2}}&0&0\end{bmatrix}\begin{bmatrix}\frac{2}{\sqrt{2}}&0&\frac{2}{\sqrt{2}}\\0&2&0\\0&0&0\end{bmatrix}=\begin{bmatrix}1&0&1\\0&2&0\\1&0&1\end{bmatrix}$$

이와 유사하게 f^Tf에 대해서도 유도할 수 있다. 다음은 앞에서 소개된 정리를 이용하여 f^Tf의 eigenvalue와 eigenvector를 구하는 과정이다. 정리의 내용은 다음과 같다. f^Tf의 eigenvalue는 ff^T의 eigenvalue와 같고, eigenvector는 $v_i=g^Tu_i$이다.

$$v_1=\begin{bmatrix}0&1&0\\1&0&1\\0&1&0\end{bmatrix}\begin{bmatrix}\frac{1}{\sqrt{2}}\\0\\\frac{1}{\sqrt{2}}\end{bmatrix}=\begin{bmatrix}0\\\frac{1}{\sqrt{2}}+\frac{1}{\sqrt{2}}\\0\end{bmatrix}=\begin{bmatrix}0\\\sqrt{2}\\0\end{bmatrix}\Rightarrow nomalize\text{하면},\begin{bmatrix}0\\1\\0\end{bmatrix}$$

$$v_2=\begin{bmatrix}0&1&0\\1&0&1\\0&1&0\end{bmatrix}\begin{bmatrix}0\\1\\0\end{bmatrix}=\begin{bmatrix}1\\0\\1\end{bmatrix},\Rightarrow nomalize\text{하면},\begin{bmatrix}\frac{1}{\sqrt{2}}\\0\\\frac{1}{\sqrt{2}}\end{bmatrix}$$

이를 SVD 표기 방식으로 변환하면 다음과 같다.

$$f^* f = \mathbb{Q}_2 \Lambda_2 \mathbb{Q}_2^*$$

$$\mathbb{Q}_2 = \begin{bmatrix} 0 & \frac{1}{\sqrt{2}} & 0 \\ 1 & 0 & 0 \\ 0 & \frac{1}{\sqrt{2}} & 0 \end{bmatrix}, \mathbb{Q}_2^T = \begin{bmatrix} 0 & 1 & 0 \\ \frac{1}{\sqrt{2}} & 0 & \frac{1}{\sqrt{2}} \\ 0 & 0 & 0 \end{bmatrix}, \Lambda_2 = \begin{bmatrix} 2 & 0 & 0 \\ 0 & 2 & 0 \\ 0 & 0 & 0 \end{bmatrix}$$

$\mathbb{A} = \mathbb{Q}_1 \Sigma \mathbb{Q}_2^*$, Σ는 $(m \times n)$ diagonal 행렬이며, 그 대각의 구성 요소가 다음과 같을 때 위를 정리하면 다음과 같다. $\sigma_{ij} = \sqrt{\lambda_i}$,: λ_i는 $\mathbb{A}\mathbb{A}^*$의 *eigenvalues*이다. $i = 1,2,...,\min(m,n)$

$$\mathbb{A} = \begin{bmatrix} \frac{1}{\sqrt{2}} & 0 & 0 \\ 0 & 1 & 0 \\ \frac{1}{\sqrt{2}} & 0 & 0 \end{bmatrix} \begin{bmatrix} \sqrt{2} & 0 & 0 \\ 0 & \sqrt{2} & 0 \\ 0 & 0 & 0 \end{bmatrix} \begin{bmatrix} 0 & 1 & 0 \\ \frac{1}{\sqrt{2}} & 0 & \frac{1}{\sqrt{2}} \\ 0 & 0 & 0 \end{bmatrix} = \begin{bmatrix} \frac{1}{\sqrt{2}} & 0 & 0 \\ 0 & 1 & 0 \\ \frac{1}{\sqrt{2}} & 0 & 0 \end{bmatrix} \begin{bmatrix} 0 & \sqrt{2} & 0 \\ 1 & \sqrt{2} & 1 \\ 0 & 0 & 0 \end{bmatrix} = \begin{bmatrix} 0 & 1 & 0 \\ 1 & 0 & 1 \\ 0 & 1 & 0 \end{bmatrix}$$

이상과 같이 SVD 정리의 내용을 실제 값을 사용하여 확인하여 보았다. 영상 처리에서 SVD를 이용하는 이유는 앞에서 소개된 $f = \sum_{i=1}^{r} \sqrt{\lambda_i}\, \boldsymbol{u}_i \boldsymbol{v}_i^T$을 이용하여 SVD에서 구한 singular value에 따라 영상 f를 각 성분별로 표시하려 함이다. singular value $\sqrt{\lambda_1}$은 $\mathbb{Q}_2^*$의 첫 번째 행(row)에 곱해진다. $\mathbb{Q}_2^*$의 첫 번째 행(row)은 최종적인 행렬 곱에서 $\mathbb{Q}_1$의 첫 번째 열(column)과 계산이 이루어진다. 이는 $\sqrt{\lambda_1}\,[\boldsymbol{u}_1\, \boldsymbol{u}_2 \;\; \boldsymbol{u}_n] \begin{bmatrix} \boldsymbol{v}_1^T \\ \\ \boldsymbol{v}_n^T \end{bmatrix}$의 계산구조를 살펴보면 알 수 있다. 이의 계산과정을 자세히 소개하면 다음과 같다.

$$\mathbb{A} = \begin{bmatrix} \frac{1}{\sqrt{2}} & 0 & 0 \\ 0 & 1 & 0 \\ \frac{1}{\sqrt{2}} & 0 & 0 \end{bmatrix} \begin{bmatrix} \sqrt{2} & 0 & 0 \\ 0 & \sqrt{2} & 0 \\ 0 & 0 & 0 \end{bmatrix} \begin{bmatrix} 0 & 1 & 0 \\ \frac{1}{\sqrt{2}} & 0 & \frac{1}{\sqrt{2}} \\ 0 & 0 & 0 \end{bmatrix} = \begin{bmatrix} \frac{1}{\sqrt{2}} & 0 & 0 \\ 0 & 1 & 0 \\ \frac{1}{\sqrt{2}} & 0 & 0 \end{bmatrix} \left(\begin{bmatrix} \sqrt{2} & 0 & 0 \\ 0 & 0 & 0 \\ 0 & 0 & 0 \end{bmatrix} + \begin{bmatrix} 0 & 0 & 0 \\ 0 & \sqrt{2} & 0 \\ 0 & 0 & 0 \end{bmatrix} \right) \begin{bmatrix} 0 & 1 & 0 \\ \frac{1}{\sqrt{2}} & 0 & \frac{1}{\sqrt{2}} \\ 0 & 0 & 0 \end{bmatrix}$$

$$\mathbb{A} = \begin{bmatrix} \frac{1}{\sqrt{2}} & 0 & 0 \\ 0 & 1 & 0 \\ \frac{1}{\sqrt{2}} & 0 & 0 \end{bmatrix} \begin{bmatrix} \sqrt{2} & 0 & 0 \\ 0 & 0 & 0 \\ 0 & 0 & 0 \end{bmatrix} \begin{bmatrix} \underline{0} & \underline{1} & \underline{0} \\ \frac{1}{\sqrt{2}} & 0 & \frac{1}{\sqrt{2}} \\ 0 & 0 & 0 \end{bmatrix} + \begin{bmatrix} \frac{1}{\sqrt{2}} & 0 & 0 \\ 0 & 1 & 0 \\ \frac{1}{\sqrt{2}} & 0 & 0 \end{bmatrix} \begin{bmatrix} 0 & 0 & 0 \\ 0 & \sqrt{2} & 0 \\ 0 & 0 & 0 \end{bmatrix} \begin{bmatrix} 0 & 1 & 0 \\ \frac{1}{\sqrt{2}} & 0 & \frac{1}{\sqrt{2}} \\ 0 & 0 & 0 \end{bmatrix}$$

$$\mathbb{A} = \begin{bmatrix} \frac{1}{\sqrt{2}} & 0 & 0 \\ 0 & 1 & 0 \\ \frac{1}{\sqrt{2}} & 0 & 0 \end{bmatrix} \begin{bmatrix} \sqrt{2}\,\underline{0} & \sqrt{2}\,\underline{1} & \sqrt{2}\,\underline{0} \\ . & . & . \\ . & . & . \end{bmatrix} + \begin{bmatrix} \frac{1}{\sqrt{2}} & 0 & 0 \\ 0 & 1 & 0 \\ \frac{1}{\sqrt{2}} & 0 & 0 \end{bmatrix} \begin{bmatrix} . & . & . \\ \sqrt{2}\frac{1}{\sqrt{2}} & \sqrt{2}\,0 & \sqrt{2}\frac{1}{\sqrt{2}} \\ . & . & . \end{bmatrix}$$

$$\mathbb{A}=\begin{bmatrix}\frac{1}{\sqrt{2}} & \times & \times \\ 0 & \times & \times \\ \frac{1}{\sqrt{2}} & \times & \times\end{bmatrix}\begin{bmatrix}\sqrt{2}\,\boxed{0} & \sqrt{2}\,\boxed{1} & \sqrt{2}\,\boxed{0} \\ \times & \times & \times \\ \times & \times & \times\end{bmatrix}+\begin{bmatrix}\times & 0 & \times \\ \times & 1 & \times \\ \times & 0 & \times\end{bmatrix}\begin{bmatrix}\times & \times & \times \\ \sqrt{2}\,\boxed{\frac{1}{\sqrt{2}}} & \sqrt{2}\,\boxed{0} & \sqrt{2}\,\boxed{\frac{1}{\sqrt{2}}} \\ \times & \times & \times\end{bmatrix}$$

따라서 위의 식은 다음과 같이 분리될 수 있다.

$$\mathbb{A}=\sqrt{2}\begin{bmatrix}\left(\frac{1}{\sqrt{2}}\cdot 0\right) & \left(\frac{1}{\sqrt{2}}\cdot \sqrt{2}\right) & \left(\frac{1}{\sqrt{2}}\cdot 0\right) \\ (0\cdot 0) & (0\cdot 0) & (0\cdot 0) \\ \left(\frac{1}{\sqrt{2}}\cdot 0\right) & \left(\frac{1}{\sqrt{2}}\cdot \sqrt{2}\right) & \left(\frac{1}{\sqrt{2}}\cdot 0\right)\end{bmatrix}+\sqrt{2}\begin{bmatrix}(0\cdot 1) & (0\cdot 0) & (0\cdot 1) \\ (1\cdot 1) & (1\cdot 0) & (1\cdot 1) \\ (0\cdot 1) & (0\cdot 0) & (0\cdot 1)\end{bmatrix}$$

$$\mathbb{A}=\sqrt{2}\begin{bmatrix}0&1&0\\0&0&0\\0&1&0\end{bmatrix}+\sqrt{2}\begin{bmatrix}0&0&0\\1&0&1\\0&0&0\end{bmatrix}$$

특정 영상을 SVD에 의해 근사화할 경우의 오차는 다음과 같다.

$$D=g-g_k=\sum_{i=k+1}^{r}\sqrt{\lambda_i}\,u_i v_i^T$$

3 LabView를 이용한 선형 변환

3.1 EigenImage Decomposion

다음은 LabView를 사용하여 주어진 영상에 대하여 SVD를 수행한 후 주어진 영상에 대한 eigenimage를 구한다. 또한 제한된 eigenimage와 그에 해당하는 eigenvalue를 사용하여 근사화된 영상의 오차를 위의 식을 사용하여 구한다.

사용하는 영상은 아래의 행렬로 표현된다.

$$f=\begin{bmatrix}255&255&255&255&255&255&255&255\\255&255&255&100&100&100&255&255\\255&255&100&150&150&150&100&255\\255&255&100&150&150&150&100&255\\255&255&100&150&150&150&100&255\\255&255&255&100&100&100&255&255\\255&255&255&255&50&255&255&255\\50&50&50&50&255&255&255&255\end{bmatrix}$$

먼저 LabView를 시작하여 위의 행렬을 만든다. 다음은 해당하는 블록다이어그램과 프론트 패널을 보인다.

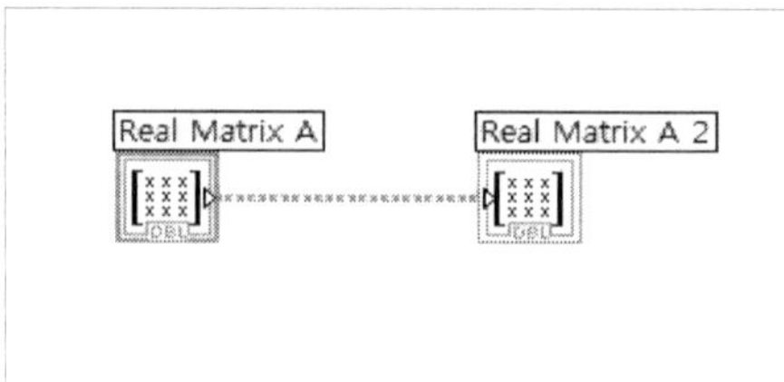

그림 3-2 행렬 만들기

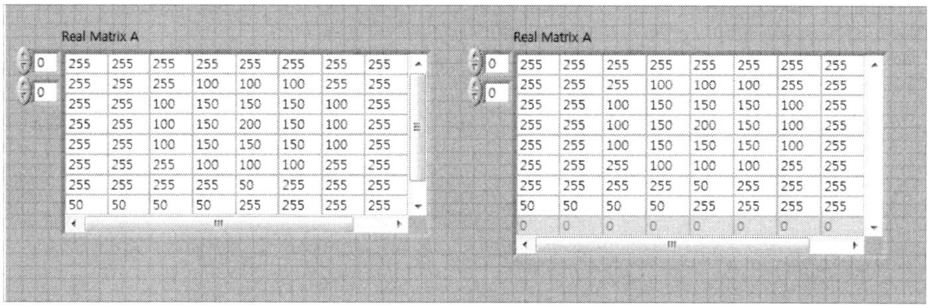

그림 3-3 행렬 결과

위의 행렬에 대하여 ff^T을 구하면 다음과 같다.

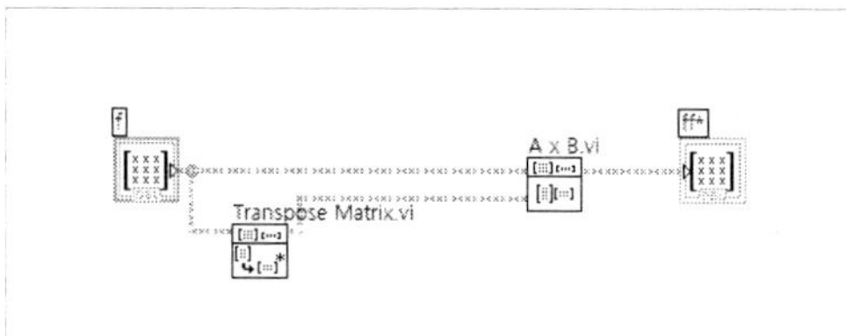

그림 3-4 ff^T 생성 블록다이어그램

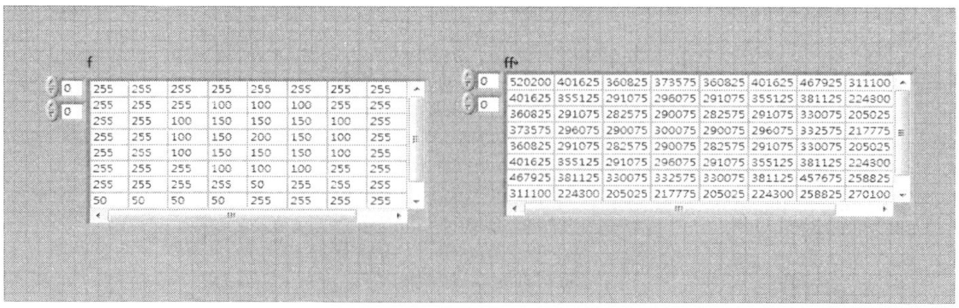

그림 3-5 ff^T 생성 결과

ff^T의 eigenvalue와 eigenvector는 다음과 같이 구할 수 있다.

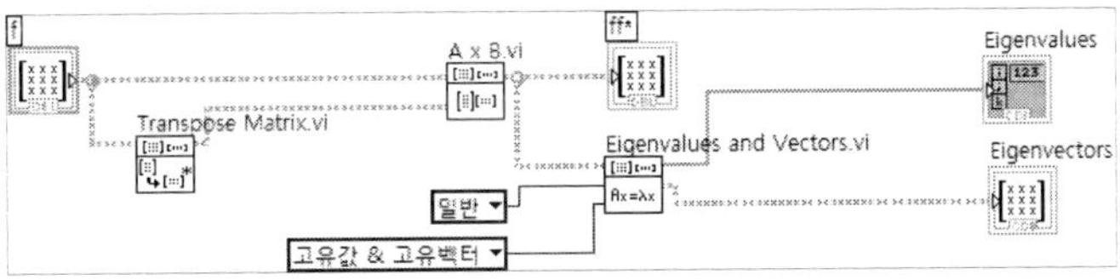

그림 3-6 ff^T eigenvalue/eigenvector

고유값

2593416.5555 +0.(	111621.5232 +0.0(	71738.3223 +0.00(	34790.8580 +0.00(	11882.7410 +0.00(	0.0000 +0.0000 i	0.0000 +0.0000 i	0.0000 +0.0000 i

고유벡터

0.441036 +0 i	-0.167042 +0 i	-0.0800329 +0	0.387927 +0 i	0.764165 +0 i	0.158225 -4.81	0.158225 +4.8	0.00499833 +(	0 +0 i
0.358543 +0 i	0.252047 +0 i	-0.327688 +0 i	-0.446004 +0 i	0.0402576 +0	-0.025621 +0.:	-0.025621 -0.3	-0.09242 +0 i	0 +0 i
0.321079 +0 i	0.0858352 +0	0.439683 +0 i	-0.0346089 +0	-0.201502 +0 i	0.332198 -0.0;	0.332198 +0.0	0.711045 +0 i	0 +0 i
0.329433 +0 i	0.00282168 +(	0.503365 +0 i	-0.0936663 +0	0.1079 +0 i	-0.648723 +0 i	-0.648723 +0 i	-0.0204931 +0	0 +0 i
0.321079 +0 i	0.0858352 +0	0.439683 +0 i	-0.0346089 +0	-0.201502 +0 i	0.316525 +0.0	0.316525 -0.0;	-0.690552 +0 i	0 +0 i
0.358543 +0 i	0.252047 +0 i	-0.327688 +0 i	-0.446004 +0 i	0.0402576 +0	0.025621 -0.3	0.025621 +0.3	0.09242 +0 i	0 +0 i
0.406784 +0 i	0.173314 +0 i	-0.341127 +0 i	0.630062 +0 i	-0.504381 +0 i	-0.158225 +2.:	-0.158225 -2.3	-0.00499833 +	0 +0 i
0.26115 +0 i	-0.894573 +0 i	-0.149834 +0 i	-0.20863 +0 i	-0.256052 +0 i	-1.50607E-16 ·	-1.50607E-16 ·	-4.2622E-16 +(	0 +0 i

그림 3-7 Eigenvalue, Eigenvector 생성 결과

f^Tf에 대한 eigenvalue와 eigenvector를 구하는 블록다이어그램과 프론트 패널은 다음과 같다.

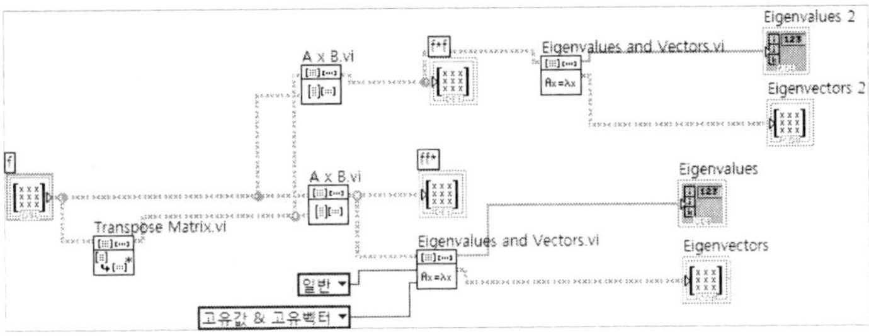

그림 3-8 f^Tf eigenvalue/eigenvector

다음은 f^Tf 행렬의 내용이다.

f*f

457675	457675	339100	298300	269025	308550	349350	467925
457675	457675	339100	298300	269025	308550	349350	467925
339100	339100	292600	228550	191525	238800	302850	349350
298300	298300	228550	220050	185525	230300	238800	308550
269025	269025	191525	185525	237550	237800	243800	321300
308550	308550	238800	230300	237800	282575	291075	360825
349350	349350	302850	238800	243800	291075	355125	401625
467925	467925	349350	308550	321300	360825	401625	520200

그림 3-9 f^Tf 행렬 내용

다음은 f^Tf에 대한 eigenvalue와 eigenvector이다.

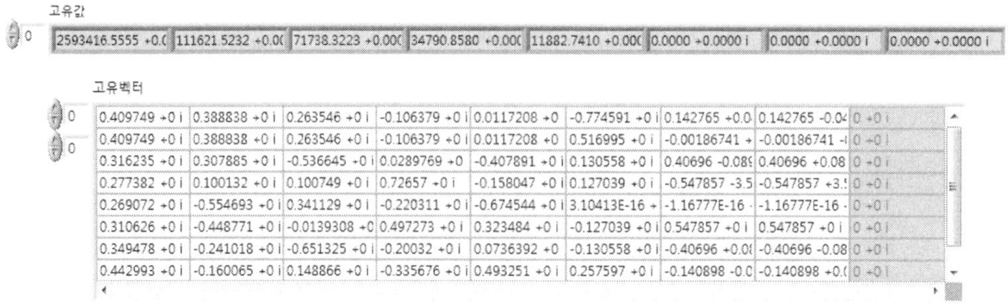

그림 3-10 f^Tf에 대한 eigenvalue와 eigenvector

주어진 영상의 형태를 알아보기 위해 배열을 IMAQ image로 변환하여 주는 VI를 사용할 수 있다. 출력된 결과는 가로, 세로 30배 크기로 디스플레이하였다.

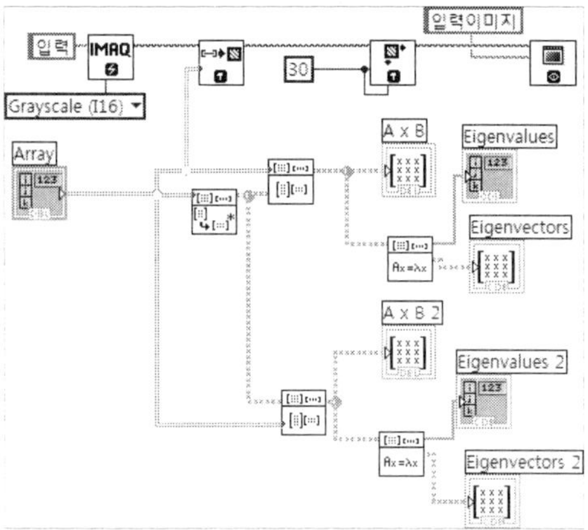

그림 3-11 배열을 Image로 변환

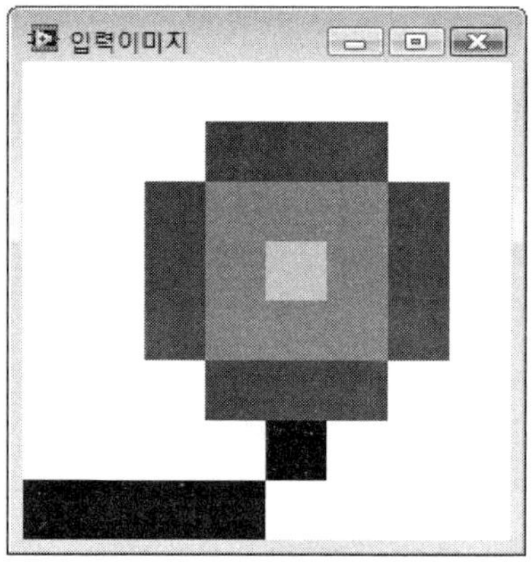

그림 3-12 입력 배열 영상

위의 image에 대한 eigenvalue는 8개이다. 그 크기가 의미 있는 eigenvalue를 살펴보면 상위 5개라고 할 수 있다. 물론 임의로 그 수를 선택하여도 무방하다. 각 eigenimage는 다음과 같이 표현된다.

$$eigen\ image_i = u_i v_i^T$$

먼저 가장 큰 값을 갖는 eigenvalue에 대한 $u_1 v_1^T$를 구한다. 이를 위해 먼저 각 부분별 sub-VI를 소개하기로 한다.

① 다음은 1차원 벡터(eigenvalue에 대한 LabView VI의 출력은 벡터 형태임)를 입력으로 받아, 지정한 위치의 값(eigenvalue)으로 diagonal matrix를 생성하는 VI이다. 그 이름을 eigenvalue_to_eigenDiagonal.vi로 지정한다.

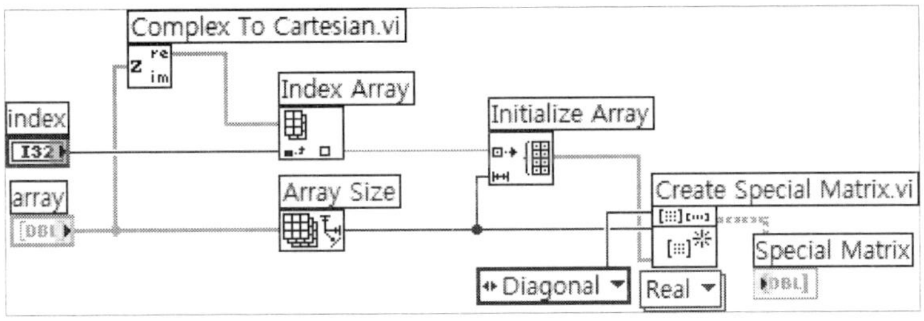

그림 3-13 eigenvalue_to_eigenDiagonal.vi

입력 벡터에 대한 출력은 다음과 같다. 이는 입력 index의 값으로 '0' 을 사용한 결과이다.

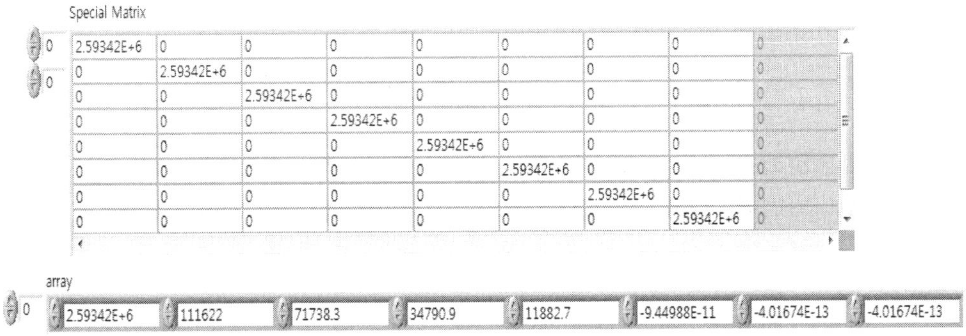

그림 3-14 입력 벡터에 대한 출력

② 다음은 real matrix로부터 index 값에 해당하는 column을 vector 형태로 추출하여 주는 VI이다. 그 이름을 column_vector_from_real_matrix1.vi로 지정한다. 블록다이어그램과 프론트 패널은 다음과 같다. 사용된 예에서는 index 값으로 '0' 을 사용하였다.

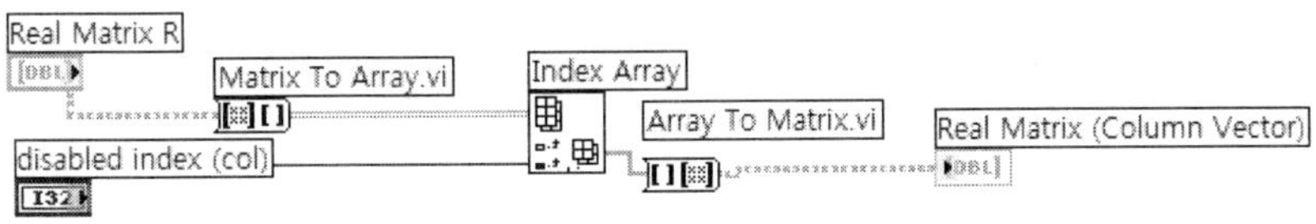

그림 3-15 column_vector_from_real_matrix1.vi

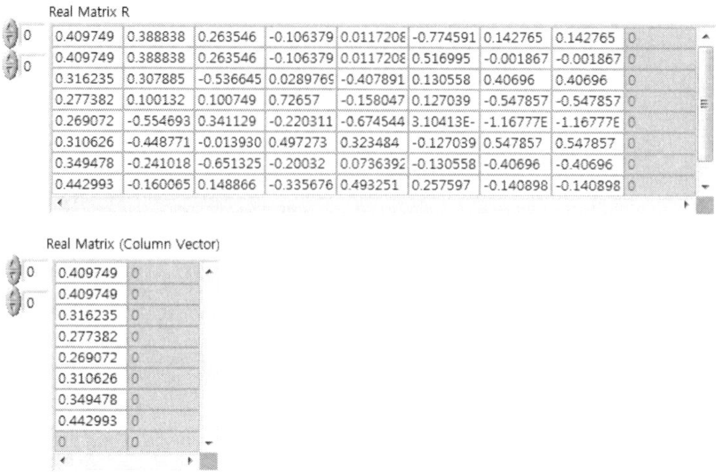

그림 3-16 column_vector_from_real_matrix1.vi 실행 결과

③ 다음은 Array 형태의 데이터에 대한 Image 형태의 출력을 위한 VI이다. 그 이름을 array_image_display.vi로 지정한다. 다음은 블록다이어그램이다.

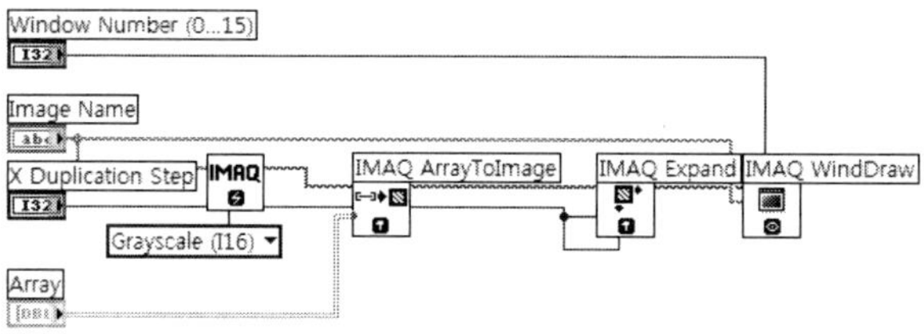

그림 3-17 array_image_display.vi

④ 다음은 2차원 array를 입력받아 그 array를 window에 영상의 형태로 출력하기 위하여, 흑백 영상의 데이터 범위인 [0,255]값으로 변환하여 주는 VI이다. 입력과 출력은 모두 array 형태이다. 이름은 normalization_of_array.vi이다.

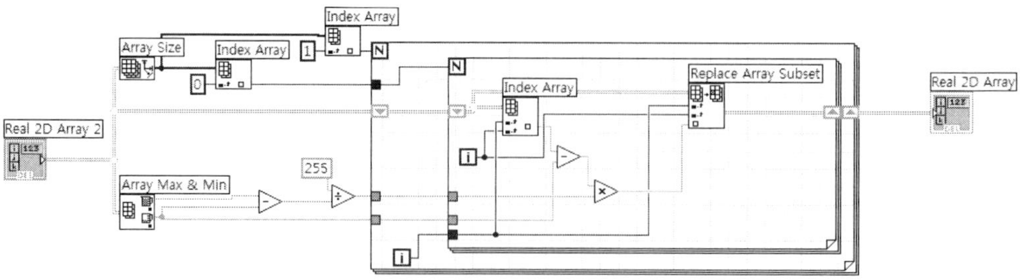

그림 3-18 normalization_of_array.vi

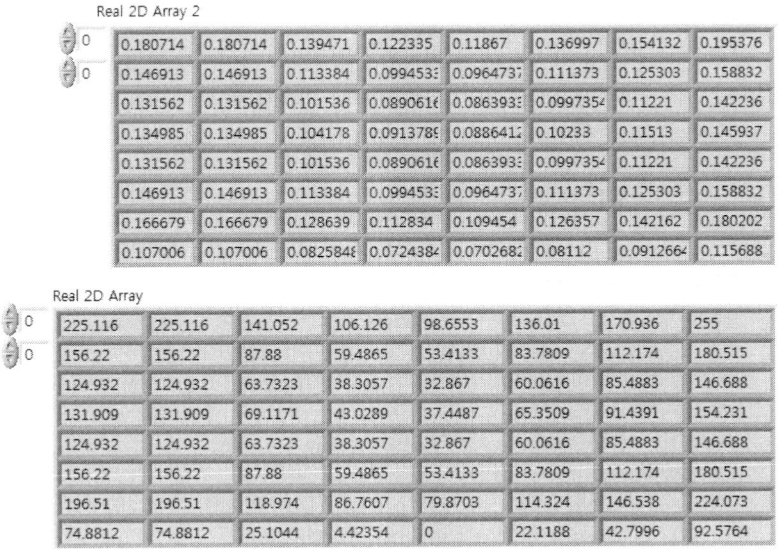

Real 2D Array 2

0.180714	0.180714	0.139471	0.122335	0.11867	0.136997	0.154132	0.195376
0.146913	0.146913	0.113384	0.0994533	0.0964737	0.111373	0.125303	0.158832
0.131562	0.131562	0.101536	0.0890616	0.0863933	0.0997354	0.11221	0.142236
0.134985	0.134985	0.104178	0.0913789	0.0886412	0.10233	0.11513	0.145937
0.131562	0.131562	0.101536	0.0890616	0.0863933	0.0997354	0.11221	0.142236
0.146913	0.146913	0.113384	0.0994533	0.0964737	0.111373	0.125303	0.158832
0.166679	0.166679	0.128639	0.112834	0.109454	0.126357	0.142162	0.180202
0.107006	0.107006	0.0825848	0.0724384	0.0702682	0.08112	0.0912664	0.115688

Real 2D Array

225.116	225.116	141.052	106.126	98.6553	136.01	170.936	255
156.22	156.22	87.88	59.4865	53.4133	83.7809	112.174	180.515
124.932	124.932	63.7323	38.3057	32.867	60.0616	85.4883	146.688
131.909	131.909	69.1171	43.0289	37.4487	65.3509	91.4391	154.231
124.932	124.932	63.7323	38.3057	32.867	60.0616	85.4883	146.688
156.22	156.22	87.88	59.4865	53.4133	83.7809	112.174	180.515
196.51	196.51	118.974	86.7607	79.8703	114.324	146.538	224.073
74.8812	74.8812	25.1044	4.42354	0	22.1188	42.7996	92.5764

그림 3-19 normalization_of_array.vi 실행 결과

⑤ 다음은 $eigen\ image_0 = \boldsymbol{u}_0 \boldsymbol{v}_0^T$을 구하는 블록다이어그램과 그 결과이다. 편의상 가장 큰 eigenvalue를 λ_0로 명명하였으며, 그에 해당하는 eigenimage를 $eigenimage_0$로 표기하였다.

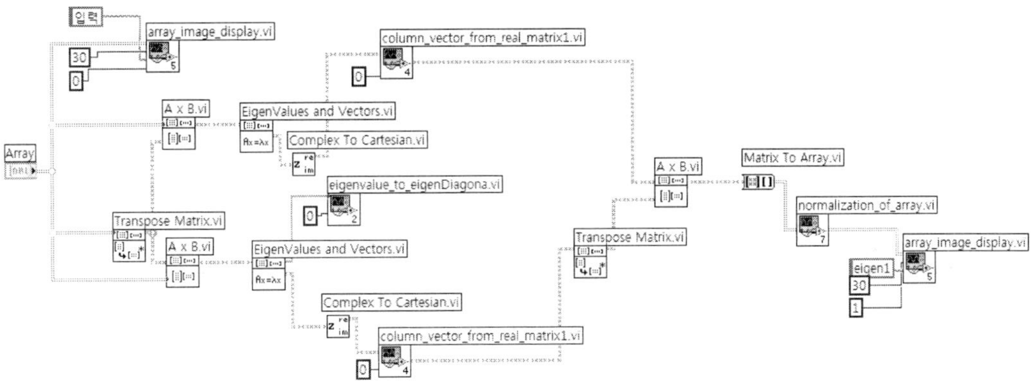

그림 3-20 $eigen\ image_0 = \boldsymbol{u}_0 \boldsymbol{v}_0^T$를 구하는 블록다이어그램

위의 블록다이어그램을 사용하여 구한 eigenimage는 다음과 같다.

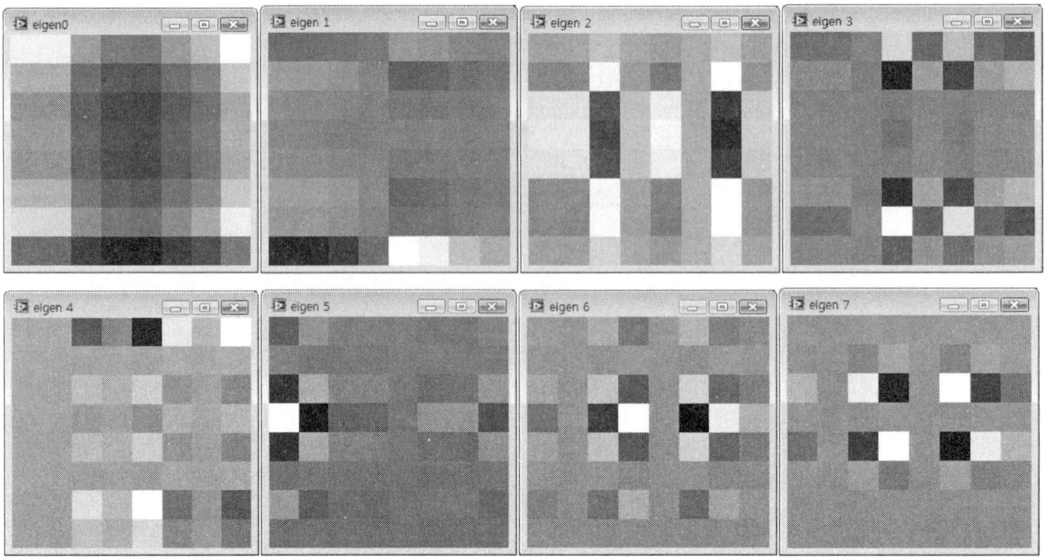

그림 3-21 결과 eigenimage

⑥ 다음은 각 eigenimage를 사용하여 $g=\sum_{i=1}^{r}\sqrt{\lambda_i}\,\boldsymbol{u}_i\boldsymbol{v}_i^T$를 사용하여 영상을 reconstruction하는 블록다이어그램이다. LabView의 Function Pallete → Mathematics → Linear Algebra의 SVD decomposition.vi를 사용하였다.

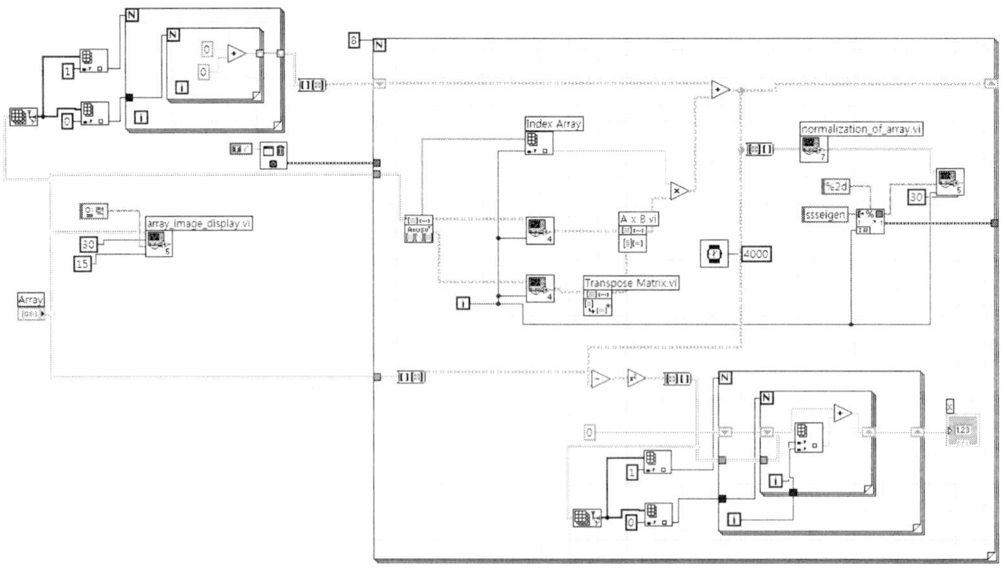

그림 3-22 EigenImage를 이용한 영상 reconstruction

위의 블록다이어그램의 하단부는 실제 영상과 reconstruction 영상과의 차이를 아래의 식을 사용하여 계산하는 부분이다.

$$\sum_{i=1}^{64}(reconstructed\ \text{화소} - input\ \text{화소})^2$$

다음의 그림은 각각 eigenvalue를 1개, 2개, 3개, 4개, 5개, 6개, 7개, 8개 사용하여 reconstruction한 결과이다.

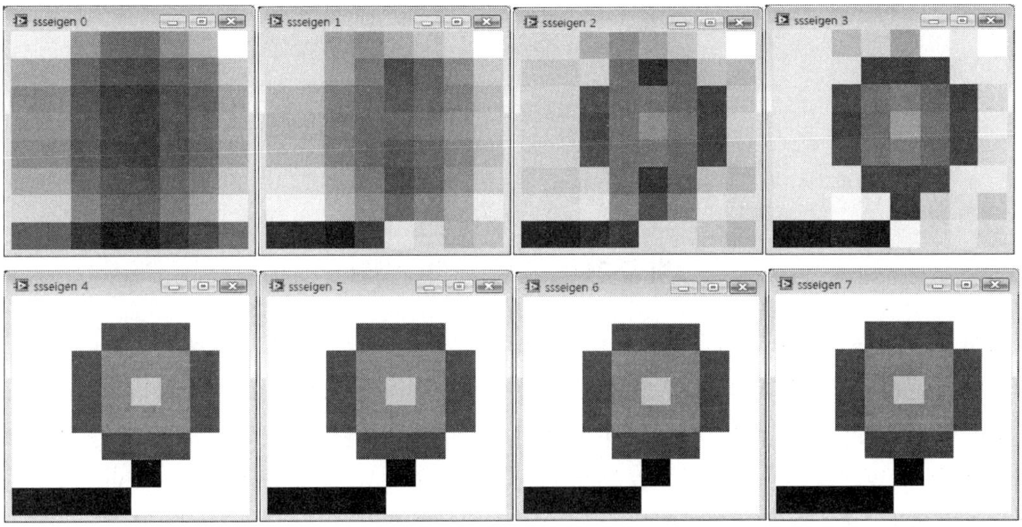

그림 3-23 사용 Eigenimage의 수에 따른 영상 재구성 결과

다음의 표는 reconstruction시 사용한 eigenvalue의 개수에 따른 오차를 나타낸다.

eigen-value	값	λ_1 사용 오차	$\lambda_1\lambda_2$ 사용 오차	$\lambda_1\lambda_2\lambda_3$ 사용 오차	$\lambda_1\lambda_2\lambda_3\lambda_4$ 사용 오차	$\lambda_1\lambda_2\lambda_3\lambda_4\lambda_5$ 사용 오차
λ_1	2593416.500	230033	118412	46673.6	11882.7	2.03E-25
λ_2	111621.508	$\sum_{i=2}^{8}\lambda_i$ =230,033.418	$\sum_{i=3}^{8}\lambda_i$ =118,411.91	$\sum_{i=4}^{8}\lambda_i$ =46,673.597	$\sum_{i=5}^{8}\lambda_i$ =11,882.722	$\sum_{i=6}^{8}\lambda_i$=0.01
λ_3	71738.313					
λ_4	34790.875					
λ_5	11882.712					
λ_6	0.009					
λ_7	0.001					
λ_8	0.000					

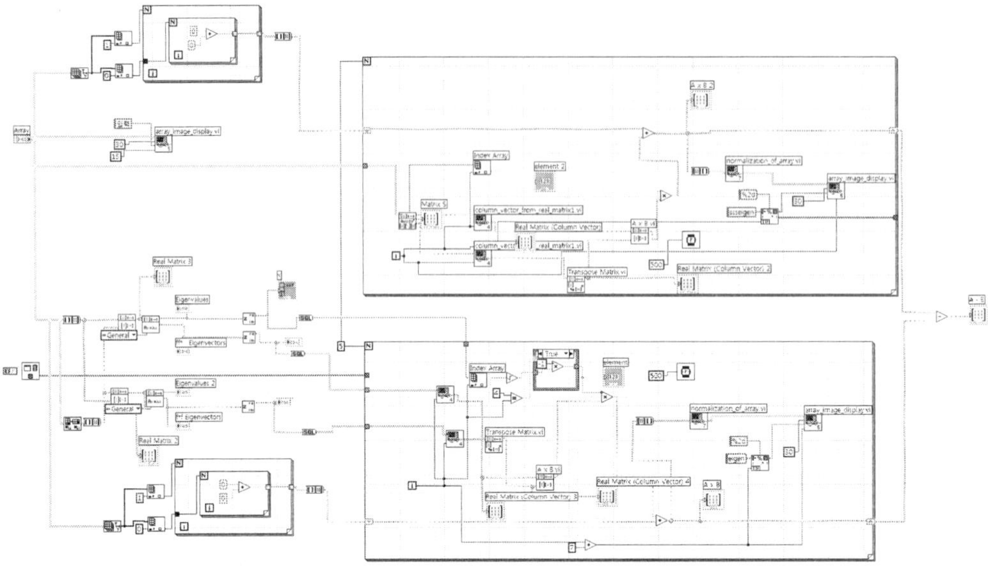

그림 3-24 통합 블록다이어그램

위의 그림은 SVD decomposition.vi를 사용한 블록다이어그램과 교재에서 전개한 내용을 행렬 관련 vi를 사용하여 구성한 블록다이어그램을 통합적으로 보여준다. Labview Linear Algebra의 기본 vi를 사용하여 교재의 내용을 구현할 경우 다섯 번째 eigenvalue에서 오류가 발생한다. 위의 블록다이어그램의 하단부에서 다섯 번째 eigenvalue에 (-1)을 곱할 경우 정확한 결과를 얻을 수 있다.

지금까지는 주어진 영상에 대해 eigenimage를 사용하여 주어진 영상을 분해하는 과정을 보였다. 모든 영상에 대해 주어진 영상을 분해할 수 있는 기본 영상에 관하여 살펴보기로 하자. 이들은 complete orthonormal sets of discrete valued discrete function으로 정의된다. complete and orthonormal set of functions 의 대표적인 예는 e^{jnt}이며, 이는 푸리에 변환의 기저함수로 사용된다. 다음은 complete sets of orthonormal discrete valued function에 관한 예이다.

※ orthogonal 행렬의 column은 orthonormal vector를 이룬다.

행렬 $\mathbb{A}$가 $(N \times N)$ orthogonal matrix라 하면, $\mathbb{A}^T = \mathbb{A}^{-1}$을 만족한다. 행렬 $\mathbb{A}$를 성분별로 나타내보면 다음과 같다.

$$\mathbb{A} = \begin{bmatrix} u_{11}\, u_{12}\, u_{13} \cdot u_{1N} \\ u_{21}\, u_{22}\, u_{23} \cdot u_{2N} \\ \cdot \quad \cdot \quad \cdot \quad \cdot \quad \cdot \\ \cdot \quad \cdot \quad \cdot \quad \cdot \quad \cdot \\ u_{N1}\, u_{N2} \;\cdot\; \cdot \;\cdot u_{NN} \end{bmatrix} = \begin{bmatrix} u_1\, u_2 \qquad\qquad u_N \end{bmatrix}$$

$\mathbb{A}^T = \mathbb{A}^{-1}$을 이용하면 다음의 관계식을 얻을 수 있다.

$$\mathbb{A}=\begin{bmatrix} u_{11} & u_{12} & u_{13} & \cdot & u_{1N} \\ u_{21} & u_{22} & u_{23} & \cdot & u_{2N} \\ \cdot & \cdot & \cdot & \cdot & \cdot \\ \cdot & \cdot & \cdot & \cdot & \cdot \\ u_{N1} & u_{N2} & \cdot & \cdot & u_{NN} \end{bmatrix},$$

$$\mathbb{A}^T=\begin{bmatrix} u_{11} & u_{21} & u_{31} & \cdot & u_{N1} \\ u_{21} & u_{22} & u_{32} & \cdot & u_{N2} \\ \cdot & \cdot & \cdot & \cdot & \cdot \\ \cdot & \cdot & \cdot & \cdot & \cdot \\ u_{1N} & u_{2N} & \cdot & \cdot & u_{NN} \end{bmatrix} \Rightarrow \mathbb{A}\mathbb{A}^T=\mathbb{A}\mathbb{A}^{-1}=\mathbb{I}$$

$$\mathbb{A}\mathbb{A}^T=\begin{bmatrix} u_1^T u_1 & u_1^T u_2 & u_1^T u_3 & \cdot & u_1^T u_N \\ u_2^T u_1 & u_2^T u_2 & u_2^T u_3 & \cdot & u_2^T u_N \\ \cdot & \cdot & \cdot & \cdot & \cdot \\ \cdot & \cdot & \cdot & \cdot & \cdot \\ u_N^T u_1 & u_N^T u_2 & & \cdot & u_N^T u_N \end{bmatrix} \mathbb{A}\mathbb{A}^T=\begin{bmatrix} (u_1 \bullet u_1) & (u_1 \bullet u_2) & \cdot\cdot & (u_1 \bullet u_1) \\ (u_2 \bullet u_1) & (u_2 \bullet u_2) & \cdot & (u_2 \bullet u_N) \\ \cdot & \cdot & \cdot\cdot & \cdot \\ \cdot & \cdot & \cdot\cdot & \cdot \\ (u_1 \bullet u_N) & (u_2 \bullet u_N) & \cdot\cdot & (u_N \bullet u_1) \end{bmatrix}=\begin{bmatrix} 1000 \\ 0100 \\ 00.0 \\ 0001 \end{bmatrix}$$

$$즉\ u_i \bullet u_j=\begin{cases} 1 & \text{for } i=j \\ = & \text{for } i \neq j \end{cases}$$

따라서, orthogonal matrix의 각 column vector는 "an orthonormal set of vectors" 이다.

※ orthogonal 행렬의 역행렬 역시 orthogonal matrix이다.

$$\mathbb{A}^T=\mathbb{A}^{-1}에서,\ (\mathbb{A}^T)^T=(\mathbb{A}^{-1})^T,\ \mathbb{A}=(\mathbb{A}^{-1})^T,\ (\mathbb{A}^{-1})^{-1}=(\mathbb{A}^{-1})^T$$

※ orthogonal 행렬의 row는 orthonormal vector를 이룬다.

행렬 $\mathbb{A}$가 orthogonal 행렬이면, 위의 유도에 의해 $\mathbb{A}^{-1}$역시 orthogonal matrix이다. $\mathbb{A}^{-1}$가 orthogonal matrix이라 함은, 행렬 $\mathbb{A}^{-1}$의 column vector가 orthonormal vector를 구성함을 의미한다. 행렬 $\mathbb{A}^{-1}$의 column vector는 $\mathbb{A}^T=\mathbb{A}^{-1}$에 의해 행렬 $\mathbb{A}$의 row vector이다. 따라서 행렬 $\mathbb{A}$의 row vector는 orthonormal vector를 구성한다.

3.2 직교 변환의 예

㉮ Harr 변환

Harr function은 아래와 같다.

$$\mathbb{H}_0(t) = 1 \text{ for } 0 \le t < 1$$

$$\mathbb{H}_1(t) = \begin{cases} 1 & \text{for } 0 \le t < \frac{1}{2} \\ -1 & \text{for } \frac{1}{2} \le t < 1 \end{cases}$$

$$\mathbb{H}_{2^p+n}(t) = \begin{cases} \sqrt{2^p} & \text{for } \frac{n}{\sqrt{2^p}} \le t < \frac{(n+0.5)}{\sqrt{2^p}} \\ -\sqrt{2^p} & \text{for } \frac{(n+0.5)}{\sqrt{2^p}} \le t < \frac{(n+1)}{\sqrt{2^p}} \\ 0 & \text{기타구간} \end{cases}$$

$$p = 1,2,3,\ldots \ : \ n = 0,1,2,\ldots,2^p-1$$

Harr function으로부터 4×4 image transformation matrix를 구하는 과정은 다음과 같다.

① 먼저 $H(0,t), H(1,t), H(2,t), H(3,t)$ 를 구면 다음과 같다.

$$H(0,t) = 1 \quad \text{for} \quad 0 \le t \le 1$$

$$H(1,t) = \begin{cases} 1 & \text{for} \quad 0 \le t \le \frac{1}{2} \\ -1 & \text{for} \quad \frac{1}{2} \le t \le 1 \end{cases}$$

$$H(2,t) = \begin{cases} \sqrt{2} & \text{for} \quad 0 \le t \le \frac{1}{4} \\ -\sqrt{2} & \text{for} \quad \frac{1}{4} \le t \le \frac{1}{2} \\ 0 & \text{for} \quad \frac{1}{2} \le t \le 1 \end{cases}$$

$$H(3,t) = \begin{cases} 0 & \text{for} \quad 0 \le t \le \frac{1}{2} \\ \sqrt{2} & \text{for} \quad \frac{1}{2} \le t \le \frac{3}{4} \\ -\sqrt{2} & \text{for} \quad \frac{3}{4} \le t \le 1 \end{cases}$$

위의 그림에서 변환하고자 하는 영상의 크기가 4이므로 그래프상의 t값에 4를 곱하여 수정한다. 수정된 그래프를 참조하여 아래와 같이 변환 행렬 H를 구한다.

$$H(s,t)=\begin{bmatrix} h_{00} & & \\ & & \\ & & h_{33} \end{bmatrix}=\frac{1}{2}\begin{bmatrix} 1 & 1 & 1 & 1 \\ 1 & 1 & -1 & -1 \\ \sqrt{2} & -\sqrt{2} & 0 & 0 \\ 0 & 0 & \sqrt{2} & -\sqrt{2} \end{bmatrix}$$

아래의 영상에 대하여 Harr변환을 수행한 결과를 보이시오.

풀 이

$$g=\begin{bmatrix} 0\,1\,1\,0 \\ 1\,0\,0\,1 \\ 1\,0\,0\,1 \\ 0\,1\,1\,0 \end{bmatrix} \quad A=HgH^T\text{에서}$$

$$A=\frac{1}{4}\begin{bmatrix} 1 & 1 & 1 & 1 \\ 1 & 1 & -1 & -1 \\ \sqrt{2} & -\sqrt{2} & 0 & 0 \\ 0 & 0 & \sqrt{2} & -\sqrt{2} \end{bmatrix}\begin{bmatrix} 0\,1\,1\,0 \\ 1\,0\,0\,1 \\ 1\,0\,0\,1 \\ 0\,1\,1\,0 \end{bmatrix}\begin{bmatrix} 1 & 1 & \sqrt{2} & 0 \\ 1 & 1 & -\sqrt{2} & 0 \\ 1 & -1 & 0 & \sqrt{2} \\ 1 & -1 & 0 & -\sqrt{2} \end{bmatrix}$$

$$=\frac{1}{4}\begin{bmatrix} 1 & 1 & 1 & 1 \\ 1 & 1 & -1 & -1 \\ \sqrt{2} & -\sqrt{2} & 0 & 0 \\ 0 & 0 & \sqrt{2} & -\sqrt{2} \end{bmatrix}\begin{bmatrix} 2 & 0 & -\sqrt{2} & \sqrt{2} \\ 2 & 0 & \sqrt{2} & -\sqrt{2} \\ 2 & 0 & \sqrt{2} & -\sqrt{2} \\ 2 & 0 & -\sqrt{2} & \sqrt{2} \end{bmatrix}$$

$$=\frac{1}{4}\begin{bmatrix} 8 & 0 & 0 & 0 \\ 0 & 0 & 0 & 0 \\ 0 & 0 & -4 & 4 \\ 0 & 0 & 4 & -4 \end{bmatrix}=\begin{bmatrix} 2 & 0 & 0 & 0 \\ 0 & 0 & 0 & 0 \\ 0 & 0 & -1 & 1 \\ 0 & 0 & 1 & -1 \end{bmatrix}$$

다음은 4×4 harr 변환에 대한 basis image와 이를 구하는 LabView Vi에 대한 블록다이어그램이다.

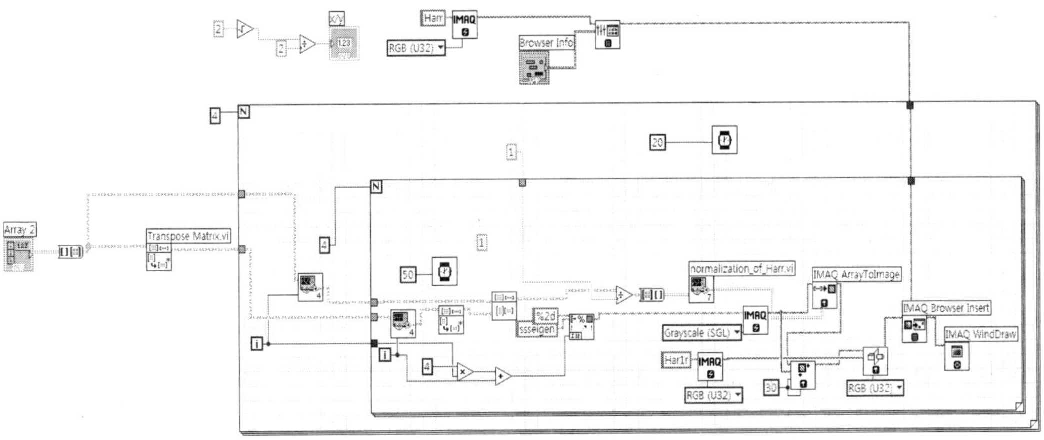

그림 3-25 4×4 Harr 변환에 대한 블록다이어그램

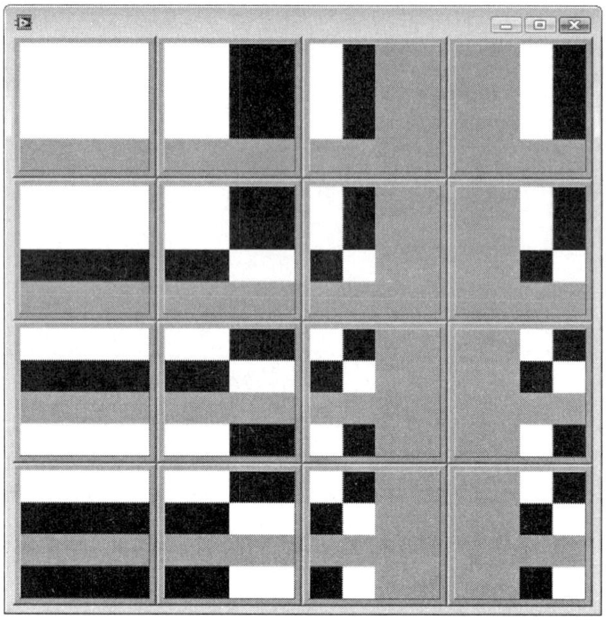

그림 3-26 4×4 Harr 변환 Kernel

㉯ Walsh 변환

Walsh forward 변환식은 다음과 같다.

$$\mathbb{W}(u) = \frac{1}{N}\sum_{x=0}^{N-1} f(x) \prod_{i=0}^{n-1} (-1)^{b_i(x) b_{n-1-i}(u)}$$

$b_k(z)$: z를 이진수 표현에 대한 k번째 비트

$N = 2^n$

다음은 1차원 Walsh Transform에 대한 kernel 이다.

$$\begin{bmatrix} \mathbb{W}(0) \\ \mathbb{W}(1) \\ \mathbb{W}(2) \\ \mathbb{W}(3) \\ \mathbb{W}(4) \\ \mathbb{W}(5) \\ \mathbb{W}(6) \\ \mathbb{W}(7) \end{bmatrix} = \frac{1}{8} \begin{bmatrix} +1 +1 +1 +1 +1 +1 +1 +1 \\ +1 +1 +1 +1 -1 -1 -1 -1 \\ +1 +1 -1 -1 +1 +1 -1 -1 \\ +1 +1 -1 -1 -1 -1 +1 +1 \\ +1 -1 +1 -1 +1 -1 +1 -1 \\ +1 -1 +1 -1 -1 +1 -1 +1 \\ +1 -1 -1 +1 +1 -1 -1 +1 \\ +1 -1 -1 +1 -1 +1 +1 -1 \end{bmatrix} \begin{bmatrix} f(0) \\ f(1) \\ f(2) \\ f(3) \\ f(4) \\ f(5) \\ f(6) \\ f(7) \end{bmatrix}$$

위의 행렬은 symmetric orthogonal matrix(row,column)이다. Orthogonal Matrix의 경우 역행렬이 전치행렬과 같으며, 원래의 행렬이 대칭행렬일 경우 전치행렬은 다시 원래의 행렬이 된다. 즉 역행렬은 원래의 행렬이다. 따라서 Inverse Walsh 변환은 다음과 같이 쓸 수 있다.

$$f(x) = \sum_{u=0}^{N-1} \mathbb{W}(u) \prod_{i=0}^{n-1} (-1)^{b_i(x) b_{n-1-i}(u)}$$

$b_k(z)$: z를 이진수 표현에 대한 k번째 비트

$2^n = N$

순방향 변환과 역방향 변환이 행렬에 대한 스칼라 곱만 다르기 때문에 순방향 계산하는 방법을 역방향 계산에 그대로 사용할 수 있다는 장점이 있다.

2차원 Walsh 변환식은 다음과 같다.

$$\mathbb{W}(u,v) = \frac{1}{N} \sum_{x=0}^{N-1} \sum_{y=0}^{N-1} f(x,y) \prod_{i=0}^{n-1} (-1)^{[b_i(x) b_{n-1-i}(u) + b_i(y) b_{n-1-i}(v)]}$$

$$f(x,y) = \frac{1}{N} \sum_{u=0}^{N-1} \sum_{v=0}^{N-1} \mathbb{W}(u,v) \prod_{i=0}^{n-1} (-1)^{[b_i(x) b_{n-1-i}(u) + b_i(y) b_{n-1-i}(v)]}$$

다음은 $N=4$인 경우의 Walsh 함수를 구하는 과정을 보인다.

$$\mathbb{W}(0) = \frac{1}{4} \sum_{x=0}^{3} \left[f(x) \prod_{i=0}^{1} (-1)^{b_i(x) b_{1-i}(0)} \right] = \frac{1}{4} [f(0) + f(1) + f(2) + f(3)]$$

$$\mathbb{W}(1) = \frac{1}{4} \sum_{x=0}^{3} \left[f(x) \prod_{i=0}^{1} (-1)^{b_i(x) b_{1-i}(1)} \right] = \frac{1}{4} [f(0) + f(1) - f(2) - f(3)]$$

$$\mathbb{W}(2) = \frac{1}{4} \sum_{x=0}^{3} \left[f(x) \prod_{i=0}^{1} (-1)^{b_i(x) b_{1-i}(2)} \right] = \frac{1}{4} [f(0) - f(1) + f(2) - f(3)]$$

$$\mathbb{W}(3) = \frac{1}{4} \sum_{x=0}^{3} \left[f(x) \prod_{i=0}^{1} (-1)^{b_i(x) b_{1-i}(3)} \right] = \frac{1}{4} [f(0) - f(1) - f(2) + f(3)]$$

위의 계산은 $M = \frac{N}{2}, u = 0,1,..M-1$일 때, 다음 관계식을 이용하여 구할 수 있다.

$$\mathbb{W}(u) = \frac{1}{2} [\mathbb{W}_{even}(u) + \mathbb{W}_{odd}(u)]$$

$$\mathbb{W}(u+M) = \frac{1}{2} [\mathbb{W}_{even}(u) - \mathbb{W}_{odd}(u)]$$

즉 $N=4$일 때, $M=2$이며 $u=0,1$이다. 먼저, $\mathbb{W}_{even}(0), \mathbb{W}_{odd}(0), \mathbb{W}_{even}(1), \mathbb{W}_{odd}(1)$을 아래와 같이 계산한다.

$$\mathbb{W}_{even}(0) = \frac{1}{2} [f(0) + f(2)]$$

$$\mathbb{W}_{odd}(0) = \frac{1}{2} [f(1) + f(3)]$$

$$\mathbb{W}_{even}(1) \equiv \frac{1}{2} [f(0) - f(2)]$$

$$\mathbb{W}_{odd}(1) \equiv \frac{1}{2} [f(1) - f(3)]$$

다음은 위에서 구한 중간값을 사용하여 $\mathbb{W}(0)$, $\mathbb{W}(1)$, $\mathbb{W}(0+M)=\mathbb{W}(0+2)=\mathbb{W}(2)$, $\mathbb{W}(1+M)=\mathbb{W}(1+2)=\mathbb{W}(3)$의 순서로 계산을 수행한다.

$$\mathbb{W}(0)=\frac{1}{2}[\mathbb{W}_{even}(0)+\mathbb{W}_{odd}(0)] \Rightarrow \frac{1}{4}[f(0)+f(1)+f(2)+f(3)],$$

$$\mathbb{W}(1)=\frac{1}{2}[\mathbb{W}_{even}(1)+\mathbb{W}_{odd}(1)] \Rightarrow \frac{1}{4}[f(0)+f(1)-f(2)-f(3)]$$

$$\mathbb{W}(2)=\frac{1}{2}[\mathbb{W}_{even}(0)-\mathbb{W}_{odd}(0)] \Rightarrow \frac{1}{4}[f(0)-f(1)+f(2)-f(3)],$$

$$\mathbb{W}(3)=\frac{1}{2}[\mathbb{W}_{even}(1)-\mathbb{W}_{odd}(1)] \Rightarrow \frac{1}{4}[f(0)-f(1)-f(2)+f(3)]$$

다음은 $N=4$인 Walsh 변환에 대한 basis image를 구하는 블록다이어그램과 그 결과이다.

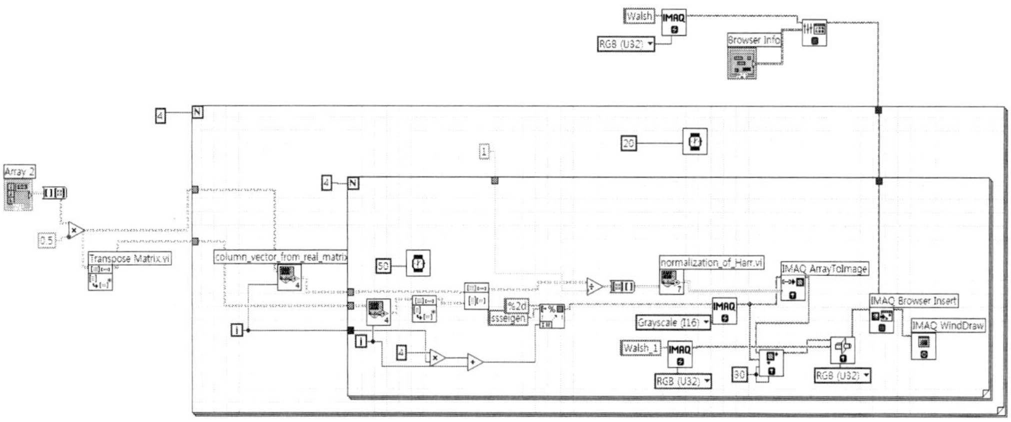

그림 3-27 $N=4$인 Walsh 변환

위의 블록다이어그램에는 "column_vector_from_real_matrix.vi"와 구한 kernel을 출력하기 위하여 적절하게(0..255) 변환하여 주는 "normalization_of_Harr.vi"를 사용하고 있다. 이들 각각에 대한 블록다이어그램은 다음과 같다.

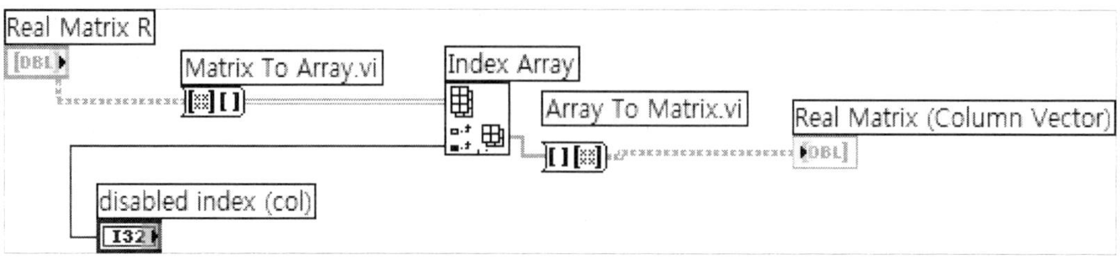

그림 3-28 column_vector_from_real_matrix.vi

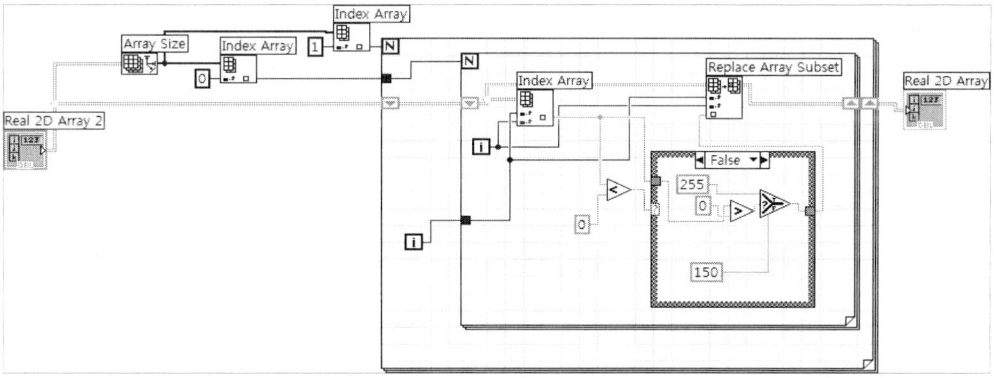

그림 3-29 normalization_of_Harr.vi

다음은 입력으로 사용한 array 값이다. 블록다이어그램의 Array 2에 해당한다.

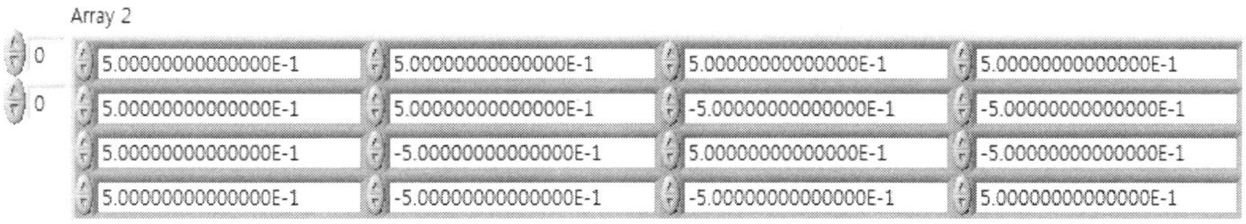

그림 3-30 입력 배열값

다음은 Walsh kernel에 대한 결과이다.

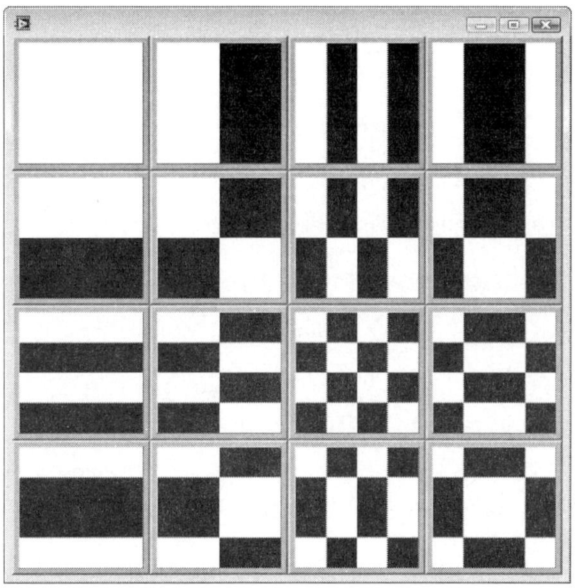

그림 3-31 Walsh Kernel(N=4)

㉰ Hadamard 변환

1차원 순방향/역방향 Hadamard function에 대한 kernel은 다음과 같이 정의된다.

$$g(x,u) = \frac{1}{N}(-1)^{\sum_{i=0}^{n-1} b_i(x)b_i(u)}$$

$$\mathbb{H}(u) = \frac{1}{N}\sum_{x=0}^{N-1} f(x)(-1)^{\sum_{i=0}^{n-1} b_i(x)b_i(u)}$$

$$N = 2^n, u = 0,1,..N-1$$

Walsh 변환에서와 같이 Hadamard 변환은 orthogonal row/columns matrix이다. 따라서 역방향 변환에 대한 kernel과 변환식은 다음과 같다.

$$h(x,u) = (-1)^{\sum_{i=0}^{n-1} b_i(x)b_i(u)}$$

$$f(x) = \sum_{u=0}^{N-1} \mathbb{H}(u)(-1)^{\sum_{i=0}^{n-1} b_i(x)b_i(u)}$$

$$\text{for } x = 0,1,..N-1$$

Walsh에서와 유사하게 2차원 kernel을 구하면 다음과 같다.

$$g(x,y,u,v) = \frac{1}{N}(-1)^{\sum_{i=0}^{n-1}[b_i(x)b_i(u)+b_i(y)b_i(v)]}$$

$$h(x,y,u,v) = \frac{1}{N}(-1)^{\sum_{i=0}^{n-1}[b_i(x)b_i(u)+b_i(y)b_i(v)]}$$

위에서 지수에 있는 $\sum$ 연산은 modulo-2 arithmetic 연산이다.

2차원 Hadamard 변환에 대한 결과는 다음과 같이 요약된다.

$$\mathbb{H}(u,v) = \frac{1}{N}\sum_{x=0}^{N-1}\sum_{y=0}^{N-1} f(x,y)(-1)^{\sum_{i=0}^{n-1}[b_i(x)b_i(u)+b_i(y)b_i(v)]}$$

$$f(x,y) = \frac{1}{N}\sum_{u=0}^{N-1}\sum_{v=0}^{N-1} \mathbb{H}(u,v)(-1)^{\sum_{i=0}^{n-1}[b_i(x)b_i(u)+b_i(y)b_i(v)]}$$

다음은 $N=8$인 경우에 대한 1차원 Hadamard 변환 kernel이다. 아래의 표에서 (+)기호는 (+1)을 의미하며, (−)기호는 (−1)을 의미한다. 또한 각각의 값에 상수 $\frac{1}{N}$을 곱하여 주어야 한다.

u \ X	0	1	2	3	4	5	6	7
0	+	+	+	+	+	+	+	+
1	+	−	+	−	+	−	+	−
2	+	+	−	−	+	+	−	−
3	+	−	−	+	+	−	−	+
4	+	+	+	+	−	−	−	−
5	+	−	+	−	−	+	−	+
6	+	+	−	−	−	−	+	+
7	+	−	−	+	−	+	+	−

Hadamard 변환행렬은 다음의 관계를 만족한다.

$$\mathbb{H}_2 = \begin{bmatrix} 1 & 1 \\ 1 & -1 \end{bmatrix} \text{일 때, } \mathbb{H}_{2N} = \begin{bmatrix} \mathbb{H}_N & \mathbb{H}_N \\ \mathbb{H}_N & -\mathbb{H}_N \end{bmatrix}$$

2차원 변환은 일반적으로 다음과 같은 행렬식으로 표현할 수 있다.

$$\mathbb{T} = \mathbb{H}\mathbb{F}$$

2차원의 행렬 $\mathbb{H}$가 아래와 같이 분리 가능한 선형 변환이라 하자.

$$\mathbb{T} = \mathbb{A}\mathbb{F}\mathbb{A}^T$$

행렬 $\mathbb{A}$가 orthogonal matrix이면, $\mathbb{A}^T = \mathbb{A}^{-1}$이며, $\mathbb{A}^T$, $\mathbb{A}^{-1}$ 역시 orthogonal matrix이다.

행렬 $\mathbb{A}$가 orthogonal matrix이며, 대칭행렬일 경우에는 $\mathbb{A}^T = \mathbb{A}$이므로 위의 식은 $\mathbb{T} = \mathbb{A}\mathbb{F}\mathbb{A}^T = \mathbb{A}\mathbb{F}\mathbb{A}$가 된다. 1차원 Walsh/Hadamard 변환 행렬은 symmetric orthogonal 행렬이므로, 2차원 변환은 $\mathbb{T} = \mathbb{A}\mathbb{F}\mathbb{A}^T = \mathbb{A}\mathbb{F}\mathbb{A}$로 쓸 수 있다. Hadamard 변환은 $\mathbb{A} = \frac{1}{\sqrt{N}}\mathbb{H}_N$로 표현된다.

다음은 위의 1차원 Hadamard 변환 kernel에 대한 부호 변환 회수를 표시하여 나타낸 것이다. 또한 이후의 표는 부호변환 횟수가 적은 순서에 따라 reordering한 것이다.

u \ X	0	1	2	3	4	5	6	7
0	+	+	+	+	+	+	+	+
1	+	−	+	−	+	−	+	−
2	+	+	−	−	+	+	−	−
3	+	−	−	+	+	−	−	+
4	+	+	+	+	−	−	−	−
5	+	−	+	−	−	+	−	+
6	+	+	−	−	−	−	+	+
7	+	−	−	+	−	+	+	−
부호변환횟수	0	7	3	4	1	6	2	5

u \ X	0	1	2	3	4	5	6	7
0	+	+	+	+	+	+	+	+
1	+	+	+	+	−	−	−	−
2	+	+	−	−	−	−	+	+
3	+	+	−	−	+	+	−	−
4	+	−	−	+	+	−	+	−
5	+	−	−	+	−	+	−	+
6	+	−	+	−	−	+	+	−
7	+	−	+	−	+	−	−	+
부호변환횟수	0	1	2	3	4	5	6	7

다음은 N=4인 경우의 Hadamard 변환에 대한 행렬식이다.

$$\mathbb{H}_4 = \begin{bmatrix} 1 & 1 & 1 & 1 \\ 1 & -1 & 1 & -1 \\ 1 & 1 & -1 & -1 \\ 1 & -1 & -1 & 1 \end{bmatrix}, \ \mathbb{A} = \frac{1}{\sqrt{4}}\mathbb{H}_4$$

위의 관계식을 사용하여 kernel을 구하는 블록다이어그램은 다음과 같다.

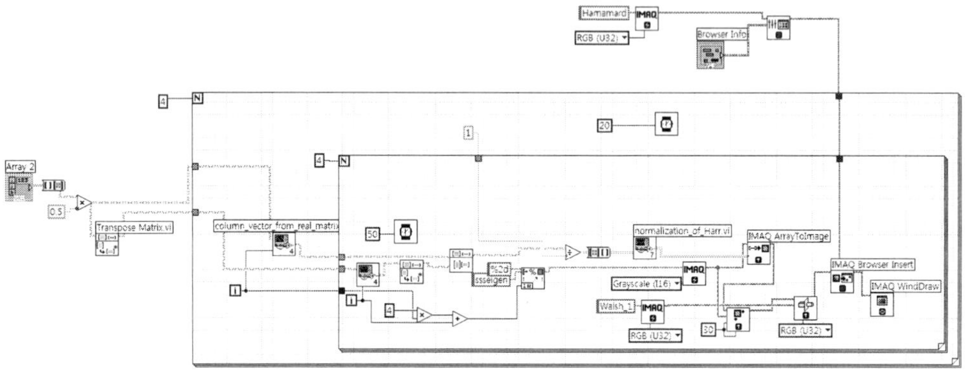

그림 3-32 Hadamard Kerner을 구하는 블록다이어그램

사용한 입력 array는 다음과 같다.

Array 2

1.00000000000000E+0	1.00000000000000E+0	1.00000000000000E+0	1.00000000000000E+0
1.00000000000000E+0	-1.00000000000000E+0	1.00000000000000E+0	-1.00000000000000E+0
1.00000000000000E+0	1.00000000000000E+0	-1.00000000000000E+0	-1.00000000000000E+0
1.00000000000000E+0	-1.00000000000000E+0	-1.00000000000000E+0	1.00000000000000E+0

그림 3-33 입력 Array

reordering을 사용하지 않은 kernel과 reordered kernel은 다음과 같다.

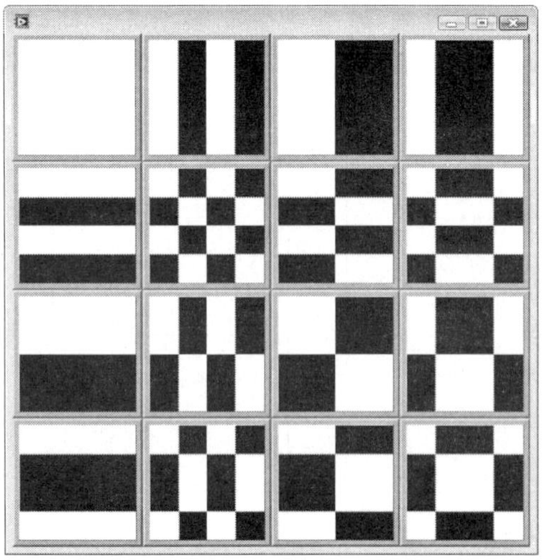

그림 3-34 Non-reordered Kernel

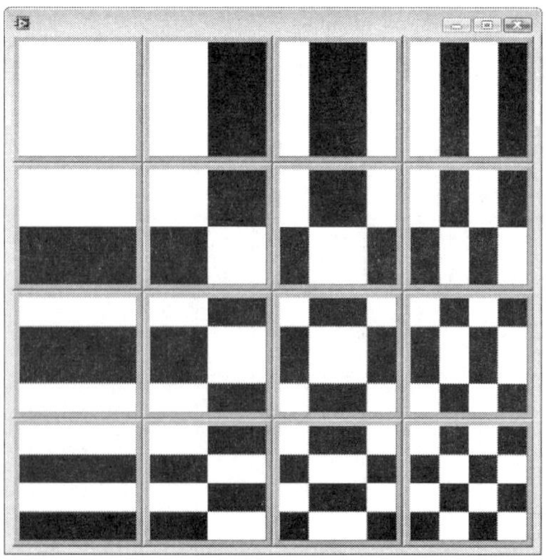

그림 3-35 Reordered Kernel

다음은 reordering을 위한 입력 array이다.

Array 2

1.00000000000000E+0	1.00000000000000E+0	1.00000000000000E+0	1.00000000000000E+0
1.00000000000000E+0	1.00000000000000E+0	-1.00000000000000E+0	-1.00000000000000E+0
1.00000000000000E+0	-1.00000000000000E+0	-1.00000000000000E+0	1.00000000000000E+0
1.00000000000000E+0	-1.00000000000000E+0	1.00000000000000E+0	-1.00000000000000E+0

그림 3-36 Reordering을 위한 입력

㉣ Discrete Cosine Transform

1차원 forward Discrete Cosine Transform function은 다음과 같다.

$$\mathbb{C}(u) = \alpha(u)\sum_{x=0}^{N-1} f(x)\cos\left[\frac{(2x+1)u\pi}{2N}\right], u = 0,1,2,..,N-1$$

$$\alpha(u) = \begin{cases} \frac{1}{\sqrt{N}} : \text{for } u = 0 \\ \frac{\sqrt{2}}{\sqrt{N}} : \text{ for } u = 1,2,..,N-1 \end{cases}$$

1차원 backward DCT function은 다음과 같다.

$$f(x) = \sum_{u=0}^{N-1} \alpha(u)\mathbb{C}(u)\cos\left[\frac{(2x+1)u\pi}{2N}\right], x = 0,1,2,..,N-1$$

$$\alpha(u) = \begin{cases} \frac{1}{\sqrt{N}} : \text{for } u = 0 \\ \frac{\sqrt{2}}{\sqrt{N}} : \text{ for } u = 1,2,..,N-1 \end{cases}$$

2차원 forward DCT function은 다음과 같다.

$$\mathbb{C}(u,v) = \alpha(u)\alpha(v)\sum_{x=0}^{N-1}\sum_{y=0}^{N-1} f(x,y)\cos\left[\frac{(2x+1)u\pi}{2N}\right]\cos\left[\frac{(2y+1)v\pi}{2N}\right], u,v = 0,1,2,..,N-1$$

2차원 backward tDCT function은 다음과 같다

$$f(x,y) = \sum_{u=0}^{N-1}\sum_{v=0}^{N-1} \alpha(u)\alpha(v)\mathbb{C}(u,v)\cos\left[\frac{(2x+1)u\pi}{2N}\right]\cos\left[\frac{(2y+1)v\pi}{2N}\right], x,y = 0,1,2,..,N-1$$

$$\alpha(u),\alpha(v) = \begin{cases} \frac{1}{\sqrt{N}} : \text{for } u,v = 0 \\ \frac{\sqrt{2}}{\sqrt{N}} : \text{ for } u,v = 1,2,..,N-1 \end{cases}$$

2차원 basis function을 구하기 위하여 아래의 식을 구한다.

$$\mathbb{C}(0)=\alpha(0)\sum_{x=0}^{N-1}f(x)\cos[0]=\frac{1}{2}[f(0)+f(1)+f(2)+f(3)]$$

$$\mathbb{C}(1)=\alpha(1)\sum_{x=0}^{N-1}f(x)\cos\left[\frac{(2x+1)\pi}{8}\right]=\sqrt{\frac{2}{4}}\left[f(0)\cos\left(\frac{\pi}{8}\right)+f(1)\cos\left(\frac{3\pi}{8}\right)+f(2\cos\left(\frac{5\pi}{8}\right))+f(3\cos\left(\frac{7\pi}{8}\right))\right]$$

$$\mathbb{C}(2)=\alpha(2)\sum_{x=0}^{N-1}f(x)\cos\left[\frac{(2x+1)2\pi}{8}\right]=\sqrt{\frac{2}{4}}\left[f(0)\cos\left(\frac{2\pi}{8}\right)+f(1)\cos\left(\frac{6\pi}{8}\right)+f(2\cos\left(\frac{10\pi}{8}\right))+f(3\cos\left(\frac{14\pi}{8}\right))\right]$$

$$\mathbb{C}(3)=\alpha(3)\sum_{x=0}^{N-1}f(x)\cos\left[\frac{(2x+1)3\pi}{8}\right]=\sqrt{\frac{2}{4}}\left[f(0)\cos\left(\frac{3\pi}{8}\right)+f(1)\cos\left(\frac{9\pi}{8}\right)+f(2\cos\left(\frac{15\pi}{8}\right))+f(3\cos\left(\frac{21\pi}{8}\right))\right]$$

위를 행렬 형태로 표현하면 다음과 같다.

$$\begin{bmatrix}\mathbb{C}(0)\\\mathbb{C}(1)\\\mathbb{C}(2)\\\mathbb{C}(3)\end{bmatrix}=\begin{bmatrix}\frac{1}{2} & \frac{1}{2} & \frac{1}{2} & \frac{1}{2}\\ \frac{1}{\sqrt{2}}cos\left(\frac{\pi}{8}\right) & \frac{1}{\sqrt{2}}cos\left(\frac{3\pi}{8}\right) & \frac{1}{\sqrt{2}}cos\left(\frac{5\pi}{8}\right) & \frac{1}{\sqrt{2}}cos\left(\frac{7\pi}{8}\right)\\ \frac{1}{\sqrt{2}}cos\left(\frac{2\pi}{8}\right) & \frac{1}{\sqrt{2}}cos\left(\frac{6\pi}{8}\right) & \frac{1}{\sqrt{2}}cos\left(\frac{10\pi}{8}\right) & \frac{1}{\sqrt{2}}cos\left(\frac{14\pi}{8}\right)\\ \frac{1}{\sqrt{2}}cos\left(\frac{3\pi}{8}\right) & \frac{1}{\sqrt{2}}cos\left(\frac{9\pi}{8}\right) & \frac{1}{\sqrt{2}}cos\left(\frac{15\pi}{8}\right) & \frac{1}{\sqrt{2}}cos\left(\frac{21\pi}{8}\right)\end{bmatrix}\begin{bmatrix}f(0)\\f(1)\end{bmatrix}$$

다음은 위의 행렬값에 해당하는 array를 구성하는 블록다이어그램이다. 아래의 블록다이어그램을 실행하여 얻은 행렬은 다음과 같다.

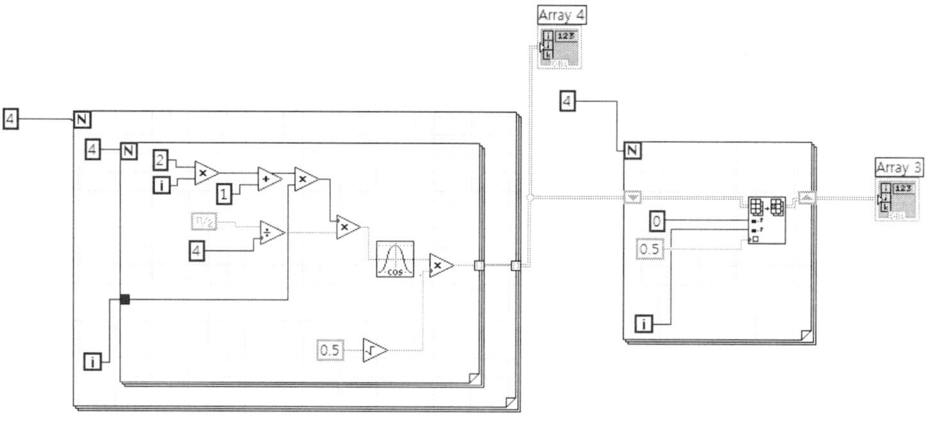

그림 3-37 DCT 입력 행렬

Array 3

0.5	0.5	0.5	0.5
0.653281	0.270598	-0.270598	-0.653281
0.5	-0.5	-0.5	0.5
0.270598	-0.653281	0.653281	-0.270598

그림 3-38 DCT 행렬 결과

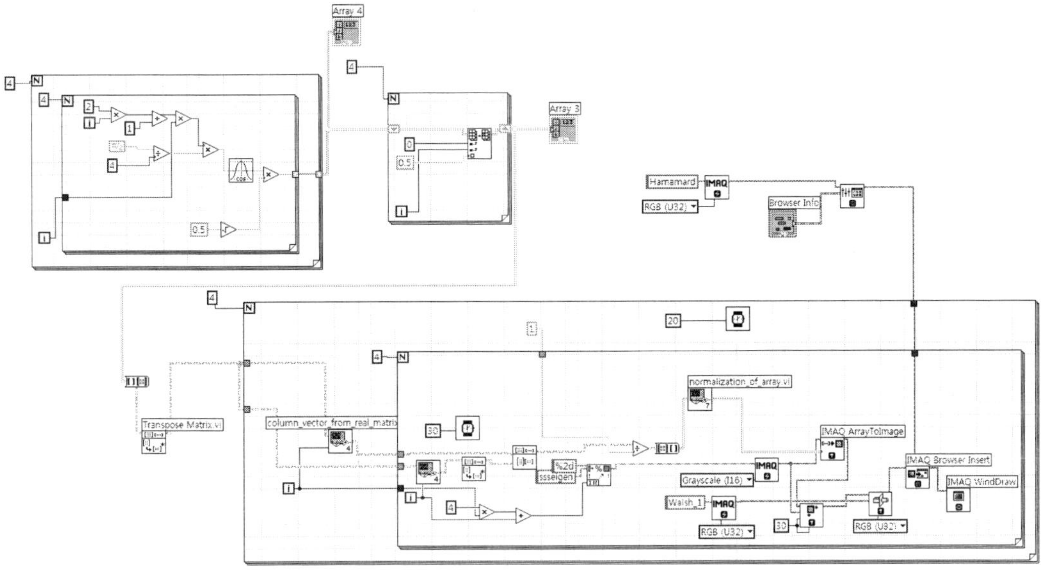

그림 3-39 DCT Kernel을 구하는 블록다이어그램

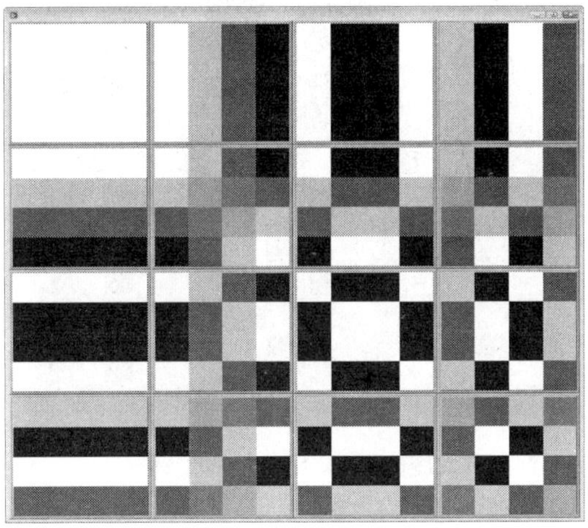

그림 3-40 DCT Kernel

㉮ Slant Transform

$N\times N$에 대한 Slant transform matrix는 다음과 같다.

$$\mathbb{S}_N=\frac{1}{\sqrt{2}}\begin{bmatrix} \begin{vmatrix}1 & 0\\ a_N & b_N\end{vmatrix} & \begin{vmatrix}0 & 0\\ 0 & 0\end{vmatrix} & \begin{vmatrix}1 & 0\\ -a_N & b_N\end{vmatrix} & \begin{vmatrix}0 & 0\\ 0 & 0\end{vmatrix} \\ \begin{vmatrix}0 & 0\\ 0 & 0\end{vmatrix} & \mathbb{I}_{\left(\frac{N}{2}\right)-2} & \begin{vmatrix}0 & 0\\ 0 & 0\end{vmatrix} & \mathbb{I}_{\left(\frac{N}{2}\right)-2} \\ \begin{vmatrix}0 & 1\\ -b_N & a_N\end{vmatrix} & \begin{vmatrix}0 & 0\\ 0 & 0\end{vmatrix} & \begin{vmatrix}0 & -1\\ b_N & a_N\end{vmatrix} & \begin{vmatrix}0 & 0\\ 0 & 0\end{vmatrix} \\ \begin{vmatrix}0 & 0\\ 0 & 0\end{vmatrix} & \mathbb{I}_{\left(\frac{N}{2}\right)-2} & \begin{vmatrix}0 & 0\\ 0 & 0\end{vmatrix} & -\mathbb{I}_{\left(\frac{N}{2}\right)-2} \end{bmatrix}\begin{bmatrix} S_{\frac{N}{2}} & \vdots & 0 \\ \cdots & \vdots & \cdots \\ 0 & \vdots & S_{\frac{N}{2}} \end{bmatrix}$$

위에서 $\mathbb{I}_M : M \times M$ identity matrix이며, 초기 행렬은 다음과 같이 정의된다.

$$\mathbb{S}_2 = \frac{1}{\sqrt{2}}\begin{bmatrix} 1 & 1 \\ 1 & -1 \end{bmatrix}$$

또한 계수는 다음과 같이 정의된다.

$$a_N = \left[\frac{3N^2}{4(N^2-1)}\right]^{\frac{1}{2}}, \; b_N = \left[\frac{N^2-4}{4(N^2-1)}\right]^{\frac{1}{2}}$$

$$\mathbb{S}_4 = \frac{1}{\sqrt{4}}\begin{bmatrix} 1 & 1 & 1 & 1 \\ \frac{3}{\sqrt{5}} & \frac{1}{\sqrt{5}} & \frac{-1}{\sqrt{5}} & \frac{-3}{\sqrt{5}} \\ 1 & -1 & -1 & -1 \\ \frac{1}{\sqrt{5}} & \frac{-3}{\sqrt{5}} & \frac{3}{\sqrt{5}} & \frac{-1}{\sqrt{5}} \end{bmatrix}$$

다음은 Slant 변환에 대한 basis kernel이다.

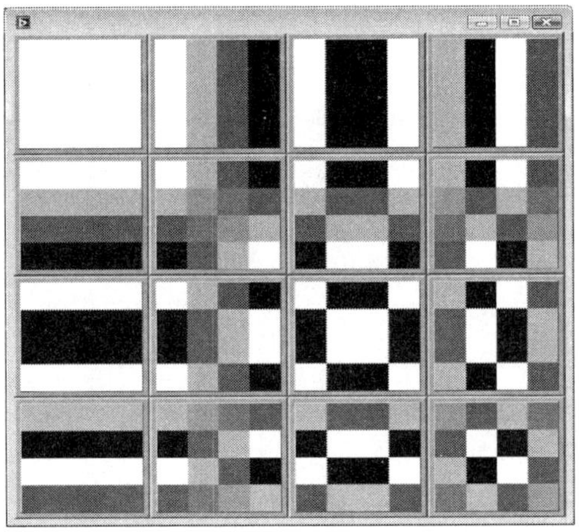

그림 3-41 Slant Kernel

㉶ Hotelling Transform

Random vector $\boldsymbol{x}$의 population을 다음과 같이 표기하기로 한다.

$$\boldsymbol{x} = \begin{bmatrix} x_1 \\ x_2 \\ \\ x_n \end{bmatrix}$$

위에 대한 mean vector는 $\boldsymbol{m}_x = E\{\boldsymbol{x}\}$이다.

Random vector $\boldsymbol{x}$의 covariance matrix는 $\boldsymbol{C}_x = E\{(\boldsymbol{x}-\boldsymbol{m}_x)(\boldsymbol{x}-\boldsymbol{m}_x)^T\}$이며, 이는 real symmetric 행렬이다.

c_{ii} : x_i의 variance, c_{ij} : x_i와 x_j의 covariance이다.

위의 mean vector와 covariance는 M개의 vector 샘플에 대하여 아래의 식에 의해 근사화될 수 있다.

$$m_x = \frac{1}{M}\sum_{k=1}^{M} x_k,\quad C_x = \frac{1}{M}\sum_{k=0}^{M} x_k x_k^T - m_x m_x^T$$

다음은 몇 개의 벡터를 사용한 예이다.

$$x_1 = \begin{bmatrix}0\\0\\0\end{bmatrix}, x_2 = \begin{bmatrix}1\\0\\0\end{bmatrix}, x_3 = \begin{bmatrix}1\\1\\0\end{bmatrix}, x_4 = \begin{bmatrix}1\\0\\1\end{bmatrix} \Rightarrow m_x = E\{x\} = \frac{1}{4}\begin{bmatrix}3\\1\\1\end{bmatrix}$$

$$C_x = \frac{1}{M}\sum_{k=0}^{M} x_k x_k^T - m_x m_x^T = \frac{1}{4}((x_1x_1^T - m_xm_x^T) + (x_2x_2^T - m_xm_x^T) + (x_3x_3^T - m_xm_x^T) + (x_4x_k^T - m_4m_x^T))$$

$$C_x = \frac{1}{4}\left(\begin{bmatrix}0\\0\\0\end{bmatrix}(0\,0\,0) - \frac{1}{4}\frac{1}{4}\begin{bmatrix}3\\1\\1\end{bmatrix}[3\,1\,1]\right) + \frac{1}{4}\left(\begin{bmatrix}1\\0\\0\end{bmatrix}(1\,0\,0) - \frac{1}{4}\frac{1}{4}\begin{bmatrix}3\\1\\1\end{bmatrix}[3\,1\,1]\right)$$

$$+\frac{1}{4}\left(\begin{bmatrix}1\\1\\0\end{bmatrix}(1\,1\,0) - \frac{1}{4}\frac{1}{4}\begin{bmatrix}3\\1\\1\end{bmatrix}[3\,1\,1]\right) + \frac{1}{4}\left(\begin{bmatrix}1\\0\\1\end{bmatrix}(1\,0\,1) - \frac{1}{4}\frac{1}{4}\begin{bmatrix}3\\1\\1\end{bmatrix}[3\,1\,1]\right) = \frac{1}{16}\begin{bmatrix}3 & 1 & 1\\1 & 3 & -1\\1 & -1 & 3\end{bmatrix}$$

위의 Covariance Matrix는 real and symmetric matix이므로, C_x의 eigenvector를 row vector로 취하는 행렬을 $\mathbb{A}$라 하면, 다음과 같이 decomposition이 가능하다.

$$\mathbb{A} C_x \mathbb{A}^T = \Lambda \;:\; \Lambda = C_y$$

이때 다음과 같은 변환을 생각해보자.

$$y = \mathbb{A}(x - m_x)$$

$$m_y = E\{\mathbb{A}(x - m_x)\} = \{\mathbb{A}(Ex - m_x)\} = 0$$

$$C_y = \begin{bmatrix}\lambda_1 & \\ & \lambda_n\end{bmatrix}$$

3.3 DCT 변환을 위한 예제

본 예제에서는 위에서 살펴본 여러 변환 중 DCT 변환을 입력 영상에 수행한다. 위에서 살펴본 DCT는 가로 세로의 크기라 4인 데이터에 대하여 변환을 수행하였다. 따라서 입력된 영상에서 마우스 클릭을 통해 8×8 영상을 추출하여 이를 array로 변환시키는 부분이 필요하게 된다.

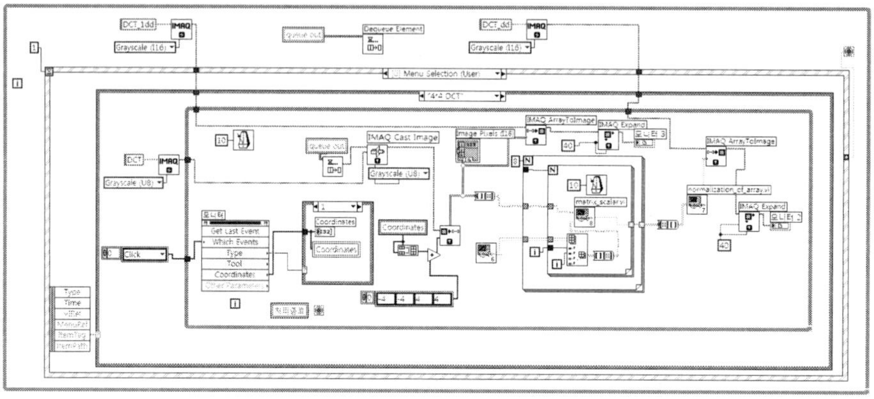

그림 3-42 8×8 DCT 변환 예제 블록다이어그램

다음은 마우스 클릭을 통해 8×8부 영상을 추출한 예이다. 아래 그림의 오른쪽은 8×8부 영상에 대한 실제 값을 보이며, 왼쪽은 이를 가로 세로 각 40배 확대하여 표시한 것이다.

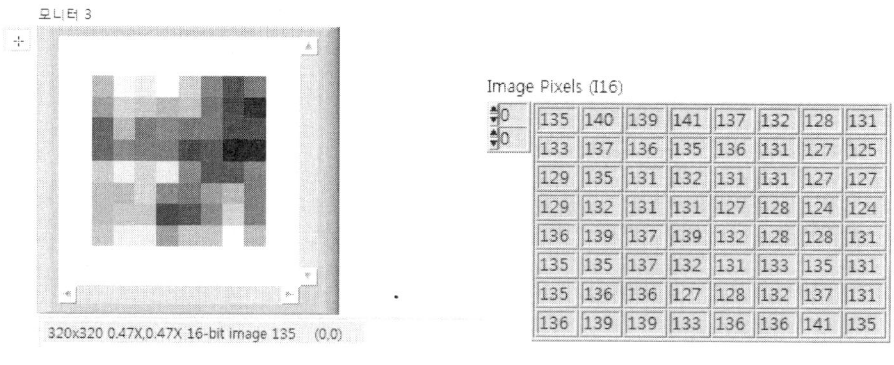

그림 3-43 마우스 클릭을 통한 8×8 영상 샘플링 및 Array data

다음은 8×8 크기에 대한 DCT kernel을 구하는 블록다이어그램과 그 결과이다.

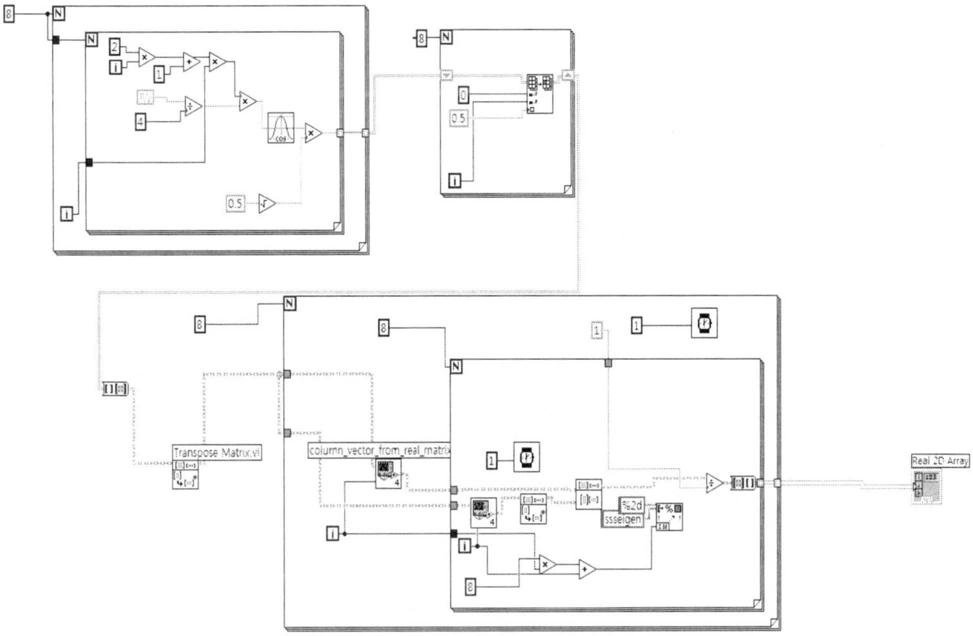

그림 3-44 8×8 DCT Kernel 구하는 블록다이어그램

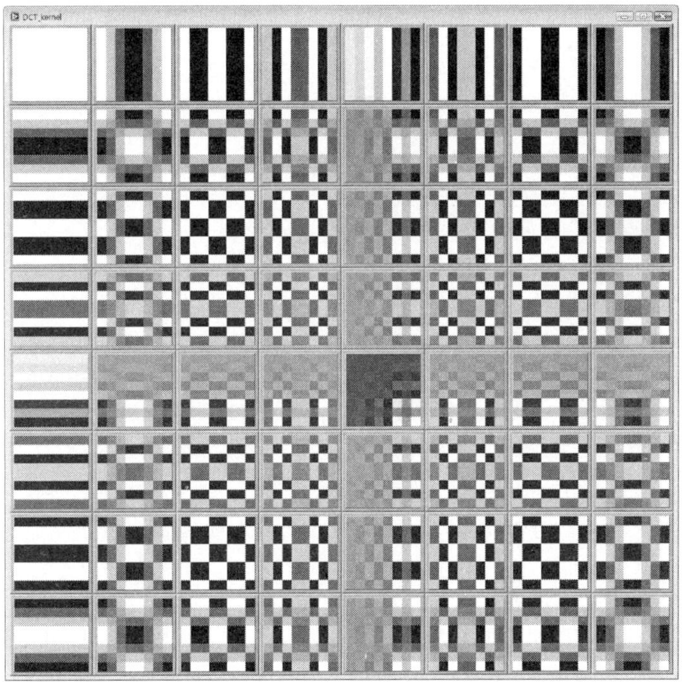

그림 3-45 8×8 DCT Kernel

DCT 변환은 입력 영상에 위의 kernel을 mask 연산을 취해 주면 된다. 이를 위해 먼저 두 행렬에 대하여 위치별로 곱하여 하나의 값을 구하는 VI를 설계한다. 다음은 두 행렬에 대하여 이전에 설명된 Prewit Operator와 같은 연산을 취하는 VI이다. 이 VI의 이름을 matrix_scalar.vi로 명명한다.

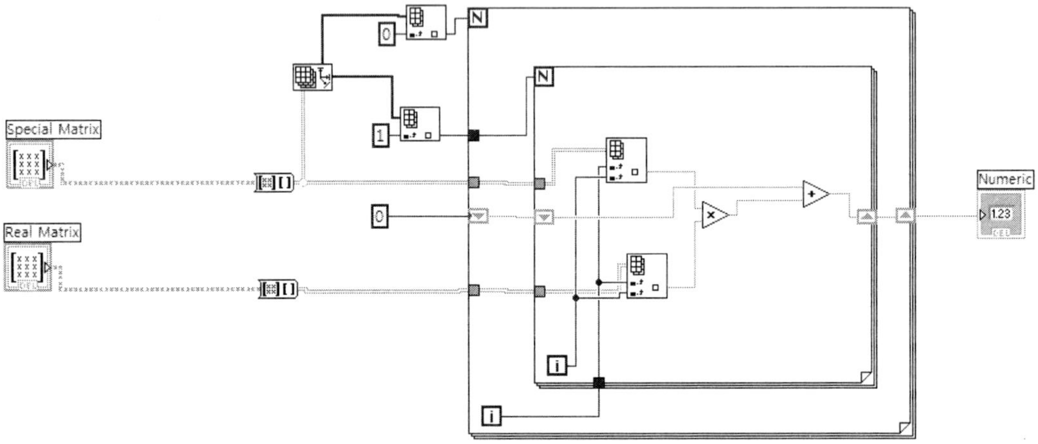

그림 3-46 matrix_scalar.vi

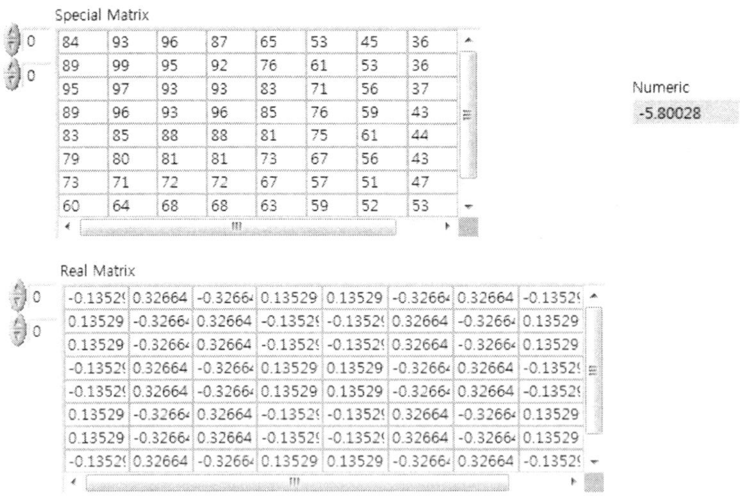

그림 3-47 matrix_scalar.vi 실행 결과

아래의 그림은 DCT 계수를 정규화(가장 큰 값이 255로 표현되게 변형한 것)하여 표시한 결과이다.

그림 3-48 DCT 계수 및 해당 영상

위의 그림에서 좌측은 DCT 계수이며, 오른쪽은 입력 영상이다.

제 4 장

IMAQ Vision 사용 예

1 NI Vision Function palettes

- Vision Utilities

NI Vision에서디지털 영상을 다루고 이를 디스플레이하는 하는 역할을 한다.	
Image Management	영상 관리(manage)와 관련된 VI들이다. 영상이 생성, 제거, 영상 속성의 읽기, 쓰기, 영상의 복사 등과 관련한다.
Files	파일로부터 영상 읽어 들이기, 영상을 파일로 쓰기, 영상 파일로부터 영상 정보 얻기 등에 관련한다.
External Display	외부 영상 윈도우에 영상을 디스플레이한다. • 크기, 위치, 줌 배율 등의 윈도우 속성 읽고 쓰기 • 영상 윈도우에 컬러 팔레트를 할당 • 영상 브라우서의 설정 및 사용 • ROI설정을 위한 drawing tools 설정 및 사용 • draw event에 대한 검출 • 윈도우에 그려진 ROI에 대한 정보 복원
Region Of Interest	윈도우로부터의 사용자 입력 방식이 아닌 ROI에 대한 프로그램에 의한 정의를 위해 사용한다. 또한 ROI를 image mask로의 변환, image mask를 ROI로의 변환에 관련한다.
Image Manipulation	Image의 공간적 내용을 수정한다. Resample, 부분 영상 추출, 회전, 이동, unwrap 등이 있다. Clipboard 작업.
Pixel Manipulation	영상내의 개별 화소 처리에 관련한다. 2D LabView array로의 변환에 관련한다.
Overlays	영상 데이터에 대한 변경 없이 영상의 출력 시 graphic을 영상에 overlay한다.
Calibration	Pixel-coordinate를 real-world coordinate로 변환
Color Utilities	컬러 영상으로부터 영상 데이터를 추출한다.
Vision RT	LabView Real-Time(RT) Module의 사용

• Image Processing

영상에 대한 분석(Analyze), 필터링(Filter), 처리(Process)를 수행한다.

기능	설명
Processing	Grayscale, binary 영상을 처리한다. • thresholding을 이용한 grayscale → binary image • lookup table을 이용한 변환 • watershed 변환 적용 • contrast 변환, 영상의 값 invert
Filters	convolution kernel을 영상에 적용하여 다음을 수행한다. • image smoothing • noise removing • enhance edge
Morphology	• dilation/erosion on grayscale/binary image • 입자 내의 holes 채우기 • 영상의 경계와 닿아있는 입자의 제거 • 작은 입자의 제거 • 원하지 않는 입자의 제거 • 겹쳐 있는 입자의 분리 • 입자의 skeleton 검출 • 원형 입자의 검출
Analysis	grayscale/binary image의 내용에 대한 분석 • histogram 및 grayscale 통계 계산 • binary image로부터 입자의 검출 및 측정
Color Processing	• 컬러 영상에 대한 histogram 계산 • Lookup table을 이용한, brightness, contrast, gamma 변경 • 컬러 영상 thresholding • 이들 중 color matching process를 이용하여 서로 다른 영상에 대한 color 정보의 비교를 수행한다.
Operators	• arithmetic/logical operation • AND/NAND. OR/NOR, XOR/XNOR
Frequency Domain	• spatial domain image↔Frequency domain image • complex image↔complex 2D array 변환 • complex image↔other images 간의 +, -, ×, ÷

• Machine Vision

이는 공통적인 machine vision task를 간단히 구현해 놓은 high-level VI이다.

: Select ROI	image window에서 ROI를 설정할 수 있게 한다.
: Coordinate System	영상 내의 물체로부터 좌표계를 설정한다. 관심 물체는 edge detector/pattern matching을 통하여 구한다.
: Count&Measure Objects	배경으로부터 관심 대상 object의 분리 및 이들에 대한 측정을 수행한다.
: Measure Intensities	화소값, 지정된 선이나 사각형에서의 화소값의 통계
: Measure Distance	거리 측정에 관련한다.
: Locate Edges	수직/수평/원형 edge를 찾는다.
: Find Patterns	패턴에 대한 learn과 search를 수행한다.
: Searching&Matching	grayscale/color image에서 패턴을 생성하고 찾아준다.
: Caliper	영상 내에서 edge를 찾아준다.
: Analytic Geometry	영상의 지정된 points에 대하여 analytic geometry 계산을 수행한다. • fit lines, circles, ellipses • 지정된 점으로 표현되는 다각형의 면적 • 점 사이의 거리, 점에 의한 직선의 각
: OCR	지정된 영상의 영역에 대한 Optical character recognition을 수행한다.
: Classification	binary objects를 그들의 모양 또는 사용자 정의 feature vector에 따라 분류한다.
: Instrument Readers	7-segment에 대한 읽기가 포함된 응용 프로그램의 개발을 쉽게 해주는 VI들로 구성
: Inspection	Golden template image와 영상을 비교

2 Vision 응용 프로그램 작성

다음은 vision 응용 프로그램을 작성하는 일반적인 순서를 나타낸 그림이다. 다음의 절차는 측정(Measurement)이 가능하도록 사전에 준비하는 단계이다. 이는 4.3절의 "측정 가능 영상 준비" 에서 각 부분별로 살펴보기로 한다. 아래 그림의 ②에 해당하는 영상 시스템 보정은 4.7절의 "영상 보정" 부분에서 자세히 살펴본다.

그림 4-1 측정 가능 영상 준비 단계

위의 각 단계를 간단히 살펴보면 다음과 같다.

① 영상 시스템 셋업 : 영상의 획득, 분석 및 처리를 수행하기 전에 실행되는 단계이다. 영상 시스템 셋업은 작업 환경, 수행하고자 하는 분석 및 처리 작업의 유형에 따라 달라진다. 영상 시스템은 원하는 작업을 충분히 수행할 수 있는 품질의 영상을 제공할 수 있어야 한다.

② 영상 시스템 보정 : 이는 영상의 화소 단위의 좌표에 실세계 좌표를 할당하는 과정이다. 또한 영상 시스템에서 발생할 수 있는 perspective 또는 비선형 오류에 대한 보정을 수행하는 과정이다. Perspective 오류는 카메라의 축이 물체와 수직으로 설정되지 않을 경우 발생한다. 비선형 오류는 카메라 렌즈의 수차에 의해 발생한다. LabView에서는 실세계 좌표를 할당하는 [Simple Calibration]과 perspective/비선형 오류를 보정하는 [Perspective Calibration], [Non-linear Calibration]을 사용할 수 있다.

③ 영상 생성 : IMAQ Create VI를 사용하여 사용할 영상에 대한 reference를 생성한다.
④ 영상 획득 : 영상에 대한 reference를 생성한 후, 카메라/파일을 통해 영상을 획득하거나, 2D array의 데이터를 변환하여 영상을 획득한다.
⑤ 영상 출력 : 영상은 외부 윈도우 또는 프론트 패널에 출력이 가능하다.
⑥ 보정 정보 적용 : 현재 설정된 보정 정보를 획득하는 영상에 적용하기 위해서는 IMAQ Set Calibration Info VI를 사용한다. 이에 대한 자세한 설명은 4.7절에 있다.
⑦ 영상 분석 : 특정 작업을 수행하기 전에 이루어지는 영상 분석은 획득한 영상이 수행하고자 하는 작업에 충분한 품질을 가지고 있는지 확인하기 위해서 이루어진다. 또한 검사 수행 시 사용하게 될 파라미터의 값을 얻기 위해 이루어진다.
⑧ 영상 개선 : 이전 단계(영상 분석)를 통하여 특정 목적을 달성하기 위해 영상의 품질을 개선할 필요가 발생할 수 있다. 영상을 개선할 수 있는 주요 요소로는 lookup table, filters, grayscale morphology, FFT 등이 있다.

일반적으로 위의 기본적인 작업을 수행한 후 실시되는 작업은 다음의 세 가지이다.

- 흑백 측정 및 컬러 측정 : 영상에 대한 흑백 또는 컬러 통계값에 대한 측정을 통하여 많은 머신 비전 inspection 작업(특정 요소의 존재 여부 파악, 부품의 결함 유무 판단, 기준 영사오가의 컬러 요소 비교 등)을 수행할 수 있다.
- 입자 분석 : 입자 분석은 면적, 개수, 위치, 입자의 존재와 같은 통계적 정보를 사용한다. 이러한 정보를 사용하여 실리콘 웨어퍼 상의 흠의 검출, 전자 기판의 납땜 결함과 같은 머신 비전 작업을 수행할 수 있다.
- 머신 비전 : 가장 일반적인 머신 비전 작업은 부품의 존재 여부 검사, 부품의 크기에 대한 측정과 관련한다. 이를 위한 기본적인 측정은 영상 내에 존재하는 물체의 특성에 기반을 둔다. 영상 처리 알고리즘은 영상에 포함된 정보의 유형을 에지, 표면, 텍스처, 패턴으로 분류한다. 에지 검출은 rake, concentric rake, spoke를 사용하여 이루어지며, 이들 도구는 에지의 위치를 정밀하게 검출하여 준다. 에지 검출 도구를 사용하여 부품의 폭에 대한 측정을 수행할 수 있으며, 여러 개의 에지에 대한 위치를 조합하여 교차점, 프로젝션, 원 또는 타원으로의 유추를 수행할 수 있다. 패턴 매칭은 에지와 패턴을 이용하는 측정 도구이다. 이상과 같은 측정이 성공적으로 수행되기 위해서는 영상 획득이 원활히 이루어져야 한다. 즉 영상 센서의 해상도, 주변 조명, 렌즈의 성능, 진동의 유무, 검사 대항 부품의 고정 등이 잘 이루어져야 한다.

아래의 그림은 흑백 측정 및 컬러 측정에 관한 절차이다. 이는 4.4절 "흑백 측정 및 컬러 측정"에서 살펴본다.

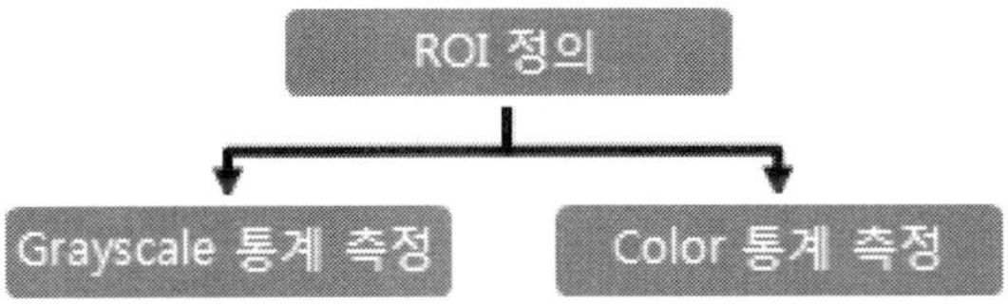

그림 4-2 흑백 측정 및 컬러 측정

아래의 그림은 입자 분석에 대한 절차이다. 이는 4.5절 "입자 분석"에서 살펴본다.

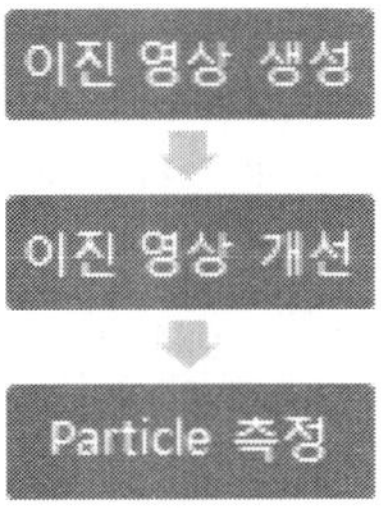

그림 4-3 입자 분석

아래의 그림은 머신 비전에 대한 절차이다. 이는 4.6절 "머신 비전 응용" 부분에서 살펴보기로 한다.

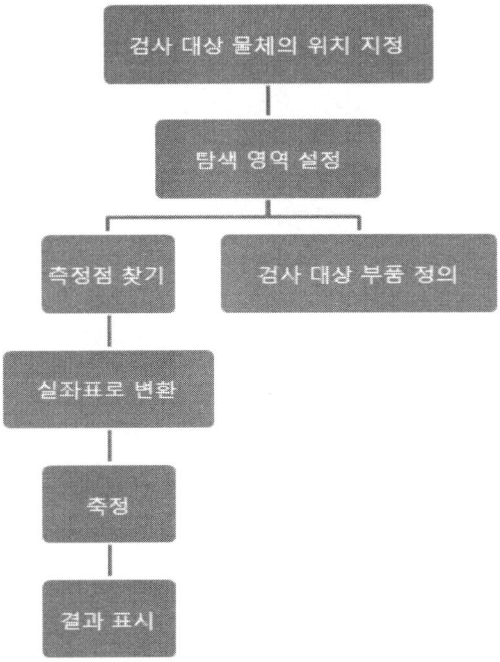

그림 4-4 머신 비전 절차

3 측정 가능 영상 준비

3.1 영상 시스템 셋업

영상 시스템 셋업은 다음과 같이 이루어진다.

㉮주어진 공간과 검사 대상 물체의 크기를 고려하여 장비의 유형을 결정한다.

- 카메라의 영상 센서가 최소 해상도를 보장하는지 확인하다.
- 검사 대상의 모든 물체에 대하여 초점을 맞출 수 있는 렌즈를 선택한다.
- 주변 조명이 검사 대상의 물체와 배경에 대하여 충분한 contrast를 제공하는지 확인한다.

㉯ 카메라를 검사 대상 물체와 수직이 되게 설치한다.

㉰ 적절한 카메라를 선택한다.

㉱ 카메라에 대한 driver software를 MAX를 사용하여 적절히 설정한다.

3.2 영상 생성

Function Pallette의 Vision Utilities → Image Management에 있는 IMAQ Create VI를 사용하여 영상을 생성할 경우에는 생성하는 영상에 대하여 type을 결정해주어야 한다. 다음은 영상 type이다. 영상 생성 자체만으로는 영상에 대한 메모리를 할당하지는 않는다. 영상의 크기가 변화할 경우에는 적절한 메모리를 할당하게 된다. 모든 작업을 완료한 후에는 IMAQ Dispose VI를 사용하여 영상을 제거한다.

- Grayscale(U8, 기본) : 8-bit unsigned
- Grayscale(I16) : 16-bit signed
- Grayscale(SGL) : Floating point
- Complex(CSG)
- RGB(U32) : 32-bit RGB
- HSL(U32) : 32-bit HSL
- RGB(U64) : 64-bit RGB

㉮ 영상을 사용하는 VI의 입출력 형태

ⓐ 영상 분석(Image Analysis) : 아래의 connector pane은 영상을 분석하는 VI의 connector 형태이다. Histogram 계산과 같은 VI는 영상의 내용이나 크기를 변화

시키지 않는다.

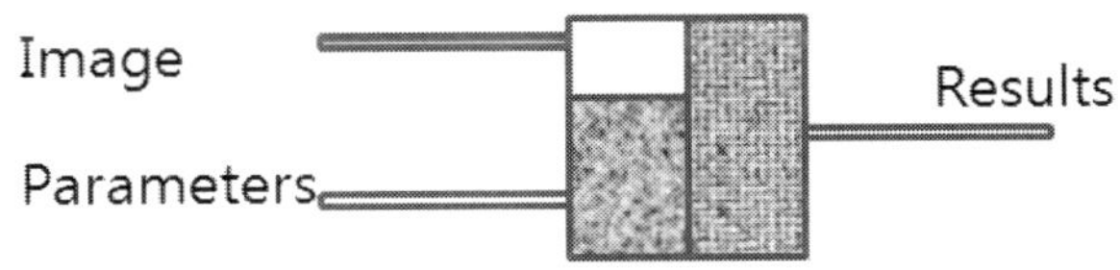

그림 4-5 영상 분석 VI

ⓑ Image Mask : 다음은 Image Mask를 사용하는 VI에 대한 connector pane이다. 입력 영상은 Image Mask에 해당하는 부분만 처리된다. Image Mask는 8-bit 영상이다. 이러한 구조를 가지는 VI라 할지라도 Image Mask 입력 부분을 연결하지 않으면, 전체 영상에 대한 처리가 이루어진다. 입력 영상이 8-bit인 경우, 입력을 Image와 Image Mask에 동시에 연결하면 전체 영상에 대한 처리가 이루어진다.

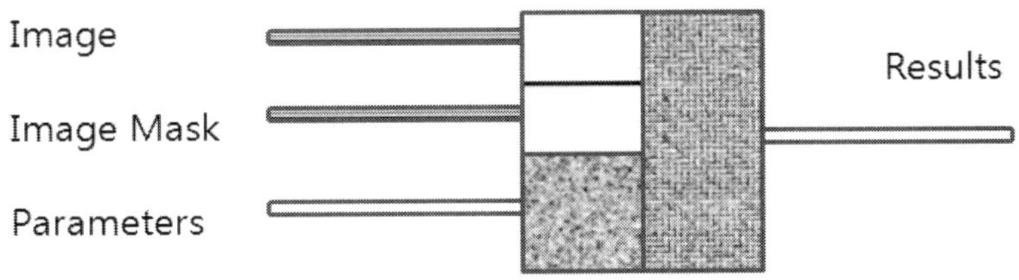

그림 4-6 Image Mask의 사용

ⓒ Image Filling : 아래의 VI는 영상 채우기 연산을 수행하는 VI의 connector pane의 구조이다. 이에 해당하는 VI는 '파일로부터 읽기', '영상 획득 장치로부터 영상 획득', '2D array 데이터의 영상으로의 변환'등이다.

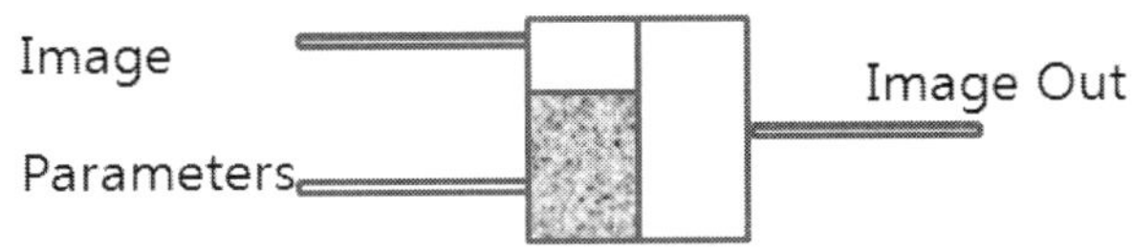

그림 4-7 Image Filling VI

ⓓ Image Processing : 대부분의 VI는 아래의 그림과 같은 유형이다. Image Src는 처리를 수행할 입력 영상이며, Image Dst는 입력 영상이나 다른 영상이다. Image Dst가 입력 영상이 아닐 경우에는 입력 영상은 수정되지 않는다. Image Dst를 연결하지 않거나, Image Src를 연결할 경우에는 입력 영상은 수정된다.

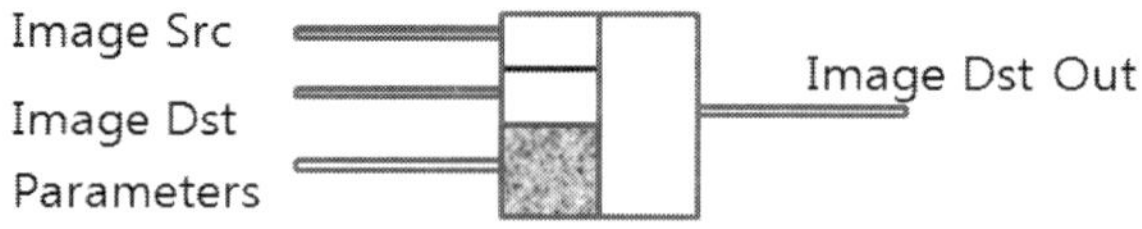

그림 4-8 Image Processing VI

ⓔ 산술/논리 연산자 : 이는 두 개의 입력 영상을 사용하여 산술 및 논리 연산을 수행하는 VI이며, 아래의 그림과 같다.

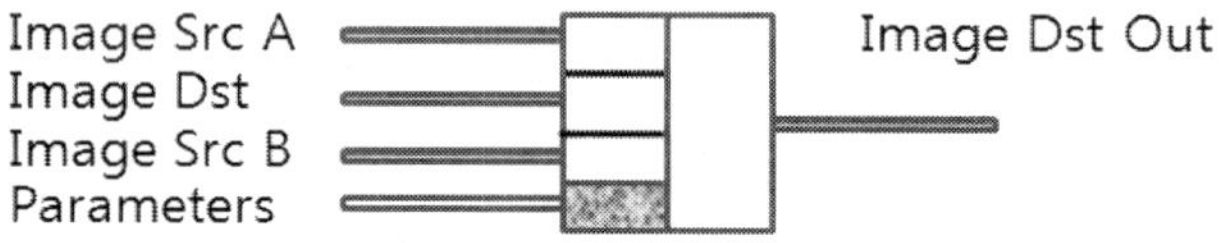

그림 4-9 산술/논리 연산자

위의 VI를 사용하는 방법은 다음과 같다.

- 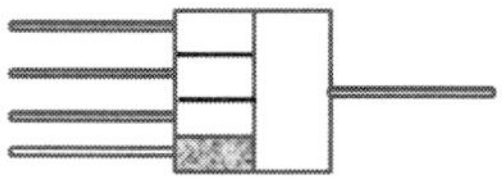 : 이는 입력 A와 입력 B는 원본 상태를 유지하며, 결과는 Image Dst에 저장된다.
- 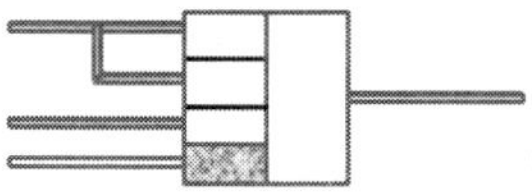, 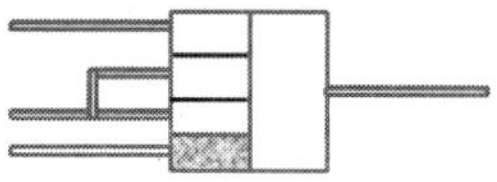 : 이는 입력 A 또는 입력 B가 Image Dst에 연결된 경우이다. 이 경우에는 Image Dst와 연결된 영상에 결과가 덮어 쓰이게 된다.

3.3 영상 획득(카메라, 파일)

㉮ 카메라로부터 영상 획득 : 작업이 끝난 후에는 IMAQ Close VI를 호출하여야 한다.

- Snap : 이는 하나의 프레임을 시스템으로 불러들이는 데 사용된다.
- Grab : 이는 여러 프레임을 연속적으로 획득하는 데 사용된다.
- Sequence : 이는 한 번에 지정된 수의 프레임을 획득하는 데 사용된다.
- Ring : 이는 버퍼를 사용하여 여러 프레임을 연속적으로 획득하는 데 사용된다.

㉯ 파일로부터 영상 획득

- IMAQ ReadFile VI를 사용하여 BMP, TIFF, JPEG, JPEG2000, PNG, AIPD와 같은 파일을 읽어 들일 수 있다. 이러한 파일은 LabView 내부 영상 포맷으로 사용자 지정에 의해 변환되어진다.

- IMAQ ReadFile Image and Vision Info VI를 사용할 경우, 보정 정보, 템플릿 정보, 오버레이 정보와 같은 부가정보를 함께 불러들일 수 있다.
- IMAQ GetFileInfo VI를 사용할 경우 image size, pixel depth, 적절한 image type, 보정 단위와 같은 정보를 영상에 대한 읽기 없이 불러들일 수 있다.
- IMAQ AVI Open 또는 IMAQ AVI Read Frame VI를 사용하여 컴퓨터에 저장되어 있는 AVI파일로부터 reference image로 불러들일 수 있다.

㉰ 2D array로부터 영상 획득

- IMAQ ArrayToImage VI를 사용하여 2D array를 image로 변환할 수 있다.
- IMAQ ImageToArray VI를 사용하여 영상을 LabView 2D Array로 변환할 수 있다.

3.4 영상 출력

㉮ 외부 윈도우 출력 : IMAQ WindDraw VI를 사용하여 외부 윈도우에 영상을 출력할 수 있다. IMAQ WindSetup VI를 사용하여 외부 윈도우의 속성을 변경할 수 있다. 또한 IMAQ WindMove VI를 사용하여 윈도우의 위치를 지정할 수 있다. 또한 컬러 팔레트를 사용하여 흑백 영상을 컬러로 출력할 수 있다.

㉯ 컨트롤 패널 출력 : Image Display 컨트롤을 사용하여 직접 컨트롤 패널에 영상을 출력할 수 있다. 이는 컨트롤 패널에서 마우스 우측 클릭한 후 Vision에서 선택할 수 있다. Display Control은 다음과 같은 요소로 구성된다.

- 디스플레이 영역 : 이는 영상을 실제로 출력하는 부분이다.
- 영상 정보 인디케이터 : 이는 영상 및 ROI에 대한 정보를 표시하는 부분이다.
- ROI Tools 팔레트 : 이는 ROI 설정 도구, panning 도구, zooming 도구를 포함하고 있다.
- 스크롤바 : 이는 영상의 크기에 따라 보이는 부분을 사용자가 조절할 수 있게 한다.

컨트롤 패널은 프라퍼티 노드를 사용하여 조절할 수 있다. 프라퍼티 노드를 생성하기 위해서는 컨트로 패널의 컨트롤 위에서 마우스 우측 버튼을 클릭하여 Create→Property Node를 선택하면 된다. 다음은 Image Display control에 대한 프라퍼티이다.

- Snapshot mode : 이는 컨트롤이 영상에 대한 복사본을 갖게 한다. 이는 처리 속도를 늦게 하는 단점이 있다. 기본값은 비설정이다. 영상이 변경되었을 경우 이를 바로 반영하여 새로운 영상을 보이게 하기 위해서는 Invoke node를 사용한다. 컨트롤에서 마우스 우측 버튼을 클릭하여 Create→Invoke Node를 선택한 후 Refresh Image method를 사용한다.
- Palette : 영상 출력 컨트롤이 사용하는 팔레트를 설정할 수 있게 한다.

- Maximum Contour Count : 이는 사용자가 image display 위에 그릴 수 있는 ROI contour에 대한 최대값을 설정한다.

다음은 영상 출력 컨트롤의 method이다.

- Get Last Event : 이는 컨트롤 위에서의 사용자의 마우스 이동 또는 마우스 클릭에 대한 최근 이벤트를 반환한다. 이는 외부 윈도우 출력에서의 IMAQ WindLastEvent와 같은 기능을 수행한다.
- Clear ROI : 이는 설정된 ROI를 삭제한다.
- Refresh Image : 이는 최근의 영상을 표시해준다.

3.5 보정 정보 적용

IMAQ Set Calibration Info VI를 사용하여 영상 시스템 셋업과정에서의 보정 정보를 획득한 영상에 적용할 수 있다. 영상의 크기를 변화시키는 함수들은 보정 정보를 사용하지 않는다. 영상의 내용과 영상에 부착된 보정 정보를 파일에 저장하기 위해서는 IMAQ Write Image and Vision Info VI를 사용한다. 자세한 내용은 이후의 4.7장에서 설명한다.

3.6 영상 분석

이와 관련된 기본적인 처리는 히스토그램과 라인 프로필 관련 툴이다.

㉮ 히스토그램 툴 : Image Processing→Analysis에 있는 IMAQ Histograph와 IMAQ Histogram VI를 사용하여 수행할 수 있는 대표적인 사항은 영상의 saturation과 contrast에 대한 분석이다. 영상 획득 시, 주변의 빛이 어두울 경우 히스토그램을 수행하면 좌측에 편중된 분포를 보이게 된다. 적절한 환경에서 획득된 영상의 경우 히스토그램이 균일한 분포를 보인다. 따라서 히스토그램을 사용할 경우 획득된 영상이 물체와 배경을 분리할 수 있을 정도의 contrast를 갖는지에 대한 판단을 손쉽게 할 수 있다.

또한 물체와 배경의 분리에도 히스토그램을 유용하게 사용할 수 있다. 히스토그램을 사용하여 영상의 contrast에 대한 문제를 검출하면 이전 단계로 돌아가 영상 시스템을 재설정하여야 한다. 재설정 후에도 영상에 대한 contrast가 개선되지 않으면 영상 개선을 수행하여야 한다.

㉯ 라인 프로필 : Image Processing→Analysis에 있는 IMAQ LineProfile VI를 사용하여 영상 내의 임의의 직선에 대한 화소값의 분포를 얻을 수 있다. 또한 IMAQ

ROIProfile VI를 사용할 경우 1-D path에 대한 화소값의 분포를 얻을 수 있다. 이러한 line profile에 대한 화소값의 분포를 사용하여 에지의 검출이 용이한지 또는 잡음이 어느 정도인지를 판단할 수 있다. 이렇게 구한 라인 프로필의 정보를 검사 함수에 적용할 수 있다. 라인 프로필의 정보를 IMAQ Edge Tool VI의 입력에 연결함으로써 물체의 경계에서 에지의 강도를 결정할 수 있다.

3.7 영상 개선

㉮ Lookup Table : 이는 관심 대상 영역의 영상의 세부사항을 강조하기 위해 다른 영역의 정보를 희생하는 변환이다. NI Vision에서는 다음의 Lookup Table에 관련한 VI가 있다.

- IMAQ MathLookup(Image Processing⇛Processing) : 이는 영상의 화소값을 미리 지정된 테이블의 값을 사용하여 변환하여 준다. 7개의 미리 정의된 테이블이 있으며 이들은 수학적 변환 식에 기인한다.
- IMAQ UserLookup(Image Processing⇛Processing) : 이는 영상의 화소값을 사용자가 정의한 lookup table을 사용하여 변환하여 준다.
- IMAQ Equlize(Image Processing⇛Processing) : 이는 주어진 grayscale 영상의 화소값의 분포를 균일하게 분포시킨다,
- IMAQ Inverse(Image Processing⇛Processing) : 이는 영상의 화소값을 invert하여 준다. 이는 배경이 물체보다 밝은 경우에 효과적으로 사용할 수 있다.

㉯ Filter : 저역 통과 필터는 영상을 완만하게 하여 중요하지 않은 세부사항을 제거할 수 있다. IMAQ LowPass VI을 사용하거나, IMAQ Convolute VI 또는 IMAQ NthOrder VI를 사용하여 사용자 정의 저역 통과 필터를 사용할 수 있다. 고역 통과 필터는 영상 내의 세부 사항을 강조하는 데 사용된다. 이에 해당하는 필터는 IMAQ EdgeDetection(Image Processing⇛Filters) 또는 IMAQ CannyEdgeDetection VI 등이다. 또한 IMAQ Convolute VI 또는 IMAQ NthOrder VI를 사용하여 사용자 정의 고역 통과 필터를 사용할 수 있다. IMAQ EdgeDetection VI는 미리 정의된 Sobel, Prewitt, Roberts kernel을 사용할 수 있다.

- Convolution Filter(Image Processing⇛Filters) : IMAQ Convolute VI는 미리 정의된 저역 통과/고역 통과 필터를 사용할 수 있게 한다. 각각의 필터는 필터 계수에 대한 kernel로 정의되며, IMAQ GetKernel VI를 사용하여 미리 정의된 kernel을 확인할 수 있다. 이렇게 미리 정의된 kernel이 원하는 목적과 부합하지 않을 경우에는 LabView 2D array를 사용하여 이를 변경할 수 있다.
- Nth Order Filter(Image Processing⇛Filters) : 이는 사용자로 하여금 N개의 값을

설정함으로써, 저역 통과 또는 고역 통과 필터를 설정할 수 있게 한다. 이들 중 median filter는 스파크 잡음을 효과적으로 제거하는 특징이 있다.

㉰ Grayscale Morphology : 영상 내의 grayscale 특징을 필터링하고자 할 경우에는 grayscale morphology를 사용하여야 한다. 이는 흑백 영상에서의 특징(feature)이 다른 특징과 분리되어 있거나 연결되어 있을 경우 이들을 제거하거나 통합하는 데 사용할 수 있다. 이는 특정 화소를 주변의 화소와 비교하여 연산을 수행한다. 다음은 IMAQ GrayMorphology VI(Image Processing⇛Morphology)를 사용하여 수행할 수 있는 변환이다.

- Erosion(침식연산)
- Dilation(확장연산)
- Opening
- Closing
- Proper-opening
- Proper-Closing
- Auto-median

㉱ FFT : 입력 영상을 주파수 영역으로 변환하여 준다. 일반적으로 영상 내의 세부사항이나 에지는 주파수 영역에서 중간대역 또는 고주파 대역의 정보와 관련한다. 점진적으로 변하는 영상의 내용은 저주파 정보와 연관이 있다. 영상 획득 시 발생할 수 있는 주기적인 띠와 같은 잡음은 고주파 영역에 제한된다. 또한 일정하지 않은 조명에 의해 발생하는 light drift는 저주파 영역에 제한적으로 나타나게 된다. 다음은 이러한 처리를 수행하는 일반적인 절차이다.

① IMAQ FFT VI(Image Processing⇛Frequency Domain)을 사용하여 입력 영상을 주파수 영역의 정보로 변환한다.

② 주파수 영역으로 표현된 영상에 대하여 저역 통과 필터 또는 고역 통과 필터를 적용한다. IMAQ ComplexAttenuate VI 또는 IMAQ ComplexTruncate VI(Image Processing ⇛ Frequency Domain)을 사용하여 어느 필터를 적용할지 결정한다.

- Lowpass attenuation : 이는 주파수 성분의 값을 attenuation하는 데 있어, 저주파 부분의 값은 적게 고주파 성분의 값은 많이 약화시킨다. DC 성분의 값은 그대로 보전한다.
- Highpass attenuation : 이는 고주파 성분의 값은 적게 저주파 성분의 값은 많이 attenuation하게 한다. DC 성분의 값은 완전히 제거된다.
- Lowpass truncation : 이는 cutoff 주파수 이상의 주파수 성분에 대하여 제거하고 cutoff 주파수보다 낮은 주파수 성분의 값은 그대로 보전한다.
- Highpass truncation : 이는 cutoff 주파수 이하의 주파수 성분에 대하여 제거하고 cutoff 주파수보다 높은 주파수 성분의 값은 그대로 보전한다.

③ 공간 영역에서의 영상으로 되돌리기 위해서는 IMAQ InverseFFT VI(Image Processing ⇛ Frequency Domain)를 사용한다.

4 흑백 측정 및 컬러 측정

4.1 ROI 정의

ROI는 특정 처리를 수행하고자 하는 영상의 일부분을 말한다. 아래의 표는 ROI tool의 사용을 설명한다. Shift Key를 누른 상태에서는 수평, 수직, 대각선 방향으로의 이동이 가능하다. 여러 개의 ROI를 그릴 경우에는 Ctrl Key를 누른 상태에서 조작하면 된다.

아이콘	Tool 이름	기 능
	Selection	영상 내의 ROI를 선택하여, ROI의 제어점과 contour의 위치를 조정한다. ROI를 클릭하거나 ROI 제어점을 클릭한다.
	Point	영상 내의 화소를 선택한다.
	Line	Line을 그린다.
	Rectangle	사각형을 그린다.
	Oval	Oval 또는 원을 그린다.
	Polygon	Polygon을 그린다.
	Freehand Region	Freehand region을 그린다.
	Annulus	Annulus를 그린다.
	Zoom	영상의 확대 및 축소 Shift key를 누르면 zoom out이 실행된다.
	Pan	영상에 대한 pan
	Broken Line	끊어진 선분을 그린다. 마우스 클릭하여 새로운 꼭지점을 생성하고 종료 시에는 더블 클릭한다.
	Freehand Line	freehand line을 그린다. 초기점을 클릭한 후 드래그를 통해 원하는 모양을 구성한다. 마우스를 릴리스하면 형태가 고정된다.
	Rotated Rectangle	영상 내에 rotated rectangle을 그리는 데 사용된다. 클릭/드래그를 통해 사각형을 그린 후, 사각형 내부의 line을 클릭/드래그 하여 원하는 각도로 조정한다.

㉮ ROI 사용자 정의 : 사용자는 ROI tools palette를 사용하여 다음의 세 가지 방법을 통해 ROI를 설정할 수 있다.

① 컨트롤 패널에서의 ROI 정의 : tools palette에서 원하는 ROI tool을 선택하여 영상 위에 원하는 ROI를 그린다. Image control에 어느 ROI tool이 사용가능하게 할 것인지 설정할 수 있다. ROI tool을 설정하는 방법은 다음과 같다.

- ROI tools palette를 마우스 우측 클릭하여 Visible⇛ROI Tool Button Visibility를 선택한다.
- 표시하지 않은 ROI tool을 deselect한다.
- OK 버튼을 누른다.

② 외부 윈도우에서의 ROI 정의 : 외부 윈도우에서 tools palette를 사용하기 위해서는 다음의 절차를 수행한다. 아래의 모든 VI는 Vision Utilities⇛Region of Interest palette에 있다.

- IMAQ WindToolsShow VI
- IMAQ WindToolsSetup VI
- IMAQ WindToolsMove VI
- IMAQ WindToolsClose VI
- IMAQ WindToolsSelect VI : 이는 외부 윈도우에서 tools palette가 보이지 않는 상태에서 contour를 설정할 수 있게 한다.

③ ROI Constructor를 이용한 ROI 정의 : IMAQ ConstructROI VI는 ROI 설정을 위해 modal window를 사용할 수 있게 한다. 이러한 modal window를 ROI constructor라 하며, 이 modal window가 실행될 경우 ROI가 선택되거나 취소 버튼이 눌려질 때까지 프로그램은 중단된 상태에 있게 된다. 다음은 ROI constructor를 사용하여 ROI를 설정하는 과정이다.

- IMAQ ConstructROI VI를 사용하여 아래와 같이 영상과 ROI tool을 표시한다.
- tools palette에서 적절한 ROI tool을 선택한다.
- ROI를 영상에 그린다.
- OK를 클릭한다. 이 경우 ROI에 대한 descriptor가 결과로서 생성된다. 이렇게 생성된 ROI descriptor는 여러 VI에서 사용가능하다. IMAQ ROIToMask VI를 사용하여 ROI descriptor를 image mask로 변환할 수 있다.

또한 IMAQ Select Point VI, IMAQ Select Line VI, IMAQ Select Rectangle VI를 사용하여 ROI를 설정할 수 있다. 이들 VI를 사용하여 ROI를 설정하는 과정은 다음과 같다.

- 위의 VI를 실행하면, 영상이 ROI constructor window에 표시된다.
- tools palette에서 ROI tool을 선택한다.
- ROI를 그린다.
- OK 버튼을 클릭한다.

위의 세 VI를 사용하여 설정된 ROI는 각각 다음과 같은 VI에서 입력으로 사용할 수 있다.

- IMAQ Select Point VI : IMAQ Light Meter(Point)의 입력으로 사용할 수 있다.
- IMAQ Select Line VI : IMAQ Light Meter(Line)의 입력으로 사용할 수 있다.
- IMAQ Select Rect VI : IMAQ Light Meter(Rect)의 입력으로 사용할 수 있다.

㉯ 프로그램을 이용한 ROI 정의

자동화된 응용 프로그램의 경우 사용자의 입력을 통하여 ROI를 설정하지 않고 다음의 두 가지 방법을 통하여 ROI를 프로그램적으로 정의할 수 있다.

ROI descriptor의 각 요소를 지정해준다.

- Grobal Rectangle : ROI descriptor에 있는 모든 형태를 포함하는 사각형을 나타내는 네 개의 정수값.
- Contours : ROI내의 각각의 형태에 대하여 다음과 같은 정보를 지정한다.
- ID : 이는 contour가 ROI의 외부 에지인지 아니면 내부 에지인지를 지정해준다. Contour가 외부 에지일 경우 내부의 모든 영역이 ROI에 해당함을 의미한다.
- Type : contour의 형태를 지정한다.
- Coordinates : contour를 정의하는 좌표에 대한 array이다.

정의하고자 하는 영역에 대한 기본적인 파라미터를 제공한다. 예를 들면 point의 경우 x-좌표, y-좌표를 제공한다.

Vision Utilities⇛Region of Interest⇛Region of Interest Conversion 팔레트에는 기본적인 데이터(point, line, rectangle, annulus)를 ROI descriptor로 변환하여 주는 VI가 있다. 다음의 VI들은 ROI contour에 대하여 ROI descriptor를 생성하여 준다.

VI	기 능
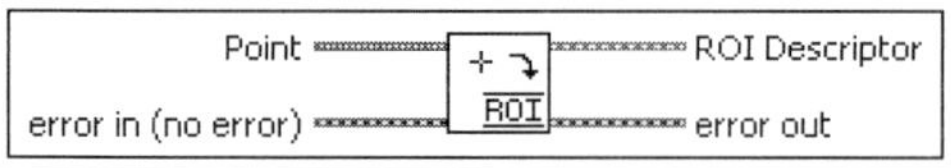	• IMAQ Convert Point to ROI : point element를 ROI descriptor로 변환하여 준다.
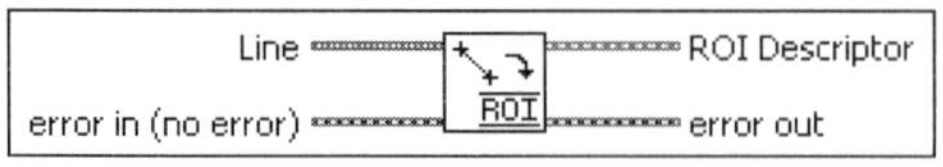	• IMAQ Convert Line to ROI
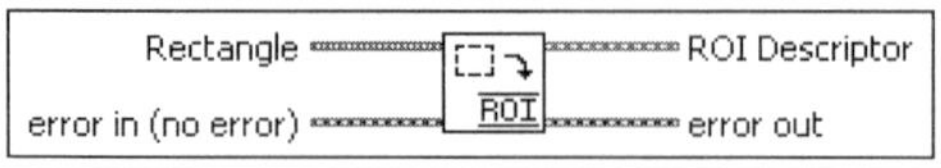	• IMAQ Convert Rectangle to ROI
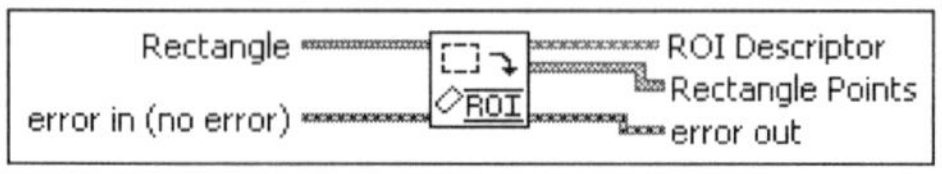	• IMAQ Convert Rectangle to ROI (Polygon)
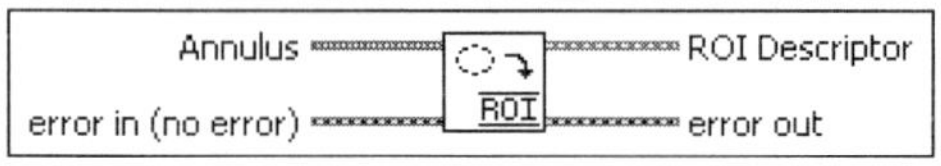	• IMAQ Convert Annulus to ROI

다음은 ROI descriptor로 표현된 ROI contour에 대하여 simple 표현을 얻은 VI들이다.

VI	기 능
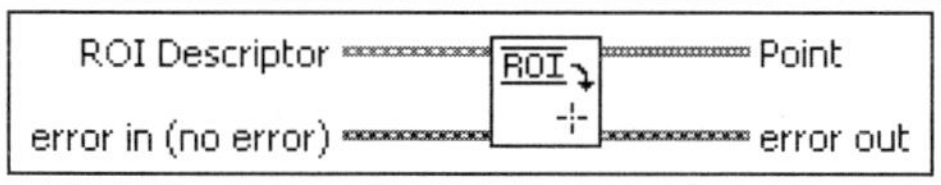	• IMAQ Convert ROI to Point
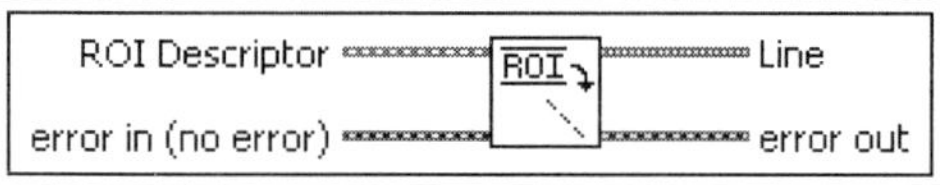	• IMAQ Convert ROI to Line
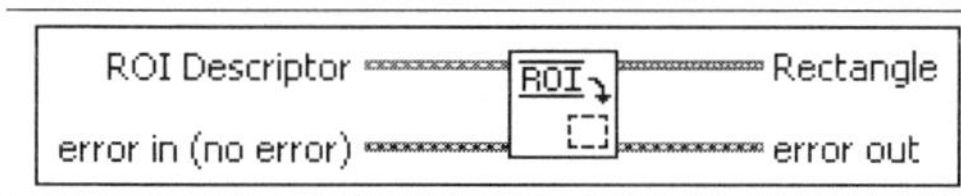	• IMAQ Convert ROI to Rectangle
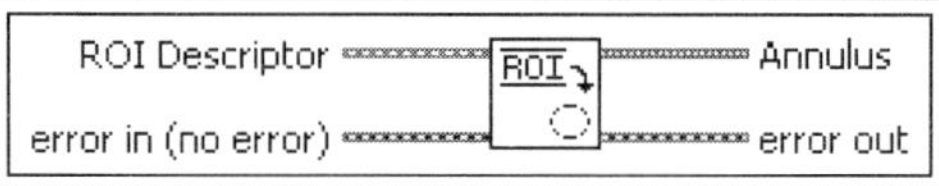	• IMAQ Convert ROI to Annulus

Mask를 이용한 정의 : Image Mask는 8-bit 영상이다. 이러한 image mask를 사용하여 region을 설정할 수 있다. Mask 영상의 화소값이 '0'이 아닐 경우 해당하는 위치의 영상은 처리되어진다.

4.2 Grayscale 통계값 측정

Grayscale 통계값은 light meters 또는 분석 함수를 사용하여 측정할 수 있다. 또한 centroid 함수를 사용하여 center of energy를 구할 수 있다. 다음은 Grayscale 통계값을 구하는 데 사용되는 VI이다.

	이 름	기 능
	Light Meter(Point)	• Machine Vision⇛Measure Intensities • 특정 점에서의 light intensity를 측정한다.
	Light Meter(Line)	• Machine Vision⇛Measure Intensities • 특정 선분에서의 light intensity를 측정한다. • 평균 intensity, 최대/최소 intensity, 표준편차
	Light Meter(Rectangle)	• 영역 내의 intensity에 대한 통계적 측정 수행
	Quantify	• mean intensity • standard deviation • minimum intensity • maximum intensity • area • 분석 영상의 비율 • Labeled image mask를 사용하여 region을 지정할 수 있다.
	Labeled Image Mask	• 각 영역에 대하여 고유한 intensity 값을 갖도록 처리한다.
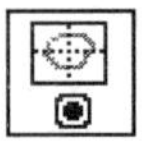	Centroid VI	• image 또는 영상내의 영역에 대한 energy center를 계산한다.

4.3 Color 통계값 측정

대부분의 영상 처리 또는 영상 분석 함수는 8-bit 또는 16-bit 영상에 대하여 적용된다. 컬러 영상의 경우 컬러 성분에 대한 추출이 수행될 경우, 컬러 성분에 대하여 이러한 함수를 적용할 수 있다. 다음은 컬러의 추출과 관련된 함수들이다.

	이 름	기 능
	ExtractColorPlanes VI	• Vision Utilities⇛Color Utilities • 컬러 영상을 각각의 구성 성분으로 추출한다. • 각각의 성분은 8-bit 또는 16-bit 영상이다.
	ReplaceColorPlane VI	• Vision Utilities⇛Color Utilities • 각각의 성분을 조합하여 완전한 컬러 영상을 구성한다.
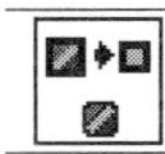	ExtractSingleColorPlane	• 이는 단일 컬러를 추출한다.
	IntegerToColorValue	• Unsigned 32-bit integer로 표현된 컬러 화소에 대하여 지정된 컬로 모드에 대한 각각의 성분을 구할 수 있다.
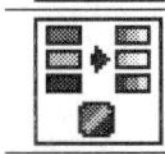	RGBToColor2	• RGB 컬러 모델로 표현된 화소에 대하여 지정된 컬로 모델의 화소값을 구할 수 있다.
	ColorToRGB	• 특정 컬러 모델의 화소에 대하여 RGB 컬러 모델의 화소를 구할 수 있다.

㉮ 컬러 비교 : 컬러 매칭 기능을 사용하여 영상 내의 영역 또는 전체 영상에 대한 컬러 내용을 비교할 수 있다. 컬러 매칭을 사용하여 컬러 비교를 수행하는 절차는 다음과 같다.

- 기준으로 사용할 컬러 정보를 포함하는 영상을 선택한다.
- 전체 영상 또는 부분 영상에 대하여 IMAQ ColorLearn VI를 사용하여 컬러 정보에 대한 학습을 수행한다. 이 경우 해당 영상에 대한 color spectrum을 제공하게 된다.
- 검사 대상 영상 또는 영역을 설정한다.
- IMAQ ColorMatch VI를 사용하여 비교를 수행한다. 이때 제공되는 score는 부합 여부를 나타낸다.
- color matching score를 사용하여 기준 영상과 비교 대상 영상 또는 영역과의 컬러 비교에 대한 척도로 삼는다.

㉯ 컬러 정보 학습

① 학습할 컬러 정보 지정 : 컬러 매칭은 컬러 스펙트럼으로 표현되는 컬러 정보만을 사용하기 때문에 기준 영상의 설정에 주의를 기울여야 한다. 배경이 영역에 포함되지 않도록 설정하여야 한다. 다음은 전체 영상을 사용하여 컬러 정보 학습을 수행하는 경우, 부분 영상을 사용하여 컬러 정보 학습을 수행하는 경우 그리고 여러 개의 영역을 사용하여 컬러 정보 학습을 수행하는 경우를 살펴본다.

- 전체 영상 사용 : 이는 직물의 검출과 같은 경우에는 전체 영상을 사용하여 컬러 정보 학습을 수행한다.
- 부분 영상 사용 : 서로 다른 색으로 구성되는 부품에 대하여 특정 부품에 대한 컬러 정보를 사용할 수 있다.
- 여러 개의 영역 사용 : 조명 환경이 양호하지 않은 경우에는, 특정 부품에 대한 컬러 정보를 하나의 영역으로 국한하는 것보다 여러 개의 영역을 사용하여 평균적인 컬러 정보를 학습하는 것이 효율적일 수 있다.

5 입자 분석

5.1 이진 영상 생성

흑백 영상 또는 컬러 영상에 대하여 threshold 연산을 수행하여 이진 영상을 얻는다. 이진 영상의 생성 목적은 관심 대상의 물체를 배경과 분리하는 것이다. 영상에 대한 threshold 연산은 IMAQ Threshold VI를 사용하여 수행할 수 있다.

	이　름	기　능
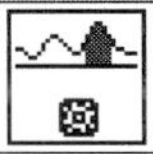	IMAQ Threshold	• 검사 대상의 모든 물체가 특정 범위의 화소값에 속할 경우 상한값과 하한값을 설정하여 이들을 배경으로부터 분리해낼 수 있다.
	AutoBThreshold	• 모든 물체가 배경에 대하여 밝거나 어두울 경우, 최적의 threshold range를 구하는 데 사용된다. • 이 함수의 결과로 제공되는 threshold data는 IMAQ MultiThreshold VI 또는 IMAQ UserLookup VI의 입력으로 사용되어 thresholding을 수행하게 된다.
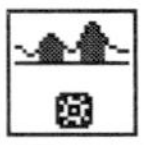	MultiThreshold	• 여러 개의 화소값 범위에 대하여 threshold를 수행한다.
	UserLookup	• Lookup table을 사용하여 화소값을 변환한다.
	LocalThreshold	• 검사 대상의 물체에 대한 화소값이 조명의 변화와 같은 외부 요인에 의해 변화할 경우 사용한다.
	ColorThreshold	• 컬러 영상의 경우 각각의 컬러 성분에 대한 임계값을 설정해주어야 한다.

5.2 이진 영상 개선

생성된 이진 영상에 대하여 이진 영상 morphology 기법을 사용하여 영상의 품질을 개선할 수 있다. 기본적인 morphology 기법은 화소 단위의 처리를 수행하며, advanced morphology 기법은 입자 단위의 처리를 수행한다.

㉮ 원하지 않는 입자의 제거

	이　름	기　능
	RejectBorder	• Image Processing»Morphology에 위치한다. • 이는 영상의 border와 겹치는 입자를 제거한다.
	RemoveParticle	• Image Processing»Morphology에 위치한다. • 매우 크거나 매우 작은 입자를 제거한다. • IMAQ Morphology VI를 사용하여 입자를 제거할 수 있으나 이 경우에는 입자의 크기가 변하게 된다.
	Morphology	• Erode, Open, POpen 연산을 수행할 경우 입자의 제거를 수행할 수 있다. • Hit-Miss 함수를 사용할 경우, 대상 입자의 화소의 구조를 설정할 수 있다.
	Particle Filter 2	• 이는 제거하거나 보존하고자 하는 입자의 형태를 충분히 파악하고 있을 경우 사용할 수 있다.

㉯ 겹쳐져 있는 입자의 분리 : Watershed 변환과 이진 모폴로지를 사용하여 영상 내 겹쳐져 있는 입자를 분리할 수 있다.

ⓐ Watershed 변환 사용

	이 름	기 능
	Danielsson	• Image Processing»Morphology에 위치한다. • 이진 영상을 변환하여 grayscale distance map을 생성한다. 이 영상에서 입자 내의 화소값은 그 화소의 입자 경계까지의 최단 Euclidean distance이다.
	Watershed	• 위의 Grayscale distance map에 대하여 watershed separation line을 검출하여 준다.
	Mask	• 위의 watershed line을 원래 영상에 겹치게 하는 데 사용할 수 있다.

ⓑ 이진 Morphology 사용

	이 름	기 능
	Separation	• 이는 입자를 분리할 수 있으며, 그 모양의 변화를 초래하지 않는다.
	Morphology	• erosion, open 함수를 사용하여 분리할 수 있다. • 이는 입자의 모양을 변화시킬 수 있다.

㉰ 입자 모양의 개선

	이 름	기 능
	FillHole	• 이는 입자 내의 홀을 채우게 한다.
	Morphology	• Open, Close, POpen, PClose 함수를 사용하여 입자의 경계를 부드럽게 할 수 있다. • Close, PClose는 입자 내의 홀을 채울 수 있다. • AutoM은 isthmus를 제거하고 입자 내의 홀을 채울 수 있다.

5.3 입자 측정

측정에 대한 결과는 화소 좌표와 실세계 좌표 모두 가능하다. 입자에 대한 측정은 다음과 같다.

	이 름	기 능
	Particle Analysis Report	• Image Processing»Analysis에 위치한다. • 입자의 개수를 반환한다. • 가장 많이 사용하는 11개의 측정값에 대한 array를 반환한다 (particle area, bounding rectangle, center of mass).
	Particel Analysis	• 사용자가 지정하는 80개의 측정값에 대한 array를 반환한다.

6 머신 비전 응용

가장 일반적인 머신 비전 검사는 부품의 유무를 판단하고, 부품의 크기를 측정하는 것이다.

6.1 검사 대상 물체 찾기

일반적으로 전체 영상에 대한 측정을 수행하기보다는 특정 ROI에 대한 측정을 실시한다. 따라서 검사하고자 하는 물체에 대한 정확한 ROI 설정이 수행되어야 한다. 검사 대상의 물체가 항상 일정한 부분에 위치할 경우에는 ROI 설정이 용이하게 된다. 그러나 종종 검사 대상의 물체가 영상 내에서 이동하거나 회전되어 나타날 수 있다. 이럴 경우에는 ROI 역시 이동하거나 회전되어야 한다. 검사 대상의 물체와 함께 ROI를 이동시키기 위해서는 참조 좌표계(reference coordinate system)를 정의하여야 한다. 측정 과정에서 물체가 이동할 경우 설정된 참조 좌표계 역시 이동하게 된다. 이렇게 이동된 좌표계를 측정 좌표계라 한다. 다음은 이러한 좌표계의 변환을 수행하는 방법이다.

㉮ 에지 검출을 통한 좌표 변환 : 아래의 방법은 대상 물체가 ±65° 이내에서 회전할 경우에 가능하다. 이는 다음과 같은 함수를 사용하여 이루어진다.

	이 름	기 능
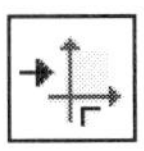	Find CoordSys(Rect)	• Machine Vision»Coordinate Systems에 위치한다. • 하나의 rectangular 영역을 사용하여 reference coordinate system을 정의한다.
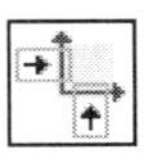	Find CoordSys(2 Rect)	• 2개의 독립적인 rectangular 영역을 사용하여 reference coordinate system을 정의한다.

위의 VI를 사용하여 좌표 변환을 수행하는 과정은 다음과 같다.

① 하나 또는 두 개의 rectangular 영역을 지정한다.
   ⓐ IMAQFind CoordSys(Rect)을 사용할 경우, 평행하지 않은 두 개의 직선을 포함하는 ROI를 설정한다. 이렇게 설정하는 ROI는 전체 검사 대상 영상에 대하여, 이들 경계를 충분히 포함할 수 있도록 크게 설정하여야 한다.
   ⓑ IMAQFind CoordSys(2 Rect)을 사용하는 경우에는, 하나의 직선을 포함하는 ROI를 두 개 설정한다. 역시 전체 검사 대상 영상에 대하여, 이들 경계를 충분히 포함할 수 있도록 크게 설정하여야 한다.
② 검사 대상 물체 위의 에지를 찾을 수 있는 파라미터를 선택한다.
③ 좌표 시스템의 축에 대한 방향을 설정한다.
④ 영상 위에 오버레이 할 결과를 선택한다.
⑤ VI에 대한 mode를 선정한다.

㉯ 패턴 매칭을 통한 좌표 변환 : IMAQ Find CoordSys(Pattern) 2 VI를 사용하여 좌표 변환을 수행할 수 있다. Rotation invariant 패턴 매칭을 사용할 경우, 물체의 회전에 관계없이 좌표계를 설정할 수 있다.

	이 름	기 능
	Find CoordSys(Pattern) 2	• Machine Vision»Coordinate Systems에 위치한다. • reference 특징의 위치에 기반하여 reference 좌표계를 정의한다. • 이는 검사 대상의 물체가 직선을 포함하고 있지 않을 경우에 사용한다.

위의 VI를 사용하여 좌표 변환을 수행하는 과정은 다음과 같다.
① reference 특징으로 사용할 물체에 대한 템플릿을 정의한다.
② 템플릿에 대한 검색을 수행할 검색 영역을 정의한다.
③ Match mode를 선택한다(Rotation Invariant, Shift Invariant).
④ 영상 위에 오버레이 할 결과를 선택한다.
⑤ VI에 대한 mode를 선정한다.

㉰ 좌표 변환 방법 선택 : 다음은 좌표 변환 방법을 선택하는 일반적인 절차이다.

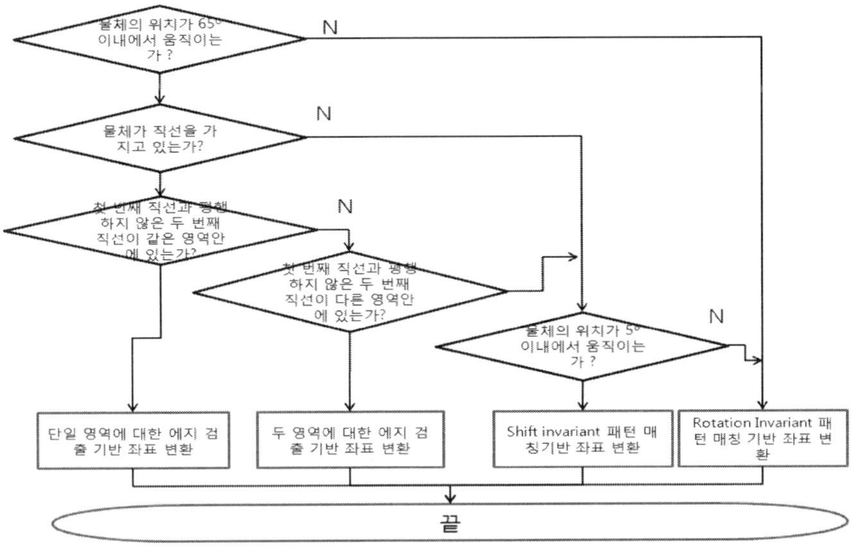

그림 4-10 좌표 변환 방법 선택 절차

6.2 탐색 영역 설정

㉮ 사용자의 영역 정의

아이콘	탐색 영역 ROI	측정 VI 이름 및 위치
	Rotated Rectangle	• IMAQ Find Pattern • Machine Vision»Find Patterns
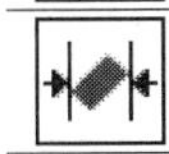		• IMAQ Clamp Horizontal Max • (Machine Vision»Measure Distances)
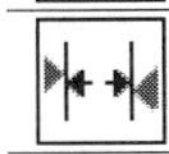		• IMAQ Clamp Horizontal Min • (Machine Vision»Measure Distances)
		• IMAQ Clamp Vertical Max • (Machine Vision»Measure Distances)
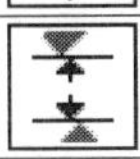		• IMAQ Clamp Vertical Min • (Machine Vision»Measure Distances)
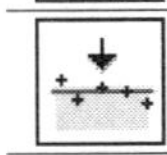		• IMAQ Find Horizontal Edge • (Machine Vision»Locate Edges)
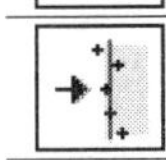		• IMAQ Find Vertical Edge • (Machine Vision»Locate Edges)
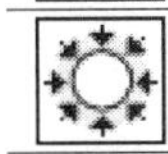	Annulus	• IMAQ Find Circular Edge • (Machine Vision»Locate Edges)
		• IMAQ Find Concentric Edge • (Machine Vision»Locate Edges)

㉯ 프로그램에 의한 영역 정의 : 다음의 두 가지 방법을 사용하여 자동으로 탐색 영역을 설정할 수 있다.

- ROI descriptor의 각 요소를 지정한다.
- 정의하고자 하는 영역을 나타내는 파라미터를 제공함으로써 region을 설정할 수 있다.

6.3 측정점 찾기

영역을 설정한 후에는, 측정을 수행할 측정점을 찾는다. 에지 검출, 패턴 매칭, 컬러 패턴 매칭, 컬러 로케이션을 사용하여 측정점을 찾을 수 있다.

㉮ 에지 검출을 통한 측정점 찾기

ⓐ Line 또는 Circle 찾기 : 다음의 함수를 사용하여 에지를 검출한다. 검출된 에지를 측정점으로 사용한다. 에지 검출 시 사용하는 line의 수를 조절할 수 있다.

	이 름	기 능
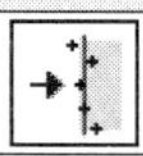	Find Vertical Edge	• Machine Vision»Locate Edges
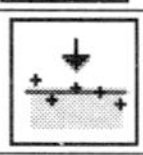	Find Horizontal Edge	• Machine Vision»Locate Edges
	Find Concentric Edge	• Machine Vision»Locate Edges
	Find Circular Edge	• Machine Vision»Locate Edges

ⓑ 단일 탐색 contour에 대한 에지점 찾기

	이 름	기 능
	Simple Edge	• Machine Vision»Caliper • contour에 대한 에지점을 찾는다. • 영상 내의 잡음이 비교적 적을 경우 사용한다. • 탐색 contour에 대한 좌표를 필요로 한다.
	Edge Tool	• Machine Vision»Caliper • contour에 대한 에지점을 찾는다. • 영상 내의 잡음이 비교적 많을 경우 사용한다. • 탐색 contour에 대한 좌표를 필요로 한다.
	ROI Profile	• Image Processing»Analysis • contour의 ROI descriptor로부터 좌표를 얻기 위해 사용한다. • sub-pixel 정밀도 설정이 가능하다.
	GetPointsOnLine	• Machine Vision»Analytic Geometry • 직선이 있는 경우, ROI descriptor를 사용하는 대신 이 직선에 대한 점의 좌표를 얻기 위해 사용한다. • sub-pixel 정밀도 설정이 가능하다.

ⓒ 여러 탐색 contour에 대한 에지점 찾기

	이 름	기 능
	Rake	• Machine Vision»Caliper • 다수의 contour에 대한 에지점을 찾는다. • ROI descriptor를 입력해준다. • rectangular 탐색 영역에 동작한다. • 탐색 라인의 간격을 화소 거리를 사용하여 제어한다. • 탐색 방향을 설정한다.(좌, 우, 상, 하)
	Spoke	• Machine Vision»Caliper • 다수의 contour에 대한 에지점을 찾는다. • ROI descriptor를 입력해준다. • annulus 탐색 영역에 동작한다. • 탐색 라인의 개수를 각 탐색 라인에 대한 각도를 지정함으로써 조절한다. • 탐색 방향을 안쪽으로 또는 바깥쪽으로 설정할 수 있다.
	Concentric Rake	• Machine Vision»Caliper • 다수의 contour에 대한 에지점을 찾는다. • ROI descriptor를 입력해준다. • annulus 탐색 영역에 동작한다. • 탐색 라인의 개수를 각 탐색 라인에 대한 각도를 지정함으로써 조절한다. • 탐색 방향을 시계방향/반 시계방향으로 설정할 수 있다.

㉯ 패턴 매칭을 통한 측정점 찾기 : 다음의 절차에 따라 패턴 매칭을 통한 측정점 찾기를 수행할 수 있다.

- 템플릿 영상으로 사용할 참조 패턴을 정의한다.
- IMAQ Learn Pattern2를 사용하여 reference 패턴을 트레이닝한다.
- 탐색 영역을 설정한다.
- IMAQ Setup Match pattern 2를 사용하여 tolerance와 파라미터를 결정한다.
- 시험 영상에 대한 탐색 알고리즘을 테스트한다.
- Ranking method를 사용하여 결과를 검증한다.

이들 각각을 살펴보면 다음과 같다.

ⓐ 템플릿 영상의 정의 및 생성 : 템플릿 영상을 생성하는 데 중요한 요소는 다음과 같다.

- Symmetry : Rotational symmetric 템플릿은 회전에 대하여 덜 민감하다. 이는 대상 템플릿을 잘 찾아주지만 방향에 대한 정보는 제공하지 않는다.
- Feature Detail : 상대적으로 특징이 듬성듬성한 템플릿은 크기나 회전의 변화에

덜 민감하다. 그러나 매칭이 성공할 수 있기 위해서는 충분한 detail을 포함하고 있어야 한다.

- 위치 정보 : 가로/세로로의 강한 에지를 갖는 템플릿은 성공 가능성이 높다.
- 배경 정보 : 고유한 배경 정보는 탐색 효율을 증가시킨다.

ⓑ 패턴 매칭 알고리즘 트레이닝 : 적절한 템플릿 영상을 생성한 후에는, 템플릿의 중요한 특성을 학습하여야 한다. 이는 다음과 같은 함수를 사용하여 수행된다.

	이 름	기 능
	Learn Pattern 2	• 템플릿의 내용에 따라 shift invariant 또는 rotation invariant 기능을 사용할 수 있다.
	Setup Learn Pattern 2	• Machine Vision»Searching and Matiching • 이는 어느 유형의 학습 모드를 사용할지 결정한다.
	Write Image and Vision Info	• Machine Vision»Searching and Matiching • off-line으로 학습한 후 이를 저장한다.

ⓒ 탐색 영역 정의 : 이는 패턴 매칭의 효율에 큰 영향을 미친다.

ⓓ 매칭 파라미터와 tolerance 설정 : IMAQ Setup match Pattern 2 함수(Machine Vision»Searching and Matching)를 사용하여 다음의 파라미터를 설정한다.

- Match Mode : 이는 패턴 매칭 알고리즘이 서로 다른 방향에 대하여 템플릿을 다루는 방법을 제어한다. 유효한 매칭이 ±5도 이내에 있어야 할 경우에는 Match Mode를 Shift Invariant로 설정한다. 그렇지 않을 경우에는 Rotation Invariant로 설정한다.
- Minimum Contrast : 패턴 매칭 알고리즘은 contrast 값이 minimum contrast value보다 아래에 해당하는 영역에 대해서는 탐색을 수행하지 않는다.
- Rotation Angle Ranges : 패턴의 회전 정도를 미리 알고 있을 경우에는 이를 반영한다.

ⓔ 시험 영상에 대한 탐색 알고리즘 테스트 : IMAQ Match pattern 2 함수를 사용하여 몇 개의 테스트 영상에 패턴 매칭 알고리즘을 테스트해본다.

㉰ Geometric 매칭을 통한 측정점 찾기 : 이는 grayscale 영상에서 템플릿과 매칭되는 영역에 대한 위치를 제공한다. Geometric 매칭은 밝기의 변화, blur, 잡음, occlusion, geometric 변환(shifting, rotation, scaling of template)에 무관하게 매칭을 수행한다. 이는 매치되는 영역의 중심에 대한 위치, 방향, 배율에 대한 정보를

제공한다. 이는 다음과 같은 절차에 의해 수행된다.

ⓐ 템플릿 영상의 정의 및 생성 : Geometric 매칭은 텍스처나 grayscale에 의해 정의되는 템플릿 영상에 대해서는 부적절하다. 즉 geometric 매칭의 경우는 흑백 영상의 화소값의 분포와 관계없는 특징들(이진 영상의 기하학적 구조 등)이 현저한 경우 효과적이다.

ⓑ 패턴 매칭 알고리즘 트레이닝 : Template Editor를 사용하여 불필요한 contour를 제거한다.

ⓒ 매칭 파라미터와 tolerance 설정 : IMAQ Setup Match Geometric Pattern VI (Machine Vision » Searching and Matching)을 사용하여 다음의 파라미터를 설정한다.

- Match Mode : 유효한 매칭이 ±5도 이상 변할 경우에는 Match mode를 Rotation으로 설정한다. 크기의 변화가 ±5% 이상일 경우에는 match mode를 Scale로 설정한다. 또한 매칭 결과가 부분적으로 가려질 경우에는 Occlusion으로 설정한다.
- Rotation Angle Ranges : 대상 패턴이 ±15도 이내에서 회전할 경우에는 Range Settings 컨트롤에서 Rotation Angle Options을 설정한다.
- Scale Factor Ranges : 기본적인 Scale Factor Range는 75%에서 125%이다. 이 값을 변화시키기 위해서는 Range Setting 컨트롤의 Scale Factor을 설정해주면 된다.
- Occulusion Ranges : 기본값은 0%에서 25%이다. 이 값을 변화시키기 위해서는 Range settings 컨트롤의 occulusion을 설정하면 된다.

ⓓ 시험 영상에 대한 탐색 알고리즘 테스트 : IMAQ Match Geometric Pattern VI (Machine Vision»Searching and Matching)을 사용하여 테스트를 수행할 수 있다.

ⓔ 여러 개의 템플릿 영상 사용 : Target 영상에서 하나 이상의 여러 개의 템플릿을 매치하고자 할 경우에는 다음의 절차를 따른다.

- 이전에 설명된 방법을 사용하여 템플릿 영상을 생성하고 트레이닝한다.
- IMAQ Learn Multiple Geometric patterns 함수를 사용하여 이전 단계에서 트레이닝한 템플릿을 결합하여 Multiple Geometric Template를 생성한다.
- Off-line으로 학습을 수행하고자 할 경우에는, IMAQ Write Multiple Geometric Template 함수를 사용한다. IMAQ Read Multiple Geometric Template 함수를 사용하여 응용 프로그램에서 이들 학습된 multiple template을 읽어 들일 수 있다.
- 이전의 매칭 파라미터와 tolerance 설정 과정을 수행한다.
- IMAQ Match Multiple Geometric pattern 함수를 사용하여 테스트를 수행한다.

㉱ 컬러 패턴 매칭을 통한 측정점 찾기 : 이는 영상 내에 컬러 정보가 있을 경우 물체

의 위치를 찾는데 용이하게 사용될 수 있다. 다음과 같은 경우에 컬러 패턴 매칭을 사용한다.

- 위치를 찾고자 하는 물체가 배경과 매우 다른 컬러 정보를 가지고 있는 경우와 물체의 위치를 매우 정확하게 찾고자 하는 경우
- 찾고자 하는 물체의 흑백 정보가 매우 불확실한 경우.

컬러 패턴 매칭은 다음과 같은 단계로 수행된다.

ⓐ 컬러 템플릿 영상의 정의 및 생성 : 컬러 템플릿 영상의 정의 및 생성은 다음과 같은 요소에 의존한다.

- 컬러 정보 : 배경과 매우 다른 컬러 정보를 가지고 있을 경우 좋은 결과를 제공한다.
- 대칭성 : rotationally symmetry 성질을 갖는 템플릿은 회전 변화에 대하여 덜 민감하다.
- Feature Detail : 크기의 변화나 회전의 변화에 덜 민감하기 위해서는 상대적으로 특징이 덜 세부적이어야 한다.
- 위치 정보 : 가로 또는 세로 방향으로 강한 에지 성분을 가지고 있는 경우 검출이 용이하다.
- 배경 정보

ⓑ 컬러 패턴 매칭 알고리즘 트레이닝 : 템플릿을 생성한 후에는 템플릿에 대한 학습이 이루어져야 한다. 기본적으로는 shift invariant 매칭에 필요한 특징만을 학습한다. 그러나 rotation invariant 매칭을 위한 학습도 가능하다.

	이 름	기 능
	Setup Learn Color Pattern	• Machine Vision»Searching and Matiching • 이는 어느 유형의 학습 모드를 사용할지 결정한다. • Ignore Black and White를 사용하여 특정 컬러를 무시할 수 있다.
	Learn Color Pattern	• Machine Vision»Searching and Matiching • 템플릿을 학습한다.
	Color Learn	• Machine Vision»Searching and Matiching • 흑백이 아닌 다른 컬러를 무시할 경우에는 Color Learn을 사용하여 학습을 수행한 후, IMAQ Setup Learn Color Pattern의 Ignore Color Spectra를 설정한다.
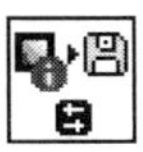	Write Image and Vision Info VI	• Machine Vision»Searching and Matiching

ⓒ 탐색 영역 정의 : 이전의 내용과 유사하다.

ⓓ 매칭 파라미터와 tolerance 설정 : IMAQ Setup Match Color Pattern 함수를 사용하여 다음의 파라미터와 tolerance를 설정한다.

- 컬러 sensitivity : Color Sensitibity 컨트롤을 사용하여 설정한다.
- 탐색 전략 : 다음의 하나를 선택한다. 탐색 전략은 step size, subsampling factor, 템플릿으로부터의 컬러 정보의 비율을 결정한다.
- conservative : 매우 적은 step size, 최소의 subsampling, 모든 컬러를 사용한다.
- Balanced : 이는 aggressive와 conservative의 중간에 해당한다.
- Aggressive : 매우 큰 step size, 상당한 subsampling, 템플릿의 모든 컬러 정보를 사용한다.
- Very Aggressive : 최대한의 step size, 최대한의 subsampling, 템플릿에서 현저한 컬러 정보만을 사용한다. 템플릿의 컬러가 거의 일정할 경우와 템플릿이 배경과 대비가 잘 이루어진 경우 이 방법을 사용한다. 또한 대상 영상에서 서로 다른 템플릿이 비교적 분리가 잘되어 있어야 한다.
- color score weight : 이는 컬러 스코어가 최종적인 컬러 패턴 매칭 스코어에 반영되는 비율을 의미한다.
- minimum contrast : 영상 내의 grayscale contrast 값이 minimum contrast value 보다 작은 영역에 대해서는 매칭을 수행하지 않는다.
- Rotation angle ranges

ⓔ 시험 영상에 대한 탐색 알고리즘 테스트 : 위와 같은 설정을 사용하여 시험 영상에 컬러 패턴 매칭을 수행하여 본다.

㉮ 컬러 로케이션에 의한 측정점 찾기 : 이는 특정 컬러를 갖는 영역에 대하여 손쉽게 그 위치를 찾아준다. 컬러 로케이션에 의한 측정점 찾기는 다음과 같은 경우 용이하다.

- 응용 프로그램이 찾고자 하는 영역에 대한 특정 컬러 정보와 함께 영역의 위치 및 개수를 필요로 하는 경우
- 응용 프로그램이 누적 컬러 정보에 의존하는 경우
- 영역의 방향에 대한 정보를 필요로 하지 않을 경우
- subpixel 단위의 위치 측정이 불필요한 경우
- 영역에 대한 형태 정보를 필요로 하지 않을 경우

컬러 로케이션을 사용하는 절차는 다음과 같다.

- reference pattern을 정의한다.
- reference pattern을 사용하여 IMAQ Learn Color Pattern 함수로 컬러 로케이션 알고리즘을 학습한다.
- 탐색 영역을 설정한다.
- IMAQ Setup Learn Color Pattern의 Feature Mode를 Color로 설정한다.
- IMAQ Setup Match Color pattern을 사용하여 telerance와 파라미터를 설정한다.
- 테스트를 수행한다.
- 결과를 검증한다.

6.4 측정 수행

에지 검출 및 패턴 매칭을 통하여 얻은 측정점에 대한 결과는 화소 좌표로 반환된다. 측정을 실세계 단위로 시행하고자 할 경우에는 화소 좌표의 실세계 좌표로의 변환이 이루어져야 한다. 이는 IMAQ Convert Pixel to Real World 함수를 사용함으로써 가능하다.

㉮ Distance 측정 : Machine Vision»Measure Distances에 있는 clamp VI를 사용하여 두 에지 사이의 거리를 측정할 수 있다. 다음은 거리 측정에 관련한 함수이다.

	이 름	기 능
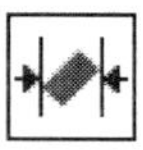	Clamp Horizontal Max	• 수평 방향으로의 최대 거리를 제공한다.
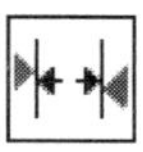	Clamp Horizontal Min	• 수평 방향으로의 최소 거리를 제공한다.
	Clamp Vertical Max	• 수직 방향으로의 최대 거리를 제공한다.
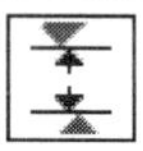	Clamp Vertical Min	• 수직 방향으로의 최소 거리를 제공한다.
	Point Distances	• Machine Vision»Analytic Geometry • 연속적인 측정점에 대한 페어 사이의 거리를 측정하는 데 사용된다.

㉯ 분석 기하학적 측정

	이 름	기 능
	Fit Line	• Machine Vision»Analytic Geometry • 측정점에 대한 직선의 방정식을 구한다.
	Fit Circle 2	• Machine Vision»Analytic Geometry • 최소 3개의 점이 주어질 경우, 이에 대한 원의 방정식과 이 원의 면적, 반지름, 지름을 계산한다.
	Fit Ellipse 2	• Machine Vision»Analytic Geometry • 최소 6개의 점이 주어질 경우, 이에 대한 타원의 방정식과 이 타원의 면적, perimeter, 장축의 길이 단축의 길이를 계산한다.
	Lines Intersection	• Machine Vision»Analytic Geometry
	Perpendicular Line	• Machine Vision»Analytic Geometry
	Bisecting Line	• Machine Vision»Analytic Geometry
	Mid Line	• Machine Vision»Analytic Geometry
	Polygon Ared	• Machine Vision»Analytic Geometry

㉰ Instrument Reader 측정 : 다음의 함수를 사용하여 LCD reader/meter reader에 의해 획득된 값에 기반한 측정을 수행한다.

	이 름	기 능
	Get Meter	• MachineVision»Instrument Readers • 바늘의 초기 위치와 full-scale 위치를 사용하여 미터를 보정한다.
	Get Meter 2	• meter의 세 점을 사용하여 보정을 수행한다. • 바늘의 base, 초기위치의 tip, full scale의 tip
	Reader Meter	• 바늘의 위치를 읽는다.
	Get LCD ROI	• LCD 또는 LED의 각 자리에 대한 ROI를 계산한다. • 이 때, 모든 segment는 켜져 있어야 한다.
	Read Single Digit	• LCD 또는 LED의 한 자리를 읽는다
	Read LCD	• 여러 자리의 LCD를 읽는다.

6.5 검사 대상 부품 확인

분류, OCR, barcode reading 등 사용하여 부품을 확인할 수 있다.

㉮ 샘플 분류 : 이는 미리 알려진 물체의 집합을 표현하는 일련의 특징과 미지의 검사 대상 물체의 특징을 비교함으로써 미지의 물체를 확인하는 과정이다. 분류(classification)를 포함하는 응용분야는 다음과 같다.

- Sorting : 서로 다른 모양을 갖는 물체를 정렬한다.
- 검사 : 검사 대상의 물체에 확인 스코어를 할당한 후 트레이닝 집합에 근접하지 않는 물체를 제거한다.

물체에 대한 분류를 수행하기 위해서는 먼저 NI Classification Training Interface를 사용하여 물체의 샘플에 대한 Classifier Session을 트레인해야 한다. 시작→모든 프로그램→National Instruments→Vision→classification Training을 실행하여 NI Classification Training Interface를 시작한다.

샘플에 대한 트레이닝을 수행한 후, 다음의 절차에 따라 물체에 대한 분류를 수행한다.

① 프로그램의 초기 부분에서, IMAQ Read Classifier File(Machine Vision→Classification)을 사용하여 NI Classification Training Interface를 사용하여 생성한 Classifier를 불러 들인다.

② IMAQ Classify를 사용하여 영상의 ROI에 있는 물체를 Class 내의 하나로 분류한다.

③ IMAQ Dispose Classifier를 사용하여 할당된 자원을 해제한다.

㉯ 문자 읽기 : NI OCR Training Interface를 사용하여 먼저 OCR session을 트레이닝 하여야 한다. Start»All Programs»National Instruments»Vision»OCR Training에서 NI OCR Training Interface를 시작한다. 문자에 대한 트레이닝을 수해한 후, 다음의 절차에 따라 문자를 읽는다.

- IMAQ OCR Read Character Set File을 사용하여 NI OCR Training Interface를 사용하여 생성한 것을 읽어 들인다.
- IMAQ OCR Read Text를 사용하여 문자를 읽는다.
- IMAQ OCR Dispose Sessing을 사용하여 할당된 자원을 해제한다.

㉰ Barcode 읽기 : Barcode reading 함수를 사용하여 1D barcode, Data matrix barcodes, PDF417 barcode의 값을 읽는다.

	이 름	기능
	Read Barcode	• 1-D barcode의 값을 읽는다. • 먼저 barcode의 위치를 확인한다. • Codabar, Code 39, Code 93, Code 128, EAN 8, EAN 13, Interleaved 2 of 5, MSI, UPCA에 대한 해독이 가능하다.
	Read Data Matrix Barcode 2	• 영상 내의 Data Matrix barcode의 위치를 자동으로 찾는다.
	Read PDF417 Barcode	• 영상 내의 PDF417 Barcode의 위치를 자동으로 찾는다.

6.6 결함 검사

㉮ 골든 템플릿과의 비교 : IMAQ Compare Golden Template 함수를 사용하여 화소 값의 크기의 차이에 기반하여 영상을 검사할 수 있다. NI Vision Template Editor를 사용하여 검사에 대한 golden template를 학습한다.

Start»All Programs»National Instruments»Vision»Template Editor를 사용하여 NI Vision Template Editor를 시작한다. 이후에는 이전의 입자 분석에서의 기법을 사용한다.

㉯ 문자 verify : NI OCR Training Interface를 사용하여 문자에 대한 샘플을 학습한다. Start»All Programs»National Instruments»Vision»OCR Training에서 NI OCR Training Interface를 시작한 후 문자를 지정하여야 한다. 검증하고자 하는 문자는 이렇게 참조 문자에 대하여 비교되고, 이러한 비교에 대한 score가 할당된다. 이렇게 문자의 샘플을 학습하고, 참조 문자를 할당한 후에는 다음의 절차에 따라 문자를 verify한다.

	이 름	기 능
	OCR Read Character Set File	• 프로그램의 초기화 단계에서, NI OCR Training Interface를 통해 생성한 것을 읽어 들인다.
	OCR Verify Text	• ROI 내의 문자를 verify한다.
	OCR Dispose Sessing	• 할당된 자원을 해제한다.

6.7 결과 출력

탐색 영역, 검사 결과 또는 텍스트, 비트맵과 같은 정보를 오버레이 하기 위하여 다음의 함수를 사용할 수 있다.

	이 름	기 능
	Overlay Points	• Vision Utilities»Overlay
	Overlay Line	• Vision Utilities»Overlay
	Overlay Multiple Lines	• Vision Utilities»Overlay
	Overlay Rectangle	• Vision Utilities»Overlay
	Overlay Oval	• Vision Utilities»Overlay
	Overlay Arc	• Vision Utilities»Overlay
	Overlay Bitmap	• Vision Utilities»Overlay
	Overlay Text	• Vision Utilities»Overlay
	Overlay ROI	• Vision Utilities»Overlay

다음의 VI들은 configuration을 통해 검사 영상에 다양한 형태의 정보를 overlay할 수 있다.

	이 름	기 능
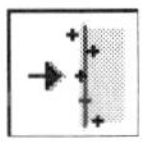	Find Vertical Edge	• Machine Vision»Locate Edges
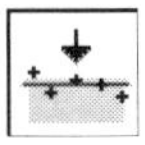	Find Horizontal Edge	• Machine Vision»Locate Edges
	Find Circular Edge	• Machine Vision»Locate Edges
	Find Concentric Edge	• Machine Vision»Locate Edges
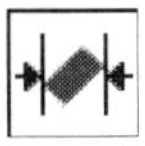	Clamp Horizontal Max	• Machine Vision»Measure Distances
	Clamp Horizontal Min	• Machine Vision»Measure Distances
	Clamp Vertical Max	• Machine Vision»Measure Distances
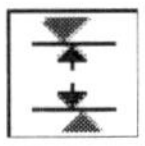	Clamp Vertical Min	• Machine Vision»Measure Distances
	Find Pattern	• Machine Vision»Find Patterns
	Count Object	• Machine Vision»Count and Measure Objects
	Find CoordSys (Rect)	• Machine Vision»Coordinate Systems
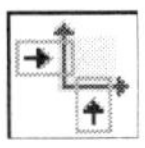	Find CoordSys (2 Rects)	• Machine Vision»Coordinate Systems
	Find CoordSys (Pattern)	• Machine Vision»Coordinate Systems

다음은 위의 VI에 overlay 할 수 있는 정보이다.

- VI의 입력으로 사용되는 탐색 영역 입력
- 에지 검출을 위해 사용되는 탐색 라인
- 검출된 에지
- 입자의 bounding rectangle
- 입자의 중심
- VI 수행 결과

7 영상 보정

7.1 Perspective/nonlinear 왜곡에 대한 보정

영상 시스템에 대한 보정은 보정 템플릿 정의, 기준 좌표계 정의, 보정 정보 학습의 단계로 실행된다. 보정을 수행한 경우에는, 보정 정보를 영상에 부착할 수 있으며, 필요에 따라 다음의 단계를 수행할 수 있다.

- 입자 분석에서 실세계 측정 옵션을 사용한 후 Particle Analysis Reports 함수를 사용하여 실세계 입자 모양에 대한 파라미터를 얻을 수 있다. 이 경우 영상에 대한 수정이 불필요하게 된다.
- 보정 정보를 사용하여 화소 좌표를 실세계 좌표로 변환할 수 있다.
- Perspective 오류나 렌즈의 수차에 의한 오류를 수정함으로써 왜곡이 없는 영상을 생성할 수 있다.

㉮ 보정 템플릿 정의 : 보정 템플릿을 정의하는 방법으로는 gird 영상을 사용하는 방법과, 일련의 화소 좌표에 대하여 실세계 좌표를 제공하는 방법이 있다. 다음은 grid 영상을 사용하여 보정 템플릿을 정의하기 위해서는 다음의 조건을 만족하여야 한다.

- x방향과 y방향의 거리는 같아야 한다.
- Gird 영상의 점은 전체 영상에 분포하여야 한다.
- 점의 지름은 6에서 10화소 사이에 있어야 한다.
- 점의 중심에서 중심까지의 거리는 18에서 32화소에 해당하여야 한다.
- 점과 점사이의 거리는 최소 6화소이어야 한다.
- NI Vision에 설치된 보정 그리드를 사용하기 위해서는 Start»All Programs»National Instruments»Vision»Documentation»Calibration Grid를 실행한다.

㉯ 기준 좌표계 정의 : IMAQ Set Simple Calibration 함수의 Calibration Axis Info 컨트롤을 사용하여 좌표계를 정의한다. 사용자가 좌표계를 정의하지 않을 경우에는 기본 좌표 시스템을 사용하게 된다. 다음은 시스템이 기본 좌표 시스템을 결정하는 과정이다.

- 원점은 좌 상단 dot의 중심에 위치한다.
- 각도는 0도로 결정된다. 이는 x축이 영상의 dot의 첫 번째 row에 설정됨을 의미한다.
- axis 방향은 Indirect로 설정된다. 이 각도는 y축을 그리드의 첫 번째 칼럼에 정렬한다.

찾 아 보 기

[국문색인]

ㄹ

ㅁ

ㅂ

ㅅ

ㅇ

ㅈ

ㅊ

ㅋ

ㅌ

ㅍ

ㅎ

[영문색인]

A

B

C

D

E

F

G

H

I

K

L

M

N

O

P

R

S

T

V

W

X

Z

LabVIEW 활용

2009년 1월 30일 초판 1쇄 인쇄
2009년 2월 3일 초판 1쇄 발행

저 자 ◎ **황보승 · 김수길 · 최영호**

발행자 ◎ **조승식**

발행처 ◎ (주) 도서출판 **북스힐**
서울시 강북구 라일락길 36

등 록 ◎ 제 22-457호

TEL (02) 994-0071(代)

FAX (02) 994-0073

E-MAIL bookswin@unitel.co.kr
www.bookshill.com

값 30,000원

잘못된 책은 교환해 드립니다.

ISBN 978-89-5526-535-4